贵州大学学报『特色栏目』文丛

清水江学研究（三）

QINGSHUIJIANGXUE YAN JIU

杨军昌◎主　编
方英敏　钟昭会◎副主编

中央民族大学出版社
China Minzu University Press

图书在版编目（CIP）数据

清水江学研究（三）／杨军昌主编. —北京：中央民族大学出版社，2019.11

ISBN 978-7-5660-1760-4

Ⅰ. ①清… Ⅱ. ①杨… Ⅲ. ①文书档案—黔东南苗族侗族自治州—文集 Ⅳ. ①G279.277.32-53

中国版本图书馆 CIP 数据核字（2019）第 235815 号

清水江学研究（三）

主　　编	杨军昌
责任编辑	舒　松
封面设计	舒刚卫
出 版 者	中央民族大学出版社 北京市海淀区中关村南大街 27 号　邮编：100081 电话：(010)68472815(发行部)　传真：(010)68932751(发行部) (010)68932218(总编室)　(010)68932447(办公室)
发 行 者	全国各地新华书店
印 刷 厂	北京建宏印刷有限公司
开　　本	787×1092　1/16　印张：39
字　　数	630 千字
版　　次	2019 年 11 月第 1 版　2019 年 11 月第 1 次印刷
书　　号	ISBN 978-7-5660-1760-4
定　　价	168.00 元

目　录

家族宗族

社会生活

营林植造与木商经济

纠纷调处

环境保护

理论视角

方法与路径：清水江文书整理研究的实践与反思①

张应强②

摘　要：清水江文书是随清代以来贵州“苗疆”区域开发过程中，在清水江流域中下游地区出现并遗存下来的汉文民间文献。随着清雍正年间开辟“新疆”，贵州东南部清水江流域经历了以木材种植采运贸易为核心的经济发展与社会演变，而清水江文书正是这一历史过程的生动写照和真实记录。作为散存于民间的珍贵历史文献资料，清水江文书不仅对分析和研究清代以来贵州“苗疆”区域文化变迁极具史料价值，而且对于思考和探索民间历史文献学的认识论和方法论也大有裨益。

关键词：清水江文书；清代；贵州“苗疆”；民间文献；区域社会

关于民间历史文献的收集整理研究方法的探讨，已经越来越成为相关学科领域高度关注的学术议题。诚如郑振满所指出的，“系统收集和整理、利用民间历史文献，深入揭示民间文化的传承机制，开展多学科结合的综合研究，对于推动中国人文社会科学的发展具有战略性意义”[1]。无论是民间文献作为新史料对于新史学研究的重要意义，抑或是基于民间文献系统与源流

---

① 本文原载《贵州大学学报》（社会科学版）2018年第1期第36—41页。

基金项目：中山大学历史人类学研究中心承担的教育部重点研究基地重大项目《山地与江河之间：清代以来贵州东南部清水江都柳江流域的开发与人群》（15JJD770021）；《山地、流域与族群社会：西南民族地区的生态、文化多样性与社会变迁研究》（17JJD850004）；国家社科基金重大招标项目“清水江文书整理与研究”（11&ZD096）。

② 作者简介：张应强，男，苗族，贵州剑河人，中山大学历史人类学研究中心教授，博士，博士生导师。研究方向：历史人类学、西南民族文化。

的探索来深刻认识区域社会及其演变，[2] 都凸显了民间历史文献研究的独有价值和广阔前景；以致跟进的青年学人进一步审视民间文献进入知识体系的历程，强调对民间历史文献的搜救、整理、解读方法加以系统化，真正走向郑振满所倡行的民间历史文献学。[3] 可以说，也正是在此学术脉络中，我们开启了对贵州省清水江流域尤其是下游地区遗存的珍贵民间文书的收集整理研究工作，并就其中文书整理研究的方法与路径等相关问题展开积极探索。

一、清水江文书的“发现”与收集整理

“清水江文书”是我们对散存于清水江中下游地区的汉文民间历史文献的一个学术命名。今贵州省黔东南苗族侗族自治州大部是清雍正年间开辟“新疆”之后才纳入王朝的直接控制，整个区域的经济开发呈现出一个突出的特点，即以清水江流域尤其是其下游地区为中心、以木材种植和采运为主要特征。在这一区域经济发展与社会文化演变的历史过程中，围绕以杉树为主的各种林木的种植与采运，留下了大量以山场田土买卖、租佃、收益分成等契约文书为主、种类繁多且内容庞杂的民间文献。[4] 因此，这一基于对整个清水江流域整体性及内在逻辑联系考虑的学术命名，亦得到了学界的普遍认可和采用。①

尽管早在民国时期就有人提及或介绍黔东地区保留的木业相关文书，[5] 但具有学术史意义的“发现”，还是在 20 世纪 50 年代到 60 年代，相关政府机构编写的资料中才开始收录这一地区的民间文书，特别是国家组织开展的少数民族社会历史调查过程中，研究人员直接在苗侗村寨收集整理了一定数量的契约文书。后来于 1988 年出版的《侗族社会历史调查》[6] 就是较为引人注目的一种。可以说，这是清水江下游民间文书首次正式出版公之于世。

---

① 这批历史文献较早在锦屏县展开系统收集整理，尤其是“锦屏文书”2010 年被列入“中国档案文献遗产名录”，故也有人称之为“锦屏文书”，在锦屏县城也建有“锦屏文书特藏馆”，但作为一个县域的概念，它实难容纳相邻的黎平、天柱、三穗、剑河等县收藏的类似的民间文书；而我们使用的“清水江文书”则基本上可以涵盖清水江下游地区各地保存的这类文书，且也与整个流域开发的历史进程相一致。2011 年国家社科基金重大招标项目即以“清水江文书”为名；已经出版的天柱县收藏的文书也使用《贵州清水江文书系列 · 天柱文书》，而即将整理出版的黎平县和三穗县收藏的文书也初定书名为《贵州清水江文书系列 · 黎平文书（或黎平卷）》《贵州清水江文书系列 · 三穗文书（或三穗卷）》。

正是踏着前辈学者的足迹，笔者于2000年10月至11月间在清水江下游地区的学术旅行中，接触到了这些早年民族学研究者收集及后来县档案部门在乡村收集到的少量山林契约及其他民间历史文献。这一学术“发现”，最终促成了中山大学历史人类学研究中心与锦屏县政府商议并确定合作开展民间契约及历史文献收集整理研究计划，并逐步发展形成一种学术机构与地方政府携手合作共同抢救整理研究地方珍贵历史文献的模式。随着清水江文书搜集整理工作的渐次推进，我们在锦屏县属八个乡镇的三十多个村寨收集到大量民间文书，包括清代以来的契约文书、族谱、诉讼词稿、山场清册（坐簿）、账簿、官府文告、书信、宗教科仪书、唱本、誊抄碑文等等。其中，仅契约及与之相关的诉词、禀稿或信函等文书就超过万件。我们对这些文书也都进行了初步的编目存档和专业的修复、裱糊。此外，作为清水江文书重要组成部分的碑铭，在清水江两岸的侗乡苗寨中也有大量遗存，我们除尽可能地进行抄录和拍照外，又另列出专项工作目标，对数百通石碑进行了拓印。

这些早期开拓奠基性的收集整理工作，引起了相关政府部门和学术机构的高度重视和广泛兴趣，迅速推动了清水江文书的收集整理及出版。一方面，中山大学历史人类学研究中心与锦屏县政府合作开展民间文献收集的模式，以及初步确立的文书整理规范，起到了较好的示范作用。在清水江中下游地区，贵州大学与天柱县、贵州民族大学与三穗县、凯里学院与黎平县先后建立合作关系，展开相关县域内民间文书的收集整理工作。另一方面，锦屏县域内的清水江文书以“锦屏文书”名义成功通过评审，被列入“中国档案文献遗产名录”，亦直接推动了地方档案部门对这些民间文献的重视，并积极展开收集归档工作。目前，清水江文书最为集中分布的锦屏、黎平、天柱、三穗、剑河等县档案馆收藏的民间文书已达18万件。

清水江文书的系统整理出版，始于贵州省民族研究所杨有赓与日本学者合作，在日本影印出版的《贵州苗族林业契约文书汇编（1736—1950）》，该汇编于2001—2003年依次出版了第一至第三卷，收录了锦屏县文斗、平鳌等村寨收集的民间文书853件。① 而由张应强、王宗勋主编，中山大学历

① 参见唐力、杨有赓、武内房司（Takeuchi Fusaji）主编的《贵州苗族林业契约文书汇编》（第一至第三卷），东京外国语大学国立亚非语言文化研究所，2001—2003年。

史人类学研究中心和锦屏县林业契约及地方文献收集整理办公室合编的《清水江文书》，分别于2007年、2009年和2011年由广西师范大学出版社影印出版了第一、二、三辑共33册，收入阶段性完成了整理编目的民间文书15000多件。① 陈春声教授在序言中说："《清水江文书》的出版，只是一项在学术史具有深远意义的长期工作的开始。除了越来越艰巨的地方文献和民间文书的收集和整理工作仍有待深入外，对这些珍贵历史文献的解读和研究，更是任重而道远。"[7] 令人欣慰的是，锦屏县档案部门后续收集的文书尚有3万余件，也在计划整理编目影印出版。另一项成规模的整理出版工作，是由贵州大学中国文化书院张新民带领的研究团队完成的，由江苏人民出版社于2014年出版的《贵州清水江文书系列·天柱文书》第一辑共22册，收入清水江下游天柱县民间契约文书近7000件。[8] 同样值得提及的是，黎平县档案馆已有6.1万件清水江文书入馆，其中5.8万件已完成整理编目工作，2017年底也由贵州民族出版社影印出版了《贵州清水江文书·黎平文书》第一辑22册，收录文书8000余件；[9] 三穗县档案馆也有近2万件清水江文书入馆收藏。相信随着这些整理出版工作的渐次推进，清水江文书将成为清代以来贵州"苗疆"区域开发与社会文化演变等相关课题研究更为系统全面的宝贵资料来源。

此外，一些零散的资料整理出版工作也以不同的方式进行着。比如，2004年和2005年罗洪洋收集整理的《贵州锦屏林契精选》和《贵州锦屏林契田契精选》，涉及约150件契约文书；② 2008年陈金全、杜万华主编的《贵州文斗寨苗族契约法律文书汇编——姜元泽家藏契约文书》一书，收录文书664件；[10] 2011年潘志成、吴大华编著的《土地关系及其他事务文书》，收录契约文书157件。[11] 而地方史志部门也以各种方式参与到清水江文书的收集整理工作中，如黎平县志办吴江选录的《侗族部分地区碑文选辑》，收录碑文66件；③ 锦屏县志办王宗勋、杨秀廷整理出版的《锦屏林业

---

① 参见张应强、王宗勋主编的《清水江文书》第一、二、三辑，广西师范大学出版社，2007年1月、2009年6月、2011年8月。

② 参见谢晖、陈金钊主编的《民间法》第三卷和第四卷，山东人民出版社，2004年3月、2005年2月。

③ 参见吴江选录、黎平县志办公室编《侗族部分地区碑文选辑》，内部刊印，1989年10月。

碑文选辑》，收录碑文78件。①

伴随这些重要的资料整理出版的基础性工作，相关专题的研究也随之展开，越来越多不同学科的研究者围绕清水江文书申报研究课题和展开调查研究。2011年，“清水江文书整理与研究”列入国家社科基金重大招标课题，笔者领导的中山大学历史人类学研究中心团队成功申报获批，通过五年的研究工作，目前已顺利完成结项。据不完全统计，截至2016年，与清水江文书相关的研究课题立项，国家社科基金项目11项、教育部课题5项。

二、清水江文书的独特性与收集整理的基本原则

作为苗乡侗寨遗存至今的民间历史文献，清水江文书无论在形式的多样性还是内容的丰富性上，都呈现出其无可比拟的独有价值。如果说刘伯山主编出版的六辑60册《徽州文书》，已经向我们呈现了中国民间历史文献比较突出的形式多样、时间跨度大、连续系统“归户性”强等基本特征[12]；那么，与之相较而言，清水江文书还有其诸多独特之处。笔者曾就此进行过系统梳理，指出了西南少数民族地区产生和遗存的汉文民间文书、区域开发进程对文书遗存及其系统性与完整性得以保持、与当地木材种植采运这一社会经济生活主线相一致的某种特有的时间周期与节律等等显著的独特性，以及由此引出的新课题。[4]

清初开辟贵州“苗疆”将这一区域纳入王朝政府的直接统治，这一历史进程成为该地区经济社会文化发展变迁的关键动因，也是我们考察和探索区域历史建构的重要背景。而遗存至今的清水江文书，无疑是这一社会文化过程的生动写照和真实记录。尤其是汉字书写的传入以及汉字书写背后包含的一整套观念或制度，对有自己的语言而无文字传统的苗侗社会的影响，无疑也是巨大而深远的。如果考虑到直至晚近各自的民族语言仍是当地社会交际的主要工具这一历史与现实背景，那么清水江文书的产生与存留本身就已经是值得关注和研究的社会文化现象。何以连汉语都并不普及的侗乡苗寨，有如此多汉文文献在社会生活中通行并保存下来？这些汉字书写的文书在普通

---

① 参见王宗勋、杨秀廷点编，锦屏县地方志办公室编《锦屏林业碑文选辑》，内部刊印，2005年12月。

民众那里究竟意味着什么？文书记载的内容与人们对文书的认知之间究竟怎样建立联系？汉文字在日常生活中的广泛使用，对于无文字的苗侗社会而言具有怎样的特殊意义？诸如此类的问题，对于深入研究贵州“苗疆”区域社会文化变迁都具有其特殊的学术价值。

正是基于对清水江文书独特性的基本认识，我们在收集整理文书的过程中，逐渐摸索并确定了一些基本原则。首先，保持民间文书原貌，尊重民间归类收藏习惯。在实地调查和文书收集的过程中，我们接触到的民间文书多为经过分类、折叠扎包悉心收藏，而在后来进行分类收藏的过程中，对一些类型的每件文书的特定位置或标注了提示性文字甚或添加了清验时间等；在不同的乡民家中看到的文书，或许有不同的分类方式，甚或这些分类也看不出其中包含的一以贯之的标准或规律，但我们坚持在初步收集整理的过程中保持文书原状及原有分类，以保护被分为同类的所有文书可能的内在关系不被打乱。因为，我们可能不能立刻就弄明白乡民为什么要这样把看起来似乎不相干的文书归拢在一起，或许这只是我们对其中的内在关系尚不了解的缘故；又或许乡民只是按照他们个人的习惯很随意地将这些相关的、不相关的文件放在一起，其间的确不存在我们认为一定存在的某些关联性。因此，保持这种民间文书归类的原貌是收集整理清水江文书的首要原则。

其次，充分考虑清水江文书系统性完整、归户性强以及内在脉络清晰等突出特点，确定文书整理编目的基本原则。迄今为止在中国各地发现的民间历史文献，由于文献的内容及性质等存在明显的地区性差异，各自展开的收集整理工作并未形成一个统一的体例或范式。就清水江文书而言，其民间收藏方式几乎都以家庭和家族为单位，即某一家族或房族所共有的相关契字文约往往都集中由同一世代中的某个家庭保存，保持了非常清晰的“归户性”特征；即使分家析产，也多是对山场田产进行股份分析，拟定的阄书册籍①只是载明各阄所占山场田土详情，而所有相关契约文书则依旧由某一家户统一保存，这一惯习客观上保护了相关文书内在脉络的延续性。因此，在对清水江文书进行编目整理时，我们确定了提取事主、事由、时间三要素命名单件文书的统一规则，并在此基础上结合时间排序、原有分类、家庭家族及村

① 当地民间习俗，分家析产前预先将商议分配好的山场田土登记造册编号，再通过抓阄决定谁获得某册书所涉及部分的所有权。这样的册籍，俗称阄书。

寨归属等要素，对各类文书进行编目整理。① 我们也希望围绕清水江文书进行的这些编目整理原则的确定，在充分考虑到区域性的历史和文化差异的同时，能够对民间文书收集整理的基本规范的系统化提供一种可参照的体例。

最后，坚持民间历史文献原地保存的原则。从本质上说，民间历史文献其生产和收藏既然都是“民间”，则保持和维护文献与民间原有的天然联系，就是开展收集整理研究工作的题中应有之义。是以在收集整理清水江文书的过程中，我们强调原件就地保留的原则，除了出于维护文书原有历史脉络、系统性和完整性的考虑，实则还有最大限度保证其可解读性的意涵。因为民间文书一旦离开了其原有土壤，离开了其原有文化传统与关系网络，很有可能就变得不可解读，望文生义的舛误或隔靴搔痒的缺憾将不可避免。相反，这些在特定时空条件和社会情境下产生的文献，只有回到一个“地方性知识”的脉络下，才是可以得到解释并被理解的有血有肉的材料；如何充分了解、把握和运用这些珍贵的民间历史文献，避免割裂各种文书与其特定地域文化和社会历史脉络的偏颇，既是当代研究者的使命所系，客观上也要求建立维护文书与其生产收藏地方人群关联性的机制，使作为重要资料的文书可留待后续研究者的永续研读与发覆。在这一点上，部分徽州文书在整理过程中需要通过深入细致的田野调查来“探寻归户文书的出自地”，[13] 正是文书与其民间土壤的原生关系被扰乱的结果。当然，在时代迅猛发展，乡村疾速变迁的今天，去苛求民间文书依旧保存在乡民家中确已不合时宜，目前清水江文书分别收藏于相关各县市档案馆的方式，无疑是一种务实而可行的途径，可以说这既避免了这些散存于民间的文书损毁散失的各种可能性，也达到了我们强调的原地保存的目标，且便利了复制副本公藏研究，乃至进一步系统整理编目出版，以更广泛服务于相关学术研究。

以上根据清水江文书的独特性所确立的一些收集整理的基本原则，既是在实践中逐步摸索和总结的经验性认识，也是指导收集整理实践并进一

① 在已整理出版的《清水江文书》中，我们以村寨为单位，每个村寨给定一个顺序号；村寨之下根据不同家族或家庭分卷，即来自同一家族或家庭所收藏的文书编为一卷；而同一卷之下依照文书收藏者的原有分类，即分别列为若干帙；每一帙内的文件则依照时间先后顺序排列。因此，每一件文书的编号所包含的信息为：卷宗号-卷号-帙号-文件号，对应于村寨-家族-文书类别-文件。参见张应强、王宗勋主编《清水江文书》第三辑“编辑说明”，广西师范大学出版社，2011 年 8 月。

步探索中国民间历史文献学理论方法的重要基础。对于我们面对不同地区不同性质和种类的民间文书收集整理，关注和梳理文献本身的遗存及其产生过程，进而探索文献文本形式的地方性流变、文书的收藏及传承方式等等，相信都具有较高的启示意义和参考价值。尤其是从方兴未艾的民间历史文献学的学科本位来看，与其说对民间文书的收集整理是为了下一步的研究，毋宁说收集整理本身已然构成研究的一个不可或缺的重要部分。

三、清水江文书研究的方法论反思

如前所述，围绕清水江文书的收集整理与研究，无论是基础性的整理出版工作，还是相关研究课题的申请立项及渐次展开，各种业已触及和探讨的基本规则和重要问题，在深度和广度上都得到了实质性的拓展和推进。笔者也从清水江文书收集整理研究的经验出发，对中国民间文献学理论与方法面临的诸多课题，尤其是民间文书研究的认识论和方法论问题提出了一些不成熟的见解。①

如果说我们在清水江文书收集整理过程中逐步确立的一些基本原则，已经在不同地区的清水江文书整理中发挥了某种示范效应，且这些原则的意涵及其重要性已得到了普遍认可，那么，在围绕“清水江文书”的研究方面，各种尝试性的探索实则才刚刚起步，一如供职于日本东京外国语大学的澳大利亚籍学者唐立（Christian Daniels）所指出的，经过系统整理影印出版的“清水江文书”已经提供给学界，但利用它们进行研究的学术成果与积累并不多，确实是令人遗憾的事情。[14] 为此，进一步加强已显示出丰富多样性和学术积累意义的专题性研究的同时，有效开展多学科交叉渗透的综合研究势在必行。唯其如此，才能不断丰富清水江文书研究的学术成果，真正建立和发展起有我们自身特色的民间历史文献的解读方法和分析工具。

虽然我们已经充分认识到结合田野调查与文献解读的历史人类学路径，对于推进“清水江文书”研究的重要性；强调田野调查与文献解读有机结合，强调在田野调查过程中解读文献，认为只有结合田野调查，相关的文书

① 参阅张应强：《文献与田野：“清水江文书”整理研究的方法论》，《光明日报》2015 年 10 月 15 日，第 16 版；《民间文献与田野调查：“清水江文书”整理研究的问题与方法论》，《安徽史学》，2015 年第 6 期，第 19—22 页。

材料才是可以理解的，也只有在田野过程中这些内涵丰富的民间文书才可能得到解读和予以解释；但是研究的实践中，要将这样的学术理念和方法论原则贯彻下去落实到位，确实还有很多的具体问题要面对和解决。

一方面，从微观层面上说，不同类型的民间文书中几乎都有需要区别对待和如何具体解读的问题。比如，清水江文书作为在苗侗等少数民族地区遗存下来的汉文民间文献，首先就会遇到完全不同的文化与相应的翻译问题。我们在文书整理过程中以及随即展开的文书的初步考释工作中，苗语侗语地名的汉字译写的复杂性和多样性就是要突破的首要难题，无论是音译、意译，或是音意兼用，加之译写的随意性，以及书写习惯随时间或书写者个体喜好的演变等等，都从不同的程度上增加了释读的难度和误读的可能性。从既有的研究实践和经验来看，开展深入细致的田野工作可以说是提高翻译准确度唯一的路径。我们曾尝试对同一个村寨的文书进行系统的整理考释，包括对该苗寨的苗语地名的汉字译写，以及其他俗字、异写字等进行释读，同时配合组织研究团队对这个村寨进行密集而深入的实地访谈。这一研究计划实施的目标，是希望团队成员各自关注的问题都得以展开并达致一定深度的讨论，并进一步观察在所运用的材料、所参照的背景都大致相同的情况下，团队成员间各自结论或观点可以进行对比与互证的同时，是不是有些规律性的东西会凸显出来。与此同时，对于苗语或侗语地名的深入探究，尤其是这些地名的族属的甄别，还可以帮助我们了解特定历史时期的族群互动以及文化生态演变等重要信息。不仅如此，我们也在规划和组织对不同族群、不同文化背景、不同地域之间的清水江文书的考释和研究进行比较，以期在民间文献的解读方法及分析工具方面有新的发现。

另一方面，从宏观上看，如果把清水江文书反映的具体社会生活，与大的历史背景、区域的历史建构联系起来，那么，从非常具体而微的个案入手，围绕清水江文书的解读，不仅可以助益我们认识和理解区域社会文化过程，而且还提供了理解和解释明清西南开发历史进程的新途径，乃至成为通过西南理解和解释中国历史的一把钥匙。即如赵世瑜在论及清水江文书研究的重大意义时所指出的，利用它可以“重建西南乃至中国的历史叙述”。[15]清初开辟贵州“苗疆”之后，无论是设立“新疆六厅”作为王朝政府施政机构对整个区域社会治理的直接介入，抑或随之而来的在经济、社会、文化等领域渐次深入的全方位多层次影响，无疑都是在清水江文书的解读和研究中不可忽视的重要历史背景。从已有的研究实践看，我们通过系统地收集整理和研究清水江文书，首先对清水江流域传统乡村社会生活的地域性特点有了较为清晰的认识，也特别注意到了文书解读在揭示民间文化传承机制和区域社会建构内在逻辑方面的重要价值。尤其是文书直接而生动地反映出来的贵州“苗疆”不同族群接触和文化交融的历史细节，使得其间地方文化创造过程及其中所折射出来的传统中国国家认同的发展脉络清晰可见，对于我们对区域社会文化变迁的探讨摆脱“宏大叙事”的窠臼、落地生根大有裨益。

为此，立足民间文献解读和实地田野工作的有机结合，重视特定文书产生的具体情境所呈现不同行为主体的动机及后果的探寻，了知区域社会不同历史时期不同人群的生活逻辑与制度创造，当是我们深化清水江文书研究带有方向感的学术目标。如果说结合田野与文献进行历史民族志书写，完成有意义的叙事，还只是研究中最基础性的工作；那么，同时展开的更具挑战性的工作，就是对区域社会的历史主体进行历史人类学的探索与解释。也即是说，我们的研究最后要落实到对“人”的追寻、理解和解释上。或许，民间文书为我们展示的是区域社会中甚至是有些支离破碎的图景，是特定时空中的普通人、平常事以及家庭和村落的日常生活，但具体的、活生生的、历史的“人”，正是清水江文书收集整理研究要去努力接近、了解、理解的根本目标。

参考文献

[1] 郑振满. 民间历史文献与文化传承研究 [J]. 东南学术（增刊），2004：293—294.

[2] 郑振满，郑莉，梁勇. 新史料与新史学——郑振满教授访谈 [J]. 学术月刊，2012（4）：155—160.

[3] 杨培娜，申斌. 走向民间历史文献学——20世纪民间文献搜集整理方法的演进历程 [J]. 中山大学学报（社会科学版），2014（5）：71—80.

[4] 张应强. 清水江文书的收集、整理与研究刍议 [J]. 原生态民族文化学刊，2013（3）：33—38.

[5] 马国君，李红香. 近六十年来清水江林业契约的收集、整理与研究

综述［J］. 贵州大学学报（社会科学版），2012（4）：74—81.

［6］贵州省编辑组. 侗族社会历史调查［M］. 贵阳：贵州民族出版社，1988.

［7］陈春声. 序言 3［M］//张应强，王宗勋. 清水江文书：第三辑. 桂林：广西师大出版社，2011：3.

［8］张新民. 贵州清水江文书系列·天柱文书［M］. 江苏人民出版社，2014.

［9］李斌. 贵州清水江文书：黎平文书［M］. 贵阳：贵州民族出版社，2017.

［10］陈金全，杜万华. 贵州文斗寨苗族契约法律文书汇编：姜元泽家藏契约文书［G］. 北京：人民出版社，2008.

［11］潘志成，吴大华. 土地关系及其他事务文书［M］. 贵阳：贵州民族出版社，2011.

［12］刘伯山. 徽州文书的遗存与整理前言［M］//徽州文书：第五辑. 桂林：广西师范大学出版社，2015：5—10.

［13］刘伯山. 关于《徽州文书》第五辑的说明［M］//徽州文书：第五辑. 桂林：广西师范大学出版社，2015：12—14.

［14］唐立. 编序［M］//云南西部少数民族古文书集. 东京：东京外国语大学国立亚非语言文化研究所，2011：iii—iv.

［15］赵世瑜. 清水江文书在重建中国历史叙述上的意义［J］. 原生态民族文化学刊，2015（4）：4.

清水江文书：中国文书研究的新视野①

林　芊②

摘　要：从契式上看，清水江文书是中国成熟契约文书在少数民族地区的运用；清水江文书存在着契式的成熟与契约书写内容简约的巨大反差，其原因在于它“内地边疆”的社会背景；简约不是简单，清水江文书简约一面潜藏的却是一个“成长中社会”的生动历程，使之成为中国古代文书研究的新课题，也对其研究方法提出了新要求。就上述意义而言，清水江文书为中国文书研究展开了一个全新的视野。

关键词：清水江文书；内地边疆；中国文书研究；新视野

一、成熟的文书契式与简约的内容书写

目前国内遗存的古代契约文书，在特征上只有清水江文书与徽州文书在各方面有很高相似度。除前者有明确的50余万件遗存估计和后者20余万件收藏量外，文书诸多特征也颇为相似。最近刘伯山着重分析了徽州文书的两个突出点：一是其非官文书的民间性，尤其是社会经济方面的文书；二是遗存在一个自宋以来就形成的完整行政区域——徽州所属六县。[1] 就这两个方

---

① 本文原载《贵州大学学报》（社会科学版）2017年第4期第24—30页。

基金项目：国家社科基金一般项目“晚明至民国时期内地侗、苗民族地区土地买卖与地权分配研究（14BZS069）；国家社科基金重大项目“清水江文书整理与研究”（11&ZD096）。

② 作者简介：林芊（1959—），男，贵州贵阳人，贵州大学历史与民族文化学院教授。研究方向：史学理论与区域史教学与研究。

面而言，陈春生、张新民各自针对所汇集的清水江文书，也无不强调其鲜明的民间性①；认为在区域范畴上，徽州文书突出于人文传统的统一性，清水江文书则是侧重在自然地理——清水江流域的相对统一上。

其实，与各地遗存的古代文书比较，清水江文书有一个独特现象，即文书程式非常成熟，但书写的社会经济关系却相对简约。清水江文书最先为研究者所注意的是林业契约，日本学者编辑的清水江文书集，就命名为《贵州苗族林业契约文书汇编》，而林业生产中体现出来的租佃关系，更是研究的热点，如该汇编单独列出“山场租佃契约”一卷。若仔细与其他地区租佃关系文书比较，清水江林地租佃契书写显得内容简约。如在徽州契约中，租金、主佃分成两项约定是必不可少的，还有专门的永佃性质语意表达。同样复杂的书写也在石仓文书的林地租佃契约中呈现，一件租佃契往往书写有“租”与“拚”两个环节，且徽州与石仓林契中甚至连栽种的杉木株数间隔都有约定②。清水江流域的绝大多数林地佃山契或“分合同”中，所书写的都是单项的栽手与山主的分成约定，只类似于徽州与石仓林契中“拚”的部分，缺少了租地的环节，更无林亩与植株间距等细节书写；在耕地租佃契约中，徽州文书不仅写明永佃权，还有佃仆等各种内容约定③；典当契约、田地买卖中，清水江文书大多典与当不分④，又几乎没有田面与田底等区分表示，都是单纯地绝卖。

利用民间宗族文书研究古代中国基层社会，是中国文书研究的一大贡献。无论是徽州文书、福建文书、广东文书还是台湾民间文书，都成为宗族社会经济研究的一个重要史料来源。宗族文书无不反映出经济生活与宗族生活的密切关联，郑振满从契约文书书写内容中找到“族”际结构的复杂性、宗族与赋役制度间复杂的社会关系⑤，刘志伟从契约文书书写内容中看到了

---

① 参见陈春生：《〈清水江文书〉序言》（张应强、王宗勋：《清水江文书》第一辑第一册，广西师范大学出版社，2007 年）；张新民：《〈天柱文书〉前言》（张新民：《天柱文书》第一辑，江苏人民出版社，2014 年）。

② 凡徽州文书、石仓文书中的山林契约，大都明确写出具体林地亩数，杉木株数、间隔等约定，如密植、三尺、五尺等。

③ 有关租佃及佃仆等约定详情，请参见叶显恩《明清徽州的佃仆制》，载《中国社会科学》1981 第 1 期。

④ 有关清水江区域典当契约内容的分析，请参见徐钰《清至民国时期清水江流域民间借贷活动研究——以天柱文书为中心》，第五章。贵州大学硕士学位论文，2016 年。

⑤ 参见郑振满《明清福建家族组织与社会变迁》第三章，中国人民大学出版社，2009 年。

宗族与里甲制度间的联系①。因而宗族研究无不将社会现象放置于经济活动中去考察②。清水江文书中宗族文书是大宗之一，不乏家谱、阄书（分关书）、宗祠碑刻、民间传说文本等。且利用文书研究宗族成为今天清水江文书研究的又一主题。但无论是家谱还是其他文书，书写内容都很简约，如家谱一般只是单薄的世系标注式“瓜谱”，缺少宗族性社会规约及文化传统的叙述，阄书中则几乎从不表达族产情况。

清水江文书成熟的文书程式与文书书写内容简约的强烈反差，可能是清水江文书与其他文书的最大区别。因而就得从文书内涵上去辨析“何为清水江文书”，以揭示其在中国古代文书研究上的特殊意义。

二、何为清水江文书：对中国“内地边疆”社会的书写

“何为清水江文书”之问，是针对清水江文书与各地文书的区别而言，也是认识清水江文书特征的一种新视角。清水江文书与徽州文书、福建文书、浙江石仓契约文书、太行山文书乃至北方黑水城文书，最大的区别在于其产生的背景完全不同。这种不同不仅在于其表面上是汉族地区与侗、苗等少数民族为主体的地区区别，更在于各自所处的社会发展水平间存在着巨大差异。

清水江流域是明清时期的三府四卫③，在明代文献中以一个特别的政治地理术语——“边疆”来概括。这里的边疆，不是国家的国土边疆，而是国家“内地边疆”。明弘治《贵州图经新志》曰：“新志：黎平虽在边幅，然与沅靖相悉。”[2] 在湖广的地方志中更是用“楚边”解释“内地边疆”，如释“沅州位在楚边之边”[3]。其边则是古代内地与少数民族主要是侗、苗民居住地交错的内地省界，如会同“逼近天柱，为控制黔界，……黔境不靖，扰及楚疆。”[4] 因此，“边疆”含义不光是行政区划属性，更有不同族群与行政区划的双重社会关系意义（见表1）。直至清朝中期，处于“内地边疆”

① 参见刘志伟《在国家与社会之间——明清广东地区里甲赋役制度与乡村社会》第五章第二节，中国人民大学出版社，2010年。

② 参见唐力行《徽州方氏与社会变迁——兼论地域社会与传统中国》，载《历史研究》1995年第1期。

③ 在明代，清水江流域今天的三穗县属于镇远府，黎平县为黎平府，天柱县属于靖州府。四卫为镇远卫、五开卫、靖州卫、铜鼓卫。

的清水江流域社会面貌，史书中通常用几组相对应的关键词加以描述："经制"与"土司"、"屯堡"与"苗疆"、"熟苗"与"生苗"。这些关键词的内涵表明了清水江流域社会的基本特征：第一，仍然是一个由不同族群共处的行政区；第二，是一个经历着由"生苗"向国家经制化转变过程的地区；第三，也是最重要的，由屯堡与"苗疆"构筑的清水江流域社会经济发展水平，与内地存在着巨大的时间差，即到明清时期中国历史已走向高度文明，而清水江流域此时才开始经历整个社会的"内地化"过程。

表 1　清水江流域三府四卫社会关系简况

行政	府县、卫所	长官司、苗里	苗界、溪洞
居民身份	民人（汉族、侗族、苗族）	土民、苗民	侗人、苗人
财产关系	民田、屯田	土司田地苗田	苗田
国家义务	赋役、子粮	无科则，"口报鸡粮"	无赋役、科则

清水江流域与同期内地社会发展水平的巨大落差，是清水文书产生的社会背景。反映在文书上，首先就是中国古代成熟文书系统随着国家对苗疆的改造而深入到边疆土司社会，逐渐成为"苗民"社会经济生活中的物证凭据。这里就有个问题值得商榷，清水江文书作为物权载体和法律凭证，不存在如许多研究者认为的那样，有一个融合苗疆传统物权载体和法律（习惯法）文书的过程，这个载体就是以"刻木为契"相称的"书证"形式。其实，清水江流域至民国时期，都还保存着"现代"与"传统"两套契约形式。所谓现代就是大量遗存的各种山林田土等买卖契约，及"认错字"为名的司法调解文书，这类文书是对中国古代成熟契约文书的运用；所谓传统就是自南宋起就在这一地区使用的"木契"。而前者从明代到民国时期，文书契式似乎没有变化，至今找不到一件文书显示两者有一个融合关系的衔接证据，即看不到成文文书吸收了传统木契的痕迹，也不存在由木契演变成成文文书的过程，文书在清水江流域的使用情况是一种方式取代另一种方式，即成文文书取代"刻木为契"的方式。因此，现在所能看到的遗存文书中，不存在一些研究所说的那种呈现出侗、苗民族特色的成文文约形式。契约书证的替代过程不过是在特定经济社会发展背景下国家"改造苗疆"过程在文书形态上的反映。

这就引发我们对清水江文书的史学意义有了一个新的认识：清水江文书书写的内容，实际上是清水江流域经济社会发展水平及社会结构的真实反映。社会经济史重在制度的结构性分析，傅衣凌首先揭示出内地文书中的“一田二主”现象，后杨国桢进一步发现，“所有者主体分为三个层次：国家（大共同体）、乡族（小共同体）、私人，各有不同的所有权”，于是他做出了“……中国封建土地的所有权，不是完全的自由的土地所有权，它的内部结构是国家、乡族两重共同体所有权与私人所有权的结合”的论断[5]。曹树基则在利用石仓文书研究土地买卖过程时，发现这里的土地交易环节复杂，在地权上存在着“相对的所有权”与“残缺的所有权”[6]、“变通的租佃”、“相对的田面权”与“公认的田面权”等土地占有形态[7]。可见内地土地交易文书所体现出的复杂土地权的各环节，是发达农村社会经济在生产生活中的反映。相比较而言，清水江文书中显示的土地占有形态就相对简约得多，基本上不存在“一田二主”或“乡族所有”等复杂的中间层次。原因在于清水江流域自明代以来，国家就不断地推行屯田，或化土司苗田为国家编户，因而地权相对“简约”：不是国家的屯田，就是被“编户”的民田，地权分化尚还不明显。因此，文书内容的书写实是真实地表达出了“内地边疆”简约的土地所有制度形态。

与其他区域民间文书比较，社会关系简约性在清水江宗族文书中更显得突出。徽州宗族文书大都来自名门大姓，从中显示出复杂的宗族结构，如文书中所表现出的宗庙及祭祀、宗谱皆有数百年的叙述，尤其是显示出的复杂的社会关系，如宗族与乡约、宗族与地方组织关系等；复杂的经济生产关系结构，如文书中记载的大量族田积累、族产继承、经营与分配等①，仅文书就足以表明徽州是一个宗族社会。相比而言，清水江宗族文书反映的宗族结构则相对简约得多。文书中很难看到较为明确的共同族产，虽然该流域自乾隆时期起木材交易就逐渐繁荣起来，遗存了大量的林业契约，但却看不到如徽商群体、东南“族商”那样的宗族经济体系②。尽管从分家文书中也能发现随着家庭裂变分化而显露出的一个宗族形成的走向，最为突出的是通过梳

① 徽州宗族的社会结构与社会生活，参见李文治、江太新《中国宗法宗族制和族田义庄》，社会科学文献出版社，2000 年。

② 对“族商”的定义与分析，参见陈支平《民间文书与明清东南族商研究》第一章，中华书局，2009 年。

理文书内事主称谓，竟能接续出一个完整的七代家族谱系，但也仅仅是谱系的简约书写，再也找不到能与谱系结成宗族活动相关的社会关系文书了。层出不穷的分家文书，不外是家庭分化的一种自然力，而未能形成由此可能导致的宗族社会凝聚力。因此，民间文书中见到的宗祠，更多的是以飞山庙、关公庙或者万寿宫等并非纯粹的宗庙形式出现的，宗族活动无论是祭祀还是庆典，更类似于一个乡族的集体活动①。于是从清水江文书去构建宗族社会，静态地看会产生类似于“江南无宗族”的迷幻。动态地看，虽然从清朝后期到民国，在清水江流域社会中，宗族增强了在乡村社会生活中的主导性，但浓厚的乡族集体活动色彩，终使内地边疆宗族结构更类似于郑振满所界定的那类“只注重族人之间的互利关系，不注重血缘与地缘关系”的“合同式”[8] 家族组织。

三、清水江文书：中国文书研究的新课题

周绍泉针对徽学研究有个预言，认为徽学研究将给明清史研究带来革命性的变化[9]。虽然不敢预言清水江文书将给明清时期边疆史研究带来革命性的变化，但可以确信，它为中国古代文书学研究提供了一个新课题，即让我们通过研究文书，去观察一个区域社会是怎样成长起来的。清水江文书书写内容何以简约，恰好提出了中国古代契约文书研究的一个新课题：清水江文书能从“发生学”的意义上去认识一个社会是如何成长起来的，或者说清水江文书世界里隐藏着一个成长中的社会。

明清时期，中国江南、东南与徽州等地的土地制度已非常成熟，私人土地更多的是通过地籍文书记录在案，仅中国社科院收藏的徽州私人土地册籍就有3000多部册，清水江流域从清到民国时期的地籍文书很少②，更多的是单户间的土地买卖契约，反映出流域土地管理制度的欠发达。但它却因其“原始性”而对观察土地积累与地权变化有独特意义。一方面，可以通过文书归户性所组成的一个家族单位的土地买卖契约文书，再现这个家族从初始

---

① 相关活动内容，参见李斌等《民间记忆与历史传承——贵州天柱宗祠文化述论》，四川大学出版社，2014年。

② 关于清水江文书中有关地籍文书的遗存及类型情况，参见张泽宇《明清时期清水江地区的土地清丈与地籍编纂——以天柱县为中心》，贵州大学硕士学位论文，2017年。

阶段到最后时期的整个土地买卖情况；另一方面，可将某一个人一生的土地买卖记载下来。前者如通过对天柱县攸洞村刘氏家族从康熙时期到民国时期七代人的土地契约进行统计，后者如这个家族的主要人物之一刘昌儒终生的土地买卖契，可以将其从嘉庆时期到光绪时期60余年间的土地积累总量统计出来。无论是家族还是个人的契约，通常就是一部土地“原始积累”的完整过程。因此，从观察一个社会的地权形态上看，清水江土地买卖契约能将一个家族或者一户的土地，从零起点到拥有相当数量土地的整个演进过程清楚地显示出来。

清水江林地买卖契约文书，不仅地权转移脉络清晰而持续，更是从发生学的角度清晰地揭示了地权从原始处女地状态向私有制度成长的演变过程。清水江流域是我国南方重要的生产林区，明清时期有着频繁的木材交易与林场土地买卖。如同土地契约文书一样，林地买卖契约也清楚地表现出私有土地积累的全过程。更重要的是，清水江许多林地买卖文书，通常书写有“共股”的产权约定，但这里的“共股”，不是共同占有一块林地的股权性质，实质却是“分割”之意，是几户同村人家对本村寨无主荒山（公地）的共同瓜分。因此，文书中的“股”不过是在追述原始林地无主权的处女地状态，因而通常会看到一块“共股”的山场是怎样通过土地转让，一步一步地最后沦为某一户人家的私有林地的。这种由“共股”到私权的变化，就是一出流域林地从无权属的处女地，转化成为个人私有土地的完整戏剧。

从发生学视角看初民社会向成熟社会组织的成长转变，清水江文书则提供了更为清晰的路径。明清时期清水江流域缺少黄册等户籍登记资料，民间也缺少精细的族谱，更无名门望族留下的家族文件，这一直是困扰清水江社会内部组织成长的一大问题。但清水江文书中有大量的起自康熙时期迄于民国时期的单门独户进行土地交易的买卖契约，而这些契约的一个共同特征，就是事主双方间的称谓或亲属关系无一不明确地写入契约中，从而将一个村寨社会的亲属关系清晰地保存了下来，由此可梳理出其中由血缘关系组成的一个个宗亲网络。以著名的锦屏县文斗寨姜氏宗族“三老家”为例，这个家族第一件分家书写于嘉庆二十四年（1819年），然后经历道光、光绪时期数次分家，形成了名为“三老家”的宗支；再从契约文书看，这个家族现存最早的契约文书是乾隆二年（1737年）的林地分配文书，在乾嘉间的土地买卖契约中出现了“三家”称谓，道光年间出现了“三老家”的称呼，光绪末民国初的土地契约记载中，又衍生出了“三小家”等宗族族群。从“三老家”形成的典型剖析可清楚地看到，自乾隆时期持续到民国时，一个姓氏独立的小家庭（核心家庭）是怎样发展成大家族（三家）家支（房），再发展成由同血缘的各家支组成的家族共同体（宗族）的整个成长过程。因此，清水江契约文书的特别意义在于，它潜藏着一个社会组织由初级到成熟的成长史。

当然，宗族的形成不仅是血缘家族体系的建构，它还与国家制度发生着千丝万缕的联系，尤其是一个从苗疆到内地化的区域社会，这种关系共同促进了社会的成长。清水江流域宗族的形成大都起自乾隆年间，它与清廷于雍正六年（1728 年）开始在该流域大规模的“改土归流”举措同步。改土归流的一个重要社会建设就是在苗疆村寨建立里甲制度，于是我们看到，村寨成长中的宗族组织有里甲制度的影子，反之不断推行与扩展的里甲制度也有宗族组织的力量。两种组织相互依存的现象在许多土地买卖文书与赋役文书中都能看到，其中一个重要表现就是宗族族长与里甲长共同担当了监督工作（如契约中的中人）的主要社会角色①。这种宗族成长的原生过程伴随国家制度的建设，血缘社会与国家权力融合促成一个区域社会成长历史过程中的复杂关系，在张应强所著《木材的漂流》一书中有细致的描述和深入的分析，尽管该书的主要资料是与木材贸易相关的林业契约、文斗寨的民间口述传说，但表达出来的主题实际上是一个宗族社会形成的历史案例，即木材贸易及市场对区域社会的扰动、国家对苗疆社会的改造，与移民到文斗的姜氏群体的生产生活相互交织，同构了文斗寨宗族的关系形成与成长。

国家力量对清水江流域地区社会的改造，在流域许多民间文献中，发现都有共同的思想表达和愿望。如清后期锦屏县亮寨绅士龙绍纳所撰修的《迪光录》，一方面通过移录官修方志，获得家族在本地望族的正当性，又通过举办教育等与国家保持文化观念上的一致性。再从清水江区域宗庙祭祀看，关帝庙成为当地更有聚集力的宗族活动场所，而关帝的祭祀绝对不是清水江流域民间文化意识的随意表达。关羽崇拜是清摄政王多尔衮的主张，至康熙时期成为国策。[10] 清水江民间文书所表达出的宗族具有的浓厚“正统”观

① 有关清水江流域自乾隆时期以来里甲制度建设与宗族间的关系，参见周道《清至民国清水江流域保甲制度研究》第二章，贵州大学硕士学位论文，2015 年。

念，本质上是认同国家力量对清水江流域进行的社会改造并对此主动做出的反应。其动机大致类似于陈春声对广东客家人身份认同研究所做出的总结："传统中国所谓'身份'与'认同'问题，归根结底，往往是与'国家'关系的观念问题。"[11] 因此，就清水江文书所"重建"的区域社会而言，明清时期清水江流域的宗族成长，与内地宗族社会在功能上有了一个显著的差别，即作为具有地方基层"社会治理"权力功能的宗族组织，往往没有起到为伸张地方利益而与国家"分庭抗礼"的作用。清水江的社会成长，似乎有着"家国同构"的意味。根本原因，在于它是一个变革中的社会，也是一个被中央政府模式塑造着的社会。

四、清水江文书研究方法论：利用文书研究历史的方法论思考

今天清水江文书研究有两个现象异常明显。一是研究问题意识的"引进"。目前检索到的清水江文书研究成果，旨趣和问题几乎都是徽州文书、福建文书、石仓文书研究的议题热词；二是研究方法的"路径依赖"现象。前者不可避免，因为清水江文书所涉及的社会经济生活，同样也是上述其他文书包容的社会经济生活，而须认真思考的问题则是研究方法。

提出研究方法的"路径依赖"，主要是指清水江文书研究方法烙上了浓厚的先验色彩。毋庸讳言，清水江研究几乎成为"新社会史"或"历史人类学"方法的实验场。如涉及社会历史就以宗族——宗祠为核心，不免有"进村找庙、进庙找碑刻"的路子；涉及村寨事务便都成了传统法规范下的地方社会；凡木材生产就寻找"市场圈"结构；研究林业契约则从中寻找生态的"地方性知识"。似乎有意无意间忘却了文书包含着更丰富的历史信息：一个被国家塑造着的成长中的社会。而以上述方法论套路的研究难免使许多结论似是而非。如从口述史及今天仍然竖立于文斗寨前的碑刻，文斗寨显赫的宗族"三老家"与"大三房"被发掘了出来。然而"三老家"的宗族组织并非口碑资料那样简单。通过对文斗寨遗存的乾隆时期以来文书的仔细梳理研究，发现这里还有"一老家""三小家"；还可以利用文书从源头上追寻到康熙时期"三老家"与平鳌寨的关系。再如利用林业契约进行研究，发现木材经济为流域带来了大量白银，于是便自然要追问白银的流向。从今天一些研究文本看到，通过人类学调查实证发现，苗族女子出嫁的嫁妆是一身

丰富的银制饰品，于是便用苗家妇女是白银消费群体解释了林业生产中白银流向，显然这是一个浅表性的观察，殊不说该调查没有了解到出嫁少女一身丰富的白银饰品，在回娘家时是要被收回的，也没有了解到，那是一家数代人通过辛勤劳作不断积累才有的"当下"的通过装饰方式储藏起的"白银资本"；反之，上述路径观念限制了人们从林业契约去分析了解：林农一生能有多少林地？多少林业收入？并由此推断清水江林业生产是否给当地林农带来丰富的白银？这就表明，人类学田野调查倚重的口碑史料，或因后人记忆的局限，或因资料局限，所以易于掩盖社会发展尤其是长时段下复杂的社会历史关系。

再如清水江林业生产研究再现的木材经营及市场网络，一是从口述史资料追述形成的明代以来的木材交易情况，一是从碑刻文献建构的市场网络。实际上，凡是所能见到的口碑史料，都可以在官方记载中找到，或者本身就是官方记载的"民间化"；且官方文献可以矫正民间口碑的许多误传：它证实依据捕捉到的林业生产市场在明代没有，在清代康熙乾隆时代也没有；而市场网络更是一种"理想化"的推论，除了一个几十年没有变化的"三江"市场外，就没有第二个与之发生关系结成网络的具体市场分析。尽管已很勉强，但仍有学者对此研究表示不满，认为"没有现代市场经济理论对其林业先进性以及政府的调控行为进行论证"[12]。没有实际的经验材料确证的林业市场，就动辄去找市场体系，显然是先有一个事前准备好了的施坚雅乡村市场理论，然后据此再去从文书中寻找这个市场的踪影，明显有失严谨。

这种以先验的方法论为特征的研究，必然出现"灯下黑"的现象。所谓灯下黑，即照亮了井底而模糊了周边。历史人类学研究的目的是证明"今天人们还这样活着"，而清水江文书的历史信息，则可以为我们探索今天为什么这样活着。清水江文书的一个显著特征，就是它包含自清到民国期间的持续不断、及潜藏其中的一个不断被改造的、成长中社会动态一面的价值，忽略这一整体性的观照，在研究中就可能出现许多盲点：它首先引起人们困惑，在面对已有的海量且信息价值极高的契约文书时，为何不花功夫进行梳理而只借重口碑史料；第二，不去重建区域社会的成长过程，区域史研究难免出现平面化；第三，过分地依赖口述史料不仅易于生产史误，还往往导致极端情况产生，即它不是易于使区域社会"野蛮化"，就是被现代化。因此，作为方法论的区域史让我们思考，清水江文书或区域史研究方法有没有一个基本的出发点？

清水江文书是清水江流域经济社会发展的历史载体，从本质上看文书表现的是历史本事，因此，研究文书本质上是研究历史。换句话说，文书显现出来的社会历史特征才是文书研究的出发点，文书研究的终极目标是通过方法去反映特征，而不是以研究方法为特征。那么，清水江社会历史是什么？文书内含着社会历史特征吗？从本文上一节分析已看到，这是一个发展成长的社会，是一个被国家塑造的社会。因此，我们认为利用清水江文书研究清水江区域史，下述两方面应当是其基本出发点。

第一，所有研究方法的终极目标都是为重建区域社会的发展成长过程添砖加瓦。今天的区域史研究几乎都是在年鉴学派理论框架下进行的，但年鉴学派不仅观察琐屑的、具体生动的“小历史”，它还有一个时段框架为准则，即所谓长时段、中时段的社会时间准则。众所周知的《15 至 18 世纪的物质文明、经济和资本主义》一书，布罗代尔是从经济生活细节进行描述，最后在其第三卷对几百年的资本主义做概念定义。清水江文书有历史信息的全息性及持续性优势，据此我们完全可以如史景迁的《王氏之死》模式，来讲许多个特定时间段清水江流域侗、苗民妇女生动的婚姻悲喜故事，或如汪铭铭《溪村家族》的叙事方式，去解析一个村寨成员琐屑生活下呈现的经济、政治小结构社会关系。但时间持续不断的清水江文书，更提供了许多不同时期的故事和不同时期的村社内部关系，全面梳理这些文书，通过各个故事要素的归纳，更能显示出从清到民国时期清水江妇女的生活特征、区域社会历史的整个运动变化过程。因此，从历史发展动态眼光看，才能讲好文书中内含的完整的历史故事。如多次提到的清水江文书中红契与白契间关系，2001 年日本学者岸本绪美从中观察到的是乾隆时期的地方性习俗故事[13]，但如果将眼光放置于此后发生于嘉庆时期到民国期间红契取代白契的现象，那可能就讲述到社会变化的故事，再如将 2015 年韩国延世大学 Kim Hanbark 对白契与红契性质的剖析观察[14]，可以看出红契背后显示的是国家意志。由此，一个完整的清水江流域文书构建的故事就完整了：乾隆时的白契时代是赋役制度的初始时态、嘉庆后红契取代白契则是成长社会导致的制度深化，而推动这一变化的则是国家意志在清水江社会发展的作用发挥。

第二，尽管今天仍然在方法论上有所谓“大历史与小历史”关系的讨论，但在清水江文书研究中，任何一个具体事件背后都有作为“大历史”的国家意志的作用。明清时期的清水江流域无新理学的大师，无徽州巨贾富商的财富，也无江南复杂的社会关系与社会经济问题纠葛其间，就是以“沙田”买卖等关系为特征的广东文书，其反映的社会发展水平，也是汇集在《广东新语》里的那群能左右国家力量的地方社会精英。而清水江文书及部分历史文献资料所见到的明清时期清水江社会，却是与上述地区完全不同的另一个世界。从社会体制上讲，清水江地区正经历着一个初级社会成长中的各个时段；从文化关系上讲，它是一个渐进却深沉而持久地融入国家意识的社会。在研究方法主导“新社会史”或者“历史人类学”的话语权下，文书背景的巨大差异，被只将文书视为“民间文献”的先验方法所遮蔽，难免会将清水江社会历史研究做成“清水江历史的华北版”或者“清水江历史的华南版”。更严重的是，如果利用清水江文书去反对清水江流域的国家化叙述，那么清水江流域就没有了历史。这就在方法论上呈现了一个当代中国史研究的大问题：究竟是史料决定研究方法，还是用观念中的研究方法，去决定所研究的那个社会历史的问题意识？据我们对清水江文书的阅读与理解，认为至少在观念上，我们的研究无法因追求地方性去回避国家化观念，这就如十八世纪末的德意志，面对支离破碎的“神圣罗马帝国”躯体，席勒就旗帜鲜明地标榜要竖立民族国家的历史与国家民族认同的研究范式。清水江流域区域史研究，没有宏大视野做不了精深的研究，因此，各种研究方法的选择是为了充分地使得重建的历史更真实、丰满、鲜活，而不是用方法宰割历史。

参考文献

［1］刘伯山．徽州文书的遗存与发现［J］．探索与争鸣，2009（6）：57—59.

［2］贵州图经新志．贵州黎平志：卷七［M］．中国地方志集成．贵州府县志辑：成都：巴蜀书社，2006：76—77.

［3］周继代，韩冲斗，何天宠．明万历楚边图说［M］．怀化市地方志办公室复印件.

［4］“会同县志序”．（光绪）会同县志［M］//中国地方志集成 湖南府县志辑．南京：江苏人民出版社，2004：64.

［5］杨国桢. 明清土地契约契约文书研究［M］. 北京：人民出版社，1988：1—2.

［6］曹树基. “残缺产权”之转让：石仓“退契”研究（1728—1949）［J］. 历史研究，2010（3）.

［7］曹树基. 传统中国乡村地权变动的一般理论［J］. 学术月刊，2012（12）.

［8］郑振满. 明清福建家族组织与社会变［M］. 北京：中国人民大学出版社，2009，81.

［9］周绍泉. 徽州文书与徽学［J］. 历史研究，2000（1）.

［10］朱维铮. 重读近代史［M］. 上海：上海文艺出版社，2010：62—63.

［11］陈春生. 从“倭乱”到“海迁”——明末清初潮州地方动乱与乡村社会变迁. 载陈春生. 市场机制与社会变迁——十八世纪广东米价分析［M］. 北京：中国人民大学出版社，2010：296.

［12］钟一苇，杨博. 从引证看锦屏及清水文书研究［C］//2016年锦屏文书与法文化研究高端论坛论文集. 锦屏文书国际学术研究会，2016：406.

［13］唐立，杨友赓，武内房司. 贵州苗族林业契约文书汇编：第三卷［G］. 东京：东京外国语大学国立亚非语言文化研究所，2003：165—190.

［14］Kim Hanbarkwsk. 因何前去官衙：清水江文书中的红契分析［J］. 原生态民族文化学刊，2015（4）.

清水江文书概念考析①

舒彩前②

摘　要：从20世纪60年代前后至今，学者们对清水江文书的研究已过去了半个多世纪。但是，何谓清水江文书，学界仍没有一个统一的概念。研究者都是各自从不同的视角对其进行定义，在其内涵与外延方面，大多存在以偏概全或肆意扩大化的问题。古人云：名不正，则言不顺。因此，在前人研究的基础上，对前人已有的诸多概念进行梳理与分析，再对清水江文书概念的内涵与外延做一个比较全面的考察分析，并在此基础上对清水江文书定一个比较科学的、清晰的、统一的概念非常重要。如此，可以结束学界对清水江文书概念问题的混乱现状，使学人对清水江文书有一个更清晰的认识。

关键词：清水江文书；概念；考析

一、引言

清水江是贵州省的第二大河流，属长江水系，省内河长452.2公里，流域面积17157平方公里。[1] 该流域地处苗疆腹地，是全国最大的苗族、侗族聚居地，居住着苗族、侗族、布依族、水族、仫佬族、畲族、瑶族等少数民族。[2]

随着中央王朝对苗疆的不断开发及其对苗木需求的不断增加，原本封闭

① 本文原载《贵州大学学报》（社会科学版）2017年第2期第35—39页。

② 作者简介：舒彩前（1982—），男，贵州天柱人，贵州民族文化宫/贵州省民族博物馆馆员。研究方向：贵州民族文化及博物馆学。

的清水江流域发生了翻天覆地的变化，尤为显著的是其发达的林业经济，以及在此基础上产生的大量的林业契约及其他相关文书。

20世纪60年代前后，贵州民族研究所的杨有赓、廖耀南等人开始对清水江流域的部分林业契约进行相关研究。随后数十年来，中外相关机构及其学者争相对清水江文书进行搜集、整理与系统研究，并取得了较为丰硕的成果。2011年10月，以张应强、徐晓光、张新民为首席专家的《清水江文书整理与研究》成功申报为国家社科基金重大课题，并获得立项。

目前，从事清水江文书研究的队伍主要由贵州省民族研究院、锦屏县档案局与史志办、贵州省档案馆、凯里学院、西南政法大学、中山大学、贵州大学、贵州省社会科学院、贵州民族大学及贵州民族文化宫等单位的人员组成，以杨有赓、单洪根、王宗勋、徐晓光、张应强、吴大华、罗洪洋、梁聪、罗康隆、龙宇晓、张新民、龚晓康等人为代表。国外的研究者主要有唐立、武内房司、相原佳之、寺田浩明、岸本美绪等日本学者。

从20世纪60年代至今，对清水江文书的研究已达半个世纪，研究机构及学者众多，成绩斐然。然而，迄今为止关于清水江文书的概念，学界仍然没有一个统一的说法。诸多专家学者在研究清水江文书并使用到这个概念时，多表现出较大的随意性。古人云：名不正，则言不顺。为此，笔者试图在前人的研究基础上，从清水江文书的内涵与外延方面进行考察，来对清水江文书的概念进行正名。

二、清水江文书概念文献综述

关于清水江文书的概念，在众多从事清水江文书研究的专家学者中，大致有张应强、徐晓光、龙泽江、张新民、朱荫贵、韦建丽、吴苏民、林东杰、吴述松、魏郭辉、史达宁、张继渊、胡展耀等人尝试对清水江文书的概念进行过定义。

张应强在其《清水江文书》前言里是这样定义的："随着明代以来特别是清雍正年间开辟'新疆'之后的大规模区域经济开发，清水江流域尤其是其下游地区，经历了以木材种植采运业兴起为核心的经济发展与社会历史过程。以杉树为主的各种林木的种植与采伐，成为清水江两岸村落社会最为重要的生计活动，随之而来的山场田土买卖、租佃所产生的复杂土地权属关系，杉木种植采运的收益分成，以及地方社会在某些特殊历史时期所经历的重大事件，等等，留下了大量契约文书及其他种类繁多、内容庞杂的民间文献。我们把这些珍贵的民间历史文献统称为‘清水江文书’。”[3]

徐晓光和龙泽江早期将清水江文书定义为“锦屏文书”，其定义为：“‘锦屏文书’是指以贵州省锦屏县为中心，包括黎平、剑河、天柱和三穗等县苗族、侗族人民在清代和民国时期形成的、以土地契约为主、还包括税契、分家契、诉讼词、谱牒、官府执照、文告等由民间流传下来的文献资料。”[4]

龙泽江在其《清水江文书研究的背景、意义和价值》里又是这样定义的：“清水江文书又称‘锦屏文书’，是贵州省清水江中下游流域少数民族地区的珍贵民族民间文献遗产，其中大部分是清代和民国的遗存，也有少量明代及中华人民共和国成立后的产物。其种类及内容极为丰富，以山林和田土买卖和租佃契约为主，还包括纠纷调解、分家文书、判决、官府文告、委札以及碑文和成册的账簿、稿本、家谱等。”[5]

张新民在其《清水江文书的整理利用与清水江学科的建立——从〈清水江文书集成考释〉的编纂整理谈起》里是这样定义的：“清水江文书是广泛遗存于贵州省东南部清水江流域台江、三穗、剑河、锦屏、黎平、天柱等县的以林契和地契为主体的民间性文书。”[6]

朱荫贵在其《从贵州清水江文书看近代中国的地权转移》里是这样定义的：“贵州省清水江文书，是近年来在贵州省黔东南十多个县区发现的民间契约文书，这些民间契约文书以汉字记载了苗族和侗族为主的各民族各方面的社会生活。”[7]

韦建丽在其《清水江文书的分布式保存与数字化管理》里是这样定义的：“清水江文书是贵州苗族侗族人民在清代和民国时期形成的各种公私文书，主要分布在贵州省锦屏、天柱、黎平、剑河、三穗等县为中心的清水江中下游地区，由于这批文书首先在锦屏县被发现，并且最先受到学界和政府关注，因而又称为‘锦屏文书’。”[8]

吴苏民在其《锦屏林业契约考析》里是这样定义的：“‘锦屏林契’因其最早发现于锦屏县内而得名，又称‘锦屏文书’或‘清水江文书’，现主要留存于贵州省黔东南的锦屏县及清水江流域的天柱、三穗、黎平、剑河、施秉、台江等林业地区；主要内容是从清代至民国时期林业生产方面的各种买卖、租、佃、转让契约，山场清册、山场座簿、乡规民约及石刻碑文等。”[9]

林东杰在其《清至民国年间清水江契约文书立契时间校补——以〈贵州文斗寨苗族契约法律文书汇编：姜元泽家藏契约文书〉为中心的研究》里是这样定义的：“清水江文书是广泛遗存于黔湘清水江流域、以地契与林契为主体的民间性文书系统。”[10]

吴述松在其《清水江文书与苗侗族人经济发展关系研究范式展望》里是这样定义的：“清水江文书是土地产权交易合同为主的制度体系，包括土地买卖、租赁合同；行户垄断交易制度；政府认可的商业习惯、习惯法等。现存形式有：民间持有和馆藏山林田土契约、碑刻、诉讼、官府文告等。”[11]

魏郭辉在其《古文书整理的学术标准——以敦煌文书、徽州文书、清水江文书整理为例》里是这样定义的：“清水江文书，是清水江中下游地区苗族、侗族林农为了经营混林农业和木商贸易而形成的大量民间契约和交易记录。其内容涵盖了明清以来乡村民间社会生活的各个方面，为清水江流域社会变迁、经济发展、生态活动、生活形态提供重要史料。”[12]

史达宁在其硕士论文《清水江文书的文献学价值——以锦屏县文斗寨契约文书为个案的分类整理与研究》里是这样定义的：“清水江文书是贵州省清水江流域下游地区苗族、侗族等少数民族使用汉文书写的民间文书，是研究贵州乃至全国明、清，以迄民国时期的重要史料。”[13]

张继渊等在其《族群边缘地带的清水江文书调查与研究——以锦屏县苗埂村落为考察对象》里是这样定义的：“清水江文书，又称锦屏文书，主要是指如实地记录了清水江流域（扩及都柳江流域和舞阳河流域部分地区）苗、侗、汉等民族长期从事以混农林生产为主体的社会实践活动以及所产生的各种社会关系历史面貌的活态史料与原始记录。”[14]

胡展耀在其《中国苗族混农林契约文书著录整理规范问题思考——以〈中国苗族混农林契约文书姜于休家藏卷〉整理校注为例》里是这样定义的：“中国苗族混农林契约文书，又称‘锦屏文书’或‘清水江文书’，是明朝末年至中华人民共和国成立初期近400年间贵州清水江中下游和湖南沅江上游等苗侗民族聚居区域形成并传承至今的一宗宝贵的民族民间文献遗产。”[15]

检索文献，纵观上述专家与学人对清水江文书所下的定义，我们会发现存在如下问题：

1. 关于清水江文书属于官方还是民间文献的问题

在官方与民间的归属上，大多专家学者将清水江文书定义为“民间历史文献（文书）”。如张应强的“我们把这些珍贵的民间历史文献统称为‘清水江文书’”；龙泽江的“清水江文书又称‘锦屏文书’，是贵州省清水江中下游流域少数民族地区的珍贵民族民间文献遗产”；张新民的“以林契和地契为主体的民间性文书”；朱荫贵的“贵州省清水江文书，是近年来在贵州省黔东南十多个县区发现的民间契约文书”；林东杰的“清水江文书是广泛遗存于黔湘清水江流域、以地契与林契为主体的民间性文书系统”；魏郭辉的“清水江文书，是清水江中下游地区苗族、侗族林农为了经营混林农业和木商贸易而形成的大量民间契约和交易记录”；史达宁的“清水江文书是贵州省清水江流域下游地区苗族、侗族等少数民族使用汉文书写的民间文书”；胡展耀的“‘清水江文书’，是明朝末年至……的一宗宝贵的民族民间文献遗产”等。

张新民教授在其主编的《天柱文书》（贵州清水江文书系列）中，亦称其整理出版的文书为民间文书——“本书主要收录天柱县档案馆登记入藏之民间文书”。[16]

杨庭硕教授等在其《清水江林契中所见汉字译写苗语地名的解读》中，亦认为“清水江文书是一个规模宏大的私家文本文献群”。[17]

事实上，包括上述给清水江文书下过定义的专家学者，其整理出来的清水江文书，还包含了部分鱼鳞图册、官府文告、经营执照、纳粮执照、税单、官府判决书之类属于官方文献而非民间文献的文献。因此，将其定位为民间历史文献不妥。

2. 关于清水江文书地域方面的界定问题

在地域上，有的专家学者将其限定在清水江中下游。如徐晓光的“以贵州省锦屏县为中心，包括黎平、剑河、天柱和三穗等县”；龙泽江的“是贵州省清水江中下游流域少数民族地区的珍贵民族民间文献遗产”；张新民的“广泛遗存于贵州省东南部清水江流域台江、三穗、剑河、锦屏、黎平、天柱等县”；韦建丽的“主要分布在贵州省锦屏、天柱、黎平、剑河、三穗等县为中心的清水江中下游地区”；吴苏民的“主要留存于贵州省黔东南的锦屏县及清水江流域的天柱、三穗、黎平、剑河、施秉、台江等林业地区”；

魏郭辉的“是清水江中下游地区苗族、侗族林农为了……”；史达宁的“是贵州省清水江流域下游地区苗族、侗族等少数民族使用汉文书写的民间文书”等。

有的专家学者限定为清水江中下游和湖南沅江上游，如胡展耀的“贵州清水江中下游和湖南沅江上游等苗侗民族聚居区域”。

有的专家学者界定为清水江流域并扩及都柳江和舞阳河部分流域，如张继渊的“记录了清水江流域（扩及都柳江流域和舞阳河流域部分地区）苗、侗、汉等民族……”。

贵州大学张新民教授在其《清水江文书的整理研究与清水江学的构建发展》中称，“至于其所涵盖之地域范围，……涉及湘、黔、桂毗连的广大地带”[18]。由此可知，张新民教授已将清水江文书的地域范围扩大到湖南和广西相关区域。众所周知，清水江发源于贵州南部流经贵州东南部，从天柱县翁洞镇汇入湖南沅江。贵州和广西毗连的地区有兴义、安龙、册亨、望谟、罗甸、平塘、独山、荔波、从江、黎平等县市，但是这些县市要么属于北盘江流域，要么属于红水河流域，要么属于都柳江流域，只有黎平县的部分河流是清水江的支流。因此，张教授的“涉及湘、黔、桂毗连的广大地带”的说法值得商榷。

上述专家学者在地域上，要么将清水江文书的地域范围缩小；要么将其范围扩大至其他河流流域，甚至出省。因此，这种以偏概全或肆意扩大的做法亦为不妥。

3. 关于清水江文书所包含的民族成分的界定问题

在民族成分分析上，有的专家学者界定为苗族和侗族，如徐晓光、龙泽江、韦建丽、魏郭辉、胡展耀等人的定义。事实上，清水江流域生活着汉族、苗族、侗族、布依族、水族、仫佬族、畲族、瑶族等民族。难道明、清两代大量迁入的汉族产生的文书，我们可以视而不见？难道布依族、水族、仫佬族、畲族、瑶族等民族在历史上就没有产生过文书？显然，这种只提苗、侗民族的做法，不够全面。

4. 关于清水江文书的时间上下限的界定问题

在清水江文书的时间上下限的界定问题上，学界尚未形成统一共识。有的专家学者界定为明代以来，如魏郭辉、史达宁、胡展耀等人的定义；有的专家学者界定为清代与民国时期，如张应强、徐晓光、龙泽江、韦建丽、吴苏民等人的定义。

5. 关于清水江文书所涵盖内容、称谓及分类等方面的问题

在清水江文书所涵盖内容、称谓及分类等方面，专家学者们也不尽相同。唐立、杨有赓、武内房司等人的《贵州苗族林业契约文书汇编（1736—1950年）第一卷史料编》将文书分为“山林卖契；含租佃关系的山林卖契；山林租佃契约或合同；田契；分山、分林、分银合同；杂契（包括荒山、菜园、池塘、屋坪、墓地之卖契及乡规民约、调解合同等）；民国卖契”七类。[19] 陈金全、杜万华的《贵州文斗寨苗族契约法律文书汇编——姜元泽家藏契约文书》将文书分为契约和其他文书两类[20]。高聪、谭洪沛的《贵州清水江流域明清土司契约文书·亮寨篇》将文书分为山林买卖、捐赠、转让、调换契约、字据；田土买卖、捐赠、转让、调换契约、字据；租佃、合伙经营合同、字据；家业、财产析分合同；典当、抵押、借贷契约、字据；屋地、菜园、池塘、阴地等买卖、捐赠、转让、调换契约、字据；结婚、接童养媳、离婚、休妻等婚姻文书；推行保甲、惩治匪患、广兴实业、立功嘉奖等官府文书；土司、保甲及宗族组织自治文书；裁决、诉讼、清白字据和其他文书十一类。[21]

我们将上述十三位专家与学人对清水江文书的概念罗列出来具体分析，可以看出，其清水江文书的概念都只是从不同的角度对清水江文书有所总结与概括，或者说，仅是其自已所理解的清水江文书的一家之言。总体来说，其概念的使用情况混乱不堪。因此，笔者认为上述专家学者对清水江文书的定义不够精准，非常有必要对其进行重新界定和规范。

三、清水江文书概念的内涵与外延考察

学界对清水江文书的定义之所以存在以上问题，笔者认为，主要是学者们对清水江文书的内涵与外延的界定模糊不清造成的。因此，要想得到一个比较全面、准确与正确的清水江文书概念，必然需要将清水江文书的内涵与外延界定清楚。

首先，我们需对文书固有的内涵进行考察。

《现代汉语词典》对文书的解释有两个意义：一是指公文、书信、契约等；二是机关或部队中从事公文、书信工作的人员。

其实，文书一词早在汉代就已经出现，历经两千年的变化，其内涵既丰富且多样。很多文献与文学作品里都曾使用文书一词。概括起来大致有文字图籍、书籍文章、公文案牍、契约、书札、文章和书法的合称、弹词的别称等意义。

其次，我们须对清水江文书特有的外延进行考察。

关于清水江文书的外延，我们主要从地域、时间、民族成分、存在形态等方面进行考察。

1. 地域方面

关于清水江文书地域的界定，我们一定要明确其限制语是“清水江”，即该文书是与清水江有关的文书，也即为清水江流域的文书。既然为清水江流域的文书，那么我们就不能简单地因为有关专家学者较早在锦屏县发现了文书的学术价值，并因在锦屏、黎平、天柱、剑河、台江等县发现的数量较多，而将清水江文书的范围，如前文所列学者一样只圈定在清水江中下游或者沅江上游。因为清水江上游也可能有文书，只是因为人们还没有发现而已。况且，沅江上游并不属于清水江，因此在沅江上游发现的文书不应称为“清水江文书”，可称为其他名目的文书。笔者认为，清水江文书的地域范围应该包括整个清水江流域。

2. 时间方面

学界对清水江文书产生的时间的上下限的界定不尽相同。张新民先生根据“清水江流域目前发现最早的契约文书，乃是明代成化二年（1466 年）八月‘粟文海、粟文江等人耕种抛荒屯田合同’”[22]，认为其上限可“上溯至十四世纪中叶”，其下限为新中国成立以后。[22] 徐晓光和龙泽江认为“时间跨度上起乾隆十六年（1751 年），下至公元 1980 年，前后 200 余年。”[23] 张异莲根据贵州省档案局馆藏情况认为“现已见到的最早的锦屏文书是明成化二年（1466 年），最晚的是 1992 年，时间跨度达 526 年。因而从某种视角看，锦屏文书仍在民间发展，是‘活的’文书”。[24]

虽然，我们目前发现最早的文书是明成化二年的文书，但我们以后可能会发现更早的文书，并且部分类型的文书现在仍在民间发展与使用。因此，我们不能简单地给清水江文书的时间设上限与下限。

3. 民族成分方面

很多学者都将清水江文书的民族成分圈定为苗族和侗族。清水江流域，除了苗族和侗族，还居住着汉族、布依族、水族、土家族、仡佬族、瑶族等等民族。除了苗族和侗族保存有文书，其他民族也有相关文书。因此，我们应表述为“各民族共同创造的文书”，更为准确。

4. 存在形态方面

清水江文书的存在形态主要包括两个方面，即文书材质和文书内容。

清水江文书的材质方面，现已知有纸质、布质、竹质、木质、石质等文书。其内容目前已发现的主要有官方文书、契约、民间记录类文献、民间文艺类作品、信函、诉讼禀稿等公私文献。

关于清水江文书所包含的内容，需要特别注意的一种现象是，笔者发现清水江流域的部分苗族使用的“刻道”并未被专家学者列入清水江文书。

“刻道”（Kiedet）是苗语的称谓，汉语即“刻木”或“歌棒”之意，其质地一般为枫木、梨木、竹等材料，也有用牛骨或象牙制成的。因苗族同胞传唱的《苗族开亲歌》的主要内容刻于竹、木、牛骨或象牙之上，苗族同胞持棒而歌，故有此称谓。“刻道”主要流传于黄平、镇远、凯里、施秉、瓮安、福泉、安龙、贞丰等县市的苗族社区。据史书记载，苗族“俗无文字，交质用竹木刻数寸，名为木刻”（《（乾隆）镇远府志》）；“刻木示信，犹存古风”（《贵州志略》）。“刻道”是苗族人民传统文化与生活信息的重要载体，是苗族悠久而博大精深的历史文化的凝结与浓缩。

“刻道”所传达的清水江流域苗族同胞的婚俗、自我意识、民族性格等丰富的民族文化，对我们研究清水江流域的文化变迁具有重要的文献价值意义。因此，笔者认为，“刻道”是清水江中上游具有独特形态的清水江文书。

综上所述，我们可以这样给清水江文书下定义：

清水江文书是各族人民在开发、建设和见证清水江流域的历史中产生的，以纸、布、竹、木、骨、石等材料为材质的，内容以反映清水江流域政治、经济、军事、文化、科教、医卫等方面为主的文字图籍、书籍文章、公文案牍、契约、书札等文献资料。

参考文献

[1] 贵州省地方志编纂委员会. 贵州省志地理志 [M]. 贵阳：贵州人民出版社，1988：900.

［2］龚晓康，舒彩前，林文君．清水江文书文献价值研究［M］．贵阳：贵州大学出版社，2016：1.

［3］张应强．清水江文书·前言（第3辑）［M］．南宁：广西师范大学出版社，2011：1.

［4］徐晓光，龙泽江．贵州“锦屏文书”的整理与研究［J］．原生态民族文化学刊，2009（1）：51.

［5］龙泽江．清水江文书研究的背景、意义和价值［J］．原生态民族文化学刊，2012（3）：23.

［6］张新民．清水江文书的整理利用与清水江学科的建立——从《清水江文书集成考释》的编纂整理谈起［J］．贵州民族研究，2010（5）：48.

［7］朱荫贵．从贵州清水江文书看近代中国的地权转移［J］．贵州大学学报（社会科学版），2013（6）：69.

［8］韦建丽．清水江文书的分布式保存与数字化管理［J］．贵州民族学院学报（哲学社会科学版），2012（2）：12.

［9］吴苏民．锦屏林业契约考析［J］．贵州民族研究，2011（3）：141.

［10］林东杰．清至民国年间清水江契约文书立契时间校补——以《贵州文斗寨苗族契约法律文书汇编：姜元泽家藏契约文书》为中心的研究［J］．贵州大学学报（社会科学版），2012（5）：63.

［11］吴述松．清水江文书与苗侗族人经济发展关系研究范式展望［J］．教育文化论坛，2011（2）：116.

［12］魏郭辉．古文书整理的学术标准——以敦煌文书、徽州文书、清水江文书整理为例［J］．贵州师范学院学报，2013（8）：27.

［13］史达宁．清水江文书的文献学价值——以锦屏县文斗寨契约文书为个案的分类整理与研究［D］．贵阳：贵州大学，2009.

［14］张继渊，孟学华，王孟懿．族群边缘地带的清水江文书调查与研究——以锦屏县苗埂村落为考察对象［J］．原生态民族文化学刊，2013（1）：37.

［15］胡展耀．中国苗族混农林契约文书著录整理规范问题思考——以《中国苗族混农林契约文书姜于休家藏卷》整理校注为例［J］．贵州大学学报（社会科学版），2012（1）：53.

［16］张新民．天柱文书（第一辑）［M］．南京：江苏人民出版社，2014：1．

［17］杨庭硕，朱晴晴．清水江林契中所见汉字译写苗语地名的解读［J］．中央民族大学学报（哲学社会科学版），2017（1）：70．

［18］张新民．清水江文书的整理研究与清水江学的构建发展［J］．贵州大学学报（社会科学版），2016（1）：99．

［19］唐立，杨有赓，武内房司．贵州苗族林业契约文书汇编（1736—1950年）第一卷史料编［G］．东京：东京外国语大学国立亚非语言文化研究所，2001：27．

［20］陈金全，杜万华．贵州文斗寨苗族契约法律文书汇编——姜元泽家藏契约文书［G］．北京：人民出版社，2008：1—13．

［21］高聪，谭洪沛．贵州清水江流域明清土司契约文书·亮寨篇［M］．北京：民族出版社，2014：1．

［22］张新民．走进清水江文书与清水江文明的世界——再论建构清水江学的题域旨趣与研究发展方向［J］．贵州大学学报（社会科学版），2012（1）：42．

［23］徐晓光，龙泽江．贵州“锦屏文书”的整理与研究［J］．原生态民族文化学刊，2009（1）：52．

［24］张异莲．论锦屏文书的特点与价值［J］．档案学研究，2011（6）：91．

清水江流域林业碑刻的主体属性及其民族特色①

严奇岩②

摘　要：清水江流域林业碑刻，从立碑主体看，包括官立林业碑、民立林业碑及官民合立林业碑三大类。其中，民立林业碑刻有140通，占了林业碑刻总数的70%，说明清水江流域林业碑刻是以民立为主，乡规民约类碑刻占多数。这些碑刻富有清水江流域苗族、侗族的地方民族特色，即体现清水江流域各民族习惯法的传统特色，反映清水江流域各民族不断勒石立碑的传统，说明清水江流域各民族的崇石拜碑现象，突出清水江流域林业商业开发的特点。

关键词：清水江流域；林业碑刻；主体属性；民族特色

林业碑刻是指历史时期为促进林业开发与保护而制定行为规范的各类碑文或摩崖石刻，是清水江文书的重要组成部分。碑刻文献作为民族地区书写记忆的历史载体，对于研究地方“小历史”或“小传统”有重要意义。

目前学界对清水江文书的研究成果丰硕，但主要集中于纸质文书，而对

---

① 本文原载《贵州大学学报》（社会科学版）2018年第5期第39—47页。

基金项目：国家社科基金项目“近300年清水江流域林业碑刻的生态文化研究”（13BZS070）。

② 作者简介：严奇岩，男，江西萍乡人，博士，贵州师范大学历史与政治学院/喀斯特生态文明研究中心教授，博士生导师。研究方向：西南民族史和历史地理学。

碑刻类文书或文献研究不多①，尤其是对反映林业生产、管理与贸易的林业碑刻研究关注不够。而从整体上把握林业碑刻的主体属性及其地方民族特色有助于我们更好地通过碑刻文献去解读区域社会历史，再现清水江民族地区的“小历史”。

一、清水江流域林业碑刻的主体属性

目前收集到清水江流域200通林业碑刻（含3通摩崖题刻）②，从内容看，分为植树造林碑、山林权属界碑、育林护林碑、木材运输类碑和其他林业碑五类。从碑刻的主体属性即碑刻责任人看，分为官立林业碑、民立林业碑及官民合立林业碑三大类。其中，官立林业碑刻有18通，占了林业碑刻总数的9%；民立林业碑刻有140通，占了林业碑刻总数的70%，说明清水江流域林业碑刻是以民立为主；官民合立林业碑有42通，占了林业碑刻总数的21%。

（一）官立林业碑（18通）

官立林业碑，指清水江流域地方政府颁布或批示的碑文，它是地方林政法规的延伸和补充。官立林业碑刻多以政府布告的形式出现，具有较明显的强制性。这些林业碑主要是包括封山育林的告示和木材运输管理方面的规定等。

官方封山育林告示碑包括湖南省洪江市黔城镇宣统元年（1909年）《永

① 相关成果有：李斌、吴才茂、龙泽江《刻在石头上的历史：清水江中下游苗侗地区的碑铭及其学术价值》，《中国社会经济史研究》2012年第2期；李斌、吴才茂、姜明《论明清以来清水江下游天柱地区碑刻的分类、内容与学术价值》，《贵州大学学报》（社会科学版）2013年第3期；王宗勋《略论清水江中下游地区碑刻的社会价值及保护》，《贵州大学学报》（社会科学版）2015年第3期；秦秀强《清水江下游苗侗地区碑刻文化调查——以天柱县为例》，《贵州民族学院学报》（哲学社会科学版）2012年第3期。

② 这3通摩崖题刻包括锦屏县三江镇卦治嘉庆二年（1797年）摩崖题刻《奕世永遵》、锦屏县钟灵乡八客村布蹬山冲宣统元年（1909年）摩崖《封禁碑记》和锦屏县钟灵乡寨稿干塘坳摩崖题刻《后龙封禁》等。另外，需要说明的是，本文中清水江流域范围既包括贵州清水江流域都匀、福泉、丹寨、凯里、麻江、施秉、黄平、镇远、三穗、黎平、榕江、天柱、锦屏、雷山、台江、剑河等16县（市）的全部或部分，也包括湖南清水江流域的芷江、洪江市（原黔阳县）、会同、靖州、通道等5县（市）部分地区；碑文的命名多数以额题命名，少数无额题的则根据其内容而命名；少数几通碑的阳面和阴面都有不同时期的碑文，统计时将这类石碑作两通碑文统计。

垂不朽碑》、榕江县朗洞镇朗洞村光绪十六年（1890年）《永垂不朽碑》、黎平县坝寨乡青龙村民国三年（1914年）《李公署布告碑》、榕江县朗洞镇定向村道光二十年（1840年）《古州清军府庞示碑》和天柱县坌处镇雅地村光绪二十五年（1899年）《镇远司董示碑》5通。

官方有关木材运输管理的碑刻包括锦屏县三江镇卦治村嘉庆六年（1801年）《值年当江碑》、锦屏县三江镇卦治村光绪七年（1881年）《表扬德政碑》、锦屏县三江镇飞山宫光绪九年（1883年）《八步江规碑》、锦屏县三江镇卦治村光绪十三年（1887年）《严禁栏江告示碑》、锦屏县三江镇卦治村光绪十四年（1888年）《放排定价碑》、锦屏县三江镇卦治村光绪十六年（1890年）《轮流当江碑》、锦屏县三江镇光绪十八年（1892年）《永远遵守碑》、锦屏县河口乡瑶光村光绪二十二年（1896年）《禁止越江争买木材碑》、锦屏县三江镇光绪二十四年（1898年）《永远遵守碑》、湖南省靖州县渠阳镇民国四年（1915年）《千古不朽碑》、锦屏县茅坪镇民国五年（1916年）《内外三江木材商场条规碑》、天柱县坌处镇民国五年（1916年）《内外三江木材商场条规碑》和锦屏县河口乡瑶光村嘉庆七年（1802年）《永远碑》13通。

（二）民立林业碑刻（140通）

清水江苗族、侗族地区盛用“合款”的方法封禁山林，这种封禁的山林，称为“禁山”，民间立的乡规民约碑，称为“禁碑”。这类禁碑多由民间集体（含家族、村寨、款组织和社会团体等）为保护集体林而竖立。按立碑者的身份分，可分为地缘、血缘、业缘和跨血缘、地缘或业缘组织等方面的情况。

1. 家族内部或同姓间勒石刻碑（27通）

这类碑文多为家族植树造林、公山管理、保护风水山或坟山而立。

家族植树造林碑主要有黎平县茅贡乡腊洞村乾隆二十二年（1757年）《永记碑》1通。

家族公山（公产）管理碑包括锦屏县平略镇甘乌民国十年（1921年）《公议条规碑》、锦屏县偶里乡皆阳金耸山嘉庆六年（1801年）《界限碑》、锦屏县启蒙镇者楼村咸丰五年（1855年）《四房分派碑》、天柱县远口镇广溪光绪二十九年（1903年）《永垂不朽碑》、天柱县社学乡秀楼民国十年

（1921 年）《万古千秋碑》、黎平县大稼乡邓蒙寨光绪二十年（1894 年）《永远善碑》、黎平大稼乡邓蒙寨民国二十七年（1938 年）《永谨严碑》和天柱县瓮洞镇民国二十五年（1936 年）《胡氏宗族公议碑》8 通。

家族风水山保护碑包括天柱县石洞镇水洞村小场嘉庆十四年（1809 年）《水口封禁碑》、湖南通道县下乡流源村道光十五年（1835 年）《杨氏护林碑》、锦屏县敦寨镇亮司村咸丰二年（1852 年）《永远封禁碑》、天柱县坌处镇岩盘光绪六年（1880 年）《永远封禁》、天柱县蓝田镇大雅光绪十八年（1892 年）《延伸禁犯止伤碑》、天柱竹林乡秀田村丫婆坳光绪十八年（1892 年）《众族封禁碑》、天柱县竹林乡菜溪村民国六年（1917 年）《封禁碑记》、天柱县社学乡秀楼民国十年（1921 年）《封禁古树碑》和黄平翁坪乡王家牌光绪二十九年（1903 年）《万古千秋碑》9 通。

家族坟山保护碑包括天柱县蓝田镇贡溪村乾隆五十三年（1788 年）《永封禁碑》、天柱县蓝田镇贡溪村道光六年（1826 年）《遵前禁后碑》、剑河县久仰乡咸丰四年（1854 年）《坟山保护碑》、天柱县白市镇北岭光绪十八年（1892 年）《乐姓禁碑》、天柱县地湖乡岩鼓村马坪清代《永远禁止碑》、天柱县竹林乡麻阳民国四年（1915 年）《封禁碑》、天柱县坌处镇岩盘村狗田冲民国十五年（1926 年）《永远封禁碑》和天柱县竹林乡秀田布刀岭民国十九年（1930 年）《封禁碑》8 通。

此外，还有功德碑，如天柱县竹林乡高坡村民国二十年（1931 年）有关捐山林给潘氏宗祠的《以享以祀碑》1 通。

家族组织所立林业碑文，成为家族的族规家训，在传统宗法社会很有权威性，产生了巨大的护林效应和约束力量。

2. 同业公会所立的碑（1 通）

如三穗县民国九年（1920 年）《联合林业公会规约》为瓦寨联合林业公会所立

3. 村寨、款组织和同乡会等所立碑（111 通）

（1）村寨所立的林业碑（92 通）

各地村寨乡绅为管理和保护本地山林而立的碑刻，包括山林契约碑、育林护林禁碑、功德碑等类型，其特点是一般为村寨各姓所立，立碑家族性不明显。

村寨契约碑包括台江县施洞镇八梗乾隆十三年（1748 年）《永远告白

碑》、天柱县石洞镇水洞村乾隆十九年（1754 年）《永守规条碑》、天柱县石洞镇水洞村乾隆十九年（1754 年）《公山碑记》、锦屏县三江镇银洞村乾隆二十八年（1763 年）《合同碑记》、锦屏河口乡锦宗村乌租乾隆五十一年（1786 年）《万古不朽碑》、锦屏河口乡瑶光乾隆五十五年（1790 年）《地界合同碑》、锦屏县敦寨镇九南与湖南靖州县藕团乡塘保嘉庆九年（1804 年）《鹅颈冲界碑》、锦屏县河口乡文斗寨道光二十八年（1848 年）《本寨后龙界碑》、锦屏新化乡密寨咸丰四年（1854 年）《永远碑记》、锦屏县启蒙镇者蒙村光绪三十年（1904 年）《永远流传碑》、天柱县高酿镇老海村光绪三十二年（1906 年）《永垂不朽碑》、榕江县朗洞镇岑最光绪三十四年（1908 年）《刘义昌出卖山林契约碑》、天柱坌处镇大冲村清代《永定章程清白碑》、施秉县马号乡刘合村宣统元年（1909 年）《永垂不朽碑》和天柱县坌处镇鸡婆田民国十八年（1929 年）《永久碑记》15 通。

村寨育林护林的禁碑包括天柱县竹林乡竹林村马路冲乾隆四十年（1775 年）《风水碑记》、锦屏县平略镇平鳌村乾隆四十七年（1782 年）《功德流芳碑》、锦屏启蒙镇鹏池嘉庆二年（1797 年）《禁条告白碑》、锦屏县钟灵乡阳艾村羊舞坪嘉庆十年（1805 年）《关山锁钥碑》、通道县播阳镇上湘村嘉庆十三年（1808 年）《水口碑》、锦屏敦寨镇九南村水口山嘉庆二十五年（1820 年）《口口思功碑》、锦屏县启蒙镇八瓢道光二十四年（1844 年）《封禁碑》、锦屏县河口乡平鳌村光绪六年（1880 年）《功同日月碑》、锦屏县钟灵乡八客村布蹬山冲宣统元年（1909 年）摩崖《封禁碑记》、天柱县竹林乡地坌村清代《公议封禁碑》、锦屏县大同乡章山村光绪二十三年（1897 年）《万古碑记》、天柱县远口乡楠竹湾民国元年（1912 年）《风水禁碑》、麻江县谷硐镇大冲村小鸡场民国八年（1919 年）《永垂不朽碑》、锦屏县铜鼓镇岔路村同门舌口民国二十三年（1934 年）《永远禁止碑》、锦屏县河口乡文斗寨乾隆三十八年（1773 年）《六禁碑》、锦屏县钟灵乡雪冲寨乾隆六十年（1934 年）《禁碑》、天柱县瓮洞镇金紫嘉庆二年（1797 年）《风水攸关碑》、剑河县南加镇堡上村嘉庆七年（1802 年）《公禁后龙山土石竹木碑》、锦屏县三江镇卦治村嘉庆二十三年（1818 年）《禁止碑记》、黎平县南泉山道光八年（1828 年）《公议禁止碑》、湖南省通道县播阳镇上湘村后龙山咸丰六年（1856 年）《后龙封禁碑》、锦屏县钟灵乡展金寨咸丰三年（1853 年）《芳流百代碑》、锦屏县大同乡平阳书馆咸丰六年（1856 年）《捐资造林碑》、锦屏县敦寨镇培寨咸丰十一年（1861 年）《阖团封禁碑》、黎平县中潮镇长春村同治八年（1869 年）《后龙封禁碑》、剑河县南加镇新柳村光绪十二年（1886 年）《告白碑》、黎平县平寨乡己迫村光绪二十六年（1900 年）《永远禁封碑》、锦屏启蒙镇归故村光绪三十三年（1907 年）《告禁碑》、麻江县景阳乡茶山村下茶山寨宣统二年（1913 年）《风水碑记》、天柱县岔处镇长滩寨宣统三年（1914 年）《禁砍风水树碑》、锦屏县钟灵乡寨稿《后龙封禁》、黎平县平寨乡己迫村民国十年（1921 年）《永远封禁碑》、锦屏县钟灵乡高寨村民国十二年（1923 年）《功德自留碑》、天柱县竹林乡梅花民国二十一年（1932 年）《封禁碑记》、天柱县蓝田镇杞寨民国二十二年（1933 年）《公立禁碑》、锦屏河口乡裕和村民国二十四年（1935 年）《名芳千古碑》、天柱县蓝田镇蒲溪竹山民国二十五年（1936 年）《禁碑》、凯里市龙场镇鱼洞村流水组民国二十六年（1937 年）《永垂不朽碑》、麻江县谷硐镇大冲村小鸡场 1979 年《万古流传碑》、天柱县地湖 1983 年《地湖公社护林款规》、锦屏县敦寨公社培寨大队 1983 年《封山育林碑》、锦屏县启蒙镇便晃村 1985 年《公约碑记》、麻江县谷硐镇大冲村小鸡场 1987 年《村寨公约碑》、施秉县甘溪乡陶家塘 1993 年《万古流传碑》、台江县排羊乡 2007 年《九摆村生态保护碑》、台江县南宫乡 2007 年《交下村生态保护碑》和台江县方召乡 2007 年《巫脚南村生态保护碑》47 通。

村寨经济林保护碑有黎平县孟彦镇罗溪嘉庆二十五年（1820 年）《永照碑禁》、镇远县蕉溪镇大岭道光十八年（1838 年）《金坡村护林碑》和镇远县蕉溪镇大岭道光二十五年（1845 年）《楠木坳护林碑》3 通。

村寨风水山禁葬碑包括凯里市三棵树镇朗利寨道光十六年（1836 年）《万古千修碑》、锦屏县三江镇乌坡村光绪七年（1881 年）《禁封碑记》、锦屏县启蒙镇归固村光绪十九年（1893 年）《禁条告白碑》、锦屏县大同乡平阳村下高组寨宣统三年（1911 年）《永远封禁碑》和天柱县坌处镇岩盘村石榴界民国元年（1912 年）《封禁碑》等 5 通。

村寨神树保护碑包括锦屏县河口乡瑶光村光绪五年（1879 年）《合村保障碑》、锦屏县河口乡瑶光村民国三十年（1941 年）《地灵人杰碑》、锦屏县河口乡瑶光村 2012 年《祭树天梯碑》和雷山县方祥乡格头村 2007 年《秃杉保护碑》4 通。

村寨所立木材运输碑包括锦屏县三江镇卦治嘉庆二年（1797 年）摩崖

题刻《奕世永遵》、锦屏县平略镇地芽村乾隆五十四年（1789年）《水坝约示碑》、天柱县蓝田镇贡溪嘉庆十二年（1807年）《禁放条木碑》、锦屏县三江镇小江嘉庆十七年（1812年）《放木禁碑》、天柱县蓝田镇贡溪村道光三年（1823年）《承先永禁碑》、锦屏县三江镇圭腮村道光五年（1825年）《圭腮公议禁碑》、天柱县竹林乡地坌村道光二十九年（1849年）《公议禁碑》和天柱县蓝田镇贡溪村光绪二年（1876年）《遵古重补碑》8通。

村寨功德碑包括锦屏县河口乡瑶光村乾隆四十五年（1780年）《功德碑》、天柱县瓮洞镇金紫水口庵乾隆五十年（1785年）《垂流千古碑》、锦屏县者蒙寨嘉庆二年（1797年）《永远流芳碑》、黎平县茅贡乡高近村嘉庆十八年（1813年）《捐建书院碑》、天柱县竹林乡刘甲寨嘉庆十八年（1813年）《梵刹重新碑》、天柱县竹林乡地坌菜溪嘉庆十九年（1814年）《渡船碑》、天柱县坌处镇雅地村嘉庆二十五年（1820年）《善果无虚碑》、锦屏县大同乡八河村兴隆寨头光绪十七年（1891年）《业垂千古碑》、天柱竹林乡龙凤山庵清代《功德碑》和天柱远口镇夏寨光绪十八年（1892年）《兴灵寺碑》10通。

（2）款组织所立款碑（18通）

清水江苗族或侗族款组织所立的款碑（榔规碑）涉及公山管理、风水林保护、社会治安和木材运输等方面内容。

款组织所立风水林保护碑包括黎平肇兴道光二十年（1840年）《封禁碑》和黄平县谷陇镇岩英寨民国二年（1913年）《禁葬碑》2通；

款有公山管理碑包括锦屏县平秋镇嘉庆六年（1801年）《计开章程碑》和榕江朗洞镇宰岑村光绪十八年（1892年）《千三碑记》2通。

社会综合治理碑涉及森林防火、林木产品防盗等内容。包括黎平县尚重镇同治二年（1863年）《永远禁约碑》、黎平县平寨乡纪德村光绪二年（1876年）《公禁碑》、剑河县南加镇格里村光绪二十四年（1898年）《永定章存碑》、黎平县岩洞镇便引冲乾隆二十二年（1757年）《碑记》、黎平县大稼乡盘现村咸丰四年（1854年）《垂戒后世同德碑记》、黎平县尚重镇宰蒙村咸丰四年（1854年）《永远遵照碑》、锦屏县启蒙镇玉泉村光绪十四年（1888年）《万载示谕碑》、锦屏县平秋镇魁胆村光绪二十六年（1900年）《十六甲禁约碑》、会同县攀龙桥乡酿溪村光绪三十年（1904年）《永定团规碑》、湖南省靖州藕团乡老里村牛筋岭光绪三十四年（1908年）《万世永赖碑》、靖州县三锹乡元贞村民国三十七年（1948 年）《湘黔锦靖两属甲公处联款禁约碑》和黎平县德化乡高洋民国三十八年（1949 年）《治安规约碑》12 通。

款组织有关木材运输管理碑包括天柱县坌处镇抱塘村道光十一年（1831 年）《永禁碑记》和锦屏县固本乡培亮村咸丰元年（1851 年）《拟定江规款示碑》2 通。

（3）同乡会所立碑（1 通）

如天柱县坌处镇长滩村道光二十八年（1848 年）《湖南公山碑》。

4. 跨血缘、地缘或业缘组织联合立碑（1 通）

如锦屏县三江镇卦治村嘉庆二年（1797 年）摩崖题刻《奕世永遵》为徽、临、西帮等三帮协同锦屏三江的主家公议而立碑。

总之，以血缘为纽带的族规祖训、以地缘为特征的村寨规约和以业缘为特征的行规会款等构成民立林业碑主要来源，也成为清水江流域林业碑刻的主体。

（三）官民合立林业碑（42 通）

官民合立林业碑是指官员与村（寨）民两方合作竖立的林业碑。即地方政府应民间组织的请求授权民间制定规约及刊刻的石碑。包括官民合立林业碑、官禁民立林业碑和官批商立碑等三种类型，反映了政府通过与民间社会的互动来维护乡村秩序。

1. 官判民立林业碑（24 通）

因山林权属或木材运输的纠纷，胜诉的一方将政府或法院的判决书勒石刻碑，以达到永远遵守的目的。

这些碑文包括锦屏县河口乡瑶光村乾隆七年（1742 年）《根本为后碑》、锦屏县茅坪镇退尾寨乾隆二十八年（1763 年）《楠木冲分界碑》、锦屏县铜鼓镇岔路村梧洞坳乾隆三十一年（1766 年）《万古不朽碑》、天柱县岔处镇大冲村乾隆五十八年（1793 年）《遵批立碑万代不朽碑》、锦屏县铜鼓镇高柳村嘉庆十六年（1811 年）《永定江规碑》、天柱县石洞镇黄桥嘉庆二十二年（1817 年）《碑记》、锦屏县启蒙镇丁达村中寨嘉庆二十三年（1818 年）《永远碑记》、天柱县坌处镇清浪村道光八年（1828 年）《争江案碑》、天柱县渡马乡湾场大宽坪道光十九年（1839 年）《县正堂封禁碑》、天柱县坌处镇光绪七年（1881 年）《遵断碑记》、锦屏县平略镇南堆光绪九年（1883 年）《永远遵照碑》、锦屏县彦洞乡仁丰村光绪九年（1883 年）《永定章程碑》、锦屏县启蒙镇甘塘村九江寨光绪十四年（1888 年）《永远封禁碑》、锦屏县启蒙镇者蒙村光绪十五年（1889 年）《九江坡碑记》、榕江朗洞镇岑最村光绪十六年（1890 年）《山林诉讼判词碑》、湖南省靖州县寨牙乡地卢村地中寨光绪十七年（1891 年）《靖州正堂潘碑》、锦屏县铜鼓镇岔路村狗粮盘宣统二年（1910 年）《祖德流芳碑》、天柱县远口镇鸬鹚民国元年（1912 年）《磨而不磷碑》、锦屏平秋镇石引村孟薛山民国二年（1913 年）《永禁章程碑》、剑河县南加镇南孟村民国四年（1915 年）《万古千秋碑》、天柱县邦洞镇织云村民国六年（1917 年）《天柱县行政公署指令碑》、天柱县远口镇大祥村民国十年（1921 年）《远口分县长周示碑》、凯里市三棵树镇南花村民国二十七年（1938 年）《永世碑》和锦屏县铜鼓镇岔路村狗粮盘桃子界 1981 年《分界碑》24 通。

2. 官禁民立林业碑（7 通）

民众或地方组织为保护山林资源，请示官府出示封禁告示，经官方批准特示后，民众或地方团体合议将官方告示勒石刻碑。

这些碑文包括黎平县南泉山道光七年（1827 年）《永远示禁碑》、三穗县良上乡雅中村雅中苗寨道光十二年（1832 年）《严禁恶讨及盗伐碑》、天柱县邦洞镇光绪二十年（1894 年）《不准开江碑》、台江县台拱镇光绪二十二年（1896 年）《永垂不朽碑》、锦屏县彦洞乡光绪三十年（1904 年）《流芳百世碑》、锦屏县启蒙乡归故村高增寨民国六年（1917 年）《亘古昭垂碑》和天柱县邦洞镇坑头村民国二十三年（1934 年）《路禁碑》7 通。

3. 官批商立碑（11 通）

清水江流域从事木材贸易的三帮五勷、临帮等木帮团体为保护自身商业利益而请求官府发布文告以维护林业运输与贸易秩序，之后木帮将政府文告勒石刻碑。这些碑文包括湖南省洪江市黔城镇嘉庆十七年（1812 年）《永定章程碑》、锦屏县三江镇亮江道光八年（1828 年）《俾垂久远碑》、洪江市黔城镇芙蓉楼道光二十六年（1846 年）《五勷木帮碑》、湖南省会同县攀龙桥乡光绪四年（1878 年）《永定章程碑》、锦屏县三江镇飞山庙光绪五年（1879 年）《永垂久远碑》、天柱县坌处镇光绪二十八年（1902 年）《永定章程碑》、湖南省靖州县渠阳镇万寿宫光绪二十九年（1903 年）《万古流芳碑》、剑河县南加镇宣统元年（1909年）《永定江规碑》、黔阳县托口镇清代《木材运输告示碑》、锦屏县三江镇卦治村民国二年（1913年）《木商会碑记》和剑河县南包乡民国六年（1917年）《清水江洪水漂木赎木碑》11通。

总体来说，按立碑者身份分类的三类碑文中，民立林业碑刻最多，占了所有林业碑刻的绝大部分，这些民立林业碑刻不仅保护了育林护林的内容，还是各种乡规民约的体现，即地方社会个人或团体成为维护地方环境的主要力量。官立林业碑刻多是关于山林纠纷及权属的判定，虽然数量不及民立碑刻多，但它所具备的强制效力和权威性也是不容忽视的。官民合立林业碑刻的存在，也是官民共同育林护林的最佳体现。

二、清水江流域林业碑刻的民族特色

清水江流域是苗族、侗族的聚居区，历史上以经营人工林为其重要生计方式。长期以来在维护林业生产和贸易秩序、保护林业生态等方面积累了丰富的实践经验，其中众多的林业碑刻富有区域民族特色。

（一）体现清水江流域各民族习惯法的传统特色

苗族、侗族普遍存在“议榔”或侗款的社会自治组织。为维护基层社会秩序，榔头或款首召集本“款”所属各户户主定期或不定期地聚会，议定有关生产、生活及社会风俗、道德等民间规约，即“款约”或“榔规”。清水江流域的林业碑刻以民立为主，这些乡规民约类碑刻大都是当地苗族、侗族的款约演化而来的，其中款碑有18通，突出民族习惯法特色。

1. 借鉴了侗族款词的艺术特色

为了便于款众记忆及在发布时使款众兴奋，侗族制定侗款时，把约法编成既有韵律又有平仄的散文韵文体。这种韵文体为对偶句，句式整齐划一，朗读起来，节奏明快，铿锵悦耳，给人优美的艺术享受。因此，不管法律性的款词还是娱乐性的款词，一“说”起来，人们都十分爱听。因而款师“说”起款来，常常比歌师唱歌更受人欢迎。“一人说款，万人听款。老人伸颈不喘气，小孩侧耳不哭啼”。这是人们对说款时场境的描述[1]。这种运用群众喜闻乐见的民族语言艺术和诗歌韵律便于群众传唱。

款组织活动时所念唱的款词是款词文本成为民族习惯法的一种。碑文正是借鉴了侗族款词的艺术特色。

有些林业碑刻以四言韵文为主，句句押韵，文辞流畅，读来朗朗上口，显得古朴有趣、吟诵有致，易学好记。特别是当地民族用传统的山歌形式进行吟唱，易于流传。如天柱县地湖乡岩鼓村马坪清代《永远禁止碑》[2]402 为四言韵文：

马坪屋背，命脉重地。宋姓开垦，请凭乡保，公议封禁。不许进葬，不许挂扫。

锦屏县敦寨镇咸丰十一年（1861 年）《阖团封禁碑》①，碑文全为四言韵文：

宅龙古木，并护阴阳。地灵人杰，俾炽而昌。先人卜吉，经营允藏。只宜培植，不可残戕。爰逮今日，多有毁伤。削枝拔本，起土掘塘。神祇震动，人物惊惶。闾阎耆宿，公立成章。勿伤草木，勿凿牧场。勿运刀斧，勿牧牛羊。大伸封禁，克复前光。恪守尔典，受神无疆。

天柱县坌处镇雅地村光绪二十五年（1899 年）的《镇远司董示碑》② 用四言韵文公告惩戒烧山毁林：

出示严禁，不许烧林，倘有违者，鸣鼓重惩，二仟六百，四十四文。若坏杉木，以及油林，每株赔钱，八十八文，禁山栗木，每株八文。胆敢违抗，捆送来厅，按律究治，决不容情。

当然，也有六言韵文的晓谕碑刻。如湖南靖州渠阳镇万寿宫立有光绪二十九年（1903 年）《万古流芳碑》，碑文前半部分为靖州直隶州正堂的晓谕，后半部分为六言韵文详述事由③。

此外，天柱蓝天镇贡溪村乾隆五十三年（1788 年）杨氏保护坟山的《永封禁碑》以七言律诗歌形式刊载[2]。

林业碑刻告知对象是当地广大民众，因而碑文富有地方民众特色。这表

① 参阅锦屏县敦寨镇人民政府，锦屏县敦寨镇志，2011 年，第 415 页。
② 参阅天柱县林业志编纂领导小组，天柱县林业志，1995 年，第 315 页。
③ 湖南靖州县文化局副局长陆大君先生提供碑文。

现在语言上为通俗易懂，读来朗朗上口，便于当地用山歌形式进行传唱，易于流传；或苗族、侗族等方言俚语，读来亲切生动，富有乡土气息。如锦屏甘乌村民国十年（1921）《公议条规碑》载“谁人砍伐木植下河，根头不得瞒昧冲江”，“根头”为当地苗族方言，即根数，指木材条木的数量。锦屏启蒙镇归故村光绪三十三年（1907 年）《告禁碑》载“先人培植虫树”[3]1521，“虫树”为当地方言，即马尾松，俗名枞树，民间俗称虫树。

林业碑文富有乡土气息的说教，没有空话与套话，适合百姓的乡土生态语境和乡土社会的领悟能力，奠定了人人自觉维护和坚守的文化基础。

2. 在护林奖罚方面突出款文化特色

如前所述，清水江流域林业碑刻有一些是涉及林木保护的款碑。如靖州县三锹乡元贞村民国三十七年（1948 年）《湘黔锦靖两属甲公处联款禁约碑》，十条款约中有三条为林木保护，该碑为“湘黔各款首、甲长、绅士同议立”[4]197。锦屏县平秋镇魁胆村光绪二十六年（1900 年）《十六甲禁约碑》，强调“偷牛盗马，滥伐他人林木。违者，罚银十两入众聚款”[5]147。黄平县谷陇镇岩英寨民国二年（1913 年）《禁葬碑》载明“盖闻立出碑款事”[6]157。锦屏县固本乡培亮村咸丰元年（1851 年）《拟定江规款示碑》云“爰因约集各寨头人同申款示，永定条规”。[7]459 黎平县岩洞镇便引冲乾隆二十二年（1757 年）《碑记》载明“兹我众寨商议，立禁款禁，以安地方事。”[8]334 黎平县大稼乡盘现村咸丰四年（1854 年）《垂戒后世同德碑记》载，“夫立款禁条开刻于后”①。会同县攀龙桥乡酿溪村光绪三十年（1904 年）《永定团规碑》也载“计开团规款约于后”②。这些款碑处处出现款首、联款、款众、款规、款事、款约、款禁、聚款和款碑等款文化要素。

由乡村精英起领导作用的传统款组织倡导勒石立碑，在确定林权地界、解决林权纠纷、规范林业生产行为和保护生态环境等方面发挥积极作用。从款文化的运作方式看，包括民间和官方等两方面的监督惩戒，体现民治、神治和官治的特点，而民治和神治是传统款文化的特点。

---

① 碑立于大稼乡高孖与下盘现交界的归现山坳上，额题“垂戒后世同德碑记”，黎平县大稼乡高稼村吴显烈先生提供碑文，2017 年 1 月笔者实地调查抄录。

② 参阅中国人民政协会议会同县委员会文史资料委员会、会同县民族事务委员会．会同文史资料第 3 辑（民族专辑）[Z]，1988 年，第 78 页。

（二）反映清水江流域各民族不断勒石立碑的传统

民间勒石立碑，目的是能持久地进行惩恶扬善，“惩恶”是为了更好地告诫后人，以“永远铭记”；“扬善”是为了更好地垂范后世，以期“万载流芳”。故立碑已成为当地人的一种文化传统，影响着经济的发展、社会的和谐以及人们的社会心理。

在清水江流域，民间不断勒石立碑的现象随处可见。民间多次立碑有以下几种情况。

1. 同一对象，不同时期多次立碑，反复强调

黎平县大稼乡邓蒙寨姜姓苗族的祖先公山“拨寨”，各房有股份，共同经营杉木。为防止盗卖祖山，光绪二十年（1894 年）邓蒙寨首事 12 人发起立《永远善碑》①，强调公山杉木只准集体发卖，严禁偷卖或偷买公山杉木。光绪时，“栽主原系山土主”，但民国以来，栽手可能不是土主而是佃客，因而 44 年后即民国二十七年（1938 年）又立《永谨严碑》②，规定永不许佃主将杉木私自出卖。

黎平南泉山道光七年（1827 年）和道光八年（1828 年）的《永远示禁碑》和《公议禁止碑》中都提到“山中一切大小树木，永不许砍伐”，“违者送官究治”[8]192。时隔一年时间，在南泉寺就连续竖立起两通护林碑来保护南泉山的森林。

天柱县远口镇白岫吴氏家族为保护祖先坟山于道光八年（1828 年）立有禁碑，但不知何人毁坏，于是宣统元年（1909 年）又另安新碑[2]374。两碑时间相距 81 年。

天柱县蓝田镇贡溪村侗族坟山上有诸多不同时期的坟山保护碑。其中道光三年（1823 年）《承先永禁碑》载：“我先祖人爰随此溪两岸立禁阴阳风水者也。已会议各禁，但今历年久远，碑记载涂，我后人则体前人之遗愿，而继立新碑。”[2]338 碑文中“已会议各禁”指嘉庆年间残碑。可见，道光时的《承先永禁碑》是对嘉庆碑的重申。道光六年（1826 年）“重绘石禁”而立《遵前禁后碑》是因为“古碑朽蠹”[2]；贡溪村杨氏“自乾隆年间祖人立

---

① 位于黎平大稼乡邓蒙寨后山坳古驿道旁，2017 年 1 月笔者实地考察时抄录碑文。

② 位于黎平大稼乡邓蒙寨后山坳古驿道山旁，2017 年 4 月和 11 月 17 日笔者和研究生郭茂平、朱玉哲等实地考察时抄录碑文。

有禁碑，至同治元年（1862年）遭兵燹毁，旧碑文瓦砾，爰约各甲父老重立新碑，各甲子弟共所约束”，是为光绪十四年（1888年）的《遵古重刊碑》[2]329；另外，贡溪杨氏祖先乾隆二十三年（1758年）曾勒石刊碑，禁止放木排冲崩堰坝桥梁。但同治十一年（1872年）冬，地方无赖砍伐风水树木强放河道，冲坏堰坝，以至贡溪一带各寨头目联名控告，官府批复“仍照前规，该地河道木植毋得衿吏之势强砍、私开”，为申明禁条，“是以我等不忘前人之封禁，会众签约，复勒碑以为永世不朽”，是为光绪二年（1876年）的《遵古重补碑》[2]。可见，贡溪村杨氏从乾隆、嘉庆、道光和光绪等不同时期都立有禁碑保护这片坟山。

天柱县邦洞镇“田高水低，车堰甚多，碍难放木”，乾隆五十七年（1792年）立有碑记，禁止开江放木。“不料，现在木商到处入山砍木，恐后冲江放下，肆行无已”，“情不得已，只得恳请示禁等情”，“该生民等系为保全地方起见，所请示谕申详之处自应照准此谕”，于是光绪二十年（1894年）村民再次立《不准开江碑》[2]348。两次立碑时间相距102年。

黎平县中潮镇长春村为保护村后后龙山，同治八年（1869年）立碑盟誓，“凡我后龙山和笔架山上一草一木，不得妄砍”[9]，民国二十三年（1934年）再次订立护林公约[10]95。

锦屏县铜鼓镇岔路村狗狼盘因与湖南靖州县凤冲毗邻，两地常发生山林界址纠纷，历史上先后三次在政府协调下立界碑。第一次，是清乾隆三十一年（1766年）锦屏县正堂、湖耳司正堂共同审理了该处山林纠纷案件，在半田段坳上立有《万古不朽碑》[3]1510。第二次是光绪二十一年（1895年），锦屏县铜鼓镇元贞寨与邻近的湖南靖州县三锹乡凤冲村为梧洞狗狼盘一处的坟地山林发生争端，经署黎平府判明，使纠纷得以澄清。宣统二年（1910年）五月，元贞杨家族人根据此次裁定，于狗狼盘立有分界的《祖德流芳碑》[3]1521。第三次是，1981年岔路又与凤冲争议桃子界山林，经双方县政府组织农办、法院、林业局、公社、大队参加的联合调查组，经过调查研究，审查证据，上山踏查，于1981年达成协议，并于桃子坳分界处立《分界碑》。

从不同时期立碑间隔时间看，最短1年，最长100多年，平均在50年左右。也就是说，约两代人后当碑刻因年代久远而失去效力后要重新立碑以便再次唤醒祖先记忆，强化碑刻的效力。

寺田浩明指出，国家的“法”与民间的“约”一唱一和，即使有时候成功地达到了“移风易俗”的目的，但由于只是一种事实性状态，最终仍然避免不了“日久禁弛”的结局。正是在反复不断地发禁令、立碑文这样一种不得不持之以恒的过程中，地方政府的统治才得以实现[11]172。民间不断反复立碑正是为了防止“日久禁弛”。

2. 同一碑石，同一对象，在不同时期多次刊文

麻江县谷硐镇大冲村小鸡场村在民国八年（1919年）立《永垂不朽碑》，目的是保护风水林，可是1964年“破四旧”时该碑被推倒在路边。1979年小鸡场51户村民，每户派一代表，共51名代表开会，重念祖先遗训，再次在碑的阴面刻《万古流传碑》，表示要“继承祖辈遗志，长保寨邻安全”，文末附有陈启雄、陈克仁等51人名单①。

榕江县朗洞镇岑最寨后并立两通山林买卖契约碑，每通碑的阴阳两面都有不同时期的碑文。其中一碑的阳面是《山林诉讼判词碑》，记载光绪十六年（1890年）八柳寨杨氏兄弟状告张老领盗砍杨氏“领果”山场案②；而碑的阴面则是光绪二十六年（1900年）八柳寨杨琼枝等出卖领果山场给陈吉盛的契约。另一碑是《刘义昌出卖山林契约碑》③，记载光绪三十四年（1908年）刘义昌将领果山场出卖于岑最寨。碑文的左下角空白处，为民国四年（1915年）榕江县知事兼税验契所长吴宗周的《税验买契》，记岑最寨买卖山林纳税事。

通道县播阳镇上湘村为培植水口风水林，嘉庆年间当地56户捐银，“买田蓄树以培水口”，并于嘉庆十三年（1808年）立《水口碑》，记载各户捐资明细。而48年后即咸丰六年（1856年）为保护后龙山风水林，又在嘉庆《水口碑》的阴面再次刊刻《后龙封禁碑》，强调公地众山，不许买卖，树木不许盗砍。④

---

① 参阅中国人民政治协商会议麻江县委员会文史资料研究委员会，麻江文史资料（第2辑），1986年，第88页。

② 原碑额题缺失，现碑名为笔者所加。2017年2月17日笔者实地考察抄录。采访当地村民姜道明（1944年生）、姜发翔等人。

③ 原碑无额题，碑名为笔者所加。碑位于榕江县朗洞镇岑最村后山坡。

④ 通道县侗族自治县县文物局王磊提供碑文图片。碑为青石质，高125cm，宽70cm，厚约10cm。石碑两面刻字，其中向北一面额题为“水口碑”，记载嘉庆十三年（1808年）上湘村“买田蓄树以培水口”的功德名录。石碑另一面，无额题，为咸丰时期主记公山管理的规约。

锦屏县启蒙镇九江坡光绪十五年（1889年）《九江坡碑记》是山林纠纷的裁决碑，该石碑的阴面为光绪三十年（1904年）《永远流传碑》，为出卖阴地的契约。

天柱县蓝田镇大雅村老寨袁氏家族为保护龙脉，于光绪十八年（1892年）立《延伸禁犯止伤碑》，严禁龙脉处葬坟、挖窖及开垦等；2003年袁氏家族又在光绪禁碑的末尾空白处重刊两条禁约，重申“如有无视先人之禁，违反众议者罚款最低仟元以上；原土可种，新垦不许”[2]384。

3. 同一碑文，在不同地方都有刊布

咸丰元年（1851年）《拟定江规款示碑》是黎平县和锦屏县乌下江沿河26个村寨放运木材的款约，此碑目前在培亮寨仍保留。其实，该碑文原先在孟彦等地也有分布，可惜已无存世。民国五年（1916年）锦屏、天柱两县的县知事专门批示两县商会所拟的有关木材贸易的若干条规，其布告全文刊刻成《内外三江木材商场条规碑》，分别竖于锦屏县茅坪退尾寨和天柱县坌处镇的杨公庙内。锦屏县三江镇银洞村乾隆二十八年（1763年）《合同碑记》记载乾隆时期天柱县属银洞寨与黎平府属大腮寨（两地今锦屏县）土地界址纠纷后协商解决，两寨凭中面同公议以半山坡脚下龙冲口排枋为界，排枋以上银洞栽有油、杉等树田丘在内，仍归银洞管业。从碑文看，该碑在大腮和银洞各立有一通①。雷山县方祥乡格头村2007年按传统仪式立两通内容一致的《秃杉保护碑》，一通立于村头路口，另一通立于村内小学侧边。

（三）说明清水江流域各民族的崇石拜碑现象

清水江流域少数民族有“栽岩立法”的传统。栽岩又称埋岩、竖岩，因其以埋石头为标志，故名。“栽岩”体现出来的习惯法称为岩规，也就是苗族或侗族的石头法。所栽的岩石在苗族、侗族心目中非常神圣，常受人祭拜。随着历史发展进程的不断推进，以及汉文化的深入，无文字的石头法演变为用汉字书写款文的石碑。

由于款碑是古代栽岩的延续，且立碑时有一定的宗教仪式，宗教权威的存在赋予石碑宗教神性，石碑被百姓看成是神的化身，因而民众把古碑看成神灵来崇拜。由此，清水江流域的少数民族敬石拜碑的习俗非常普遍。

---

① 参阅锦屏县三江镇人民政府：《三江镇志》，2011年，第199页。

在地方社会的特定场域中碑刻通常被赋予象征意义。由于所记载事件的重要性和严肃性，至今对该地方都有重要的影响，所以，人们对石碑本身也十分敬重。久之，石碑就被赋予超出其内容本身的神秘色彩，被赋予灵性，成为人们敬祀的对象。逢年过节，或遇到不顺，人们往往要到碑前来祭祀，祈求佑护，进而演化成地方习俗。至今，清水江流域，会看到很多碑刻都有人们祭祀的痕迹[12]。

当地侗族、苗族有“石碑为怀”的传统，除了墓碑和惩恶碑外，其他古碑被当作“万年碑”而受人祭拜。如天柱县大冲村和三门塘古碑众多，村民对古碑极为崇拜与保护，许多古碑被集中安置在一起，或建石龛，或修碑亭。每逢农历初一、十五等日子，当地村民在古碑前焚香祭拜，碑上贴红纸，求子女身体健康。如锦屏县平略镇南堆村光绪时期的《永远遵照碑》，被当地人当神灵看待，在逢年过节时，南堆村侗族村民自觉地到古碑前烧香祭拜。

碑常常被看作是凡人与神灵沟通的重要工具[13]。正因为石碑被百姓看成是神的化身，故很多石碑忌搬动，认为搬动石碑后原来的神灵就不复存在，村寨就得不到神灵保佑了。如麻江县小鸡场在新修公路时，本来要搬走土地庙及旁边的民国八年（1919 年）立的《永垂不朽碑》，但遭到当地百姓反对，新修公路只得在该处绕个大弯。天柱县岔处镇大冲村原立有乾隆五十八年（1793 年）《遵批立碑万代不朽碑》，刊载清代大冲村袁氏控告杨氏强砍风水树的官府判决词[2]112。碑为四方形石柱，高 260cm、宽 38cm、厚 33cm，四面刻字，其中一面阳刻“泰山石”三字，可见如此高大的石碑被当地民众视为辟邪压镇的泰山石。该碑原为县级文物保护单位，位于岔处镇大冲村清水江畔的沙滩上，因下游建托口水电站，水位上移。2010 年天柱县文物管理所组织挖掘机抢救搬迁，但遭到当地村民的反对。大冲村袁氏认为该石柱为“泰山石”，搬动会破坏当地风水；而杨氏认为“泰山石”记载了自己祖先的情况强砍风水树而败诉很不光彩，不如让水淹没，因而也强烈阻止搬迁。就这样，乾隆五十八年（1793 年）的《遵批立碑万代不朽碑》因被赋予宗教神性而只能眼睁睁地看着淹没在江水中。

“石敢当”通常被堪舆家视作维持某一特定空间秩序的神圣象征物，被民众广泛地运用于趋吉避煞的实践中。[14] 清水江流域的石碑既可作示禁碑，又充当了“石敢当”趋吉避煞的作用。

（四）突出清水江流域林业商业开发的特点

清水江流域林业碑刻分植树造林碑（4 通）、山林权属界碑（36 通）、育林护林碑（86 通）、木材运输类碑（42 通）和其他林业碑（32 通）五种类型。而云南省 198 通林业碑，分森林保护碑（107 通）、植树造林、栽种树木碑（22 通）、山林权属界址碑（26 通）、颂扬风景名胜、古树名木碑（16 通）、综合性的林业文化碑（10 通）、采伐珍稀古树、木材运输碑（5 通）、保护鸟兽碑（3 通）、林业人物业绩及案件处理碑（9 通）8 类[15]。

通过对比云南的林业碑文，可看出清水江流域林业碑刻的特点：两地林业碑刻都在育林护林方面占很大的比重，但差异在于清水江林业碑刻中山林契约碑和纠纷裁断碑等山林权属界碑以及木材运输碑占很大比重，反映了清水江流域林业商业开发的特色。

山林契约碑和纠纷裁断碑等反映了清水江林业频繁的山林产权交易买卖或租佃。这些以石碑为载体的契约是特殊形式的契约文书，丰富了清水江文书的形式。而清水江流域的木材多通过清水江干流和支流外运，为规范林业运输秩序，各方立有轮流当江碑、木材清赎碑，同时，为了避免江河放木冲坏农田堤坝，又立有各种农田水利保护碑等。在其他地区难以发现如此众多的木材运输碑刻。木材外运的兴盛又促进了清水江人工林的兴盛，反映了清水江流域林业商业开发的程度。

三、结　语

清水江流域 200 通林业碑刻的立碑主体都不尽相同，总体来说可以分为官立林业碑、民立林业碑及官民合立林业碑三大类。其中，民立林业碑刻有 140 通，占了林业碑刻总数的 70%，说明清水江流域林业碑刻是以民立为主，即乡规民约性质的民间“禁碑”在清水江林业碑刻中占主体。这些按立碑者的身份分，可分为地缘、血缘、业缘或跨血缘、地缘或业缘组织等方面的情况。说明地方社会个人或团体成为维护地方生态环境的主要力量。这些乡规民约类碑刻大都是由当地苗族、侗族的款约演化而来的，从而使碑文富有地方民族特色。由于民间禁碑是古代栽岩的延续，且立碑时有一定的宗教仪式，宗教权威的存在使林业碑文被赋予宗教神性，石碑被百姓看成是神的化身，因而民众把古碑看成是神灵来崇拜。由此，清水江的少数民族敬石拜碑的习俗非常普遍。清水江的石碑既可作示禁碑，又充当了“石敢当”趋吉避邪的角色。通过对比云南的林业碑文，可以看出清水江流域林业碑刻的特点：两地林业碑刻都在育林护林方面占较大的比重，但差异在于清水江林业碑刻中山林契约碑和纠纷裁断碑等山林权属界碑和木材运输碑占的比重大，反映了清水江流域林业商业开发的特色。

参考文献

[1] 吴浩．刍议侗族款词的科学价值［J］．贵州民族研究 1985（4）：40—46.

[2] 政协天柱县第十三届委员会．清水江文书·天柱古碑刻考释（中）［M］．贵阳：贵州大学出版社 2016.

[3] 锦屏县地方志编委会．锦屏县志（1991—2009）（下册）［Z］．北京：方志出版社，2011：415.

[4] 靖州苗族侗族自治县民族事务委员会．靖州苗族侗族自治县民族志［Z］．长沙：湖南人民出版社，1997：315.

[5] 贵州省锦屏县平秋镇魁胆村志编纂委员会．魁胆村志［M］．北京：方志出版社，2017.

[6] 安成祥．黔东南碑刻研究丛书：石上历史［M］．贵阳：贵州民族出版社 2015：197.

[7] 锦屏县林业志编纂委员会．锦屏县林业志［Z］．贵阳：贵州人民出版社 2002：147.

[8] 贵州省地方志编纂委员会．贵州省志·文物志［Z］．贵阳：贵州人民出版社，2003：157.

[9] 贵州省地方志编纂委员会．贵州省志·林业志［Z］．贵阳：贵州人民出版社，1994：459.

[10] 黔东南苗族侗族自治州地方志编纂委员会．黔东南州苗族侗族自治州志·林业志［Z］．北京：中国林业出版社，1990.

[11] 寺田浩明．权利与冤抑：寺田浩明中国法史论集［M］．王亚新等译．北京：清华大学出版社，2012：78。

[12] 王宗勋. 略论清水江中下游地区碑刻的社会价值及保护［J］. 贵州大学学报（社会科学版）2015（3）：74—78，95.

[13] 鞠熙. 数字碑刻民俗志［Z］. 北京：北京师范大学出版社，2009：172.

[14] 陈进国. 信仰、仪式与乡土社会：风水的历史人类学探索［M］. 北京：中国社会科学出版社，2005：88.

[15] 李荣高. 云南林业文化碑刻［M］. 德宏：德宏民族出版社，2005：758.

文书整理

清水江文书的历史真实性考证①

张　明，戴泽军，丁正屏②

摘　要：清水江文书是继敦煌文书、徽文书之后，又一古代契约文书的重大发现。其总量估计可达50万份之多，而目前已经入库收藏的仅10余万份。清水江文书已经引起学术界极大重视，但质疑清水江文书真实性的声音也不断出现。该文就此对清水江文书历史真实性进行深入考证。

关键词：清水江文书；证据法价值；历史真实性；考证

20世纪60年代以来，先在贵州锦屏，后又在贵州黎平、天柱、剑河、三穗、台江、黄平、麻江和凯里等县市发现明清和民国时期的土地山林买卖租佃契约、房屋买卖契约、分家析产合同、账簿、税单、碑刻、族谱、讼词、乡村礼俗等民间契约文献资料，因为首先在锦屏发现，学界最初称之为"锦屏文书"，又因为文书发现范围遍及整个清水江流域，又统一称之为"清水江文书"。2006年，贵州省和黔东南州分别成立"锦屏文书"抢救保护工作领导小组，黔东南州各县档案馆承担具体工作，省财政划拨了文书征集工作专项经费，各相关县也给予了一定数额的匹配。2010年，"锦屏文

① 本文原载《贵州大学学报》（社会科学版）2016年第1期第111—119页。

基金项目：国家社科基金一般项目"晚明至民国时期内地侗苗民族地区土地买卖与地权分配研究"（BZS065）；国家社科基金重大项目"清水江文书整理与研究"（11&ZD096）；贵州省高校人文社科基地项目"清水江文书证据法学价值研究"（JD2013013）。

② 作者简介：张明，男，贵州大学人文学院副教授，硕士生导师，贵州大学"清水江学研究中心"副主任。研究方向：中国思想史（阳明学）、贵州地方史、清水江学、教育学。戴泽军，男，律师，贵州大学"清水江研究中心"、贵州省社科院"法治研究中心"、贵州民族大学"法制与民族地区发展研究中心"兼职研究员。研究方向：证据法学、诉讼法学。丁正屏，女，贵州省清镇市档案局《清镇年鉴》编辑。

书”被列入《中国档案文献遗产目录》，2015 年 9 月总投资 1900 万元，主楼共 11 层，总建筑面积 6874 平方米的锦屏文书特藏馆建成并开馆。2011 年，贵州大学、凯里学院、中山大学共同获得“清水江文书抢救、整理与研究”国家社会科学基金重大招标项目，复旦大学同年也将“贵州清水江文书研究”列入 985 工程第三期项目。到 2011 年 10 月，重点县档案馆入藏总数已超过 10 万件，其中锦屏 36482 件、黎平 24320 件、天柱 1400（余）件、三穗 19542 件、剑河 8000（余）件、台江 1212 件[1]，学界估计文书的远景储量为 50 万份，学界完成了一批学术成果且学术研究还在不断深化，清水江文书已成为贵州继阳明文化、夜郎文化、红色文化之后又一文化宝藏，必将对学术研究乃至经济社会发展产生深远的影响，很有必要理清其存在的历史真实性。

清水江文书自 20 世纪 60 年代以来，逐渐被世人所知晓，最初发现地是锦屏县，后来迅速扩展到周边的天柱、黎平、三穗、剑河县等清水江中下游地区，数量也与日俱增，进而在清水江中上游的台江、黄平、麻江、凯里等县市甚至在不属于清水江流域的镇远、岑巩等县也有发现，几乎遍及整个黔东南州，且还不断在新地方发现文书，如清水江发源的都匀市，湖南境内的会同、靖州、新晃等县，学界估计“总量可能高达 50 万件”[2]。2006 年是一个重要的时间节点，因为新华社《国内动态清样》（内参，第 47 期）登载了新华社贵州分社一篇题为《贵州“锦屏文书”流失严重亟待抢救》的内参文章，时任国务委员的陈至立审阅批示，随后引起贵州省委、省政府的高度重视，抢救文书工作由此从民间行为上升为政府行为，各级财政投入截至 2011 年就达 1800 万（其中包括国家发改委直接拨款 600 万用于锦屏县建造清水江文书博物馆）[3]。政府介入、财政投入让人产生文书的入馆数量如此之高可能存在人为虚报或伪造等不正常现象的想法，因此，清水江文书的真实性，尤其是其远景存量受到质疑。需要对此进行认真梳理，可以从以下几个方面进行分析，本文认为其真实性应该是确实无疑的。

一、持有人视为珍宝，收集艰难

由于当地乡民视所持文书为珍宝，不肯轻易示人，收集工作是艰难的。1961 年贵大历史系师生在天柱县调查抄录十余份文书；1964 年，杨有根在锦屏文斗寨调查时也收集到文书，当时文书都分散在村民家中，不肯轻易示人；后来政府介入收集工作，就更加困难了。据亲历锦屏文书抢救工作的锦屏县志办王宗勋先生回忆：2001 年锦屏县政府与中山大学合作开展文书抢救整理工作后，尽管县政府下发了《关于征集民间林业契约及历史文献资料的通告》，然而乡民仍不情愿将他们视为“传家宝”的文书交给政府集中保管，为此，征集人员想了很多办法，王宗勋先生的办法首先是率先垂范，把他自家和岳父家保存的 300 来份文书交给政府保管；二是经常深入农村，找那些老年人谈历史、侃典故、交朋友，收到较好的效果，不但使这些人乐意将其保管的文书拿给王宗勋先生看，而且还主动为王宗勋先生做宣传工作。王宗勋先生举例，河口乡加池村一幢清代四合院里有大量文书，保管者是名叫姜绍烈的长者，老人性情孤僻，念书不多，却酷爱看书，对本地历史尤感兴趣。王宗勋先生采用迂回方式，投其所好，每次到加池都要与姜老人侃清水江历史，“惊动皇帝的争江案”“三魁告姚百万”以及“三营故事”等，还把自己写的有关清水江的文章送给他，慢慢地他俩成了无话不说的好朋友，姜老人拿出并动员他的几个兄弟将所保存的 1000 多份文书交给王宗勋先生。在姜老人的带动下，其他乡民也将所保存的文书捐出，王宗勋先生在加池村共征集到 4000 多份文书。另一例发生在 2002 年的平略镇岑梧村，该村村民陆秀锦及其兄弟家有数百份文书，陆秀锦年近 80 岁，是该村的老文化人，与王宗勋先生谈话投机，吃饭时，王宗勋先生按当地风俗用米酒敬老人，老人感慨小生可爱，一口将半斤酒喝干，王宗勋随后也将自己的酒喝干。老人向王宗勋先生坦露：“从没有干部敬我酒，你看得起我，你懂得契子，我不但把我们家的契子全部拿给你，而且我还要动员村里其他人拿给你。”王宗勋先生在岑梧村共收到文书达 2000 多份，其中有十来份是康熙年间的，清水江文书往往保存在农村中那些思想保守、甚至“僵化”的老年人手里，文书代表了家族或家庭的精神寄托，倍加珍藏，以防他人偷窃，或被虫蚀鼠咬以及霉烂。其装契工具，多数人家用有防虫功能的樟木打制成箱子来盛装，有的人家则用布袋来装载。装载办法一般是将文书折成 15 厘米长，5 厘米宽，然后将同一块山林或田地的契用纸或布包成一捆，写上山块或田地名称整齐地码放在箱子里，同时还要在契约文书中间夹放干烟叶。装载文书的箱子或口袋多悬挂在最安全房间的板壁或天花板下，每年农历六月“尝新节”要将文书翻出来置于太阳下暴晒一两个小时，俗称“晒契”。

历经“文化大革命”等政治运动，乡民对文书的态度又多了一层担忧，导致征集工作更加艰难，据王宗勋先生介绍，锦屏县文斗村至今保存的契约文书数以千计，他到该村做工作不下20次，每次都一无所获。2003年7月，他们到该村拍摄《契约背后的故事》，并征集文书，在82岁的姜元泽老人家，王宗勋先生再一次希望姜元泽老人把家存的1000多份文书交给国家保管。在摄像机前，老人依然如故：“这些东西不能拿出去！这是祖先传下来的，是传家宝，不能在我这一代把它弄没了。谁知道今后的社会是如何?”不仅如此，文斗人知道王宗勋先生把杨有根先生等从文斗借出去的那些契约带回县档案馆后，还提出要退回去。文斗旅居台湾的著名作家姜穆先生在《姜氏族谱》中写道：“杨有根教授到文斗做田野调查，收集到我家家谱、山田地契不少……两千年时，锦屏县档案馆王宗勋已取回部分，现存县档案馆……此批资料，不仅是学术研究而已，对我家而言，更是无价之宝，姜氏子孙应予以追回。”

王宗勋先生的亲历不过是整个清水江文书征集的一个缩影，事实上征集清水江文书是艰难的，对于清水江流域存量高达50万份的文书，尽管政府采取了有力措施，比如锦屏县将文书的抢救、保护、征集工作量化纳入对乡镇的目标考核，对捐献者由县政府颁发《捐献证》，在加池村召开契约文书等民间历史文献征集工作现场会，宣传征集文书的意义，对积极捐献者公开表彰奖励。县政府还与贵州电视台合作摄制5集专题系列片《契约背后的故事》，并在贵州电视台连播加以宣传。又比如剑河县和天柱县采取聘请文书征集联络员的办法，给予一定的工作经费，将任务划片包干；再比如三穗县将制作好的“锦屏文书”展板，巡回在各赶集点展出，扩大宣传效果，等等。这些措施起到了一定的效果，但乡民不会主动献出文书，必须要政府工作人员上门反复做工作才可能得到一定数量的文书，多数情况则是“空手而归”。

二、文书载体特别，说明存在久远

清水江文书的载体有纸、石碑、布、皮、木、竹、禽骨。已征集到的文书，绝大部分为纸版，但也有为数不多的石碑，布、皮、木、竹和禽骨可能因为纸张的出现和普及而被取代，石碑则没有被纸张完全取代。以石材作为契约的载体，记载契约的内容通常是家族或村寨对于重大问题的处理结果，并且要举行一定的集体仪式，家庭问题的处理结果或私人之间的事务不用石头记载。石契在今天的田野调查中多有发现，榕江县就有百处之多，如榕江县八开乡高同寨寨边坳颈的“严禁偷盗石契”，青石质，略呈四棱柱形，高约0.70米，其记载内容：“当地一惯偷被抓获后，寨众集议，责令偷盗者当众认错赔礼受罚事”。[4] 对于石契的发现需要认真调查，因为岁月流逝，山川地貌变化，多被湮埋或位移，石契内容通常与当地世代相传的“故事”相统一，可以通过“故事”来寻找石契，找到的石契，其内容也往往与“故事”有关，不会突然出现石契。

纸契最多，凡进入档案馆保存的文书都是纸质载体，纸张种类有绵纸、毛边纸、草纸、构皮纸等。纸张的规格大的长达100厘米、宽达80厘米，小的长约20厘米、宽约10厘米，大多数长和宽在40至70厘米。据主持锦屏文书抢救工作的王宗勋先生介绍：现在收藏于民间的契约文书（纸质）损坏相当严重，有的被虫蛀鼠咬，有的因长期遭受霉湿而成为“纸砖”，有的因长期处于干燥环境中变得易脆。按照新的国家档案行业标准，属于严重破损的有30%，一般破损的40%，轻微破损和无破损的20%。他还举例，锦屏县退休教师彭泽元收集到的数百份文书有相当部分成了“纸砖”不能打开，原因在于“文革”中，文书持有人为躲避查抄而将文书用罐子装好后埋在地下十多年。王宗勋先生在该县河口乡好不容易做通一户存有数百份文书的人家同意捐出文书，但主人把装文书的口袋拿出来打开时，里面却全是被老鼠咬的纸屑。对于这样的文书，锦屏县档案馆修裱揭开时颇费了一番周折：先将文书打开放在玻璃板上，在上面覆盖比文书大的裱糊纸，然后又放上文书，再覆盖裱糊纸，循环层层相叠，最上面压一块玻璃板，经过半个月文书纸才能达到基本平整，但对于因长期霉潮形成的“纸砖”，由于设备和技术的限制，目前仍无法打开。许多过分老化焦脆和两面有字的文书，因为缺乏技术与设备，目前尚无法修补。[5] 文书收集之原始状态及修裱工作之艰辛复杂，从一个侧面反映了入馆文书存在年代之久远。

三、文书所用典故，非普通现代人能及

纸质的清水江文书为毛笔蘸墨汁书写，其字体、遣词、用语均与当地传

统有关，具有时代烙印和地域特征。如“天柱文书”中的“墦”在汉语应读“fan”，意为坟墓，但在清水江流域，则属于地方民族语言，读“xia”，指种植旱地农作物的土地；又如“攀芹”，侗语意为屋场之边角或指某一特定地理区域之傍山处；还有“柱子占两扇”，侗语指木房之两排立柱及隔板；“占二站”则指二柱虽已站立，然尚未拆下或装放隔板；“三公与共”指同一家族之嫡系三房，共同拥有或共同团结；等等。

清水江文书形成时期的传统习俗或称道德用语当属文书中所用典故，如同标语口号，体现时代的普遍认知。清水江文书内容涉及典故与其形成时期的社会认知、道德价值相吻合，现试举几例说明：

GT-006-056①

立承继字人高鲁寨龙绪堃同缘刘氏安凤夫妻二人，情因年老无儿，如同伯道之惨。今堂兄龙绪渊、堂嫂杨氏云爱，夫妻之幸生三子，长子大标，次子大株，三子大金。堃、凤夫妻二人商议，请凭房族亲戚人等，□与兄嫂商量承继次子龙大株次媳罗氏爱蕊过继与堂弟绪堃刘氏夫妇二人承宗为嗣。堃凭族戚人等，将家产赀财、山场田□、房屋地基、家中牲畜什物等项，概付与继男龙大株管理。自备聘金礼物迎聘壹媳与兄三子龙大金婚配为妻，系远□□媳。此系应□□□□□等契，亲□房内人等，毋得妄争觊觎。父慈子孝，努力撑积，克勤克俭，大恢宗祖之基。相爱相亲，勿伤父子之雅，父宜置家创业，子当养老送终。两无反悔异言。但愿子孙昌盛，家道兴隆。恐后无凭，立有承继合约二纸，各执一张存照。

凭房族人龙绪祥（押）龙绪灼（押）龙绪显（押）龙绪江（押）龙绪实（押）龙绪恩（押）

凭亲戚人杨绍荣（押）杨绍球（押）杨绍柏（押）杨绍绪（押）杨胜均（押）杨胜坤（押）□胜□（押）龙彦松（押）龙彦禄（押）刘选青（押）

房族人龙振恒（押）龙彦寿（押）龙大清（押）龙大干（押）笔龙大海（押）

---

① 贵州大学与天柱县合作的档案编号，G 为贵州大学的拼音编号，T 为天柱县的拼音编号，006 为档案卷宗第 1、6 卷（盒），056 为第 1 卷第 56 件，下同。

中华民国十三年岁在甲子阴历十二月十二日立字

（文书原持有者：龙世宏、龙世德；来源地：高酿镇优洞村）

其中的“同伯道之惨”系典故。伯道，晋代邓攸，襄陵人，为躲避战乱，带儿子和侄儿逃难，危难关头舍弃儿子而保全了侄儿，遂终身无子，有成语“伯道无儿”。如此生僻的典故，现代一般人无所知晓。

GT-006-083

立分关合约字人刘永东妻龙氏生育四子，俱已成立，家务纷纭，难以照料。请凭族戚等，因年迈桑榆，祖遗家业山场、田园、竹木、什物等皆以四股均分，拈阄为定。又以养二老田园需用，而婚配杉木之用及二老年终之田费，用剩之后，原以公平均分。自分之后，仍以熏篪相奏，勿有以强欺弱。或兴或败，在于一心一德。今凭合约，各执一张为据。田园、山场、养老田、婚配杉木列于后，刘宗桂实照：

一土名登高□田二坵，一土名美烟□二坵；一土名螳螂□山乙团，高攸山乙团，一土名美

烟山乙团，一土名壕雪山乙团；

一土名万却左边衫乙团，一土名岗见闻左边乙股；

一土名屋却田三坵，以母生养死葬之用；一土名高圭衫木，宗桂、宗科二人婚配需用；一土名高圭地土及圭场坡杉土、登洞杉土、虎赖柴山，又屋边鱼塘、播山，四人所共之□；

一批则玉女、玉梅二人自后同宗桂、宗科朝夕照料饥寒。

外批：园屋地基第三坪，又得右冲第三坪，左冲第六坪，各处阴地所共。

刘大海 龙原辉

凭族戚 伍永川

刘永清 刘宗廷

民国十四年二月十三 国校笔

（文书原持有者：刘光炎；来源地：高酿镇优洞村）

其中的“熏篪相奏”，指兄弟和睦。《幼学琼林》：“兄弟天下无不是底父母，世间最难得者兄弟。须贻同气之光，毋伤手足之雅。玉昆金友，羡兄

弟之俱贤；伯熏仲篪，谓声气之相应”。

GT-006-107有“蓝田种玉”的典故，出自晋代干宝《搜神记》卷十一：“公至所种玉田中，得璧五双，以聘。徐氏大惊，遂以女妻公。”原指杨伯雍在蓝田的无终山种出玉来，得到美好的婚配，后用来比喻男女获得了称心如意的美好姻缘。

涉及分关（即分家析产）的契约，有的文书使用典故“螽斯衍庆，瓜瓞绵绵”。螽斯：昆虫名，产卵极多；衍：延续；庆：喜庆。称颂子孙众多。语本《诗·周南·螽斯》：“螽斯羽，诜诜兮，宜尔子孙，振振兮。”后以“螽斯振羽”“螽斯衍庆”喻子孙众多。瓜瓞（guādié），大者为瓜，小者为瓞，喻子孙蕃衍，相继不绝。语本《诗·大雅·绵》：“绵绵瓜瓞。”螽斯衍庆、瓜瓞绵绵为吉祥祝福语，祝愿子孙众多，世代蕃衍不绝。

以上文书内容中使用这些典故，说明代笔人受过一定的传统文化教育，读过“四书五经”，与传统的官学和私塾教学内容相适应，而现代人自1949年以后，特别是“文革”时期受教育的内容则没有此背景，很少写包含这些典故的文书。

四、文书所用计量、计币单位，与当今不同

清水江流域属苗、侗民族聚居区，除语言不同于汉语外，生活中的交易法则也有差异，计量单位就是如此。贵州大学张新民教授认为苗疆计量单位的差异代表了苗侗民族的礼俗风规。此类礼俗风规，清人早已觉察：“苗民入市，与民贸易，驱牛马，负土物，如杂粮布绢诸类，以趋集市。粮以四小碗为一升，布以两手一度为四尺牛拳数多寡定价值，不任老少，水牛至十六拳为大，黄牛至十三拳为大，名曰拳牛。买马亦论老少，以木棍比至放鞍处，从地数起，高至十二拳大，齿少拳多价差昂，反是者为劣，统曰比马。届期毕至，易盐，易蛋种，易器具，以通有无。初犹质直，今则操权衡，较锱铢，甚于编氓矣。与亲党权子母，以牛计息，利上加利，岁长一拳，至八拳则成大牛，至数十年即积数十百倍，有终身莫能楚者，往往以此生衅，虽父兄子弟叔伯甥舅，见利即争，且有爱重贿而相卖，争财产而相杀者，惟在司牧者善导之耳。”[6]

对于这种差异，清水江文书里也有体现，清水江流域的苗侗民族的主食

为糯米，“手”“把”“边”便成为糯禾产量栽种面积的计量单位。

> GT-002-003
> 土名冲藐右膊：
> 第十三坵三角形下禾十边。
> 土名上扣洞脚：
> 第卅三坵三角形下禾一手；
> 第卅四坵三角形下禾十五稨；
> 第卅五坵眉形下禾半边。
> 土名扣冲左膊：
> 第十九坵直行下禾八边；
> 第廿一坵四不等形下禾玖边；
> 第廿二坵蚯蚓形下禾三手。
> 陆大悦 壹升七合八勺
> 杨承源取粮
> 龙扳□ 壹合二勺
> 民国七年八月 龚占鳌 推

其中有“边”“稨”“手”“子”，结合其他文书，“边”“稨”“遍”同意音，“子”“手”“边”“把”为苗侗民族用来计算糯禾收成产量和田地面积的计量单位，它们之间的换算关系，据弘治《贵州图经新志》记载：“稻以四剪为手，以十手为把，每把纳秋粮二升焉。”光绪《黎平府志》：“谷多种糯，丰年每亩可收谷三十把，每把可得仓斗八斗。”贵州大学张明先生田野调查：“籽”与“子”同音，指手指头那么细的稻禾，四子为一手，十手为一把；每手三余斤；丰年每亩可收三十把；每边十二斤；六边为一挑。关于“手”“把”“边”作为田地面积单位与“亩”的换算关系，张明先生考证得出：一亩等于三十把，即每亩产糯谷仓斗 240 斗（2.4 石）。[7]

升、勺、合：《孙子算经》卷上：“十抄为一勺，十勺为一合，十合为一升。”汉刘向《说苑·辨物》：“千二百黍为一龠，十龠为一合，十合为一升。”晋张华《博物志》逸文：“当用柏叶五合，松叶三合，不可过度。”元无名氏《陈州粜米》第一折：“俺看承的一合米，关着八九个人的命。”石，市石，民国时期重量单位。据赵德馨《中国经济史辞典》，1928 年国民政府颁布度量衡市制规定，一市斗等于十市升，一市石等于十市斗。本契约特别注明一石系“三拾□斗”，推知清水江流域使用更小的粮食容量单位，即□斗，从一市石等于政府规定的十市斗和民间的三拾□斗可知：在清水江流域一市斗当等于三□斗。以一市石（三拾□斗）大米重300市斤计算，则一□斗约为今10市斤。

对于这种计量单位早就不在民国时期的官方文书中使用，如以下文书，在面积栏目可清晰得知。这种计算单位及其方法现在在清水江流域不为大多数人所知悉和使用。

另一重要计量单位为计币单位，有以下几种货币：

钱。如GT-006-039：

立卖田契人岭孔村龙桂根，今因要钱使用，无从得处，自愿将到土名分村田乙坵，收禾六边，要钱出卖。请中问到高鲁村龙宏波承买，当日贤定价钱贰千五百八十文正。其钱领清，其田交与买主为业。自卖之后，不得异言。若有异言，恐得人心不古，有（由）卖主理落，立有卖契为据。

凭中 龙占渊

代笔 龙应川

咸丰十年八月初四 日 立

（文书原持有者：龙世宏、龙世德；来源地：高酿镇优洞村）

银。如GT-006-090：

立卖地土油山人亚墓村杨福招，今要银使用，无处所出，自愿将到土名高叩地土油山壹团，上登岭，抵杨□□礼地土为□；下依田坎，抵卖主地土为界；左依正岭，抵杨照礼地土为界；右□正岭，抵杨□忠地土为界，四至分明，要银出卖。先问房族，无人承买。请中上门问到攸洞寨刘上田承买，当日三面议定价银贰两四钱整。其银领清，其油山地土阴阳卖与买主耕管为业。自卖之后，不得异言。若有异言，卖主向前理落，不关买主之事。恐后无凭，立有卖字存照。

亲笔

凭中 杨胜忠

道光元年二月初六日 立

（文书原持有者：刘光炎；来源地：高酿镇优洞村）

铜元。如 GT-006-006：

立卖田契字人高中寨刘耀品，今因家下要□使用，无所出处，自愿将到土名括冲田大小四坵，□花拾稨，上抵沟，下抵龙姓田，左抵龙姓田，右抵刘姓□，四至抵清，要钱出卖。请中上门问到攸洞寨杨宗成球□弟二人名下承买，当日凭中言定价钱铜元贰拾五封零捌佰文正。其钱领清，其田卖与买主耕管为业，自卖后，不得异言。恐后无凭，立有卖字存照。

凭中人 刘耀银

讨笔人 龙绪渊

民国岁次癸酉年二□初二日 立卖

（文书原持有者：杨世炳；来源地：高酿镇优洞村）

洋。如 GT-006-002：

立卖田契字人高中寨刘耀品，今因家下要洋使用，无所出处，自愿将到土名括冲田大小四坵，收花壹拾叁稨，上抵沟，下抵龙姓田，左抵龙姓田，右抵刘姓田，四至抵清，要洋出卖。请中上门问到攸洞寨杨宗成名下承买，当日凭中言定价洋贰拾陆元零捌仙正。其洋领清，其田卖与买主耕管为业。自卖之后，不得异言。恐后无凭，立有卖字存照。

凭中 刘耀

讨笔 龙绪渊

民国二十年三月初□

（文书原持有者：杨世炳；来源地：高酿镇优洞村）

法币。如 GT-006-065：

立卖田地字人杨□柏，今因家下要钱使用，无所出处，自愿将到土名保蜡中田乙坵，上抵山，下抵山，左抵杨姓田，右抵龙姓山，四至分明，要钱出卖。自己先问亲房，无钱承买。问到高鲁龙绪坤承买，二□言定价钱壹佰捌拾伍仟八百文正。[1] 田价卖主领足，其田付与买主耕管为业。自卖□□□□□□□□□□无凭，立有卖字为据存照。

---

① 这里的定价数目巨大，疑是民国政府后期发行的法币。1945 年抗日战争结束时，货币发行量已经增加到 5569 亿元，比战争爆发前增长了 394.5 倍。日本投降后，为筹措内战军费，南京政府进一步增加了货币发行量，最终导致恶性通货膨胀。

代笔 杨胜辉

中华民国癸酉年三月十一日立字

（文书原持有者：龙世宏、龙世德；来源地：高酿镇优洞村）

钱，铜钱，即铜质圆形方孔钱，是中国古代的主要辅助货币，流通时间长达两千余年。铜钱最早出现于战国时期，秦始皇统一六国后，以黄金为上币，铜钱为下币，此后历代均铸铜钱，数量最多，种类亦极为复杂。其间虽有铁钱、铅钱等铸造和流通，但数量较少，且在局部地区流通，影响不大；西汉铜钱铸造的数量最多；魏晋南北朝时期，谷帛为币盛行，铜钱流通有所减弱；唐宋时期，铜钱又趋盛行；元代以用纸币为主，大部分时间禁止使用铜钱；明代中叶以后，银两成为主要货币，铜钱只用于小额支付；清代产生银元和铜元，铜钱的使用减少。笔者所见的文书尚未发现银元，但笔者相信肯定有这种货币在当时的清水江流域流通。民国时期，铜钱最终退出流通领域。古代铜钱的计量单位是文，铜钱一枚称“一文”，始自南北朝时期。因铜钱的一面铸有文字，故称铜钱一枚为一文，清末、民国硬辅币也采用“文”纪值，铜钱一千枚（1000 文）用绳子串在一起，称“一串”，一串伍佰文，即铜钱 1500 文。

洋，指洋钱，又称番钱、番饼，为清代以来对外国流入的银铸币的称谓。

铜元，光绪末年开始在市面流通，初使用“光绪元宝”“大清铜币”，一枚兑制钱十文，十枚兑银毫一角。后因各省所铸造量轻质差，大量充斥市面，要 14 枚铜元方能抵 1 角毫子，不久商民拒收，光绪三十三年（1907 年）停止使用。民国六年（1917 年）恢复使用，市面上出现大量“民国开国纪念币”铜元，逐步取代铜钱。铜元与银元、银角的比值时有波动，主要根据铜元流通量多寡而定，通常铜元 12～22 枚兑银角 1 角，300～360 枚兑银元 1 元。民国后期铜元辅币逐渐被镍币所代替，在贵州、绥远还发行了地方铜元。封，量词，一封为三十六枚铜钱。

法币，又称“法偿货币”“法定货币”，国民政府实行“法币政策”后流通的纸币，是 1935 年 11 月 4 日至 1948 年 8 月 19 日期间全国统一流通的纸币。1935 年 11 月 3 日，国民政府财政部发表《关于实施法币布告》，宣布从次日起废除银本位制，实行与英镑挂钩并有物资准备的纸币制度，即“法币政策”，规定以中央、中国、交通三大银行（后增加中国农民银行）所发行的纸币为法币，规定法币 1 元等于英币 1 先令 2. 5 便士和 0. 2975 美元，法币成为外币的附庸。法币政策执行后，国民政府强制回收银两、银元和民间藏银，先后以法币换取了民间白银 3 亿余元。1937 年抗战前夕，法币发行总额为 14 余亿元，抗日战争爆发后，国民政府实行通货膨胀政策。到 1945 年，法币发行额增至 10300 亿元，1947 年 4 月发行额猛增至 160000 亿元以上，1948 年法币发行额更高达 6630000 亿元以上，相当于抗战前夕发行额 14 亿元的 47 万多倍，造成物价飞涨，法币信誉完全丧失。1948 年 8 月 19 日，国民政府被迫宣布废除法币，并以金圆券 1 元比法币 300 万元的比率收回。

清水江文书记录的货币种类同单位与各种货币的流通历史吻合，其形成时间符合历史规律，若要令人杜撰，非金融历史学者，根本做不到，存量达几十万的文书也非专业人士所能完成。

五、文书落款时间特别，今人难以知晓

清水江文书的形成时期，据目前征集的情况来看，最早的是明成化二年（1466 年），距今 549 年，最晚是 1950 年（天柱卷发现三份 1966 年 7 月 3 日的“林权证”），其中清乾隆至民国较多，且时间相对连续，落款时间采用年月日，年份为“朝代+具体年数”或“朝代+天干纪年”，月份和日期则普遍采用古历，年月日数全部用汉字大写，如“康熙五十三四月八日”“同治十二年十一月一日”“光绪二十二年十二月八日”“光绪拾捌年十二月初三日”“民国十四年十一月吉日”“民国乙丑年十二月十四日”“民国十六年岁次丁卯正月初十日”，等等。也有只表明天干纪年的，如：GT-040-039“壬辰年十月二十九日”。还有采用公元纪年的，如：GT-025-086“公元一九五零年二月十五日”。

对于从明代经清朝至民国的各个朝代，大家都清楚，以相应的朝代纪年也不存在疑问和歧义，但在天柱县发现有文书中却有几个特别的形成纪年：

（1）大汉纪年。如 GT-006-177：

立遵议决合约字人罗永芳、罗平阶、胡国柱、龙喜藩、龙均魁等。缘因争执勒洞村圭蔑溪岭孟坡，顺流右膀杉山壹幅，里历控在县。

兹沐县、营主邹、张，会同各界士绅传斋我□，比赴集议，听从公劝□导，议决胡国柱等所砍此山之木，共计叁仟余株。议以肆成照数，确交罗姓售卖。其余陆成归胡姓等售卖。至此木山地土，胡姓等木砍后，不得再相干涉。此山林现经砍伐未卖者，点兜照成分算。其或胡姓等已卖者，照成澈算分俵银两。所有一切夫费，亦当照成派出等议。今我二□□甘愿遵如所议，激发道德，不得再挟意见争执，致酿隐患。是以出具结于。县案备查外，复凭众绅具遵议合约，各执一纸为据。倘有翻□□□，公同具呈禀官究治。

原告 罗永芳 罗平阶 罗渊明

被告 胡国柱 龙喜藩 龙绍德 杨必光 龙荣喜 姚俊球

黎属 龙均魁 龙年长 龙生泰 龙庆周

凭各界议 董事会 □□□ □□□

劝学 劝业 龚其昌 黄贞干

团防总局 邓大宾

各里团绅 王大瀛、吴光瑜、龙步云、刘大年，张之红、龙均权

大汉民国元年阴历四月初十日公立

（文书原持有者：罗朝明；来源地：高酿镇勒洞村）

（2）黄帝中华纪年。如 GT-039-077：

立卖山场字人地良号寨龙才贵，今因家下要钱使用，无所得处，自愿将到土名王干山场半团，矢（是）与祖益同共，上［抵］登领，下抵田，左抵荣昌山，右抵光彩山为界，四至分明，要钱出卖。先问兄弟，无钱承买，请兄问到本房龙祖益名下承买，当日凭中议定价钱陆百捌拾文。其钱亲主领足入手应用，其山场半团卖与，一概在与买主耕管为业。自卖之后，不得异言。恐口无凭，立有卖字执照。

黄帝中华元年辛亥十二月十四日凭中代笔才多立（元年辛亥十二月十四日龙才贵卖山场字）

（文书原持有者：龙之楷；来源地：高酿镇地良村浩寨组）

（3）天运纪年。如 GT-040-233：

立卖田契字人龙明焕、明元兄弟二人，今因要钱使用，无所出处，

自愿将到土名半打鸟田乙垢，上抵姚开焕田，下抵买主田，左抵路，右抵买主山，四至分明。要钱出卖。先问亲房无钱承买。请中问到龙恩泮承买。当面言定价银二口乙分八整。亲主领足，入手应用，其田付与买主管为业，恐口无凭，立有卖字据。

内添二字

凭中：龙标明

笔：明焕

天运 丁巳年四月十二日立字

据考证，辛亥革命后改黄帝纪年，亦称大汉纪元，大汉纪元四千六百零九年，为民国元年，岁次壬子，即公元 1912 年。

天运，原指天体的运行，后指天命。《六韬 · 武韬 · 顺启》：“事而不疑，则天运不能移，时变不能迁。”司马迁《史记 · 天官书》：“夫天运三十岁一小变，百年中变，五百载大变。”天运用于纪年，是在特殊的时期的权宜办法，即世局动荡，不知天命归于谁、政权将由谁建立时，暂用“天运”作为年号。“天运”正式纪年年号在中国历史上曾三次使用，一为明崇祯十年（1637 年）明末江西农民起义领袖张普薇所自立的年号；一为清乾隆五十一年（1786 年）台湾天地会头目林爽文在彰化起义后所用；一为清咸丰三年（1853 年）至五年（1855 年），上海小刀会刘丽川的年号。但此中并无幸另外，从清中期起，反清民间秘密组织天地会由于不愿使用清朝年号，在内部开始使用“天运”作为年号，通常的做法是“天运”加“干支”。孙中山建立兴中会后也沿用了天地会的“天运”年号。冯自由在《华侨革命开国史》中曾记载：“清末，孙中山先生提倡革命常用天运纪年。”武昌起义以后，各省独立，有用黄帝纪年者，也有用天运干支者。另一说备查考：民国时期，除了西历纪年和民国纪年并用外，在民间，习惯用皇帝纪年的民众，还仿照皇帝纪年的模式来署年，但是由于没有皇帝了，就将“奉天承运”简化为“天运”来署年，便是天运+干支纪年，1905 年，同盟会以天运年号代替光绪年号。结合清水江流域的地理特征，清水江文书中的“天运”应该指民国初期。

对于这段历史，绝大多数现代人是不清楚的，当然现在的清水江流域中绝大多数现代人也无从获知。

六、文书买卖无市，伪造无利可图

造假的动机多数是营利，特别是对处于贫困或者刚刚脱贫的农民来说尤其如此，而营利的先决条件是必须要有市场。清水江文书征集模式是政府行为、封闭有序状态，而非市场行为、开放无序状态。在2006年前，只在锦屏县发现文书，同时关注的主体仅有锦屏县政府、中山大学历史人类学研究中心、贵州大学中国文化书院以及发现锦屏文书的杨有庚先生和慕名而来的两名日本学者，锦屏县与中山大学合作抢救、保存文书也是通过行政方式进行的，由于乡民不配合，征集工作相当艰难。又因为外界对锦屏文书了解甚少，更没有人来挖掘其商业价值，所以也就没有商人进入锦屏收购。锦屏文书真正被外界所关注，始于2001年至2003年日本东京外国语大学出版的三卷本《贵州苗族林业契约文书汇编（1736—1950）》，之后，有学者和媒体认为锦屏文书是中国和贵州的东西，不宜由境外机构来牵头。2004年省委有关领导就锦屏文书作出三点指示：一是停止与任何境外学术机构的合作，二是加强保护，三是停止媒体宣传炒作。外界进入锦屏收集文书的渠道被阻断。随着2006年8月新华社贵州分社王丽的《贵州“锦屏文书”流失严重亟待抢救》在内参《国内动态清样》（第47期）上登载，擅自收集锦屏文书的空间被进一步挤压，贵州省委、省政府根据时任国务委员陈至立的批示，成立了锦屏文书保护领导小组，保护区域涵盖黔东南州，其中将锦屏、黎平、天柱、三穗、剑河确定为重点县，其主要任务就是防止外界收购文书，同时动员乡民将其保存的文书交给政府，由各县档案馆统一集中保管。

目前，省和州、县财政虽然划拨征集专项经费，但主要用于建设档案设施、购买设备和材料，还有聘用人员的补助，乡民交出文书是无偿的。锦屏县对捐出文书者待遇如下：一是发给由县政府制作的《捐献证》；二是送文书复印件一套；三是保证捐献者及其后人今后永远免费查阅将来的文书，也就是说政府征集文书也没有补偿。

可见，清水江文书从发现到广为关注，其收集渠道主要是政府征集，始终没有形成文书交易市场，无利可图，也就排除了仿造文书的可能性。

从以上诸多因素分析可见，清水江文书的历史真实性是无可怀疑的。

参考文献

[1] 李斌，曾羽．徽州文书与清水江文书保护模式比较研究［J］．贵州大学学报：社会科学版，2014（5）：74.

[2] 张新民，朱荫贵，阿风，等．共同推动古文书与乡土文献学的发展——清水江文书整理与研究四人谈［C］//张新民，朱荫贵民间契约文书与乡土中国社会——以清水江流域天柱文书为中心的研究．南京：江苏人民出版社，2014：5.

[3] 张新民．人文世界——区域·传统·文化（第五辑）［M］．成都：四川出版集团、巴蜀书社，2012：435.

[4] 李红香．湘黔桂毗连地带历史时期“契”与文书的关联性研究［J］．贵州大学学报：社会科学版，2014（3）：85.

[5] 王宗勋．清水江历史文化探微［M］．昆明：云南美术出版社，2013：159—162.

[6] 严如煜．苗防备揽·风俗考·苗民交易计量法［M］．贵州省图书馆藏道光十三年绍义堂刻本.

[7] 张明．清水江流域苗侗民族传统糯禾特殊计量单位研究［J］．贵州大学学报：社会科学版，2012（6）.

民间契约文书立契时间逢闰月书写格式述略①

——以清水江文书为中心

林东杰，谢开键②

摘　要： 清水江文书立契时间遇到闰月时，往往采用一定的书写格式，如“前六月”指六月而非闰六月，“后五月”指闰五月，“又六月”指闰六月。检读敦煌、徽州、福建等地文书，可知不迟于西汉建昭二年（前37年），文书立契时间遇到闰月就开始写明强调，随后沿袭不断，而明清以来的各地文书，常见“后五月”指闰五月、“又六月”指闰六月的书写样式。

关键词： 清水江文书；立契时间；档案整理；中国古文书学

近年来，清水江文书具有的巨大史料价值和研究意义，渐渐成为学界共识。[1] 随着研究群体的不断扩大，“研究问题涉及一个区域文明社会的方方面面，一门新研究学科清水江学雏形已现”；[2] 而2013年10月下旬，“首届国际清水江学高峰论坛”的举行，[3]《天柱文书》第一辑的正式出版，[4] 则具有里程碑式的意义。

---

① 本文原载《贵州大学学报》（社会科学版）2016年第3期第100—104页。

基金项目：国家社科基金重大项目“清水江文书整理与研究”（11&ZD096）。

② 作者简介：林东杰（1987—），男，福建安溪人，厦门大学人文学院博士研究生。研究方向：清水江文书、闽台区域史。

谢开键（1986—），男，福建建瓯人，复旦大学历史学院博士研究生。研究方向：清水江文书、社会经济史。

在清水江文书整理与研究过程中，释读文书乃是基础，故已有一些专门的论文探讨清水江文书立契时间的辨读。所见最早者，乃张中奎之《一份清水江文书的年代考论》，该文介绍了考证《天运丁卯年二月初四日蒋荣恩、蒋荣但立卖田契约》立契时间中“天运丁卯年”为同治六年（1867 年）的方法。[5] 徐钰《清水江文书纪年格式之“天运”考释》一文，探讨了清水江文书中出现的“天运纪年”，论证了“天运纪年”并不一定是地方知识精英鉴于某种社会形势而采取的权宜之计，“天运”字义并非取自“奉天承运”，而与道教“太岁”格式的文书书写规则有直接的传承关系。[6] 闫平凡集中发表了系列文章，其《清水江文书天柱卷史料价值初探——浅析贵州辛亥革命后文书中的黄帝纪元》一文指出：武昌起义后不久，贵州立即响应，成立的贵州军政府接受了革命党人采用的《民报》黄帝纪年方式，加之清末以来当地革命宣传活动的影响，故辛亥革命后清水江文书中采用了黄帝纪年，“大汉四千六百零九年”“黄帝四千六百零九年”“大汉黄帝四千六百零九年”（或者“大汉黄帝四千六百五十九年”）只是书写形式不同，不关乎民族问题。民国成立后，很快废止了黄帝纪年法，故 1911 年以后已见的清水江文书再没出现“黄帝四千六百零九年”的纪年方式，这说明西南少数民族地区与全国历史步调一致；[7]《清水江文书天柱卷史料价值续探——贵州辛亥革命后文书中的宣统纪年》一文认为，辛亥革命后清水江文书中仍用“宣统三年”“宣统四年”纪年的原因，乃是当地位置偏远，当地百姓不知改朝换代以致仍用老皇历的结果；[8] 其《查山逸民考——兼谈辛亥革命时期的“大汉纪元”》在考释关岭县汉元洞壁书“查山逸民”和“大汉元年”过程中，同时论证了清水江文书中出现的“大汉元年”当指民国元年，即 1912 年。[9] 笔者《清至民国年间清水江契约文书立契时间校补》一文举例说明了清水江文书立契时间的相关考证方法，揭示了立契时间“十一”写作、“廿一”写作等多种双字合写现象。[10]

清水江文书目前已经正式出版的大约有三四万件，但仅锦屏、黎平、天柱、三穗、剑河 5 个重点县档案馆到 2013 年时即收藏有近 16 万件，[11] 而总数估计有 30 万到 50 余万件，[12] 还有大量文书有待整理。有鉴于此，笔者不揣浅陋，从中国文书史的视野，[13] 对所见清水江文书中立契时间所见“前六月”“后五月”“又六月” 等书写样式进行学理性论述,① 希冀对新接触文书者判断立契时间有所裨益。

一、“前×月”

笔者参加清水江文书整理时，曾见一份文书立契时间中写有“宣统三年前三月”，兹据文书影印件整理录文如下：

立换字人龙喜恒，今将更对田乙坵，收花十八边。自己承愿换到喜魁杨山坝大田，六股均分，直（只）换一股。二比承愿所换，若后，不得言。恐后无凭，立有换字为据。

外批价钱三仟文正。代笔龙元芳

德

凭中亲房喜

泽

叔伯东升

宣统三年前六月十三日 立[14]

查阅其他地方文书，“前×月”写法多有所见，在保证文书来源地多元且时间跨度较大两个前提下，笔者随机选取6份文书，连同该份文书整理成表1。

表1 6份文书简况

序号	文书编号/契名	来源	立契时间	西历/干支
1	GT-GDL-006/GT-040-085	《天柱》一辑14册P7	宣统三年前六月十三日	1911/辛亥
2	3-1-5-035	《清》二辑2册P35	民国二十二年前五月二十日	1933/癸酉

① “前六月”“后五月”“又六月”等时间书写样式，识者不乏其人。然整理出版之文书中，遇立契时间为“后五月”“又六月”，有径直释读为“五月”“六月”，则对其进行学理论述，于时下不乏意义。

（续表）

序号	文书编号/契名	来源	立契时间	西历/干支
3	4-1-1-068	《清》二辑3册P247	民国十九年前六月二十九日	1930/庚午
4	6-36-1-152	《清》二辑10册P153	民国三十三年前农历四月二十九日	1944/甲申
5	姜盛祥典契	《家藏》P506	宣统元年前二月十三日	1909/己酉
6	高保长收回典契文书	《家藏》P573	宣统元年前二月三十日	1909/己酉

注：（1）表1所引文书，来源写"《天柱》一辑"者，据《天柱文书》第一辑（张新民主编，江苏人民出版社2014年版）；写"《清》二辑"者，据《清水江文书》第二辑（张应强、王宗勋主编，广西师范大学出版社2009年版）；写"《家藏》"者，据《贵州文斗寨苗族契约法律文书汇编——姜元泽家藏契约文书》（陈金全、杜万华主编，人民出版社2008年版）；（2）表中"西历/干支"分别指文书订立年份之西历纪年、干支纪年，"闰月"指文书订立年份逢闰之月（若无闰月则写无），中西历换算皆利用台湾"中央"研究院所制两千年中西历转换数据库（网址：http：//sinocal. sinica. edu. tw/）查询；（3）本文此后诸表，若无特别说明，文书来源写法、年代转换和闰月查询，均同表1。

据表1可知，表中所列六份文书订立年份均有闰月，且闰月月份一一对应"前×月"中的"×月"。另表中之《高保长收回典契文书》，立契时间为"宣统二年前二月三十日"，查两千年中西历转换数据库，可知宣统二年二月才有三十天，闰二月只有二十九天，则此文书立契时间当在宣统二年二月（非闰二月）。据此可以推断，当立契时间中的月份逢闰时，加一"前"字作"前×月"，乃表示契约订立月份非在闰月。

二、"后×月"

查找民间文书立契时间"前×月"写法过程中，笔者见到一份锦屏文书立契时间存在"后×月"写法，兹将其内容照录如下：

立佃字人姜学开、学广、学焕三人，今佃到姜海治、闻、珍、盛广、盛鳌、上锦、姜兴、姜作梅、作开、奉箴、老世、大兴、连贞众等之山乙幅，地名南活生硃。其有界限，照依木客奉箴、吉春、连贞、学滔所砍之界，挖种栽杉，限至三年排行，五年成林，亦不得荒芜。若有不成林者，载手无分，恐口无凭，立此佃字存照（为）据。

光绪二十乙年后五月初九日 学广亲笔[15]

上述文书立契时间“后×月”写法，同样见于清水江流域其他地区文书和徽州文书，在保证文书来源地多元且时间跨度较大两个前提下，笔者随机选取9份文书，连同该份文书整理成表2。

表2　9份文书简况

序号	文书编号/契名	来源	立契时间	西历/干支	闰月
1	C0078	《汇编》二卷	光绪二十一年后五月初九日	1895/乙未	五
2	GT-GDL-003/GT-041-005	《天柱》一辑13册P118	同治七年后四月十九日	1868/戊辰	四
3	GT-GDL-020/GT-041-046	《天柱》一辑13册P135	光绪廿年后五月初七日	1894/甲午	五
4	1-1-7-114	《清》一辑3册P276	民国三十六年后二月二十六日	1947/丁亥	二
5	1-2-8-105	《清》一辑6册P275	民国乙丑年后四月十三日	1925/乙丑	四
6	2-1-3-076	《清》一辑13册P10	道光二十一年后三月十二日	1841/辛丑	三
7	6-3-1-114	《清》二辑5册P508	公元一九五五年后三月二十六日	1955/乙未	三
8	明［万］历三十八年后三月初十日十八都方友忠等立昼图定葬文约	《徽》2辑2册P287	万历三十八年后三月初十日	1610/庚戌	三

（续表）

序号	文书编号/契名	来源	立契时间	西历/干支	闰月
9	民国十九年后六月洪芳魁立卖屋基契	《徽》3 辑 4 册 P172	民国十九年后六月	1930/庚午	六

注：所引文书来源写“《汇编》二卷”者，据《贵州苗族林业契约文书汇编（1736—1950 年）》第二卷（唐立、杨有赓、武内房司主编，東京外國語大學アジア·アフリカ言語文化研究所 2002 版）；写“《清》一辑”者，据《清水江文书》第一辑（张应强、王宗勋主编，广西师范大学出版社 2007 年版）；“《徽》2 辑”者，据《徽州文书》第 2 辑（刘伯山编纂，广西师范大学出版社 2006 年版）；写“《徽》3 辑”者，据徽州文书》第 3 辑（刘伯山编纂，广西师范大学出版社 2009 年版），后表同。

综观表 2 可知，表中所举 9 份文书订立年份均有闰月，且闰月月份一一对应“后×月”中的“×月”。已知当立契时间中的月份逢闰时，若契约订立月份非为闰月，则加一“前”字作“前×月”，故不难判断“后×月”当为“闰×月”的特殊写法。

三、“又×月”

笔者参加清水江文书整理时，还见多份文书立契时间中存在“又×月”现象，兹选取一份照录如下：

> 立承认人胡兴刚，今因承典伊亲长房蒋志光、二房蒋富极、三房蒋宗旺等，公议将到瓮洞场杨公庙码头边店地三间，上抵胡友德店欲（坎），下抵河，左抵刘宏远店地，右抵杨公庙为界，三面议定典价钱五千文。其钱众等亲领发积（迹），其地任从银主坚（建）造居坐，其有后蒋姓不得那人私卖私赎，吴（务）要三房齐赎方准。今欲有凭，立承认为据。
>
> 凭中胡义顺
>
> 其有字付与蒋志光收具合同字
>
> 道光十五年又六月二十四日立[16]

文书立契时间中“又×月”写法，亦屡见于锦屏文书、徽州文书等，在保证文书来源地多元且时间跨度较大两个前提下，笔者随机选取12份文书，连同该份文书整理成表3。

表3　12份文书简况

序号	文书编号/契名	来源	立契时间	西历/干支	闰月
1	GT－WHX－104/GT-011-132	《天柱》一辑7册P85	道光十五年又六月二十四日	1835/乙未	六
2	GT－WKZ－047/GT-009-089	《天柱》一辑9册P185	民国三十年又六月十二日	1941/辛巳	六
3	2-1-4-035	《清》一辑13册P125	民国六年又二月初一日	1917/丁巳	二
4	3-3-1-157	《清》二辑3册P157	宣统三年又六月二十八日	1911/辛亥	六
5	5-1-1-003	《清》二辑4册P263	乾隆五十四年又五月初九日	1789/己酉	五
6	A0183	《汇编》一卷	道光十八年又四月初九日	1838/戊戌	四
7	B0133	《汇编》二卷	道光廿三年又七月十九日	1843/癸卯	七
8	B0275	《汇编》二卷	宣统元年又二月初三日	1909/己酉	二
9	清雍正七年七月李云章立卖田赤契	《徽》第2辑1册P193	雍正七年又七月廿五日	1729/己酉	七
10	清咸丰元年又八月胡昌金立杜卖田租契	《徽》第2辑1册P319	咸丰元年又八月念（廿）三日	1851/辛亥	八
11	民国十七年又二月潘永松立杜卖地契	《徽》第3辑2册P389	民国十七年又二月	1928/戊辰	二

（续表）

序号	文书编号/契名	来源	立契时间	西历/干支	闰月
12	清康熙三十八年又七月程阿朱同孙男立典屋契	《徽》第3辑2册P491	康熙三十八年又七月	1699/己卯	七

注：所引文书来源写“《汇编》一卷”者，据《贵州苗族林业契约文书汇编（1736—1950年）》第一卷（唐立、杨有赓、武内房司主编，東京外國語大學アジア・アフリカ言語文化研究所2001版）。

通览表3可知，表中所列12份文书订立年份均有闰月，且闰月月份一一对应“又×月”中的“×月”。笔者所见锦屏文书中，有一份《姜培寄断卖山场杉木载手字（光绪二十四年闰三月初四日）》，文书影印件上时间原是写“光绪贰拾肆年又三月初四”，后涂去“又”字，补一“闰”字；[17] 另一文书立契时间为“民国八年又七月三十日”，[18] 查两千年中西历转换数据库，可知民国八年七月只有29天，闰七月则有30天，则“民国八年又七月三十日”即为“民国八年闰七月三十日”。综合以上因素，立契时间中“又×月”亦是“闰×月”的特殊写法，当无疑义。

四、小结

在查阅大量出版的文书过程中，我们所见最早写明闰月的文书是《西汉建昭二年（前三七年）甲渠塞欧威卖裘券》，其立契时间为“建昭二年闰月丙戌”，[18]39 同书另有5份文书同样写明闰月：(1)《高昌义和三年（六一六年）氾马儿夏田券》(立契时间“义和三年丙子岁润（闰）五月”)；(2)《高昌延寿四年（六二七年）氾显祐遗言文书》(立契时间“延寿四年丁亥岁，闰四月八日”)；(3)《后梁贞明九年（九二三年）敦煌留住卖奴契》（立契时间“贞明九年癸未闰四月”)；(4)《唐天复九年（九〇九年）敦煌董加盈兄弟分家文书》(立契时间“天复玖年己巳岁润（闰）八月十二日”)；(5)《明建文三年（一四〇一年）祁门县谢阿汪卖山地红契》(立契时间“建文三年闰三月十四日”)。[18]154

据此可知，文书立契时间遇到闰月写明的由来已久。至于明清以来的文书中，立契时间写明闰月的例子更是不胜枚举，可见文书立契时间书写时对闰月之强调，不但早已有之，且沿袭不断。此外，文书立契时间中用“后×月”“又×月”表示闰月的写法，频繁见于明清以来的各地文书，非仅局限于清水江流域与徽州地区，兹举6例如下：

(1)《同治九年张复瑞、张义和同立包办和约字》(立契时间同治九年又十月，台湾文书)[19]；(2)无契名(立契时间道光七年又五月，珠江三角洲土地契约)[20]；(3)《清道光二年(一八二二年)曲阜县齐朱氏婶侄卖地契》(立契时间“道光二年后三月十三日”)[18]189；(4)《清嘉庆十六年(一八一一年)新都县周文江等卖水田红契》(立契时间“嘉庆十六年又三月一日”，台湾文书)[18]235；(5)《民国三年(一九一四年)北京正红旗满洲胜奎父子卖房白契》(立契时间“中华民国三年七月二十一号甲寅又五月廿九日”)；[18]461；(6)《民国六年(一九一七年)北京何景山当地白契》(立契时间“中华陆年阴历又二月十三日”)[18]715。

鉴于如此广袤的地域范围内，文书立契时间闰月书写格式的一致，则探讨包括立契时间写法在内的文书书写样式，对于在中国古文书学视野下，厘清文书流变情况乃至全面把握“中国文书史”具有重要学理意义。①

参考文献

[1] 张新民，朱荫贵，阿风，等. 共同推动古文书学与乡土文献学的发展——清水江文书整理与研究四人谈 [J]. 贵州大学学报：社会科学版，2012 (3)：73—79.

[2] 林芊. 一份期刊专栏与一门新学术的诞生 [J]. 贵州民族大学学报：社会科学版，2014 (3)：203—207.

[3] 张新民. 区域社会经济史研究的新创获——清水江文书与中国地方社会国际学术研讨会综述 [J]. 中国经济史研究，2014 (2)：167—171.

---

① 参见罗正副、王代莉：《清水江文书研究的新维度》，《光明日报》2012年12月26日。文中指出：“自近代甲骨文、简帛文献发现以来，甲骨学、敦煌学、简牍学纷纷确立，尤其是敦煌文书、徽州文书等文书材料的新发现，继之创立相关学科或研究领域，总结性的‘中国文书史’提上议事日程。然而在清水江文书未大量面世以前，发现的文书以唐宋元明为主要特色和价值。清水江文书的发现，承接此前文书统绪，连接清代、民国及新中国成立初期，真正意义上的‘中国文书史’抑或‘中国文书发现史’对中国学术发展的意义更加凸显出来。展开清水江文书的进一步研究，对全面把握‘中国文书史’具有不可或缺的学术价值和学理意义。”

［4］谢开键.〈天柱文书〉评介［J］. 中国史研究动态，2015（4）：95—96.

［5］张中奎. 一份清水江文书的年代考论［J］. 农业考古，2012（1）：299—300+310.

［6］徐钰. 清水江文书纪年格式之“天运”考释［J］. 贵州大学学报：社会科学版，2015（3）：69—73.

［7］闫平凡. 清水江文书天柱卷史料价值初探——浅析贵州辛亥革命后文书中的黄帝纪元［C］//张新民. 探索清水江文明的踪迹——清水江文书与中国地方社会国际学术研讨会论文集. 成都：巴蜀书 2014：439—451.

［8］闫平凡. 清水江文书天柱卷史料价值续探——贵州辛亥革命后文书中的宣统纪年［J］. 兴义民族师范学院学报，2014（4）：9—11.

［9］闫平凡. 查山逸民考——兼谈辛亥革命时期的“大汉纪元”［J］. 绵阳师范学院学报，2015（4）：90—93.

［10］林东杰. 清至民国年间清水江契约文书立契时间校补——以〈贵州文斗寨苗族契约法律文书汇编：姜元泽家藏契约文书〉为中心的研究［J］. 贵州大学学报：社会科学版，2012（5）：63—69.

［11］华林，杜昕，王逸凡，等. 清水江文书国家综合档案馆集中保护问题研究［J］. 档案学研究，2015（2）：63.

［12］张新民. 走进清水江文书与清水江文明的世界——再论建构清水江学的题域旨趣与研究发展方向［J］. 贵州大学学报：社会科学版，2012（1）：41.

［13］黄正建. 中国古文书学的历史与现状［J］. 史学理论研究，2015（3）：135—139.

［14］张新民. 天柱文书：第一辑（第14册）［G］. 南京：江苏人民出版社，2014：7.

［15］唐立，杨有赓，武内房司. 贵州苗族林业契约文书汇编（1736—1950年）：第二卷［G］. 东京：东京外国语大学アジア　アフリカ言語文化研究所，2002.

［16］张新民. 天柱文书：第一辑（第7册）［G］. 南京：江苏人民出版社，2014：185.

［17］张应强，王宗勋. 清水江文书：第一辑（第5册）［G］. 桂林：

广西师范大学出版社，2007：62.

［18］张传玺. 中国历代契约会编［G］. 北京：北京大学出版社，1995.

［19］陈支平. 民间文书与台湾社会经济史［M］. 长沙：岳麓书社，2004：263.

［20］杨国桢. 明清土地契约文书研究［M］. 修订版. 北京：中国人民大学出版社，2009：361.

土地经营

清水江文书中的林业生产：侧重方法论及林农生产的视角

——清至民国西南内地边疆侗苗地区土地关系研究之一[①]

林　芊，杨春华[②]

摘　要：从笔者观察梳理的6000余件清水江林业契约文书可知，清水江流域林业生产自清康熙后期起呈现出自下游向上游推进，并向邛水河—小江、乌下江等支流扩散的总体特征，并由此逐渐进入“林农时代”；伴随乾隆时期生产规模扩大又经历了一次由油茶、油桐向以杉木为主的林产品的变革。乾隆至民国清水江流域林业生产特征是：有社会性林农群体，未能形成社会化大林业生产；林木产出相对的长周期与小林农的产生决定了林农收益不丰。“栽手”相对较高收入及相对的稳定性，显示其身份并非通常意义上的林业生产中的“佃农”，可能是一个活跃于林区又与个体林农不同的专业生产者。

关键词：清代；清水江文书；林业生产；林农；苗、侗民族；方法论

贵州东南部清水江流域是我国最大的侗、苗民族聚居地，明清直至民国

---

① 本文原载《贵州大学学报》（社会科学版）2017年第3期第30—40页。

基金项目：国家社科基金一般项目“晚明至民国时期内地侗、苗民族地区土地买卖与地权分配研究”（14BZS069）；国家社科基金重大项目“清水江文书整理与研究”（11&ZD096）。

② 作者简介：林芊（1959—），男，贵州贵阳人，贵州大学历史与民族文化学院教授，贵州大学“清水江研究中心”研究人员。研究方向：史学理论与区域史教学研究。

杨春华（1984—），女，四川资阳人，硕士研究生，贵州大学“清水江研究中心”研究人员。研究方向：区域文化史、清水江学。

这里皆被以王朝“边疆”相称。[1] 清水江流域内山崇林莽，是我国南方重要的木材富积区，明代中晚期逐渐发展起林业生产，清初文献将从这里砍伐输送到外面的木材称之为“峒（侗）木”，但社会发展一直较为迟缓，尤其是在清水江南岸的广阔林区。民国晚期一项研究报告对这里社会面貌多有描述，称侗、苗民族在“清之中叶，尚属苗疆，鲜与外界往来。彼等在此纵横数百里之林区中，仍安度其部落之生活。然木材一项，即在彼时，已成为苗疆的主要产物，为交换盐布之需，通称‘苗木’，久负盛名”。“苗胞而外，尚有峒人一族，其语属于僤语系统，因其开化久，较之苗胞，更为聪慧。多居住在剑河以下各地，放运木排，颇称得力”。[2] 社会发展相对滞后与繁茂的“苗木”“峒木”资源以及时起时落的林业生产构成了直至近代清水江流域社会生活的一个显著特征。

一、林业契约的历史学内涵

关于明代以来清水江流域林业生产的研究，前贤已取得许多优秀成果，尤其是清水江文书的发现利用更是高潮迭起佳作不断。[3] 但是，借助于清水江文书等原始文献而繁荣起来的“清水江学”研究存在着一个显著的“弱项”，即最为基础的林业生产及历史过程尚未充分展开论述。一般而言，不同主题的研究都存在着历史叙述，但恰好在各种主题的历史叙述中，流域内林业生产的基本面貌反而变得模糊不清，如林业生产的区域性规模（体量）及历史进程、林业的基本生产者林农——林地所有者和栽种者以及初级原木提供者的生产生活等基本历史现象，都缺少明确叙述。即使在关注基本林业生产与经营的历史研究中，如从木材贸易研究清水江流域的林业生产与社会生活等，由于涉及主体往往是“行户”“水客”与“三江市场”等，而恰是林业生产历史主体林农的生产生活研究则不曾触及。如果缺乏清晰而丰富的林农基本生产生活真实“情节”，那么其他主题的研究难免会出现似是而非的推论。张新民先生针对利用清水江文书探讨清水江流域社会生活史的研究现状，倡导在运用多重知识与问题意识研究时，也应当做好社会经济历史研究是一真知灼见，[4] 本文就是回应这个学术视点所做的些微探讨。

清水江文书中的林业契约文书（以下简称林契），尤其是收集在《清水江文书》中的林契，更多的是林地买卖契，更重要的是林契内含着许多基本的林业经济史信息。被涵盖在林业生产范畴内的林契，主要有“林地买卖契”“林木买卖契”“佃栽山林契”“主佃分成合同”“卖木分银合同”等等。已有研究多从单件阅读解说林契性质、类型等，这种关注于契约学本身的研究已有很好的成果；[5] 或囿于主题限制，如单纯判定契约所表达的法意主题或者产权主题，或林业生产的技术过程，忽略了其内在经济史史料的历史学要素。其实，林业契约最基本的特征是其历史学内涵。如林地买卖契中的一个专业名词“山场杉木”就禀赋着深厚的历史含义。“山场杉木”中的杉木是指劳动产品，而山场不光是林农劳动的对象——林地，它作为生产资料还有林地单位面积的指向，更拥有林农（包括契约内的买卖双方）“杉木林地”所有权的特质。因此众多的“山场杉木”买卖契很好地将林农、林地面积与林地所有者联系起来，它构成了衡量历史上林业生产规模的证据要素：林农人数、林农所占有的林场、林场面积等，涉及见证区域内林业生产规模由“量”构成的“面”上各要素；而林地买卖过程中各参与分配成员及所得、形成的林地产权及变化，还是林业生产中生产关系的最好见证，它与林契中的“分股合同”和“分银合同”等对一块林地上所有权的限定、所承担的面积与合同人数，不仅是观察林农生产的劳动方式、劳动量等生产规模的量与面上的最直现史料，更涉及林产品的收益分配及生产关系及变化等质的特征，它是林业生产规模在纵深度上的体现。

如果说通过观察上述文书内涵信息及相互间的联系，能自然地复制和再现林业经济生产生活“量”及“质”上的现场水平情景，那么，林业契约文书的经济史重要价值，更在于它提供了一个历史时间与地理空间相联系的动态叙事场景。通过链接不同时期林契内涵信息及相互间的联系，区域内不同时期林业生产的“量”与“质”的不同样态及变化轨迹便显现出来。目前为止涉及的林业生产研究还缺少这种从量与质上的实际数据分析，缺少量与质在由空间与时间上所构成的历史变化的观察，在叙述林业生产规模与性质上，只能提供一种印象似的面貌；只有表现出量与质的水平状态与时空阶段性间的密切变化关系，才是再现历史真实过程的前提条件。清水江流域汇集起的不同时期林业契约则可满足这个条件，它恰好集两者于一身。因此，林业契约的历史学价值意义更为重大。利用好林业契约能再现中国西南少数民族地区社会经济发展的过程及水平，所以对林业契约的研究本质上是一项历史学的研究。

可否通过林业契约进行经济史的量化研究？有学者表示了担心。如梁聪撰文担心不可能穷尽清水江文书，认为统计没有意义。[6] 历史研究本来就不可能穷尽史料，但依据相当数量和翔实可靠的判断与类型比较，是可以作为研究的样本。即便不可能利用到全部的清水江文书，但一定量的研究作为样本是可行的，本文参阅分析文书样本达6000余件，主要来自三穗、天柱、锦屏、黎平、剑河五县共62个行政村寨的部分文书①，它整体上可对林业生产做面上的宏观描述，又可利用文书的归户性对具体生产生活情节做细微分析。就此意义而言，如果说清水江流域的林业生产是清水江流域社会经济生活的一组瑰丽史诗，那么，一件件林契则是其每一首诗篇的深情诗句，它将清水江流域林业历史娓娓道来。

二、林业生产的轨迹：下游向上游推展并在流域内发育壮大的林业分布

从不同时期山林买卖契约的分布，是可以观察到流域空间内林业生产发展状况。到目前为止反映清水江流域林业生产分布区域的研究有两个方面：一是梗概介绍，概括黔东南或者清水江流域林业生产总貌；一是典型分析，主要选择锦屏县文斗寨作样本。前者主要是一些林业志书的概述，内容主要是民国及新中国时期的；后者主要为研究地方社会论著尤其是对清水江文书研究所关注。这样有两个方面的历史缺憾：即我们知道民国的生产，清代的情况只是只言片语了；我们看到了文斗的树木却不见流域内的森林。于是在认识上出现两个盲点，一是笼统地知道有“发达的林业生产”，却对林业生产发展变化缺少历史时间与空间的对应；知道有繁荣的林业经济，却对林农生产规模及林农收益知之甚少，以至于所形成的大林业与发达林业经济都是

---

① 本文参阅分析的6000余件林业契约文书样本主要来源如下：张应强、王宗勋主编：《清水江文书》第一辑、第二辑、第三辑（广西师范大学出版社，2007、2009、2011年）；张新民主编：《天柱文书》1-22册（江苏人民出版社，2013年）；锦屏县档案馆局编：《贵州清水江文书锦屏卷》1-19册（锦屏县档案馆藏，未刊稿）；黎平县档案局编：《贵州清水江文书 黎平卷》第一辑，1-15册（黎平县档案馆藏，未刊稿）；剑河县档案局编；《贵州清水江文书 剑河卷》第一辑，第2册（剑河县档案馆藏，未刊稿）；三穗县档案局编《三穗县“锦屏文书”》，编号：WS-SS-滚马-德明-53至WS-SS-滚马-德明-475（三穗县档案馆藏，未刊稿），以及其他已出版的区域性契约文书集《贵州清水江流域明清土司契约文书·九南篇》《贵州清水江流域明清土司契约文书·亮寨篇》，贵州凯里学院龙泽江教授在小江流域收集到的天柱县石洞乡柳寨村、剑河县盘乐村等地的部分林契。

模糊的概念。而导致盲点的原因，根本上是用以分析历史现象的史料严重不足。

分析清水江文书，可以弥补对上述两个盲点因史料缺失而带来的史实上的“真空”现象。从空间上对清水江涉及林业生产的契约文书作梳理，将整个流域大空间林业分布落实在具体地理坐标上。

第一，已收集到的流域内林契分布点及其文书数量，自然就是林业生产分布的空间态势。本文共观察梳理的林契主要来自《清水江文书》《天柱文书》《黎平文书》，此外取材于部分《三穗文书》及部分学者调查研究收集到的文书共计6000余件。这些文书的来源地，最真实地记录了林业生产林区分布区域，如图1所示。从图1可知，从东到西形成了从湘黔边界的翁洞伸延至南加的清水江干流两岸分布的态势；而在南北两岸支流上，有从黎平县北流而来的亮江、从罗里北流而来的乌下江；在北岸有从三穗县衮马南流而下的邛水（六洞河、八卦河）小江一线。文书广泛分布于剑河、三穗、天柱、锦屏、黎平五县的山水间，实际上将流域内林业生产大空间分布一览无余地清晰展现出来：林业生产从清水江下游的天柱县伸延到中游上的锦屏、剑河，并在支流上的亮江、乌下江、邛水-小江等小流域渐次展开。

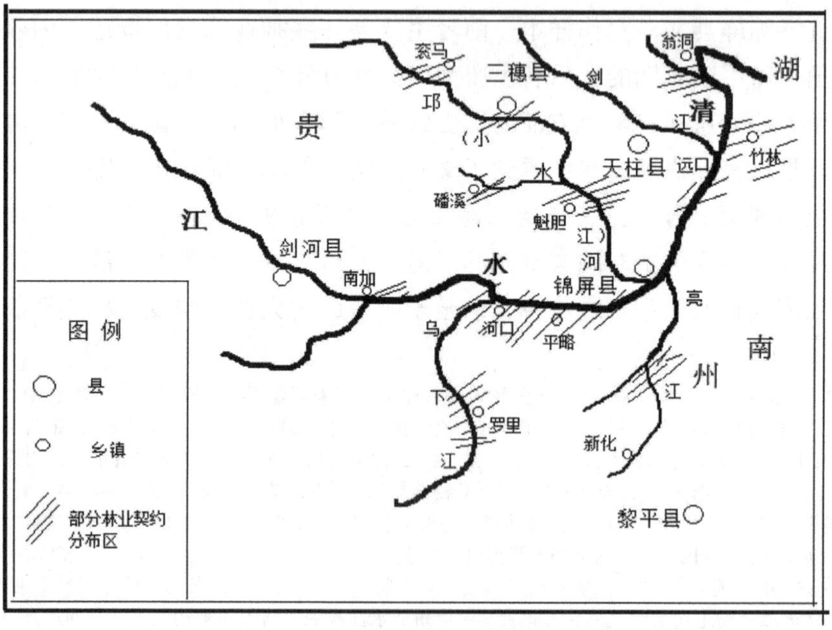

图1 清水江部分林业契约分布示意图

第二，从时间上划出生产发展的阶段性历史进程。清水江文书不仅给了我们观察林业生产的空间实像，同时也能让我们观察到发展的时间变化实像。分析文书产生的时间，可为我们进一步看清林业生产发展在时间上的先后状况。表 1 是对梳理过的各时期林地买卖契的统计情况。

表 1　各时期林地买卖契统计情况

	康熙	雍正	乾隆	嘉庆	道光	咸丰	同治	光绪	宣统	民国	总计
三穗			8	31	31	3	0	50	4	40	167
天柱	8	1	12	16	116	24	62	237	28	709	1213
锦屏	1	2	199	419	475	71	91	459	72	738	2527
黎平			121	154	294	89	67	200	43	324	1292

林契来源：三穗取自于衮马乡德明村。天柱取自于《天柱文书》1-22 册，但其中所收集的石洞乡摆洞、冲敏、勒洞三村寨林契未统计入该表内；龙泽江收集的石洞乡柳寨林契也未统计入该表内。锦屏取自于《清水江文书》第一、二、三辑。《九南篇》《亮寨篇》《贵州清水江文书·锦屏卷》等中的林契未计入表内。

不同时期林业契约对林业生产历史来说，本质上是一种林业生产时间性与空间性的相互对应关系，如果将表 1 内林业契约时空对应关系链接起来，它实际上构建了林业发展历史进程的面貌。它在时间维度下展现流域内林业生产的规模变化与空间变化的维度，构建了一幅林业生产在时间、空间及作为生产规模标志的林地买卖契约数量的三维历史图景。首先，对应林契在时间与空间上的关系，可以从“宏观”观察到清水江流域林业生产在空间上的发展变化，表 1 显示出林业生产由下游向上游推展并在流域内发育壮大的空间变化轨迹。这一“宏观”历史现象的建构通过文书的叙述可具体地展示出来。例契 1 的内容是康熙二十二年（1683 年）潘显宇将地名叫作“妻重嫁元头山”的一处山场出卖。

例契 1

立卖山场人潘显宇。今因家下要银使用，无从得处，夫妇商议，将到自已妻重嫁山场土名元头山一所，东抵口山，西抵得所，上抵路，下抵元播背，并不包卖他人寸土在内。凭中出卖与房下侄儿潘魁明处承买，当日三面议作卖价银伍钱三口正，其银入手去讫，其山场付魁耕管。一卖一了，二卖二休，在后不许争论，如有返悔争论，在于卖主理口，今欲有凭，恐人不古，立此卖契为照。

凭中　潘荣卿　潘用卿

代笔书人　潘显华

康熙二十二年岁次癸亥拾月初八日立①

例契1是目前所能见到的最早的“卖山林地契约”，它搜集于天柱县竹林乡高坡村。天柱县已发现康熙时期林契绝对地多于其他地区，如果考虑到文书保存是在共同环境下的结果，那么，这一现象只能表明天柱县林业生产先于其他地区。

表1的林契分布从宏观上体现了流域内林业生产发展的特征。从林契数量规模看，林契分布各空间内的密度大致与林业生产发育程度相一致，那么，表1所显示的典型形态是：林业生产主要在天柱与锦屏一线清水江干流两岸，其次是乌下江与邛水-小江等小流域，再次是亮江小流域；而从文书体现出的时间差序维度看，则表达出历史时期与空间对应的一种关系，它在动态方面可以观察到林业生产发展的水平曲线：经过康雍时期准备阶段在乾隆时期起飞，至嘉道间进入大规模持续增长，历经高峰后于咸同时跌入低谷，然后又在光绪间再度起飞至民国前期进入峰值。再次，取各地某一个村林契比较分析表明，乾隆时期各地文书数量上的差数比显著地小于其他时期，一方面说明乾隆时期是清水江流域林业生产的初期阶段，各地生产大致共同处于一个水准上。另一方面表明进入嘉庆道光间，中游上的锦屏取得了一个明显高于其他地区的飞跃式发展，奠定了其后持续一个半世纪的林业生产核心区的优势地位。且进一步地推论是，林业生产起飞阶段可能是一个共同力量的作用，即政策的引导，而后来出现以锦屏为中心的繁荣发展则主要得益于市场推动。

总之，对林业契约分析可以真实地看到，自乾隆时代在整个清水江流域展开，并随时间变化林业生产有一个从下游天柱县向上游锦屏县、剑河县推进的过程；从生产规模看，嘉庆与道光是林业生产的黄金时期，形成了以锦屏为核心的林业生产。空间与时间关系所体现出的林业生产发展特征不证自明，我们之所以要做这一工作，是因为以往的研究所提供的知识较为模糊，

① 文书来源于张新民主编之《天柱文书》第一辑，第106页（江苏人民出版社，2013年）。

原因在于用于分析的文书数量较少。

三、由“茶山油树”向“山场杉木”的转产：流域内一次林产品结构的重大转变

同样，可否再现清代以来清水江流域林农所从事的林业生产结构变化？阅读一些清水江林业生产的研究，容易形成林业生产即杉木生产的基本认识。同时，现存林业志上对林业产品分布的解释，实际上也是以民国时期业态格局的叙述来区别杉木、油茶及油桐树的不同空间分布，这一叙述容易形成“幻觉”，仿佛自“古”以来一成不变。但是阅读大量康熙以来的林业契约文书，一个清晰的事实摆在面前：早期山林买卖提到的是茶山、油树，此外还夹杂着白蜡树、松柏、杉木等“产品”。可见，那种认为自“古”以来清水江流域杉木为主产业，杉木、油桐及茶林的分布格局也是一个先入为主的判断。

实际上，清水江流域林业生产经历了一个由经济林——油茶林、桐油林向用材林（主要是杉木）的“产品”转变。文书表明最早的林地契约内明确书写的大多是买卖茶山、油山，参见例契2。

例契2

立卖番（播）冲潘明宇，今因家下要银使用，无从得处，自己将到马路番（播）冲并茶山两边□□连在内卖与贵明。凭中言卖价纹银柒钱整，其银与手亲领度日，其番（播）冲付与□贵明耕管，日后不得异言。一卖一了，二买二收。今人不古，立此卖契为照。

卖主　潘明宇

同侄　潘金华

孙潘□寿米一升　潘□元米一升

代笔　潘应□

康熙肆拾年辛巳岁正月初九日立契

天理人心①

---

① 资料来源于张新民主编之《天柱文书》第一辑第4册，第113页（江苏人民出版社，2013年）。

该契约与例契1共同来自一个村寨。联系两件契约的内容似乎可以读到的历史情景是，当时已兴起了林业生产，而且林业生产是以油树（油茶与油桐树）为主。从山场买卖契数量上看，早期林地茶山桐油地所占比重较大。表2统计了竹林乡林地买卖契208件，出卖林地多为油茶甚至松柏杂木，直接书写为杉木的仅32件。当然天柱县的林地契虽然多写成“卖油地”，但并非就是完全的油地，其中也间种着杉木。但以油地称呼客观上反映出其林地早期性质，同时也反映出其由茶山油树衰败而杉木兴盛的转变轨迹。

表2　竹林乡林地买卖契统计表

时间	康熙	乾隆	嘉庆	道光	咸丰	同治	光绪	宣统	民国
总数量	7	14	8	37	2	4	25	4	107
杉木契	1	2	3	8	0	0	4	1	13

天柱县竹林村的林业生产不是孤立现象，在其他林区村寨最早文书中都可以见证。涉及文斗、中仰与苗馁村寨的一件康熙四十三年（1704年）的契约，卖出的是荒山，买入一方只言挖山种树，而无具体树种如杉木的叙述[7]，相似事实在平鳌寨康熙四十九年（1710年）姜汉卿与姜成云“管业定山合同”也见到[8]。这样，我们可以解释一个现象，就是为什么在阅读包括表2在内的乾隆以来山场买卖契约时，为何会不断出现分明是杉木林场的买卖，却将林地书写成出卖某某茶山或者油地？原因就在于该块林地之前曾经种植的“品种”是油树及其他树种，此后改种为以杉木为主的山场。无论是在天柱，还是锦屏、黎平和三穗等林区，类似书写契约都很普遍。

这种实杉木林场又名茶山或油山的契约，隐藏着一个重要的林业生产故事，它告诉我们，在清水江流域出现过一次重要的林产品转型。真得感谢文书留给我们的这一历史馈赠，它为我们找到清水江流域林业生产发展变化提供了确凿的历史信息。天柱县竹林村一件康熙五十五年（1716年）的文书（例契3）透露了转变的线索。

例契3

立卖杉木□场契人潘庚保同男潘丁丑父子二人，今父要盘钱用度，无从得出，父子商议将到土名马路冲杉木□场，请中在内上门投到堂兄潘贵明承买。凭中言定价壹糯米二斗七升，先壹斗五升六钱三分，并冲寨山壹□在内，父子亲领用度，其杉木□场付与堂兄潘贵明子孙收理耕管。一卖一了，二买在后，不得异言憣悔。今人不古，立此卖契存照（照）。

凭中潘先明

代笔潘□□

康熙丙申年十一月十七日立契①

康熙丙申年应是康熙五十五年。联系例契 1 与例契 2 两件文书，从康熙二十二年到康熙四十年再到五十五年，林业生产由荒山到茶山再到杉木的变化轨迹一览无余。这一转型轨迹同样在黎平、锦屏等地文书中都能看到。在黎平与锦屏毗连的乌山寨，康熙四十三年（1704 年）吴告良所立“断山场契”就是“白蜡树”夹杂的“杉山坡”②。类似契约到乾隆时频频出现：乾隆二十一年（1756 年）契约明摆着是“油改杉”：“油树卖与侄潘进林、潘进德兄弟耕管，……，大小彬（杉）木在内”[9]。加池寨乾隆二十三年（1758 年）“官司文书”诉讼事件就是“中抑寨陆良海越界种茶油”③。乾隆三十五年（1770 年）姜老安、姜老得名为“卖茶油山约”，[10] 实际上都是杉木山场。文斗乾隆三十八年（1773 年）“六禁碑”内“杉木”与“四至油山”并举。[11]

林业契约中所体现出来的清水江流域康熙前后的“油树”经济，实与康熙初黔阳县令张扶翼号召推广种植油桐树的经济政策有密切关系④，该油树种植随后也在清水江流域铺开，雍正五年（1727 年）镇远府知府方显回复鄂尔泰开辟苗疆对策中就写道：“清江南北两岸及九股苗一带，泉甘土沃，产桐油、白蜡、棉花、毛竹、桅木等物。”[12] 也与形成于清时期的地方志记

---

① 资料来源于张新民主编之《天柱文书》第一辑，第 4 册，第 116 页（江苏人民出版社，2013 年）。

② 参见锦屏县档案馆：《贵州清水江文书·锦屏卷》第一辑（未刊稿）。

③ 参见锦屏县档案馆：《贵州清水江文书·锦屏卷》第一辑（未刊稿）。

④ 张扶翼初到黔阳县，即颁布“植桐”告示：“黔邑山多而土少，山气能生百物，桐油又利之大者。然利在五年之后，人以其无近功，遂忽而不种。不思今日无种，后日何获利。今与汝父老约，各督其子弟，乘此秋成之余力，农功既毕，即治山场，……俟来春遍植桐树。桐树未成，先种芝荞，本年亦可得利。桐树长成，则其利自远。是尔民之勤劳，不过农功闲余之日月，而得利乃数年、数十年之后。尔父老为子孙计长久，何不计出此！”（载康熙五年《黔阳县志》）该油树种植随后也在清水江流域铺开。

载相吻合[13]。许多研究只征引《黔南识略》对当时栽培杉木的描述，而置同书“清江厅”条所言“往时苗人未习种杉”于不问。如果仅从文字阅读无疑是一个矛盾，若从“油改杉”背景来理解，矛盾迎刃而解。

上述文书分析告诉我们一个清水江流域林业生产发展的历史过程。清水江流域的林业生产最早见诸天柱清水江流域一线，然后在康熙后期至雍正时向上游及纵深的支流推进；最早的主要林产品是油茶林、桐油甚至白蜡树等经济林，康熙后期经雍正至乾隆间向杉木用材林大转换。油树到杉木是一次经济转型，至嘉庆后期清水江主流锦屏与剑河间杉木生产成为主要产品，最终形成了到民国时期清水江流域林业生产的基本模式与林产品分布格局：杉木生产主要集中在流经锦屏、天柱境内的小江下游两岸与锦屏清水江干流两岸的平略乡、河口乡至剑河加南加一线。而在三穗县的邛水河－小江上中游与黎平的乌下江中上游一带、天柱清水江段、锦屏县亮江两岸则是油树与杉木兼顾，至民国时期“油杉兼顾”更为突出。

林产品转型的次生后果深刻地影响了林业生产与林区社会生活：第一，伴随“油改杉”的一个重大后果是林区由“自用林”“用柴林”向生产性“用材林”的“山场杉木”转换，引起了大规模地开发荒山与广植杉木，这一现象在文书中多有反映。康熙晚期至雍正的文书中看到所出售山场一般较大，且初始无股，它意味着什么？应当是“用柴林”、经济林向“用材林”转化推动了对荒山的大力开发的结果。这一现象体现在支流上则是乾隆早期，到嘉庆道光时林业生产进入到一次高峰阶段，表3各时期文书数量是其重要见证；第二，导致种植技术由油杉间种向杂粮杉木间种的变化。大量文书出现油地与杉木共同书写的记载，是其混种的历史事实。为此《杉木》一书认为清水江流域林业生产有油桐混种的传统，然后又发展起杂粮与杉木混种的创新[14]，这是从技术上解释历史。若从实际生产过程上看历史，则是林业产品结构变化引发的间种变化，尤其是当玉米杂粮在康雍时期引入清水江流域后，间种杂粮成为自然选择。它表明这种创新不是单纯的技术原因，背后有社会经济发展引发的产品需求发挥着重要的推动力作用；第三，引发了林区内社会成员身份变化。那些从事林业生产的小林户自己有了一个身份识别的称呼“山友”，及一个类似于“山友”的新社会阶层也在林区活跃起来，即文书中所称的“栽手”。他们似乎构成了一个新的“技术性”社会阶层。许多研究者将其身份与“佃农”等同，如果细致研究会发现佃农的定义可能貌合神离。

四、林农的生产与经营：社会性林农群体与小林场规模的不对称性林业生产

进入林农时代的清水江流域，是以生产性为主导的林业生产。迄今为止尚还没有一项研究量化出林业生产的规模。这里的林业生产规模有三层内涵，一是面上的规模有多大。所谓“面上规模”，是将清水江流域的林业生产视为一种产业，那么总有一定量从事其产业活动的生产者与经营者群体，由他们构成流域内社会性的林农群体；二是如果有广泛的社会性林农，那么其中一户占有多少生产资料从事生产。它是面上规模的另一个指标；三是林业生产中存在着林农大户。林农大户往往标志着产业的深度，它是林业生产规模在面上（社会性）与生产能力（社会化生产）上的统一。林农大户从事林业生产与经营其产业有多大？从现有历史文献看，民国以前的生产规模很难有清晰的史料予以揭示。目前的情况是，只有林业契约是我们了解清水江流域林业生产规模最实际的第一手资料，那么它能否再现林业生产规模这一历史面貌？

林业契约文书能为我们提供清水江流域林业生产规模的信息。可从几个方面统计林地买卖契约来观察从事其产业活动的生产者与经营者。首先，清代以来各个时期有多少林地买卖契约，其买卖频率与数量是否可认定生产规模指向。其次，在进入统计的林地买卖契约中，有多少是林地出卖者，则能较为精确地量化林业生产的社会性群体，如果再辅助于统计出这些林地买卖契约中有多少买方，应当说，林业生产在面上的规模就表现出来了。本文尝试对已收入到三穗、天柱、锦屏、黎平县等部分村寨林业买卖契约作“取样”统计，粗略统计出各县在各时期的林地买卖频率如表3所示。

表3 清水江流域四县各时期参与林地买卖户数情况

		康雍	乾隆	嘉庆	道光	咸丰	同治	光绪	宣统	民国	合计
三穗	卖家		8	30	27	3	0	44	4	36	152
	买家		7	8	16	3	0	29	3	30	96
三柱	卖家	8	11	15	106	23	55	25	206	593	1042
	买家	5	5	14	64	21	39	112	19	326	605

（续表）

		康雍	乾隆	嘉庆	道光	咸丰	同治	光绪	宣统	民国	合计
锦屏	卖家	3	140	244	208	54	51	246	31	334	1311
	买家	×	×	×	×	×	×	×	×	×	×
黎平	卖家		124	125	255	58	57	155	36	280	1099
	买家		79	77	103	24	36	102	21	154	596

注：邛水河（小江）流域上游的三穗县取一个点作样本统计，与表1同来自三穗县衮马乡上德明行政村部分林业契约。

仅表3统计看，表中出卖林场方林农3595户，购买林场方林农1297户，这样参与买卖林农有4892户。同样，林农中还有“栽手”，虽然不能说栽手是林地的自然主人，但栽手身份是林农却无疑义。仅在《清水江文书》（第1—3辑）就统计出506件“卖栽手契”和551件“佃山林契”共1057件，其中栽手保守估计至少600户。此外，有些买卖林地契约是几户人家共同的行为，因此林农户数远远大于上述统计林户。上述对林农的量化统计从一个侧面反映出，自清乾隆朝以来清水江流域林业生产广泛地活跃着一个林农群体。

其实，上引各地买卖林地契仅是对各县少数村寨的统计，从该统计中的成交频率与数量来看，林业生产在每个地方都不是孤立的经济行为，显现出社会化生产倾向。若从买卖双方看，各地林业生产从业者人数均不在少数，表明存在着一个广泛的社会性林业生产与经营者群体；这个群体从乾隆起至民国三百年间构成了林农的主体。还要指出的是，上面统计的买卖契虽然从数量上表明了林农群体的规模，但买卖契体现的又不是绝对林农群体的数量，它实际上只是林农社会性群体的一种折射，其折射出的事实是，清水江流域还潜藏着至少与之等量齐观的那些没有出售林地的林农群体。而且毋庸置疑的是，如果用统计的尺码去量度整个清水江流域林区现存林契，揭示出的将是一个拥有庞大群体的林农社会。

清至民国清水江流域存在着广大林农，只是流域内生产规模在面上的体现，将它与图1显示的空间性组合观察，看到的是在流域内呈现出林业生产社会化产业倾向。但林业生产的规模还有纵深性，即作为一种产业对地方经济有多大影响。换句话说，从事林业生产的生产经营者拥有多少林地？他从林地中能获得多少收益？林业生产中是否有大林地所有者？他们是否左右着当地的林业生产与经营？这是观察林业生产经营规模在面上与纵深上的统一。它们是深度衡量林业生产规模即社会化生产的又一重要指标。

一户林农拥有多少林地？林地有多大面积？通过分析现存各类型清水江文书中的一些信息，是可以为我们判断单位面积有所帮助的。《清水江文书》《天柱文书》《贵州清水江文书·黎平卷》和《三穗“锦屏文书”》都是从归户性分类整理，这就提供了明确的一户林农的家庭背景，还可以观察到一块林地面积的大小与一户林农占有多少座林地山场。具体地讲，一件买卖契有林地出卖者与买入者，它既有林地所有者的身份信息，又有所出售或者买入林地的确切信息，因此通过买入一方可以观察到该块林地面积，这就为我们测算一般山场面积提供了样品。同时，文书“归户性”将一户家庭不同时期由不同的家庭成员买进林地的林契汇集起来，这就有益于观察到一个家族或家庭不同时期的林地产业的所有状况，可视为一个家庭山场积累的总量。但是有一个统计方法问题还需讨论，一般买卖林地契中没有写明该山场单位面积，那么如何测算出一次林地买卖中所出售的林地面积？价格是每一件买卖契文书都不可缺少的要素，只需做一些技术性方法处理，通过价格则可判断林地单位面积。所谓技术性方法的处理，就是找到一些能够规定单位面积的“常数”和价格“参数”。经对所找到的部分各类文书的分析，大致形成表4内1亩林地的价格参数（详细内容及具体操作方法另文再讨论）。虽然这些参数不太准确和全面，但却是目前能够利用的推算林契山林面积最可靠和可行的方法。

表4　各时期林地价格参数

契约类型	地价（银）两/亩							
	乾隆	嘉庆	道光	咸丰	同治	光绪	宣统	民国
卖山场杉木	1.88	2.12	/	2.94	/	2.86	2.30	3.70
卖杉木（活立木）	8.13	15.90	15.22	7.25	15.62	11.26	/	10.17
砍伐杉木“分银合同”	17.60	30.00	27.62	33.00	20.00	35.73	28.60	80.00

注：本表统计依据《清水江文书》第二辑收集的平鳌寨契约文书，包括“分银合同”及有相关数据信息的一些买卖山地杉木及活立木契约103件。还引用锦屏县档案馆张继渊先生收集于苗埂村的4件买卖林契，天柱县木杉、竹林等村文书4件，黎平樟溪村文书5件。

判断一户林农有多少座山场，一座山场有多大，运用上述分析方法形成的“常数”“参数”，与契约文书内价格要素相比照，就可从中观察到所出售林地的单位面积，如果将一户林农的所有林契总合，则可推算出一户林农拥有的林场面积。将《清水江文书》中林地买卖契与表4内的三类亩价参数比较，就林地活立木（嫩木）而言，一般一户林农出售价格在1~2亩；单纯的“山场杉木”价格大都不及1两，一般出售仅是银几钱几分；从砍伐杉木情况看，一次砍伐杉木出售的价格可有数十两至百两，但平均到户后，也仅数两到十数两。因此，从整体上看各户所拥有林地大都在1~3亩。在《三穗“锦屏文书”》《天柱文书》和《贵州清水江文书黎平卷》涉及的邛水–小江和小江林区、亮江流域及黎平乌下江林区也能看到这一常态，甚至林农所有林地还略少。

那么，清水江流域到底有无林农大户？从清水江买卖契约文书中都能看到，部分林农一生购进了数座或者许多“山场杉木”。现有一些研究所分析的所谓林农大户，直接依据是将其拥有数座山场作为实证。这一方法不错，然而仔细观察各种林契可以发现“山场杉木”有大有小，单纯以山场数目定义大户就显得简单了。那么，拥有几座山场能否称作大户，作为概念的一座“山场杉木”就很重要了。因此，要真正量化出一户林农所拥有的林地，需要有一些前提工作要做。

第一，一般买卖契约文书中一座“山场杉木”面积有多大。因此必须对作为一座完整山场的山岭大小稍事分析，以确定一座完整“山场”的概念。经对相关文书史料的分析（具体分析方法将在另文中讨论），推断出一般一座完整山场或大到10余亩，或小不足1亩。清水江文书中所谓一座山场大都是相似规格与模式的。

第二，林农有数座山场能否定义其为大户，不仅在于他有数座山场，主要还得观察其山场实际面积。那么，一户林农能有多少座“山场杉木”？山场实际面积有多大？本文参考林契6000余件，但没有一件能明确回答这个问题，还得借助各类林业文书内含信息做综合分析，其中“分关书”是一个重要线索。原本分关书性质是分割财产，但它潜在的一个历史内涵却是财富积累终极结果的见证。我们从几件分关书中可以知道一户林农占有几座山场，并由此可判断出林场大致面积总和。由平鳌寨姜之谟经历两次分家所形成的分关文书，看到姜之谟一家名义上拥有15座山场，通过对文书相关资料技术比对（具体分析方法将在另文中讨论），拱党格4股山2~2.5亩、皆眼12股山2~3亩间、七桶100股山4亩左右、该在帮山2.1亩、丢桑12股山0.3亩、菩萨坡（乌沙坡）山3~4亩、皆敢山1亩左右、领对忧约山0.5亩、引响了山约1亩，引大也山20亩山（实占有约1亩）、南污故（南乌固）山约0.55亩，孟污桑12股山约4亩（实占有约0.5亩），合计约20余亩山场①。需要说明的是，姜之谟山场是一家三代人积累的结果，从乾隆三十一年（1766年）其父姜应显买"拱党格"开始，直至其子孙姜启姬在道光咸丰年间购入。因此，无论是由姜应显祖孙三代组成的大家庭，还是由姜之谟所构成的核心家庭，这个家庭拥有的林地山场在20亩左右。姜之谟虽然是作为嘉庆道光间平鳌寨较多山场的典型代表，但从本文所分析契约文书看到，无论是在林业生产"发达"的干流中游一带，还是在亮江、乌下江及小江一线，拥有较多山场的林农其山场面积大体如此。

现存文书中也能看到流域内有规模较大林场的记载。如锦屏县扒洞乌界溪山"杉木一万有余"[8]第8册:274、天柱县竹林乡"嵊界头养木壹块，计栽树壹仟有余"[15]、石洞乡柳寨"段丘坡"山场"子木两千有余"②、黎平县罗里乡八卦村"者告"杉山有500余株③。影响山场面积判断的还有一些要素，如一些契约中提到山场股份都很大，文斗寨"党假山"为90两山，[8]第8册:314平鳌寨"七桶山"为100股[15]第2辑第1册:27、"扒洞溪"山144股[15]第2册:158、"井俨"大山160股[15]第1册:306。再从山场"分银单"看，民国十七年（1928年）岑梧寨陆相保卖"污盖溪山"一所，"得钱45万4千8百80文"[8]第7册:438，折合银为250.71两，道光元年（1821年）文斗"陋见山场"卖木得银273两[8]第6册:68，道光十五年（1835年）文斗卖"地租"3股价银130两[8]第7册:397。④ 上述各类契约包含的多重林业信息都是相对的，有些的确表明山场面积较大，但大面积山场或大股份山场并不意味着就是"林业大户"，

① 这里用于分析的契约文书，来自张应强，王宗勋主编：《清水江文书》第二辑，第1、第2册，广西师范大学出版社，2009年。

② 参见龙泽江：国家社科规划课题结题成果"清水江文书的价值与开发利用研究"（附录一），未刊稿。

③ 参见黎平县档案馆：贵州清水江文书·黎平卷（打印未刊稿），第一辑，第3册，第223页。

④ 上引扒洞乌界溪山契约讲到"杉木一万有余"，而该契约是出售载手股与地租股，作价170两。如果与本件地租股价130两比较，两者价格大体一样，可以认为本契出售地块上的林木也差不多1万有余。

它们往往被十多户甚至数十户林农所“派分”；一件道光年间诉状词稿文书讲到“冉中勇山杉木一所”砍伐出售，木价共银2650两，可谓很大一笔收入。但此山由四十八户林农共分[16]，因此落实到每一户林农手中也不到60两。大多数“分银单”也显示出，山场每股折合银两也多在1~2间，这样一来那些貌似大山的山场经众多林农的股份分割后，每一户林农拥有山场面积也不会有多大。此外，《天柱文书》《贵州清水江文书·黎平卷》及《三穗“锦屏文书”》中收集的买卖契约，一般出售山林独立产权占多数，而仅数钱银两就将山场转让的事实更明确地表明，一户林农即便占有数座山场，可能因其林场总合面积不够大而无“林场大户”资格。

研究历史上清水江林业生产还有一个需深入探讨的问题，即林农的生产效益。林农生产效益既是林业生产规模在面上的反映，更是制约林业生产发展的动因所在。清水江流域林业生产的经济收益，已有研究多是从林业生产的“市场”一面反映出的经济收益，它只是清水江流域林业经济的一个侧面。林业经济收益的另一面林农的收益，目前还没有引起足够的重视。但若要将林农收益具体历史面貌完整真实地反映出来，不仅面临着巨量的契约数据解析与统计的实证分析，还得找到实证分析的研究方法，目前的困难是这两个方面的工作都尚处于盲区。本文希望通过对林契的简约分析探索一个初步路径。

林农从林业生产所得收益一般有两种途径，一种是出售产品——杉木的收入，一种是出售林地（山场）的收入。而产品收入有两种形式，一是出售砍伐的成材杉木，一是出售活立木（嫩木）；林地（山场）收入也有两种形式，除了出卖林地获得利益外，林农还可以通过一座山场的二次买卖形成地权流转中的增值而获得收益。本文主要分析产品收入即通过砍伐一座山场的“产值”来观察林业生产中的效益。稍需指出的是山场产值的“一次林业生产周期”问题。今天人们习惯以“十八杉”来概述生产周期。但就能观察到的杉木栽种与出售间有逻辑关联的文书，其中是很难看到18年就将杉木砍伐出售的事实，大都在20多年至30年。“十八杉”的概念是指杉木成材的“物理时间”是18年，但出售“十八杉”成材的“商品”时间则又是一回事；杉木买卖行为更受到林场地理环境、生产人员、市场需求等内外因素影响，实际上我们从文书中看到的“生产周期”更多是30年左右。“十八杉”成材的物理时间并不与“产值”收益的“商品”时间周期同步，是测算一座特定山场收益时必须考虑到的因素，因此，本文在测算林农收益时，以30年为一个生产周期作统计单位。

那么，砍伐一座山场能创造多少产值，从一座特定山场砍伐卖木“分银合同”上，是能够对一座林场的“产值”作出判断的。经对平鳌寨一个家族自嘉庆到民国间部分山场卖木收入的统计（具体分析方法另文讨论），一座完整山场一个生产周期的收入分别是：“污假乍山”收入（钱）4688～7280文[16]第1册：86、87、87、“该在邦山”收入（银）34两或（法币）22.8万元[16]第1册：148、331、471、476、“眼响了山”收入（银）4.8两[16]第1册：32、42、79、“南思些山”收入（银）6400文[16]第1册：52、85、“皆里白得山”收入（银）21～31两[16]第1册：101、432、268、“引相宜山”收入（钱）11.8098万文[16]第2册：23、43、424、“大龟尾山”收入（洋）643元[16]第2册：368、486、“党求山”收入（洋）157元[16]第2册：332、379、426、430。上述产值虽然只是一座完整山场的相对收益，但毕竟是一座山所创造出经济效益的能力反映。林农从经营林业中获得收入还有其他形式：有通过出售活立木（嫩木）产值获取差价，如姜应显父子在乾隆五十九年（1794年）出资0.13两买到“皆敢”杉木一幅（1/8股），在嘉庆五年（1800年）又以0.35两购买该山杉木一幅（1/8股），嫩木经过六年郁闭期生长，六年后产值升值近3倍；有通过买卖林地所有权从地价差价中获取收入的，如“七桶山”嘉庆十年（1805年）出售1/100股获利1.4两，至嘉庆十四年（1809年）出售该山场1/50股，获利4两，该山场四年间增值0.6两。

从山场林地所有人处租佃山场从事栽种杉木生产，这类生产者在林契中称为“栽手”；栽手当然也是林农。那么，栽手在林业生产中有多大收益，也是我们认识清水江流域林业生产的一个指标。一般地主与栽手的分成比例为3∶2，我们从部分“分银合同”中“栽手”所得分成收益看到，相对于地租（地主股）在绝对数上也是一笔不小的收入。再从一些出售栽手股文书中也能看到栽手所得也相当“丰厚”，嘉庆十八年（1813年）姜启武两弟兄出售栽手一股得银24.4两[16]第2册：214，嘉庆二十三年（1818年）唐金支两次出售栽手股分别得银6两和8两[16]第2册：215、220，嘉庆二十五年（1820年）龙胜云等出售栽手股得银33两[16]第2册：223。如果跟踪一户栽手长期收益则这一特征尤其明显。平鳌寨栽手唐保升（身）父子两代佃山植木，从嘉庆七年到十三年，通过出售栽手股获银50两[16]第2册：116、172。

观察上述所引文书反映出的各山场经济效益，对于推论清水江流域林农在林业生产中所获经济收益有几方面的认识价值。首先，一般山场一个周期产值都不大；其次，部分山场虽然有较高产值，但如果考虑到该山场内的股份分割，那么每一户持股林农实际所得收入也有限。第三，栽手的收益并非如某些研究所称“遭受严重的盘剥”，他们也有不菲的收益前景及实际所入，由此判断这些被研究者定义为佃农身份的“栽手”，实际上是职业的林木栽种者，以其说是佃林农，不如说成是林业雇工更恰当。

通过对本节所引文书的分析，我们可以从几个方面去认识清水江流域林业生产的特征。从对清水江流域林契区域性分布分析，清水江流域林业生产有其共性，即林地买卖文契多但买卖规模小。林契多表明，林业生产是当地经济生活中一个非常活跃的组成部分。规模小则是指每一件林契中交易的无论是林地还是出售林木的收益，林农一方无论是卖主还是买主，都不是很大的林场所有者，即便是经过长期积累林场者，其一生所能积累起的林场规模也有限。上述历史事实从深层方面揭示出清水江流域林业生产的特征：清水江流域林业生产呈现出社会化林业生产倾向，其中一个重要的方面就是拥有一个从事林业生产的社会性林农群体。但林农也有三个层次，首先是众多的小林农，他们大多占有林地 1~3 亩；其次有较多林场所有者，如上文中的姜之谟家庭；最后是林农大户，如嘉庆道光年间河口乡的“姚百万”家族，清末民国时期加池寨姜恩培-姜源林家族、文斗寨“三老家”，他们经长期持续地积累拥占大规模林场，但流域内小林地所有者构成了林业生产的主体。于是就整个清水江流域林业生产来说，一方面我们看到的是漫山遍野的杉木铺天盖地般源源不断地生长，另一方面其内部是经过契约文书确权被独立而又狭小的山场分割得鸡零狗碎的生产单位。这也许是清水江文书中至今还保存着数万件林业契约的原因所在。

历史上形成的这一相对多的林农与林农经营山场狭小的不对称性，规定了流域内林业生产的规模与发展方向。一方面，它反映出流域林区内活跃着许多以它为生的林农，独立而狭小的生产规模有利于林农自主地进行林业生产与再生产，为大多数林农提供了发展机会；另一方面也反映社会化商品生产还没有真正地进入到林业生产的广阔领域内。再从林业收益来看，林农的收益也推动了经济增长的空间，但也是其扩大生产的局限；清水江流域林业生产主要的大业主还是商人，林业生产中的收益大都被流通领域的商人们所攫取。因此，在经济分配倚重倚轻的不平等环境下，林区广泛的生产者——林农形成的财富观念是：林地的重要性不及田产的重要。这种财富心理制约了林业生产的扩展，却推动了农业生产，尤其是刺激了农业经济中的土地买卖。这就是为什么林业大户往往将林业收入投入到田产上，他们不但占有大规模林场，更占有大量田产。即使有了如官僚资本“企业公司”进入到林业生产领域，这一面貌至民国时期都未能彻底改观。如有研究指出林业生产繁荣的三江地区，民国时期“最大的作坊主阮开士购买的土地可收产量一百多挑和八千多斤，并经营下河木商”。于是，从整体上来看，清水江流域自清乾隆朝以来形成了社会性的林业生产，但其生产过程却自然地分裂为两个部分，一是从事林业生产一端的种植杉木或者“原木”的生产者，我们称之为林农，一是从事于“原木”收购买卖一端的商人，如水客、行户。前者从事的林业生产我们称之为“林农经济”，而另一端的生产者有研究者称之为“木商经济”。两种经济并存各自发展而非相互渗透的趋向，影响了流域内林业生产向社会化大林业的扩张与转型。这就得出一个可以评价清水江流域林业生产规模的认识：自乾隆至民国时期清水江流域有社会性的林农群体，但却止步在社会化大林业生产的门槛外。

参考文献

[1] 林芊. 民间文书视野下内地边疆少数民族地区社会经济生[J]. 原生态民族文化学刊，2015（4）：64—65.

[2] 王启无. 贵州清水江流域之林区与木业[J]. 贵州企业季刊，1943（4）.

[3] 马国君，李红香. 近六十年来清水江林业契约的收集、整理与研究综述[J]. 贵州大学学报，2012（4）：74—81.

[4] 张新民. 走进清水江文书与清水江文明的世界——再论构建清水江学的题域旨趣与研究发展方向[J]. 贵州大学学报，2012，30（1）：40—47.

[5] 程泽时. 清水江文书之法意初探[M]. 北京：中国政治大学出版社，2011.

[6] 梁聪. 清代清水江下游村寨社会的契约规范与秩序[D]. 重庆：

西南政法大学，2007.

［7］张应强，王宗勋. 清水江文书：第三辑［M］. 桂林：广西师范大学出版社，2011.

［8］张新民. 天柱文书：第一辑（第4册）［M］. 南京：江苏人民出版社，2013：124.

［9］张应强，王宗勋. 清水江文书：第一辑［M］. 桂林：广西师范大学出版社，2007.

［10］王宗勋. 锦屏文书征集手记［M］. 广州：世界图书出版公司，2015：133.

［11］马国君.《平苗纪略》研究［M］. 贵阳：贵州人民出版社，2008：117.

［12］张坤美，陈冬梅. 清至民国黔东南林副产品规模化及原因探析［J］. 原生态民族文化学刊，2015（2）：26—28.

［13］吴中伦. 杉木［M］. 北京：中国林业出版社，1984.

［14］张新民. 天柱文书：第一辑（第5册）［M］. 南京：江苏人民出版社，2013：25.

［15］吴大华，潘志成，梁聪. 清江四案研究［M］. 贵阳：贵州民族出版社，2014：122.

［16］张应强，王宗勋. 清水江文书：第二辑［M］. 桂林：广西师范大学出版社，2009.

清水江林契反映的“股权”属性及林地权样态[①]

——清至民国西南内地边疆侗苗地区土地关系研究之二

林　芊[②]

摘　要：清水江林业契约中的股及股份方式，是解开清水江流域清至民国时期林业生产研究中，长期争论不清的林地权属性的关键所在。通过对林契分析，发现清水江流域林业生产中的产权结构呈现为“个人私有制主导下的四类样态”，每一种样态的具体表现形式虽然不同，但林地权的变化一直是以个体家庭私人所有为主流方向。同时，不同样态及每一类型具体表现形式的多样性，既是清水江流域林业生产及林地权的本土特征，又是以区域性范畴反映中国古代私有制度发展，以及发展过程中在不同时期的具体水平。重要的是，它以土地制度的方式，见证了以侗、苗民族为主体的清水江流域社会成长及成长发展过程中各个阶段的历史进程。

关键词：清水江文书；林契；土地权；侗、苗民族；社会发展

---

① 本文原载《贵州大学学报》（社会科学版）2018 年第 1 期第 42—53 页。

基金项目：国家社科基金一般项目“晚明至民国时期内地侗、苗民族地区土地买卖与地权分配研究”（14BZS069）；国家社科基金重大项目“清水江文书整理与研究”（11&ZD096）。

② 作者简介：林芊（1959—），男，贵州贵阳人，贵州大学历史与民族文化学院教授，贵州大学“清水江研究中心”研究人员。研究方向：史学理论与区域史教学研究。

一、“股”在清水江流域林业生产中的重要性

贵州清水江流域在清至民国时期一个重要的民族产业部门就是林业生产，其产业规模堪称这一时期中国南方林业主产区之一。当地侗、苗民族在几百年的林业生产过程中形成了大量的契约文书（后面简称林契），成为今天了解和研究当地少数民族社会经济发展的历史文献。阅读这些林契，一个突出的现象就是几乎凡契皆有“股”，这里的“股”，主要是指一座山场内不同的股份、林产品分成股份等。林契中无处不在的股份所反映出的历史事实是：从社会生活方面看，是侗、苗社会中分家析产的过程，也是林地产权的分配与再分配、林农租山分成的保障；从经济生产活动上看，几乎可以说，股权维系了清水江流域林业生产的秩序，股份买卖成为林农从事林业生产与经营的又一个主要内容。

反映在林契中的清水江流域林业生产中“股”的现象，早已引起清水江文书研究学者们的注意，并从“股”本身显示出的诸多内在特征进行探讨。日本学者寺田浩明指出了其“股”的“复数”性，又注意到为计算方便，也用“两”标识计量股数，并以此作为对林业契约分类的出发点与依据[1]。中国经济史学家朱荫贵不仅指出清水江流域林业生产中的股，与经济学界所界定的一般股特性的差异所在，还从功能上对股进行类型划分，区别出有“生活中的股”与“生产经营性的股”两大类[2]。吴述松对股的复杂性及股的再分配体现出的“复数性”做了一步地揭示，并从经营方式上做了拓展性研究①。笔者也曾著文从“股分”现象对股的源头、特征——股的多层（重股）性、标识股权的多样性及股的生成机制做了初步探索[3]。上述研究所展示出来的股的诸多内涵，应当就是清水江流域侗、苗民族林业生产生活的一大特征。

其实，股的多层性及股标识的多样性背后，一定与所有制度相关联。因为“股”不是林业生产的单独要素，它是一系列经济关系的集结点，其中一个最重要的关系是土地所有制度。因此，对于林业生产来说，股的重要性更在于其本身所传达出来的林地（山场）产权的制度性特征，是生产关系最直

---

① 参见王代莉、罗正福、吴述松：《国家社科规划课题“近500年清水江流域文明发展史研究”结题文本》（未刊稿）第二章第四节第四部分“与人口增加、经济发展孪生的复杂股权分割”相关内容，2016年。

接的表现；就学术研究而言，以清水江文书为史料对清水江流域林业生产的研究，实际上是以“股”为焦点展开的土地制度研究，也是清水江文书研究最早的一批成果，并由此形成了几种不同观点。

二、由林契内股权属性引发的林地权论争及问题焦点

清水江流域林业土地制度研究成果，最先体现在杨友赓一组锦屏林业契约的分析论文中，其基本观点是：主要由地主（山主）与林农（栽手）间缔结租佃关系进行的生产方式，形成了林业经济中的地主私有制生产关系；林业生产是地主私有制度经济前提下的商品经济[4]。林业经济中地主经济私有权表现形式，除作者依重租佃林地山场契约作为典型案例外，在另一篇研究论文中引一件咸丰二年（1852 年）七月初二日订立的“卖山场杉木契”为例，针对其中所言“……（共有八人）等，为因先年姜廷智、开式公孙所卖股数未载分明，今木砍伐，我等股数自愿凭中一概卖与下寨姜仲英名下承买为业。……右批，此山分为两大股，六房卖主占一大股，下寨占一大股……”可见是从股权及股权变化判断地权来源：主要有祖传产业和二次买卖（转手）的产业，还有从“公产或共产”转换[5]。值得注意的是，作者据契约提到一处“公有”或者“共有”的概念，但未对其内涵进行分析。

针对杨友赓上述观点，潘盛之提出了不同解释，证明了清水江流域的生产关系“是林产品的私人所有与地权的家族村寨公有制度”，他分析认为“侗族地区已经进入了封建地主时代，土地都已家有化，土地的租赁、买卖现象已普遍存在。并以此为由，推论侗族地区的宜林地已经私有化了”的论证，是不合侗族地区的具体（实际）情况。为此他一方面征引侗族传统生活的实际调查报告，同时征引林业契约发现：“侗族地区的宜林地，其产权从来没有实行过私有林权的转移，仅止于活立木的出售和典当。”如在乾隆二十八年（1763 年）姜凤宇卖山场杉木契约内，姜凤宇只是将山场“一股”卖与族内弟兄，而在乾隆五十年（1785 年）姜举周出卖杉木契约中，股份也都是在族内弟兄间进行，因此无论是出售与购进，林地不过只是在同族间流动，所以是家族共同财产，清水江流域林地产权“直至中华人民共和国成立前，一直实行家族村寨公有制，而活立木则可以归属个人所有。”[6] 与潘盛之“家族村寨公有制度”观点相近，稍后徐晓光征引一件光绪时人姚廷标诉状中的“祖继周生父兄弟九人，

公业均属于九股分占”的记述，对该件诉状文书中涉及的“公业”与九股股权的分配关系进行了分析，认为清代中后期是“保留家族共有制前提下家庭股份制的出现”，得出了与潘文相似的结论[7]。

罗洪洋则针对潘文的观点，从法权角度探讨林地所有权属性，并明确提出了林地私有权制度，为此撰写了许多论文。主要观点是：承认在商业性的“人工育林兴起前，锦屏文斗等林区的林地林木都是实行家族共有制度”；至林业贸易初期，那种家族共有的产权制度向家庭私有变迁，自然地，由于林业经济越发展而产权就更为私有化；变迁的动力来自商业林经济利益的诱导，于是开始从公有向私有变迁；这一变迁过程只能产生于林业贸易初期，林业契约的产生是商业性林业生产的产物；特别是林业契约中以“卖木又卖地契”为特征的股权买卖的出现，更是林地所有制形式从此前的“家族共有制”变迁到“家庭私有制”的标志，因此，“林业契约只能是林地‘家庭私有制’的产物”[8]64。虽然罗文明确针对潘文“公有”概念论证出与之完全相反的地权属性，但与潘文一样，也从乾隆四十一年（1776年）九月十五日与乾隆四十四年（1779年）三月二十八日两件林地买卖契约中的“股权”转移，判断出在人工育林前文斗的林地所有制形式是“家族共有制”。潘志成、梁聪、李向宇对罗洪洋观点加以推进，如潘志成、梁聪撰文对地权转移的过程研究，得出了“嘉庆道光年间……山场与土地日益集中到少部分人手中”[9] 的观点。所不同的是，整个评论过程中没有注意到对股的解释，而这正是上述诸家所证明“家族共有”制度的关键性问题。稍后李向宇重点辨析了股与所有制度间的关系。首先从经济学意义上确定什么是“公共”性质股权的标准，然后分析了通常所说的林契中共股特征，再与经济学上的共股与契约中家族占有的股比较，说明这里的大多数股属性不具备公共股特性；针对部分契约中家庭成员间共股（家庭共股）内部分裂后形成新的个人股份（家庭），以及个人股扩大为家庭成员间共股份，对此类股权变化作了动态分析，近乎建立了一个林业生产中“家族内公有股”产生模型——家族共有→家庭私有→家族共有循环过程，而循环转换的导因则是林业生产与家庭人口增长的内在动力，也即家庭成员的增长导致对家庭财产的重新分配[10]。

上述对林契内股权属性引发的林地权论争，显示出两个有趣的论争现象：其一，都从观察股及股份变化去论证林地产权属性，潘盛之等“公有论”者判定林业契约所买卖的股都是“公山”或者“共山”，因此股也是公共股，林地属于“公有”，罗洪洋则一方面确认早期存在着“公山”或者“共山”，类似股有公有属性，但又注重解释一直存在着买卖林地（股权）的事实，则基本可以认定股即是“私人”所有；其二，尽管他们都面对一个共同的“公山”与“共山”，罗洪洋据此作为逻辑起点，通过分析股权买卖，论证出了清水江流域林地权经历了一个由商品生产所促动起来的“化公为私”的私有制度成长过程，而潘盛之则视“公山”与“共山”为侗族传统习俗，建立了由传统习俗所维系起来的林地公有不变论，但无法解释股权频繁地通过买卖向家庭转换的事实，所以徐晓光用了股权村寨或家族共有而私人只有使用权的概念加以弥补完善。问题论争的焦点虽在股权买卖上，而根本却是对附着于股权买卖的逻辑前提——“公山”与“共山”的解释上。可谓论争成也“共山”（“公山”），消弭也在“共山”（“公山”）。看来，评断论争的“事非”关键还是在于“公山”或者“共山”的理解上。

三、“共山”与“公山”：解开林地权属公有与私有论争的钥匙

清水江林业契约文书中的林地山场买卖契约，常见有“共山”“公山”的用语，而且它们往往与山场股分行为紧密联系，试举两契示例。

例契 1　“共山”的例契

立卖山场约人张化寨众姓人等，为因军需洁繁，缺少夫马费用。协同公议，只得将与平鳌寨共山一所，坐落地名党亚他，其山左抵露猛冲，右抵乌松朱，原系两股平分，凭中将张化寨范姓一股，出卖与平鳌寨姜绍议，国昌、天时、文德、向之、明德、国珍、文遐八人名下为业。当日三面议定山价银八两正，凭中交足，不欠，众姓领回应用。其山自卖之后，任从姜姓八人世代子孙栽杉蓄禁，修理管业，张化众人不得异言。今恐无凭，立此卖山书契，永远为据存照。

凭中：范继留、玉保、起相、子龙、起祥、元才

代书：黄有恒

乾隆三十四年二月十八日立①

---

① 资料来源：唐立、杨有赓、武内房司：贵州苗族林业契约文书汇编（1736—1950），东京外国语大学，2001：A-0009。

上引契所出售之山称为“共山”，即张化寨众人与平鳌寨众人将“共山”一坐出卖与平鳌寨的姜绍议等。这里的共山意义，是否为通常研究者判定的“村社共有”或者“家族公有”的共山或者公山？其实，这一件买卖契约内“共山”，在买卖时本身就连带着股份进行，而并非众人所共有或者公有的一块山场。因此，有必要对林契相关文书中“共山”语义内涵做一些分析。张化寨众人与平鳌寨众人的共山，契约中就申明是“原系两股”，即该山在买卖前，张化寨众人与平鳌寨众人就共同分割该山场，早已形成各占一股的地权格局，已非共同占有。因此，其“共”的意义是该山已分成两股，各占一股；再从张化寨一端而言，契约也表明，其中所占一股也非本寨众人共有，而是由众姓共同分割成多股，否则不会在契约中书写“张化寨范姓一股，出卖与平鳌寨姜绍议，……张化众人不得异言”的约定。这种含义在例契2中表现得更明确。

例契2

立断卖杉木山场字人礼具村杨有能，为因年荒无措。自愿将孟美残共山分内所占半股出卖与龙畴武、老路二人名下承买为业。凭中议定价银七钱整，入手收回。自卖之后……

外批：此山系是二十四股，有能与有文共一股。

龙世功 笔

凭中 杨有文

乾隆五十八年六月十五日①

首先，契约内所书写的“共山分内所占半股”中的“共山分内”，明确表示孟美残早已是共同分割了的山场。其次，所出售半股是共同分割山场后所形成多人占有股份，此时杨有能将自己所占半股出卖与龙畴武。因此，上述文契中“共”的语义，应当是“共同分割”的结果，而非“共同所有”的本义。对许多契约写作的“公山”，其“公”内涵也与上述“共山”相似。例契3中有“四公山”“三公山”等书写。

---

① 文书来源：张断渊：《贵州省教育厅2013年人文社科项目“苗埂·清水江文书汇编稿”》（未刊稿）。

例契 3

计开岩湾四公之山：壹公绍昭分为三公：绍淹一人占一公，镇西子二人占一公，绍昭绍儒绍礼三人占一公。二公绍嘉绍学占一公。三公分为四公：绍原占一公，绍纯占一公，绍芳、绍传占一公，本烈、本禹二人占一公，本禹一公分为二公，其中本禹、烈二人占一公，绍微、老宋、双合占一公；四公分三公，绍修、维翰二人占公，此一股分为三股，宗成乔海咸春三人占一公，祥现、老榜、老帮三人占一公。①

该契约内信息非常明确，第一，公与股同义并写；第二，其中“壹公绍昭分为三公”“三公分为四公”等，不外是股再分配后的细化，形成股中股。因此，其中的公实为股的意义，山股的划分，可以分为“公”，三公即为 3 股、四公即为 4 股、五公即为 5 股。类似例契在林业契约文书中占有不少，如一件道光十年（1830 年）十月初十日契约四公山为 4 大股，分别为绍淹一公占 1 大股、绍旁一公占 1 大股、绍连一公占 1 大股、成秀一公占 1 大股。又岩湾范忠成用银四两二钱两，买得绍连一公所占 1 大股中的 1/80[11]。光绪十一年（1885 年）三月三日佃契中乌些思山写作“今五公所占”[12]，其实早在光绪四年（1878 年）的分山契中就注明：“此山原为四公山，现分为五公山。”显然，这里“公”完全是股的同义语，公即是股，四公即 4 股。当然，与“共山”一样，一些公山也是与股共同联系在一起的，成为股的逻辑前提。如下引例契 5 记载：“情愿将己受分祖遗公山一股，坐落地名井食，其山原作十二股均分，”即是公山与股联系在一起，后面的十二股也是此“公”的同义语。此类性质的契约在清水江流域当是通例，例契 4 产生于天柱县攸洞村，契中“本房公地”也是同样情形。

例契 4

立卖山场约人龙朝锦子连兆。今因家下缺少银用，无所出处。自愿将到先年得买本房公地地名归解溪山场壹所，东至以溪口岩梁，依领为界，南至以溪为界，西至以刘元保地杉为界，北以领头为界，四至分明。山场叁股均分，朝锦占二，成富占一股。朝锦将二股出卖。自己请

① 文书来源：张应强、王宗勋：《清水江文书》第三辑，第 9 册，广西师范大学出版社，2011 年第 193 页。

中上门问到归辉刘文举承买为业。当日三面议定价贰两九钱四分整。其银卖主亲手领足，入手应用。其山场任从买主同成富修杉管业。后不得异言，若有异言，俱在卖主理落，不与买主相干。恐后无凭，立卖字是实为据。

凭中 刘元寿

代笔 龙成富

道光二十八年八月十五日立①

该契约出售的地名为归解溪的一所山场，是先年得买的“本房公地”，而本房公地早已被分割成了三股。因此，这里的“公”内有股的内涵，即应当理解成本房山场是一所已被“瓜分”成三股的山场。综上分析可见，林地契约中所书写的“共山”“公山”不能简单地视为地权的共同所有或公共所有，它们在文书中往往是“股”概念的逻辑前提，因而在更多情况下，似乎是等同于股的另一种表义；它们是通过文书中与“股”相关的要素所体现出来的清水江区域社会内特别的地权概念。回到本文辨析的论争现象，论争症结主要在对文书中股与所表述语句“共”“公”的理解上。如果从本文对“共山”与“公山”诠释含义出发，那么徐晓光在分析光绪年间姚廷标诉状时，对共山与分股关系的理解是不恰当的，即不能作为“家族共有制”立论依据。该诉状实际上反映的是假造文书以侵吞族人私人财产性质的事件。理由在于：其一，案中所追述始自于“祖继周”的公山，实质已被其后代诸子多次分割为众股，各占其私股的山场，而非共同占有之“公山”；这里的“公山”，只能作为私股的逻辑前提存在，意思为共同分割成股份的山；其二，本案所涉及的“半党东”山场，产权已是再次分割后的4股山场，各占其股（见第二次诉状内）；其三，该文书中虽然决断该产业为“三房私业”是一种谎称，但本身存在的“三房私业”已确认为当时私业的存在。联系一纸内的两件诉状内容表明，如果在“祖继周”时代还是公山，那么早已被家族内诸子不断分割而化为乌有了。

同样，罗洪洋对所引两件契约文书中公或共的含义解读也是不恰当的。罗文所引两件契约如下：

---

① 文书来源：张新民：《天柱文书》，第一辑，第10册，江苏人民出版社2013年，第44页。

例契5

立断卖山场契人族弟（姜）老路、老岩，为因要银使用无出，兄弟商议，情愿将已受分祖遗公山一股，坐落地名井食，其山原作十二股均分，岩、路兄弟实占一股，央中出断卖与兄兴周、佐周兄弟名下承买为业。当日凭中实受断价纹银三两三钱五分，亲手领回应用。其山自断之后，凭二兄管业栽插收租，卖主不得异言。此系宗人承买宗业，并不与外人相干。倘有来历不明，并私当等情，俱在卖主向前理落，不干买主之事，一断百了，永不翻悔。今恐人信难凭，立此断契存照。

卖主：老路、老岩

凭中：范文德

代书：姜国昌

乾隆四十一年九月十五日

例契6

卖山场杉木约人姜老官，为因家下要银使用无从得处，自愿将到共山一所，地名四里塘横岭杉木并地一股，出卖与族叔兴周弟兄名下承买为业。当日三面议作卖价纹银四两整。其银卖主领回应用，其木凭从买主永远管业。一卖二了，永不归回。恐后无凭，立此卖约为据。

凭中：姜老相

代笔：陆云辉

乾隆四十四年三月二十八日立

卖主：姜老官

这里的公或者共，其实就是共同瓜分的结果，而不能推导为“家族共有制”之“公有”。从例契3～例契5看，首先，契文“受分祖遗公山一股”本身已非共同占有，早已被共同瓜分成12股各为其人所有（契文作“其山原作十二股均分，岩、路兄弟实占一股”）；第二，不为共同所有的另一重要表现在于“央中出断卖与兄兴周、佐周兄弟名下承买为业”的私卖行为。作为共同所有产业，是不能私自处置的。例契3～例契7所出卖山场标明是“共山一所”，虽然契文中没有列出共山有多少股份，但至少不只姜老官1股是明确的，从而表明该山场也是一所早已被众人共同分割成数股份的山场，而非是众人共同所有的一所“共山”。它们表明，两座山场在该次买卖前或者后的时间段内，其产权都不是共同所有。就此山的私股性质而言，罗文将其判断为“这里的‘公山’‘共山’”至少说明，契约订立之前的一段时间，也即“公山”“共山”还未分到家庭的时候，文斗的林地所有制形式是“家族共有制”[9] 不能成立。

上述分析表明，一旦弄清了清水江流域林业契约中所谓“公山”与“共山”用语的本质属性，许多买卖契中所显示出的家族或者村寨公山或共山内的股权买卖，不过都是一种假性的“公有权”属性下的共股、假性公山或者假性共山现象；造成假象的原因大致有：对一座公山的股份往往越分越细化成众多家庭股，而股份山场本来面积就不大，那种在田土中通常以埋石区分权界的方式在林地上就很难推行，即使可能那也是极其烦琐的事，因此，众多家庭所占有的股权，是以一种观念存在而非埋石等物化行为；非物化的观念行为容易造成共有的错位表象。再由于林地交易频繁而交易空间又相对狭小，交易往往在同寨同姓或者邻寨同姓间完成，所以契约文书的书写对于后人来说，如果阅读契约时没有对同寨同姓有细致研究，易于产生同姓家族共有假象；这种假象也容易在阅读“分银合同”时产生，由于出售林地产品时往往以集体方式订立分银合同，利益分配也是依据合同分配股银，这种“集体”行为表象掩饰了其按私股分配的本质，也容易造成“共有”假象。在潘盛之论文分析中，受假性共股公有现象影响就很明显。

首先，潘盛之所引两件契约内股的买卖，都是早已被众人瓜分后的私人股权，尽管此次股权交易在同姓氏间交往，是不能当作“家庭内共有”的；“共同所有”与“共同分割”两者产权性质完全不一样。第二，虽然所引乾隆二十八年（1763 年）六月二十七日买卖契，是由姜凤宇转让给下房姜龙福，作者由此断定为家族间产权流动。其实这也是一个受假象所蒙蔽的误读，其实文契中的下房，是一支与上房姜凤宇不同血缘关系的另一个姜氏文斗家族。第三，作为支撑观点的主要证据是乾隆五十年（1785 年）十二月二十日的买卖活木契约，被作者推论为与上一契约一样“都是在同一家族内兄弟子侄中进行活立木转让，并不涉及地权转让”[8]11，实际上也失于疏漏，因为作者文中所引“上一契”即是明确的地权转移，如果考虑到大量乾隆时代地权转移文书的存在，那么这个推论太失之于武断①。

李向宇的研究推进了林地产权私人所有的论证，但从其对买卖契约内“股”与“共山”“公山”属性定义看，尚可在其分析基础上作出某些修正。首先，如果考虑到“共”与“公”其语义不过是分割的含义，那他的一个观点就显得矛盾：他确证林地产权私有，然后又认为“在清水江林业经济发展初期，林地的家族公有制是较为常见的经济形态。”实际上从现存文书中看到，林业经济发展初期林地的家族公有制就不是“较为常见”，较为常见的恰好是如他所证明的私有产权；李文之所以断言林业经济发展初期“林地的家族公有制”，显然是罗洪洋观点的另一种表述方式，不同点在于他本人对“共股”本质特征分析上，尤其是建立在股的投资性行为特征上。如果以股的投资性行为特征判断股权性质，那么就得有第二个修正：李文分析认为清水江林业契约中的股，最先不是用于投资性的“股份制度”性质的股，这是他坚持存在着“林地的家族公有制”的原因。实际上，除了民国时期出现的股份制度外，民国以前契约文书内所载的股，性质不只是如朱荫泉所界定的用于对家产的继承分配，即“生活中的股”，它们从一开始就更多的是股权买卖，因而具备了“投资性”股份特征。由此，“最初林地的家族公有制”就失去了“较为常见”的经济前提。第三，李文在对分家折产合同分析后指出一种现象：由于家族变迁引发林地股权的分割，永远形成不了固定的家族林地共有；反之，家庭内部成员的扩展所聚合成的家族群体，又往往是家族公有股份的温床。由此提出了“股份制成为公私产权相互依存的有力武器”。这种循环论虽然也有其史实依据，但是如本文所证明的那样，林契中的“股”其属性从来就是“分割”，并由此本质带来的“私人（家庭）所有”特征，那么就不可能有“股份制成为公私产权相互依存的有力武器”之公与私的区别，也就没有

① 再者，作者的调查实际上也没有讲清是否是公有。首先，所例证的材料是《黎平县林业志》引用的正统七年（1442 年）富禄永从司改县时，对移民与土著划分“墓田”的事件，提出三点意见，一是当时山林是家族占有，二是从买卖双方看，都是以家族代表人物进行，而非个体。该文将墓田解析为广茂的山场，本身就缺乏足够的证明；而黎平府在各地划分墓田，是按姓氏划分占有范围，并不能证明这些范畴内的山林就是同姓公有；所引文献也没有明确地指出福建公馆与江西会馆所卖之墓田是从公家处所买得。（第 10 页）而作者引罕官村林地不是个人而是村寨共有，这一点，今天那里发现的许多山林契约，则可否定了这一推论。第一是该论证的不足是时间跨度太大，以正统地时间概括了民国时期；第二是文书使用太少，显然不能有足够宽广的时间与空间来分析观察。

因家族分裂为新家庭的所演化出来的那种家庭私有→家族共有→家庭私有的循环过程。原因在于：无论是分家析产抑或重组家庭所导致的家庭内共股的拆分也好，或者重新立股也好，都只能是一种财产分配在量上的差别关系，而表示其财产关系性质的私人属性是一种矢量关系，不会因量上分割发生改变，家族或者家庭都只是外壳而已，因此，不存在“公私产权相互依存的有力武器”的那种股份制。

四、清水江林地产权的结构：个人私有制主导下的四类样态

清水江流域林地所有权形态，在清水江林业契约文书中反映得非常明确。从遗存的清到民国时期的林业契约可以看出，尽管林地权形态呈现出动态变化趋势和地权“类型”的多样化，但仍然显示出其私有化的基本面貌及其私人占有的主导变化方向，因而类型的多样化并不影响其私人占有制度的本质。这一基本面貌及主导方向大致形成于乾隆时期（1736 年—1795 年）。乾隆十二年（1747 年）清廷开辟清水江流域内“苗疆”的大规模行动已基本结束，通过“改土归流”对“苗疆的再造”已建设起相对稳定的王朝制度，虽然咸同年间太平天国革命兴起，清水江流域苗、侗民族纷纷响应而在苗疆掀起了疾风暴雨般的社会动荡，历经十八年却没有退回到“前改土归流”社会。所以乾隆时期社会制度基本定型。从经济发展上看，自清初逐渐兴起的林业生产，经过乾隆朝六十年的经营和扩张到嘉庆时期进入繁荣，林业生产已是成熟产业。因此，在相对稳定的社会环境及相对成熟的业态下，林地产权也有了相对稳定的社会经济基础。

通过对现存林业契约的分析，最晚在乾隆时期，清水江流域林地产权结构就呈现出个人私有制主导下的四类样态：第一类是林地权的公有，第二类是无主权荒山，第三类是私人股权下的共山（或公山），第四类是个体家庭完全所有。清水江流域林地产权结构如表 1 所示。下面分别就此结构及特征加以剖析。

表1　清水江流域山场林地权属结构

<table>
<tr><td rowspan="7">林地山场所有权结构</td><td colspan="3">林地权表现出来的特征</td></tr>
<tr><td rowspan="2">公有（共有）山场</td><td>村寨共有</td><td>本村寨成员或者相邻村寨成员共享其权利与义务</td></tr>
<tr><td>家族共有</td><td>本家族成员共享其权利与义务</td></tr>
<tr><td>无主权荒山</td><td colspan="2">非生产性经济林性质的山体，是公有（共有）山场的物质前提。一旦进行生产领域，或者变成被共同占有，或者成为个体家庭私有</td></tr>
<tr><td rowspan="2">私人股权下的共山</td><td>村寨成员共山私股</td><td>原是公有（共）山场，被本村寨成员，或者相邻村寨成员共同瓜分成不同股份，股份为私人所有</td></tr>
<tr><td>家族成员共山私股</td><td>原是家族内公有（共）山场，被家族内本村寨成员共同瓜分成不同股份，股份为私人所有</td></tr>
<tr><td>个体家庭独立所有</td><td colspan="2">个人或者家庭所独立所有</td></tr>
</table>

1. 林地权的公有属性

该类在林业契约文书中所见又可分为两种亚形态。一种是村寨成员间公有。林地权的公有属性在锦屏县河口乡锦宗村乾隆五十一年（1786年）《万古不朽》碑刻文字中有较清晰的表述，碑刻内容大致为乾隆五十一年范姓与潘姓因争乌祖、乌迫、乌架一带山场而起官司，经调解对林地权属进行最后处置，过程如例契7所示。

例契7

盖闻起之于始，尤贵慎于终。予祖宗历居此土，原称剪宗寨，并无异姓，惟潘、范二姓而已。今纠集商议，将自乌祖溪、乌迫溪、乌架溪以上一带公众之地，前后所载林植，无论大小俱系十股均分。众寨人等地主占一股以存公，从栽手得九股。日后长大，不准私伐，务要邀至地主同卖。永远遵照，不得增减。庶有终有始，不负先人之遗念，子孙自然繁盛耳。

纠首：潘……等五人　　　　范……等五人

乾隆五十一年孟冬月日 立

该契约内有许多地权信息：第一，是对山场的确权。首先明确引起纷争的乌祖溪、乌迫溪、乌架溪等山，原来是没有任何权属的“公众之地”；第二，经同村寨两个姓氏成员协商，将此“公众之地”确权为本村寨成员共同所有；第三，再对林地上的产品权益确权。林木产品分为 10 股，种植者获得 9/10 股，林地主获得 1/10 股；地主是村寨成员，1/10 股即为全体成员所有。地主分成大概用于村寨的公共支出。由此看出林地权公有性质体现在两个层次上，首先是地权由完全村寨成员共同所有，其次是林产品由部分村寨成员共有，即按股份分成比例确定公有股份。村寨成员对林地的公有不仅是同村寨成员间实行，还在不同村寨成员间实行。不管是否同一村寨，其公有性质却是一致的，表明村寨公有仍然是当地林地权的一种存在方式。

林地权的公有属性的另一种亚形态是家族成员间的共有，其情形可从例契 8 内容中看到。

例契 8

立断约人姜君德、姜云龙、姜计三、姜国祥。为因军需难办，缺银用度，今有平鳌寨姜子云、姜有德、起霞、起云等自向文堵上、下两寨，凭中三面议同价银二十四两正，其山地名污拜碑，上凭岭、下凭溪、三条大沟为界。即时凭中交银与四房领回应用，即交此山与平鳌寨姜子云等子孙久远管业，文堵四房子孙不得异言争论。今欲有凭，立此断约为照。

一纸（不是原契书写，为后来补书于契内——引者注）

此系子约，老约在有德处。（不是原契书写，为后来补书于契内——引者注）

凭中姜吉祥姜文书担笔二钱

代笔姜霞云受银三钱

立约合同为照（半书——引者注）

乾隆元年三月二十三日 立①

附图（疑为后来补画——引者注）

---

① 资料来源：唐立、杨友赓、武内房司：《贵州苗族林业契约文书汇编（1736—1950 年）》第一辑，东京外国语大学，2001. A-0001。

此契文中所言“四房领回应用”一句，表明林地权从平鳌寨的姜子云等转移至文堵（斗）四房家族所有，四房家族成员分别为姜君德、姜云龙、姜计三、姜国祥等。家族共有性质的权属有多种表现形式，如例契9所示。

例契9

立分山合同人姜映辉、绍牙、映光、映发、香姣、贵乔、姜廷望、国珩等。为因有共山一所，地名冉中农。其界上抵，下抵大溪，左凭姜廷盛冲，右凭姜明岭。此山在共未曾经分，于是请中登山划界均分。廷望兄弟分占上边，映辉众人他占下边，……埋岩不得移动。……

合同各纸自存为据（该句话半书——引者注）

凭中　姜明　汤仁海

绍牙亲笔

嘉庆七年二月十九日 立

廷望存一纸　映辉存一纸

该契约是一件分割山场文书，其中的地权信息是：第一，契文中“在共未曾经分”一句，表明“共山”冉中农在未进行分割前，为文契中成员共同所有；显然，这里的“共山”是共同所有之义。第二，现在立契将冉中农共山分割，形成“廷望兄弟分占上边，映辉众人他占下边”的权属形式。“廷望兄弟”与“映辉众人”分别为两个家族。两个家族分别以本家族成员共同占有此次分割林地所得那一部分产权。虽然该契约显示出的产权转移方式与例契8稍有不同，但家族成员共同占有的性质却高度一致。

2. 无主权荒山

无主权荒山在现存清水江林契中的表述多比较隐含，它的身影曲折地隐藏在“林地权的公有属性”契约中。如例契7引起纷争的乌祖溪、乌迫溪、乌架溪等山，原来是没有任何权属的“公众之地”，只是经同村寨两个姓氏成员协商，作为“公众之地”的无主权荒山确权后，才被本村寨成员共同所有。可见，“公众之地”的无主权荒山，是通过对它的确权，才从背后现身于前台。类似常情再如例契10所示。

例契10

立卖坟地荒山字人魁胆寨人王地文、王岩四、王贵初、王岩生、周文秀、周文现、李荣全、彭红锦、龙秀吉、周文茂、黄孝坤、周汉存、周文开、王和炳、黄红顺、龙荣吉一十六人等。今因要钱使用无所出处，自愿将到坐落地名岑梯车荒山，上登坳抵买主，下抵田冲为界；左抵盘它带为界；右抵溪龙家桥上田冲为界，四至分明，并无参杂。要银出卖，自己问到本寨父王宁晚，子洞岩、洞乔、三乔、四乔、五吉、六吉父子承买为业。当面议定价银一十二两八钱正，其银领足应用，荒山交与父子永远管业。一十六甲自买之后不得异言，恐口无凭，立有卖口为据。

内添六字

龙秀吉笔

乾隆十一年丙寅岁四月初八日 立卖①

从契约中看到，岑梯车荒山在被村寨成员确权共同出售之前，如同例契7内的乌祖溪等山一样，本来是一块无主权荒山。无主权荒山曲折地隐藏在“林地权的公有属性”中的现象，实际上表明它与公有属性林地权是一种相互依存的关系。无主权荒山只有在“前林业生产”状态下才有其存在环境。所谓“前林业生产”，即在没有林业生产的经济环境下山场的原始自然形态，亦即它的林地及林地上的林木产品的商品经济价值为零，因而本质上是没有主权的一块“荒地”；即使进入到林业生产中，也是以“无主荒山”的身份而为村寨成员共同占有。这就是从林地产权意义上定义的“无主权荒山”。这种无主权荒山，一旦它进入生产领域，其“无主权”原始状态即刻发生变化，其方向分化为村寨成员共有或者宗族成员共有。所以我们看到，无主权荒山这一历史客观样态，在文书中往往以正在被分解的情形下才现身。被分解的过程有两大特征，一是参与瓜分的人员与地域相对广泛，二是所分解的荒山面积较大，前者往往是村寨成员或者相邻村寨众多成员共有，例契7最为典型。后者如例契10所示，从其抛售荒山价格上衡量，其荒山面积显然比所见到的同一时期大多数出售山场都大。

3. 私人股权下的共山

该类也有两种亚形式。一种主要是指一座山场的所有权被村寨成员共同

---

① 文书来源：张应强、王宗勋：《清水江文书》第二辑第7册，广西师范大学出版社，2009年，第409页。

私分，分割的地权以股份的形式为各成员个体私有，这一类型在契约文书中的表述如例契11所示。

例契11

立卖山约人平鳌寨。为因文堵之事，出卖杉木一块，坐落地名皆里乌之马等。二十股分山，不得争论。保乔得一股，番堂、文卿二人共一股，金玄兄弟得一股，银乔得一股，用卿是一股，龙卿得一股，老玄、老路共一股，天祥、天凤二人得一股，天云得一股，银锁得一股，天贤得一股，福三、银三二人共一股，银岩、老商、老七共一股，五云得二股，老朝得一股，班云、五云弟兄四人共二股，玉山得一股，文楼得一股。

代笔人姜壹霞

起圣代笔五分

乾隆二年十二月二十九日 立笔①

该契约中平鳌寨一座名为皆里乌之马的山场，虽然形式上以20股的形式被共同占有，但实际上所分割成的20份股，每一股都各为拥有股权者个人私有，这就是"私人股权下的共山"的性质。

第二种是一所原来为家族或宗族内成员共有的山场，经私分为股份后被各成员私有，但在生产过程中仍然以协作方式共同经营，如例契12所示。

例契12

立清白分关人姜吉祥、上贤、士凤、启才、富宇、凤宇、和宇、得中、文学、文佐等。为因众□□买得污革、□石、千石三处山□□卖空，倘山内存落脚木根数枝，三阄均分。遗山不载拘系荒地，我三阄同心公议，将此三处山场分平均分，照字研匆（拈阄），当天发誓……启才、富宇、祖保、□□、尚宇、凤宇、金晓、乔保占一号污革溪山，照勾管业并无异。恐外人争论，那（拿）阄俱出，在众理清。恐后无凭立合同为据。

祖保、长保二人四两四钱

① 文书来源：张应强、王宗勋：《清水江文书》第二辑第3册，广西师范大学出版社2011年，第1页。

记坛、启本

唐乔、老干才、冉周三人陆两陆钱本

富中贰两共壹两本

保□□□两本

□□□□□□两本

加桓、良保二人共壹两本

□□□两本

□□□贰两五钱本

凤宇贰两五钱本

银锁贰两五钱本

□□贰两五钱本

□□贰两五钱本

金晓贰两五钱本

□□贰两五钱本

□□共计参拾肆两本

乾隆二十五年七月十一日立

合同□□（此句半书———引者注）[13]

该契约是一件对共有财产———得污革、□石、千石三处山场进行分割的“分关”文书，它记载了三处山场两重权属关系。第一重是三处山场未分割前的权属状态，因为是“众□□买得”而成为全体购买共同所有。第二重是本次分关将其化解为个人所有，首先是分割成三大股，即文书中表述的“三阄”，由三个家族各占一阄，然后对其中一阄（一号污革溪山）再行分割，以“两钱”单位计数成各股，将“启才、富宇”等家族成员共有形式分割成家族成员各自私人占有。虽然该文书记载的是“三阄”中之一阄再行私分行为，但可以推论，其他两阄也会以相同的处置方式将家族共有产权分割成私人产权。私人股权下的共山产权表明，以往许多学者所论述的“家族公有与家庭使用”的定性是不准确的。事实恰好相反，它表现为“家庭私有而家族成员共同使用”的行为特征。

4. 个体家庭所有

从现有文书看，自有林契产生便存在着个体家庭所有形态。清水江林地买卖契约，最早可见到的是例契13所示崇祯十年（1637年）杨后昊卖山地契约。

例契 13

立卖山契人杨后昊、杨后富、钦□□□□时岁凶荒缺食度日，兄弟叔侄商议，意愿将祖禁山场牛岭斗高山洞□□□山地头欲行出卖。无人承受，请中在内启到黄田八甲生员吴学林近□□买为业，三面议作山价银九呈（成）银玖两正。其银是叔侄亲领处讫。其山冲□□林禁当任后开垦为田，不得生端童（争）论异言。祖如有此□执约□罪□□立此卖契为照。计开四抵，上抵本主塘冲凹，右抵十□大芒冲吴学皋山，左自荇菜塘抵谢家山界。横抵高山斗大芒山界，下抵水凹冲吴学忠田坎上。

崇祯十年六月十九日 立

永远管业

卖契人：杨后富、杨后昊、杨后□、杨后□、杨后伟、杨后钦、杨伯成、杨伯明、杨伯圣、杨老（□）、杨伯祯

引进人：吴守明、吴加伊、□廷松

代笔：杨伯运①

这是一次将家庭私产“祖禁山场”出售与另一个私人手中的地权转移事件。类似这种私人间林地买卖所体现出的明确地权私人占有契约，在天柱县竹林乡康熙时期山林买卖契中就很常见②，而在林契遗存相对丰富的锦屏县平鳌寨，最早的一件林契时间是雍正八年（1730年）（参见例契14），也是明确的私人占有。

例契 14

立断卖山坡约人苗举寨龙南依。为因家下缺少，自愿祖业山坡一所，坐落土名定包，上平田水沟，下平溪，左平头沟冲，右走路岭。平（凭）中卖与乌山寨小苗光吴文明、有才、富才、得先才英名下，得买议定艮八两亲手收回应用，恐后无凭立此断字是实，凡有约在□堂□乎保管。

---

① 文书来源：天柱县地湖乡岩古村村坪元山组—潘姓家藏。

② 参见张新民主编：《天柱文书》第一辑第4册第十三卷，江苏人民出版社2013年，第106—117页。

凭中吴艮包、吴翻化
代笔杨起搂
雍正八年十月十八日 立①

在清水江流域各地林契文书中看到，这类私人股从时间到空间上都成为清水江流域基本的林地产权形态。可以说，从有林业生产起直至民国，它都是林地产权的主流样态。

五、清水江林地权结构所显示出来的产权变化特征

私人股权下的共山产权表明，在清水江林业生产中的林地产权结构，“林地权的公有属性”类型不可能是一种固化样态。无论是村寨公有还是家族公有，无一不面临着进一步解体为个体家庭所有股的趋势，往往是村寨或者家族成员在对共有林地进行瓜分后演变为个体家庭股份，而原因或者因为“分关”，或者因为出售股权等方式造成林地权的转移。例契 11 是分家族公有为私股例子的典型；例契 1 则是将村寨公有转变为私人所有的演化轨迹显示得明明白白：先是在乾隆三十四年二月十八日，张化寨众姓人等将与平鳌寨共山“党亚他”的股份（1/2 股）出卖给平鳌寨姜绍议等八人，经历了第一次股权转移。例契 1 的契约（老契）空白处又附记了一份新订立的分股契约，记载了 28 年后“党亚他”山场经历的第二次股权转移，内容如下：

嘉庆二年七月二十一日众齐会面，奈此契父老指头目在名，恐有后患，是以批凭在例存据。绍仪甲分二甲，绍仪、向之二人占一甲；兴文等二十四家占一甲；天时甲分二甲，天时一甲，德忠、廷辉、起凤、必九、垓保五人共；天时无分文德、明德四十家共；文遐甲二十三家共；国珍一小甲共十家共；国昌一小甲，国昌、国荣、有文三人共。姜化龙笔批。②

联系新契与老契相关信息，可以看到产权变化动态。第一，在乾隆三十

---

① 文书来源：张应强，王宗勋主编：《清水江文书》第三辑第 3 册，广西师范大学出版社 2011 年，第 313 页

② 资料来源：唐立、杨友赓、武内房司：《贵州苗族林业契约文书汇编（1736—1950 年）》第一辑，东京外国语大学，2001 年 A-0009。

四年（1769 年）购买时，虽然文书上买家共八人，实际上是分为了五股，也即嘉庆二年（1797 年）七月二十一日分股契中注明的五大甲。这是第一次由村寨成员公有转移为少数人公有的地权转移。第二，即本次契约对此原有五甲所进行的再次细分，产权也由少人的共有转化成众多的个体家庭所有。“党亚他”山场从乾隆三十四年到嘉庆二年间的地权转移方式，只是清水江流域相同地权转移的典型事例，却显出清水江林业生产林地权结构变化的一种特征：林地产权由“林地权的公有属性”类型向个体家庭所有的转变，一直是清水江林地产权变化的主要方向①。

由于清水江流域林业生产及产权持有，多是以股的形态体现，所以通过契约文书表现出来的地权的个人私有属性，也就显示出一种既聚合又分化、循环往复的纷繁特征。如某一时候是大家庭兄弟间共有，之后一旦分家即立刻聚合为新的个体家庭所有；反之，由于人口增加导致的家庭分化，又是将个体家庭独立股份化解体为多个家庭私股。不管哪一种形式，家庭财产通过股份方式或聚合或分化，它的方向都是分解成越来越小的股权，相应的这些股权也摆脱了原有形态而分解为数个新的独立个人私有股权。现存清水江流域第一张附带股权的林业契约，是锦屏县平鳌寨雍正九年（1731 年）十月十八日的买卖山场杉木契，就是这一特征的典型表述。内容见例契 15。

例契 15

立卖山场杉木约人姜闵刚，为因家下缺少用度，无所得出，自愿将祖遗山场杉木一所，坐落地名九桑，做四股均分，本名占一股。请中出卖与姜相云、姜茂云兄弟名下承买为业。当日凭中当面议定价银二两正，亲手收回应用。其山场杉木自卖之后，任凭买主二人永远管业，不许族外人争论。今恐无凭，立此卖约，永远遵照。

凭中姜利两受银五分

代笔姜邦奇受银五分

雍正九年十月十八日②

---

① 在清水江流域，尽管一直都有家族或者村寨林地权共股的存在，但只是少数现象，且或多或少都面临着被分化瓦解的趋势。如文斗寨著名的“三老家”与“大三房”家族，在清末还存在着林地共有的实情，可是到了宣统民国间也最终分崩离析。

② 文书来源：张应强、王宗勋：《清水江文书》第二辑第 1 册，广西师范大学出版社 2009 年，第 1 页。

该契约讲述事情原委大致是：出售“祖遗山场杉木一所”的九桑山场，原本是一户人家的私有财产，因为某种原因，所有人之一姜闵刚要出售自己继承下来的那部分产权，于是家庭内成员对该财产进行分割后，重新确权为“四股均分”，其中姜闵刚出卖了属于自己的一股。这就是清水江流域林地个人私有产权既聚合又重新分化过程的典型事件。之所以确定九桑山场的个体家庭私有属性而非家族或者宗族所共有，就是契约其中一句“永远管业，不许族外人争论”的申明，它将股权性质讲得清清楚楚，不是家族性质，是一件地道的私股林地。又因为有上述“共山”或者“公山”而曲折表现出的实际上私股属性，因而这里的个人私有权基本上形成这样一种式样：一个林地主人的财富，往往由多种所有权形式构成：他作为村寨成员，可能是一块山场共同所有人之一，但他作为家族中的成员，可能形式上也是家族的林地中一股的所有人；但他也拥有一块独立山场的私权。以姜兴周一组买山契为例：

例契 16

立买卖山场杉木字人姜老官。为因家下要钱使用，无从得出，自愿将到共山一所，地名四里塘横岭杉木并地一股，出卖族叔兴周弟兄名下承买为业。当日三面议定作价纹银四两正。其银卖主领回应用，其木凭从买主永远管业。一卖一了，永不归回。恐后无凭，立志卖约为据。

凭中姜老相

代笔陆云辉

乾隆四十四年三月二十八日 立卖主美观老官

例契 17

立断卖山场约人愚兄姜国政。因得买众上之山，土名乌格溪，与兴周所占之地业相连，今自愿补与兴周，凭中面议价银一两三钱，亲手领回应用。而山合木任从兴周修理，以子孙永远管理受存。今恐无凭立约为据。

兴周私卖。凭中意得

乾隆四十五年十二月十四日亲笔

例契 18

立卖杉木山场约人姜佐周、朝瑾。为因缺少会银，自己原将杉木一块坐落土名皮讽，出卖与会内姜国珍、兴周、开周映龙、朝周等承买为业。当日议定断价银九两整。自卖之后，任从买主管业，卖主不得异言。恐后无凭，立此卖字为据。

朝瑾笔

凭中举周

乾隆五十一年正月十五日①

这组契约显示了姜兴周林地的不同地权类型。在例契 16 中，他与家庭成员共有一块山场；在例契 17 中，专门注明“兴周私卖”一句，以标示该次买进林地属于自己独立拥有；例契 18 则显示，他又在家族会产（共同占有）中拥有属于自己的股份。姜兴周一人拥有三种类型林地所有权，是清水江流域林农财产分配中的普遍现象，这种普遍现象应当是清水江流域林地权的一大特征。

更重要的是，通过对清水江林业契约中股的属性分析，它让我们认清了股的原生与股的分化，实际上是私有制度成长壮大的过程。上述四种类型林地权结构，一方面反映出的是从乾隆直至民国时期林地权所有形态的基本面貌；另一方面又是林地权演变轨迹的历史序次，首先显示出了林地在未进入林业生产而不成其为生产资料时，它们往往以无主荒山形式存在，是一种待赋产权的原始状态。然后是随着林业生产的发展，待赋产权状态的无主荒山开始被村寨成员间或者家族成员间所共同占有，荒山演变成有明确地权属性的林地。同时，前林业生产时期就一直存在的私山，随着林业生产的发展而日益壮大，其壮大来自两个方面的变化，一是共有林地的不断私权化②，一是在林业商业化过程中对无主荒山的开发性侵占；最后，林地个体家庭私人所有成为基本的社会特征。林业生产中地权形式的历史演变轨迹，本质上说是通过地权上的变化，反映成长中社会在不同阶段的发展水平和特征。

---

① 姜兴周一组买山契分别引自唐立、杨友赓、武内房司：《贵州苗族林业契约文书汇编（1736—1950 年）》第一辑．东京处国语大学，2001 年 A-0019、A-0023、A-0031 页。

② 清到民国时期林业生产中，地权向个体家庭所有变化大趋势，已有许多精湛的分析研究。参见罗洪祥、潘志成、梁聪、李向宇等的研究论文。

参考文献

［1］寺田浩明．“解说”［G］//唐立，杨友赓，武内房司．贵州苗族林业契约文书汇编（1736—1950年）：第一辑．东京：东京处国语大学，2001：14—15.

［2］朱荫贵．试论清水江文书中的“股”［M］//张新民．探索清水江文书的踪迹．成都：巴蜀书社，2014：77.

［3］林芊，张明．清水江林业契约文书中“股”的研究［C］//文书·生态·文化：第四届锦屏文书学术研讨会论文．锦屏，2017：114—133.

［4］杨友赓．清代清水江林区林业租佃关系概述［J］．贵州文史丛刊，1990（2）：77.

［5］杨友赓．“清代苗族山林买卖契约反映的苗汉等族间的经济关系［J］．贵州民族研究，1990（3）：112.

［6］潘盛之．论侗族传统文化与侗族人工林业的形成［J］．贵州民族学院学报，2001（1）：10.

［7］徐晓光．原生的法［M］．北京：中国政法大学出版社，2001：289—291.

［8］罗洪洋．清代黔东南文斗苗族林业契约补论［J］．民族研究，2004（2）：63—71.

［9］潘志成，梁聪．清代锦屏文斗苗寨的宗族与宗族制度［J］．贵州社会科学，2011（2）：102.

［10］李向宇．清代苗侗民族林地所有制度新探［J］．贵州社会科学，2015（9）：166—167.

［11］张应强，王宗勋．清水江文书：第三辑：第9册［M］．南宁：广西师范大学出版社，2011：177.

［12］张应强，王宗勋．清水江文书：第二辑：第1册［M］．南宁：广西师范大学出版社，2009：91.

［13］陈金全，杜万华．贵州文斗寨苗族契约法律文书汇编：姜元泽家藏契约文书［G］．北京：人民出版社，2008：6.

中国民族地区的土地买卖与地权分配的清水江模式[①]

——清至民国西南内地边疆侗苗地区土地关系研究之三

林 芊，程 颖[②]

摘 要：通过对清至民国时期三千余件土地买卖契约计量统计，分析土地买卖促成的土地流失方向，比较失地农户与买进田地农户户数比，尤其是他们在整个土地市场上占有田地量的户比分析，对上述各环节特征的分析概括，形成了土地分配制度上的“清水江模式”。清水江模式的基本特征在于：土地买卖活跃；土地流失造成土地有向少数人集中的倾向；土地买卖市场能培育出一个中农与富农间的阶层，却很难产生占有较多土地的地主阶层。进一步的探索还发现，土地转移并不遵守“先亲近”的原则、极少出现一田二次或多次出售的现象、因土地收益不高及相对富裕的土地资源形成的田价低廉，都是清水江模式的深层内涵，也是生成清水江模式的因素。

关键词：地权分配；少数民族地区；清水江文书；田地买卖契约

---

① 本文原载《贵州大学学报》（社会科学版）2018 年第 6 期第 47—60 页。

基金项目：国家社科基金一般项目“晚明至民国时期内地侗、苗民族地区土地买卖与地权分配研究”（14BZS065）；国家社科基金重大项目“清水江文书整理与研究”（11&ZD096）。

② 作者简介：林芊（1959—），男，贵州贵阳人，贵州大学历史与民族文化学院教授，主要从事区域史教学与研究。

程颖，女，贵州镇远，贵州大学研究生院助理研究员，研究方向为民族社会与经济。

一、清水江流域侗苗地区的地权问题

中国农村社会的土地分配及地权转移态势，自古以来即作为中国社会发展中的重大事件为政治家们所重视，也成为各种社会思想家及文人议论时政抨击社会的重大议题。近代以来则因成为学者们研究中国社会的基本论题而得到高度重视，民国以来出现了几次有广泛影响的社会史大争论，基本论点主要在土地是否高度集中在地主阶级手中并导致地权两极分化，还是土地由农民阶级分散经营，由此形成了不同的解释。主流观点往往强调地权分配呈向地主集中并导致严重的两极分化发展趋势，这种研究形成的理论被经济史学家章有义概括为“永远集中论”与“永远兼并论”，直到20世纪末学者们仍然提出“到乾隆年间，土地兼并已发展到极端严重的地步。”[1] 有学者指出“占农村人口百分之九十以上的中农、贫农及其他人员，只占有百分之二十至百分之三十的土地。”[2] 有研究表明民国南京政府时期地权整体状况是：占全国人口11.8%的地主富农垄断了61.7%的土地，而占人口66%的贫雇农只有17.2%的土地，仅相当于大地主的1/4[3]。

进入21世纪以来，研究领域中出现了较之以往不同的强劲新声。许多学者本着对反映地权形态的丰富史料实事求是的研究，表明清代地权形态远非可用“集中”加以概全。如著名经济史学家方行的一项研究表明，“有清一代的地权分配一直处于分散中，大部分的土地为农民阶级所有，地主所占有的土地不过十之三、四而已。”[4] 与此同时，许多国外学者对中国中、东部区域地权形态的研究也表明，以往研究所强调的清末至民国那种严重土地兼并实际上也非普遍现象[5]。至于自明代以来不断发展中的中国农村经济所形成的土地所有制度，著名经济史学家李文治则将之概括为“农民所有制”[6]。由于学者们更注重用实际经验材料重现和观察中国土地制度，由此各地丰富而具体的经验史料被研究者大量地开发和利用，于是一些学者在区域研究中发现，中国地域广阔，各地区经济社会发展水平不一致，实际土地占有情形差异很大，一些地区甚至不存在地主土地占有制度。如秦晖、金雁在对中国古代土地制度发展史比较研究后认为：宋元以来地主占有逐渐小农化，大地产与无地农民均减少，到民国时期租佃关系几乎消失。这与20世纪研究所形成的中国地权形态呈现出“土地兼并”—“两极分化”—“租佃经济”的土地制度模式迥异。接着他们又用民国时期土地档案资料及民间文献，分析了民国时期土地分布状态，得出了“关中无地主”与“关中无租佃”的结论，并构建了著名的“关中模式”[7]。

上述研究或是以国家的大视野探讨中国历朝历代的土地制度，或是以华北、江南、华南为区域研究，而论及中国西南地区本不多，贵州少数民族地区土地买卖与地权分配则更是鲜有，即使有所触及也是以国家一般状况推论局部地区，如20世纪80年代出版的《侗族简史》就称侗族地区“到中华人民共和国成立前地主经济在农村仍然居于绝对地位”[8]。2007年出版的《苗族通史》中论述道，在封建土地制度下，“封建地主长期兼并农民土地”[9]。清代和民国时期西南一隅尤其是贵州少数民族地区的实际情况是否真是“地主经济在农村仍然居于绝对地位”？土地兼并是否导致土地向少数地主集中？似也值得深入探讨。

贵州少数民族地区不断发掘发现的“清水江文书”中丰富的土地买卖契约又为研究提供了重要资料。已有学者关注到并利用清水江文书研究地权，如目前看到的有朱荫贵利用天柱县部分契约文书对土地买卖及龙泽江、陈洪波与黄敬斌、张海英则是利用归户册对一户或者一村的地权进行探讨评价。他们利用清水江文书可勾画出中国经济史中少数民族地区土地买卖的一幅鲜活图景，同时也为观察中国清朝到民国地权分配提供了少数民族地区的视角。这里笔者沿着上述研究奠定基础上，将研究面扩大到清水江流域更大的空间上，探索历史上的土地买卖及通过土地买卖反映出来的地权分配，并由此带来的土地制度性质。

反映历史上土地买卖情况时，我们从清水江文书中选择恰当的几个地区文书为样本进行统计和分析。在选择土地买卖样本时，我们遵循的是空间的广泛性、社会历史发展的典型性、社会生活的民族性三个原则。

为满足空间的广泛性，分别从清水江流域内北部、中部、南部三个区间的天柱县、锦屏县和黎平县，各选择数个村的土地买卖文书进行统计与分析。所选择的村寨，既分布在清水江主干流上，又涉及北、南两方向的主要支流。由于收集到的三穗县、剑河县文书有限，故这两个地方仅作相关问题的参照分析。

社会历史的典型性，我们选择的村寨都是能够从文献上反映其悠久历史的村寨，他们中不仅能够用遗存的土地买卖契约及相关文书，完整地链接起自顺治朝起，经康熙、雍正、嘉庆、道光、咸丰、同治、光绪、宣统至民国的各时期不间断的历史进程。同时，更是兼顾到其社会发展的典型性及社会生活类型的丰富性。譬如从政治社会发展角度来说，天柱县高酿镇自明代建县时就成为单纯的国家行政区治理的基层组织“里”；锦屏县亮寨乡则是军政与民政、土司并行的社区；黎平县罗里乡则自明代起至清末都是土司治理行政区。并且，作为本研究重点涉及地区：天柱县高酿镇、锦屏亮寨乡、黎平县罗里乡，他们在各自所在县历史上，都有特别突出的历史地位。

为体现出少数民族地区的民族多样性，在各县选择村寨时，都兼顾到侗族村寨与苗族村寨。天柱县高酿镇三个村纯粹以侗族为主体，而翁洞、竹林则是以苗族为主体；锦屏县九寨乡的柳寨是以侗族为主体，而敦寨的九南、亮寨则是以苗族为主体，加池寨与文斗寨则是侗族和苗族兼顾；而黎平县罗里，则是以侗族为主体的地区。

二、清乾隆朝至民国时期的土地买卖

土地买卖中产生的契约文书是地权转移的真实凭据，因此，土地买卖契约是观察中国封建土地所有制最基础的第一手资料之一。地处中国西南一隅的贵州清水江流域少数民族地区，封建经济发展虽然滞后于国家的整体水平，但土地买卖行为仍然蔚为壮观，至今保存着的数十万件明朝中后期到民国时期（主要是清代与民国）的土地买卖契约文书，为我们展示了一幅侗族聚集地区土地自由买卖的生动现实生活。

目前发现清代最早的清水江土地买卖文书有两件，其中一件是天柱县竹林乡顺治七年（1650 年）二月二十日“张引保卖田契”。记载了以三两银（九呈银）的价格将一块单位面积为“六手”的田卖给潘爱溪。文书如下：

立卖田契人张引保，今为家下要钱用度，无从得处，夫妻謪议，请中在内将到自己分上祖业土名二坡脚田一坵，计禾六手，欲行出卖。召（招）到剪刀坡高坡寨潘爱溪处为业，三面议作业价九呈银三两整。其价□□亲领入手用讫，其田任从业主子孙耕种，并无包复别人寸土在内，再无房门异论，卖契为据。

亲房屋头张银保、张陀宝　共吃艮一分

卖田契人 张引保（押）凭中 刘孙宝（押）

顺治七年庚寅岁 二月二十日立[10]

除买卖田契外，天柱县坌处乡抱塘村发现的一件顺治十六年（1659年）的推收单，也涉及田地买卖信息。推收单记录了覃礼江从黄学珊等处购进冲田一丘，顺治十七年（1660年）三月二日，张付舟同家人以19两银子将一块田出卖给覃德口[11]。

在今天遗存的清水江土地买卖契约文书中，顺治、康熙、雍正三朝时期文书虽然不多，但它们与不断出现的乾隆时期及以后的买卖田地契约一起，反映出了清代到民国时期数百年土地买卖与变化的历史。笔者主要据《天柱文书》《清水江文书》，从时间段、每一时间段内田地买卖频次进行统计，各时间段的田地买卖情况如表1所示。

表1　天柱、锦屏各时期买卖田土（园塘）频次

时间段	顺治	康熙	雍正	乾隆	嘉庆	道光	咸丰	同治	光绪	宣统	民国	合计
天柱	2	13	1	38	32	195	70	214	589	105	2466	3725
锦屏		1	1	120	117	208	66	114	484	70	711	1892

注：表内锦屏文书数量，除《清水江文书》外，还加入了《贵州清水江文书·锦屏卷》内收集的平鳌寨田契。

表1仅是《天柱文书》和《清水江文书》收集到的2万件各类契约中的田地买卖契约，其中还有数千次的山场林地没有统计进来。考虑到已收入到档案馆内的20余万件契约，不难想象清水江流域自乾隆朝以来，土地买卖频繁的景象。

土地买卖中有多少地权发生转移，是判断地权分配态势的重要依据。表2和表3是天柱县、锦屏县和黎平县部分村寨农户清代和民国各时期田地买卖契约文书内出售（或者买入）田亩数量的统计①。

表 2　清水江流域清代各时期土地买卖相关分析数据制作成简表

年期	田地单位面积			卖主	买主
	天柱	锦屏	黎平		
顺治	17 边、10 手	——	大塘一口	2	1
康熙	1 涧、115 边	5 丘、4 斗	——	19	13
乾隆	507 边、14 手、4 运	3 把、5 手	228 把、14 石、1 杯 1 碗 半沟	42	24
嘉庆	268 边、22 箩	67 石、2 把	8 丘	29	26
道光	469 边、1 运、70 箩、4 挑、5 斗	26 石、180 边	87 把、67 石、3 手	104	82
咸丰	64 边、50 运、1 石	27.5 石、109 边、2 把	43 石、2 禾、2 把	59	52
同治	2139 边、24 运、107 箩、60 挑、2 石	115 石、1540 边、2 把	217 石、150.5 把、42 担、1 挑	151	107
光绪	4038 边、103 运、29 箩、4 挑、48 石	708.5 石、227 边、16 把	416 石、332.5 把、3 担、6.5 挑	492	254
宣统	546 边、66 运、39 箩	187 石、5 斗、280 边	61 石、3 担、3.5 把	79	51

① 本文利用基本史料，主要取材于上述清水江文书中的田地买卖契约文书，对其内的土地买卖及相关信息数据进行了统计。统计数据成为分析清水江流域乾隆到民国历时200余年的土地买卖与地权分配的基本史料。本项研究直接用作数据统计的文书汇编主要有：1.《天柱文书》中第4册至第15册内文书约2000余件，涉及天柱县翁洞镇、竹林乡、高酿镇九个行政大村，2.《清水江文书》中的第一辑第1册至第6册、第二辑第1册至第2册、第三辑第7册至第10册内契约文书2000余件，涉及锦屏县河口乡的加池村、文斗村和平略镇的平鳌村。3.《贵州清水江流域明清土司契约文书——九南篇》和《亮寨篇》内契约文书1000余件，涉及锦屏县敦寨镇的九南村、亮司村、色界村、龙池村。4. 黎平契约文书，皆来自黎平县档案馆编辑的《贵州清水江文书·黎平卷》第一辑（未刊稿）第1册至第4册、第7册至第9册内文书2000余件，涉及黎平县罗里乡的苗丢寨、罗里村、八卦村和漳溪村。6. 三穗县文书，皆来自于三穗县档案馆编《贵州清水江文书·三穗卷》第一辑（未刊稿）第一本、第二本，共700余件，主要涉及八弓镇高田、秧寨两个村和滚马乡的上德明村。龙泽江收集编辑的锦屏县九寨乡柳寨村《柳寨文书》330余件。

表 3 清水江流域民国时期土地买卖相关分析数据制作成简表

年期	田地单位面积			卖主	买主
	天柱	锦屏	黎平		
1911—1920 年	153 箩、161 运、1 担、4417 边、50 挑	420.5 石、5 斗	488 石、115.5 把、5 手	513	362
1921—1930 年	262 箩、339 运、954 边	604.5 石、三运	485.5 石、50 把	240	137
1931—1940 年	587 运、240 箩、139 挑	463 石、158 运	701.9 石、35 把	299	207
1941—1949 年	384 运、182 箩、189 边	247 石、5 斗	629 石、34.5 把	285	141

表 2 与表 3 内田地面积的计量，大都是清朝与民国时期清水江流域侗苗民族常用的传统计量单位。如果将其田地面积折算成田亩单位①，各村寨田地买卖造成的地权转移田亩面积分别是：天柱县清代共有 301 亩，民国时期共有 315 亩；锦屏县清代共有 247 亩，民国时期共有 308 亩；黎平县清代共有 304 亩，民国时期共有 448 亩。需要特别说明的是，上述列表所列出的清朝及民国时期水田面积依据的是 2346 件水田买卖契约做出的统计，另有 600 件土（旱田）买卖契约内没有写出所出售土地的明确面积，因此上述三县清朝与民国时期 2346 件水田买卖文书内面积总和 1923 亩，并不是这一时期的该村寨内买卖水田的完整数据。理论上讲，被统计的 2346 件样本只占全部田、土（旱地）买卖契约 2964 件中的 70%，那么三个县样本统计村寨的地权转移的总数应当是 2751.43 亩。而从推论来讲，更接近真实的数字应当是 2751.43 亩的 3 倍，即 8254.29 亩②。

---

① 边：按清水江流域侗、苗民族地区传统习俗，计量水田面积分别是：36 边折合为 1 亩。石：中田 6 石合 1 亩。箩：10~13 箩为 1 亩。运：按上、中、下三等田综合，6 运~9 运为 1 亩。把，12~13 把为 1 亩。

② 本表中的田地面积 1923 亩样本数据肯定不能代表这些村寨完全真实的土地买卖数量。因为现在收集到的土地买卖契约不是当地的全部土地买卖契约。据天柱县、黎平县档案馆的同志的经验，他们在收集县境内清水江流域各种类型契约文书时，在每一村寨所收集到的文书，大概只是当地居民收藏文书总量的 1/3，据此经验判断推论，那么本研究作为样本数据统计出的 2751.43 亩数字还得乘上 3 倍，才是该地较为真实完全的数字，那么，大约是 8254.29 亩。

三、土地买卖导致的地权转移态势

土地买卖就是土地流失；流失土地的农户是否因此而陷入贫困？换句话说，流失的土地怎样改变着社会的地权分配？这里先从出售土地农户失去田亩面积观察地权转移状态。

我们先设定一个影响农户基本生活的失地面积为基数，这里维持一户人家基本生活所需田亩应为5.5亩田①。若以此为标准，如果一户人家出售田地在1.2亩以上，他们所出售的田产则有可能影响其正常的生活水平。从表2和表3内2346件田地买卖契约文书的统计，失地情况是509户农户失去自家田亩在1.2亩及以上，占全部农户的21.4%。发生的这种情形一方面表明，509户农户失去的土地有可能影响到一家人的基本生活，另一方面近1/5的人失去了土地也表明，这里的土地买卖已呈现了土地向少数人集中的特点，透出了土地兼并的风向。

综合以上现象并将其回归到300年的时间长河内观察，清水江流域在土地买卖过程中失地农户上述特征所显示出来的土地兼并风向是：有持续不断的土地买卖，有较多的农户失去了土地。

从另一种视角看，某些农户不断购置积累土地而成为地主，是否导致地权向少数人集中的倾向？购进土地农户的动向最为关键，有两个视角提供的信息可以为我们观察购进土地农户的动向。一是在整个土地转移过程中大量购进田地的农户有多少；二是这些农户所各自购进的田地面积有多少，占整个流失田地面积的比重有多大。第一个视角可以判断是否推动起本地的土地兼并，第二个视角可以判断是否构成一个地主土地占有制度。

我们先设定一个所谓大量购进田地的“大量”基数。清水江流域土地买卖中，单次买卖的田亩面积往往都很小，从表2和表3内2346件水田买卖契约可以测算出，单次平均面积不到0.5亩。那么，至少要5次及以上的买

---

① 在中国经济发达的江南地区，传统社会中维持一户农户基本生活所需田亩，据记载，“江南人多地狭，地不足于耕。如江南农民的耕地面积，一般不过五亩乃至十亩，而每一亩须养活二人，（清 顾炎武：《天下郡国利病书》，卷二十一《江南九 苏松 松江府》。）”又据张履祥：《补农书·策邬氏生业》：“瘠田十亩，自耕尽可足一家之食。”清水江流域侗、苗民族一般户均6人左右，户均5.5亩，与顾炎武所言江南“一般不过五亩乃至十亩，而每一亩须养活二人”水平大致相当。

进田土，才有可能积累起较大面积的田产。依据我们从 2346 件水田买卖契约统计出来有 5 次及以上买进田地农户，他们占有田亩分户情况从几个方面反映出土地买卖对土地集中的影响。首先，从土地买卖的频次看，天柱县侗族聚居的高酿三个村 1158 件各时期的文书统计，进入本表统计 5 次（件）及以上购进田地者有 43 户，共有 447 次购进田地。对苗族聚居的翁洞镇和竹林乡 6 个村寨 449 件各个时期契约的统计，购进田地在 5 次及以上者有 28 户，共有 239 次购进，户均 10.1 次。锦屏县九寨乡柳寨村 195 次田地买卖中，购置 5 次以上农户只有 9 户，却占有了 140 次；而在苗族聚居的九南与亮寨 248 次，购置 5 次以上农户只有 13 户，进行了 106 次购进田地，户均 15.6 次。黎平县罗里乡的三个村皆是侗族聚居地。700 次田地买卖中，购置 5 次以上农户只有 28 户，有 290 次购进。少数人多次购进田地，户均 10.2 次。各地户均买进田地 10 次以上，显示出土地向少数人手中集中的风向。其次，15 亩以上农户占比很少。从出售田地亩数上观察，三县各村土地买卖的田地面积流向如表 4 所示。虽然三县各村情况不平衡，但仍然反映出大多数农户所购置田地都在 6 亩以下与 6~13 亩。有可能形成大地主趋向的 15 亩以上农户占比不大。

表 4　天柱、锦屏、黎平三县各村土地买卖的田地面积流向

区域		天柱				锦屏				黎平			
面积		6 亩以下	6~13 亩	13~15 亩	15 亩以上	6 亩以下	6~13 亩	13~15 亩	15 亩以上	6 亩以下	6~13 亩	13~15 亩	15 亩以上
户数	侗族	17	18	5	3	2	5	0	2	10	10	3	3
	苗族	20	5	2	1	5	2	1	5				
占户比%	侗族	45.7	42	11.6	0.7	22.2	55.6	0	22.2	38.5	38.5	11.5	11.5
	苗族	71.4	17.8	0.72	0.36	38.46	15.38	0.77	38.46				

各农户不断地购置田产行为，可以观察到他们一生中累进财产的途径，也是测算他们一生所购置田地山林总量的素材，同时也是判断他们是否可能由普通农户演变成地主的依据。尽管上述农户中 15 亩以上农户占比很少，但可谓是在土地买卖中通过购置而积累起较多田地的农户中的佼佼者，大概也是少数民族地区众多农户毕生土地积累史的化身，具体积累的生动过程将

在第五节中讨论。

综合上述农户占有田亩分户，以及占有田亩所体现出来的田地面积流向，表明尽管每一个人一生都有多次购进土地行为，但土地分配却呈现分散状态，通过土地买卖购进较大土地数量的农户为数极少。

惯常人们都是从特定时间和特定范围内土地总量与占有土地农户数间不同比例，来判断该范围内的地权形态——土地兼并及地权分配结构。从天柱县3个乡镇的9个行政村田地买卖契约可以看到，参与购置田地的农户，在清代有261户，民国时期有459户；锦屏县2个乡3个行政村田地买卖契约可以看到，在清代购置田地的农户有158户，民国时期有155户；黎平县罗里乡3个行政村田地买卖契约可以看到，购置田地的农户清代有184户，民国有295户。分析他们一生中通过土地市场所买进田地量，分析土地买卖带来的地权转移促成的土地分户格局，一幅土地兼并集中与地权分配的态势便清晰地展现出来了，由此对所形成的地权结构作出判断。

我们以一户中农户所拥有的田产量作为衡量1户农户一生购置田地的分水线，观察农户在土地买卖过程中是否超越1户中农所拥有的田地量，并通过土地买卖市场促成的田地分户格局，展现土地转移过程中土地兼并和集中的态势。在清水江流域，一般中农户田地拥有量大致在户均6~8亩。表5所列田地分户各项，就是根据天柱县、锦屏县和黎平县2346件田地买卖文书所统计出的清代农户购置田亩量的分户情况。

表5 乾隆至宣统间土地买卖分户及地权分配形态

单位：亩/户

县份	比例	总量	6亩以下	6~13亩	13~15亩	15亩以上
天柱县	购田亩户数	261	250	6	2	2
	占总户数（%）	100	95.8	2.3	0.76	0.76
	占总田亩	301	197.8	45.5	27.4	30.3
	占总田亩（%）	100	65.7	15.1	0.91	10.1
锦屏县	购田亩户数	148	138	7	1	2
	占总户数（%）	100	93.2	4.7	0.6	1.35
	占总田亩	247	112	70	17	58
	占总田亩（%）	100	45.3	28.3	0.62	23.4

（续表）

县份	比例	总量	6亩以下	6~13亩	13~15亩	15亩以上
黎平县	购田亩户数	184	177	6	0	1
	占总户数（%）	100	96.1	3.26	0	0.54
	占总田亩	304.7	111.1	61.4	0	132.2
	占总田亩（%）	100	36.5	20.1	0	43.4

据上分户表反映出的清水江流域田地买卖，至少从三个方面反映出清水江流域土地分配态势。第一，虽然各县的情况不一，但总情形是清代五朝购进土地农户中，93%的农户在6亩以下，说明在土地买卖过程中，大多数人一生中所购置田地面积都不大。具体地讲，通过土地买卖而超越中农水准的农户不多。第二，土地买卖却呈现一个明显趋势，即土地向少数人集中的倾向异常突出。从分户情形看到，不到5%的农户，却购进了土地市场50%以上的田亩，似乎显示出土地买卖形成向少数人集中的兼并趋势。第三，尽管有村寨不到5%的农户却购进了50%以上的田亩，但通过买卖而积累起“大量”田地的农户又极少。从分户表可以看到，虽然有8户的土地超过了当地富农所拥有的13亩以上，但其绝对量都不大，其中只有1户在100亩以上，其余皆在20亩以下。第四，清水江流域各地的土地集中情况差异较大，如侗族聚居的黎平县罗里乡，184户农户购置了田地，但其中1户就占有了整个买卖田地量的43.4%，从而成了大地主。而同样在侗族为主的地区的天柱县高酿镇，却只有10%。如果与侗族聚居区比较，锦屏县苗族聚居的亮寨村及九南村土地集中程度则又不及侗族聚居地区程度高①。

民国时期清水江流域田地买卖形成的田地分户情况，及呈现出的土地集中倾向，同样可以通过上述统计方式进行观察。表6是民国时期土地买卖形成的田地分户和地权分配形态。

① 在明清时期，现锦屏县是黎平府属地，在雍正朝曾分析置县，至道光时则又废县为乡，直到1914年又恢复成县。

表 6　民国时期土地买卖分户形成的地权分配形态

单位：亩/户

县份	比例	总量	6 亩以下	6~13 亩	13~15 亩	15 亩以上
天柱县	购田户数	459	445	11	2	1
	占总户数（%）	100	97	2.4	0.4	0.2
	占田亩数	315	187.8	79.3	26.3	21.6
	占总田亩（%）	100	60	25	8.2	6.8
锦屏县	购田户数	155	150	2	0	3
	占总户数（%）	100	97	1.1	0	1.9
	占总田亩	308	216.1	15.9	0	76
	占总田亩（%）	100	70	5.1	0	24.7
黎平县	购田亩户数	295	288	3	2	2
	占总户数（%）	100	97.6	1.06	0.67	0.67
	占田总亩	448	240	24.3	29.2	149.5
	占总田亩（%）	100	54	5.4	6.5	33.3

将民国时期分户数据统计与清代分户数据统计比较，整体上看两者各方面的情形与呈现出的土地集中趋势大致一样。一样的大都没有超越过中农的水准；一样的有明显的土地向少数人集中倾向；一样的个别人积累起较多的田地；也一样的有占较大份额的买主，但所购进田地的绝对数量并不大；一样的地区间差距也呈相同情况，只是在苗族聚居的锦屏，土地集中的倾向反而还较清代松散。似乎清代自乾隆以来二百年间田地买卖的运行水准，一如既往地在民国四十年间进行而没有多大的变化。

四、清水江模式：民族地区的土地分配制度

自清代至民国时期，清水江流域有农户通过土地买卖积累田产而形成比一般农户占有较多土地的地主。但是，这些由土地买卖积累了较多土地的地主是否构成了一个地主土地所有制，这就要从土地买卖过程显示的地权结构特征与地权转移的过程特征两方面，即地权结构的“清水江模式”来观察

分析。

据1951年天柱、锦屏、黎平三县土改档案，民国时期富农和地主的土地量一般在户均15亩以上，如果以15亩为基准，那么，前述三县清代和民国时期田地买卖过程中形成的田亩分户，以及呈现出来的土地集中倾向，实际上构成了这里地权分配的一般结构样态。据三县2346件水田买卖契约所体现出来的地权结构如表7所示。

表7 清水江流域土地分配形成的地权结构比较表

时期	地树结构	天柱		锦屏		黎平	
		户比（%）	占田比（%）	户比（%）	占田比（%）	户比（%）	占田比（%）
清代	中农及以下	95.8	65.7	93.2	45.3	96.1	36.5
	中农、富裕中农	2.3	15.1	4.7	28.3	3.6	20.1
	富农、地主	1.54	11	1.95	24.02	0.54	43.3
民国	中农及以下	95.4	60	97	70	97.6	54
	中农、富裕中农	2.4	25	1.1	5.1	1.06	5.4
	富农、地主	0.5	15	1.9	24.7	1.34	39.6

表7说明，在土地市场上反映出来的地权分配结构是：第一，占有绝对多数的中农身份及以下的农户，占有了土地市场上50%以上的土地，且民国时期大于清代。第二，中农和富裕中农所占的田地与富农与地主户均比例的差异并不悬殊。第三，极少数人通过土地买卖集中了较大份额的田产。

但是，表7一个异常醒目的现象是，与土改时期土地占有的"常态"状况比较，通过土地市场造成的田地分配上的巨大差异，超过了常态下土地分配差异，所谓常态，即1950年时三县地权分配的状态。土地市场上的土地集中比例大于生活中常态的比例，可以从民国时期的一些情况比较中得到印证，以这里涉及的天柱县侗族聚居的三个村为例。据天柱县土地改革档案，1951年甘洞、地良两村农户共有449户，有土地17270挑，其中地主身份17户（缺少攸洞资料），占全户数的3.78%，有土地2285挑，占全部土地的13.2%[12]。民国时期甘洞与地良二村3.78%的地主占全部土地的13.2%，而通过土地市场，只有户数0.5%的农户却占有了15%的田地。显然，与土改时期的情况相比较，土地市场上的土地集中比例，大于生活中常态的比例。因此，清水江流域土地市场对地权分配的影响是：在土地市场上，农户并非因此失去自己基本生活所必需的土地，这从第二节的情况可以看到。但通过土地市场，极少数人积累了大量的土地，这也是在第三节中看到的事实。可见，土地买卖并不是造成贫困的原因，也不是造成富裕农户（地主）的绝对方式，但土地市场却是促成极富农户的一种手段，这无疑是清水江流域地权结构的一个显著特征。

同样，土地买卖过程同时也反映出清水江流域地权结构的第二个特征：地权呈分散状态。表7显示，天柱县清代与民国自耕农占有的土地份额分别是80.8%与80.5%，锦屏县分别是73.6%与75.1%，黎平县分别是56.6%与59.4%。可见，即使在相对易于促成土地集中的土地市场上，自耕农所占有的土地份额都超过了56%。这无不表明，虽然极少数人占有大量土地，却没有改变大多数土地仍然由人口众多的自耕农占有的土地分配格局，这一格局在两项对清水江流域地权分配研究中也能看到。据龙泽江、陈洪波对天柱县侗族聚居村寨的研究分析，若以户计算，土地基尼系数为0.416，以人计算其土地基尼系数则约为0.31[13]；另据黄敬斌、张海英的研究分析，“田主”（指占有田地者——引者注）的基尼系数约为0.48[14]。两项研究实际上呈现出一个基尼系数的最大值与最小值，所反映出来的态势与这里统计情势比较大体一致。

土地买卖市场上形成的地权分配结构也与民国时期实际土地占有的常态相吻合。据1950年天柱第一任人民政府县长报告，1950年时整个县地主“占有田地产量313082挑，占有田土产量的28.66%。”“贫雇农占有土地15.39%”[14]，此统计揭示了土地占有的两个极端，即贫农与地主共计占有土地的44%，而56%的土地则是小土地者所有；又据上引1952年11月6日黎平县县委书记“土地改革总结报告”统计数据折算，地主占有田土产量的25.75%，贫雇农占有土地19.57%，54.68%的土地则是小土地者所有。可见小土地者占有土地总量造成地权呈分散状态。又据天柱县人民政府1952年对全县168个行政村土地改革前土地分配情况的统计，占人口6%的地主拥有土地28%，占人口36%的中农拥有土地42%[15]。在锦屏县，据1951年土地改革资料，柳寨村所在的九寨乡第2行政村，全村占人口1.4%的地主占有土地8%[16]，而占人口47%的中农（含富裕中农）占全部土地的61%[17]。又据锦屏县1952年第一期土改统计资料，地主占全部人口的9.67%，占有产量的20.88%[18]。小土地者占有土地总量造成地权呈分散状态，决定了这里的土地分配难以形成制度性的地主经济。

土地买卖过程同时也反映出清水江流域地权分配的第三个特征：除异常显著的少数人占有相当大的土地外，大多数地主土地绝对占有量相当有限。黎平县罗里村民国时期田地买卖总量是448亩，杨希明在民国二十年代独自1人买进了田120亩（另有土12.2亩），占了全部市场的26.7%，但类似地主的人数却异常少。反映在土地买卖市场中的这一特征，同样也与实际生活中的常态大体相符合。如在天柱县高酿镇三个村，最大的两户中1户占有74亩土、1户51亩①。比照1951年土地改革时划定成分的结果，高酿镇甘洞、地良两村17户地主中，最大一户占有田亩510挑（85亩），是当时最大的地主，稍次一户有375挑（62.5亩）[19]；1951年土地改革柳寨村所在的锦屏县九寨乡的魁胆、孟寨、凸寨等村，却只有两户地主，其中一户是破落地主，两户地主分别占有土地21亩和11亩[20]；亮寨村、九南村所在的敦寨乡，全镇地主有126户，人均粮食只有2480斤。九南村所在的第8村只有地主2户，人均粮食2227斤[21]，这类村寨不谓没有大地主，可谓无地主了。地主户均占有的如此土地量，不仅是上述村寨普遍现象，也是清水江流域少数民族地区的一个普遍现象。表明这里不存在大地主阶级的土地占有制度。

不存在大地主阶级土地占有制度的地权结构，在民国时期的统计更能体现出来。1951年新成立的贵州省人民政府在清水江流域的镇远专区与都匀专区，进行了全面消灭地主剥削阶级伟大的土地改革。镇远专区的天柱县、锦屏县，都匀专区所属黎平县，都对本县区域内民国时期土地分配情况进行了全面的调查。表8是据上述三县档案馆收藏的土地改革调查资料，对民国时期的土地分配样态制作成。

① 从天柱县高酿镇胡启明归户册看到，民国三十年代土地营业管理执照统计，共51亩。（“胡启明归户册”，天柱县档案馆藏《天柱文书》档案号：GT-003-091/GT-003-9/T-003-99、GT-003-105）

表 8　1951 年土地改革前天柱县、锦屏县、黎平县、三穗县、台江县地权结构表

	三穗		天柱		锦屏		黎平		台江	
	人口（%）	田地（%）	人口（%）	田地（%）	人口（%）	田地（%）	人口（%）	田地（%）	人口（%）	田地（%）
地主	6.21	27.88	6.4	28.7	7.765	23.83	4.36	25.1	5.46	17.12
中农	29.35	37.03	37.29	44.5	35.55	46.32	31.75	29.4	36.85	52.6

资料来源：《三穗县志》，民族出版社 1994 年版，第 274 页；《天柱县志》，1993 年版，第 350 页；天柱县土改资料“县委关于土改前后各阶层占有的田土统计比较表”，1952 年全宗 1 号案卷顺序 42；锦屏县土改资料《土地改革情况统计表》，1952 年 6 月中共锦屏县委办公室印制，档案号 05001（锦屏县的土地单纯的田地，其他县是耕地）；《黎平县志》，贵州人民出版社 1992 年版，第 197 页；《台江县志》贵州人民出版社 1994 年版，第 343 页。

就表 8 内占田比例看，中农占田比最少的是黎平县的 29.4%，最多的是台江县，占全部土地的 52.6%，而整体上中农占有田地 41.95%以上，表明清不江流域是一个中农社会。

如果与本省比较，据 1951 年的土地改革统计，民国时期贵州土地占有分配情况是：占全省人口 6.43%的地主拥有全省土地的 37%，占人口 4.28%的富农拥有全省土地的 11.08%，占人口 29.8%的中农拥有全省土地的 30.06%，占人口 35.93%的贫农只拥有全省土地的 9.25%[23]。而在清水江流域，显然上述村寨无论是地主身份者，还是地主所占全部土地面积比例，都远远低于全省。若与省外比较，民国时期经济学家针对贵州与中国其他省农民土地占有情况时说：“但具农民阶级之划分，复不若他各省之畸轻畸重显著。”[24] 指出整体上贵州农村土地分化不及其他各省严重。于是形成这样一种层级关系，土地集中上贵州不及全国平均水平，清水江流域侗苗民族地区又不及贵州平均水平。由此可见，清水江流域侗苗民族地区地权分配状态显然不足以在本地构成一个地主土地占有制。

综合上述各章分析，天柱县、锦屏县和黎平县清到民国年间土地买卖与地权分配的历史进程，显示出较强的地权分配的地域特征：

第一，从土地买卖的频次看，仅九个村局部的买卖契约就显示发生了 2097 次地权转让，至少有 1098 人出卖了自己的土地；如果从高酿三个村情况看，乾隆到民国三十八年（1949年）的169年间就发生了1747次田土地权转让。可谓土地转移异常活跃，且土地兼并现象清朝时期强于民国。

第二，在土地市场上，土地买卖过程特征又显示出：一是加入土地交易的双方人数多，但大多数交易一次出售田土面积并不大，因而无论从土地转移过程中农户流失田地面积，还是一户农户毕生购置土地总量，都可以发现没有形成一个由占有大部分土地的农户组成的地主阶层，表明这里虽然有土地兼并现象，然而却没有形成土地集中的结果，也没有形成一个大地主阶层，自耕农占有田地占据了农户中的大多数。

第三，特别要指出的是，将表8内常态下地主占有田地百分比，与表7田地买卖状态下形成的地主占有田地的百分比两者进行比较，常态下地主占有田地百分比远远低于田地买卖过程中形成的状态，亦即通过土地买卖形成的土地集中倾向高于常态下土地集中的现实。造成这种土地分配的奇怪现象的症结在哪里？唯一的解释是大地主阶层的不稳定性，换句话说，在于这里有土地兼并之风向，却没有形成大地主土地占有制度。这样，清水江流域清代至民国间的土地买卖呈现出一个相同的模式：有活跃的土地买卖；通过土地买卖使土地有向少数人集中的倾向；但整体上占有较大土地份额的地主却不多，即通过土地买卖市场，能培育出一个中农与富农间的阶层，却很难产生占有较多土地的地主阶层。

这样，清水江流域清代至民国间的土地买卖呈现出一个相同的模式：有活跃的土地买卖；通过土地买卖有土地向少数人集中的倾向；但整体上占有较大土地份额的地主却不多，即通过土地买卖市场，能培育出一个中农与富农间的阶层，却很难产生占有较多土地的地主阶层。这种由土地转移及由此形成的地权分配特征，可以称之为“清水江模式”。

五、从农户一生所购进田地限度看清水江模式特征

遗存的清水江田地买卖契约文书中，有许多是一户农户（或一个人）一生进行田地买卖的汇集。这些文书可以计算出该农户一生购进的田亩。如侗族聚居的天柱县攸洞的刘昌儒、甘洞龙耀明、地良龙贵宗三户购置田地都超过了600边（18.75亩田），此外，杨昌球在同治八年（1869年）三月三日一次从龙耀祖等人处购进田面积598边[25]，为契约文书汇编《天柱文书》中仅见的

最大的一次田地买卖；而购进田地最多的是龙贵宗，共有 704 边约 22 亩。民国时期天柱县苗族聚居的翁洞镇杨永兴买进 21. 6 亩，锦屏县九寨乡柳寨村龙民成在晚清时买进 27. 2 亩，敦寨镇九南寨龙运嵩民国时期买进 22 亩，晚清时期敦寨镇亮寨村龙于炳买进 40 亩、龙家茂买进 37 亩，黎平县八卦村胡本元民国时期买进 23 亩，罗里村杨希民晚清至民国时期买进 132 亩。

农户一生买卖的田地也是其一生买进田亩的最大限度，这个最大限度往往成为清水江模式的一个重要内涵。这里依据土地买卖契约，对农户一生买进田亩的最大限度进行历史考查。天柱县翁洞镇蒋景耀（也有契约文书中写作蒋景要）主要生活于民国时期，其间他进行了许多次的田地买卖。从蒋景耀的田地买契看到，民国六年（1917 年）十月四日，他用 19. 9 两银子，买进田一坵，是其积累田产的开始，至民国三十九年（1950 年）九月二十四，用稻谷 16. 88 担石作价，买进田二坵，面积 6 运。在 33 年间共买田地 15 次，田地面积 136 运，三涧和十七坵。按照 15 运田折合 1 亩折算，136 运约合 9. 066 亩；再加难于折算出面积的三涧和十七坵，便是蒋景耀一生所积累田产的终点。

蒋景耀还有一些表明其田产数量的文书，也可作为其一生中积累田产与拥有田产数额的证据。民国三十年田产登记时，其有田 5. 5 亩；民国三十年十二月二十四日蒋景耀“征收田赋收据”登记其田产为税亩 6. 5 亩[26]；民国三十二年 1943 年元月十八日“蒋景耀保结证”，证明其田产是税亩 6. 6 亩[27]，民国三十七年蒋景耀“征收田赋收据”内注明，其有田产 9. 3 税亩。

上述田产登记及税收文书，则从一个侧面反映了蒋景耀田产拥有量的变化痕迹。大致形成了 5. 5 亩、6. 6 亩和 9. 3 亩三个阶段。而最后 9. 3 亩的拥有量，也与其购置田产所得数量大致相当。

同样在苗族聚居的天柱县竹林乡，也能看到与翁洞蒋氏家族相同的家族与家庭农户田地积累的历史进程。

竹林乡高坡村，清至民国时期一直是竹林乡的中心村落。这里的潘氏家族聚集于园冲与长圳寨间的小盆地内，家族各家庭成员的田地分布其间。上引顺治七年（1650 年）的土地买卖契约，就记载着该家族成员在竹林乡的土地买卖历史。该次交易买主一方是潘爱溪。从竹林村潘氏家族遗存的清代以来各种契约文书看到，潘爱溪及其后代在此繁衍生息，逐渐发展壮大结成了一个潘氏家族。同时，以潘爱溪为起点的家族成员也不断地买进田产，故顺治七年（1650 年）的一次土地买卖，可看作是潘爱溪宗祖的潘氏家族土地买卖的历史起点。这里以清末至民国间潘氏家族土地买卖进行分析。潘光槐从 1895 年至 1936 年 15 次买进田地，得水田至少 35 坵。由于其契约中对购进田地单位面积的记录，都只用多少坵来表示，而没有实际的面积单位，因此对于田亩量单位面积统计发生了困难。这里，只能用田产的价格来推测田亩面积。潘光槐一生买田支出的费用，光绪时支出铜钱 116658 文，宣统时支出铜钱 39880 文，民国时支出铜钱 215560 文和大洋 48. 8 元。据相关文书作出的折算，光绪、宣统与民国时期的田地亩价，那么大致购进了 20 亩。

黎平县罗里村一直是古州土司衙门驻地。乌下江两岸平畴百里，田土肥沃，农业生产自然条件良好。土地买卖频繁，与本研究所涉及其他地区比较，这里一次出卖的田地单位面积也较大，典田行为与租佃土地行为明显多于其他地区。我们在遗存的契约文书中看到，一些有身份的农户大都购置土地；从认识土地积累过程及通过积累可能达到单位面积限度看，他们购置土地的历史可能更有代表性。

罗里村杨大恒家现在藏有 300 余件各类契约文书。杨大恒家族自古就居住于罗里村最为富庶的区域之一——高寨，显示其家族的古老与地位。一件乾隆十七年（1752 年）的分家合同，昭示了该家族从杨通菴、如松、停凤叔侄，开始了家族的分化与家族结构的重组。杨绍震从咸丰九年（1859 年）正月初八日用 730 文钱买断聂法昆弟兄景结格茶油林地一块，从此到民国三年（1914 年）持续地买进田产，表 9 是其历年购进田产与经营田地的记录。

表 9　杨绍震购置田产及土地经营年表

	咸丰		同治		光绪		民国	
	次数	面积	次数	面积	次数	面积	次数	面积
田、塘、土			12	12 石 82. 5 把 10 担	17	55 把 24 石	1	
山场林地	1	1 块	2		10			
房屋地基			2	8 居+	4	7 间+		
阴地				2	2			
承典田			4	20 担 5 石	2	20 把		
出佃林地					6			

罗里村杨希明家族，可谓是罗里村的名门望族。罗里村村民主要由所谓“五房”构成。

一件文书记录了五房首人名单：杨荣祖、杨希沛、刘树勲、明昌恩、杨淮德[28]。罗里村五姓共处杂居，应当视为地缘而非血缘结成的社会关系；这里“五房”的房，相当于里甲制度中的“牌”。杨希明兄就是房首之一的杨希沛。杨希明家族居住在罗里村一个被称作“中排”的地方，中排下临乌下江水码头，上靠全村商业中心。杨希明不断在中排购置扩充地产，一件宣统元年（1909年）四月二十三日卖店房地基契约中，称该地基位于“罗里中排码头大路砍下店房二间，价新宝银76.48两”[29]。

杨希明本人第一次购置田产是在光绪十年（1884年）十一月十一日，用钱7580文购买高更寨杨连朝地名邓我的田6坵，面积5石，自此开始了自己的财产积累历史，直到民国十年（1921年）二月十三日用银16.28两，购得杨昌祖家祖遗屋地基二间。在37年间，先后购置的财产有田、土、塘、山场林地、林木、屋基地、阴地。表10是对其一生购置田地财产所作的简要统计。

表10　杨希明光绪到民国时期财富积累简表

	光绪		宣统		民国	
	次数	面积	次数	面积	次数	面积
田、塘、土	44	775石　174.5把	5	48石3把	0	0
山场林地	18		7		1	
房屋地基	2	4间	1	一大块	6	7
阴地	0	0	1	1. 2丈	1	一排
承典田地	2	20担、7石	1	5石		

资料来源：《贵州清水江文书 黎平卷》第四十二卷；黎平县罗里乡罗里村十一组杨文敏家藏文书（二）第四十三卷；黎平县罗里乡罗里村十一组杨文敏家藏文书（三）。

从遗存文书看，杨希明两儿子杨培芳、杨培仁也分别购置田地财产，杨希明家族三代人都在置田买地，但终其一生究竟又能积累多少？主要生活于清光绪年间的杨希民，在37年间竟然有49次买田地，26次买进山场林地，买进田823石、178把，折算成亩约合148亩。148亩田产，可谓是杨希明一生的终极积累。从此后其子孙的买卖契约文书看到，他们主要是买卖林木，更多的是在购置房基地产。

表 11　闵氏家族光绪二十三年到民国三十年历年的土地买卖

	光绪朝		宣统朝		民国	
	次数	面积	次数	面积	次数	面积
闵思廷、思珍	2	6 把 2 间	1	4 石	6	14 石+
闵思廷	4	15 石 5 把	1	8 石	8	26 石 2 把+
闵思珍					13	69 石 3 把
闵臣贤					2	6 石

闵思珍家两代人从清光绪朝到民国三十年至少 70 年间，先后有三次田产的统计（详见表 11）。民国五年时拥有亩量是 20 余亩，民国二十三年（1934 年）拥有田产是 125.5 石①，约合田亩 20 余亩，也是家庭土地饱和状态时的田亩量。闵臣焕从民国三十年（1941 年）起，直到民国三十八年（1949 年），都有每年的“征收粮赋收据”。民国三十年记载缴纳田赋是“征实一石三斗一升七合”，在民国三十年至民国三十一年两年的“征收粮赋收据”中，闵臣焕登记的田产是 11.1 亩。在民国三十一年（1942 年）十月二十三日的征实税是一石三斗一升七合，那么征实一石三斗一升七合的粮额应当是 11.1 亩所纳的田赋。除了民国三十五年与民国三十六年外，基本上都保持在这个额度上。说明闵臣焕在这期间其拥有的田亩在 11.1 亩[30]。

闵氏家族的历史说明，一个家庭历经四代人的努力，通过土地市场积累田产，第二代在民国五年（1916 年）时，家庭有田产 42 余亩，第三代在民国二十三年（1934 年）时，家庭有田产 20 余亩，到民国三十八年（1949 年）第四代闵臣焕家时，只有 11.1 亩；同时也表明，42 余亩田产也是这个家庭四代人中所积累到田地的最高限度②。

以上可谓是利用契约文书素材，对清水江流域自清顺治朝至民国时期购

---

① 民国二十三年（1934 年），作为当地的第二次分家未分财产，所以当时的实际田产量应当是 83 石+42.5 石。

② 1951 年黎平人民政府征收农业税，时闵臣焕子闵启明向人民政府缴纳的是稻谷 782 斤。（黎平县档案馆藏文书：LP-WS-231-197 至 LP-WS-231-201）

置土地农户群像中较为突出农户所作的肖像素描。这些家庭成员都在不懈努力地通过土地市场扩大自己的田土山林；或许他们一生所付出的时间长短不一，采取手段或许不同，并且经历过改朝换代的巨大社会变化，但在积累时间、一生土地累积构成方式、规模、土地资源类型选择、资金筹措、土地经营方式上存在着相当的共同性；他们身上的共性可能就构成了清水江侗族地区土地积累表现出来的特征。

第一，继承与购置是田地积累的路径与演变的主要方式。通过上述契约再现的历史事实，一户农户田产积累的路径与演变过程不外是：首先其父辈的土地量，应是其财富的起点，然后开始自己购进的方式，最后形成自己的最终地产总量。这就使一户农户积累的地产由两个部分构成。其一是继承从父亲分家后获得的田土，其二是自己一生买进的田产。天柱县翁洞蒋景耀个人田产，最先来自家庭分家时，从父亲蒋永化那里得到田产 3.4 亩左右。这一财产继承形式直到民国时期，蒋景耀通过分家得到不多的田产，然后过自己不过的努力，最后达到了 9.066 亩。黎平县罗里村杨绍震家祖父辈时有 10 余亩田，这 10 余亩中的部分，通过其父亲转移（继承）到了杨绍震手中，成为杨绍震个人田产的第一部分。此后他不断地购进田地，最后扩展到田产 30 亩。罗里村的另一户闵思珍，在民国五年（1916 年）分家时自己得到了田面积 118 石，成为自己个人田产，之后买进田地，在民国二十三年田产增加到了 125.5 石。闵思珍子闵臣焕，在民国二十三年分家时，得到田产 27 石和 2 把，之后不断买进田地，到民国三十一年（1942 年）时，已增至 11.1 亩。由继承与在土地市场上购进田地，最后完成一生的田产总量，几乎成为这里农户积累田产的基本形态。

这种土地积累的常态，不利于大土地所有者的形成。由于农户田产构成是从继承开始，而每一次分户后，新户所能得到的田地不过三四亩左右，在起点基数过低的情况下，从上述各农户各时期买田史看，即使后来努力买进田产，穷尽一生所购进田产可能是起点的 3 倍或者 4 培，甚至 10 倍，也只积累起 10 亩，最多 40 亩的限度。

第二，田地购买年时间漫长，可以说，田地买卖过程终其生产生活的一生。所谓购买年时间，是指一农户一生中，从第一次到最后一次购进田地的时间。翁洞蒋景耀从民国六年（1917 年）十月四日开始，至民国三十九年（1950 年）九月二十四日最后一次买进田产，历时 33 年，积累田地 9.066

亩。竹林农户潘光槐购买年从1895年至1936年15次买进田地，得水田至少35坵。杨绍震通过54年的经营积累，最后扩展到田产30亩。杨希明第一次购置田产是在光绪十年（1884年），直到民国十年（1921年）共37年间，买进148亩田产。闵思珍从光绪二十三年（1897年）起到民国二十三年（1934年）共37年，买进20余亩；天柱县攸洞村刘文举刘昌儒父子，是从清道光到民国时期购进田地的大户。刘文举用了50年时间进行了16次购置行为，终积累田产407边；刘昌儒则费时42年独立进行了37次购置田地行为，一生购置田亩686边[31]。上述各户购买年时间都在33年至60年。如果从20岁开始独立购置田产，那么买卖田地直至50多岁的晚年，甚至70岁才终止，可谓“涓涓细流”终其一生。每一位购进田产的农户都有较长的购买年时间，一方面有利于土地买卖市场的活跃，另一方面也有利于每一户农户增进更多田产面积。

第三，每次买卖田产量小，制约了大土地所有者的成长。本章所分析的上述各农户，是数千买进田地农户中的大户，从他们一生所积累的田产面积与其买卖频次比较看，蒋景耀一生15次买进田地，最终拥有9.066亩田地，平均每次0.6亩；闵思珍一生13次买进田地，最终拥有约11亩，平均每次0.8亩；杨绍震一生30次买进田地，最终拥有田地约30亩，平均每次1亩；杨希民一生49次买田地，最终拥有田地148亩，平均每次3亩。他们的事例表明，买卖次数多，不一定能积累起相对多的田地，而一次买进较大面积田产，绝对有利于积累起更多的田地。可见，与买卖频次而言，单次购进面积是影响田地积累的关键原因。

这些农户相对说来也是当地有身份的人，一般视为来自“望族”的大户人家。我们知道，清水江流域参与土地买卖更多的还是那些小户，他们一生购进土地的能力肯定不及大户，然而因其人员众多，在清水江流域却更有代表性。小农户一生的购买能力及可能积累的田地，可以观察一下清水江支流邛水河畔的剑河县磻溪乡坪岑村王有谋一生的田地购置情况。王有谋从光绪二十七年（1901年）三月二十九日至民国三十四年（1945年）五月十三日间，在近半个世纪时间内共有13次购置田地，最少一次购进田地面积1担，最多一次是民国三十四年五月十三日，他用洋13万8千元购买锦屏县第九保小归科村杨秀林家田8挑。终王有谋一生的买田史，所置田地面积也不过23.5担又10挑，约合面积5.5亩。本研究的附录记录了近万次的土地买卖，从中不难看出每一次出卖的田地面积都不大，极少有一次超过1亩面积的农户。清水江流域单次出售田地面积狭小，制约了大土地所有者的成长。

清水江流域土地买卖过程中形成的上述特征，对清水江流域土地集中趋势有决定性影响。广大农户不乏增殖土地的强烈渴望，一生都在孜孜不倦地尽可能地买进每一边（箩、运、把）田地，虽然活跃了这里的土地买卖市场，但一个显著的、不可避免的事实是：那些致力于积累田地的农户，都不免买进田地费时天长日久，单次田地买进量面积狭小。因此，即便是有能力的农户，毕其一生努力通过土地买卖市场所能达到的限度，除极少数人外，大多数只能在10~20亩的限度。因此，这里的土地向少数人集中而形成土地所有者的可能性受到了极大的限制。上述土地买卖形成的特征及其对土地集中趋势产生影响的历史过程，就是清水江流域少数民族地区"清水江模式"生动而具体的体现。

清水江模式决定了清水江流域少数民族地区不存在中国封建社会中地主阶级土地所有制。清水江流域土地买卖文书中透露出来的以上诸种历史轨迹说明，就地权分配而言，是一个由自耕农为主构成的乡民社会，这种乡民社会倒与一些经济史学家所谓中国明清以来出现的"农民所有制"极其相似①。清水江流域苗侗聚居地区的地权分配状态，可以说是贵州少数民族地区的典型，它表明20世纪50年代以前少数民族地区土地集中现象并不突出，也不存在显著的地主制经济。

参考文献

[1] 郑庆平，岳琛. 中国近代农业经济概论［M］. 北京：人民出版社，1987：5.

[2] 钱忠好. 中国农村土地制度历史变迁的经济学分析［J］. 江苏社会科学，2000（3）：291—292.

[3] 刘克祥. 20世纪30年代土地阶级分配的整体考查和数量估计［J］. 中国经济史研究，2002（1）：19—35.

---

① 如一些研究认为的那样："明清时期地权分配——农民所有制广泛存在。"见李文治、江太新《中国地主制经济论——封建土地关系发展与变化》中国社会科学出版社2005年，第257页.

［4］方行，经君健，魏金玉主编. 中国经济通史·清代卷（下）［M］. 北京：经济日报社，2000：302.

［5］黄宗智. 华北的小农经济与社会变迁［M］. 北京：中华书局，1986：78—79.

［6］李文治，江太新. 中国地主制经济论——中国土地关系发展与变化［M］. 北京：中国社会科学出版社，2005：256.

［7］秦晖，金雁. 田园诗与狂想曲——关中模式与前近代社会的再认识［M］. 北京：语文出版社，2010：45、48—57.

［8］侗族简史编写组编. 侗族简史［M］. 贵阳：贵州人民出版社，1985：7.

［9］吴荣臻，吴曙光. 苗族通史（四）［M］. 北京：民族出版社，2007：169. 另参见该书第四十一章.

［10］张新民主编. 天柱文书［M］. 南京：江苏人民出版社，2014：第9册，270.

［11］天柱县馆藏，文书号：WS-TZ-53-04

［12］（1）天柱县第5区高酿乡第八村地主阶级政治经济情况统计.（2）天柱县第5区高酿乡第九村地主阶级政治经济情况统计. 天柱县档案馆. 全宗1号. 案卷顺序14号.

［13］龙泽江，陈洪波. 新发现的侗族田赋实征册考释——兼论清代贵州清水江下游的田粮负担与地权分配［J］. 史学月刊，2015（8）：103.

［14］黄敬斌，张海英. 春花鱼鳞册初探［J］. 贵州大学学报：社会科学版，2015（2）：73.

［15］孔换章. 回顾天柱县的土改运动. 载中共天柱县委党史办编. 回顾天柱解放［M］. 天柱县，1989：207.

［16］天柱县六个区十七个乡168个村土改前后各阶层占有土地比较表. 天柱县档案馆. 全宗1号. 案卷顺序42号.

［17］九寨乡第三、四、五村土改前后情况统计表. 锦屏县档案馆. 全宗54号. 案卷183号.

［18］九寨乡第二村土改前后各阶层占有土地山林比较表. 锦屏县档案馆. 全宗54号. 案卷181号.

［19］土地改革情况统计表. 中共锦屏县委办公室印制（1952年6月）.

锦屏县档案馆．档案号 05001

［20］柱县档案馆．全宗 1 号．案卷顺序 14 号．1951 年．

［21］九寨乡第三、四、五村土改前后情况统计表．锦屏县档案馆．全宗 54 号．案卷 183 号．

［22］“锦屏县三区敦寨乡土改前后各阶层占有土地山林比较表 表一”．土地改革统计表·敦寨乡．1952 年 5 月 17 日．第 004 页．中共锦屏县委办公室印制．

［23］贵州省土地改革运动前后各阶层占有土地变化表．黔地新生——解放初期贵州土地改革档案文献选编［M］．黔新出 2011 年一次性内部资准字（省批）第 80 号，85．

［24］张肖梅．贵州经济［M］．成都：中国国民经济研究所，1938．

［25］同治八年三月三日龙耀祖、罗定光卖田契．张新民主编．天柱文书［M］．南京：江苏人民出版社，2014：第一辑．第十册．卷三十五．六〇．

［26］天柱县档案馆藏文书：GT—WCB—073GT—008—207、GT—WCB—092GT—008—217．

［27］天柱县档案馆藏文书：GT—WCB—086 GT—008—135．

［28］黎平县档案馆编．贵州清水江文书·黎平卷．第八册第四十五卷三〇二页．

［29］黎平县档案馆编《贵州清水江文书·黎平卷》［M］．黎平：第八册．四十三卷．一六〇．

［30］黎平县档案馆藏．黎平文书．编号：LP—WS—231—139 至 LP—WS—231—162．

［31］林芊．侗族乡民的财富梦．载张新民主编．探索清水江文书的踪迹［M］．成都：巴蜀书社，2014：100．

民国前期清水江流域田地价格研究①

张　明，安尊华②

摘　要：在中国农村传统社会中，田地买卖是重要的经济活动之一。通过对民国前期（元年至十五年）清水江流域田地价格研究，表明清水江流域田地价格波动的总趋势是缓慢增高的，而田地价格增高是由于自然、社会、政治、灾害、地权等因素的影响，从中可见民国前期清水江流域土地市场具体历史实景之一斑。

关键词：民国前期；清水江文书；清水江流域；田地价格

在中国传统农村社会中，田地买卖是重要的经济活动之一，由此形成的各个时期田地价格是一个比较复杂的问题。民国建立后，仍然延续了部分土地私有制。各地地价，千差万别，无一准绳。民国初年，中央政府财政部曾制定国税、地方税法案，拟由县级地方政府制定本县的财政预算和决算。实际上，县级财政薄弱，无力完成。当时军阀割据，他们凭借实力，肆意征税。税额增加，村民负担加重，不得不将他们手中的生产资料——土地中最重要的田地，出卖以换取必要的周转资金。民国十六年（1927 年）酝酿财政收支系统，民国到十七年（1928 年）正式确立中央、省和县三级财政体

---

① 本文原载《贵州大学学报》（社会科学版）2018 年第 3 期第 59—65 页。

基金项目：国家社科基金一般项目“晚明至民国时期内地侗苗民族地区土地买卖与地权分配研究”（BZS065）；国家社科基金重大项目“清水江文书整理与研究”（11&ZD096）。

② 作者简介：张　明（1970—），男，土家族，贵州印江人，贵州大学历史与民族文化学院副教授，硕士生导师。研究方向：思想史与地方史、清水江学等。

安尊华（1966—），男，苗族，贵州思南人，博士，贵州师范大学历史与政治学院研究员，硕士生导师，贵州大学“清水江学研究中心”兼职研究员。研究方向：中国文化史、历史文献学、清水江学。

系。田赋、契税和营业税、房捐、船捐等由地方政府负责征收。民国年间，贵州田地买卖仍活跃。因此，以民国元年（1912年）至十五（1926年）年作为一个时段来考察清水江流域的平均田地价格很有必要。

本文选择了贵州清水江流域天柱县高酿、瓮洞、柳寨等地和锦屏县的土地契约文书中的卖田契约为研究对象，从中选择能反映面积、成交价全面信息的文书来讨论、分析，寻求田地价格波动的总趋势，分析影响田地价格的诸多因素，进而揭示民国前期清水江流域土地市场的具体历史实景。

一、民国前期清水江流域田地价格的抽样情况

课题组成员在天柱县柳寨（侗族）的文书中找到民国元年（1928年）至民国十五年（1926年）有典型意义的田地买卖契约共43份，其中记载面积和卖价的32件，另外11件只列出卖田数量，不标亩数，比如用收禾多少或其他运、边等计量单位，无法计算单价。作为田地一宗或数宗卖出后，标有卖价，但难于折算，只能作为一种参考。这个问题是整个清水江流域，抑或贵州省境内存在的共同问题，对于土地买卖的研究带来了较大的折算困难。虽然有数以万计的文书，但剔除看不清、标注不明、书写不完整、破损、卖价处或面积处的文字不清楚，甚至缺损等，加上文书储存了六十至五百年不等，各种因素制约了田地面积计算，以致田地价格的统计，只能得出一个近似值，或者说，是一种趋向值。为简便起见，将与田地价格有关的文书样本列表如下：

表1 民国前期天柱县柳寨侗族田地买卖统计①

民国年份	面积	卖价	单价（文/边）	出处②
二年（1913）	435边	银33.48两，82800文	333	262-300
三年（1914）	80边	银68.8两	1204	262

① 民国四年（1915年）前按1两银折合1.4元；民国五年（1916年）起按1两银折合1.5元计算。民国时期贵州省的田地价格变化大致可分为民国元至五年、六至十年、十一至十五年、十六至二十四年、二十五至三十四年、三十五至三十八年等六个时段。结合各种因素，本文把一至十五年作为民国前期。

② 2013年国家社科基金结题成果：《贵州锦屏文书的整理与研究》（未刊稿）（项目批准号：09XZS001）。

（续表）

民国年份	面积	卖价	单价（文/边）	出处②
五年（1916）	120 边+6 石	150.08 两	1265	361、390
七年（1918）	12 边+10 担	137.578 两	1174	263、362、305
九年（1920）	50 边	107.28 两	2992	331、265
十年（1921）	34 边、5 挑、6 担	134768 文、20.08 两	1394	265、364、391、305
十一年（1922）	90 稨、4 担、	银 22.8 两、光洋 24.8 元、钱 61480 文	1208	266、331、392
十二年（1923）	60	23560 文、银 12 两	751	266、267、368
十四年（1925）	3 担、27.5 边	92800 文	1608	308、267
十五年（1926）	140 边	566600 文	3545	333、373

通过对表 1 进行研究，可以分析得出以下两点：

第一，第一阶段（民国元年至五年）田地价格的平均价约为 561 文/边；第二阶段（民国六至十年）田地价格高，平均田地价格约为 1676 文/边（不排除文书释文有误，导致数字不准确，以致出现田地价格的单价过高的情况）；第三阶段（民国十一至十五年）田地价格的平均价约为 1010 文/边，对于前两阶段而言，有所上升。平均价为每亩 1298 文/边。

第二，民国元年至五年的田地价格与后文所列的田地价格基本吻合，民国六至十年的田地价格显得略高：平均价格约为每亩 7.2 两。最高接近每边 3000 文，每亩 18000 文，合每亩银 13 两。民国十一至十五年，平均田地价格逼近每边 2000 文，每亩近 12000 文，合每亩银 6 两。其中最高卖价达到每边 4580 文，每边的价格达到银 2.3 两，合亩价 80 余两。这种高价，原因大致有二，一是独立的一丘水田，地理位置好，属于村民所说的滥田或秧田，十分便于耕种和管理，收成有保障，二是买卖双方没有任何亲戚或近邻关系。文书中说，卖主龙照全“先问亲房，无钱承买，自己问到坪坝村龙荣炳名下承买”。两个村的人，虽同为龙姓，但已非至亲，田的价格畸高亦属于正常。

这里需要说明清水江流域的田地面积的计量单位和银钱比价。清水江地区丈量土地主要以石、挑、箩、运、斗作为计量单位。[1]696 乾隆初年（1736年）天柱县三里的均摊案之后，推行了摊丁入亩制度，把“边”定为税亩的面积单位。当时制定了 1 至 50 边的固定税率。习惯上，将边作为计算清水江土亩的单位。柳寨在民国年间的银钱比价有两种情形，民国九年（1920年）以前主要是清代的制钱和“当十铜元”，民国十年（1921 年）以后因外省铜元流入，铜币价值降低。[2] 民国十年以后，本文统一按银钱比价 1∶2000 换算。

民国时期典卖田地银与钱的折算办法，主要根据文书所载的信息进行整理而得。如民国二年（1913 年）十一月五日蒋永德断卖契云：“杨宗佑得买蒋永德土名亚梭田壹坵，收禾四稨，产价钱三千壹百捌十文，合银贰两叁钱。”（文书编号：GT—SBD—023/GT—002—063）；民国二年十一月八日龙成断卖契记载：“龙道珠得买龙成土名冲坊田一坵，产价钱五千文，合银叁两陆钱。”（文书编号：GT—SBD—024/GT—002—073）。此两份分别为钱 1382 文折算为银 1 两、钱 1388 文折合为银 1 两。为了便于统一折算和比较，结合其他文书，民国一至十年，统一用钱 1400 文折合为银 1 两计算；民国十一至十六年元月一日，按银 1 两合钱 2000 文折算；① 田地价格单位，统一折算成文/边。②

表 2　民国前期天柱县田地买卖统计

民国年份	面积合计	卖价合计	单价（文/边）	备注
元年（1912）	112 边，1 担、6 运	447421 文	1012	
二年（1913）	154 边，2 箩	141520 文	674	
三年（1914）	180 边	54800 文	304	
四年（1915）	48 箩、11 运	2384 文	596	
五年（1916）	18 运、127. 14 边	291160 文	558	
六年（1917）	28. 5 运、11 箩、64. 5 边	406940 文	640	

① 民国一至九年，按 1 两折合 1400 文计算；十至十五年，按 1 两折合 2000 文计算。

② 清水江流域民间常使用的计量单位有把、边、卡、箩、运、石（担）、擔、斗、升、碗、挑、称等，常用边（稨/遍）、石、挑、运表示田的面积。面积折算办法：1 石 = 10. 14 边、1 石 = 10 斗、1 挑 = 6 边、1 运 = 6 边。2015 年 9 月 27 日咨询天柱县瓮洞镇村支书蒋启金，他证实说，一运就是一挑。

（续表）

民国年份	面积合计	卖价合计	单价（文/边）	备注
七年（1918）	53边、34运	170568文	744	
八年（1919）	52边、9运	101540文	933	
九年（1920）	166边、7运	329737文	2291	
十年（1921）	165边、10担、8运	399720文	881	
十一年（1922）	51边、47箩、161运	929758文	513	
十二年（1923）	30运、8边	324160文	1589	
十三年（1924）	9.5石	43260文	451	[3]144-145
十四年（1925）	51.3边、17运	259880文	1301	
十五年（1926）	42运、2担、10边	419720文	1824	
十六年（1927）	34运、143.5石、66边	606490文	351	
十七年（1928）	504.46边	839885文	1665	

资料来源：根据贵州大学中国文化书院藏《天柱文书》复印件整理统计。

由表2可知：

第一阶段（民国元年至五年）田地价格的平均价约为678文/边；第二阶段（民国六至十年）田地价格上升，达到1026文/边；第三阶段（民国十一至十七年）的田地价格约为1099文/边，相对于第二阶段而言，上升幅度很小。十七年的均价为960文/边。

这里基于贵州大学所收藏的清水江流域文书中部分民国时期卖田契而作的抽样，其中有典卖田地，一并纳入田地买卖。87宗田地买卖中，最高一宗卖价为民国十二年（1923年）十月十九日杨昌锦卖田契（GT—WKZ—021/GT—009—065）三百封8880文，含山一幅、园二团，这是卖价高的原因之一。最低一宗为民国五年（1916年）六月初九日吴光才、吴光林兄弟卖田契（GT—PPC—010/GT—019—022）1.8千文。中位数为34.8千文，平均每宗约50千文（50051.2文），折合银每宗田买卖在25至35两。一次买卖达10千文以上的计71宗，超过100千文的有11宗。这些田地买卖中，另有三宗各含柴山一幅、播地二团和园一团，这几宗的卖价皆在20千文以上。田和柴山、园、土（含阴地）合卖可以说是清水江流域土地买卖的一个特征。

单就田而言，面积最大的一宗为 30 运，卖价达钱 120810 文足（折银 60 两）；超过 10 运的有 18 宗，每运 2 千文以上，这些买卖每宗折银 20 两以上。这说明，清水江流域在民国一至十年期间，村民的经济水平并不是很低。田的面积愈大，其单位卖价并不高，或者说，反而偏低。面积小的田，单价往往较高，比如民国七年（1918 年）五月二十日龙清汉卖田契（GT—GDL—051/GT—041—057），收花 4 边，钱 7500 文，单价达到 1875 文/边；民国十五年（1926 年）十一月十五日龙令勤卖田契（GT—GSH—034/GT—024—116），收禾 10 边，卖价 80880 文，单价高达 8018 文/边；民国十一年（1922 年）三月二日蒋昌全立卖田字，收谷 16 运的田卖价钱 32800 文，单价合 168 文/边。单价最低的是民国七年（1918 年）四月二十日蒋昌俅卖田山场契（GT—WHX—030/GT—008—046），收谷 6 运，田卖价钱 7008 文，折合每边 96 文。田的单价高低之差达到 80 倍以上。不可以说田地价格与其面积成某种比例关系。影响田地价格的因素较多且复杂。田地买卖从侧面提示了该流域社会经济发展的状况。

二、民国前期清水江流域田地价格变化趋势

清水江文书中所列的每宗田所卖的价格有时落差较大，这与清水江流域处于河谷地带，水田与旱田区别较大有关。比如民国时期贵州境内紫云县的田地价格，“抗战以前每市亩水田好坏平均价值六十至一百元”，“旱田较低十分之二、三”。开阳县的田地价格，“积习相沿，从不论及土地面积之大小，水田大都以谷挑数目，为给价标准，而谷挑数目，常较产收益数为少”，“田之优劣，不仅以土壤之肥瘠为断，同时兼与水源之枯旺，所在之地势与气候而定其等级。上田每挑约十二元至十五元，中田八元至十元，下田四元至六元。此为通常原则而已，有时地价，每因当地经济之荣枯，人事之情形，亦受影响而已。”[3]170-171 同样，清水江流域田所处的地理位置、气候、水源条件、土壤的肥瘠差别、土质的优劣、当地村民的经济状况、人与人之间的关系、人口的多寡、交通发达与否等因素，综合地影响着田的价格。大体上说，水田地价格高于旱田，山坡的田又低于旱田；同一各类的田中，面积很小、不成片的田地价格则低于较成片、面积稍大（一般大于一亩）的田地。

根据民国年间天柱县攸洞、甘洞、地良水田每边的价格，从民国元年至

十七年，分别为574、830、1450、1023、1889；1310、1874、1752、2311、613；1036、894、1535、1164、2295；[4]180 分别按民国元至五年、六至十年、十一至十五年计算三个平均数为：1153文/边、1572文/边、1385文/边，平均为1370文/边。在这十五年的田地价格中，前五年超过每边一千文，之后上升到每边一千五百文，再下跌到一千三百多文。由于采取按年排列、典型年、个人买进田地价格三个数据综合平均而得，因而田地价格比实际的田地价格高。这与本文选取的地点不同，计算方法不同，产生的结果不同。民国元至五年，天柱县的田地价格平均为678文/边；六至十年田地价格平均值为1026文/边；十一至十五年田地价格平均值为1052文/边，均价为955文/边。相对而言，天柱县在民国六至十五年这十年中，不同地方的田地价格比较接近，大致在每边1000~1400文。

表1和表2所列文书共119份，其中使用银两作为交易介质的有15份，占12.6%，使用光洋（大洋）作为交易介质的2份，占1.7%，使用钱（包括制钱、铜元钱）的102份，占85.7%；根据表1、表2所依据的文书信息，得出民国元至十五年的田地价格年平均数，制成表3。

表3　民国元至十五年天柱县田地平均价格

单位：文/边

年份	元年	二年	三年	四年	五年	六年	七年	八年	九年	十年	十一	十二	十三	十四	十五	平均
田地价格	1012	470	754	648	720	649	852	933	2466	1072	636	1086	451	1378	2293	1028

翻检《清水江文书》第1辑[5] 全部文书，得到民国前期土地买卖共计138份，其中民国元至十五年的共计72份，除去无面积记载、用田抵借钱、字迹不清等外，有面积记载的共49份。这些文书记载的面积，一般写作约谷多少担，有时担写作“石”“旦”，皆相通；另有几份用约谷多少斤和把表示面积。通过折算，得出民国元至五年的平均田地价格374文/边，六至十年平均田地价格为603文/边，十一至十五年平均田地价格为675文/边。这十五年的田地价格有所上升，但相对平稳。又根据《贵州清水江流域明清土司契约文书·亮寨篇》[6] 所载102份民国时期的卖田契，其中民国元至十五年有30份，3份无面积，27份有面积和卖价记载；以及《贵州清水江流域明清土司契约文书·九南篇》[7] 所载民国时期135份民国时期的卖田契，其中民国元至十五年

有15份，1份无面积，14份有面积和卖价记载，共计41份，求得民国元至五年的平均田地价格为138文/边，六至十年为184文/边，十一至十五年285文/边。这个值偏低，可能与该地域的经济环境有关系。综合制成表4。

表4　民国元至十五年锦屏平均田地价格

单位：文/边

年份	一	二	三	四	五	六	七	八	九	十	十一	十二	十三	十四	十五	平均
田地价格	188	302	208	326	220	363	279	193	620	355	294	732	633	452	607	385

综合表3和表4，我们大致得出清水江流域在民国元至十五年之间的历年田地价格，如表5所示。

表5　民国元至十五年清水江流域平均田地价格

单位：文/边

年份	一	二	三	四	五	六	七	八	九	十	十一	十二	十三	十四	十五	平均
田地价格	600	386	481	487	470	506	566	563	1543	714	465	909	542	915	1450	706

表5基本反映了民国元至十五年清水江流域的田地价格变化情况。由此，根据表3、表4、表5制成历年平均田地价格变化图，如下所示：

民国前期清水江流域平均田价图

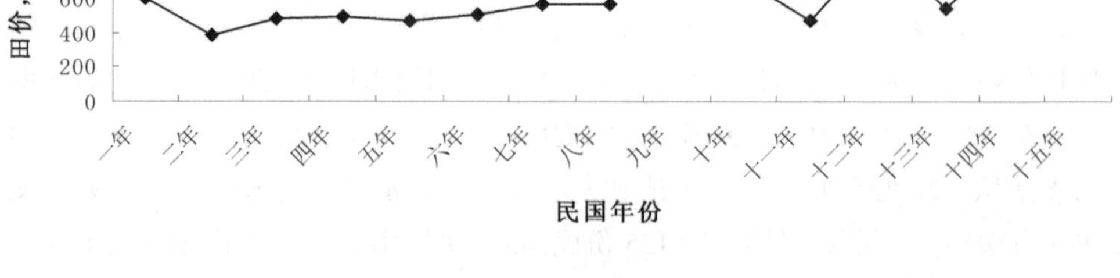

民国元至五年，河北省的土地价格大概为 18327 文/亩；六至十年为 60164 文/亩，十至十五年为 47133 文/亩，平均为 32343 文/亩。清水江流域同期田地价格对应分别为 17453 文/亩、28022 文/亩、30823 文/亩，平均为 25416 文/亩。平均每亩田的价格比河北省约低 39%。以民国二十年（1931 年）的田地价格为指数 100，则全国与清水江田地价格比较如表 6。[3]169

表 6　民国前期清水江流域每亩田地价格比较

1931 = 100

时间	全国平均数	贵州平均数	清水江流域平均数
1912 年	74	64	41（25416 文/亩）
1931 年	100	100	100（62292 文/亩）

1912 年全国的田地价格指数为 74，同年贵州的田地价格指数为 64，低于全国 10 个指数，清水江流域的田地价格指数为 41，低于全国 33 个指数。

三、影响田地价格因素探析

一般而言，影响清水江流域田地价格的因素表现为以下几个方面。

第一，自然因素是影响田地价格的基本因素。自然条件指土地周围的光、温、水等环境条件，不能转化利用的和暂时不能利用的各种自然环境。作为田地，涉及地形、所处位置、种类（水田或旱田）、水源、土壤肥瘠、纬度、降雨、温度等自然因素。清水江流域的地理特征所决定的土地资源，在受到自然条件制约下能为村民提供一定数量可开垦和利用的耕地，这个数额的变化，影响着该流域田地数量和价格的变化。清水江流域土壤类型主要有红壤、黄壤、红色石炭土、黄色石炭土、紫色土以及水稻土。作为田地，其中最重要的是水稻土，它是受人为活动和自然因素的双重作用，在淹水条件下长期种植水稻，经过水耕熟化而形成的主要耕作土壤。天柱县的田地该土壤占六成余。该县和台江、剑河、锦屏、镇远、岑巩等清水江流域，土壤相似，纬度较低，属于亚热带季风湿润气候，山地复杂，高低悬殊，降雨丰沛，年均气温在 15～16 度。处于高处的田与坝上的田产量差别较大，引起田地价格差别。因此，自然因素是影响清水江田地价格的基本因素。

第二，社会因素是影响田地价格的一个主要因素。社会因素具体包括田地开发和耕作、人口数量、经济基础等方面。清水江流域经由明代和清代近五百年的开发，到民国初年，土地的开垦和耕作已经发展得烂熟。明洪武二十五年（1392 年）就在天柱设立“天柱守御千户所”推行屯田。当时有军屯和民屯两种方式。民屯指民耕，“军耕抵饷，民耕输粮，以屯课耕……九便。”[8]77 清代地方官建议撤卫置县，“若夫改卫为县，军则久已为民，裁屯弁而归有司”，[8]38 屯田逐渐推广。清初在清水江流域实行改土归流，把苗疆古州、都江、清江、台拱、八寨、丹江纳入版籍，设置同知、通判等进行管理。这些地方官发现田地偏少，屯军又不熟悉耕种，于是鼓动村民开辟土地，“嗣后苗人争讼之事，俱照苗例完结，钱粮永行免征”，① “黔中山多田少，数年以来劝民开垦，除山头地角遵旨听民自垦”[9]。这些措施进一步推动了村民耕作和屯田。一方面村民开垦土地的数量在增长，另一方面土地买卖持续发展，为此该流域在清代的土地价格上升的幅度不大。

第三，田地价格的高低与该流域田地的等则也有关系。清代张广泗主张屯田，他所作的《议复苗疆善后事宜疏》指出，在设置行政体制的基础上，朝廷议论，开辟苗人绝产，安插汉民倾种，认为新附苗疆，“查新疆苗众震慑，军威就抚方始，若遂招民人分种管业，未免复起惊疑，转于新疆无益，不若暂给驻守之兵丁并兵丁之子弟就近耕种，既可便于稽察，亦可少佐兵粮等，安插汉民实属浅陋之见”，“与其招集汉民不若添设屯军”，“令屯田以资军实也”，“查苗所种水田，上田每亩可出稻谷五石，中田可出四石，下田可出三石。合计屯军每户给田上田六亩，或中田八亩或下田十亩，其所收米谷可敷一年之口食。”② 田地有上、中、下三种等则，主要区别在于亩产量不同。在实际买卖中，三种田的价格不同。当然，在文书该流域的赋役黄册注明田的等则，但典卖田契一般不注明所卖之田是何种等则，只注明产量。我们通过产量来测算田的面积。这种面积与实际丈量的面积是有区别的。更何况这些田的面积大小千差万别。

第四，民国初年，政治上，贵州处于军阀统治时期，清水江流域仍实行地主土地所有制，这是影响田地价格的重要因素。民国时期，清水江地区社会经济继续向前发展，佃农向地主交租，地租有认租和分花等形式，多为实

---

① 贵州通志：艺文志：贵州府县志辑：第 5 册，116。

② 同①，见 116—117 页。

物地租，用稻谷支付为主。此外，该流域田地买卖主要以银两、铜钱作为交易介质，少量使用银元和其他辅币作为通货。随着人口的增加，人均拥有的耕地数量逐渐减少。但地主占有的土地比例远远高于自耕农和佃农，人均所拥有的耕地面积大约3至4亩不等，比如民国八年（1919年）时贵州省每户农户占有耕地面积约8亩，人口增加对土地的持续需求，促使田地价格慢慢上升。由于银钱比价的变化、民国七年的废两改元，货币政策的变化亦引起田地价格的变化。地主对于土地的投资热，土地趋向集中带来田地价格上涨，地主土地所有制是影响田地价格至关重要的因素。

第五，区域性的灾害亦影响田地价格。民国九至十年，清水江流域的天柱城中瘟疫流行，城中死亡数百人，波及四乡；次年锦屏亦起瘟疫，城中亦死三百余人。[1]14 两次瘟疫，清水江流域的生计受到影响。民国十年（1921年）的田地价格相对下降，这是原因之一。民国十五年（1926年）六月，清水江泛滥成灾，远口沿岸田地被毁，本月中旬直至九月底无降雨，田禾干枯，收成仅二至三成。这造成天柱县境内灾荒，每碗米价500文。地主在这时购进田地，囤积居奇，待人们十分需求田地耕种时又高价卖出，由此造成局部田地价格上涨。

第六，地权对田地价格有影响。清水江流域的地权在土地买卖时发生变化。断卖（绝卖/死卖）田时，地权由卖主永远转移到买主手中；典卖是活卖，到典期时，卖主备得原价，可以赎回。当田地价格偏高时，村民会选择绝卖；若田地价格较低时，村民可能选择活卖，有选择的余地。当然，采取活卖或绝卖形式，关键在于卖主当时对于资金的急需程度。地权转移是流动的，田地价格亦是变化的。另外，地主招佃垦荒，不断地把荒地变成熟田，满足村民对土地的需求，田地买卖市场中的田地这一特殊的商品相对得到持续的供给，从而抑制了田地价格的上涨。这说明地权亦对田地价格产生实际影响。民国初年的田地价格上升幅度并不大，只有九年、十二年和十五年超过每边一千文，其余十二年大致保持在每边六百文。

四、结语

综上所论，民国前期清水江流域田地价格的总趋势是缓慢增高的，这与全国其他地区的田地价格变化基本同步。具体从每亩单价上说，该区域的田地价格则低于河北、广东、江浙等地区。清水江流域田地价格大致揭示了农村土地经济的特征。地主、佃农、自耕农的身份并不是固定的，只要手中有充足的资金，加上自己需要解决粮食问题，就可以在田地市场选择性地购进田地；当需要资金周转时，亦可以将手中的田地抛售，获得必要的周转资金。田地买卖使村民身份发生变化，佃农可以变成中农乃至地主，即所谓“佃农中农化”。[10] 田地价格揭示了民国初年该区域的田地市场已经成熟，土地买卖成为社会经济的重要组成部分这一实态。

参考文献

［1］贵州省天柱县志编纂委员会. 天柱县志［M］. 贵阳：贵州人民出版社，1993

［2］龙泽江. 柳寨侗族村落文书调查及初步研究［J］. 原生态民族文化学刊，2014（1）：31.

［3］贵州社会科学编辑部，贵州省档案馆，贵州历史文献研究会，等. 贵州近代经济史资料选辑：上：第一卷［M］. 四川省社会科学院，1987.

［4］林芊. 凸洞三村：清至民国一个侗族山乡的经济与社会——清水江天柱文书研究［M］. 成都：巴蜀书社，2014：180.

［5］张应强，王宗勋. 清水江文书：第1辑［M］. 桂林：广西师范大学出版社，2007.

［6］高聪，谭洪沛. 贵州清水江流域明清土司契约文书：亮寨篇［M］. 北京：民族出版社，2014：144—145.

［7］高聪，谭洪沛. 贵州清水江流域明清土司契约文书：九南篇［M］. 北京：民族出版社，2013.

［8］朱燮元条陈便宜九事. 黔书·续黔书·黔记·黔语［M］. 贵阳：贵州人民出版社，1992.

［9］中国科学院地理科学与资源研究所，中国第一历史档案馆. 清代奏折汇编—农业：环境［M］. 北京：商务印书馆，2005：84.

［10］方行. 清代佃农的中农化［J］. 中国学术，2002（2）

家族宗族

清代黔东南亮寨龙氏土司家族的发展与演变①

王勤美②

摘　要：以清代贵州东南部亮寨龙氏土司家族为例，讨论西南边陲的土著人群在特定的历史情境下，通过借助修撰族谱、建造祠堂、参加科举考试、建立地域性的宗族等文化策略与国家展开互动，借以掌握一套象征国家权力的话语，以确立其在国家秩序中的位置。

关键词：龙氏土司；宗族建构；文化策略

注重血缘和地缘关系的宗族（或是家族）是地方社会结构的重要组织形式，家谱作为宗族的象征和重要组成部分，其追述、记录了祖先的由来、迁移发展、宗族分支等内容。历史学和人类学的研究者将宗族的考察和族谱研究视作认识和了解中国乡村社会结构的重要路径之一。③ 科大卫、刘志伟在有关珠三角宗族的研究中指出，宗族既是一种独特的社会意识形态，又是一种社会经济关系，是“庶民用国家的礼教来把自己士绅化”[1]，他们强调自己诗礼传家，贴上“汉人”标签，炫耀门第，并将宗族视作一种文化策

① 本文原载《贵州大学学报》（社会科学版）2016 年第 2 期第 114—120 页。

基金项目：国家社科基金重大招标项目“清水江文书整理与研究”（11&ZD096）；广东高校优秀青年创新人才培养计划项目“反思西南民族地区的移民历史与族群关系：以清水江流域为中心”（2012WYM_0039）

② 作者简介：王勤美（1986—），女，云南楚雄人，中山大学社会学与人类学博士研究生。研究方向：族群历史与区域文化、历史人类学。

③ 历史学方面较具代表性的研究如：（日本）多贺秋五郎：《中國宗譜の研究》，日本学术振兴会，1981 年；郑振满：《明清福建宗族组织与社会变迁》，中国人民大学出版社，2009 年。

略。[2] 肖凤霞等学者将帝国视为一个文化观念，认为帝国权威的隐喻向地方社会的渗透，并非只是自上而下地发布法令去实行，而是地方通过操控和运作宗族文化等国家权力象征，自下而上主动提升自己，以建立其在国家秩序中的位置。[3] 此外，拉尔夫·利青格（Ralph·Litzinger）指出瑶族知识分子如何以民族研究以及民族历史的建构作为行动工具，在当代中国多族群的意象中，为瑶族的主体性寻找空间。[4]

正是在这样的学术脉络思考下，本文以清代贵州东南部的亮寨龙氏家族为个案，试图讨论西南边陲的土著人群在与国家的互动中，如何借助编修族谱、建立祠堂、参加科举考试、建立地域性的宗族等文化策略，借以掌握一套象征国家权力的话语，与自我想象的“中心”确立联系，以此回应我族群体的政治文化诉求。

一、贵州苗疆开发与龙姓的定居入籍

1. 关于亮司龙姓的定居与入籍

据家谱记载，始祖龙政忠，湖南会同岩壁人，洪武四年（1371 年），其随明朝大军入黔平蛮，从征白岩塘铜关铁寨等处有功，被授“承直郎并亮寨蛮夷长官司正长官”之职，由此定居于亮司。同治三年（1864 年）成书的龙氏家谱《迪光录》载录：

> 状供远祖，于汉时有功，历授本司正长官职事。自汉、唐、宋、元、明，仍授前职，遣至始祖龙政忠，于洪武二年归附仍授前职，洪武四年，内奉调带兵征进白崖塘铜关铁寨等处有功，除授世袭不支奉承直郎亮寨蛮夷长官司正长官职事，颁给铜印一颗、诰命一道。二世祖龙友仁系政忠嫡长亲男，于本年八月内承袭，洪武十六年四月内病故，无嗣。龙友义系政忠次男，友仁胞弟，于本年十月内承袭，洪武十八年因草寇吴面儿作耗，前项印信诰命丢去，洪武二十四年七月内病故。三世祖龙志诚系友义嫡长亲男，于洪武二十五年二月内承袭，洪武三十年因林小厮作耗，调取志诚征讨，永乐元年二月内复颁铜印一颗，正统十二年三月内病故。①

① 参见（清）龙绍讷：《龙氏迪光录·长官司图册式》卷三，光绪四年刻本，锦屏档案局藏。

明初朱元璋西征，军队进入亮江流域，每到一处就“拨军下屯、拨民下寨”，军屯在内的土地占用造成苗侗土著的土地急剧流失，从而导致“军、民、苗”不同人群之间的对抗。洪武十一年（1378 年），黎平侗民吴勉揭竿而起，亮江地区的“十二长官司悉应之”。洪武三十年（1397 年），锦屏婆洞的林宽再次起事，喊出“打回新化，夺回土地”的口号，明军统兵五万讨古州蛮寇林宽等①。据龙姓家谱的叙述，正是在这样的历史背景下，龙政忠、龙友仁、龙志成三位祖先顺应时世，接受朝廷调遣，参与平定“苗蛮”，建立功勋，世袭亮寨土司职权，入住亮司。

始祖龙政忠先后生了友仁、友义二子，长子友仁无嗣，次子友义袭替父职，明代土司实行嫡长子继承制，如若长房无后，可由堂弟或堂弟之子接任。到了四世祖龙永福，先后生了宽、正、海、清四子，龙姓始分四大房，而七世祖龙凤生韬、璋、珠、夏、滚、现六子，至此长房再次分为六支。随着世代的繁衍，家族规模也在不断地扩大，到了清乾隆四十七年（1782 年）龙文和修谱时，“三房无嗣，二、四、五房人户亦少，其最繁者长房，六房次之，七房又次之”，这样龙姓形成了以长房（也就是世袭土司的一房）为中心的家族系统。

2. 宗族何以成为一种文化策略

湘黔界邻地区的亮江流域，明代渐次进入王朝国家的直接控制，先后出现了黎平府、新化府、五开卫、铜鼓卫、新化所、隆里所以及亮寨、潭溪等十二长官司，形成了卫所、土司、府州县犬牙交错的政治格局。清雍正年间，随着鄂尔泰、张广泗开辟“苗疆”、疏浚清水江的军事行动，作为清水江下游支流的亮江得以通航，商贸日渐发达，地处亮江中游的亮寨仰赖着天时地利，成为重要的商埠码头，在黎平府下辖的众土司中扮演着举足轻重的角色。据家谱《迪光录》的记载，自明洪武四年（1371 年）第一任长官龙政忠始，至清道光七年（1827 年）最后一任长官龙家谟止，亮寨龙姓共有 23 人相继世袭土司之职，历经明清两朝，长达 456 年，前后共领铜印五颗。而各种史料的记载显示，这一时期的龙氏土司活动频繁，对朝廷表现出较为积极的姿态，不时朝觐贡马，与黎平府的关系也不一般，在同级的土司中颇为突出。整个明清时期，亮司地方社会都在龙姓的控制之下，其家族的发展

① 参见《太祖洪武实录》卷二五二，第六页。

壮大都与之密切相关。就文化策略视角而言，可从如下两个方位进行分析。

（1）明清以来宗族礼制的改革

朱熹为代表的宋儒时代，只有帝王贵族有权为祖先立庙祭祀，庶民并没有为祖先建庙的资格，顶多在墓地旁边搭建一个小房子，或是家中挂上祖先画像，履行酒礼焚香，称为“影堂”。明嘉靖十五年（1536 年），夏言题请“官自三品以上为五庙，以下皆为四庙。为五庙者，三间五架，中为二室，附高、曾，左右为二室，附祖、祢。”① 夏言这一“诏天下臣工建立家庙”的奏疏，得到了当时广东士大夫霍涛、方献夫等人的积极支持，这样，到了万历年间，《大明会典》还专门立了“品官家庙”的条目，对不同品官阶层的祠堂规制做了描述和限制。

雍正二年（1724 年），清世宗颁布《圣谕广训》，对康熙九年（1670 年）的十六条圣谕进行了更为详尽的解说，其中的第一条就是强调对父母兄弟的孝悌之义。雍正帝提倡“以孝治天下”，尤为重视孝道，并将此视为维系国家秩序的道德标准。第二条“笃宗族以昭雍睦”，其实，两条内容是相辅相成的。雍正帝认为“故人之待其宗族也，必如身之有四肢百体，务使血脉相通，而疴痒相关”，试图在地方社会推广尊亲孝悌、敬宗睦族的思想伦理，通过对宗族的控制进而达到间接治理地方社会的目的，诚如雍正帝所说：

> 凡属一家一姓，当念乃祖乃宗，宁厚毋薄，宁亲毋疏，长幼必以序相治，尊卑必以分相联。喜则相庆，以结其绸缪，戚则相怜，以通其缓急。立家庙，以荐蒸尝；设家塾，以课子弟；置义田，以赡贫乏；修族谱，以联疏远。即单姓寒门或有未逮，亦随其力所能为，以自笃其亲属，诚使一姓之中秩序蔼然。父与父言慈，子与子言孝，兄与兄言友，弟与弟言恭。雍睦昭孝弟之行愈敦。有司表为仁里，君子称为义门，天下推为望族，岂不美哉！若以小故而堕宗支，以微疑而伤亲爱，以侮慢而违逊让之风，以偷薄而亏敦睦之谊，古道之不存，即为国典所不恕。尔兵民其交相劝励，共体祖宗慈爱之心，常切水木本源之念，将见亲睦之俗成于一乡一邑，雍和之气达于薄海内外。诸福咸臻，太平有象，胥在是矣。[5]

① 参见夏言：《桂洲奏议》卷十二《请定功臣配享及令臣民祭祀始祖立家庙疏》。

雍正皇帝提倡立家庙，修族谱，设私塾，其目的是要将臣民与其所在的宗族建立和谐的关系，只有家庭、宗族和睦，王朝的统治秩序才能得以维系。乾隆时期更是出台了“凡子孙盗卖祖遗祀产至五十亩，照投献捏卖祖坟山地例，发边远充军”保护条例，将祀产、祭田、墓田、宗祠视为宗族共有财产。实际上，清朝的官方态度不仅否定了宗法主义，而且将象征宗法实现的祠堂、义田、族谱、家塾等作为统合的物质基础排斥在正式的礼制框架之外，这是对现实妥协的一种策略。[6] 可以说，清代国家对宗族的积极态度，直接影响到了地方社会宗族的发展。

（2）科举教育的推展与士大夫阶层的涌现

相比于“内古州”的苗疆生界，地处外古州的亮江地区，最晚已在明永乐年间开始了国家的文字化历程。据史料记载，永乐年间，新化府①就设有儒学、医学、阴阳学等，宣德年间，亮寨土司联合新化府所辖六土司向朝廷请奏：“童蒙入学，若比内地府学每岁选贡，实无其人，请比县学三年一贡，上以边郡立学，欲其从化耳，不可遽责成材，各所司随宜选贡。”② 有明一代，国家对贵州苗疆的教育是有针对性的，土司子弟可以接受国学受业，以通君臣父子之道，礼乐教化之事，使土俗同于中国。而这与其说是一种特权，还不如说是一项必须的义务，按照当时土司的承袭规定，其中一条就是土司候选人必须识汉字、习汉礼，而水平的高低会作为考核的标准。尽管如此，身为世袭贵族的土司世子并不允许参加科举考试，以免占据流官选拔的有限名额，而下到一般的苗民庶族就连读书识字的机会都极为渺茫。直至康熙四十三年（1704年），时任贵州封疆大吏的于准呈《苗民久入版图请开上进之途》称：

> 贵州遍地皆苗，种类颇繁，官士斯者，视苗如草芥；居斯土者，摈苗为异为类，既不鼓舞，又不教习，遂使若辈沉沦黑海，罔见天日。应将土司族属人等，并选苗人之俊秀者，使之入学肄业，一体科举，一体廪贡，既久苗民变少为汉，苗俗渐少化而为淳，边来遐荒之地，尽变中原文物之邦。[6]

---

① 永乐十一年（1413年），析思州、思南宣慰治地设思南、镇远、铜仁、乌罗、新化、黎平、镇远、石阡八府；永乐十二年（1414年）三月，贵州布政司所辖的湖耳、亮寨、殴阳、新化、中林验洞、龙里、赤溪湳洞长官司隶新化府；永乐二十二年（1424年），因地狭人稀新化府并入黎平府，亮寨土司并入黎平府管辖。

② 参见《宣宗宣德实录》卷三十二，第6页。

次年朝廷准议，贵州苗民可以依照湖广例，以民籍应试，进额不必加增，卷面不必分别，土官土目之子弟仍准一体考试。雍正八年（1730年）贵州巡抚张广泗题请《请设苗疆义学疏》《考试分棚疏》，在这样的形势下，各府州县始设义学，“将土司承袭子弟，送学肄业，以俟袭替其族属人，并苗民子弟愿入学者，亦令送学，并颁发御书，匾额奉县各义学。”[7] 可以说，向苗人子弟开放科举，使得土司子弟和苗民群体踏上科举仕途之路，这在贵州教育史上具有划时代的意义。

这无疑是龙姓人期待已久的事情，乾隆年间，龙姓在宗祠、二樟堂（庵庙）、哪伽寺内办公学，设书院，就连治下的九南寨亦积极响应，设立义学，建崇圣宫。这一时期的教育主要以《三字经》《增广贤文》《幼学琼林》《百家姓》《四书》《五经》等科目做启蒙教材，教育的推广和普及为苗民子弟提供了学汉语、识汉字、接受汉文化的机会。我们无从知晓地方实施的具体细节，但从题为《凌云馆碑》的兴教办学碑，可大概看出康乾之后，随着文字下乡和科举取士的推展，亮江地方社会积极应因的情景：

> 世俗矜骄之习，大家怙侈之风，先王以为非乡学之所能稽也，故立国学以教之；四民顽梗之风，五方蠢愚之习，先王以为非国学之所能遍也，故又立乡学以教之。所以负表横径，野处亦不匿其秀；而砥行砺德，上国亦可观其光。……吾乡虽僻壤，久有文人学士之风，各姓先祖，负□来游，亦知钟鼓之灵，鸾旗之泽。先于乾隆间已立义学，崇建圣宫，额“凌云”之号，无知如俸资歉乏成功。盖难百余年来，人才依然告竭，而文章显耀经明，行修之士，仍难觏多人。兹有里中好义之熊君礼科者，因不吝囊金承蠲学。今日后，吾乡子弟，咸论秀而朴，朴而造，崇儒重道，文教日昌。①

碑刻文字生动地展现了国家教育对苗疆社会产生的深刻影响，苗民开始自觉引导子弟“崇儒重道”，读书上进。龙氏家族注重教育，并通过培养出功名之人，进一步掌握地方话语权，以此实现家族的发展壮大。据《迪光录》所述，康熙至清末二百年间，亮寨教育延续不辍，人文蔚起，龙氏家族

---

① 此碑无明显的年代记载，据内容分析，大概刊刻于乾隆之后。1990年，九南小学新教学楼建成后，将碑文磨平刻上新学校建设的内容，今立于操场边。

共涌现仕宦类20人，科第类5人，文学类5人，恩贡22人，例贡5人，监生27人，廪生21人，增生14人，文庠147人，武庠26人。出仕做官的有长房人龙亨极，康熙五十年（1711年）获贵州乡试第三十四名举人，官至四川安岳县知县，龙文和乃乾隆四十一年（1776年）贵州乡试副榜，后出任湖南安化县教谕，《迪光录》的集大成者龙绍讷，为道光举人。

值得一提的是，雍正十三年（1735年），亮寨司十七世长官龙绍俭向贵州学政晏斯盛请求参加乡试，雍正皇帝本人亲自下诏应允其“一体应试”，如若考中，可推选别的龙姓成员承袭土司职，[①] 而据说这是中国西南历史上，第一个土司参加科举考试的先例，由此可见清代龙姓在亮江地区显赫的地位。毫无疑问，家族成员在科举道路上的成功，是龙姓成为地方望族极为重要的资源，一个依靠正统文化规范发展壮大的宗族，势必会利用这些文化规范去建立更为制度化的宗族组织。

二、龙氏宗族实体的建构过程

虽然姓氏家族是一个基于血缘继嗣关系而形成的群体，但祖先的迁移也好，定居也罢，都不意味着宗族的建立，大凡对宗族研究有所涉猎的学者都知道，宗族的形成并非是一个简单的生殖繁衍过程，更多的是一系列社会行为叠加的文化过程。宗族实体的最终形成需要借助家谱编修，建立祠堂祖墓，规范祭祖礼仪以及创立宗族共有财产，并以此为依托不断培养出获得功名的家族成员等一系列仪式性和制度性的举措才得以完成。

1. 修建龙氏祠堂，树立地方权威

修建祖先祠堂是整合宗族，加强成员凝聚力的重要手段，在亮司龙姓的发展历史上，亦不例外。明末清初，龙姓家族财富也不断积累，对于一个世袭土司之职的贵族之家而言，加之康熙开放科举以来，龙姓已培养出大量有功名之人，修建祠堂成了顺理成章的事情。乾隆四十八年（1783），在龙文广、龙文和的积极倡导下，龙姓始修宗祠，乾隆四十九年（1784年）破土立柱，乾隆五十年（1785年）完工落成。据《迪光录》收录了一则《新祠堂碑记》，其内容如下：

---

① 参见（清）龙绍讷：《龙氏迪光录·旧典》卷三，光绪四年刻本，锦屏县档案局藏。

祠堂者，报本追远，敬宗收族，以时习礼之地也。礼祀蒸尝之，不举恩谊伦理之，不明恭敬揖逊之，不笃非所以为人，是故祠堂重焉。朱子家礼一书所当列乎，其间相与讲谕，而率由之也。头基非宏敞则湫隘，终嫌制不庄严，则苟且何贵，有心者观旧祠之卑小荒凉，未尝不喟然长叹也，今岁壬辰夏五月，宗孙禹夫挈室徙安庆，其所购遁园既莫之居，司人乃以数百金购之，禹夫曰予为此劳心血者数年，今虽南迁，千秋后魂魄独思此，寻慰而解之，曰君尚介介，于是乎君为龙氏大宗，以大宗之室妥历代之灵当亦君之所安者，就合鹊巢鸠居亦盈虚消长之理所时有也，其又何憾焉君之悲，宗族之幸也。①

碑记的撰写者是龙文和，乾隆六年（1741 年）贵州应童子试拔第一，然而时运不佳，乡闱辄蹶，乾隆十八年（1753）科误中副车，郁郁不得志，乃放浪形骸，大有“英雄失路，托足无门”之感，惟孜孜以授徒养亲为事，尤深于易象春秋和医学地理，后出任湖南安化县教谕。这段文字详细叙述了修建祠堂的过程，强调了祠堂对于敬宗收族、以时习礼的重要性。引文中出现的宗孙禹夫，也就是上文提及的第一个获准科举考试的土司龙绍俭，其字禹夫，号遁园居士，雍正七年（1729 年），以郡庠身份承袭亮寨土司长官。他一生热心功名，两度会考，因弟死己病均不得志，尤嗜购书，家有藏书数千卷，遍读唐诗，悉心评点，著有《周易简》2 卷、《全黔人鉴》1 卷、《广义》4 卷、《声律易简》2 卷、《黎平府志》15 卷、诗文 8 卷，后因无力付梓，藏诸箱底。乾隆三十六年（1771 年）二月，因揭发黎平知府王勋索贿土司林秉虔银两，反被人诬告，获罪下狱，乾隆三十七年（1772 年）依照军例，携带妻儿发配安徽安庆怀宁县，这就是碑记中所说的“禹夫挈室徙安庆”事件。龙绍俭远走异乡后，原居住地“遁园”日渐闲暇荒芜，族人认为“用以大宗之室妥历代之灵当亦君之所安者，就合鹊巢鸠居亦盈虚消长之理所时有也”，于是买来作为祠堂宅基，而这恰恰也是龙绍俭本人的意愿，此时的他飘摇异乡，前途未卜，每每念及客死他乡，魂魄无所皈依，不禁潸然泪下，于是再三叮嘱族人一定要修建祠堂以祭奠祖先之灵，想来也甚是悲凉。

建成后的龙氏宗祠规模宏大，取名为“敦厚堂”，为三进三出砖瓦样式，

① 参见（清）龙绍讷：《龙氏迪光录·遗文》卷四，光绪四年刻本，锦屏档案局藏。

包括内外寝厅各五间，左右厢房各三间，前厅建有“伟绩丹心”坊一座，为前门，门前月池一口，池处甬墙一堵，左右立有辕门，墙四周三十六丈，合周天之数。祠内种桂树二株，一本十余干，左雄右雌，枝叶浓密，圆如帽顶，远近罕见，正寝雕镂金漆神龛二座。道光二十九年（1849 年）龙周行、龙绍讷等增修，加祠左边客厅三间。清代龙氏宗祠的修建，是家族整合的标志，此后数百年间，敦厚堂一直作为亮司龙姓的象征，对成员形成了极强的凝聚力，同时也预示着龙姓家族的权威。

2. 制定家规章程，实践祭祖仪礼

祠堂既已建成，那么制定祠堂管理制度，规范祭祖礼仪就成了维系家族必需的举措。谱牒中收录了数十例家规条约，对祠堂的管理、春秋祭祀、族谱的使用和保存，以及宗族成员的责任和义务做了明晰的规定，在此仅选取与主题相关的几条，摘引如下：

> 1. 谱牒当慎重收藏，非春秋祭宣读，不许轻动，倘要开阅，必先焚香以告，如有无故擅自翻阅甚至卖祖讨喫，将履历开与同姓不宗之人，发觉者送官究治。
>
> 2. 谱当三十年一修，三十年不修必至遗忘散失，凡我族读书人晓大义者，须留意焉。
>
> 3. 祠内必于族中择一老成忠直之人任事，凡事必禀命任事而后行，新老任事二人，以备补缺。每年执事二人自春秋祭日始至，太祖诞日终，在祠公议，上交下接，不得私交，不得推托，收股之日，执事人照管如收，不足亲身取讨，入仓之时，出入清理，每与祭不着分金，先期在祠办事，祠上仅供饭食，不许醉饱酒肉，如违罚银一两。
>
> 4. 祠用费照依旧规，不得过奢，亦不得过俭；祭器若干，该执事人清查载簿交代，如有遗失，除赔偿外，罚银一两；生辰及春秋祭祀，执事人先期清扫省牲涤器，如有怠缓废事者，罚银一两五钱；生辰及春秋祭祀，执事人必先期十日出贴通知，迟延者议罚。
>
> 5. 凡有功名者，除年六十岁以上，均当与祭，如有要紧事故，必先期到祠报明，如不到者罚香资一两，至年七十岁以上，力能入祠祭祀拜跪，准饮福酒不取分金。
>
> 6. 祠堂乃祖宗之灵爽所栖，凡族中事故无关伦常要件者，不许擅

开，违者罚银三两。

7. 差徭既系同族，自应均派，但学宫碑刻所载凡生监之家，一应差役俱免，原属优恤士子之意，嗣后族中差役不派监生，非异视也，勉子弟读书以求上进以荣祖宗耳。

8. 先人藏书，大清律例一部二十四本，大学衍义五十本，文献通考十二本，远渊监类函二百本，子史精华四十八本，贵州通志三十二册，黎平府志两函。有志者来祠批览，不准他揣。①

上述家规的主要制定者，也是祠堂的倡建之人龙文广，乾隆五十五年（1790 年）贡生，先后任江西直隶州州判，赣县县丞，凡历仕途十六年，卓有政声。事政而不废学，以文交友，宾朋叹服，赞其文章“词简而明，笔劲以达”。嘉庆十二年（1807 年），因病告归，复授徒于司内纯一堂，清代亮司进士曾统一、举人龙绍讷、朱达清等皆受业其门。家规条目中，让人耳目一新的是第 5 条和第 7 条，年七十者，春秋祭祀可免费享用福酒，龙姓家族内凡有监生以上功名的家庭，可以免除徭役，龙姓用这样独特的方式鼓励子弟读书上进，这在苗疆腹地实属难得。不仅如此，祠堂就是家族图书馆，藏书丰富，种类繁多，涵盖国家律例、地方史志，可供成员借阅。也难怪乎，亮司龙姓能在康熙开科取士之后短短两百年的时间里，培养出各类功名仕宦人士多达 270 多名。

毫无疑问，王朝国家对西南边疆实施文质教化，允许苗人土著参加科举应试的政策，深刻影响到了龙姓人对自己历史文化的思考，汉语语言及汉文字书写系统进入地方社会后所引发一连串的反应跃然纸上。

3. 家谱编修，追述祖先源流

对于一个宗族而言，家谱既是一种文化意义的关键象征，同时对宗族实体的扩张和维系也有重要的作用，家谱的编修既是对某一部分宗族成员的整合，同时也带有极强的排他性。在龙姓家族的历史上，修过三次家谱，乾隆四十七年（1782 年），乘家祠落成之机，龙文和动员族人修了家谱，并在序言中首次提出了修谱的步骤和方法：

虽两次勒碑于祠，然未见分晓，爰约集宗族，自二十三世始至分七

① 参见（清）龙绍讷：《龙氏迪光录 · 旧典》卷三，光绪四年刻本，锦屏档案局藏。

房，后按世次清查，房具一本，以便合修，时老练达者皆曰善。乃卒为之，邱墓、科第、仕宦、明经、俊秀、舆夫、孝友、方正、节孝、耆德、祠庙、村寨、山川之类为一册，而终之以艺文既峻厥事。①

可以说，龙文和将家谱分类、分册的意见对日后龙绍讷采用地方志与家乘结合编撰《迪光录》产生了极为重要的影响。龙绍讷，生于乾隆五十七年（1792年），卒于同治十一年（1872年），被今人尊为锦屏名儒和著名苗族诗人。据弟子吴师贤为其撰写的《木斋先生墓志铭》所赞，其自幼天资颖异，“长为文，矫矫不群”，十七岁并“应童子试，冠一军”，入学为秀才，岁试均列优等。然而一生仕途多舛，屡次科举均名落孙山，四十四岁才中举人，眼看年过五旬，遂绝意仕进，于乡间开馆授徒，致力于诗文创作。随后倾注心血，同治三年（1864年）“阅数十寒暑成龙氏族谱八卷”，命名为《迪光录》。此八卷家乘涵盖卷首序言、君恩祖德、地灵人杰、旧典遗文和谱系，近三十万字，其中卷首由凡例、序、年表、图四部分组成，收录序言多达22首，有服图、袭替图、居宅图、邱墓图共39幅插图。有别于一般的家谱文类，其采用“家谱、地方史志、蛮夷长官司志”三合一的编修体例，将地方大事件与家族源流相结合，纵向上叙述了明洪武至晚清时期亮寨龙氏土司家族的发展及长官司的更迭，横向上展现了同时期清水江及亮江流域的山川古迹、形胜风俗。不言自明的是，这样的架构安排，不仅彰显了明清时期龙氏土司在亮江地方社会中的突出地位，同时也从另一个侧面反映出王朝礼仪传统和汉文字教育对贵州苗疆社会的深远影响。

纵观明清时期的家谱，大都会追溯到某个时代的显赫远祖，攀附名门，以此来标榜族群簪缨世胄的高贵血统。家谱中最早的序言声称抄自“龙氏老谱”，其署名是东汉文人蔡文姬的父亲“陈留蔡邕伯喈”。清代的这次修谱，再次强调了龙姓来源的正统性，精心制作的22首序言将龙姓族裔的来源追溯到宋代，其时龙氏先祖自南京应天府，后到江西做官，这位先祖“若河东卫辉及黔楚皆其所游历平定地也”，当了宋朝的黔楚招讨使，被派往楚地，封了王，后代成了楚人，之后家族壮大分支，其中一支到了亮寨，因军功授了土司职。我们很难考辨和揣度龙姓家谱这些叙述的真实性，或许可以说，关于早期祖先事功及受封土司的记载不详，并非疏漏，而是出于当时社会环

① 见（清）龙绍讷：《龙氏迪光录·修谱原序》卷首，光绪四年刻本，锦屏档案局藏。

境之下某种需要而有意为之，其动机就是要从源头上与“苗蛮”划分开来，从而说明其身份的正统性。

三、结语

在传统中国社会中，与宗族礼制相关的族谱编修、祠堂规制都经了一个由王朝、贵族阶层逐渐演变，被挪用、模仿，最后进入庶民之家的历程。具体到地方社会，宗族已演变为一套依靠血缘和地缘脉络形成的有关祭祖、财富继承、宗亲联结甚至政治权力的复合体，宗族建构的过程也是一个可以诠释、虚构、再造历史和文化的过程。纵观龙姓宗族的历史叙述，其以“原籍江西泰和县”“汉时以受功”“有自明以来宗支图册可考”而载入地方志和家谱中，看似虚构的祖先历史传说及身份塑造，是在特定的社会情境下土著族群一种有意识的表达，有着相当实际的效用。“在宗族历史叙述中，无论是真实记录也好，附会虚饰也好，都是后来被刻意记录下来的，因而是人们一种有意识的集体记忆，而这种集体记忆，在地方社会发展的历史过程，更有其特定的社会和文化意义。”[8] 在地方与国家的互动中，试图攀升的龙姓土司借助家谱撰写、祠堂修建、践行士大夫行为、宗族建构等文化策略，掌握了一套象征国家权力的话语，以确定其在地方统治的合法性与权威性，进以寻求其在国家历史坐标中的位置。

参考文献

［1］科大卫，刘志伟．宗族与地方社会的国家认同–明清时期华南宗族发展的意识形态基础［J］．历史研究，2000（3）．

［2］David Faure. The Lineage as a Cultural Invention：the case of Pearl River Delta［M］. Modern China，1989，15（1）.

［3］肖凤霞，刘志伟．宗族、市场、盗寇与疍民–明以后珠江三角洲的族群与社会［J］．中国社会经济史研究，2004（3）．

［4］〔USA〕RalphALitzinger. OtherChinas：TheYaoandthe Politics of National Belonging［M］. Durham：Duke University Press，2000.

［5］〔清〕昆冈等修，刘启瑞等纂．钦定大清会典事例：卷三九七〈礼

部〉［M］. 上海：上海古籍出版社，2002，清光绪石印本影印.

［6］〔日〕井上徹. 中国的宗族与国家礼制-从宗法主义角度所做的分析［M］. 钱杭，译. 上海：上海图书出版社，2008：202.

［7］黎平县志编纂委员会．黎平县志［M］. 点校本. 北京：方志出版社，2014：512.

［8］刘志伟. 附会、传说与历史真实［M］// 王鹤鸣. 中国谱牒研究. 上海：上海古籍出版社，1999：157.

清代以降西南少数民族地区士绅宗族的建构历程

——以贵州清水江下游地坌彭氏宗族为个案的研究①

李 斌②

摘 要：清代以降西南少数民族地区的宗族，经历了一个长期的建构过程。清水江下游地坌留存的清代碑刻和多次编修的彭氏族谱均显示，彭氏家族在迁移与定居地坌的过程中，通过祠堂修建、族谱编修、族产置办和祭祀仪式逐渐开始其宗族化运动。通过对这一宗族建构过程的细节分析发现，西南少数民族地区宗族组织的发展，主要基于地方士绅阶层自身的努力，这一发展过程从一个侧面反映了清水江流域宗族建构的类型，也显示了西南少数民族地区宗族组织的建构历程。

关键词：清代；清水江流域；士绅宗族；建构历程

21世纪以降，贵州清水江文书不断被挖掘、整理并出版，西南少数民族地区清水江流域的研究俨然已成学术热点，数十项以清水江流域为题的研究课题被国家社科基金立项，研究成果相继问世，但宗族研究，尤其是士绅宗

---

① 本文原载《贵州大学学报》（社会科学版）2016年第6期第75—80页。

基金项目：2011年国家社会科学基金西部项目“清代清水江中下游苗侗社会变迁研究”（11XZS032）；贵州省苗族侗族文化传承与发展协同创新中心重点招标课题“清水江流域碑刻研究”（XTZD1610）。

② 作者简介：李斌（1965—），男，四川绵竹人，博士，教授，贵州大学硕士生导师，贵州原生态民族文化研究中心研究员，贵州省苗族侗族文化传承与发展协同创新中心研究员。研究方向：晚清史和区域社会史。

族研究较为薄弱。按照学者张仲礼先生的划分，传统社会中一般持士绅身份者必须具有某种官职、功名、学品和学衔，作为士绅阶层可以分为上层士绅和下层士绅。上层士绅是由学衔较高的以及拥有官职——不论其是否拥有较高的学衔——的有名望的人士组成，而所谓学衔较高者是指通过科举考试后获得贡生以上的人；下层士绅则由通过初级考试的生员、捐监生以及其他一些具有较低功名的人组成。下层士绅中还包括了社会上所尊称的“耆老”，但并不是所有的老人都能得到“耆老”这一荣誉称号，“只有那些威望、能力、财富都很显著并且在地方事务中起领袖作用的人才是耆老。”[1]

本文所讨论的士绅及其士绅宗族，就是特指在清水江流域少数民族地区的下层士绅，他们虽只具有较低的功名，却享有减免官府所派差役赋税的特权，据学宫碑刻所载，“凡生监之家一应差役俱免。原属优恤士子之意，嗣后族中差役不派生监，非异视也，勉子弟读书以求上进以荣祖宗耳。”①《黎平府志》（光绪十七年，1891 年）也曾记载：“凡生员之家一应保甲大小差徭概行永免。”② 生监或生员之家虽然没有官职，但他们热心地方公益事业，是连接官府与普通族众的纽带和桥梁，在乡村基层社会有影响、有声望，以他们为核心所形成的宗族就是本文所指的士绅宗族。

一、贵州天柱③彭氏的迁徙与“族大丁繁”

据地坌《彭氏族谱》（民国二十五年刻本）记载：“我始祖彭锭公于大宋末年由江西吉安府太和县乔迁湘西渠阳府所属之伍塘冲”，并娶妻生子，从此定居下来，成为“靖属会地（即今湖南省会同县）之开基始祖”。“太和”（一说泰和）移民传说也是清水江流域苗侗族源传说的普遍模式。④

彭锭的第四个儿子彭惠义“于元世祖六年甲申岁（1265 年）由寻兄南来，乔居沅州，嗣后没葬渠阳靖州西门外十里塘”，是“沅辰天四房开基始

① 参见锦屏亮司（同治）《本支家乘迪光录》卷三《家规》。

② 参见《徭役学宫碑》。该碑无题额，无立碑年代，现存于黎平两湖会馆内，碑文内容只有这一行字。碑文又见《黎平府志》（光绪）卷五上第 72 页。

③ 贵州天柱县位于云贵高原东缘，为苗岭山脉延伸部分之余脉，是全国少数民族人口比例最高的地方之一，据《天柱县志》（1993 年版）记载：天柱县苗侗两族人口占总人口的 98%以上。

④ 江西泰和移民传说就相当于山西洪洞大槐树、江西瓦屑坝和南昌筷子巷、福建宁化石壁、湖广麻城孝感、广东南雄珠玑巷等移民传说一样，在清水江流域一带广泛流传。

祖”。至明洪武初年（1368 年），彭寿（彭惠义之四世孙）由湖南靖州之观保渡口乔迁贵州天柱县由义里之菜溪寨（清水江边一村寨，为今之竹林乡菜溪村）居住，据记载，彭寿“跋山涉水拨楚来黔，天柱落籍菜溪乔迁”，[①]彭寿成为菜溪彭氏的开基始祖。

此后，经过数代的繁衍生息，彭氏家族不断壮大，“吾族始祖自寿公落籍菜溪，相传数代，子孙繁盛。”“族众则分居，木大则分枝，水大则分流者，家国一理，山川皆然也。”“枝开叶盛，族大丁繁”。从彭寿第 4 世孙开始，彭氏支分地坌、菜溪、尧田、双溪、高朗等地，其中彭美凤分徙尧田（今竹林乡尧田村）；彭美玉并美胜、美珍、美华、美若五兄弟于明景泰年间一同迁往地兴团（今竹林乡地坌村）开基，成为地坌彭氏的开基始祖。彭氏五兄弟不断发展壮大，也积累了许多财富，又以“乐善好施”著称，所以在乡村社会中做了许多善事，这就为宗族的发展创造了有利条件。彭柏友自地兴团（今坌村）迁翁冲（今竹林乡双溪村）螺丝形，彭文选由菜溪上清水河落籍黎平府开泰县高朗寨（今锦屏县平略镇高朗村）。[②]

根据彭氏族谱记载及其所聚住的实际村落布局可知，彭氏所在的地坌村、双溪村等均属于各姓杂居，[③] 受丘陵地形、地貌以及异姓杂居的影响，彭氏聚落不得不呈现散居的状态，但这种散居状态并不妨碍他们“庆吊相通，患难与共，友爱孝笃累世不变”的家族传统，其原因一是彭氏各支之间居住的距离都不远，除锦屏县平路镇高朗村彭文选一支较远之外，其余都是相邻村寨，处于方圆不到十余里的范围之内，“庆吊相通，患难与共”，有其地缘上的便利。二是以地坌为中心的彭氏各支大都处于杂居状态，在面临异姓族群间的竞争压力下，自然要寻求同姓的帮助，这就为宗族的形成奠定了基础。

到了清初，迁居地坌的彭氏第二代，也就是彭氏第七世族人中，就有通过科举考试成为生员的记载。据《彭氏家谱》记载，地坌彭氏的第一位生员是彭述贤，榜名勷朝，字廷佐，彭氏进入士绅宗族之列具有开拓之功。彭勷朝成为文庠生时，天柱归湖南管辖，“时未归黔”，因此彭勷朝只能“入湖

---

① 参见《彭氏家谱》卷之首《彭寿公落籍菜溪赞》。

② 参见《彭氏家谱》卷之二《阳宅说》。

③ 据现立于竹林乡地坌村风雨桥头的《公议封禁》碑记载，历史上地坌村至少有彭、李、蒋、潘、杨、唐、刘、傅等姓民众，其中彭姓入住时间晚于蒋姓，人口仅次于李姓。

南靖州学”。不久，彭述谟（榜名勷谟，字丕显）、彭述仁（榜名介寿，字纶音）相继成为文庠生，进一步壮大了彭氏在当地的影响力和社会地位。在此激励下，彭氏家族“耕读传家”之风愈来愈盛，迁居地坌的第三世族人中，考中文武庠生者已达7人之多，其中，彭述谟的儿子辈中就有彭达、彭清、彭发3人成为庠生，被称为“四世书香”。同族彭勷朝的儿子中有彭兴、彭第二人成为庠生。至此，彭氏宗族中士绅人数已初具规模。此后，历代彭氏族人都有通过科举考试取得生员资格。[①] 从彭氏第七世开始，地坌彭氏逐渐成为贵州清水江流域“宇内望族，诗书传家”了。[②]

除了子弟考取功名之外，经济实力的增长也是彭氏成为士绅宗族的重要因素。地坌彭氏族人在清水江木材贸易中，应该是直接参与并且积累了许多财富。据道光二十九年（1849年）的《公议禁碑》可知，地坌不但有木材贸易，而且还淘金，“因木夫贪图便利，每逢溪水稍涨，即以随流放木，乃致冲突田坎桥梁，多有崩坏，若不急行严禁，恐将来受害不浅。今我等公议，嗣后沿溪以下概不许放木，并不准淘金，但须立碑示禁乃为久远之计。”[③] 另据《文富公后裔末学记》记载，一彭氏族人“年及十八，蒙叔父生员守涫扶持发赀木贸，上至南肖（今贵州省剑河县南哨乡）采办木植，奈时运不佳，锱铢莫觅，不能终其商业，由是寄还原本，奔古州（今贵州省榕江县）从戎。”“从此弃军业商，下洪江（今湖南省洪江市）木贸，又遇知心良友史永建，要我到黎（今贵州省黎平县），复又南上。”[④] 此外，彭氏宗族还捐钱、捐地建族学、筑路、设义渡、修庙宇等公益事业，如在“创建家塾启秀斋”时，彭勷典与彭勷谟两人除捐地基外，还共同捐学田8坵，共禾15稨，共粮一升一合九勺四抄八拃四圭七粒二粟外，此外两人还分别与儿孙一起各捐银七十两零五钱。[⑤] 彭勷朝、勷谟修普安祖师，生员彭勷朝等修神光祖师，彭慎徽捐架子冲下田十三、册禾二十二稨五手，捐瓦厂坳三坵、册禾二稨，彭慎徽捐庵脚盘田五口口，生员彭勷朝捐花粟半坡第二坵半坵。[⑥]

---

① 详细记载可见（民国）《彭氏家谱》卷之首《绅士类》。

② 参见（1985年）《彭氏族谱》卷一《商贤词谱序》。

③ 碑现立于竹林乡地坌村风雨桥头。

④ 参见（民国）《彭氏家谱》卷之首《文富公后裔末学记》。

⑤ 《起秀斋碑记》乾隆四十七年（1782年），碑现立于竹林乡地坌村风雨桥头。

⑥ 《善表佛天》（无立碑年代，应为清朝时期的），碑现立于竹林乡天华山公庵里。稨、手为清水江流域估算粮食产量的计量单位，禾是指糯米。

生员彭勷谟倡设义渡，并与儿孙捐银八十八两。彭勷朝“募众修砌，远近通衢，自菜溪以及会属之地，约计数十余里矣。”[①] 所有这些都将花费相当的费用，没有足够的家庭财富是不可能如此慷慨的，这也从另一个侧面反映了彭氏家族的财富。由此可知，彭氏族人一直在清水江流域从事木材贸易，并且也积累了相当的财富，这才有可能在宗族建构过程中以及在地方公共事务中捐赠大量的田产以及银两。

彭氏自迁徙到地坌后，随着族大丁繁、科第始兴，以及财富的逐渐积累，彭氏宗族的建构条件日渐成熟。于是，嘉庆年间以降，通过建祠堂、修族谱等活动，开始了他们的宗族建构历程。

二、陇西堂：彭氏宗族的标志性建筑

首先是祠堂的选址。宗族祠堂的选址主要受所在村落的朝向、布局、地势、环境和选址在村落中可能所处的位置所制约。就传统观念而言，祠堂是各村落最重要的空间节点，往往处在村落中的风水宝地，认为祠堂风水的好坏可以决定和影响族人的命运、宗族的兴衰，其一般的理想模式是：枕山、环水、面屏。彭氏宗族自然也非常重视风水之说，他们认为祠堂理想的地址应该是山环水绕，灵秀汇聚之地，即“宗祠灵爽全恃山川形胜，子孙福泽惟凭俎豆馨香。”彭氏宗族的精英们在准备修建祠堂时，相中了地坌村东面的一块风水宝地，此地“地广畴平，山明水秀”，“门面朝峰，右有笔架，左立轿山，中现帽合，余峰如子孙侍立，形胜俱在”，[②] 因此，彭氏族人决定在此地建立祠堂。彭氏族众对风水的重视不仅仅表现在选址上，而且在彭氏祠堂起坎脚、裁柱并搬料、发墨架马丈竿、发大门墨、起手并扇架、上梁、安祖宗牌等均要查看时辰，所有这些，《彭氏家谱》都有详细记载。由此可见风水观念影响之深。

其次是祠堂的修建。地坌彭氏宗族祠堂的建设工程从清嘉庆二十年（1815年）开始“入山伐木”，嘉庆二十一年（1816年）“起手平基”。祠堂修建需要大量资金，地坌彭氏祠堂也不例外。筹集资金的方式主要是宗族各

---

① 《墩步永安》乾隆三十九年，碑现立于竹林乡地坌村风雨桥头。

② 参见（民国）《彭氏家谱》卷之二《祠堂记》。

房的捐资，捐资的多寡一般是富裕之家多出，贫困之家少出。据《彭氏家谱》统计，在嘉庆年间修建祠堂时，彭氏宗族共有4房捐献了钱财，总计106份108人1009.14两，人均9.3439两，其中长房捐银20份22人429.03两，户均21两多，是所有房支中最多的；下妈羊木未公裔孙57人423.66两，平均7两多；二房25人146.92两，平均5两多；三房4人9.53两，平均2两多。从统计中可知，长房捐银最多，最少为三房；个人捐银最多的是长房的彭慎徽，共捐银88两6钱，最少的一户仅为2钱。① 另据清水江流域锦屏亮司龙氏宗族在修谱时，是按丁摊派，但对特别贫困的族人则可以免交修谱费用，据《本支家乘迪光录》记载，修谱“所用工费，丁出百文，富者增至三四千不等，至贫者不出钱亦登名。”② 据天柱《杨氏族谱》记载，杨氏族人的修谱费用也是“照名”，如果特别贫困或者远居他乡者可以特殊处理，“修谱之费，上益祖考，下益儿孙，务宜照名出办，不得悭吝，陷罪不孝。如贫苦已极、里居辽远者又当别论。”③

宗族祠堂的修建对地方宗族的建构和最终形成至关重要，最早从湖南迁徙到清水江边菜溪的彭氏族人一直到民国年间修建了彭氏宗祠。据彭氏宗祠大门上的壁画可知，该宗祠修建于民国二十四年（1935年）仲春月。而据民国二十九年（1940年）立于菜溪彭氏宗祠内的《祠堂碑记》记载，“兴照公发楚来黔，落籍柱城义里，兴家创业，卜基清水菜溪”，菜溪彭氏宗祠之“祠堂地基、内外二进系月刚公后裔私业，”其修建由月刚、佐刚、任錫、隆刚、爱刚五公后裔捐资2401元，另有彭兴照后裔大众会捐洋298元、住菜溪私会捐洋286元。正因为人才培养、财富聚集在建构宗族组织中的重要性，因此，菜溪彭氏即使是清水江流域彭氏的始迁祖，也不一定必然会首先形成宗族组织，而分支到地坌的彭氏则率先建构了宗族组织。

三、《彭氏家谱》：彭氏宗族的“宪章”

著名人类学家弗里德曼曾比喻说，族谱是宗族的“宪章”。[2] 清水江流域的彭氏宗族自然也就十分重视族谱的编修，他们认为：“治国莫先于正名，

① 参见据（民国）《彭氏家谱》卷之二《祠堂捐银名列于左》统计。
② 参见锦屏亮司（同治）《本支家乘迪光录》卷七《跋》。
③ 参见天柱县远口镇青云《杨氏族谱》卷一《第二修例言》。

名正则纲常定，齐家莫贵于修谱，谱修则世系明，所以上继祖宗，祖宗必为之灵佑，下启裔世，裔世必为之蕃昌，则修谱之功岂不大哉。”[①] 对彭氏族人来说，编修族谱是敬宗收族的主要手段，也是尊祖、敬宗和孝道的根本体现，这反映在以下三个方面：

一是族谱编修。编修族谱是一项浩大的工程，需要耗费大量的人力、财力和物力。天柱地坌彭氏族谱的编修版本最早修于何时目前似还难以确定，但民国年间重修的《彭氏家谱》中提到光绪三十三年（1907 年）春已续修过一次，“予族家谱自前清光绪丁未春续修以来，迄今以历三旬”，民国二十五年（1936 年）时又续修一次。[②] 而另据新修的《彭氏族谱》（1985 年）记载，彭氏宗族在嘉庆十九年（1814 年）曾首修族谱，咸丰十年（1860 年）、光绪八年（1882 年）、光绪三十三年（1907 年）分别进行了二至四修，民国二十五年（1936 年）是五修。清水江流域的各姓氏宗族为编好本宗族的族谱，像其他汉族地区一样，也要设立专门的机构负责相关编修事宜，彭氏宗族自然也不例外。地坌彭氏为了编修族谱，其做法是先“设馆”，后“延梓士以刊修”，[③] 之后族谱续修的原则是“依老谱而复订”。[④] 据统计，彭氏谱局的人数构成从 6 人到 35 人不等，有督修、纂修、校修、协修、慕修、劝修、房修等，每人分工明确，各负其责，负责彭氏家谱的编修。彭氏族谱在首修时只有 6 人，续修族谱人数最多的是光绪三十三年（1907 年），共有 35 人之多，其谱局有督修 1 人、劝修 3 人、嫡修 2 人、编修 2 人、终承 2 人、协修 2 人、催修 12 人、房修 8 人、寓修 1 人、事修 2 人等。[⑤] 这实际反映了地坌彭氏士绅宗族在清代发展建构的过程。到民国二十五年（1936 年）第五次修谱时，彭氏宗族仍然成立 20 余人的“执事”，其中有督修 2 人、编修 2 人、经承 10 人、催修 5 人、寓修 2 人、事修 1 人。[⑥] 彭氏族谱的编写时间滞后于宗祠修建，是因为族谱编修是一个系统的文化工程。特别是首修族

① 参见（民国）《彭氏家谱》卷之首《续修族谱叙》。
② 参见（民国）《彭氏家谱》卷之首《家谱小引》。
③ 参见（民国）《彭氏家谱》卷之首《家谱小引》。
④ 参见（民国）《彭氏家谱》卷之首《续修族谱小叙》。
⑤ 参见（1985 年）《彭氏族谱》卷一《族谱序・谨将各届修谱负责人名次第列后》。
⑥ 据（民国）《彭氏家谱》卷之首《执事芳名小引》统计。

谱，一般都要远赴湖南、江西等汉族地区寻根问祖，抄录同姓家谱。① 清嘉庆年间，彭氏在编修族谱时，其体例就“效六一欧公之例，分支别派；效端明苏家之格，俾后数十代即若旦夕迁之。”②

二是族谱构成。《彭氏家谱》由谱序、人物传略、公产志、字派、合仪祭注、世系图等构成。谱序也称谱叙，是族谱中不可或缺的内容，一般由族人和邀请外族人撰写，其内容包括修谱缘由、经过、宗族源流等。人物传略包括仕宦传、善行传、忠良传、儒行传、文学传、孝友传、贞节传、贤淑传、耆老类、绅士类等，记载了彭氏宗族中具有生员以上身份的族人20余人，以及废除科举之后至民国年间具有高中以上文化程度的族人。彭氏老谱的字派是20字，又加增20字新派，新旧字派总共40字。世系图是彭氏族谱中最主要的内容，记载一个宗族人丁繁衍的情况，具体内容包括姓名、出生年月、世次、配偶、子女、官职、继嗣、迁徙、墓地等。

三是族谱管理。彭氏宗族同全国其他汉族地区一样，为防止族谱的遗失，对谱牒的管理非常严格、细致，制定有严格的谱牒领取和保管制度，统一将谱牒编号，不仅将谱牒管理办法而且将领谱人姓名记录在族谱卷末。民国年间编修的《彭氏家谱》共印18部，彭氏族人为防他人冒领，取“孝悌忠信、礼义廉耻、纲常名教、本固枝荣、流芳”18个字“各刷一字颁发，以杜赝冒之弊也。”为保存好家谱，彭氏“家谱十八部必造十八箱，打十八锁，锁住十八把，钥匙一串。另举议族长谨慎之人存放，不可乱发。每逢六腊天贶之日，晒谱发之，或有故关阅谱牒者发之可也。”如果家谱持有人是不肖子孙的话，通过“族众举议”，可以更换为忠厚之人，“家谱颁发需择各房忠厚之辈先写承领，付约合同为据。设后子孙改为父，行不肖者亦难言也，族众举议，更换一忠厚者藏之，存者不得口舌生疑，而族人亦不得挟嫌妄取，公而忘私也。”③

对遗失谱牒的惩罚也是很严厉的，尤其是对倒卖谱牒者，作了极为严厉

---

① 天柱地坌彭氏族谱是否有抄录现象没有明确记录。清水江上游凯里的顾氏族谱就存在抄录现象，详细可见《贵州凯里顾氏族谱》卷二《香炉山支谱》第90页记载：“原古谱焚失，先人欲补无从，至盛清，祖（指顾炳，入黔14世，1807—1860）闻江南族人为仕麻哈，几经拜会，族人为祖诚所动，年后从江南惠赠顾氏宗谱，我族方以此为纲，撰成民国《炉山顾氏族谱》。谱之大成，祖之功不可没也。”

② 参见（1985年）《彭氏族谱》卷一《商贤祠谱序》。

③ 参见（民国）《彭氏家谱》卷之二《领谱字号》。

的处罚规定。如果家谱持有人私自卖与别人，可按家法处置甚至“送官究治”，“家谱藏收务要严密，勿得私藉同姓不宗者较［校］阅，恐有不耻之徒受人笼络，从中舞弊。又其甚者，或有欺神暗行卖与别人誊操等弊，一经查出，不但祖宗在天之灵必为之鉴究，且将家法处置，公同送官究治不贷。”① 由此可见，彭氏宗族对族谱管理之严格。

四、族产：宗族维系的经济基础

族产是一个宗族赖以存在的经济基础和物质基础，也是强化宗法关系的经济支柱。族产可分为公产、祭田、祠堂、学田、阳宅、阴宅等。

地坌彭氏宗族在建构过程中也设置祭田，专供祭祀祖先之用。最初彭氏宗族的祭田规模不大，清嘉庆年间，彭氏族人地方精英彭勷典过世前遗言，所有财产“作六股均分”，但留有祭田一坵，“定须留该处田坵以充此项之用，则年年往祭，有资不至坠废”。此后彭氏族人又陆续添买有 2 坵田，可收中禾 20 稨，以专供祭祀祖先之用。对于族产的管理和使用，彭氏宗族有严格的规定，除严格“轮流耕田祭墓”外，还要镌刻碑铭，甚至到县衙备案，“不勒碑无以示法，守于后人，兹除存案县署外，仍复将先祖遗嘱之语并六公后裔轮流值事年号悉用镌刻诸珉石，以示遵照。”如果违反规定，甚至“送官究治”，“倘有敢生异议、背弃前盟乱为者，则人人得而诛之，定须送公究治。”② 彭氏宗族族产的经营主要是族人自己轮流耕种，并由此负责祭祀活动的相关费用。“六公后裔轮流执年”，轮流耕田、祭墓值年的具体规定是：“翼远公后裔子午年耕，丑未年祭；超远公后裔丑未年耕，寅甲年祭；瀚远公后裔寅甲年耕，卯酉年祭；沛远公后裔辰戌年耕，己亥年祭；难序公后裔卯酉年耕，辰戌年祭；难京公后裔己亥年耕，子午年祭。”③

五、祭祀仪式：强化彭氏宗族意识

就传统的乡村社会而言，祠堂是宗族祭祀祖先的场所，宗祠中举行的最

① 参见（民国）《彭氏家谱》卷之二《领谱字号》。
② 参见（民国）《彭氏家谱》卷之二《恪遵祖训议立祭田碑序》。
③ 参见（民国）《彭氏家谱》卷之二《恪遵祖训议立祭田碑序》。

隆重的仪式是对祖宗的祭祀，其源于祖先崇拜，是形成宗族凝聚力的精神支柱。通过祭祀礼仪，既强化宗族的内部控制，又彰显出宗族的外部特征。祖先崇拜的思想渗透到祠堂建筑的门楼、楹联、匾额、绘画、雕塑等，以及祭祀制度、宗祠条规等方面。作为祭告祖先的场所，祠堂最能体现“报本返始之心，尊祖敬宗之意”。“祖先崇拜通常在培养家系观念中起决定性作用”，“通过祖先崇拜，家系将活着的人和死去的人联系在一个共同体中”。[3] 祭祖就是将活着的人和死去的人联系在一起，更重要的是活着的人因为祭祖而增强了宗族的凝聚力和向心力。

彭氏族谱对祭祀仪式的组成人员有详细的描述：祭祀仪式由祠长或者族长主持，在一般情况下，祭祀人员主要有承祀孙或称主祭孙一人，一般是嫡系长子长孙，但有功名官职者即使非长房长孙也有可能主祭；陪祭孙二人及与祭孙或称众祭孙多人；通赞一人，为祭祀主持；引赞二人，为仪式副主持；另外，还有司帛、司爵、司樽、司祝、司盥洗、司馔、司燎、司福胙等各类分工人员。

关于祭堂的陈设，根据天柱《彭氏家谱》的记载，祭堂正中为正享位，也即始祖考、妣之神位，正享位两边按左昭右穆的顺序，分设历代高曾祖考、妣昭穆神位。神位前为一到两排供案，用以陈设猪、鸡、羊等牺牲以及果品、玩好等祭品。供案前为香案，上燃香、烛，这是读祝文的地方，歌童或通赞、引赞等分列于香案两边。主祭孙立于香案前，陪祭孙与众祭孙列于主祭孙之后。

每次祭祀前都会向所有族人先发预告：“时维龙飞某年岁次某干支月令建，某吉日某辰，孙某敢昭告于彭氏门中历代先祖考妣之神位前曰：次日将有事于家庙祭拜先祖，荐其常事处备香楮清茗，先期预告尚飨。”

祭祀之前要先发榜文，通知宗族成员参与祭祖活动：

> 时维仲春雨露既濡（仲秋霜露既降），追远感时，情怀报本，谨卜次月之某日有事于宗庙。我族子孙各宜前期斋戒，不饮酒，不茹荤，不处内，不与秽凶。届期同宿公所，黎明举祭。编定执事，务须虔诚办理。拜跪行列，不得参差，以致亵慢，各宜恪遵毋忽。
>
> 计开
>
> 主献族长名；与祭众孙；拂拭；陈设；香案；宣祝；通赞；引赞；

司罇；司爵；捧帛；执事。

某年某月某日榜贴祠外①

根据《彭氏家谱》记载，彭氏宗族的祭祀礼仪一般包括迎神、参神、献礼、侑食礼、饮福受胙、辞神等步骤。正式祭祀前要发布预告仪注："通赞就，跪，鞠躬，拜，兴，凡四。平身，少退，致辞，引赞跪，宣告文，俯伏，与，平身。通赞鞠躬，拜，兴，凡四。化钱礼毕。"

彭氏宗族的合仪祭注：

通赞执事者各执其事，与祭生就位，举祭生就位，出主参神，鞠躬，拜，兴。凡四。平身，降神，引赞，诣盥洗所盥毕，授巾，请香案位前，跪。上香，初上香，亚，三，酬酒，以酒尽倾于茅沙，告辞。执事跪授主祭者告白孝孙某某等，今以是日只荐有事于祖，敢请尊灵降居神位，恭奠献。俯伏，兴，平身。引，复位，通，鞠躬，拜，兴。凡四。平身，行酒献礼，引，诣酒罇所，司罇举幕酌酒彭氏门中历代先祖考，以祖考致之也，故云。奠酒，俯伏，兴，平身，诣历代先祖考妣之神位前，跪，通。献帛，祭酒，奠酒，进馔，俯伏，兴，平身诣读就位，跪，通，众孙皆跪，引。宣祝文，俯伏，兴，平身，复位，通。行亚献礼，不献帛不祭酒，引只云奠酒馔。复位，通。行终献礼，复，只曰奠酒，余同。侑食，陈设以酒满注于爵，勸食之也。鞠躬，拜，兴，拜，兴，平身，通。合门祝赞司，祝噫歆，令祝作饱食声三。献茶，陈司设通。饮福受胙，引。诣饮福位跪，通。众孙皆跪，引。饮福酒，受福酌，嘏辞，祝祭嘏辞曰。祖考，命工祝多致无疆厚福于汝等孝孙，汝等受禄于天，宜稼于用，眉寿永年，勿替引之。俯伏，兴，平身，复位，通。告利成，祝答之利成，通。辞神，鞠躬，拜，兴，凡四。平身，宣祝者捧祝，献祝者捧祝，献帛者捧帛，各诣燎所化钱焚祝，引。诣望燎位揖，复位，通。送主，撤馔，鞠躬，拜，兴，凡四。平身，礼毕。一揖。

仪式中的祝文（祭文）及降神歌、参神歌、初献歌、亚献歌、终献歌、辞神歌等，其内容大多是追述祖德宗功，表达对祖先的崇敬和感恩情怀，以

① 参见天柱（民国）《彭氏家谱》卷之二《合祭仪注》。

及希望祖宗保佑宗族兴旺发达等。

通过祠堂仪式活动，特别是通过祭祖强调宗族内部上下尊卑伦序，宣传了以孝悌忠信为核心的伦理道德。这样的仪式使得宗族成员从幼年起，长幼之序、孝悌之礼等礼仪就在心中扎下了根，从而强化了宗族内部的凝聚力和向心力。

综上所述，在清水江流域地坌彭氏宗族的个案中，彭氏族人自迁徙地坌后，从第二代开始，族人通过考取功名，不断扩大彭氏的实力和影响力；通过木材贸易，不断积累财富，使得宗族建构成为可能；通过修建祠堂，不断强化宗族观念；通过编修族谱，成就宗族的集体记忆；通过设置族产，使得彭氏宗族组织得以运行；通过祠堂祭祖仪式，不断强化宗族意识。这些举措，从不同侧面增强了彭氏宗族的向心力、凝聚力，最终完成了一个宗族组织的建构历程。地坌彭氏族人对其宗族组织的建构历程，可以看作是清水江流域宗族组织建构的一个缩影，反映出清水江流域少数民族地区社会在清初受移民、科举功名以及木材贸易等的影响，在宗族组织构建的历程中，彭氏宗族在清中期承袭了宗族建构的基本特征和元素，同时也带有士绅宗族的特点，从而形成了一个有较为显著特征的下层士绅宗族组织，该组织有别于清水江流域其他宗族组织，如土司宗族、屯军宗族组织等。

参考文献

[1] 张仲礼. 中国绅士——关于其在19世纪中国社会中作用的研究［M］. 李荣昌，译. 上海：上海社会科学院出版社，1991：4.

[2]〔英〕莫里斯·弗里德曼. 中国东南的宗族组织［M］//钱杭. 中国宗族史研究入门. 北京：复旦大学出版社，2009：142—143.

[3]〔奥〕迈克尔·米特罗尔，雷因哈德·西德尔. 欧洲家庭史［M］. 赵世玲，译. 北京：华夏出版社，1987：11.

清水江流域宗族在婚姻关系中的作用考察

——以天柱县婚书为例①

王凤梅②

摘　要：检阅清水江婚姻文书发现，宗族在契约订立中影响深远，主要体现在宗族影响文书的表达程式，贯穿主婚权、中人及在场人选择诸多方面，故探讨清至民国时期清水江诸类婚书，对于揭示宗族在家庭婚姻中的渗透度，以及在维系家庭延续性和社会稳定性等方面有着积极意义。

关键词：宗族；婚姻关系；天柱文书

在中国宗族社会中，婚姻与宗族密切相关。郭松义认为“在中国传统的宗法社会中，婚姻的目的是合‘两姓之好’，为的是维持宗族的延续及祖先的祭祀……既不是个人的，也不是社会的，而完全是以家族为中心，这一性质在婚书中有具体的体现。”[1]34 刘道胜指出“传统徽州的婚姻缔结，虽系一家之务，但关乎一族之要。”[2] 贵州省清水江流域为苗族、侗族等少数民族聚居区，宗族势力在婚姻关系中影响深远，无论是初婚、离异还是再婚等，

---

① 本文原载《贵州大学学报》（社会科学版）2016 年第 5 期第 77—83 页。

基金项目：教育部人文社会科学研究青年项目“清水江流域宗族关系文书研究”（12YJC770055）；贵州省教育厅高等学校人文科学研究基地项目“清水江流域宗族制度研究——以天柱婚姻契约为视角”（11JD043）；中国文化书院基地项目（2011ZG009）。

② 作者简介：王凤梅（1973—），女，湖南新邵人，浙江大学历史学系博士研究生，贵州大学中国文化书院副教授，贵州省高校人文社科重点研究基地“中华传统文化与贵州地域文化研究中心”副研究员。研究方向：区域史。

在婚书中均打上了宗族印记。为深入这一问题探讨，本文拟以清水江下游天柱县遗存的婚书为例，从其书写程式和体现的主婚权内涵诸方面出发，对清至民国时期清水江下游婚姻关系中的宗族作用进行考察，以求教海内外贤达。

一、婚书书写程式彰显宗族性特征

（一）婚书中妇女冠名和书写

“宗族必有姓氏，姓氏又因有宗族才得以产生”[3]。清水江流域苗侗等少数民族历来重视宗族生活的社会，历史上遗留下来的众多祠堂、族谱和碑刻等皆体现了这一社会特征，据不完全统计，该流域“为主体的侗苗山区，共有各姓氏宗祠220多座，覆盖了相应地区的44个姓氏。其中以天柱县为最多，有杨、吴、龙、刘、陈、王、潘、罗、周、胡氏等共158座”[4]。不仅如此，在已收集整理出来的各宗族大量“婚书”中亦体现这一内容，具体如下。

1. 已婚妇女冠名书写程式

现存婚书对妇女冠名书写程式体现了宗族在婚姻家庭的作用，见表1。

表1　与贵州省基本公共服务相关的研究情况①

契约内容	宗族姓氏	时间
情因我妻罗氏，名唤妹花，是罗恩球之女	罗氏	光绪十年六月六日
情因先年杨汉锡娶妻龙氏伯凤	龙氏	民国九年三月一日
遗有妻室杨氏并有一女	杨氏	民国十五年四月二十一日
立休退妾字人锦屏茅坪上码头龙耀宝，情因先年娶得龙氏妖弟为妾，无嗣后再娶王氏	龙氏 王氏	民国十九年二月五日
原告 吴氏兰蕊　　被告 龙金华	吴氏	民国二十三年十二月五日

① 资料来源于张新民：《天柱文书》（第一辑），江苏人民出版社，2014年。

（续表）

契约内容	宗族姓氏	时间
立主婚书人欧阳氏凤冉	欧阳氏	民国二十四年六月十四日
立字约人杨承□求其蒋氏新兰［与］杨先泮为妻	蒋氏	民国三十年某月十三日
遗下弟妇杨氏东蕊	杨氏	民国三十五年三月二十五日
今因先年求讨陶家地名陶开隆之侄女名唤陶氏翠音为媳	陶氏	民国三十七年五月二日
遗媳黄氏春兰青守无主	黄氏	公元一九五〇年四月十日

从表1可见，当女方嫁入夫家后，在女性名字前多冠以娘家姓，然后加“氏”，最后才添加女性在娘家的名字，如陶氏翠音为杨秀忠之妻，冠其娘家陶氏姓氏，而非夫族杨姓。又如“遗有妻室杨氏”为弟嫁寡嫂，直呼寡嫂为杨氏，连名字都省掉，但从中仍可窥见女方归属宗族信息。同样例子颇多，不一一赘述。

中国已婚妇女冠姓于文献多有记载。光绪三十四年（1908年）《调查户口章程》第五章第十六条规定：“姓名格内，如妇女不便填写者，妇人得以姓氏、女子得以长次等字代之”[5]。1930年颁布的《中华民国民法》规定“妻以其本姓冠以夫姓，赘夫以其本姓冠以妻姓。但当事人另有订定者，不在此限”[6]932。从表1看，天柱地区婚书沿袭冠“氏”者多，民国冠夫姓者鲜见，已婚妇女冠名主要为娘家姓氏，尤其在休书、再醮和纠纷出现时使用最多。

由此发现，清水江流域社会婚姻生活中一再强调了女性婚姻一方的宗姓。在宗族社会中有两个方面的意义：一是汉族女性一方嫁入夫家后，即淡化本族姓氏，二是表明本宗族在社会生活中可以影响到另一个相关联的宗族生活。

2. 妇女姓氏字体书写

据表1中已婚妇女冠名来看，“氏”字体书写与其他字大小不一。具体见契约图1[7]册21:245、图2[7]册12:141、图3[7]册12:290。

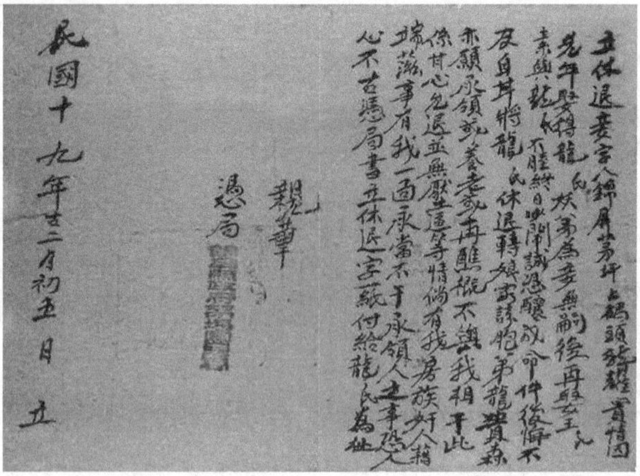

图 1　民国十九年（1930 年）二月五日龙耀宝休退妾字

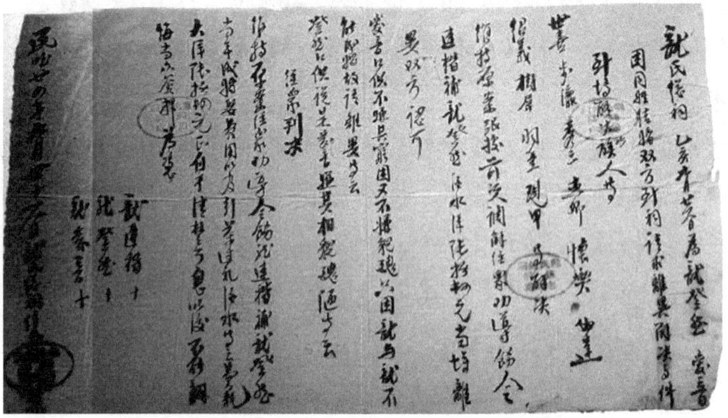

图 2　民国二十四年（1935 年）九月二十六日龙氏宗祠出具龙登然、龙爱音到祠请求离异判决书

图 1 中龙氏和王氏的“氏”高度及宽度均只及其他字体一半大小，且居于上面字的右下方，左边为空。图 2 系因同姓婚姻引发的冲突由女方向总祠请求离异，最后形成的判决书。龙氏总祠在纠纷处理中扮演了重要的调解角色。但在书写宗祠信息涉及“氏”时，“氏”与其他字体书写无异。如“龙氏总祠”中“氏”大小与后面字体一样，没有大小之分，“龙”反而比其他字体要大，突出宗族之名；契约字迹工整，无涂改之处，且五处加盖了“龙氏总祠 锦屏 口办处”印章，足见重视契约程度。

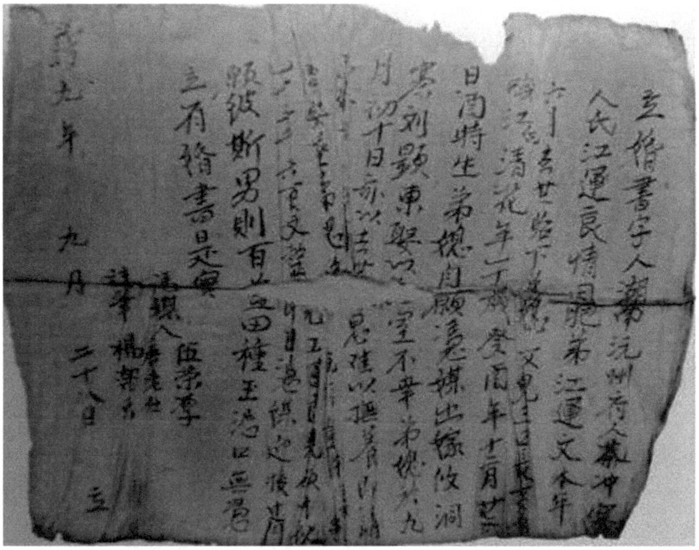

图 3　光绪九年（1883 年）九月二十八日江运良婚书

图 3 系男女姓氏共同出现时的书写情况。文书中出现两个“氏”，立婚书人氏江运良为前夫，其“氏”大小与前后字体一样，被嫁至攸洞村的“江氏清花”，“氏”置右，大小有别，文书无涂改，显然不是疏忽所致。从“氏”字在男、女、宗祠中书写格式截然不同之现象，进一步说明女性在宗族社会中地位与男性有别。

上引三件婚约对女性一方的书写，与“妇女冠名书写”体现出的宗族信息又有所不同。“妇女冠名书写”体现出的是两个联姻宗族间的关系，意在通过维系相互通婚团体间的联系，发挥一个宗族在另一个宗族中的影响。后者则不然，它通过强调男性一方权力，突出了宗族在妇女婚姻生活中的主导地位。

（二）婚书书写纸张与当事双方宗族关系

郭松义在研究地方志书中发现，清代湖南安仁县书写定贴的纸张是男红女绿，并提出“两湖和贵州的一些地方，男女年庚均同书于一纸红笺上，如遵义府，婚家具庚书列男女之出生年月日时于左端，请媒持往请庚，女方乃书女之生于右，复婿家”[1]47。“娶再醮妇或招赘，多不用庚帖，只用主婚人所出之婚书，亦以红纸为之，即愿书也”[8]。形式上婚书用纸男红女绿在于区别当事双方性别，潜在地表达了男方宗族在婚姻双方中的主导地位。值得注意的是，笔者查阅大量天柱婚书后发现，该县婚书书写纸张多为白黄素纸，红纸书写者甚少。如《光绪年间王道沛笔录合卺吉课书》[7]册15:92 是用大红纸书写，字迹工整，无涂改。需要指出的是，天柱县的离异婚书亦有用红纸书写情况，如《民国三十七年五月二日杨秀忠同意其妻陶氏翠音离婚并改嫁王学松字》[7]册3:41，对此笔者做了大量调查，被调查人杨光凡等认为，用红纸书写离异婚书，是表示男女离婚一事，为双方家族认可，离婚后男女双方家族不会因此产生任何纠纷，也还保持着正常的社会往来和感情交流①。

（三）婚书宗族性称谓表达方式多样

在天柱婚姻契约中有关宗族性称谓表达甚多，具体见表2。

表2　天柱婚契中宗族信息表达程式②

契约名	内　容
光绪二十二年四月三日龙文波因妻私逃杜后合约	即刘姓不得向我龙姓说长道短
光绪三十三年三月二十九日姚燕谋主婚书	引转开亲姚姓；我房族人等不得藉此妇滋事，倘有异论，有我向前乙面承当，不关杨姓之事
民国十五年九月二十日龙政保立休妻手摹字	自央请房族人等休退转娘家；凭亲房 龙仲佑（画押）；族人 龙政覃 龙桂石 龙秀锦
民国十七年四月九日孙德禄招娶字	今因胞弟病故；是以合族商通
民国二十四年六月十四日欧阳氏凤冉主婚书	其有内外房族户角同亲发亲画字酒席等项一概包录在内；我房族各色人等不得阻拦等情

① 2012年4月在天柱县高酿镇田野调查，被调查人高酿镇甘洞村小扬寨杨光凡等老先生口述。离异契约用红纸书写在其他地方偶有出现：《清代民间婚书研究》所附图四洪宪元年“再醮婚书”亦是红纸书写；在温峰著博文《旧社会各种买卖婚姻契约》载五份平原契约（光绪和民国时期）中，四份卖妻子、卖媳妇、卖自己的契约均系红纸书写（温峰著博客 http：//blog. sina. com. cn/s/blog_ 918d037f0101dk2k. html. 2013年4月24日）。

② 资料来源于张新民：《天柱文书》（第一辑），江苏人民出版社，2014年。

（续表）

契约名	内　容
民国二十四年九月二十六日龙氏宗祠出具龙登然、龙爱音到祠请求离异判决书	双方到祠请求离异解决事件
民国二十四年九月二十六日计抄龙登然摹结	今于总祠族长台前实结
民国二十五年三月五日龙连楷负责龙爱音再嫁伍永贤事宜承认字	当凭族长龙必达、现甲、秀三、启芳等
民国二十五年七月杨三毛侄女杨银姜复回夫家杜后清白字	族戚 龙大勋、杨政魁、龙则毛
民国二十七年十一月六日罗连桃与龙大远退婚另嫁龙增林自愿脱离清白婚书字	凭亲族：龙大富、龙大杰
公元一九五〇年四月十日欧阳广修代改婚约字	双方父母及房族人等均不得发生枝节

婚姻本来是男女双方之间的事情，一般情况下，因其分属于不同的宗族，故婚姻之事当为宗族之事，也就不足为怪了，故婚书中常出现“凭亲族、房族人等、凭亲房、族人、祠、总祠族长、凭族长、某姓、内外房族、双方父母、胞弟、合族、凭族、族戚”等若干宗族性词汇而非人名，旨在强调宗族归属，明确宗族关系，对此敬请读者注意。

总之，婚书的书写及定式，都是经过千年社会生活积淀而传承下来的民族生活方式，本身是一种文化。从上文可见，清水江流域婚书的书写格式、用纸类型、表达方式与汉民族地区有明显不同，折射出该流域宗族势力对婚姻过程及婚姻生活之影响。

二、主婚权蕴含宗族性影响

清水江下游天柱县婚书类型多样，有主婚书、招娶字等确定婚姻事实者；有合卺吉课笔录书、领财礼字等操办婚姻事宜者；有离异判决书、退婚字等婚姻出现变故者等。无论是哪一种，都涉及主婚权问题。郭松义认为明代民间“婚姻是父母之命，媒妁之言，直系尊亲属，尤其是男性的直系尊亲属，有绝对的主婚权，这是被社会和法律都认可的威权”[1]34。《清律》卷十户律婚姻载“嫁娶皆由祖父母、父母主婚；祖父母、父母俱无者，从余亲主婚。其夫亡携女适人者，其女从母主婚”[9]。“直系尊亲属，尤其是男性的直系尊亲属，有绝对的主婚权”[10]。天柱文书中的主婚权亦如此。尽管 1929 年中华民国规定“婚约应由男女当事人自行订定。……结婚应有公开仪式及二人以上之证人”[6]913,924，但从遗存婚书来看，天柱地区在民国时期主婚权没有大的改变，下以契约订立所体现的主婚权为例，加以说明之。

（一）父亲主婚

1. 在以父权为中心的传统社会中，若父亲在世，一般由父亲主婚。如《公元一九五〇年四月十日欧阳广修代改婚约字》“□□婚约字人欧阳广修，情因吾子大芬救国多年，远征无踪，遗媳黄氏春兰青守无主，难以挽留；该媳请愿再醮，以图终身有靠；兹凭双方父母及媒证，即将该改代婚约，当面议定补还礼金光洋叁拾捌元乙角捌正，以作吾子未来另娶之资”[7]册8:129，该份婚书订立于 1950 年 4 月 10 日（时值贵州省即将解放之前），欧阳广修因其子出征无踪，替代儿子主持离婚。就主婚仪式看，双方宗族均在场，且主婚书中确也包含着“双方父母及房族人等均不得发生枝节”“亲家：公富”“代改婚约：父亲　广修　笔”“听便该媳自由择配”等体现公平权力要素，但主婚权既不在女方家族，更不是在妇女本人手中，说明女方家族处理婚姻权利弱化，妇女本身更是难以操控自身婚姻。

民国时期，天柱地区改嫁现象颇多。刘茂等撰文指出“清代清水江流域，贞节观念开始普遍流行，存在着大量的寡居妇女……清代天柱县守节妇女人数为 137 人”[11]。但至民国时期，改嫁之风盛行，究其原因，多与利益和时势相关。因寡妇再嫁可收受礼金，囿于经济困难，促成改嫁之风。谁是主婚人，聘财就归谁所有，则有权对聘财进行分配。在天柱县，婆家和娘家因礼金利益争夺主婚权而诉讼的婚书未见，说明当地由谁主婚已约定俗成。除利益之外，也与时势相关。在天柱县高酿镇，同样因应征入伍未归导致离婚的文书有龙章廷、章锦、章才兄弟三人替胞兄离婚；刘宗才、刘宗柄因四弟阵亡为四弟媳求亲；龙后然替胞弟龙后光与杨大妹解除婚约者①，以上诸

---

① 三份婚书均出自《天柱文书》，收藏者分别为高酿镇木杉村刘开和、刘开甲（第 19 册第 85 页）；高酿镇优洞村杨汉焯（第 11 册第 255 页）；高酿镇甘洞村龚经成（第 21 册第 330 页）。

婚书所载，男方分别于1935年、1934年和1933年应征入伍。时值国家政局混乱，战争诸多，为维持兵源稳定，民国政府在贵州征兵，应征后阵亡者较多①，导致寡妇数量增加，造就再嫁之风盛行。

2. 女方娘家父亲发表弃权声明。娘家在夫教的前提下，女儿一旦嫁出，若违背他们心中为妻之道，碍于颜面，立下不再管教之契约。如《光绪十年六月六日罗恩球女儿妹花恐生恐死不关娘家虑后字》载，“立虑后字人罗恩球，情因女儿名唤妹花，嫁与章寨刘见转为妻，过门数载，不遵父母之训，不从丈夫之命、丈夫不遵，叠次逃走，恐生恐死，我罗姓勿得异言，立有虑后字存照”[7]册10:95。从婚书可见，丈夫对妻子不满，要求立下妻子生死与已无关之约，罗妹花宗族由其父罗恩球书写婚书。值得注意的是，民间常言“嫁出去的姑娘，泼出去的水”，然当婚姻人双方面临利益之争或宗族尊严时，双方会由个人利益上升至宗族利益。再查该份文书发现，签约双方均有宗族势力在场，刘姓宗族有母舅刘耀保、首士刘耀章、代笔刘作霖，罗姓宗族有罗玉光和罗玉标等。但罗妹花因其“不从夫教”“叠次违夫逊外”，娘家认为其行为有辱罗氏宗族门面，故有罗妹花“恐生恐死，我罗姓勿得异言”。由此可见，一定程度上，妇女婚姻地位及受娘家保护是建立在遵从夫教基础之上。

3. 未成年子女婚姻，由双方父亲主事。上述主要探讨了成年子女婚姻，对尚未成年者，天柱地区亦有涉及。如《民国三十四年二月二十六日王有环将女翠桃嫁与伍家抚养长大成婚愿书》“立愿书人王有环，……今该小女跟父谋生至天柱县膏（高）酿乡攸洞，……乃凭证人等甘愿嫁与攸洞村伍绍全抚养，长成许伊长子名宏魁为妻。可是，目前该夫妇双方当事人虽未成年，经得双方家长主事人同意，依法已正式成立婚姻事实……当有翻悔及意外发生，愿受法律上之严重处分”[7]册12:46。婚书中婚姻当事双方为伍宏魁和王翠桃，因未成年，按《中华民国民法》“未成年之男女，订定婚约，应得法定代理人之同意”“未成年人结婚应得法定代理人之同意”[6]917,923，该婚姻由

---

① “一九三八年冬，为纪念阵亡将士和死难同胞，天柱县国民政府和高酿地区龙友三，龙光明等知名人士，在高酿镇所在地召开有千多人参加的为抗日阵亡将士竖碑纪念大会，宣讲抗日救国的意义，号召和鼓励广大青年，踊跃从军，为国出力，并竖立了抗日阵亡将士纪念碑一座。”（杨德润. 天柱县民族·姓氏·村镇·文物（集成）［M］，贵阳：天柱县文体广播电视台，2007：906。转引张新民．探索清水江文明的踪迹——清水江文书与中国地方社会国际学术研讨会论文集［C］．成都：巴蜀书社，2014：260。）

双方父亲主持亲事，从“依法已正式成立婚姻事实”来看是受法律保护的，由在场人组成亦可窥见一斑。此处王有环之女系锦屏县九寨乡，嫁至天柱县高酿乡，属于异地异宗婚聘，故请了重要的媒证、证人和保长三方作证。契约说是出嫁，实则类似卖女，因1943年时值抗日战争时期，国民党中央政府向全国各族人民发行粮食库券、征收积谷及赋税等措施，锦屏地区各族人民生活贫困[12]。

（二）由母亲主婚

母亲主婚，婚书体现为主要由婆家婆婆主持，如《民国二十四年六月十四日欧阳氏凤冉主婚书》“立主婚书人欧阳氏凤冉，情因求娶欧姓之女为媳，不幸儿子亡故，终身无靠，而误青春，是以协同娘室二家互商妥善，另行改嫁……当凭媒证三面议定财礼洋壹百捌拾元零捌角正……主婚人 阳氏凤冉(+)”[7]册8:47。“立领财礼字人欧阳氏凤冉，今因领到蒋太祥所付欧阳氏永栢之财礼洋玖拾元正。恐后无凭，立新领字为据。民国二十四年六月十四日欧阳凤冉领 亲笔”[7]册8:48。

主婚人为婆家欧阳凤冉，因其子去世故改嫁儿媳。相较前述欧阳广修而言，未知儿子生死，故云“恐子归来，再婚需要彩礼”，则由女方再醮之夫等承担。此份文书直言欧阳凤冉之子已先行去世，无需再娶，但婆家依然收受彩礼钱，也许这就是婆家愿意承担媳妇再嫁的主要动力。在锦屏县亦出现婆家主婚、售卖媳妇为妾契约，如《王彦娥立主婚售字（民国十七年后二月一日）》[13]，王彦娥因子亡故，主婚将儿媳刘引花售卖给王庚庆为妾，王庚庆是直接向龙姓宗族提亲，而非女方娘家刘姓宗族，可见再婚中婆家主婚权地位之高。

（三）由兄弟等男性主婚

1. 为寡嫂主婚。《民国十五年四月二十一日龙大椿嫁嫂主婚杜后事字》载“立主婚杜后事字人冷水寨龙大椿，情有族兄龙大烈娶得摆洞杨招庆之女名唤连娰为妻，……遗有妻室杨氏并有一女，家下寒微，无人照管。当时凭媒议……从今以后，若有我近房远族前来言长道短，翻覆变计者，不干娶主之事，自有我主婚者一担承挡”[7]册2:252。文书中龙大烈去世后，族弟龙大椿作为这个家族的男性尊长，做主改嫁寡嫂事宜。婚书中“自有我主婚者一担承挡”是对主婚权的确定，“近房远族”间接阐明宗族的参与和认可。另再醮之后男方需要付出聘金，由小叔子他们收受，进一步说明夫家宗族在婚姻中的主导地位。

2. 为弟媳求亲。因战争时势，清水江流域出现不少寡妇再醮文书。如求亲媒单字“立媒单字人刘宗才、宗柄，兹因四弟宗科于三十三年出征，到卅四年阵亡于桃元县。遗下弟妇杨氏东蕊……宗才笔”[7]册11:255，刘宗才等因弟出征阵亡，欲将弟媳改嫁，由宗科之兄刘宗才和刘宗柄主持婚事。从契尾署名来看，可知刘宗才是兄长。弟媳改嫁，由夫之男系宗族主持。

同时，除却战事之外，促使男性家族为弟媳等招娶原因颇多。如《民国十七年四月九日孙德禄招娶字》“立请招娶人孙德禄，今因胞弟病故，弟媳不守妇道……是以合族商通娘室，请凭亲友蒋景亮四方招人求讨，若日后有人求讨接过完配之，勿论那人藉滋生事，有（由）我一面承当，不干尔媒证之事”[7]册6:169。契约中孙德禄因胞弟病故和弟媳不守妇道，召集宗族之人与弟媳娘家商讨，为其招娶。

3. 兄长为姐妹主婚。除夫家为妇女主持再婚之外，天柱地区也存在少数娘家男性主持婚姻契约。如《民国二十五年三月五日龙连楷负责龙爱音再嫁伍永贤事宜承认字》“立承认勒洞龙连楷，情因我姊爱音先年得配高获村龙登然为妻，历来数年不睦，现在立有总词（祠），同姓不婚，以至去岁十月初六日凭我龙氏总词（祠），双方离异。夫妻自愿甘心脱离，及各族长排解”[7]册12:144。与此份婚书相关婚书共有六份①，内容涉及请求离异，到摩结，问询再婚，到再婚关系确认及费用事宜，男方龙登然是全部在场者。此契比较特别，离婚双方均系龙姓宗族，离婚由女方家族龙连楷为姐姐龙爱英提出，是在龙氏总祠进行，召集了族长们进行劝解，从“龙氏总词（祠）”“各族长排解”等词均显现当时宗族的作用。

（四）由前夫主婚

夫妻离异时，丈夫出具同意离婚的证明之外，并出具再嫁同意书，以避

---

① 天柱文书第12册中相关文书为：民国二十四年九月二十六日龙氏宗祠出具龙登然、龙爱音到祠请求离异判决书；民国二十四年九月二十六日计抄龙登然摹结；民国二十四年九月二十六日计抄龙爱音摹结；民国二十四年十二月十七日关于龙爱音再嫁吴永贤事宜询问函；民国二十五年三月五日龙连楷负责龙爱音再嫁伍永贤事宜承认字；民国二十五年四月六日解决龙连楷处理爱音离异再嫁费用事宜判文。

免日后纠纷。如吴贤分另嫁其妻罗氏婚书“立婚书字人吴贤分，因先年所娶之妻罗氏来拾九岁，……数载不听约束，夫妻反睦。另出嫁……如有人等言论，房头户角洗门转亲之礼在卖，亲人一面回头承当，不干休妻人之事”[7]册3：205。这是一份嫁妻婚书，结婚当事人不再是立契人吴贤分，而是罗来和杨有成，即吴贤分将自己的妻子转嫁给他人。内容涉及罗来第二次出嫁时，由其前夫主持出嫁和收受财礼，以吴贤分为代表的男方宗族和罗来为代表的女方宗族，对于新发生婚事，均不再提出异言。罗来娘家对吴贤分收取财礼一事也无权过问。类似婚书还有《民国十五年七月四日吴德荣与妻杨爱花不睦请媒到龙光棚处求亲主嫁书》等。

（五）由叔父主婚

需要注意的是，清水江下游天柱县，亦有叔父为侄女主婚。如《民国二十五年七月杨三毛侄女杨银姜复回夫家杜后清白字》“立杜后清白字人亚化村杨三毛，侄女名唤银姜，情因先年嫁许高命村龙大猷第三子则厚为妻……而双方凭团甲族戚询问其故……立有杜后清白付与龙姓执为据……族戚 龙大勋、杨政魁、龙则毛”[7]册10：351。从婚书可见，杨三毛为侄女杨银姜立清白字，没有提到杨银姜父母兄弟，其婚姻由归属为“余亲”之类的叔父主婚。契约中书“付与龙姓执为据”，在场人署名也是“族戚”“而双方凭团甲族戚询问其故”，可见在遇到问题纠纷之时，宗族和地方团甲等共同承担了调解作用。

三、结语

综上所述，在中国历史上以父权为中心的宗族社会里，婚书中妇女、男性及宗族三者之间书写程式有异，冠名富有强烈的宗族身份，字里行间宗族性称谓表达彰显了契约的可靠性。同时，婚契的订立离不开不同时期国家规章制度的制约，主婚权的拥有体现了中国传统社会中男性家长在家族中的绝对权威，以上诸内容在清水江流域宗族社会生活中产生了重要影响。

贵州省清水江流域留下的众多婚姻契约既打上了特定历史时代烙印，又具有其自身的地域性特征。如民国时期，再婚现象增多，是与当时社会历史背景、人们生计艰难相印证。在国家法律面前，民众选择寻求宗族力量来解决之事时有发生。如吴生魁与龙先香退婚字[7]册14:91，本可到政府所设的基层官署“乡公处”办理离婚手续，但囿于求助官府按国家法律办理为羞耻的观念，反而请求双方信任的族人调解，故演变为吴姓和龙姓两大宗族之间的内部事情。龙九长与吴兰汝离婚事宜婚书凡四份[7]册22:333-336，其中两份为天柱县堂谕代判书，另两份系白契（此处指没有官府参与，靠宗族协调而签订的契约，因无官方印章，故名）。龙九长起初求助官府，官府裁断之后“又复争讼不休”，没有解决实际问题，故转而求助宗族，反而使问题获得了根本性解决。可见宗族法规以及借以维系的伦理秩序无形之中协调了婚姻关系。

值得一提的是，清水江流域婚书类型众多，内容涉及男女之间在初婚、离异、再婚、婚配标准、婚姻诉讼调解，以及子女抚养、归宗诸多问题上，为维持婚姻家庭关系稳定，也都有宗族力量的渗入。需要注意的是，清水江流域婚书所涉内容丰富，背景复杂，要靠一篇文章理清其间的关系脉络还有很大的难度，故本文的研究只是就妇女书写程式和主婚权方面做一论说，尚需从学理上，通过历史文献、田野调查和乡土文献资料的系统搜集和整理做进一步深入探讨。

参考文献

[1] 郭松义，定宜庄. 清代民间婚书研究 [M]. 北京：人民出版社，2005.

[2] 刘道胜. 明清徽州宗族文书研究 [M]. 合肥：安徽人民出版社，2008：332.

[3] 冯尔康. 中国古代的宗族和祠堂 [M]. 北京：商务印书馆，2013：3.

[4] 袁显荣. 清水江流域宗祠文化与汉族地区宗祠文化的比较与建议 [C] //张新民. 探索清水江文明的踪迹——清水江文书与中国地方社会国际学术研讨会论文集. 成都：巴蜀书社，2014：838.

[5] 光绪三十四年《调查户口章程》(1908年6月10日民政部奏折)，公安部户籍管理局. 清朝末期至中华民国户籍管理法规 [M]. 北京：群众出版社，1996：138.

[6] 吴经熊. 中华民国六法理由判解汇编2民法 [M]. 上海：会文堂新记书局，1948.

[7] 张新民. 天柱文书（第一辑）[M]. 南京：江苏人民出版社，2014.

[8]（民国）平坝县志［M］//中国地方志集成·贵州府县志辑第45册. 成都：巴蜀书社，2006：103.

[9] 马建石，杨育棠. 大清律例通考校注［M］. 北京：中国政法大学出版社，1992：443.

[10] 瞿同祖. 中国法律与中国社会［M］. 北京：中华书局，1981：98.

[11] 刘茂，龙泽江. 孤灯冷泪与家庭责任：清代清水江流域的寡妇及其生活［J］. 原生态民族文化学刊，2014（1）.

[12] 贵州省编辑组. 侗族社会历史调查［M］. 北京：民族出版社，2009：142—147.

[13] 张应强，王宗勋. 清水江文书（第2辑第7册）［M］. 桂林：广西师范大学出版社，2009：138.

社会生活

从清水江文书看清代清水江中下游外来移民“入住权”的取得

——岑梧“镇寨”文书解读①

王宗勋②

摘　要：清代康熙至乾隆时期，是森林资源丰富的锦屏等清水江中下游少数民族地区前所未有的社会整合期，湘赣等地的汉族商人和贫民大量移居这里，给该地区带来了新的经济意识和先进的封建文化。然而，这些外来移民来到这里并取得“入住权”，大都经历了一个相当艰难的过程。锦屏县平鳌村陆氏先人遗存下来的一组“镇寨”文书即是这种艰难过程的反映。

关键词：清水江文书；移民；入住权；取得

在清水江文书中，有相当部分是记述和反映清代前中期外地移民取得“入住权”过程的，其中锦屏县平略镇岑梧村③形成于清康熙至乾隆时期的一组土地买卖契约文书即是典型。2002年，本人费了一番周折，在锦屏县平

① 本文原载《贵州大学学报》（社会科学版）2016年第2期第121—126页。

基金项目：国家社科基金重大招标项目“清水江文书整理与研究”（11&ZD096）子课题“清水江文书中典型契约点校整理”。

② 作者简介：王宗勋（1964—），男，侗族，贵州锦屏人，锦屏县地方史志办公室主任，凯里学院原生态文化研究中心研究员。研究方向：清水江文书与历史人类学。

③ 岑梧村位于锦屏县西南部，东邻平略镇寨早村，南接平略镇归朝村，西毗启蒙镇华洞村，北与平略镇平鳌村接壤，全村土地总面积1.33万亩。2014年有175户，760人。有陆、潘、吴、龙、黄5个姓氏，陆姓占80%。填报为苗族，但自称“三锹”，会苗、侗、汉3种语言。

略镇岑梧村收集到一组清康熙至乾隆时期的山场买卖契约文书[①]。其中最早的年代是康熙五十四年（1715 年），最晚是乾隆二十三年（1758 年）。在岑梧村，人们给这组契约文书赋予了几分神秘性，认为那是岑梧寨的根基，是“镇寨之宝”，故不轻易出示于人。

关于这组契约文书，我曾几次请教岑梧村的老村干部陆宪基老人。他说，那几份康熙契约是我们岑梧村最早的契约，是我们岑梧先人来到这里开疆辟土、居住栖身的最早凭据，是我们的“寨宝”。我们岑梧陆姓先祖原居住在湖南靖州的地庙[②]，因正月间烧田坎时不小心失火，烧死了人，犯了命案。为躲避官司，就举家逃了过来，分别到岑梧和隔壁的扒洞寨[③]给人佃山栽杉。扒洞是一个较古老的寨子，有姜、龙、蒋等姓，那时属于平鳌村[④]的子寨。平鳌管辖的山场很广袤，扒洞姜姓人是从平鳌分过来看守这边的山林田地的，岑梧这一带地盘多数属于平鳌和扒洞寨。我们投落在扒洞的祖先先是在一姓姜人家当佃户，那家人丁欠旺，要我们祖先放弃陆姓而改从姜姓，以壮大他们的家族势力。他答应我们先人，如果同意改从姜姓的话，就分送给几块山场给我们。我们的先人陆贵还父子不肯弃陆从姜，便背着姜姓人，倾其所有，向苗馁[⑤]人买下了今岑梧村的靠近华洞的长冲、平展坡和九白冲、董所等几处荒坡作为立身之地。然而，在买这几处山场的过程中，苗馁人自恃人地熟悉，对刚从湖南逃过来，还是属于“来人”[⑥] 的我们的先人百般耍猾，采取更改姓名、父卖子翻、兄卖弟悔等手段重卖山场荒坪，翻来悔去，到最后，连中人和写契的人都看不过去，

---

① 其过程详见笔者《寻拾遗落的记忆——锦屏文书征集手记》（2015，世界图书出版公司出版）。

② 地庙，即今湖南省靖州县三秋乡地妙村，毗邻锦屏铜鼓镇，距岑梧村约 60 公里。

③ 扒洞，即今启蒙镇华洞村，与岑梧村相邻。包括有华洞、里格、烂泥塘 3 自然寨，有姜、龙、蒋、杨、吴、黄等姓，姜姓最早从平鳌搬来种山守林，继而开辟成村寨，在清代至民国一直属平鳌子寨。

④ 平鳌，位于岑梧村北面，濒临清水江，系清水江沿岸古苗寨之一，在清代管属山场甚广。2014 年有土地面积 2.57 万亩，全村有 282 户，1186 人，有姜、傅、杨 3 姓，姜姓占总人口 75%，均为苗族。

⑤ 苗馁，即今锦屏县河口乡韶霭村，位于岑梧村的西偏南面，距离约 13 公里。2014 年有 285 户，1286 人，有龙、吴、李、姜、杨、范、王等姓，龙姓最早入住，人口在诸姓中最多。均为苗族。

⑥ 来人，系锦屏等清水江中下游一带旧时对刚从外地迁徙过来穷苦移民的称谓。这些人无田无山，以给当地人佃种山场为谋生之业，地位低下，为世居的居民所看不起。

指责苗馁人不讲仁义，他们才住手。买下这几处山场土地后，我们陆姓人就在这里立下了足，由“客人”变成了“主人”。以后又慢慢向周边村寨买山场田土，才形成今天的这个样子。陆宪基说，“我们岑梧的每一寸土地都是先人用血汗换来的”。

一

岑梧的这组“镇寨”契约文书共由16份组成，形成完整的体系，互相之间联系非常紧密，研究价值相当大。这组契约文书中，康熙年间的8份，雍正年间的4份，乾隆年间的4份。最早一份是康熙五十四年（1715年），最晚的一份是乾隆二十三年（1758年），前后跨时43年，基本上是两代人。现将16份契约内容摘要于下：

第一份是康熙五十四年（1715年）二月十六日订立的九白冲荒坪卖契。卖主是苗馁寨杨香保、笼保兄弟，买主是扒洞寨陆现宇、现卿兄弟，价银是4两8钱，中人是姜太乔、龙党格、姜高明，3人共受中银[①] 8分；代笔蒲兴安，受代笔费银8分。交代双方不得翻悔，否则罚生金（真金）1两、龙角（银元宝）1双。契后写有“天理仁心，管业发达”。

第二份是康熙五十八年（1719年）正月十六日订立的童所冲头山场和阴地断卖契。卖主是苗馁人杨香保、杨弄保兄弟2人，买主是扒洞寨陆贵还，价银贰两捌钱，中人是龙金保、龙唐革、张显明、张高明、杨兴还。共收中人禾[②] 30斤，收中银1钱，杨兴还收中银2分半；代笔张实隐收代笔费银1钱。交代双方不得翻悔，否则“罚生金十两、龙角一双入众共用”。

第三份也是康熙五十八年（1719年）正月十六日订立的陈吴冲头、童所二处山场田土和阴地断卖契。卖主是苗馁人张（石）香保、张（石）弄保兄弟2人，买主是扒洞寨陆贵还父子，价银2两8钱。中人龙金保、张唐革、张显明、张高明、杨兴还，龙金保、张唐革、张明

---

① 中银，也称“捆银”，指支付给为买卖双方说合生意、居中证明交易人的酬谢费。

② 禾，在锦屏等清水江中下游地区开始时专指糯谷，后来则泛指稻谷。

显、杨兴还4人先是收买主中人禾30斤，后又翻悔，再收买主中银1钱，张高明收中银2分半；代笔张实隐，收代笔费银1钱。原来卖主为张姓，后在张字之边上增加“石”字。契中交代双方不得翻悔，否则，“罚生金一两、白水牛（银元宝）一双付官公用”。

第四份是康熙五十八年（1719年）二月初九日卖苗吾长冲山坡和荒田契。卖主是苗馁人石香保、石笼保兄弟，买主是陆贵还，价银5两，中人龙金保、姜高明、姜显明、龙党格4人共收中人银3钱，代笔人姜世美收钱1钱。声明“万古江山一墨断，从前覆水也难收”。

第五份是康熙五十八年（1719年）二月初九日订立琴无长冲的山坡和荒田断卖契。卖主是苗馁人杨香保、杨笼保兄弟，买主是扒洞陆贵还，价银5两（包括酒席在内），中人龙金保、姜高明、姜显明、龙党格，4人共收中人银3钱；代笔人姜世美收银1钱。交代双方不得翻悔，“上凭天理，下凭鬼神。若有争论，天雷劈之。”

第六份是康熙五十八年（1719年）二月初九日订立琴无荒坡一冲一岭（地名不具体）和长冲山坡契断卖契。卖主是苗馁寨杨香保、笼保，买主是陆贵还。价银足色纹银5两，包括酒席画字[①]在内。中人是龙金保、姜高明、姜显明、龙党格，4人共收中银3钱，代笔姜之美收代笔1钱。交代不得翻悔，否则“执约赴官”。

第七份是康熙五十八年（1719年）二月二十六日石香保、石笼保带儿子关唐、剪保4人断卖苗无董所、九白、长冲腰3处山坡契。买主是陆贵还，价银足色纹银25两。特意说明“扫土复断”，“不得翻悔”，否则陆处执字赴官，自甘领罪。中人王两晚、龙玉所、吴桥保、谢桥梁4人共受捆银1两，王贵楚收代笔费二钱半。

第八份是康熙五十八年（1719年）二月二十六日订立的断卖契。卖主是苗馁龙梳连，买主是岑梧的陆贵还。原因是龙梳连对石香保、石笼保“私卖”给陆贵还陈吾九白、长冲、笼金仔3处山坡提出异议，认为其亦有股份，于是“请乡导[②]向陆贵还理讲”。“陆处面善，无奈乡导苦劝，只得依从”，价银7两5钱，连酒席、画字在内。中人是龙玉所、

① 酒席，指协商土地买卖、签订买卖契约时，请买卖双方代表和中人、代笔人参加的简单宴席的费用；画字，指请代笔人代书写契约的费用。

② 乡导，指在地方上有一定威信和影响的人。

吴桥保、谢梁桥、王两晚、陆富宇 5 人，共收中银 1 两，代笔王贵楚收钱 1 钱。

第九份是雍正十一年（1733 年）正月二十七日订立的苗无、补两呇荒山断卖契。卖主是石香保、石笼保带儿子关唐、剪保 4 人，买主是苗无陆贵还、陆和宇，价银足色纹银 7 两，“硬担中人”蒋秀国，收中银 2 钱（陆贵还、石香保各承担一钱）；代笔王满万，收银 2 钱。特别交代“石处一卖一了，二断二休，子孙纵有余钱，不得翻悔归赎。如有龙处翻悔，任凭陆处执约付官，龙家父子自干领死罪”。

第十份是雍正十一年（1733 年）正月二十七日断卖岑吾山坡、屋基、坟山契。卖主是苗馁杨香保、杨笼保，买主是苗无陆贵还、陆和宇，价银足色纹银 18 两，“硬担中人”蒋秀国，收中银 1 钱 7 分；代笔王满万，收银 2 钱。交代“不得翻悔，否则执约赴官，自己领罪。一卖百了，父断子休，水流东海，永不回头”。

第十一份是雍正十一年（1733 年）正月二十七日断卖苗屋补两呇荒山。卖主是龙香保、龙笼保带儿子关唐、剪保 4 人，买主是苗无陆贵还、陆和宇，价银足色纹银 3 两。“硬担中人”蒋秀国，收中银 2 钱（陆贵还、龙香保各承担一钱）；代笔王满万，收银 2 钱。“龙处一卖一了，二断二休，子孙纵有余钱，不得翻悔归赎。否则陆处执约赴官，龙家父子自领死罪。”

第十二份是雍正十三年（1735 年）十月五日断卖琴吾污龙坡山。卖主是苗馁石香保、石笼保，买主是琴吴陆胜宇，价银 6 钱。中人蒋秀国、蒋秀德兄弟，各收中银 5 分；代笔杨春元，收银 3 分。三面议定“如有石处翻悔，陆处子孙执字赴官，石香保、笼保自干领罪。其坡一断一了，如高坡滚石，永不归宗。水流就下，再不回头。上平（凭）天理，下平（凭）鬼神”。

第十三份是乾隆三年（1738 年）八月初三日第二次断卖岑吾下手大断田边山坡契。卖主石香保以雍正十一年（1733 年）正月二十七日卖给陆贵还父子价银 3 两过低，要求加价 7 钱再卖给陆和宇、胜宇兄弟。中人蒋秀国，代笔蒋占春。

第十四份是乾隆八年（1743 年）五月初四日订立庙无荒山一冲一岭断卖契。卖主石香保、龙保兄弟，买主是地庙陆现宇、陆现卿兄弟，价银1两8钱。中人刘中元，刘中元在买卖双方的陪同下上山走过，在该山场边界埋了石头①，并收中银1钱；代书人杨春元，收银5分。要求不得翻悔："一断一了，如高坡滚石，永不归宗。水流就下，再不回头。"

第十五份是乾隆十三年（1748年）十二月十八日断卖平斩、污龙界荒山契。卖主苗馁杨龙保，买主陆现宇、现卿。价银九钱正。中人刘中元，收银5分；代笔蒋廷秀，收银3分。"一卖一了，父卖子休，高坡滚石，永不归宗。上平（凭）天理，下平（凭）鬼神。"

第十六份是乾隆二十三年（1758年）四月初八日扫土复断卖岑梧平展坡山场契。卖主苗馁杨剪包、杨玉所、杨乔所兄弟3人。因乾隆十三年（1748年）父亲杨龙保出卖与陆现与、现卿兄弟，剪包兄弟认为价偏低，翻悔要求重卖。买主是陆现与、现卿的儿子陆起文、陆宗显、陆爱之3人。价银纹银15两。中人龙孝凡、潘富美、杨得卿、杨选卿，收中费银四钱四分；代笔龙里司人杨天造，收代笔费3钱3分。买主要求界内荒山、田丘、屋基、阴地扫土尽卖，永世不得异言翻悔。"否则，执字赴官，自甘重罪。一卖一了，父卖子休，如高坡滚石，永不回头。决根扫断，寸土不留。"契后写有"天理仁心，永远大利"。此契一式两纸，契边有"合同存验"四字之"半书"②。

二

通过这组契约文书，我们大致可以还原这样一个简要的历史场景。陆姓先祖陆贵还、陆现宇、陆现卿等从湖南逃过来后，辗转来到平鳌寨地盘内，陆贵还落脚在扒洞寨给姜姓人当佃户种山，陆现宇、陆现卿兄弟则落脚在现岑梧地方给平鳌人种山。陆现宇、现卿兄弟来到岑梧不久，便经人介绍，于康熙五十四年（1715年）向刚搬离岑梧到韶霭居住不久的龙姓人买下了他们留在岑梧寨南边一公里处的九白冲荒山作为安身之地。陆贵还父子来到扒

---

① 旧时锦屏地区农村林农在山林的边界均要栽插长石块，以明晰边界，防止纠纷。

② 半书，旧时书写合同类文书，先将写好的两份合同分别折，将折处合拢，在合处正中书写"合同存验"，然后分开，每份合同各得"合同存验"四字的一半，然后双方各执一纸。

洞寨后，给姜姓人当了一段时间佃户，姜姓人要他们弃陆从姜，陆贵还不同意。于是跑到岑梧与陆现宇兄弟商量对策，陆现宇兄弟建议陆贵还搬来岑梧一起同居。康熙五十八年（1719 年）在陆现宇兄弟的介绍下，陆贵还背着扒洞姜姓主人，悄悄向搬迁到韶霭去的龙姓人联系买今岑梧寨南边董所一带的荒山作安身地。书写契约时，陆贵还请扒洞姜姓人作中证人，而韶霭龙姓人则请韶霭龙姓人作中证。然扒洞应请作中证的姜姓人因担心同寨姜姓人责怪，便将姜姓写成“张”姓。也许是价格低廉，陆贵还在这年的八月接连向韶霭人买了两次，买下了今岑梧寨南边的长冲头、九白坡、董所坡的大片荒山。然八月份第二次以 25 两白银的价格向韶霭杨香保、杨笼保兄弟买董所、九白、长冲荒山时，遭到韶霭人龙梳连的阻止，龙梳连认为这几处山场他亦有股份。在龙梳连及请来的乡导、中人的软硬兼施下，陆贵还父子被迫付给龙梳连 7 两 5 钱银子了事。以后的雍正十一年（1733 年）和十三年（1735 年），陆贵还父子先后 3 次向韶霭的龙香保、龙笼保兄弟父子买下补两咎、污龙坡等处的大片荒山。因顾忌韶霭人可能出现翻悔等情况，陆贵还父子这 3 次都请了为人正直、办事公道的扒洞人蒋秀国来作中证人。鉴于前几次的翻悔情况和出于对陆家的同情，蒋秀国于是出来“硬担中人”。乾隆三年（1738 年）八月初三日，杨香保父子不顾“硬担中人”蒋秀国的脸面和原契约中“如有一人翻悔，在陆处执字赴官，石香保、笼保自干（甘）领罪。其坡一断一了，如高坡滚石，永不归宗；水流就下，永不回头”等强调、发誓和中人蒋秀国的劝阻，以雍正十三年（1735 年）卖补两咎山场价格过低（3 两）为由，要求追加价银 7 钱。无奈，陆现宇兄弟只得忍痛付银了事。

除了陆贵还父子外，陆现宇、现卿兄弟也碰到相类似的问题。乾隆十三年（1748 年）八月初四日，陆现宇、现卿兄弟向韶霭石香保、龙保兄弟买了岑梧的平展坡、污龙界两处荒山，价银九钱。10 年后的乾隆二十三年（1758 年）四月初八日杨龙保的儿子杨剪保、杨玉所、杨乔所 3 人又翻悔，跑来岑梧找陆现宇、现卿两人的儿子陆起文、陆宗显、陆爱之 3 人，要求“复卖”。这时，陆姓人将悔就悔，除了请岑梧本寨的潘富美参与作中人外，还特地跑到当时的行政管辖机构龙里长官司①请人杨天造执笔书写契约。经双方的一番讨价还价，最后双方同意追加价银 15 两，杨剪保等 3 人将平展、

① 清光绪《黎平府志》载：黎平府属龙里长官司管辖扒洞寨，岑梧当时属扒洞的属寨。

长冲两处连同前契在内的山坡、田丘、荒坪、屋基等扫土全部卖断给陆姓。为了防止韶霭人再次翻悔，陆姓人要求代笔人杨天造将契约写成一式两份，在两份契约中间书写“合同存验”4字，每份均得这4字的一半，一份由陆姓保存，一份交由杨天造带到龙里长官司收存。

笔者曾随岑梧村原主任陆秀植等数次到这组契约文书所指定的这些山场去踏走，其总面积约有2000亩，其位置大致在今岑梧村寨往南边1~2公里，与华洞村的土地相邻。

三

清康熙中期，朝廷平定了西南地区，随即加强了对这一地区的行政经营。康熙三十二至三十五年（1693年—1696年），平鳌、文斗、瑶光、苗馁等苗寨迫于官府声威，先后向黎平府“纳粮入籍”[①]，实现了从“化外生苗”到国家“编户齐民”的转变。这时候，今锦屏等清水江中下游地区萌芽于明末清初的木材贸易已较为繁荣。在木材贸易的作用和影响下，湖南、江西等地的一些破产农民和手工业者开始辗转迁徙来到这里谋生，成为这里的新移民。岑梧的这组契约文书，即是岑梧先人取得“入住权”、定居岑梧地方的凭证。

从岑梧寨的这组契约文书中，我们发现有3个值得关注的问题：

第一，在这16份契约文书中，有两份（第1份和第5份）属卖契，其他14份均在“卖”字之前加有“断”字。在数以万计的锦屏山林土地买卖契约中，绝大多数在“卖”字之前加有“断”字，都属于所谓的“断卖契”。不加“断”字的买卖契约文书极为罕见。而且，有的虽不加“断”字，但不难看出是当时书写者的疏漏。在契约文书的发源地中原地区，加有“断”字的“断卖契”和不加“断”字的卖契有着很大的不同。“断卖契”也称“绝卖契”[②]，绝卖是指卖者将所卖的山林田地一次性卖完，不再留有任何遗尾。清代乾隆年间，官府还立有规定，“断卖契”只书有1份，交由买主收执，卖者永远不能回赎。不加“绝”或“断”字的卖契又称为“活

① 清光绪《黎平府志·武备》载：康熙三十三年“冬，知府宋敏学、罗清淇请巡边，以弭奸匪。于是平鳌、文斗、苗光、苗馁等寨皆纳粮入籍”。

② 绝卖契，指规定永归买者所有，卖主不能再索找银钱，也不能赎回的契约。

契”，也即卖主对所卖的山场土地的所有权不完全出卖，还保留有一定的余地，到一定时候又向买主提出补加价格。卖主可以一次甚至多次向买主加要价格，这种现象称为“找价”①，这在明清时期福建、台湾等地区民间的土地交易中普遍出现。

第二，在第9、第10、第11这3份契约中，出现“硬担中人”字样。在锦屏地区，书立契约时都要礼请中人。作中人者，一般都为人公正，在村寨间较有威望，深得立契双方的信赖。中人的作用，一是从中撮合买卖双方将买卖谈成，二是保证买卖过程的公正和公平，三是事后监督买卖双方履行契约，四是当买卖双方就所买卖的土地发生权属纠纷的时候居中进行调解。契约书写完之后，收取一定的中人费（约为买卖总值的5%左右）。这几份契约文书中出现“硬担中人”字样，说明土地的交易不是很正常，出现了中人不情愿、怕居中作证的现象，但经不住买或卖方的一再哀请或强求，才不得不硬着头皮来当“中人”。从岑梧人的口碑传说和这16份契约文书的内容来看，可以看出出现“硬担中人”的原因是苗佼人不讲契约规则，屡次强行推翻先前所订立的契约的缘故。

第三，这16份山场土地买卖契约中，多数所买卖山场土地的边界和四抵都较为模糊，其面积和林木、谷物产量更是不提，这在锦屏地区山林土地买卖契约文书中是不多见的。

上述现象充分说明，在康熙年间，平鳌等清水江两岸初归“王化”，封建领主经济意识尚较为浓厚，江淮地区契约文化随着清水江木材贸易等封建商品经济的发展而刚开始传播进来，契约文书和民众的契约意识精神尚未形成。

四

读了这组契约文书，给笔者留下了关于锦屏等清水江中下游地区历史发展的几个发问。

第一，韶霭距岑梧最近的小路约有13公里，中间隔九佑、中仰、文斗等村寨，为什么有山场土地在岑梧？是古韶霭寨管辖到今岑梧的地域或是其

① 找价，卖主以原卖价太少，向买主要求追补价银的行为。

他？就此问题，笔者曾在岑梧和韶霭等村关村寨作相应的调查，从得到的情况来看，韶霭的龙姓应是因岑梧的环境不适宜居住（原因不明）而搬迁过去的。同时，笔者又在韶霭得到另外一个令人感兴趣的历史信息，那就是岑梧和韶霭在古代都曾同属于一个类似“款”的组织。原来，在古时，岑梧与今锦屏县河口乡的韶霭、塘东、瑶光、加池，固本乡的宰格，偶里乡的云照这7个苗寨在称谓上都有一个“shēi”音，岑梧称“shēi shè”、韶霭称“shēi něi”、塘东称“shēi rǒng”、瑶光称“shēi sā”、宰格称“shēi xī”、云照称“shēi sào”、加池称“shēi xí”。“shēi”，古代苗语有“住在半坡的穷苦寨子”的意思。而且，这7个苗寨海拔高度大抵差不多（600~700米）。那么，这7个苗寨之间真的是款约组织关系吗？其内部组织情况又是怎样的呢？除岑梧之外的其他6个寨子都是苗族，而岑梧则是“三锹”①，是清前期才从湖南迁过来的。那么，与其他6个苗寨结成款组织关系的是他们“锹家”人，还是在他们来之前这里另居住有一群苗族人？那群苗族人在什么时候迁到哪里去了？

第二，从这组契约文书来看（尤其是第9份），杨香保、杨笼保与张香保、张笼保，石香保、石笼保，龙香保、龙笼保其实都是同一对龙姓兄弟。在锦屏旧契约中，由于写契约人掌握汉文化水平的问题，契约中往往出现错别字，同时也由于苗语和汉语对苗族村寨地名的称谓不同，契约中同一地名也往往写成不同的字，这组契约中的“岑梧”，就写成“琴吾”“琴无”“琴屋”“庙无”“庙吾”“岑屋”等。一般而言，人的姓氏有时也会写错字，但绝不会随意更改的。可是苗馁人在姓氏上，一时写“杨”，一时写“石”，一时写“龙”，一时写“张”，这绝不是笔误或苗、汉语读音不同所致，应该是当时韶霭人有计划的特意所为。那么，为什么要如此反复的更换姓名？虽然经过几番调查，但均未得到满意的答案。只能推测是韶霭人凭借“主人”的地位和熟悉的社会关系对尚是“来人”的陆姓人采取的欺侮手段。而岑梧陆姓人因根基未稳、势力单薄，只能逆来顺受，忍气吞声了。

第三，这组契约文书中，有4份（第3、第8、第13、第16份）涉及翻悔和“重卖”：第3份是中人对中介费翻悔，要求追加；第8、第13、第16

① 三锹，指今生活在贵州省锦屏、两县和湖南省靖州县藕团乡的一特殊人群。锦屏县有8个村寨，黎平县有6个村寨，靖州县现有三锹乡。这部分人群会说侗、苗、汉3种语言，自称“锹族”，1982年要求将其划为“三锹族”，国家未许。现大多报为侗族，少部分报为苗族。

份是卖主翻悔，要求加价或第二次重复卖。在契约盛行的年代里，契约签订以后就具有权威性，就要求订立的双方共同遵守。但从这组契约文书来看，苗馁人就不怎么把契约当回事。虽然差不多每次立契时，都用很重的语气强调要遵守承诺，不得翻悔，可是到后来又把这些承诺抛到九霄云外去了，不但是卖方反悔，就连中人也反悔。

从这组契约文书中，我们可以窥视到这样一种历史现象，也就是当时的移民问题。清代康熙中期以后，封建官府加强了对锦屏等清水江中下游地区的统治，平鳌、文斗等苗寨先后主动向黎平府“纳粮入籍”，社会日趋稳定。这时，在湖南等下游地区封建商品经济的影响下，这里的优质木材开始通过清水江销往下游地区，木材贸易开始发展起来，这种形势下，湖南、江西等地的贫穷人逐渐往这里移居。这些人移居这里时，被世居这里的苗侗族称为“来人”，这些“来人”一无所有，地位低下，大多数以给世居住民佃种山场维生，生活极其艰难。世居住民看不起他们，很多村寨都不允许他们进村居住，而只能蜗居在他们所佃种的边远山场之间，生产、生活条件都非常艰苦。为能够在此间立得住脚、取得“入住权”并平安地生产和生活，他们有的往往选择依附于这里的势族大姓，以寻求保护，有的甚至不惜隐埋原有姓氏而改从大姓。但有的人也争“硬气”，不愿意牺牲自己的尊严改从势族大姓，而独立自主地生活。这样，他们所面临的困难就更多更大。岑梧的先人陆贵还就是最典型的例子。当他们不接受扒洞姜姓人更改姓氏的要求后，也就失去了庇护，陷入孤零寡助之中，遭遇到苗馁人的耍滑欺压也就不难理解了。在那个时代，后来者要想在这里取得“入住权”是相当困难的，可以说都要历经磨难。外来新移民被世居住民欺弄的现象在当时应该是较普遍的，岑梧人只是其中的代表而已。

岑梧陆姓人经历了这样的一番艰难之后，终于取得了“入住权”，慢慢地立住了脚跟。现在，陆姓已经是岑梧寨的大姓，其他先他们在这里居住的吴、龙、潘等姓反而都成了小姓。岑梧陆姓人虽然是寨中的大姓，但对其他小姓从不玩大，与他们平起平坐，兄弟相处，这也许是他们先人以自身被人欺凌之苦教育后代不要欺凌弱小的缘故吧。

清水江文书博大精深，载承着清水江流域厚重的历史。每一份文书的后面都隐藏着一个故事，这些故事构成了锦屏等清水江的历史。读了岑梧这组契约文书，对锦屏等清水江的发展历史便可略见一斑。

清水江文书中的国军私人生活考察

——以龙令钦、龙令宏为例①

李士祥，孟凡华②

摘　要：清水江文书中含有国军史料，运用家庭私藏文献来研究民国时期清水江流域国军私人生活，凸显出国军私人情感、思想、行为等一系列与日常生活紧密关联的主题，是对以往国军研究的有益尝试。龙令钦从军改变命运，比其祖父、父亲时代家庭经济优越，其作为平凡的国军士兵，对民、家、国热爱之情怀跃然于纸上，但其局限性也有所体现。对清水江文书中的国军私人生活阐释，是"微观史视角"建构历史真实性的尝试，是对"公共舞台"的民国时期国军史的多维度解读。

关键词：清水江文书；国军；私人生活；家庭

清水江文书是明末清初以来，在贵州省东南部及周边地区，反映苗侗诸少数民族经济、政治、文化、历史等多方面内容的家藏契约文献。主要包括山林、土地租佃买卖，分关析产，纳税单，公私信函，诉讼词，族规民约等文本形式，几乎涵盖清水江流域五百年来社会生活的各个层面，其原始性、多样性、归户性已得到学界公认。新史料的发现，对于史学辨伪、反思及书写的影响不言而喻，甚至会对"理所当然"的传统观念有所冲击突破，开拓

① 本文原载《贵州大学学报》（社会科学版）2016 年第 3 期第 105—115 页。

基金项目：国家社科基金重大招标项目"清水江文书整理与研究"（11&ZD096）。

② 作者简介：李士祥（1985—），男，山东济宁人，遵义师范学院历史文化与旅游管理学院教师，贵州大学清水江学研究中心研究人员。研究方向：民间历史文献和区域社会史。

孟凡华（1972—），男，贵州天柱人，天柱县文物局馆员。研究方向：少数民族现代化。

史学探索的新视野。清水江文书作为新史料，对了解本流域乃至西南民族地区社会发展动态提供了媒介作用。

有关国军研究，目前学界多从伤兵群体、兵员征集、兵役法、出身背景等方面进行探讨，并取得丰硕成果。时间多集中在抗战时期，史料多为民国时期档案、报纸期刊、回忆录、调查报告等，层次上整体宏观研究较多。① 作为史料的民间文书的选择，有学者指出，近年来在民间文书收集与研究持续升温的情况下，动辄以数十万件土地契约收藏引以自傲的机构不只一两家。“在目前，我们利用徽州文书从事明清以来中国史的研究，更迫切需要的是一些高质量的关键性史料”。② 观点同样适合于清水江文书史料甄选。“史料环境”优越的清水江流域，亦有涉及国军的私人生活史料，对这些“高质量的关键性史料”剖析，有利于从民间文书文献中窥视当时国军私人生活。③ 笔者以涉及龙令钦、龙令宏的文书为中心，考察民国时期苗侗少数民族地区国军私人生活。④

① 参见张瑞德：《抗战时期国军各阶层成员出身背景及素质的分析》，《抗日战争研究》1993年第3期。方秋苇：《抗战时期的〈兵役法〉和兵役署》，《民国档案》1996年第1期。李常宝：《抗战期间的国军伤兵群体考察》，《近代史研究》2012年第4期。陈默：《全面抗战前国民党军队的编制演变（1928—1337)》，《军事历史研究》2011年第3期；《艰难的演进——抗战相持阶段国军的编制嬗变（1939—1944)》，《抗日战争研究》2015年第2期。江红英：《国民政府与抗战时期的军人优抚》，《抗日战争研究》2012年第1期。王奇生：《抗战时期国军的若干特质与面相——国军高层内部的自我审视与剖析》，《抗日战争研究》2014年第1期。王俯民：《民国军制的形成和沿革（上)》《民国军制的形成和沿革（下)》，《军事历史研究》1989年第3期、第4期等论文。

② 参见王振忠：《徽、临商帮与清水江的木材贸易及相关问题——清代佚名商编路程抄本之整理与研究》，《历史地理》（第29辑），上海人民出版社，2014年，第177页。

③ 有关私人生活研究，目前权威著作为（法国）菲利浦·阿利埃斯、乔治·杜比主编五卷本《私人生活史》，出版社推介此书：以微观历史的角度，以历史年代为时间纵轴，全面书写个人的私密生活史……涉及人类生活的各个基本方面，小到诸如住宅、卧室和床榻，大到诸如家庭生活、家居环境、交友空间、宗教信仰以及生育、教育、死亡等，是现今一部权威的人类私人生活史。阎云翔受到此书启发，在《私人生活的变革：一个中国村庄里的爱情、家庭与亲密关系》导论中指出“在阅读这本书的过程中，我受益最大之处是对私人生活的双重变化有了基本的理解。首先，过去在许多社会仅仅作为一种生产与再生产的社会制度的家庭，如今逐渐演变为私人生活的中心以及个人的避风港。其次，在家庭成为私人圣地的同时，家庭内部的个体成员也开始有了自己独立的私人生活，因此，私人生活一词便具有了家庭与个人的双重含义”。阎云翔：《私人生活的变革：一个中国村庄里的爱情、家庭与亲密关系》，上海书店出版社，2006年，第11页。

④ 涉及龙令钦的文书原持有者为高酿镇上花村五组的龙昭旭，家藏文书共59份；龙令宏的文书原持有者为高酿镇上花村十一组的罗仙花，家藏文书共25份。透过此些文书，可判断龙令钦为国军中下级军官，龙令宏为国军士兵，具有很好的代表性。

一、龙令钦

文书原持有者为高酿镇上花村五组龙昭旭，家藏文书共59份，直接或间接涉及龙令钦的文书28份。[1] 先看两份文书：

文书1

民国十五年六月二十四日委任龙令钦为二等军需状[1]

委任状 第陆号

兹委任龙令钦为本部二等军需，此状。

旅长（印）

中华民国十五年六月廿四（印）日给

文书2

国民革命军官佐龙令钦履历表[1]70

赏罚	历　经	身　出	族　家	姓名	部所队属	国民革命军第十军三十师司令部官佐履历表
无	清宜四年，任天柱巡长，后代理警务长。民国二年，任天柱南区国民学校校长，十一年，随王军长出川，先当译电员，继委十二团一等军需十二年，袁总司令加委七团二等军需，十五年，五师长升充师部一等军需。十六年，罗代师长拔升三等军需正。现供斯职。	资治法政 毕业生 高等警察	祖 父梦吉 母林氏	龙令钦	第三十师司令部	
			父政显 母潘氏			
介绍人				年龄	阶级	
	片相身半寸四人本	役战过经	兄令严 弟令宽	五十岁	三等	
十军军部秘书潘万霖		（在川）涪州、长寿、江北、重璧山、大足、荣昌、隆昌、铜梁、安岳、合川、梁山、垫江；（在黔）铜仁、锦屏；（在湘）洪江、溆堡、常德、澧州、（在鄂）石首、公安、荆州；（在浣）怀宁、合叙、含山、集县、舒城、合肥、定远、怀远、蚌埠、宿县、徐州、（在宁）浦口、江浦、江宁。		籍贯	职务	
			妻庞氏 子三人 女三人	天柱县	军需正	

文书2履历表详细记录了龙令钦的个人情况，填表时的年龄、家族、出身、经历、经过战役、赏罚、介绍人等都很清楚。从天柱巡长到国民学校校长，后又跟随王军长出川，① 辗转黔、湘、鄂、皖、宁数省。《天柱县志》记载“光绪三十三年（1907年）……高酿乡龙令钦自办上花初等小学堂”“民国二年（1913年），县知事……对清末小学堂进行整顿，创办国民学校，推行四年制义务教育，并按县区域划分9个学区，以利加强学校管理”。[2] 可知，正与文书中“民国二年，任天柱南区国民学校校长”相吻合。文书1中的二等军需，文书2中的三等军需、二等军需、一等军需、三等军需正，承袭了北洋军阀政府的军衔制。“军佐不设上等，第一级故与将官同等官，只有二级与校官、尉官同等官，仍各分三级”，② 军需正对应校官，军需对应尉官，可知龙令钦为国军中下军官。

龙令钦私人经历与国运紧密联系在一起，构成一部私人生活史。文书中介绍人为十军军部秘书潘万霖，与龙令钦同为天柱县人。③ 袁总司令应为袁祖铭，④ 王师长为王天生，⑤ 罗代师长为罗启疆。⑥ 国民革命军第十军是参加

---

① 王军长为王天培，原名论忠，侗族，天柱县执营乡人，1889年1月出生。1926年参加北伐，广东国民政府任命为国民革命军第十军军长，后克澧州，收宜昌。1927年春，王部入安徽，克安庆、合肥、徐州等地。贵州省博物馆编：《贵州历史人物资料汇编》，1988年4月，第30页。

② 《陆军官佐士兵等级一览表》中规定：一等军需正、二等军需正、三等军需正、一等军需、二等军需、三等军需。“军佐不设上等，第一级故与将官同等官，只有二级与校官尉官同等官，仍各分三级”，故一等军需正对应上校，二等军需正对应中校，三等军需正对应少校；一等军需对应上尉，二等军需对应中尉，三等军需对应少尉。参见《政府公报》1922年8月21日，第一百十三号。

③ 潘万霖（1901—1962），号咏笙，侗族，天柱高酿镇丰保村人。民国五年（1916年），考入天柱中学。十三年（1924年）投笔从戎，随黔军第二师师长王天培入川，十五年（1926年）王天培升任国民革命军第十军军长、委潘万霖为军部一等秘书。被传颂为高酿镇“四才子”之一，有“生成潘万霖”“炼成罗国珍”“调皮龙政中”“睡成龙政布”的说法。参见天柱县志编纂委员会编：《天柱县志》，贵阳：贵州人民出版社，1993年，第889页。

④ 据王天培胞弟王天锡遗稿《大革命时期的国民革命军第十军与军长王天培之死》记载：“据我所知，远在一九二三年黔军退出贵州时……袁祖铭被吴佩孚委任为援川前敌各军总司令……”一九二三年正为民国十二年，与“十二年，袁总司令加委七团二等军需”相符。《贵州文史资料》第25辑，第195页。

⑤ 国民革命军第十军所部计有：二十八师（师长王天锡）、二十九师（师长杨胜治）、三十师（师长王天生）和独立第一团（团长罗启疆）新编教导一师、教导二师、教导三师，新编独立第二团、炮兵团、教导团等部，共九万余人。——《王天培的一生》，王天锡先生（天培胞弟）于1962年口述，廖耀南整理。《贵州文史资料》第6辑，第161页。

⑥ 邓纯儒、李昌权、刘鸿域：《罗启疆的一生》中记载“一九二七年……罗启疆的独立团改编为三十师的第三团，委罗启疆为副师长，代理师长之职，仍兼第三团团长。”《松桃文史资料》第二辑，第58页。江绍林口述，陈远卓整理的《我参加北伐的经过》中也记载：“部队派人去联络三十师代理师长罗启疆，到那里才知道罗启疆也被扣留了。”《贵州文史资料》第25辑，第236页。

北伐主力之一，此前为黔军。王天培则于1926年8月9日在洪江莲花池操场举行国民革命军第十军军长正式就职典礼暨第十军北伐誓师大会，“天培分属军人，心切救国，为举义师，已清妖孽，统帅三路黔军十五旅之众，北上声讨，誓除国贼，生死以定，敬谨宣告，维希亮察。北伐黔军前敌总司令、国民革命军第十军军长王天培叩，佳（九日）印”。[3] 第十军开始北伐时，仅有二十八师（师长王天锡）、二十九师（师长杨胜治）、三十师（师长王天生）、教导师（师长吴勉安）只有罗启疆一个团。当时三十师还没有部队，师长王天生赴黔东南一带召集各族青年（主要是侗族、苗族青年）参加北伐，在天柱、锦屏、剑河、黎平、榕江成立了两个团。[4] 龙令钦于民国十一年（1922年），随王军长出川，应是较早追随王天培的。王天培被杀后，杨胜治继统十军，之后“第十军缩编，各师团长依次递降。编余官兵，强壮者则分拨各军师补充，其余则给资遣散。之后，有的官兵省食用，急急回乡；有的则随手用去，衣食无着，何论归计，以致众多流落京浦沿线及宁、沪、汉一带，老弱者沦为乞丐，转死沟壑；稍壮者则流为匪盗，多罹法网”。[5] 可见，相对普通士兵命运，龙令钦还算较幸运。

龙令钦祖父龙梦吉，亦写龙孟吉，父亲龙政显。龙昭旭家藏的59份文书，涉及龙梦吉、龙政显仅有3份，内容为田地买卖，如下：

文书3

……请忠（中）问到演大寨龙孟吉承买，当日三面议定价钱叁拾捌仟整。其钱亲领入手应用，其田付与买主耕管为业。其钱亲领入手应用，其田付与买主耕管为业。自卖之后，不得异言，（立）有卖字是寔。

粮四斤〇一勺三抄七撮一圭式粒。

凭忠龙明豪

元忠龙明显

代笔龙全圭

咸丰拾年式月初叁日立[1]6

文书4

立卖田契人龙元照，今因要钱使用，无所出处，自愿将到土得涧大田一坵，左抵溪，右抵山，下抵上珺田，四至分明，要钱出卖。请中上门问到龙孟吉承买，当日言定价钱二拾伍千文。其钱自己领足，其田买主收粮入户。自卖之后，不得异言。恐口无凭，立有卖字为据。

凭中孟冬

龙

代笔元贵

同治三年五月初四日立（印）[1]7

文书 5

立卖田契人大寨龙明富，今因要钱使用，无所出处，自愿将有土名郎假坡田壹坵，收谷叁斗，不载粮田，要钱出卖。先问房族，无人承买。自己上门问到演大寨龙政显承买，当日三面议定价钱肆百弍拾文。其钱付与明富领足，其田付政显为业。自卖之后，并无幡悔异言。倘有异之事，在于卖主理洛，不与买主相干。切恐今人不古，立有卖字永远存照为据是实。

凭中　请笔龙万利

出字人大寨龙明富

执字人演大村　龙政显

外批：内改二字又添一字

光绪九年十月十七日立[1]11

可知，龙令钦祖父、父亲时代，家庭经济并不富裕，并没有大规模买田置业。龙令钦时代改变了这一状况，不但大规模买田置业，还对外出租店基。笔者目前所见到的上花村近 140 份各式文书，没有一份涉及龙令钦兄龙令严、弟龙令宽。① 侧面看出，龙令严、龙令宽家庭经济比不上龙令钦，没有买田置业。龙令钦家庭经济在乡邻中也是比较好的。文书中涉及龙令钦买田、出租店基契约如表 1、表 2 所列。

① 上花村近 140 份文书，其类型含分关书、典田契、卖田契、卖鱼塘契、卖杉柴山契、卖园契、立准禁风水树字、卖沙土契、买契纳税凭证、土地逾期推收费收据、借据、国民兵身份证、租店基字据、土地管业执照、过继书、卖屋地基契、病假报告等。

表 1　龙令钦购买田地简况

文书标号	时间	卖主	村寨	田地面积	价格	备注
GT - GSH - 032GT - 024 - 099	民国二年十一月二十日	龙秀角 龙秀冠		半坡土一地，连山三角一幅	价钱三千二百文	亲笔龙秀冠；凭中龙光河
GT - GSH - 034GT - 024 - 116	民国十五年十一月十五日	龙令勤	演德寨	田一坵，收禾拾稨	价钱八十封②零八百八十文整	凭中、亲笔龙观田
GT - GSH - 036GT - 024 - 134	民国十七年二月二十八日	龙世彪		三坵共计上禾二百二十一稨	价洋每稨一元，共二百二十一元	亲笔龙秀冠；凭中龙光河
GT - GSH - 037GT - 024 - 103	民国十九年八月二十八日	龙梅引	黄花村	上下三坉	价钱三十六千八百八十文正	外批：坳上路旁之古树不准砍伐。
GT - GSH - 038GT - 024 - 124	民国二十六年十一月十七日	龙永升		田一坵	大洋五十元零八角整	子笔龙祥光；凭中龙德霖
GT - GSH - 039GT - 024 - 132	民国三十年七月一日	龙廷辉	高大寨	田一坵	市洋六百零八元正	凭中亲笔龙有德
GT - GSH - 041GT - 024 - 122	民国三十年八月二十四日	龙廷辉	高大寨	田一坵	价洋二百二十八元正	凭中亲笔龙有德
GT - GSH - 044GT - 024 - 102	民国三十一年三月二十二日	龙祥锡 龙广明 龙祥贵	高大寨	坪间园地一坪	市洋四十元零八角整	代笔龙广明；代理卖主龙祥锡、龙祥贵
GT - GSH - 049GT - 024 - 129	民国三十二年三月二十日	龙德霖	长冲	一亩八分	价洋七百元零八角正	中人龙官福
GT - GSH - 058GT - 024 - 140	民国三十七年十二月二十五日	龙秀成		第 111 坵号田一块	净谷七十八市石正	凭中龙政柄、龙令嗣

资料来源：张新民主编：《天柱文书》第 1 辑第 16 册，第 33、35、38、39、40、41、42、46、51、67 页，南京：江苏人民出版社，2014 年。

表 2　龙令钦出租店基简况

文书标号	时间	姓名	村寨	间数	租价	备注
GT - GSH - 051GT - 024 - 135	民国三十四年九月十八日	龙广明		壹间	谷，十六两老秤一百四十斤	谷限每年九月二十日完付；证左龙祥贵、亲笔龙广明
GT - GSH - 052GT - 024 - 136	民国三十四年九月十八日	姚俊杰	隆寨	壹间	谷，十六两老秤共一百四十斤整	谷限每年九月二十日完付；证人、亲笔龙令珍
GT - GSH - 053GT - 024 - 137	民国三十四年九月十八日	林昌炽	春花寨	弍间	谷，十六两老秤共二百八十斤整	谷限每年九月二十日完付；证人龙广明、代笔姚俊杰
GT - GSH - 054GT - 024 - 139	民国三十四年九月十八日	龙盛荣	隆寨	壹间	谷，议定十六两老秤共一百四十斤正	谷限每年九月二十日完付；证人、代笔龙令珍
GT - GSH - 055GT - 024 - 141	民国三十六年二月五日	姚俊溪	隆寨	壹间半	谷，议定十六两老秤共二百一十斤整	谷限每年九月廿日完付

注：资料来源于张新民主编之《天柱文书》第 1 辑第 16 册，江苏人民出版社，2014 年，第 53—57 页。①

表 1 结合龙令钦履历表可知，最早买地为民国二年（1913 年），当时任天柱南区国民学校校长；第二次买地为民国十五年（1926 年），任国民革命

① 张新民教授 2011 年 4 月份赴天柱县田野调查后，写出《叩开苗疆走廊文化的大门——以清水江流域天柱县契约文书为中心的调查》一文，通过调查乃知，一封为三十六枚铜钱，方法为先将钱放入钱糟，摇动排齐，然后用牛皮纸包住，以便存放携带，故民间统称为称为“封”（张新民《人文世界》，巴蜀书社，2012 年，第 351-355 页。）

军第十军第三十师师部一等军需；第三次买地为民国十七年（1928年），随着第十军的瓦解，龙令钦可能已从第十军回到天柱，以后买地频率增加。每次买地价格都不菲，货币为钱、价洋、市洋等。价格中多含有数字八，八与发为谐音，体现出卖主、买主都寻求发财致富的心里愿望。

文书记载龙令钦所在村寨为天柱县高酿镇演大寨，后至演德寨；① 田地卖主村寨为演德寨、黄花村、高大寨、长冲数寨；租店基人村寨为隆寨、春花寨二村。数村寨间位置如下：

上花村，位于高酿镇东部2公里处；

演大寨位于（上花）村委会驻地南部0.6公里处，地处坝顶坡窝；

演德寨位于上花村委会驻地南部0.5公里处，地处坝顶小斜坡；

黄花村位于上花寨西南部，相距1公里，地处坝南小丘窝，原名“防花”，后人谐音“黄花”；隆寨现称兴隆村，位于高酿镇东南部，相距1公里。春花寨位于高酿镇东部，相距5公里。②

可知，村寨间距离较近，只有春花寨较远些。龙令钦对外买田、出租店基范围是因距离而递减，本村寨影响力最大。另一份分关文书亦可看出，龙令钦作为代善者身份出现，不仅因他有文化，更因他是有影响力的人物。[1]81-86

龙令钦官佐履历表中记载“妻庞氏”，其子龙见阜国民兵身份证写到“母共氏”，[1]52 推断出龙令钦生活中至少有两位夫人。民国三十六年（1947年）四月二日龙令钦归户清册文书，田地分为三等九则，共11块地，更能看出其在村寨中经济地位的优越性。

文书6

丁亥四月初二日订[1]64-66

业主龙令钦

归户清册壳附三等九则

---

① “高酿，因地势高，冲头有股清泉注入期间，能酿大片农田，故名高酿”。天柱县人民政府主编：《贵州省天柱县地名志》（内部资料），1987年，第141页。

② 参见天柱县人民政府：《贵州省天柱县地名志》（内部资料），1987年，第142—143页。

等三			等二			等一		
三则	二则	一则	三则	二则	一则	三则	二则	一则
每亩八分正	每亩一角六分	每亩二角四分	每亩三角二分	（面积每三亩等三九角级八数分）	每亩四角四分	每亩五角二分	每亩五角六分	每亩六角正
1808	1703	438	492	160	122	111	坵	号
一	四	一	一	一	一	二	块	数
坡	沟	龙	姚	龙	龙	路	东	四至
坡	山	林	姚	龙	路	路	南	
沟	龙	潘	路	龙	沟	龙	西	
沟	龙	杨	姚	龙	龙	龙	北	
○	一	一	一	一	○	○	亩	面积
四	八	四	三	七	六	四	分	
○	○	○	○	○	○	○	厘	
脚洞	横剑石	背场旧	背场新	头桥寨大	头桥花黄	老场德	土	名
龙令钦	龙令钦	龙令钦	龙令钦	龙令钦	龙令钦	龙令钦	业主	
演大	演大	演大	演大	演大	演大	演大	住址	
干田 B 三	干田 G 一	水田 A 一	干田 B 二	水田 A 二	水田 A 二	水田 A 二	地	类
民田	民田	民田	民田	民田	民田	民田	地	目
4 挑	16 挑	12 挑	8 挑	11 挑	8 挑	6 挑	收	益
帝字段	帝字段	火字段	师字段	师字段	师字段	师字段	注	附

归户清册，又称归户册，与鱼鳞册相关联，它是将分散载于鱼鳞册之中的同一户主的各号田地，归并收载于该户名下的一种册籍，以便核实产权与征收赋税。栾成显先生指出，“归户册所载各号田地事项，基本与鱼鳞册相同，其特点是所载田地坵号多不相连，因为业户所有的土地往往散漫参错，并非连成一片，而鱼鳞册上的田地坵号则是按地片顺序编列，故其数字序列编号连续不断”。[6] 本归户册坵号多不相连，田土四至、面积、地类、地目、

收益等标注很详细，并在多处拥有田地，可见较强的经济实力。

龙令钦 10 份买地文书中，前面 9 份都是“演大寨龙令钦名下承买”“演德寨龙令钦名下承买”，唯独最后一份父子承买，如下：

文书 7

立卖田地字人龙秀成，今因移交仓务，亏欠稻谷，无所出处，自愿将到火字段第 111 坵号田壹块出卖。其田东抵本主及龙秀荥田，西抵龙见成、政中田，南抵龙令嗣、龙政覃田，北抵本主（即卖主），四至分明。当问亲房，无谷承受。自己请中上门问到龙令钦父子承买，当面议定净谷柒拾捌市石正。其谷凭条领收，其田付与买主耕管为业。自卖之后，不得异言。如有来历不清，卖主向前理落，不干买主之事。恐口无凭，立有卖字为据。

憑中龍政柄龍令嗣

中华民国三十七年十二月二十五日亲笔

（印）立字[1]6

民国十六年（1927 年）时，龙令钦年龄约 50 岁，民国三十七年（1948 年）时，龙令钦 70 有余。父亲逐步退出家庭经济主导地位，儿子在家庭土地经营中占有一定地位或份额。其人子 3 人，至于是 3 人家庭共占还是分家析产各占，有待进一步考察。①

综上所述，龙令钦时代比其祖父、父亲、兄弟的家庭经济来说，都是比较优越的，是因他有文化，“高等警察”“资治法政毕业生”，任过“天柱南区国民学校校长”，更主要是做过国军中下军官，是他私人生活史上浓墨重彩的一笔。

二、龙令宏

龙令宏文书原持有者为高酿镇上花村十一组的罗仙花，家藏文书共 25 份，涉及龙令宏的文书 24 份。罗仙花家藏 25 份文书均合装一册，以单面计算，除封面封底外，25 页，共 25 文，封面首页仅钤有方“龙令宏印”私

① 其他文书中只出现龙令钦子龙见阜名，没有龙见阜单独买卖田地文书。

章。据前后文及其来源农户判断，同时佐以下页所钤“龙令宏章”之傍证，则其人即全书稿本作者，撰作时间当在民国三十年（1941 年）前后。

文书 8

排长钧鉴顷奉：

手示理宜到部，无如病尚未脱，举动犹难。日前沐艾副官亲到舍眼见，并币（敝）保保长具有证明保结于团座麾下，证明病笃不虚。在案统祈排长再给续假，格外原肴（宥）。肃此，敬覆敬请。

军安

兵 龙令宏[1]18

文书 9

报告中华民国三十年四二月于高酿上花

本宅

事由：窃兵因病吐泻沈（沉）重，沐给假抬回调治。何乃日望一日，非仅不脱，且吐泻之症尤加以痘痢，不省人几事也。兹请本保保长恳予具结证明外，特再续病假一星。一俊（俟）稍愈，自当早日到部，不得藉病延岩，至干未便。谨呈团长吴侯。

兵龙令宏谨呈[1]186

从龙令宏病假续假条可见，其身份为军队士兵。以其他文书佐证，判断其人为国军士兵。[1]158-161 此些文书，都是龙令宏自写文章，短小而精辟，流露出其人对人生、生活、学习、交友、国家等不同层次态度，体现出一个普通国军士兵的私人情感。民国年间龙令宏文稿汇编如表 3。

表 3 民国年间龙令宏文稿汇编

文书标号	文章标题
GT-GSH-003/GT-024-197	我之仇敌
GT-GSH-004/GT-024-198	赠毕业诸同学
GT-GSH-005/GT-024-199	爱家当先爱国论
GT-GSH-007/GT-024-201	贵州全省剿匪后援会成立宣言
GT-GSH-008/GT-024-202	士先器识而后文艺

（续表）

文书标号	文章标题
GT-GSH-009/GT-024-226	大智若愚论
GT-GSH-010/GT-024-227	同学录序
GT-GSH-011/GT-024-228	说民与国之关系
GT-GSH-012/GT-024-229	国家兴亡匹夫有责说
GT-GSH-013/GT-024-230	现代青年应有之觉悟
GT-GSH-014/GT-024-231	学贵有恒论
GT-GSH-015/GT-024-232	忌水咒
GT-GSH-016/GT-024-233	秋夜读书有感
GT-GSH-017/GT-024-234	我所愿交之友
GT-GSH-018/GT-024-235	说农人之劳苦
GT-GSH-019/GT-024-236	未来之生计宜于少年时预立基础说
GT-GSH-020/GT-024-237	读书贵有恒心说
GT-GSH-021/GT-024-238	求谋事书
GT-GSH-022/GT-024-239	救国说
GT-GSH-023/GT-024-240	一个赴前线杀敌士兵的家书
GT-GSH-024/GT-024-241	有志者事竟成

注：资料来源于张新民主编之《天柱文书》第1辑第16册，第151—187页，江苏人民出版社，2014年。

1. 人生态度

龙令宏作为普通国军士兵，对人生态度感悟颇深，是个人在日常生活中思考的结果。

一如《我之仇敌》中“我之仇敌多矣，凡有害于我者，皆吾之仇敌也。简言之，懒惰，吾之仇敌也；奢侈，吾之仇敌也；意志不坚，亦（吾）之仇敌也。夫懒惰、奢侈、意志不坚，皆青年堕落之原因也”。[1]151-154 列举懒惰、奢侈、意志不坚都是人生仇敌，为青年堕落之原因。

再如《大智若愚论》中“夫一知半解之徒，骄傲矜夸，信口雌簧（黄），视其状若天文地理无所以（不）晓。但智者则不然，一动佐而如临保，一茹吐而俨立史监，故其貌若愚。然由上而观，盖（盖）愚者显于外而藏于内，智者藏于内而不外显于外，故难办别其为智为愚也”。[1]163-164 分析愚者、智者两种表现，对人生应持何种态度作出自己阐释，“吾故曰：兰虽香，视外不知其为香；玉虽美，视外不知其为美。物如是，观人亦然，岂不然哉”。

三如《我所愿交之友》中“虽然，交友亦难言矣，有益友，有损友，有以道义相交，有以势利相交，利害之辩，是在人慎之于先耳。设有人焉，欲食饮微逐，邀以以游，终日嬉嬉，耗费金钱，不顾廉耻，不知道德，如引为至友，则彼之嗜好习惯，于无形之中，必能梦蔓延于我身”。[1]176-177 对所交之友，提出自己的见解与标准，“我愿交之友，专心学业，品行端正，以道德相砥砺，以情义相敦劝”。可见，民国时期国军士兵能有如此交友标准，是难能可贵的。

2. 对民、家、国的情怀

民、家、国的情怀，是龙令宏私人生活的另一个思考。所写文章，体现其人对家、国热爱，对普通民众赞颂。

民与国之关系，文《说民与国之关系》中阐述详细，“国家之安危，国民之安危焉。国家之荣辱，国民之荣辱在焉。国家之休戚，国民之休戚关焉。故国强则民强，国弱则民弱。是国之盛衰也”。[1]165-166 文中还远观印度、波兰之亡国史，近察安南、朝鲜之亡，最后特书“笔意轻髪松多警策”自己。

《爱家当先爱国论》指出，“人而不爱其家则已，人而欲爱其家，必当以爱国为先，断不可先其所后，而其所先也”“欲爱家乎，当先爱国，又当共鉴也”。[1]155-157 爱家，更要爱国，并以“爱家之私情，而国之公德，竭力捍卫，壹意补助”。

文《说农人之劳苦》指出，“世人动曰乡农，一若百业之中，莫贱于农，此庸人之见也，余独为不然。百业之中，可贵者莫贵于农”“人之安坐而食者，岂可亡其劳苦而反轻视之乎？”[1]177-178 此些语句，窥视出作者对农人赞颂。文中还对其艰辛劳作刻画入木三分，“至耕作时，或有螟蝗，则驱捕之。水不足者，则灌溉之。莠草之害苗者，则芟刈之。早暮耕作，手足胼胝。虽然日炙之，风雨侵之，终无休息”。

3. 读书、学习之思考

读书、学习，亦是龙令宏日常生活的态度和行为。文稿对其观点多有记载。

《读书贵有恒心说》指明读书贵有恒心，对今天仍有借鉴意义。“是知读书一事，贵有恒心。心虽无穷，有此恒心，人生无不读之”“恒心何在？心在专而不在放，在内而（不）在外，痛心砥砺为宗旨，用心研求为主义。心有定在，不（为）外物摇夺，此乃恒心之谓也”[1]180-181。看出，龙令宏对读书思考是很具体到位，最后指出“今之读书者，而其以有恒自励也可”。读书，仍要惜时。

《秋夜读书有感》因秋风而生感想，伤逝时间之快，应惜时读书。“余喟然而叹曰：‘吾当青年，不可不勤学矣。如不勤学，语华而去不复来，志愿萎而不振得，毋自贻老大徒伤之感耶’”。[1]175

《学贵有恒论》是对学习的阐释，若要学有所成，贵要有恒，是成功不二法宝。“身体为求学之基本，才（能）为求学之工具，勤勉为求学之方策。然有三者，而不将也之以恒，则或佐或辍，勤始怠终，亦未有能意其学。此学之所以贵有恒也”。[1]172-174 文亦对当时学者学而无恒予与批评，“噫！今世学者，莫不罹于无恒之弊，是以善始实繁，克终盖寡。虽心知学贵有恒，行不旬日，有恒之言，徒托空谈，以致学无一成，业无一就者，何不胜道哉”。

4. 抗日杀敌之决心

对家、国热爱，对民众热爱，激起龙令宏对侵略国家的敌人——倭寇的痛恨。文《一个赴前线杀敌士兵的家书》，通篇彰显出国军士兵对双亲思念、杀倭报国之宏愿，读来令人豪气回荡。家书如下：

文书 10

我亲爱的双亲：

时光这样不留情地飞溜过去，回想去年洒泪作别的时候，转眼间不觉又快到半年。在过去的现在，我们还不是在一块儿吗？而今则天涯海角，人各一方了。

记得在握别的时候，双亲曾对我说：“日忠，祝你到前线多多地杀杀几个敌人①，并祝你得着胜利而归。”我听了这话，更使我那杀敌的勇气顿时沸腾起来，恨我不得豹虎样的爪牙，将倭如肝肠抱尽！现在我已

① 多多地杀杀几个敌人：“杀杀”重出，其中必有一衍字，兹仍从其旧。

经快要与敌人接触了，我若到了阵前，是要并（拼）命杀敌，把我的热血洒向沙场，来换取国家的自由。把我的头颅掷向敌人，来争取民族的生存。抱定百折不挠，奋斗到底的决心，将生死置之度外，誓必扑灭倭寇，方才罢休。

双亲！为国牺牲，是国民的主义务，① 效死沙场，是军人的天职。请双亲勿以我为念罢。

抗战时期，国民政府在贵州少数民族地区进行广泛抗战动员，其内容涵盖政治、经济、军事、文化等各方面。对出征抗敌国军，发给出征抗敌军人家属证明书，其家属可享受各项之优待，② 如下：

民国三十年七月一日龚学标出征抗敌军人家属证明书[1]339

陆军第四军第九十师司令部步字第1571号
兹证明下表所列人氏为木师第二六九团
第二营机二连下A枪手龚学标之家属应得享受优待
出征抗敌军人家属条例所规定之一切权利此证

龚砚章家属表

直系亲属	祖父	祖母	父	母	妻	子女		
姓名			龚砚章	龙氏				
别号								
年龄			四六	三六				
籍贯			贵州天柱					
职业			农					
现住地址			高工甘洞					

中华民国三十年七月一日（印）
师长 陈佩
副师长 黄占春

① 国民的主义务："主"字疑衍，兹仍从其旧。

② 1938年12月国民政府修正公布了《优待出征抗敌军人家属条例》，《国民政府公报》渝字第115号，1938年12月。1939年，贵州省依照《优待出征抗敌军人家属条例》制订《贵州省优待出征抗敌军人家属施行细则》，共26条。《贵州省档案史料》1995年第2期，第7—10页。

文书 12

……

出征抗敌壮丁，家属可享受左列各项之优待：

将减免临时捐款及劳役；

出征抗敌壮丁之子女、弟妹入公立学校，肄业者免收学费；

入公立之医院或诊疗处所治疗者，得免纳诊疗费；

承租耕作之田地或自住之户屋，出征壮丁在抗敌期内，出租人不得收回或改租于他人；

为经营生产事业需要资金时，得申请小本代（贷）款；

因壮丁出征，无力耕作原耕土地时，申请义务代耕；

生活不能维持者，得申请救济；得享受委员会及分会按期散发之资金。[1]42

抗战征兵由乡（镇）长主持当众抽签，将中签者送入军营服役，“团管区征兵官会同地方公团代表及区、乡、镇长（联保主任）临时监督，并召集每区、乡、镇之壮丁代表二人参加抽签”。① 此外，还有志愿兵。② 民国二十九年（1940 年），志愿从军的有凤冈县志愿兵团，三穗、天柱志愿兵营，普定、关岭、修文志愿兵连或排等之组织。总计本省自（民国）二十七年（1938 年）至（民国）34（三十四）年（1945 年）4 月，志愿从军的共 19785 人。[7] 1944 年贵州各学校志愿从军的学生 1151 名，1945 年 1 月至 4 月各县志愿参加青年军的青年学生 3715 名。[8] 抗倭救国，不仅有国民政府政策上在贵州少数民族地区的抗战动员，更多是像龙令宏这样的热血青年对家、国的热爱。

5. 青年学生觉悟之阐释

青年应承担的责任、拥有的觉悟是什么？文《现代青年应有之觉悟》阐释现代青年不宜过多参与时事社会活动，学生时代专心学业，将来为国造福。“吾曾见今之学生矣，侈谈时事，浪掷光阴，一意改良社会为前提，挽回时局为己任。联络同志，络合成群，今日传单，明日开会，甚至游行街

① 参见国民党中央训练团兵役干部训练班：《兵役法规汇编（三）》，中央训练团兵役干部训练班印，1942 年。

② 适龄壮丁未经中签，志愿先入营服役者，谓之志愿兵。本省各县（市）过去志愿兵先入营服役者，笔为绝书。

市，痛哭陈词。电告四方，力求补救。在学生一方面，以为国家一份子，应为国家效前驱。殊不知国家佐育人材，正欲学成而为栋梁之用，非谓其在校之日即为参与政事之时，徒费精神，徒耗时日。吾为学生计，吾谓不值也。”“盖学生在校之日，最为宝贵之日。果能趁此青年，养修其志气，锻炼其能力，通达其事理，成为有用之才，则他日掌握权政，谋为国事，自不难措置裕如也”。[1]167-172 此观点当时是比较罕见，今日来讲，对青年也是有一定借鉴指导作用。

同学所作所为记录是有选择的。《同学录序》此篇作于民国十九年（1930 年）冬，可能是龙令宏学生时代的作品，对何为可录，何为不可录，文中作出选择。“所录不在里居，技（枝）亲蔓戚，非秦越肥瘠若也。所录不在姓氏，亲矣近矣，情感无不近矣。然则同学何必录哉，吾为先进一解曰：本校发人起一以石谷胜十年木，可录也。大运动会，集邑子弟数千人赛，本校乃夺锦标归，可录也。本当之精神，作不断之努力”。[1]165

综上可知，龙令宏作为平凡的国军士兵，对人生态度端正，对民、家、国的热爱情怀，对读书、学习思考深刻，抗日杀敌之决心，青年学生觉悟阐释清晰，是多么难能可贵。日常生活视野下，龙令宏也有人生的另一面。《忌水咒》[1]174-175《贵州全省剿匪后援会成立宣言》[1]158-161 等文稿侧面展现他思想的局限性。

三、结论

探析原生态的民间文献——清水江文书中的家庭私藏国军史料，来研究民国时期清水江流域国军私人生活，是对以往国军研究的有益尝试，凸显出国军私人的情感、思想、行为等一系列与日常生活紧密关联的主题。龙令钦为国军中下军官，因有文化，在军队中先当译电员，继委三等军需，从军改变了家庭命运，比其祖父、父亲、兄弟家庭经济更为优越。私人也见证了国运变化，为北伐见证人。龙令宏为普通国军士兵，有其思想，对民、家、国热爱情怀跃然于纸上，但其思想局限性也有所体现。

清水江流域国军私人活动，直接影响或改变其家庭生活。经济上改变，婚姻、分关上亦受影响。其有国军战士出征阵亡沙场，遗留年轻妻子在家，兄长为弟媳所立媒单；[1]158-161 当兵之任，参加国军，也是家庭分关原因之一；[1]225 众子分关时，父立出征军优待费书，标明优待费用，特外批“若出征军去了以后，永远无回，将田出卖为善事”。[1]204

抗战时期，国民政府在清水江流域苗侗少数民族地区进行广泛抗战动员，涌现出很多像龙令宏这样的普通国军士兵，其私人思想逐步成熟，增强了民众对国家、政府的认同感。同时，国民政府对出征抗敌国军家属可享受各项优待措施，既激发了少数民族同胞抗战积极性，侧面也有利于国民政府对基层社会的控制。

清水江文书作为非官方史料，不仅要关注文书自身内含信息，更要追寻该文书产生及流传过程，凸显出文字以外的历史语境。清水江文书中的国军私人生活阐释，是“微观史视角”建构历史真实性，是对“公共舞台”的民国时期国军史的多维度解读。

参考文献

[1] 张新民. 天柱文书：第1辑（第16册）[M]. 南京：江苏人民出版社，2014：71.

[2] 天柱县志编纂委员会. 天柱县志 [M]. 贵阳：贵州人民出版社，1993：710.

[3] 王天培就任第十军军长电 [N]. 大公报（湖南），民国十五年8月20日.

[4] 王天锡. 大革命时期的国民革命军第十军与军长王天培之死 [M]. 贵州文史资料，1983（25）：196.

[5] 魏幼安. 袁系黔军之瓦解和第十军参加北伐 [M]. 贵阳文史资料，1988（25）：220.

[6] 栾成显. 清水江土地文书考述——与徽州文书之比较 [J]. 中国史研究，2015（3）.

[7] 贵州省军管区征募工作报告 [J]. 贵州省档案史料，1995（2）：28.

[8] 贵州省地方志编委会. 贵州省志·军事志 [M]. 贵阳：贵州人民出版社，1992：166.

立碑树德：清代清水江地区少数民族妇女的公益事业及其表达①

吴才茂②

摘　要：清代清水江地区碑刻林立，其中又以记录社会公益事业者最为繁多，少数民族妇女身影闪烁其间，她们通过捐钱、捐田产、捐工、捐草鞋、捐木材、捐首饰等方式参与社会公益事业，同时亦有众姐妹甚至独立主持社会公益事业者，其出钱出力并把自己的名字刻写在石碑上，以期“永垂不朽”。这样的历史事实，不仅展现了少数民族妇女们有较高的社会活动能力，而且隐含着妇女拥有分享社会话语的权利，值得学界关注。

关键词：清代；清水江地区；碑刻；少数民族女性；话语权

碑刻，即在碑碣、石壁上刻写、雕镌文字、图案或宗教造像等，赋予其文化信息的石质载体，或称“石刻”[1]。在传统社会中，立碑以记事，已经有悠久的历史。清水江地区虽处“化外之区”，然“记事以草绳，刻木以为契”的现象却被不断提及。从明代开始，还逐渐兴起了立碑记事的文化传统。举凡王朝典章制度的推行、民间社会生活的规范、社会公益事业之记录等，无不以碑刻的形式展现出来。尤其是清代以降，可用“林立”一词来形容其繁多，每个村落的村头寨尾，均多少不一地竖立着各类不同的记事碑

① 本文原载《贵州大学学报》（社会科学版）2017年第2期第15—24页。

基金项目：国家社会科学基金青年项目“清代黔东南苗族妇女的婚姻与生活研究”（12CZS059）。

② 作者简介：吴才茂（1981—），男，苗族，贵州天柱人，西南大学历史文化学院博士研究生，凯里学院人文学院副教授，贵州原生态民族文化研究中心研究员。研究方向：明清社会史、清水江文书。

刻。我们曾把收集到的碑刻分成几个大类：政治军事、乡规民约、交通教育、宗族、宗教、经济等六大类予以介绍，认为有极为重要的学术价值，然当时并未在意那些密密麻麻的捐资名单，妇女的社会参与行为被遮蔽。后来，当笔者又仔细校对和整理这些碑刻之时，常常被里面密密麻麻麻的捐资名单所感动，发现众多妇女的身影闪烁其间，她们参与了大量的社会公益事业，有与丈夫或子孙一道参与者，有独立参与者，亦有独立主持者，并且镌刻碑刻，以期“永垂不朽”。这样的历史事实，不仅展现了少数民族妇女们有较高的社会活动能力，而且隐含着妇女们拥有分享社会话语的权利。

一、“自古修路一善事”

立于天柱县竹林乡新寨村的一通《永远不朽》碑中有序言曰：“尝稽唐虞有土阶之风，三代有石级之制，文帝有修数百年崎岖之路之训，自古修路一善事也。”① 在民众社会生活的思维里，修筑道路乃是大善之举，但凡有以修路募捐者，人们亦多乐于襄助其事。

贵州在明代即有“天无三日晴，地无三尺平”[2] 之谚，山路崎岖，道路泥泞，一旦下雨，极为难行。生活在这种自然环境下的人们，为了尽可能地消除泥泞不堪的行程，热衷于修“花街”或用鹅卵石铺设道路，其工程量颇为巨大，需要大量的人力物力。在这种情况下，修筑道路亦成为动员一方社会的重大活动，对这样的重要社会事务，人们也会以自己的方式，用立一方碑铭的形式记述他们的事迹。从这些碑刻中，勾勒出了一幅人们有钱出钱、有力出力的景象。妇女在其中也扮演了重要的角色，她们更多的是体现在出力上，即参与道路的开挖、挑土、挑石等工种，这些事迹在碑文中较少记录，但在捐资名单中，仍可一窥其事迹。为示说明，先誊录一方碑文如下：

一路福星碑记

阴隲文曰：修数百年崎岖之路，帝有明训，路之修，功之积也。辛酉年夏六月，余因均摊携粮务，跋岩公墓山，气喘足衰，登龙神倦憩树下，走扇眺麓渡头一冲，山低无碍，平而且直路形如书，不觉击节，欣此诚天造地设也。曷更便之，会众议均毕，遂与李公言其形似，并率副

① 乾隆四十二年（1777 年）《永远不朽》，碑现存于贵州省天柱县竹林乡新寨村口。

倡首，而公亦慨然乐世。观迹志，若合节，即诹日募众，荼山油树田坵，业人俱不自惜，众力合辟，不数日而康庄以成。俾弹泥涂泞滑，因募众捐赀甃石，而人性皆善，乐助非一，愈引愈长。十三年来，不辞劳瘁，冒雪冲寒，共得五百余金，修砌将竟〔近〕三十余里。曲者直之，坡者平之。始于辛酉之夏，竣于癸酉之夏，巩固乐颂荡平也。余以为非，众善士之善根畅发，何由坎如抵而如矢哉！乃搦笔书之，并记三至，以传高人贤士之令德于不替云。生员彭勷朝拜撰，玄孙宏选敬书。

信士彭美玉、妻李氏、男慎徽三十两，信士彭美珍、妻李氏、男生员彭功汉二十五两，信士李春荣、妻潘氏、孙不圣二十两，信士彭美贤、妻潘氏十三两，生员彭勷朝银八两，信士李奇王银三两，信士彭乐天银二两，信士李奉宇银二两，信士李德□银一两八钱，信士李奉卿、男胜魁银一两八钱，信士彭朝天、母李氏一两六钱，信士杨承先一两五钱，信士李天禄一两五钱，信士李士林、妻唐氏一两五钱，信士李春相、妻彭氏一两五钱，蒋国莲一两五钱，彭相明、妻吴氏一两四钱，彭美凤一两三钱，彭达先、母袁氏一两三钱，李德元一两二钱，彭氏日芝、彭石兰二两，彭氏晚女、巳梅二两，李荣臣、男麟玉一两二钱，彭天禄、孙松云一两二钱，李春奇一两二钱，彭颢朝、妻吴氏一两二钱，李军荣一两二钱，彭□荣一两一钱，彭廷正一两零五分，唐玉先一两零五分，李顺通一两，李贵所一两，李周玉一两，彭儒昌一两，李□[①]茂一两，李见元一两，李春耀一两，李春辉一两，彭云茂一两，吴瑞臣一两，彭奇得一两，彭奇文一两，李星明一两，将子厚、母杜氏一两，杨军华一两，李廷玉一两、僧秀芳一两、僧一念一两，僧福因一两，李□□、妻□氏一两，蒋子辉八钱，□□□八钱，李春□、妻王氏七钱，刘□祥六钱，杨君裕六钱，彭美祥六钱，彭美材六钱，彭富梅、妻王氏六钱，李茂荣一钱六分，彭美荣 五钱，彭已仔五钱，李寿文五钱，杨君林、妻王氏五钱，李□□五钱，彭癸卿五钱，李□辉五钱，□子贵五钱，□氏□赞五钱，僧□高五钱，刘茂子四钱，李□□四钱，李高宇五钱，蒋子高五钱，李兰茂五钱，李□□□钱，李□□□钱，彭华显四钱，彭材□五钱，谢元五钱，彭文■，彭美祥、母李氏四钱，刘德□四

① 按，本文抄录之碑文，若能辨识缺字数，则以□标之，若未能辨识缺字数，则用■替代。

钱，彭荣昌四钱，彭德朝□钱，李荣□□钱，李□元□钱，彭春□□钱，彭子□四钱，李□□□四钱，李□□四钱，彭□□四钱，彭□昌四钱，彭贵材四钱，李会仙四钱。

道光十七年岁次丁酉二月 吉日立 信士彭周民 重修 石匠信天顺[1]

这一方记录修路的碑刻，题额“一路福星碑记”，序文由生员彭勷朝撰写，叙述了地坌民众十三年来的修路经历，他们“不辞劳瘁，冒雪冲寒”，获得捐资“五百余金”，修砌道路“将近三十余里”。捐资名单里，值得注意的是女性参与情况：有与丈夫、儿子一起捐资者，如彭美玉与妻李氏及子慎徽；有与丈夫、孙子一起捐资者，如李春荣与妻潘氏及孙不圣；有与丈夫一起捐资者，如彭美贤与妻潘氏；有与儿子一起捐资者，如彭朝天与母李氏；有女性自己独立捐资者，如彭氏晚女，等等，通数下来，这一方碑铭，有近20位女性参与了捐资，占总人数的17%。

妇女参与修筑道路的事例还很多，例如在天柱县新寨村，乾隆二十年（1755年）、乾隆四十二年（1777年）、乾隆四十四年（1779年）、乾隆五十年（1785年）、嘉庆十五年（1810年）均有“改砌辟路”之役，并立有石碑记其事，在这些密密麻麻的捐资名单里，总有妇女的名字在其中，她们或多或少，尽己所能，捐钱出力，因为她们相信“积善之家有余庆”[2]。所以，她们不仅积极参与贡献劳力，亦多少不一地捐资钱财，并把自己的名字刻上了碑刻，这无疑体现了妇女们在修路事业上的重要贡献。

二、“造桥以便人行，所以积德于己”

天柱县坌处镇归宜桥的碑群中，一通光绪十一年（1885年）刊刻的《上应七星》碑中的序言这样写道：“盖闻造桥以便人行，所以积德于己。”[3]在民众的观念中，架桥与修路一样，不仅方便别人，亦系为自己积德，故而这种行“万世功阴”的善事，人们一直有热情参与捐资。

---

① 道光十七年（1837年）《一路福星碑记》，碑现存于贵州省天柱县竹林乡地坌村风雨桥头。

② 乾隆二十年（1755年）《修路碑记》、乾隆四十二年《永远不朽》、乾隆四十四年《周道如砥》，乾隆五十年《亘古不朽》、嘉庆十五年《功垂不朽》，这五通碑现存于贵州省天柱县竹林乡新寨村口。

③ 光绪十一年（1885年）《上应七星》，碑现存于贵州省天柱县坌处镇归宜桥头。

清水江地区涧溪纵横，人们为出行方便，多架设木桥、石桥等桥梁。木桥架设较为简易，砍或三或五或七（笔者注：人们取单数不取双数）根杉木，用楠竹编的“缆绳”攏在一起，架于河面之上，工程量小，少数人即可完成，但常常因涝灾冲走而又需重新架设。如一通碑刻就这样记述道：“前人徒架木板以便往来，然木经雪则溃，桥淋雨必坏，先人休来久而又折，折不久而又修。”① 因此，人们会不断地创设条件，修筑石桥。

而石桥因工程量庞大，实际上又成为一方村落的社会大动员，他们为修筑桥梁，奔走乡间，倡导积善树德，妇女们也积极地参与到这一社会事业上来。例如乾隆三十年（1765 年）剑河柳霁修永兴桥就是这样的情形。为示说明，抄该修桥碑文内容如下：

尝闻功莫大于济人，德莫重于普被。功德普能□益者，惟在修理道路桥梁也。今柳赍坡脚，大河傍边，有所溪涧，乃大道之通衢，若值天时雨水之际，水势滔滔。不独往来商贾，有阻之吁；而上下官宰车马，亦有临水隔逆之叹。帷□于独力难为，只得邀化□公捐资以勛勷，请匠鸠工，建造桥梁。天雨以济来往之阻隔，天干以免上下临水之返复。是以从善，人等乐助。分金姓名开列于左，是为序。计开化首石匠宝庆府谢成才等敬刊。

头人信士吴逢金，助银十两；头人信士乐宏远，助银三两。

福建厅〔汀〕州府吴胜元，助银一两一钱；杨才一两，龙彬林一两，万世宏一两，肖傅先一两，龙江一两，黄殿杰一两，李宗唐一两，龙保加一两，黄才同妻何氏，一两五钱；黄兴同妻杨氏，一两五钱；宣国良五钱，杨秀童五钱，杨秀新五钱，杨子霞五钱，吴宗尧五钱，伍甫芝五钱，覃绍书五钱，舒甫杨五钱，余德荣五钱；龙宏德五钱，李万春五钱，徐琢玉四钱，杨昌松四钱，杨起贵四钱，杨昌恒四钱，刘兴立四钱，张士杰四钱，王廷一三钱，彭天信三钱，彭天朝三钱，彭天玉三钱，舒万象同妻龙氏，银一两；曾学章同妻吴氏，银一两；生员鲍现三钱，梁玉才三钱，饶集盛三钱，龙洪林二钱，龙秀昌三钱，吴作兴三

① 道光二十一年（1841 年）《万福攸同》，碑立贵州省从江县谷坪乡流架村，此据张子刚：《从江石刻资料汇编》，政协从江县文史委学习委员会、从江县文化体育广播电视局内部编印本，2007 年，第 66 页。

钱，唐能宗三钱，罗天辉三钱，刘世忠三钱，福建包德臣三钱，江西鲁瑞云三钱，江西傅周南三钱，龙胜云三钱，龙仁九三钱，杨正元六钱；周士文二钱五分，长其祥二钱五分，吴玉安二钱五分，鲍□二钱，姚桂芳二钱，杨昌林二钱，杨飞九三钱，龙甘霖二钱，杨春莲二钱，王思奇二钱，龙治国二钱，龙君现二钱，王家相二钱，龙希圣三钱；欧学昌二钱，李文沛二钱，杨德才二钱，龙起云二钱，舒门胡氏二钱，康文魁一钱八分，舒大成一钱五分，胡寿廷一钱五分，吴学元一钱五分，吴学智一钱五分，杨恒舒一钱五分，龙士朝一钱二分；杨必现一钱二分，各寨功课：龙三陇化五钱，龙老輦五钱，龙任田二钱，龙云飞二钱，龙群富二钱，龙士俊三钱，龙□矮二钱一分，龙老封三钱，龙金輦保三钱，龙金研包三钱。

皇清龙飞乾隆三十年岁次乙酉蒲月朔十日谷旦敬立①

序言首先提出了修理道路桥梁的功德极大之观点，并进一步阐释了何以要修桥的缘由，然后人们“从善”“乐助”钱财。从接下来的捐资名单里，虽然捐助的人名大多是男性，仅有5位女性，其中有4位人妇，若从“男主外、女主内”的角度而言，这4对夫妇亦可如其他男性名字一样，仅有丈夫的名字出现即可，但她们却与丈夫一道，参与修桥的社会公益事业。这也恰恰是清水江地区女性参与社会活动的特点，她们与丈夫一道参与社会公益事业、从事栽山种杉的经济活动、签署买卖契约等。[3] 这种夫妻一道参与社会活动的事例，在清水江地区极为多见，它更能显示女性在家庭中的社会参与权利。

妇女参与捐资架桥的事例较为常见。例如乾隆五十八年（1793年）在天柱县大圭修福星桥时，共计106人捐资，其中有19名妇女参与。② 又如在天柱的三寨，嘉庆五年（1800年）修筑桥梁时，共计62人捐资，其中有10余位妇女参与捐资。③ 再如锦屏锦所的“益后桥”，就系“姚氏与子学礼媳王氏同修”的。④ 另外，即便在官方倡导的修桥事业中，妇女们亦和“县

① 乾隆三十年（1765年）《永兴桥碑》，碑现存于贵州省剑河县南加镇柳霁村柳基小学。

② 乾隆五十八年（1793年）《流芳百世》，碑现存于贵州省天柱县高酿镇大圭村口溪边路里坎。

③ 嘉庆五年（1800年）《盘龙桥碑》，碑现存于贵州省天柱县高酿镇三寨村石拱桥。

④ 嘉庆二十三年（1818年）《万古流芳》，碑现存于贵州省锦屏县大同乡锦所村益后桥头。

主”的名字一样，被刻在石碑上，被人们所传诵。[①]

这些事例的不断涌现，显示着妇女参与社会事务的机会越来越多，她们以此拓展社会生活空间，表达自己向善的意愿，并赢得了人们的尊重。

三、“布渡济人，名标翰院”

锦屏县赤溪坪《奕世流芳》碑序曰：“盖闻编桥救蚁，身获鼎元；布渡济人，名标翰院，此故报施昭然，毫末而不查者矣。”[②] 修渡与筑路架桥一样，亦是积阴功的三大善事之一，所谓“阴功之说，一架桥，一修路，一义渡，只三者，实济人利，大开方便之门也”[③]。修路、修桥在边远的乡村社会，并不能适用于大江大河，而清水江地区河流众多，大的河流就有舞阳河、清水江、都柳江等，两岸的居民过河，清代基本是依赖渡船出行。然而，并非每家每户均有船只（注：独木船亦仅极少数人家自备，且行船风险极高），即便有船只，亦需要固定的渡口。因此，渡口的修筑和维护，尤其是雇聘日常划渡人员的费用，成为乡村渡船极为重要的部分。为此，乡民积极应对，购置田产，修造房屋，以雇聘划船之人。例如下面这则碑记就详述了这种情形：

修渡碑记

菜溪之下，江畔之右有冲，曰渡头冲砂，曰渡头砂，或曰昔砂。所设渡于此，故曰渡头。何今有其名而无其实也。■兄廷佐，舅氏春荣公募辟此冲成路，砌以石阶、路工告成。但黔、湘、闽、粤商贩往来至此冲口，望洋却步难□，其上距里许公渡，然中隔一涧，每至春夏江水泛涨，汹涌难越，且溪畔陡峭不可扳援，行人病涉不知几何，予循名求实，请命于父，商诸兄若弟，各捐银两置田，造舟起屋宇于江之左岸，柴山草场园圃皆备，俾舟人食田，操舟人至□渡■，是岂予之恍然此事

① 嘉庆十二年（1807年）《重修永安桥碑记》，碑现存于贵州省剑河县南加镇新柳村杨秀发家。

② 乾隆五十三年（1788年）《奕世流芳》，碑现存于贵州省锦屏县三江镇赤溪坪王兴汉家，此据姚志昌选辑点校：《锦屏碑文选辑》，锦屏县政协文史资料委员会、锦屏县志编纂委员会办公室内部编印本，1997年，第78页。

③ 姚志昌选辑点校：《锦屏碑文选辑》，第85页。

哉。但轸念望若之若，聊务效一事之便，期不召渡头之名，河伯有知，当亦量□之□念云。倡首生员彭勳谟拜撰。

今将姓名各捐银两并捐买田基菌山油树渡业于左。外碑亭费用共计银十两零□。信士彭美珍、妻李氏、男生员勳谟、媳蒋氏、孙生员达、清、发、孙媳李氏、刘氏、袁氏、曾孙相辅、相翼、相虞、相德、相举、相扬、生员相唐捐银八十八两；信士彭美玉、妻李氏、男勳典、媳蒋氏、孙生员典、廪生第、孙洙、郊、泗、相、孙媳李氏、袁氏、李氏、袁氏、潘氏、袁氏捐银八十八两，玄孙宏彬、开海、开钟、开□另捐渡船一艘，并盘二碑；信士彭乐天、妻唐氏、谢氏、男相和、相敬、媳唐氏、杨氏、孙守先、大元捐银二十二两；信士彭美华、妻刘氏、男述天、述配、述言、述杰、生员介寿捐银十四两二钱；僧一念捐银一两零二分；生员彭勳朝、李氏捐银一两二钱；信士李天禄、妻彭氏、男亮宏捐施土名油麻砌宅基□坪……

嘉庆十九年岁次甲戌夷则月 吉旦立 信士杨昌选沐手敬书 镌碑石匠信正起①

这个位于天柱县清水江边的渡头冲砂渡口，即是以地坌村的彭氏家族为主体修建的，尤其是彭美珍与彭美玉两兄弟及其后裔，人数众多，而且其家内的妇女全部都参与，夫妻一道的事例，在此体现得更加充分。借此足资说明，妇女们并非仅仅是家庭中的主妇，在这种积德的善行里，亦有她们的一份，即有上碑的权利。

另外，从碑刻中可知乡村渡口的一般情形，即先有渡船，然后置办房屋和田产，为“舟子”提供居所和工钱，以便渡口每日有专门的划船之人，随时为人们的出行提供过河服务。这种由乡村生活经验所产生的渡船机制，普遍存在于清水江地区。例如，从江县的下江渡口，由刘氏等 12 人捐资 208 两，“置田制产”，得买“渡船田 280 禾”，以供舟子之求。② 又如，嘉庆二十三年（1818 年）在黎平修寨已义渡，亦为 37 人（其中 8 名妇女）捐资，费银 102 两“买田九契十三坵”以资过渡。③ 这些事例，虽然更多的是现实

① 嘉庆十九年（1814 年）《修渡碑记》，碑现存于贵州省天柱县竹林乡地坌村凹背桥头。

② 参见张子刚：《从江石刻资料汇编》，第 107 页。

③ 参见张子刚：《从江石刻资料汇编》，第 106 页。

需求驱动了人们去参与，但她们亦期望通过这类善事，“伏愿波光盖照”，达到“兰质流芳”“孙枝挺秀”① 的强烈愿望。

四、“建立观宇，以祀神人”

锦屏县瑶光寨《神庥保障》碑序曰：“国家雍熙雅化，固首重乎人文，而犹莫重于祀典。所以自古及今，无论府州县治，乡村僻壤，莫不建立观宇，以祀神人”②。而陈寅恪先生在《明季滇黔佛教考》序中曾有言：“黔建省较后，其开辟有赖于僧徒。”[4] 明代以来，清水江地区的“穷乡僻壤，莫不为庙”③，大量的寺庙得以修筑[5]。不仅如此，人们还热衷于捐资置办庙田、雕塑神像，例如：

善志佛天

原序遵照先人通明，号岳崧，兴文【里】四图人，总角就释，性好洁，勤劳兴创年余，挂锡太平，辄振饬■。清雍正六年戊申冬，率徒侄显荣，号秀芳，遂作创建天华山之举。又得僧师悟透，以募波之余，以为之助，遍募木■，碧宇辉煌，金容灼灼。置田地，山主兴崇信金沙矣。惟是山之募，始于戊申，兴建于壬子，竣于丁卯。三师之苦行为回，略述其始末，并为将所置田地合〔和〕佛相，纪载传之永久。

庶登是山者仰视，刻录于以三师之铁鞋踏破，乃臻□正佛，相通、乡众施主合修；三宫帝，李春荣、生员彭勷朝、勷谟修；普安师，潘启胜、明胜，文胜、坤胜，邓天德、陈明用、潘云魁、潘己生、杨朝玉、陶启苍潘子□修；左观音菩萨，菜溪彭美玉修；梓潼帝君，彭慎徽、李希圣修；达摩祖师、给孤长者，李春荣募修；阿难，菜溪彭石保修；右地藏，李春荣，生员彭勷朝、妻李氏，彭奇德、胡连臣修；神光祖师，邓有泉修；行雨龙王，彭慎宣修；伽蓝，杜子荣、杜美胜、杜必祥修；万岁碑、九子娘娘，鲍塘吴贵明修；五通菩萨，僧一念修；蛇丕龙王，

---

① 赤溪坪之津渡，就是倡首龙朝宿、同缘男龙廷勷、媳龙氏以此目的而修筑的。乾隆五十三年（1788年）《奕世流芳》，碑现存于贵州省锦屏县三江镇赤溪坪王兴汉家，此据姚志昌选辑点校：《锦屏碑文选辑》，第78页。

② 乾隆三十一年（1766年）《神庥保障》，碑现存于贵州省锦屏县河口乡瑶光中寨。

③ 嘉庆十三年（1808年）《修庙碑记》，碑现存于贵州省天柱县坌处镇大冲村回龙庵旁。

僧福个修；韦驮菩萨，袁子凤、母吴氏修；鉴斋，吴明□、吴美□修；罗汉第一尊，彭美贤修；第二尊，龙胜美修；第三尊，吴君贤修；第四，生员王道宏修；第五，吴君占、德章合修；第六，李春儒、蒋国连合修；第七，李亮宏修；第八，杨通元、吴周孝修；第九，李春佑修第十，龙瑞臣、龙祖臣合修第十一，彭美凤、达光修；第十二，吴上凡、吴丙寅修；第十三，刘美正修；第十四，吴贵明、隆才、君禄修；第十五，蒋子高修，■。

田地：彭美华、彭美珍施天华山顶背下田一十四坵，册载禾六十边二手，庵加垦二坵在内。又生员彭效谟施架子右□，僧一念俗地，菜溪长房彭姓施静神庙背冲，中田一坵、下田五坵，册禾五十一稨。又施花里王滩半坡下田二丘，岭上一丘，册共壹十担，岭上新田一坵，禾七稨三手未入册。又施淘鱼冲下田三坵，册禾七稨，为僧福固施。一担四手。以上一念共施。彭美玉、男慎微施架子冲下田五坵，册禾二十二稨五手。又妻李氏、男慎微施瓦厂坳三坵，册禾十担；又妻李氏、男慎微施庵脚盘田。僧碧明俗地，菜溪下房李姓施天华山下路脚冲下六坵，册载禾四十七稨三手，庵加开垦三丘在内。李春荣、孙希圣施本庵门首下田一坵，册载禾一十八担稨三手。又李希圣、彭慎微同施本庵右虎坡楂树一块，子十五箩。菜溪李国明捐田价银七两，滳头邓儒凡四两二钱，潘文□、文美共三两五钱二分，潘启胜一两九钱，一两二钱。潘通凡一两二钱，潘文芝一两，生员潘岱嵩一两。十人各捐田价，共买施土名踏道坡左，庵背下田一丘，禾五担。龙胜美四两，李茂胜一两，共买施瓦厂正冲田三坵，册禾一十四稨。生员彭勷■稨四手半，内三门塘王子胜捐一稨五手半。庵僧得买中寨匣口下田五坵，册禾■杨溪一两，中寨刘贵之一两三钱五分，鲍塘吴景明一两，吴美之一两，在■一十五稨五手。僧道坚用价八两■田一坵，约有禾一十稨。①

该碑文刊刻日期处已损坏，无法辨识，然从碑文中可知，此碑始于雍正六年（1728 年），兴建于壬子（雍正十年，1732 年），竣于丁卯（乾隆二年，1737 年），耗时近十年，其立碑时间亦不会早于乾隆二年。碑文叙述了天柱县兴文里四图人岳崧及其徒侄显荣一起创办天华山寺庙的经过，在这一

① 乾隆二年（1737）《善志佛天》，碑现存于贵州省天柱县竹林乡天华山庵堂内。

过程中，他们不断募捐，以菜溪彭氏为主的众多人士都参与进来，他们捐修了诸多神像，并置办庙产，其中彭勷朝及妻李氏等修了右地藏菩萨，袁子凤及其母吴氏修了韦驮菩萨，彭美玉、妻李氏及其子捐了多处田土作庙产之用，夫妻、母子一道参与到了佛事活动中来。

如果说夫妻、母子一道，妇女参与社会事务的权利尚受丈夫与儿子的限制，那么，她们独立助修寺庙，则体现了她们完全拥有参与社会事务的主动权。例如：

元善资培

慨自汉明尊崇佛教以来，天下名山洞府、城郭、乡市莫不建庵修寺，奉佛祀神昭然也。我地兴团太平庵自兵灾以后，众捐资已竖内进五间，数月落成，前碑即纂，迨至光绪戊戌新正，余因发心与合村父老酌谪倡邀善事，醮建三元，就会抽资配建前厅左右两厢，兼之增修内进，瓮瓦底，季冬而告竣，旋岁首以修斋。迄今三元告毕，戏顾酬还，窃恩善事，均已周隆□，簿化众姓，男女多寡捐资，焚阴册以注果，给阳牒以为凭，惟零星散户名烦资微，难以枚举，而修庵之费由会首炉内捐资派□，若非勒石，则功果虽在，恐年湮无凭，是延匠鉴石镌碑，庶乎命垂千古，德播万年，愧余也碌碌庸才，草草成序，爰将众善首姓名録列于左：

倡修生员彭颢源谨撰并书，监生彭宏魁捐项并木钱三千二百三十文；生员彭颢源捐项并木钱贰千□佰五十六文；从九王承厚捐钱式千式佰五十六文；信士蒋集发捐项并木钱式千七佰；信士唐远用捐钱式千文；信士李绍科捐项并钱式千四佰文；信士龙昌林捐钱贰千文；信士李堂开捐钱乙千八百文；耆员潘万本捐钱乙千八百文；监生彭宏彬捐项并木钱式仟零十式文；信士唐宗敏捐项并木钱式仟柒佰乙十文；李大亨捐钱壹千陆佰文；彭开源捐钱壹仟伍佰六十六文；袁李氏田娥、龙益发、袁光玉，此三名各捐钱乙仟五佰廿十文；信士彭勷富、耆员彭勷□，此二名各捐钱乙仟四佰文；信妇吴彭氏翠娥捐钱乙仟三佰六十六文；彭刘氏银香捐钱乙仟三佰文；信士李玉枝、李玉田、潘万泰、蒋集贤、妇唐杨氏贞鸾，此五名各捐钱壹仟式佰文；妇蒋邓氏娇娥、士李桥先，二名各捐钱壹仟乙百文；李潘氏玉娥捐钱壹仟文；刘昭星、龙袁氏瑞姜、李美瑜、杨万荣，此四名各捐钱玖佰陆拾文；李敷杏、妇李彭氏闰娥、杨承贵，此三名各捐钱捌佰四十文；彭开彦捐钱柒佰六十文；龙氏芝淑、李堂轩、王述江，此三名各捐钱柒佰式拾文；生员彭守桢、彭守白、耆员潘德森、监生彭守敦外捐木钱贰佰文；彭守第、耆员彭守敏、信士杜守仁、彭宏昌、李玉荣、李华茂、李焜泰、彭宏□、吴亲武、龙远亨、袁光腾、潘世钦、潘通道、潘亨、唐文兴，此牌拾玖名各捐钱陆佰肆拾文；耆员邓祥昭、军功刘中厚、信士潘万理，此三名各捐钱六百四十文；彭宏源、李堂福、龙成江、潘通微、潘通显、龙祥发、杨珍儒、唐昌原，此八名各捐钱伍佰陆拾文；信士唐家康、监生刘道亨、职员刘道善、信妇杜潘氏恩合、潘龙氏回香、王刘氏四女、唐邓氏易娇、姚刘氏翠鸾、刘舒氏晚凤，以上九名各捐钱六百四；信士潘仕恩、唐家爵、住持僧崇桂，此三名各捐钱六百四文；信士彭宏栻、龙志贤、蒋集道、龙远耀、李来成，此五名各捐钱伍佰肆拾文；彭守泰、唐守嗣、李大昌、彭守富、彭宏朝、彭相吉、李海松、信妇彭杨氏瑞菊、唐吴氏凤音、李吴氏新凤、蒋氏香翠、潘氏文凤，以上拾贰名各捐钱肆佰捌拾文；信士彭炳寿、唐远明、李美璠、耆员李登台、李堂昭、蒋日灿、彭守芳、杨先尧、蒋旧锦、蒋运成、李玉和、王昌照、唐昌林、彭守善、信妇唐潘氏子合、李袁氏易鸾、蒋袁氏笑菊、李蒋氏□□、□□□，以上二十名各捐钱肆佰捌拾文；生员王名济、□员王承坤、监生王俊益、信士李绍香、杨文德、王述禹、李堂林、杨文芝、唐定能、杨先胜、唐绪泮、唐家模、唐家伟、唐□□、□□□、□□□、□□□、□□□、□□□、□□□，以上二十名各捐钱■。……①

这一方碑刻记录了咸同兵燹之后重修太平庵的情形，其中24位妇女参与捐资，最多的是袁李氏田娥，计1520文，其余从480文到1366文不等，她们并未逊色于男性，为寺庙的重建贡献了自己的力量。另外，寺庙还有“焚阴册以注果，给阳牒以为凭”的举措，人们捐资之后，寺庙会开一份“为表扬功德事”的“牒”给她们②。这些事例，足见妇女参与佛事的广

---

① 《元善资培》，因碑有损，立碑时间已未能辨识，从内容有光绪戊戌新正等语来看，应在光绪二十四年之后所立，碑现存于贵州省天柱县竹林乡天华山庵堂内。

② 按，有关这种牒文的样式，参见张应强、王宗勋主编：《清水江文书》第2辑第6册，桂林：广西师范大学出版社，2009年，第262页。

泛性。

事实上，妇女对宗教有一种天然的亲近感，妇女参与佛事活动，是明清时代妇女社会生活史里面的重要内容。陈宝良曾指出：“从明代妇女社会生活史的历程来看，从‘妇无外行’到‘妇有外行’，不能不说是一大转向。而在这一转向中，妇女的佛道信仰堪称引发转向的关键。”[6] 清代清水江地区，虽然地处边疆，但苗族妇女亦深受佛道的影响。她们走出家门，积极参与佛事活动，捐助修缮寺庙，并在碑文里刻上自己的名字，此无疑也是妇女“有外行”的重要表现。

五、“文教昌明”

学校是清王朝在黔东南苗疆之地实施“宏文教，变苗俗”的重要策略，兴办学校，推行儒学教育便成为国家经营苗疆的重要举措①。尽管清王朝通过各种方式给予苗人们就学考试的机会②，但乡村社会里的教育资源仍十分有限，尤其是教学场所需要人们自己筹建与维持。于是，乡民助学之风兴起，在既可使子弟获取知识，又可积累“功德”的驱动下，人们不断捐资助学。因为教育的重要性，所以在我们收集到的碑刻史料中，数量最多。其内容包罗极广，有的碑铭，不仅记录人们的捐资行为，表彰他们的功德，甚至也会把与教育相关的问题，长篇大论地刊刻在碑铭之上。例如剑河县柳基村的一方《创建蔚文书院官绅士民捐输碑》，就用了5800余字的篇幅详细说明了书院山长的选聘、职责、待遇，教师师资延聘、薪资、上班时间，考试的方式，生童的选拔等内容③。

在这众多的助学碑刻中，妇女的身影并未缺场。例如道光三年（1823年）在锦屏县石引修学校时，就有“陆氏六妹、陆氏什女、陆氏三妹”等

① 按，已有的研究成果，对清代清水江地区官学教育体系的建立、官办学校的管理以及学校经费及其社会变迁均有论述，但并未着力于民间参与，尤其是妇女参与捐资助学，无人提及。参见李斌、吴才茂、龙泽江：《明清时期清水江下游天柱地区教育变迁——以碑刻史料为中心》（《教育文化论坛》2011年第2期）；姜明：《清代清水江下游地区的官学教育》（《教育文化论坛》2013年第3期）。

② 例如，在《学政全书》中，就有多条与苗人学额相关的条款，以示激励，参见（清）素尔讷纂修、霍有明、郭海文校注：《钦定学政全书校注》，武汉大学出版社，2009年，第267—270页。

③ 道光八年（1828年）《创建蔚文书院官绅士民捐输碑》，碑现存贵州省剑河县南加镇柳基村柳霁小学。

十余位妇女参与捐资，以期“人文蔚起，永垂不朽”。[①] 又如光绪十四年（1888年）柳霁书院锻造钟铭，费用由人们捐资，在现存“风调雨顺”“国泰民安”“皇图巩固”等三联钟上，刻列着上至千总、把总，下至黎民百姓的捐资者姓名，其中就有“鲍吴氏助钱八百文、返排周贺氏一千文、唐吴氏出钱一千二百文、首仕倪肖氏、陈刘氏各助银一两”的记录。[②] 而最为典型的事例，来自天柱县，一方残碑记录下了全部由妇女捐资修建校舍的事迹：

> ……谨将乐捐建筑校舍姓名列后：
>
> 发起人：龙大海、刘邦闻
>
> 赞助人：刘玉莺、即龙池妻，捐钱伍拾肆仟捌佰文；胡芝茂、即宏开妻，龙贵桃、即秀□母，各捐伍拾仟文；胡翠元、即龙池母，龙翠□、即□□母，各捐肆拾仟文；刘引秀、即□宪母，刘翠花、即□□母，龙兰秀、即□杰母，陶翠柳、即□植母，龙贞凤、即□星妻，刘凤□、即□□母，李清桂、即若□母，龙□翠、即景□母，杨代元、即□□母，胡翠□、即□□母，龙□显、即□□母，以上十名各捐三拾仟文；刘秀□，捐钱□拾仟文；龙引秀，捐钱三拾贰仟文，即昌继母；吴贞润、即昌铭母，沈翠花、即秀□母，龙喜娇、即万钟母，吴燕光、即东源母，杨淑弟、即显殊母，吴□元、即□相母，□□兰、即长庚母，龙□花、即刘兴母，龙二妹、即东贵母，刘莲娇、即太和母，刘□娥、即照荣母，以上十一名各捐钱贰拾仟文；罗引梅、即宏藻母，龙规丹、即宏仕母，各捐钱贰拾仟文；龙□娥、即□□母，龙代妍、即长贵妻，龙桂桃、即国宝母，龙凤娥、即国家母，龙内淑、即□相母，龙宪规、即定炳母，吴引□、即宏裕母，以上七名各捐■。……[③]

这是一通碑铭的后一部分（笔者注：因为一块碑铭记录不下，在清水江地区有很多碑刻都会由两到三块碑组成，叙述完整一件事情），虽然碑铭的序言已不知所踪，时间亦未明确。然而，通过访谈村民及稽查族谱，时间应在清光绪至民国初年。更为重要的是，这份捐资名单，除了发起人龙大海、刘邦闻外，后面的赞助人因为注明了“某某母”“某某妻”，其妇女的身份

---

① 道光三年（1823年）《石引学碑》，碑现存贵州省锦屏县平秋镇石引村。

② 钟现悬挂于贵州省剑河县南加镇柳基村柳霁小学二楼。

③ 无碑名及时间，碑现存于贵州省天柱县高酿镇木杉村小学内。

极易辨认。由此可知，妇女不仅有参与助学的权利，而且形成了捐资的风气，这对教育资源匮乏的乡村社会来说，无疑是人们重视教育的体现。

妇女不断地参与到助学的公益事业上来，她们的目的其实简单朴实，就是“望子成龙”，让子孙有读书而获取知识的空间。当然，当她们捐助了钱财以后，亦会关注自己是否有上碑的权利，因为在她们看来，上碑的目的也很明确，就是为自己及家庭积德，以便获得神明的眷顾，从此家庭朝着更加健康有序的方向发展。

六、女性独立与话语权的分享

如果说上述事例，妇女尚处于配角，只是男性支配的社会公益事业的参与者的话。那么，女性独立发起并完成的社会公益事业，则完全是女性独立从事社会公益事业的表现了。为示说明，兹先逐录一方碑刻全文如下：

修井路碑记

尝谓民非水火不生活，是水之于人，刻不可缓者也。此地有清泉一湍，水由地中行，先人因以汲水资生者，迄今十有余世矣。在道光年间，路属泥涂，步履维艰，余三公永佑独捐石版，修成坦荡。而于井尚未兴修，仍然狭隘，每逢夏涸，欲立以待。因语我族妇女，慷慨捐资，裂石新修，方成井样。则向之源源而来者，兹亦混混而出，盈科而进，放于四海取之不尽，用之不竭，此吾村大幸也哉。勒诸珍珉，以志不朽。为首王起明敬书，邑文生潘滋大代撰。

舒氏首女捐钱一千八百文；潘氏引弟捐钱一千八百文；刘氏明珠捐钱一千四百文；吴氏□翠捐钱一千四百文；刘氏音莲捐钱一千一百文；吴氏什凤捐钱一千一百文；王氏昭娥捐钱一千一百文；王氏茂莲捐钱五百二十文；吴氏青姜捐钱三百二十文；吴氏金莲捐钱三百二十文；王氏桂莲捐钱三百二十文；吴氏金兰捐钱三百二十文；周氏老园捐钱三百二十文；王氏桂莲捐钱三百二十文；龙氏玉娥捐钱二百文；刘氏彩香捐钱三百二十文。

宣统二年三月二十五日小寨敬立①

---

① 宣统二年（1910年）《修井路碑记》，碑现立于贵州省天柱县坌处镇三门塘村小寨水井旁。

这是一方记录舒氏首女等16位妇女捐资修建水井的碑刻，从碑铭的形制及序言来看，与其他碑刻类同，并无区别。然从捐资名单中，却给人以强烈的冲击，人们认为以之研讨的空间陡然增多。因为一般的观念里，如果捐资名单全部是男性，人们认为理所当然，亦无奇怪之处。但是，水井在古代的社会生活中极为重要，正如碑中所言一样："民非水火不生活，是水之于人，刻不可绥者也"。而这么重要的日常生活资源，却要"我族妇女，慷慨捐资，裂石新修，方成井样"。这不仅仅象征着在以男性主导的村落文化中女性力量的一次彰显与舒展，更为重要的是体现了女性在社会生活中已经具备了主导社会事务的能力，即她们已经可以脱离男性而独立地从事社会公益活动，甚至作为社会公益事业的"倡首"，不需要"语我族妇女"这样的被动表达。例如，另一方妇女修井碑，就更为集中地展现了这种情形：

重修井碑记

稽井，由来久矣。唐尧凿井，兆民饮德，周王画井，数口无饥。古时徙处同井，不万以井为利用饮泉之区，而以为出入相友、守望相助、患难相扶持、相亲睦之地。迄今年代虽远，典章犹传，溯共风规，令人景仰，如在目前。想我村名大兴团，自始祖由黔徙处于斯，前后左右，山水环抱，田依屋，围绕井泉。田坎行径湾中，涌出近□，左右上下有田，环曲有路，诚是天然，仿之廉泉让水，不足过之。吾先公，昔年多伟人，屡钟贤士，井坎行径，约族人砌石修补，以便往来。自昔及今，历年久远，井石毁坏，泥土浸入。每逢春夏暴雨绵落，井泉清洁翻成混泥。族中老幼妇女睹斯吸斯，同心动念，勇跃捐资，乐为继造，比先公之修凿，更加完治。井中踏石坂，不使泥从中出；井外石坂竖四方，俾免污流外浸。由此以后，泉流清洁，人生秀灵。缅先公至兹，族居处并无异姓，因以募化捐资，只我一族，并不募及别人，非为度量狭隘，思维纯祖武，重本根也。重本者，如木有本，如水有源。吾村井泉，讵是悬空降流，而本可溯乎。览易系辞曰：山上有水，又曰山下有水，则山上之水，即为吾山下井泉之源，不待问踩而知；孟子尝曰：居之安，则资之深，取之不尽，用之不竭；易所云：改邑不改井，而井养无穷。信有然矣，余故代以为序。计列捐资名于后：

倡首信妇王门刘氏长音，王门吴氏新桃。

信妇王门刘氏长音捐钱二千四百文；王门吴氏新桃捐钱二千四百文。

信妇王刘氏长梅、王潘氏银姬、王刘氏三女、王龙氏福姬、王龙氏凤丹、王刘氏宗淑、王吴氏凤桃，每人捐钱一千二百文；王粟氏燕娥捐钱一千文。

信妇王吴氏妹崽、王吴氏莲姬、王刘氏培兰、王潘氏五英，每人各捐钱三百二十文；王刘氏仁秀、王刘氏丹姜、王刘氏福叶、王唐氏汪妹，每名捐钱二百四十文。

族晚邑文庠生绍周王国桢代撰 石匠

大清宣统三年暑月十八日共立碑①

时隔一年多以后，三门塘又出现了妇女集体筑井的行动，这一次共计 18 位妇女参与捐资，其中“刘氏长音，吴氏新桃”是倡首，即发起者。这已足资说明，妇女不仅有极强的社会公益事业意识，而且具备了实践的能力，一旦时机出现，她们便会立即组织起来，为社会公益事业做出自己应有的贡献。另外，虽然她们可能并未识字，亦无书写碑铭的能力，但人们却为她们洋洋洒洒地撰写了数百字的序言，表彰她们的功德。她们的姓名得以传诵至今，为人们所关注，实则亦是对“勒诸珍珉、以志不朽”的最好回应。

如果把妇女主持修井，阐释为水井和她们的日常劳作密切相关，甚至妇女井的深层含义在于使得家族财源不断、人丁兴旺的话。又或言上述妇女修井，只是三门塘男性兼顾不过来而分权与妇女，并且碑序也还是以传统男性的口吻来书写的，女性并未真正全部拥有主导社会公益事业权力的话。那么，妇女群体独立捐资助修宗祠，并且以女性的口吻书写碑铭，则不仅体现了妇女在社会公益事业方面的真正独立，而且还进一步地体现了妇女在社会公益事业的帮助下，分享着地方社会中话语权的权利。为示说明，兹誊录天柱县竹林乡高坡苗寨妇女捐修宗祠所刻碑文如下：

永垂不朽

■潘氏重修漆龛小引，□□乐羊之妻断机助学，齐御之妻窥御激夫，是皆内助称贤，扬芳于粉黛中也。氏等虽不敢以贤□□誉，克步芳

① 宣统三年（1911 年）《重修井碑记》，碑现立于贵州省天柱县坌处镇三门塘村村北。

蠲能不见善行，是慕率由芳规乎。我良人等立志以报本寻源，故自前清丁未岁□来创造祠堂，建竖牌楼，修社龛子，连年支费颇为浩繁。迄今各房又具匾对，以颂祖德工程，将见□竣，懿戚欲贺落成。惟有龛位尚未胶漆粘金，殊属阙事，良人等以为我族贫富不一，兼遭岁歉，意欲稍待来年始付涂丹，岂不一篑自已乎。氏等曾闻先祠之毁于兵燹者，其龛位亦属各房，祖妣等抽款装成，则见先祖妣等之热心赞取，止吾属所宜，则效者也。以故氏族等订券，讬本族好义之士□□、通国、光世三倡首。爰约同族一体脱簪饮助一臂，竟良人未竟之志，法祖妣作法之心。富而好礼，省多捐贫，而乐道者寡助，文明募化，任意乐输。一时欢腾应募登券数十余名，骤掷簪环，集赀数十余串，遂命匠与工，不日完竣用妥。先灵佐启我后彼丈夫也，庶免悬劳我妇人也，亦与有耀。用陈斯数语，俾吾属□□归潘氏者，区区内助犹，可永垂不朽焉，是为叙。职员潘通前拜撰，职员潘通杰书。

彭氏桂花、杜氏壬莲，上二名各捐钱二千四百文；刘氏瑞桃、彭氏檀花、唐氏清香、刘氏桂翠，以上四名各捐钱一千六百文；刘氏玉英、刘氏求翠、唐氏金翠、王氏枝淑、龙氏正花、彭氏元瑞，以上六名各捐钱一千二百文；唐氏衸兰、李氏新花、杜氏林翠、吴氏牡丹、龙氏兰桂、唐氏兰翠、邓氏文翠、吴氏金梅、龙氏银桂、吴氏银妹、刘氏丙桃、吴氏元凤，以上一十三名各捐钱一千二百文；龙氏成合、杜氏申合、罗氏长妹、吴氏翠兰、龙氏新桃、龙氏子桃、唐氏金梅、刘氏清桂、吴氏□妹、刘氏槐翠、唐氏明合、龙氏善花，以上十二名各捐钱六百四十文；吴氏金翠、李氏乚凤，二名各捐钱六百四十文；龙氏丙花、龙氏金翠、吴氏翠姑、李氏曾秀，以上四名各捐钱五百二十文；李氏岩桃捐八百四十文；唐氏□香捐钱一千二百文；杨氏见香、唐氏岩凤、唐氏文翠，以上三名各捐钱六百四十文；王氏长妹、罗氏成花、刘氏兰桂、唐氏未翠、吴氏泗妹、唐氏寄来、吴氏成梅、杨氏家梅、吴氏干凤、唐氏丙花、吴氏明花、唐氏庚合、龙氏辛兰、刘氏坤花、刘氏兰花、吴氏桂丹、龙氏槐姐、龙氏秀桃、王氏壬合、杜氏成花、唐氏见香、唐氏清玉、唐氏荣翠、粟氏丞继、唐氏凤香、吴氏桥花、罗氏未香、唐氏初红、龙氏了娇、杜氏丙桃、刘氏银江、王氏桂姬、龙氏成兰、吴氏秋花、刘氏□花、龙氏岩□、彭氏文香、唐氏壬娥、刘氏酉翠、李氏壬合、粟氏永继、吴氏成凤、唐氏成玉、杨氏莲寄、吴氏梦花、李氏凤香、龙氏梅兰、龙氏鸾娇，以上四十八人各捐钱三百二十文。①

这通碑刻所示讯息，主要有四：一是潘氏宗祠修建之后，因为缺乏资金，“龛位尚未胶漆粘金”，男人们意欲来年再行“涂丹”，但妇女们认为延迟的话，就功亏一篑了。所以，她们要“脱簪饮助一臂”之力。二是道出了先世祖妣亦有捐资修“龛位”的先例，她们要继承先妣的事业。换言之，妇女独立捐修“龛位”的现象，在清代即已出现。三是妇女们有“订券”的意识，明了公益事业所需的程序，并委托“好义之士”的倡首来张罗其事。四是女性话语权的获得，这篇序言以妇女的口气在叙述，诸如“氏等”“良人”（妻子对丈夫的称谓）一类的词语，频繁出现，表达了她们自我书写的意识，这也是这通碑刻最有价值的地方。她们在碑文中，也说出了自己的心声：“竟良人未竟之志，法祖妣作法之心”。在她们看来，丈夫们无钱完成的事业，她们可以捐助自己的首饰或私房钱来完成。

另外值得统计的是，这通碑铭共 96 位妇女参与捐资，捐资最多者为 2400 文，最少者 320 文，共计得款 64360 文。这些数字说明，妇女在日常生活中，拥有一定的私人财产或者说私房钱。在其“良人”（丈夫）无钱的情况下，慷慨捐出，宣示女性“外助”的角色。

七、结语

清代清水江地区乡村妇女，在社会公益事业方面做出了巨大的贡献，并具备这样一些特点：

一是涉及的领域比较广泛。她们主要参与了修路、架桥、筑渡、砌井、立庙、兴学、建祠堂等社会公益活动。其中最值得提出者有二：第一是妇女们对日常生活影响极大的水源，即井的修筑，最为重视，参与程度也最深。因为井水与妇女们每天的挑水煮饭紧密相连，一口好水井是她们最为期盼的，所以，出现妇女发起修井的事例亦不足为怪；第二是妇女对教育的重视程度超出了一般人的想象，在人们较为普遍的印象中，教育落后即便在现代

① 民国十一年（1922 年）《永垂不朽》，碑现立于贵州省天柱县竹林乡高坡村潘氏宗祠前。

社会里也是贵州的标签之一，然而，虽然清代乡村社会里的苗妇可能并未有受教育的机会，甚至基本都是文盲，生活也极度艰辛，但其“望子成龙”的急切之情，在全部由她们出资修建校舍的行为中淋漓尽致地体现出来了。

二是捐助的方式多样。具体有捐银两、田产、草鞋、木材、劳工（以劳作的天数来计算）及首饰，其中最为常见的是银两。但碑刻把物质和劳动也刻写出来，不仅表现了参与方式的多样性，经济拮据者亦能以金钱之外的方式参与，这使社会公益事业本身就具备了极强的吸纳性，对妇女的参与有积极的促进作用。因为乡村社会妇女获取金钱的能力，相较于男人而言，要小得多，所以，这种只要具备善心即可参与的社会活动，对妇女更具吸引力。

三是妇女积德意识较强。之所以能在这些碑刻中看到妇女的名字，不仅是因为人们对做善事有“立碑树德”的传统，更因为妇女也有表达的愿望。她们虽然文化水平低下，多数是文盲，亦有所谓“女人头发长、见识短”一类的谚语来形容其无知，但在妇女们心中却有对家人、对家族和社会的大爱。而这种爱护的表达，常常是在默默无闻中实践着，为人们所忽视。当面对社会公益事业这种为公众所知的社会活动时，她们便毫不犹豫地展现出了爱心。因为这不仅能为家人积德、为社会祈福，更有被人们书写的机会。通过碑铭的书写，她们的行善积德行为，亦与很多碑刻的题额所写“永远不朽”一样而流芳百世。

四是妇女参与和主导社会公益事业。当然这并非仅仅是“功德”观念的体现，事实上也隐含了妇女分享社会权利的历史事实。她们通过这种社会权利的分享，进而在地方社会中获得了部分话语权，以女性的口吻来书写自己的“小历史”，表达了她们对社会公益事业的关注和追求，这为女性在社会生活中获取进一步的社会权利与地位奠定了重要的基础。

参考文献

[1] 毛远明. 碑刻文献学通论 [M]. 北京：中华书局，2009：7.

[2] 朱彝尊. 明诗综 [M]. 北京：中华书局，2007：4602.

[3] 吴才茂. 从契约文书看清代以来清水江下游苗、侗族妇女的权利地位 [J]. 西南大学学报（社会科学版），2013（4）：155—161.

[4] 陈垣. 明季滇黔佛教考 [M]. 家庄：河北教育出版社，

2000：234.

［5］吴才茂，李斌．明清以来汉神信仰在清水江下游的传播及其影响：以天柱苗侗地区为中心［J］．贵州大学学报（社会科学版），2013（1）：58—64.

［6］陈宝良．好鬼崇佛：明代妇女的佛道信仰及其仪式［J］．哈尔滨师范大学学报（社会科学版），2010（1）：118—125.

规制与教化：清水江文书的社会教育内容探析①

杨军昌，杨蕴希②

摘　要：明末已降至20世纪50年代的400余年间，中国贵州清水江流域苗侗等族人民为了经营混林农业和木商贸易等而形成的契约文书，亦即清水江文书，被中外学者誉为“世界记忆”和“全球重要农业文化遗产”的代表作之一，其50余万份数量的遗存以及内容丰富、归户性强的特点在《中国档案文献遗产名录》中引人瞩目，其显著的原始资料性不仅涉及流域农林生产、木材贸易、土地买卖、纠纷调处、置产析产等林学、农学、经济学、法学、社会学、政治学等领域，而于教育学方面，各类文书中均有重要和突出的内容反映，具体表现为爱家爱国、务本成才、行为规范、兴学办学、生态维护、易子而教、地方性知识传承等诸多方面，并在民族社会中发挥着规制与教化的功能，对民族社会秩序的维系、民族文化的传承、民族经济的发展以及民族人口素质的提高均产生了重要的影响。这一来自民间、为民众所书写并践行的文书的教育价值值得关注和研究。

关键词：清水江文书；社会教育；社会规制

---

① 本文原载《贵州大学学报》（社会科学版）2017年第4期第31—38页。

基金项目：国家社科重大招标项目“西南少数民族传统生态文化的文献采辑、研究与利用”（16ZDA156）；国家民委民族研究项目“清水江流域少数民族教育文化研究”（2015-GM-139）；贵州大学文科重点学科及特色学科重大科研项目“历史与借鉴：贵州少数民族教育文化研究”（GDZT201303）；贵州省教育厅高校人文社科基地项目“清末民初清水江流域教育发展与民族社会变迁”（2016JD017）；贵州大学民族学重点学科群建设资助项目。

② 作者简介：杨军昌（1963—），男，贵州石阡人，博士，贵州大学历史与民族文化学院/人口·社会·法制研究中心教授。研究方向：民族经济与社会、民族教育与文化、民族人口与发展。杨蕴希（1989—），女，湖南师范大学教育科学学院博士研究生。研究方向：课程与教学论、民族教育学。

清水江文书，又称“清水江民间契约文书”或“锦屏文书”，主要是指明末以降止于20世纪50年代约400年的历史长河中，中国贵州清水江流域中下游锦屏、天柱、剑河、黎平、三穗一带苗侗等族人民为了经营混林农业和木材贸易而形成的民间契约和交易记录。有专家推测清水江流域各县遗存的这类契约文书多达50余万件，是20世纪继甲骨文、汉晋简帛、敦煌文书、明清档案、徽州文书之后的中国历史文化上的第六大发现，被中外学者赞誉为“世界记忆”和“全球重要农业文化遗产”的代表作之一，[1] 并于2010年2月被列入《中国档案文献遗产名录》。

清水江文书除以山林经营和木材贸易而立的契约文书为主外，还有田土买卖、纠纷诉讼、分家析产、日常收支、婚姻习俗等方面的契约和记录以及其他历史记忆与公私交往的文存，如族谱、诉讼词稿、账簿、官府文告、书信、宗教科仪书、唱本、誊抄碑文等。种类繁多，数量巨大，涉及面广，特色明显。这些文书除具敦煌、徽州等文书的基本要素外，既在内容事项的表述上尽显地方特色与民族特色，又在形成与保存上具有鲜明的归户性特征，如锦屏加池苗寨四合院姜姓一家即保存有自清乾隆至20世纪50年代初，跨越7代人的1200余份契约文书，堪称清水江文书之珍品。作为民族区域历史上经济社会发展产物的清水江文书，无疑是当今不可多得、弥足珍贵、独特的民间文献遗产，是研究少数民族地区社会、经济、文化、教育等极具价值的可靠的资料宝库。

国学大师梁启超曾曰：“二十四史是二十四家帝王将相的家谱，是一部帝王将相改朝换代的历史。在这些正史的宏大叙事中，只有重要历史人物的活动场景，没有普通民众的点滴记录。这种缺少普通民众在场的历史，是苍白的、单调的。”[2] 孟子邦国学说所言的“诸侯三宝”——土地、人民、政事的“人民”的反映，即强调要将国家民众的数量、分布及其生产生活的历史与状况予以了悉，以便于国情的把握与社会的治理。而要使书写的历史具有“人民性”、社会的治理具有针对性，对于地方文献的收集及其考察研究无疑是为最佳的途径选择。清水江文书这一宝贵的文献档案来源于民族社会，是清水江流域经济社会发展历程的活态记忆，是苗侗等族普通百姓生产生活的最真实写照。通过对文书的研究，可以窥见流域明末至民国后期的经济社会发展轨迹，复原流域活生生的、丰富多彩的民间社会生活，同时使不同时期流域社会的诸多内容得到客观的反映。无疑，流域文书文献的书写和大量存世与流域中原文化的传入和教育的兴办相辅相成，而文书中也有与教育本身密切相关的具有规制性、教化性特质的内容，对深入认识清水江流域民族社会的发展历史尤具意义和价值。有鉴于此，本文特就清水江文书的社会教育内容做初步的整理、分析，以作引玉之砖，并求教于方家。

一、爱家爱国

爱国主义是一个国家的人民对自己祖国的深厚的热爱之情以及在此基础上的爱国言行。清水江文书中，不管是文契或是石契，文书中不管是红类或是白契，都有爱家爱乡爱国内容，其中，尤以各类族谱、家书最为典型。天柱兰田彭城堂侗族《刘氏族谱》之家规认为："国以民立，民以国存，苟无国何有家，苟无家何有身？故人不爱其身，与不爱其家等，不爱其家与不爱国等。然则吾人欲爱其身，必自爱家始，欲爱其家，必自爱国始。人民与国家有皮毛相关之谊，国如皮也，民如毛也，苟皮之不存，毛将安附？"[3] 家国是"大家"和"小家"相互依存，互为基础的紧密关系，国由许多小家组成，众多小家撑起一个国家；而国家的稳定与繁荣是小家幸福的基础，亦即小家是国家的最基本元素，国泰是家安的前提。对此，一些家书也做了类似辩证性的表述，如民国年间天柱《龙氏家书》曰："根伤枝枯，舟覆人没，国灭家亡，此必然之理也。夫国以民而立，民以国而存。民为国之基本，国为家所托庇。其关系之密切，正不啻皮毛之相附。……人而不爱其家则已，人而欲爱其家，必当以爱国为先，断不可先其所后，而其所先也。"[4] 进一步说："国家之安危，国民之安危焉。国家之荣辱，国民之荣辱在焉。国家之休戚，国民之休戚关焉。故国强则民强，国弱则民弱，是国之盛衰也。昔顾炎武有言曰'天下兴亡，匹夫有责'。可见民之于国，不能如越人视秦人之肥瘠，莫不相关也。凡为国民，当以爱国为天职，视国为己任。"[4] 族谱、家书具有寻根、留本、清缘、备查、增知、育人、血肉联情、承前启后等作用，通过它留给后人以知识、精神、思想、品德、情操、理想。而经由它族人、家人树立正确的家国观念，进行爱家爱乡爱国教育成了清水江流域苗侗等民族的一项重要事程，也是流域民众对国家认同的重要体现。

二、务本成才

关于务本成才，古往今来有许多名人对之阐发高论，有很多学人对之不懈地论说，也有不少的人一直在这条路上奔跑着。作为清水江文明重要载体的清水江文书，在务本成才上也有着多方面的言说。在传统农业社会，耕读传家，是中国人理想的家庭生活方式，“耕”，是本分，即事稼穑，丰五谷，养家糊口，以此安身立命；“读”则是指读书，读可知诗书，达礼义，修身养性而立高德。诚所谓“耕读传家久，诗书济世长”。家谱是家族的家书，家训是家族的法规，在清水江流域各氏各宗的谱牒编纂中，都十分注重家训的制定，并通过它达到对族人耕读传家、务本成才观念的灌输和行为教化的目标。

如锦屏《龙氏宗谱》家条第四款曰：“勤耕读，王道必先厚生群，黎莫先生正德，故豳歌月令，知稼穑之艰难，春讼弦，立儒宗之典制。况礼义生于富足，俯仰有赀则从善自轻，诗书尽可传家，性情既驯则赀财可保。谚云：有田不耕仓廪虚，有书不读子孙愚。凡我族中子弟，朴者安于畎亩，务宜易耨深耕，秀者泽以诗书，犹当探微抉奥，庶几世泽可绵，书香永绍矣。”[5] 又如，天柱彭城堂《刘氏族谱》“族训十六条”之四曰：“盖闻养民之本，在于衣食。衣食之源，在于农桑。农桑者，乃衣食之所由出也。一夫不耕，或受之饥；一女不织，或受之寒。古之天子，教民稼穑，为天下兆民图其本也。夫衣食之道，生于地，长于时。聚于力，本务所在，稍不自力，坐受其困。故勤则男有余粟，女有余布。不勤则仰不足以事父母，俯不足以储妻子，其理然也。凡我族众，毋容有游手好闲之行为。”[6] 两则内容，显示了各族在谱牒编纂中均注重对族人“重农桑以足衣食”观念的灌输，并以之作为成才的训条，以教化、规范族人。关于“读”，在天柱《龙氏家书》有较为系统的反映。该《家书》认为：“世间最尊重者，莫如读书也。人不读书，则义由何而知，其理由何而明？欲求义知理明，不可不读书矣。夫读书者，人生一大紧要耳。何者？若书不读，则一义不知，一理不明，皆昏昏昧昧，知识未开，不知成何等人物，有何益乎？”[7] 关于学之于成才，《家书》基于“岱华之峰，非可一跃而登；江汉之涯，未可一跨而达。必也次第以升，循序而进。然后峰可登，涯可达”的逻辑，认为“身体为求学之基本，才能为求学之工具，勤勉为求学之方策”。三者兼备，是为成才之要素。

"然有三者，而不将持之以恒，则或佐或辍，勤始怠终，亦未有能意其学。此学之所以贵有恒也。"[7] 之于"学贵有恒"，《家书》进一步阐发曰："人而读书，欲进步，即不可以无恒心也。人苟无恒，则贪心生，必为君子取笑。则诚心失必为小人所斯，心可不有恒耶？恒心何在？心在专而不在放，在内而（不）在外，痛心砥砺为宗旨，用心研求为主义。心有定在，不（为）外物摇夺，此乃恒心之谓也。不独一人宜有，即人人要宜有者。彼曰有恒心，此曰有恒心读书。如是目的自臻，日进无穷，诚学者之幸福也。"[6] 耕读传家既可营生活命又可养性修身，是中国传统农业社会家庭、家族家规家训中的核心内容。在清水江流域，不仅谱牒中视耕读传家为必入的"法条"，而且在苗侗等族的宗祠中也是不可或缺的规则，而书于祠联或刻于石碑或制成匾额，起着教化后人做人第一、道德至上、劳动为本、勤俭持家的教义作用，可谓流传深广，深入民心。

三、规范行为

行为规范是社会成员在社会活动中应遵循的标准或原则，是引导、规范和约束社会成员的明文规定或约定俗成的标准。在清水江文书中，在这方面体现为以族规、家规和习惯法为宏观和以个体或具体事项为微观两个层面的系列规制上。于前者，族规是家族在编纂族谱时极为重视的内容。在清水江下游族谱中的族规大致有义庄规条、族学章程、祠堂权力、行为禁戒、劝说训语，这五类之间往往兼而有之。如，天柱《蒋氏族谱》训言中强调孝、悌、忠、信、耕、读、勤、俭、礼、义、廉、耻、酒、色、财、气、赌、贼等 18 个方面的规范，要求本族人人执行、户户遵守，"以敦村寨风气之纯正，人心之向善，秩序之井然。"[8] 类似规范，其他宗谱、族谱也十分重视。如前述的彭城堂《刘氏族谱》"族训十六条"即有"敦孝悌以重人伦""笃宗族以昭雍睦""和乡党以息争讼""重农桑以足衣食""尚节俭以惜财用""隆学校以端士习""黜出异端以崇正学""明礼让以厚风俗""务本业以定民志""息诬告以全善良""械匿逃以免株连""完钱粮以省科催""联乡村以弭盗贼""解仇忿以重生命"[6] 等内容，既有对个体的要求，也有对社会成员集体的规范。再如天柱《陈氏族谱》订有特训族人践行"先国课；重慈爱；敦孝思；务侍老；敦友爱；睦宗族；和邻里；训子弟；守耕读；务勤俭；谨赌博；□行诅；隅廉耻；惩小忿；远奸佞；慎婚姻；肃闺门；守丧礼；正妻妾；清过继；严随母”[9] 等行为规范。这些族规内容，总体精神是在明伦理从孝悌上，教导族人遵从父母长辈，长幼有序，不能混淆尊卑；在崇厚道从忠义上，告诫为官族人，廉明奉公，不得借职权之便危害一方；在正体统上，训诫族人行事流程不得逾越规矩，随意为之；在是非曲直上，强调直言不讳，不能口是心非为尚直道；在行为上，训诫族人不要无事生非，要以善良、淳朴之心对待他人。这些从各个方面拟定的行为准则，在基层社会组织中的人际关系秩序维系上始终产生着积极的作用。

实际上，清水江文书的核心组成，借由流域林业生产与木材贸易而产生的众多契约文书即为该领域约束、规范人们行为的形式表达。该类文书按约束范围分为户契和寨契，按族别分为苗契和侗契，内容大致分为山林土地买卖、佃山造林、拆分山林和家产、分配出卖山林银钱、山林管护、乡规民约、山林纠纷调解、山林登记等 8 个类别，书写格式相对规范，记述内容包括立契主题、立契人、立契原因、山林土地的来源、地名、地界四至、买主或佃主、价务、买卖双方的权利和义务、中间人（公证人）、书契人、立契时间、执契人等，是流域林业生产中户与户之间买卖的进行、纠纷的排解、权属的认定、秩序的维系、规则的遵从等的契约规则。特举一例为示：

> 立分合同字人岩湾寨范德贤。有山贰块，地名冉柳金。上乙（乙同“一”，下同）块界止：上凭德连之田，下凭廷元之木，左右凭岭。下乙块界至：上凭紹淹田沟，下抵岩良（梁），左凭路，右凭岭。佃与蒋封山种地栽杉，迄今杉木成林，立分合约。此贰块之木分为五股，地主占叁股，栽手占贰股，二比心平意愿，不得异论。此木俱要栽手日后逐年修理，不得荒芜。如有荒芜不修理者，栽手并无毫分。今恐人心不古，立此合同字纸，二比各存乙纸存照。
>
> 代书　范献瑚
>
> 凭中、佃山人　马献书
>
> 合同二纸各执乙纸日后为据（半书）
>
> 嘉庆二十年二月初九日　立①

① 王宗勋：《加池四合院文书考释》卷三“嘉庆二十年二月初九日岩湾寨范德贤立分合同字”，贵州民族出版社，2015 年。

在清水江流域，类似的大量涉及山林权属转移、佃山造林、木款山股分配、借贷、清白等林契，使不同家庭、家族和村寨的经济权属得到了确定，林业生产和木材市场得到了有序地进行和有效的调节管理，本地的山主、外地的栽手及其商人等的社会经济行为得到了规范约束，不仅使流域范围内大规模的人工造林、木材贸易活动得以长期有序进行，而且使自然资源得以长期合理循环利用，促进了流域社会发展的进程。

四、兴学办学

在清水江文书中兴学办学内容较为丰富，包括捐资助学、兴办学校、聘请教师等。其中，既有石契的刻录，也有纸契的记载，还有官家的告谕。关于石契，李斌、吴才茂、龙泽江等学者曾有较为全面的调查和研究，已搜集到事关教育的碑刻28通。有如清乾隆二十一年（1756年）天柱坌处抱塘村的“凤鸣馆碑记”、乾隆四十七年（1782年）锦屏高柳的“书房碑记”、乾隆五十七年（1792年）的“文昌会碑”、嘉庆九年（1804年）铜鼓江口向家寨的“青云馆碑记”、嘉庆十一年（1806年）娄江村的“功德碑”、道光十八年（1838年）的剑河柳霁的“蔚文书院碑”、道光二十四年（1844年）的“百世留芳”碑文、平秋石引村道光三年（1823年）的“石引学碑”、咸丰三年（1853年）的“培元书馆碑”、民国四年（1915年）天柱民中的“人文蔚起”碑、民国六年（1917年）邦洞小学的“亘古于兹”碑等。[10] 碑刻字数长短不一，但内容不外乎办学缘由、建校过程、学生就学、捐资、师资及管理等，大多载录了当地兴学办学的历程和艰辛，如乾隆四十七年（1782年）天柱竹林《启秀斋碑记》记载：从雍正十年（1732年）当地头人倡导“捐田建学”“众倡捐金”起，乡民“不惜锱铢”，又“同堡之人咸乐相助”，“遂成社学一区”。到乾隆十七年（1752年），又“筹资建造学馆两进”，乾隆二十八年（1763年）再“得银二百余两，陆续购买田坵（学田）二百余稨”而规模有制，“乡民子弟有志学文者俱入学肄业”，以致“穷乡僻壤咸知向学之意”[11]。这些碑刻是清水江重视文化教育且文化教育事业渐次发达的历史见证，是流域教育发展最直接的、重要的露天“永久”档案文献。

而于纸契，则多述及办学之校址、学田、捐献、膏火等内容。此类文书在流域内清代的义学、社学、书院以及民国时期的乡村办学过程中有大量的呈现。兹以文书两份列出，以示其貌。

例 1

立卖地基字人王洪泰，今因祖人遗下书院背园地，上下一连七块。其地四至：南抵墙外脚，北抵学堂操场，东抵墙外阴地墙角，西抵老路，四至分明，欲行出卖。请中问到劝学所执事郑大兵、龚其昌、张懋修承买为中学堂地址。三面议足买价钱正玖壹钱壹佰贰拾肆仟捌佰捌拾文。其钱亲领入手，领不另书。自卖之后，任凭执事人照墙打墙修造，卖主不得异言。恐口无凭，立卖字为据。

凭中人　饶占春
凭族人　王兴聘
中华民国贰年五月九号王宏泰亲笔①

例 2

立借洋元字人地良龙德芳，今因家下要洋元使用无所出处，自愿将到土名屋角田壹坵，上下抵姚皆林、姚皆焕田，左抵胡姓田，右抵山田，四至抵清。自出借到高酿高等学校，乘借洋元陆拾陆元五角正。其洋每月佳（加）叁行息，息汗（本）两季付清，不得有误。恐口无凭，立有借字为据。

保人　代笔　姚皆林
民国戊寅年旧历五月二十五日立借②

例 1 反映了民国初年，在改书院为中学堂的大背景下，王洪泰将所持有田土出卖予中学堂的事宜。一方面表明当时天柱教育已随时代变迁而进行由旧而新的剧烈变革，另一方面也反映出当时地方对学校规模发展的重视和努力。购买田土而充校址之文书，则为地方之于教育的重视，并具备一定办学实力的反映。例 2 显示的是民国二十七年（1938 年）五月二十五日龙德芳以田作抵向高酿高等学校借洋元并付息事，从一个侧面反映了清水江下游地区的天柱一带民众向学、政府劝学、社会助学的教育环境，从中可窥见天柱在历史上能长期保持教育事业兴旺之因由。

---

① 张新民主编：《天柱文书》第一辑“民国贰年五月九号王洪泰卖祖遗田予中学堂字”，江苏人民出版社，2014 年。

② 张新民主编《天柱文书》第一辑：“民国二十七年五月二十五日龙德芳以田作抵向高酿高等学校借洋元并付息字”，江苏人民出版社，2014 年。

五、易子而教

易子而教是传统中国社会古老而久远的习俗。易子而教的作用有如张新民先生所云："一是用以满足父子血缘至亲关系脉络下，固有文化传统可以容许其相互不责善的条件预设；二是能够通过名分及相应伦理关系的置换，实现严格'教训''责治'子嗣的目的诉求。"[12] 作为华夏民族多种施教方法之一的易子而教的风俗，在20世纪50年代仍尚存于清水江流域并在清水江文书中有所反映。如《民国三十九年二月十四日胥志里将亲生子大绅过继与胥志德书》曰：

> 立继过房字志里，口有亲生子名大坤，现年十六岁，情愿与志德名下为继子，自后教训，听凭责治。此系自出两愿，各□（自）□（无）悔。恐后无凭，立继过房书，永远存照。
>
> 继父胥志德代笔　潘年鏊
>
> （凭中）胥志高 胥志道 潘万铨 李定华
>
> 中华民国三十九年二月十四日立继
>
> □□□□□□□□（半字）①

文书表明：胥志里希望其十六岁的亲生儿子有新的管教条件或管教环境，以过继继父胥志德名下为嗣子，过继之后的胥大绅则必须以嗣子的身份，接受嗣父的"教训"与"责治"。从例子看出，清水江流域以易子而教为根本诉求的继嗣文化现象，主要是在宗亲房族各个支裔的内部进行。易子而教本身就决定了宗亲房支内部存在着互助关系，说明乡村社会尚存在一种以恩养或义教为目的的养子制度。这种制度注重的是嗣父对嗣子的严格管教，突出嗣父的"教训""责治"责权。在一定程度上反映了清水江流域传统乡村长期具有的耕读传家的"重教"传统。

六、生态教育

生态教育是清水江文书的重要内容与价值所在。清水江流域在解放初

---

① 张新民主编《天柱文书》第一辑："民国三十九年二月十四日胥志里将亲生子大绅过继与胥志德书"，江苏人民出版社，2014年。

期生态环境的优良状态据全省之冠，其中锦屏等县的森林覆盖率保持在90%以上。郁郁的森林，优美的环境，既与苗侗等民族的地方性知识、民族习惯法、民族宗教信仰与禁忌、林业经营管理制度等密切有关，又与以文书为载体的生态文献及其教育，并由此人们始终坚守生态环境保护的理念紧密相连。以有“中国环保第一村”之誉的锦屏苗寨文斗为例，该村以森林知名，以木材贸易闻名，但该村并未如有些村寨那样无休无止地向自然索取而使美丽的环境遭到毁坏，青山绿水变成荒芜，而本着人与自然和谐，既靠山吃山，又养山育山，使得绿树满山、鸟语花香的村落环境数百年来保持不变。究其根由，就是村寨至今保存着的数以万计的清代山林契约和上百块习惯法性质的古石碑的作用所致，从量大而又发黄甚至破损残缺的文契和布满苔藓的古碑中，即可窥视该村曾经有过的木材生产和贸易的辉煌，同时也可以领悟这里之所以青山常在、古树满坡的缘由。以下分别从寨契、户契示例说明。

立于乾隆三十八年（1773年）仲冬月的“六禁碑”是典型的寨契，其由文斗两寨“公议”而成，先为纸写，再为石刻立于寨中，是为家家户户、老老少少人必遵守的以保护环境为主要目的村寨规约。其碑文曰：

一禁：不俱（拘）远近杉木，吾等所靠，不许大人小孩砍削，如违罚银十两。

一禁：各甲之阶分落，日后颓坏者自己补修，不遵禁者罚银五两，众兴补修，留传后世子孙遵照。

一禁：四到油山，不许乱伐乱捡，如违罚银五两。

一禁：后龙之阶，不许放六畜践踏，如违罚银三两修补。

一禁：不许赶瘟猪牛进寨，恐有不法之徒宰杀，不遵禁者，众送官治罪。

一禁：逐年放鸭，不许众妇女挖阶前后左右锄膳（蛐蟮），如违罚银三两。

乾隆叁拾捌年仲冬月姜弘道书撰 立①

---

① 该碑立于文斗上寨凉风亭旁。碑文在多个文本中有录入，如姚炽昌采辑、锦屏县志办1997年内部印刷的《锦屏碑文选辑》；王忠勋、杨秀廷编辑，锦屏县志办2005年内部印刷的《锦屏林业碑文选辑》；贵州省志办编、贵州人民出版社2003年出版的《贵州省志·文物志》等。

“六禁碑”对村寨环境、林木、生产、庄稼、牲畜、卫生防疫、道路以及经营等进行了严格的规定。碑文虽短，但条如法律，禁发内容简明扼要，通俗明了，惩处措施又极为严厉，轻则罚银而且数量惊人，重则“送官治罪”以示警诫。在“六禁碑”旁，有一块比“六禁碑”晚立12年的石碑，专对“六禁碑”内容作“此本寨护寨木，蓄禁，不许后代砍伐，存以壮丽山川”的补充。240多年来，“六禁碑”一直对社区成员的生产生活发挥着规制性的影响，正是其生态教育警示作用和文斗苗族民众对上述规约的代代相沿恪守，亦即其让文斗寨内外700多株巨大苍翠的古树荫蔽至今，文斗曲直有致、里通外达的数百年青石板路让人称奇，使文斗成了今天社会各界大加褒扬的环保典型而有了“中国环保第一村”的美誉。

有必要提及的是，除文斗外，在清水江流域类似“六禁碑”内容而发挥环保教育的碑刻性寨契可谓随处可见，所刻内容涉及公山管理、风水林培护、水源保护、开田垦土、古珍奇大树保护等诸多方面。以风水林培护石契为例，在清水江流域就有风水培植的植树造林碑，如乾隆四十年（1775年）锦屏平鳌的“功德流芳碑”、嘉庆二十五年（1820年）九南村的“□□思功植树护林碑”、光绪二十五年（1899年）天柱雅的禁伐碑；“水口”风水保护封山育林碑，如嘉庆十四年（1809年）天柱石洞冷水小杨村的“水口封禁碑”、民国八年（1919年）麻江谷硐大冲的“永垂不朽护林碑”、民国二十三年（1934年）锦屏铜鼓垒路的“永远禁止碑”；“龙山”风水保护的封山碑，如乾隆六十年（1795年）锦屏钟灵冲寨的“龙山禁碑”、道光七年（1827年）黎平南泉山的“永远示禁碑”、民国二十六年（1937年）凯里龙场鱼洞的“永垂不朽”碑；“坟山”风水培护碑，如道光六年（1826年）天柱蓝田贡溪的“封禁碑”、咸丰四年（1854年）剑河久仰摆尾的“坟山风水禁碑”、民国六年（1917年）锦屏启蒙高增的“亘古昭垂禁砍阴木碑”；“神树”管护碑，如嘉庆四年（1799年）锦屏启蒙鹏池的“禁条告白碑”、光绪五年（1879年）锦屏河口瑶光的“河村保障神树碑”等。这些碑刻内容具体，指向明确，强调人人遵守垂范，严格对违禁者的“罚银送官”处罚，对民族乡村生态环境的保护和人们生态意识、环保理念的树立与增强作用重大。大凡今清水江流域有上述碑刻的地方，几乎都是一方生态胜景，令人驻足和感怀。

户契，在文斗苗寨，绝大多数与山林权属、林业生产、收益分配有关，均为私家珍藏，在家庭生产生活中始终有着规范性的作用，其中不乏具有环境保护的意义和价值。如下契。

> 立佃种地栽杉木字人鸠榜杨荣发，今佃文斗下寨姜世官、世凤弟兄之山一块，地名鸠榜小地，名冉奢歪。界趾（至）：上凭田，下抵路，左凭姜开□之山为界，四至分明。此山地主栽手分为五股，地主占叁股，栽手占贰股。其山限制五年成林，若不成林，栽手无分，另招别人，自栽杉日后不得荒芜，务要勤俭耕种。日后栽手要卖，先问地主，不收，方卖别人。恐口无凭，立此佃字栽杉木永远存照。
>
> 杨荣□　代笔
>
> 光绪二十年十月初十日　立①

该契说明文斗由于环境适宜林木生产，尤其是杉树的种植，这一资源通过地主、承佃人（栽手）达成契约得到了充分、有效的利用，其中规定的自协议签订起的“五年成林”，既是该地良好土地气候资源环境的反映，又是协议签订直接目标的体现；“若不成林，栽手无分”，是为对栽手佃种目标能否实现的明确约束，而“另招别人”意为该处具有植树获利以资生计的吸引力；“自栽杉日后不得荒芜，务要勤俭耕种”既是对承佃人的告诫，也反映地主对山地绿树成荫、青山满目的期待；“日后栽手要卖，先问地主，不收，方卖别人”，即是对栽手出卖股权时的秩序约束，反映地主对土地的出佃对象、能否出佃有着明确的主动权，而这种权利的因由即在于“不得荒芜”山地和承佃人能否“勤俭耕种”的生态情结。在清水江流域，自清而降为了使生态因木材不间断的贸易而受影响，林业资源的合理与永续利用，上述类似的契约文书犹如雨后春笋，产生并留存于民间。流域以契约形式规范长期进行的规模人工造林，不仅使自然资源得以长期合理循环利用，而且是一种原始、自发的生态环保行为，是清水江流域苗侗等族生态智慧的综合反映。可以说，清水江文书是贵州高原山区的绿色文化宝藏。它的发现和研究对人类环保事业有着特殊而又重要的教育意义和价值。

---

① 陈金全、杜万华主编《贵州文斗寨苗族契约法律文书汇编——姜元泽家藏契约文书》：“杨荣发立佃种地栽杉木字”，人民出版社，2008年。

七、余论

匈牙利著名学者萨波奇·本采曾说："控制人类的主要法则可以从地表的山岳水域分布图中求得。因此首要的是考虑世界上山系和水系与文化产物的发展的关系"。[13] 他认为，山是拦阻或保存文化的，而水则是传播和扩散文化的。我国的文化区域往往与"水"发生着密切的联系，"清水江流域是黔中大地上的文化富矿区，不仅千百年来孕育其间的多姿多彩的民族文化已是遐迩闻名、世所瞩目，而且其一头一尾享誉寰宇的状元文化①、清水江文书文化的知名品牌也为长江的任何一级支流所罕见。"[14] 地域性、时代性、民族性、档案性等特征强烈的清水江文书"是流域民族文化宝库之重要组成，是流域各民族共同的历史文化遗存，当然也是流域各民族时代文化的重要组成部分，是各民族引以为自豪和骄傲的文化品牌"[14]47。数以50余万份的文书遗存，是清水江流域苗侗等民族民众在特定的历史与自然环境中发展经济、维系秩序、规范行为、珍视环境、团结诚信的生存发展智慧，也凝集着汉文化对清水江民族地区影响的漫长历史印记，特别是流域内苗侗等族人民的民族国家认同的过程，其中内含的教育内容、教育学意义的价值，是流域各民族在争取图存发展、建设美丽家园中，自觉接受主流文化并使自己文化自觉创新的实践中积淀起来的经验表现，是流域各民族规范社会秩序、正人心、淳风俗、增才智、树情操的智慧结晶，是流域活生生的丰富多彩的社会生活的知识性呈现。其在长期"明主治吏不治民""皇权不下乡""教化之权，常不在上而在下"的基层社会治理历史中，既是流域民族社会创设的一种自我治理有效形式，又是流域民族社会特有的社会教育活动体现。

教育是一种传递知识、培养德性等的活动。"教育即生长，教育即生活，

---

① 杨军昌、杨蕴希在"清水江流域状元文化及其对民族社会的现实教育价值"（中南民族大学学报：社科版2016年第1期）一文中认为清水江流域状元文化因流域麻哈州人夏同龢摘取光绪戊戌科殿试魁首而以形成。这一文化"有着求学上的勤学拼搏、精神上的与时俱进、学术上的经世致用、行为上的兼济天下、艺术上的情操陶冶、品德上的守己律身等丰富内涵，同时具有地域性、民族性、传承性、社会性、遗存性等显著特征"。该文化"是清水江流域各民族共同的历史记忆，是少数民族多元文化灿烂星河中一颗璀璨的明星，代表着中国传统儒家文化在少数民族地区传播的新高度，是清水江流域民族、国家认同的代表性体现，"是流域"内涵丰富、特色鲜明、影响深远的教育文化品牌"。

教育即经验，教育即发展”[15]。一个民族的教育与民族的经济社会发展是互为因果的，与民族的文化是一脉相承的，而教育的形式是多层次多类别的，受教育者受教育的场域是无处不在的。随着汉文化传入，流域私塾、书院、社学、义学、各级官学等教育的发展和流域生产生活的实际需要等共同催生而出的清水江文书这一规制性极强而又被广泛认可与遵从的文类，其教育的意义在于社会的层面以及人的综合素质的养成，既有强制性的效果，又有潜移默化的影响，同时具有代际传递的功能。正因如此，其在一定程度上又不断地激劝着流域民众重学向学、办校兴学的热情，也因教育的发展，而使流域经济、文化落后的面貌逐渐得到了改变，尤其是在人们普遍“向化”的基础上，民族气节、家国观念、自律守规、诚信向善的人文精神得到了传承和增强。这里试举两例以明之，其一是流域文书之珍品——“抗日绝命家书”。抗战期间三穗县共有 5177 人从军杀敌，其中，滚马乡下德明村从军的国民革命军陆军第 13 师 74 团 2 营 4 连上士班长吴瑞于 1937 年 9 月 14 日奔赴前线的深夜写了《禀父书》《致兄书》《与妻书》三封绝命家书，表达了“国家危亡，男女有责”“要与日寇拼命到底”“倭寇不灭，誓不生还”的决死斗志。10 月 16 日，吴瑞在上海嘉定广福与敌人血战，壮烈殉国，年仅 24 岁。2015 年 8 月 28 日三穗县人民政府在吴氏祠堂内建立了“抗日烈士吴瑞三封绝命家书纪念碑”[16]。从相关资料可见，吴瑞的家国情怀、从军报国和决死抗日“绝命家书”写出的基础无疑与民族社会的教育有关，绝命家书本身所体现的爱乡爱国教育价值不仅在抗战时期，而且于当代以及将来都是激励人们奋发有为、为民报国的极好素材。其二是“清白文书”。该类文书在流域各地均有出现，仅加池苗寨四合院发现的就有 28 份，如“错砍杉木认错书”“姜朝英求谅错书”“姜义宗偷盗戒约”① “皆里衣强山场股权清白书”“杨惟厚失火烧山认错书”“姜炳魁南污粟山场清白字”等。[17] “清白文书”为文书中的稀品，是对违约违规行为整治的表达以及往后行为规范承诺的“法文”，是文书本身教育作用的呈现，而之又用文书的形式予以表达，无疑使得文书的教育意义更为彰显、更具威慑力，对教育人们清白做人、诚信处事和有错必纠、知错必改意义重大，无疑这是今日清水江流域青山绿

① 戒约，这里并非共同议定的要遵守的条款，而是指在清水江一带，以乡规民约等寨契、文书等户契为基础，由犯事人书写具有较强约束力的行为改正保证性文书，主要适用于偷盗、赌博、通奸、虐待老人、毁坏公物、破坏风景等行为。

水、民族团结、民风淳朴、社会和谐的社会土壤和文化软实力。

总体来看，清水江文书的教育内容对于维系清水江流域民族社会的和谐与发展、民族人口的素质提高、民族文化的传统保护、民族地区的山清水秀，产生了重大的影响。当然，积淀于各类文书中的具有教育价值的规范抑或是教育本身内容，尽管因为时代的局限不可避免地存在一些缺陷与不足，如宗族化、强制性的成分存在，但文书作为一方内涵丰富、特色鲜明、影响深远的文化品牌，其对当下清水江流域民族社会的健康有序发展和全面小康社会的建设，特别是对人们综合素质的提高、传统作风的发扬仍然不失积极的教育意义和价值，值得人们认真总结和研究。

参考文献

［1］Long Yuxiao. The Hmong / Miao Agroforestry Systems in Late Imperial China：Discovering China's Ethnohistory in the Qing- shuijiang Manuscripts of Old Forestry Contracts［C］. The 57th AnnualMeeting of the Midwest Conference on Asian Affairs，Northfield，Minnesota，USA，October 2008.

［2］梁启超. 饮冰室文集：卷十三［M］. 广智书局，1902.

［3］刘秋美，王芳. 彭城堂《刘氏族谱》的教育价值［M］. 教育文化论坛，2015（2）.

［4］天柱《龙氏家谱》，民国三十年铅印本.

［5］锦屏《龙氏宗谱》卷一《条款》，道光十五年刻本.

［6］天柱彭城堂《刘氏族谱》卷一《族训十六条》，民国十一年刻本.

［7］天柱《龙氏家书》民国三十年铅印本.

［8］天柱《蒋氏族谱》卷一《谨识传家十八训》，道光二年刻本.

［9］天柱《陈氏族谱》卷二《家规条约》，民国三十年铅印本.

［10］李斌、吴才茂、龙泽江. 刻在石头上的历史：清水江中下游苗侗地区的碑铭及其学术价值［J］. 中国社会经济史研究，2012（2）.

［11］姚敦屏. 天柱碑刻集［M］. 内部印刷，2013：169—173.

［12］张新民. 晚清至民国时期乡村社会生活的出继立嗣文化现象——以清水江流域天柱文书为中心［J］. 贵州大学学报（社科版），2015（3）.

［13］〔匈〕萨波奇·本采. 旋律史［M］. 司徒幼文，译. 北京：人民

音乐出版社，1983：301.

［14］杨军昌，杨蕴希. 清水江流域状元文化及其对民族社会的现实教育价值［J］. 中南民族大学学报（社科版），2016（1）.

［15］刘黎明. 论西方自然主义教育家对教育科学发展的历史贡献［J］. 贵州大学学报（社会科学版），2014（5）.

［16］耿秀福，张美美. 我县举行抗战胜利70周年纪念活动暨抗日英雄吴瑞三封绝命家书揭碑仪式［EB/OL］.［2015-09-01］www.gzss.gov.cn/info/20064/232133.htm.

［17］王宗勋. 加池四合院文书考释：卷四［M］. 贵阳：贵州民族出版社，2015：399—456.

从族谱看清代以降清水江下游民众的择业意识①

姜　明，刘先荣②

摘　要： 通过对清代以来清水江下游地区众多族谱资料的研究，发现这一地区虽然处于边隅之地，民众的择业观念却深受儒家文化的影响，士农工商的择业分级和“勤于业，荒于嬉”的职业意识并行不悖。以族谱文献的文本分析为基础，运用宏观和微观相结合的研究方法，以厘清这一区域民众择业观念受到国家与地方社会形塑的途径，可为当今社会民众之择业观念提供有益参考。

关键词： 清水江下游地区；择业观；族谱

自明代永乐十一年（1413 年）贵州建省以来，清水江下游地区被纳入中央王朝的直接管辖之下，开始了从“化外”向“内地”转变的进程。随着清代雍正年间“改土归流”活动的展开，国家对西南边疆的经营和开发的深入，促进了该地区“内地化”进程的进一步加快，汉族移民的大量进入，以及汉文化的广泛传播，引起了贵州清水江下游民族地区传统社会的剧烈变动。宗族的兴起以及修建宗祠、编纂族谱的高潮，正是在这一背景下得以展开。随着地方社会的渐次开发，生产方式的革新，民众面临的职业选择也变

---

① 本文原载《贵州大学学报》（社会科学版）2018 年第 3 期第 66—72 页。

基金项目：国家社科基金重大招标项目“清水江文书整理与研究”（118LZD096）。

② 作者简介：姜明，男，贵州天柱人，凯里学院人文学院副教授。研究方向：社会史与历史文献。刘先荣，女，凯里学院人文学院 2014 级历史学专业在读本科生，研究方向：地方历史与社会。

得越加丰富多元。宗族作为“敬宗收族”的社会组织，在控制其成员职业选择中的作用也日益凸显。自清代伊始，清水江下游地区的族谱编纂，不管是常常被置于卷首的《圣谕广训》，还是形式各异的族规家训，乃至于记录家族“俊逸”的人物传记，都可以明显看到国家意识形态和儒家文化对其中社会观念和伦理精神产生的影响。[1] 在这样的背景下，分析清代以降清水江下游地区族谱中族规家训里面相关内容所体现出来的民众择业意识，考察民众在这种择业意识的影响下实施的相应的择业实践，[2] 以古鉴今，以期对当今社会的职业选择提供有益的参考，不失为一项颇具意义的工作。

一、读书举业

四民社会中“士”的社会地位最高，而科举制度的确立和推行，使得读书举业成为民众职业选择的首选。康熙皇帝为推行教化，将之列为颁布天下的《圣谕十六条》的内容，向天下臣民做共同的要求。刊刻于光绪六年(1880年）的天柱县《罗氏族谱》，即将《圣谕广训》放在族谱卷首，其中与读书举业有关的一条“隆学校以端士习”写道：

> 古者家有塾，党有庠，州有序，国有学，固无人不在所教之中。专其督率之地，董以师儒之官，所以成人材而厚风俗，合秀顽强，懦使之归于一致也。我圣祖仁皇帝寿考作人，特隆学校，凡所以养士之恩、教士之法，无不备至。盖以士为四民之首，人之所以待士者重，则士之所以自待者益不可轻。……至于尔兵民，恐不知学校之为重，且以为与尔等无与，不思身虽不列于庠序，性岂自外于伦常？
>
> 孟子曰：“谨庠序之教，申之以孝弟之义。”又曰：“人伦明于上，小民亲于下。”则学校不独所教士，兼所以教民。……①

此条圣谕，明确“士 ”为四民之首，并将学校视为进行社会全体成员教化的平台，其推崇学校在维护社会秩序中的作用之意十分明显。但是作为首要的职业选择，民众更多看重的显然是读书中试之后所带来的权益和宗族势力的增长。如天柱县《蒋氏族谱》卷之首《谨识传家十八训》中写道：

---

① 天柱《罗氏族谱》卷一，《圣谕》，光绪六年刻本。

第六训：读。经史是良田，有子必送在师身前，叫他们仔细研，莫虚延，多读得几年，明白了耀祖光先；那时节，喜得绣裳身上穿，远近咸把姓名宣，纵然命运多乖舛，也得个个子孙贤，应酬不必去求他人边，自己可保全。①

家规族训是对宗族子弟社会行为的严格管理，亦承载着宗族对他们的希望，读书举业是传统社会最好的职业出路，所谓“万般皆下品，唯有读书高”。因为读书参加科举，能够做官，不但能够改变和提高自己的社会身份，而且更重要的是能够提升整个家族的权益和影响力，“耀祖光先”。对于宗族而言，当然是职业选择的首要目标。

清代国家为了控制和稳定西南边疆地区，也通过推行教化的方式来促使“悍俗渐变”。如同治三年（1864 年）《本支家乘迪光录》上即记载了顺治十六年（1659 年）贵州巡抚升云贵总督赵廷臣《广教化疏》的节录：

为急请广示教化，仰祈睿鉴勅部议覆事。我皇上创辟大一统之业，开亿万年文明之体，乘此遐荒开辟之初，首明教化以端本始，其大者，莫如作养世禄。今后土官应袭，年十三以上者，令入学习礼，由儒学起送其承袭，其族属子弟愿入学者听补廪、科、贡，与汉民一体仕进，使明知礼义之为利，则儒教日兴而悍俗渐变矣！②

正是在这种国家政策的允许之下，为了养成读书举业的风气，提高族人入仕的机会，增强宗族的影响力，清水江下游地区不少宗族都致力于兴学办校，给子弟读书举业创造条件。如天柱地坌彭氏家族和锦屏亮寨土司龙氏家族，即是其中比较突出的代表。[3]

二、力农耕作

耕读传家，自古即为中国人理想的家庭生活方式，“耕”，是本分，即事稼穑，丰五谷，养家糊口，以此安身立命。[4] 以“耕”为基础的农业是传统社会的基础产业，也是乡村社会民众最为看重的主业。在传统社会中，农桑

① 天柱《蒋氏族谱》卷之首，《谨识传家十八训》，民国十年刻本。
② 锦屏亮司《本支家乘迪光录》卷一；《君恩·疏·广教化疏》，同治三年刻本。

的重要性一再地被国家和儒家主流所强调，《圣谕广训》中关于农桑的一条内容为：

> 重农桑以足衣食：朕闻养民之本，在于衣食，农桑者衣食之所由出也。一夫不耕，或受之饥；一女不织，或受之寒。古者天子亲耕，皇后亲桑，躬为至尊，不惮勤劳，为天下倡，凡为兆姓，图其本也。夫衣食之道，生于地，长于时，而聚于力；本务所在，稍不自力，坐受其困。故勤则男有余粟，女有余帛，不勤则仰不足事父母，俯不足畜妻子，其理然也。……愿吾民尽力农桑，勿好逸恶劳，勿始勤终惰，勿因天时偶歉而轻弃田园，勿慕奇赢倍利而辄改故业。苟能重本务，虽一岁所入，公私输用而外羡余无几，而日积月累，以至身家饶裕，子孙世守，则利赖无穷，不然而舍本逐末，岂能若是之绵远乎？……是以地方文武官僚俱有劝课之责，勿夺民时，勿妨民事，浮惰者惩之，勤苦者劳之，务使野无旷土，邑无游民，农无拾其耜耒，妇无休其蚕织；即至山泽园圃之制，鸡豚狗彘之畜，亦皆养之有道，取之有时，以佐农桑之不逮，庶几克勤本业，而衣食之源溥矣。……自古盛王之世，老者衣帛食肉，黎民不饥不寒，享庶富之盛而致教化之兴，其道胥由乎此。①

农桑的重要性，首先是“养民之本，在于衣食，农桑者衣食之所由出也。”其次“勤则男有余粟，女有余帛，不勤则仰不足事父母，俯不足畜妻子，其理然也。”务农是养家糊口的根本。而“苟能重本务，虽一岁所入，公私输用而外羡余无几，而日积月累，以至身家饶裕，子孙世守，则利赖无穷，不然而舍本逐末，岂能若是之绵远乎？”也就是说，从事农业虽然利润比较薄，但是日积月累后身家的饶裕，比之其他行业更加绵远悠长，乃至于传之子孙，世代耕种，其利无穷无尽。对于国家而言，“老者衣帛食肉，黎民不饥不寒，享庶富之盛而致教化之兴”，更为看重“农桑为本”是达成“盛王之世”基础的作用。

帝制中国崩溃，进入民国时期，尽管工业化逐渐改变了传统中国的社会面貌，但是农业的基础作用在很多地区仍然没有动摇。在清水江下游地区民众的择业意识中，务农仍然是乡村社会的首选。如刊刻于民国十年（1921

① 天柱《罗氏族谱》卷一，《圣谕》，光绪六年刻本。

年）的天柱县《蒋氏族谱》卷之首《谨识传家十八训》还将“耕”列在“读”的前面，其内容如下：

第五训：耕。耕乃养人之首，为农须胼手，切莫荒这陇亩，务要肥浓去莠；若是懒惰偷闲，虽云富有，怎能保得长久？[①]

训言开首就说：“耕，乃养人之首”。又说：“若是懒惰偷闲，虽云富有，怎能保得长久？”则从事农业仍然被视为百业之基础，亦是守住富贵长久的根本。刊刻于民国三十五年（1946 年）的锦屏县隆里《龙氏族谱》卷一《家训二》记载：

重农业：农乃国之本，生民之天也，必须深耕易耨。日出而作，日入而息，农忙之时，戴月披星，不辞劳苦，自然五谷丰盈，百植饶裕。老者衣帛食肉，少壮不饥不寒。毋得怠惰荒芜，自取穷困，乃能厚民生而裕国课矣。[②]

此处仍然提到“农乃国之本，生民之天也”，认为“毋得怠惰荒芜，自取穷困”，必须要“深耕易耨”，要“日出而作，日入而息，农忙之时，戴月披星，不辞劳苦”，才能“五谷丰盈，百植饶裕”，才能够使“老者衣帛食肉，少壮不饥不寒”，并且“乃能厚民生而裕国课矣”。

三、工商并举与术艺

相比于举业和务农，从事工商业者的地位显然要低得多，但是在国家的意识形态和民众的择业意识来看，工商杂技亦是一种谋生的职业，其地位还在从事胥役和兵役之上。如天柱县《粟氏族谱》“守耕读”条所载：

谚语曰：有田不耕仓廪虚，有书不读子孙愚，故耕不必自秉耒，读不必定为官，此是天地间两条正路，人家少他不得，舍此弗由便入荆棘丛中了。外此工商杂技犹是谋生常业，惟胥役兵丁两途最能移人愿，谨化为刁凶。凡我后起，纵或势际艰慎，勿错走此路，宁函毋矢，宁巫毋

① 天柱《蒋氏族谱》卷之首，《谨识传家十八训》，民国十年刻本。
② 锦屏隆里华寨龙景高家藏《龙氏族谱》卷一，《家训二》，民国三十五年刻本。

匠，择术之道也。[①]

术艺指的是一些特殊的职业，在中国传统社会里面，从事“术艺”者，虽不是社会认可的主流职业，但在民众的择业意识中其地位似乎并不算很低。如同治三年（1864 年）龙氏《本支家乘迪光录》中单列“术艺”类传，其中记载龙氏族人中有 5 人是医师，分别擅长药理以及治疗内伤、杂感、儿科等；有 4 人为“鬼师”，分别擅长命理、选择、地理和奇门遁甲等。其类传的序言内容如下：

> 邓禹有子十三人，皆命其各执一艺。艺虽小道，亦有可观者焉。汉书艺文志所载杂家者流，与儒者并列而为九。然则一长一技，苟能精而诣之，神而明之，岂曰艺成而下乎？但其中亦有不可强者学焉，而得其性之所近，固非人力之所能及也。[②]

此序言中尽管将术艺视为“小道”，但也承认其“亦有可观者焉”。并认为术艺的精通得益于其性与之相近，并非人力所能及，也即是说，术艺的精通需要具备相应的天赋，因而从事的虽然是“小道”，但仍然被修谱者视为值得为之单列类传的人杰。

四、择业实践

清代以降清水江下游地区的族谱中大都将本族中获得功名的族人名单开列，甚至为之撰写传记，收入族谱之中，以志其功业，或用以鼓励后进。我们亦可以从中窥见民众将择业的意识付诸实践之后的结果。兹以锦屏县世袭亮寨长官司正长官龙氏家族，于道光二十二年（1842 年）和同治三年（1864 年）先后刊刻的两个版本的《本支家乘迪光录》在类传中所列资料进行统计，纂成 3 个表，分别统计乡试中试、举贡生和入仕为官的情况，详见表 1、表 2、表 3。

---

① 天柱高酿《粟氏家谱》卷一，《先祖家训目录》，民国二十一年刻本。

② 锦屏亮司《本支家乘迪光录》卷二《人杰第四 · 术艺》，道光二十二年刻本。

表 1　《本支家乘迪光录》载龙氏家族乡试中试名单

姓　名	中试时间	功　　名	房　　系
龙亨极	康熙辛卯	贵州乡试第三十四名举人	长房
龙文炄	乾隆庚午	贵州乡试副榜	长房
龙文和	乾隆癸酉	贵州乡试副榜	六房
龙　月	嘉庆戊辰	贵州乡试副榜第一名	六房
龙绍讷	道光丁酉	贵州乡试第十名举人	长房

资料来源：锦屏亮司《本支家乘迪光录》卷二《人杰·科举》，同治三年刻本。另以锦屏亮司《本支家乘迪光录》卷二《人杰·科举》，道光二十二年刻本作补充。

从表 1 的统计情况来看，龙氏家族从康熙至道光年间，在贵州乡试中试一共 5 人，其中举人 2 人，副榜 3 人。

表 2　《本支家乘迪光录》载龙氏家族贡生名单

姓名	举荐时间	功名	房系
龙汝一	明	岁贡	长房人 龙政忠之父
龙祖榜	明	岁贡	长房人
龙潜	成化三年	岁贡	
龙羽	成化十六年	岁贡	
龙腾	隆庆	岁贡	
龙祖甲	万历	岁贡	长房人
龙文价	雍正二年	岁贡	长房人
龙文通	雍正八年	岁贡	长房人
龙文运	乾隆元年	岁贡	长房人
龙裴极	乾隆三年	岁贡	
龙湛	乾隆二十一年	岁贡	长房人
龙文经	乾隆三十年	岁贡	长房人
龙文广	乾隆五十五年	恩贡	长房人
龙起天	乾隆五十九年	例贡	六房人
龙起敬	嘉庆三年	增贡	长房人
龙尚	嘉庆十年	附贡	长房人

（续表）

姓名	举荐时间	功名	房系
龙漆	嘉庆十八年	例贡	长房人
龙绍楹	道光十八年	岁贡	长房人
龙田	道光二十四年	岁贡	六房人
龙瑞	咸丰二年	岁贡	长房人
龙瑛	咸丰四年	岁贡	长房人
龙照远	同治二年	例贡	长房人

资料来源：锦屏亮司《本支家乘迪光录》卷二《人杰·明经》。

从表2的统计情况来看，龙氏家族从明代至清代同治二年（1863年）间，举贡生一共22人，其中恩贡1人，岁贡16人，增贡1人，例贡3人，附贡1人。除此之外，同治三年（1864年）《本支家乘迪光录》卷二《俊秀》这一类传里面，还记载龙氏家族从明代至同治年间共有生员199人。[①]其《仕宦》类传之序言写道："人才挺出，自古难之，况在一家，焉可多得？"[②]对于一个在偏隅之地的土司家族，其家族成员中有那么多获取科举功名的族人，也并不多见。

获取功名的下一步是入仕为官，龙氏家族自明代以来世袭亮寨长官司正长官一职，除此之外，其家族成员通过科举和其他方式入仕的还有不少，其名单见表3。

表3　《本支家乘迪光录》载龙氏家族仕宦名单

姓名	授职时间	职　　务	备　　注
龙政忠[①]	洪武四年	亮寨长官司正长官（世职）	明洪武元年督兵征剿白岩塘、铜关、铁寨等处有功，四年除授不支俸承直郎亮寨长官司正长官，世职

---

① 据同治三年《本支家乘迪光录》卷二《俊秀》统计为199人，分别是增生17人，文庠生134人，武庠生22人，监生26人，另外还不包括流品8人在内。而道光二十二年刻本《本支家乘迪光录》卷二《俊秀》统计为203人。以时间先后和修谱的详略情况来看，采用同治三年刻本的数据为宜。

② 《本支家乘迪光录》卷二《仕宦》序言，道光二十二年刻本。

（续表）

姓名	授职时间	职　　务	备　　注
龙祖甲	明代	江南桃园县知县	
龙祖雄	清代	安顺营参府	
龙现霖	明	参将	
龙忠极	明代	都司	
龙建极	康熙年间	湖南靖州零溪司巡检	明永历二年五月从军湘潭，隶督帅何文烈麾下，委授监纪衔监理营务，给委牌一道，今尚存
龙正极	康熙年间	靖州江东司巡检	建极弟，授例选用靖州江东司巡检，未及仕而卒
龙亨极	康熙己酉年	四川安岳县知县，署绵州知州	有传
龙裴极	清代	遵义府学训导	
龙文埏	清代	铜仁县学教谕	
龙文和	清代	安化县学教谕	有传
龙文广	清代	直隶州州判	直隶州州判，原任江西赣县县丞，有传
龙月	清代	直隶州州判	就直隶州州判，未及仕而卒，有传
龙贵	清代	古州中营把总	
龙起坦	清代	候选训导	军功议叙六品咨部候选训导

资料来源：锦屏亮司《本支家乘迪光录》卷二《人杰·仕宦》，同治三年刻本。

清代清水江下游地区编纂的族谱，有很多都把《圣谕广训》列为卷首第一篇的内容。这一方面当然是地方社会服从王朝国家意识形态控制的表现，另一方面也是民众将“圣谕”视为制定家规族训的纲领，体现了地方社会对国家意志的主动迎合。光绪三十一年（1905年）刊刻的天柱《刘氏族谱》其开卷即为《圣谕广训》，其中与择业有关的第十条这样写道：

圣谕广训第十：务本业以定民志。

朕惟上天生民，必各付一业，使为立身之本。故人之生虽智愚不同，强弱异等，莫不择一业以自处。居此业者，皆有本分，当为之事，藉以有利于身，藉以有用于世。幼而习焉，长而安焉，不见异物而迁焉。此孟子之所谓恒产，即圣祖仁皇帝之所谓本业也。维兹本业，实为先务，凡士农工商以及军伍，业虽不同，而务所当务则同也。夫身之所习为业，心之所向为志。所习既专，则所向自定。《书》曰："功崇惟志，业广惟勤"。盖业与志本相须而成也。①

圣谕将择业与立身之本连接在一起，对士农工商乃至于投身军伍，均视为"务本业"的表现，关注的是"所习既专，则所向自定"，强调的是择业与志向的统一。值得注意的是，或许是受到《圣谕广训》的影响，清水江下游地区民众在修纂族谱时，虽也有将工商视为"末务"的，但更多的是将其看作一种"正职业"，如刊刻于民国三十年（1941 年）的天柱县《龙氏旧谱》卷首《家规》即写道：

正职业：士农工商各有一业。为父兄者，相子弟之才而教之，贤则读，不贤则耕，或工商。务使各守正业，低于有成，勿使不士、不农、游手好闲，而流入非分之途也。②

其家规中认为，族中子弟要相其才而教之，"贤则读，不贤则耕，或工商。"则工商虽列于士和农之后，但仍然属于"正职业"的范畴，与之相对应的是"不士、不农、游手好闲"者，则因为容易"流入非分之途"，成为宗族所要着力反对的行为。同治三年（1864 年）《本家支乘迪光录》卷一《祖德第二》中"庆爵公九戒"之第八"戒好游戏"中说道：

士农工商，天下无游手之人。即励精以图，犹恐不逮，况敢舍业而嬉乎？凡我子弟，或高阁诗书而眺山水，长悬耒耜而逐禽鱼，幸而父兄犹存，徒为食粟之子，不幸而父兄早逝，即为漂流之徒，可不戒哉？③

从上述三则材料可以看出，不管是国家意识形态，还是儒家伦理精神和

---

① 道光二十二年刻本作"颜弼"，据同治三年刻本《本支家乘迪光录》卷三《旧典·岩壁谱系源流》载颜弼为龙氏二十世岁贡龙汝一第三子"颜弼字政忠，自河南归岩壁。"则二者应是指同一人。

② 天柱《刘氏族谱》卷一，《圣谕广训》，光绪三十年刻本。

③ 锦屏亮司《本支家乘迪光录》卷一，《祖德第二》，"庆爵公九戒"同治三年刻本。

地方社会民众的择业意识，尽管有“重耕读，抑工商”的观念，但是相比于无职无业、游手好闲的游民、地棍之类引起社会秩序不稳定的群体进行严厉惩处而言，能够专心于生计的都属于良民，都是国家与宗族所要大力提倡的。[5] 正是在国家意志的控制和宗族组织的整饬之下，主流的择业意识转化为民众在社会生活中的实践，尤其是从事其中的“末务”商业的情况，在清水江下游地区并不少见。

窃惟人不满百，忧怀千岁，高寿无几，劳碌实深，而亲身之艰苦千般，正人子之抱愧万种也。讵可不录实，彰咸知创业之艰哉？若我皇清待赠显考彭公讳相应字化蛟，乃曾祖述杰之孙，实王父静儒之次子也。为人古直，秉性坚刚，其言则声音嘹亮，慷慨致词，其行则动静果决，见义勇为，不以愚昧而自欺，不以艰险而自避。当其幼也，家贫亲老，处境非常，未获人事诗书，惟以躬耕是务。及其长也，伯仲同勦，手足共奋，凭血力以奉双亲，供蔬水而娱二老，惟期一乐俱存。孰意王父见背，祖妣寡居，敢忘养方之遗训，亦谨遵慈颜之告诫也。一越壮岁，易业经商，跋山涉水，不知几经之憔劳，沐雨栉风，难忘半生之苦楚，十余年运行顺遂，利益恒丰，随时置产，创成数亩之粮田……。①

这则人物小传中的传主彭相应，历经了多次职业的转换，先是幼年时“家贫亲老，未能读书”，只得从事农业，“惟以躬耕是务”。壮年之后，“易业经商”，经过十余年辛苦，购置了“数亩之粮田”，则是通过经商获利之后，通过购买田土又成为务农者。

清水江下游地区盛产木材，经营木材生产和木植贸易的家庭屡见不鲜。如天柱《彭氏族谱》所载：

因五伯年迈，兄弟珙年方舞勺，难持家政，先有木植生理未售得清而兄奉亲命，远涉武陵桃源之区，贩卖木植，虽获利甚微而胸襟开濶，以得诸山水者良多……溯兄之生平，严气正性，凡遇乡党有曲直不清者辄面诋之，有干以私者怒形于色而弗许，与人排难解纷，乡里服其公论。②

彭守珩在父老弟幼的情况下，不得不担起家庭的重担，前往湖南桃源一

① 天柱地坌《彭氏族谱》卷二《先父相应字化蛟老大人之行实》，民国二十五年刻本。
② 天柱地坌《彭氏族谱》卷二《堂兄守珩实录》，民国二十五年刻本。

带贩卖木植，虽然“获利甚微”，但是开阔了胸襟，且为人“严气正性”，成为乡里颇有威望的人。天柱《彭氏族谱》中有一则人物传记，记述了传主彭相国的职业转换与择业意识，兹录其内容如下：

追维王父讳相国号日晶，年幼丧父，早操心而劳思，童樸持家，知戒奢而克俭。能全孝道，事庶母如事亲生，谨守祖业，箴良规，不忘遗训。虽然读书有志，无如蜎务牵缠，痛矣！次祖遭伤，舍身鼎力上控，彼时凶手丢牢，祖父方能泄憾，弗为皇恩赐赦，莫能砥命，白冤讼费多耗。从兹家业萧条，祚薄门衰，是以日食艰苦。公乃筹贷资本，稍贸易以营生，利益恒丰，值运行，而顺逐，然后产业创新因旧，逐年加增，人留转旺复兴，每岁利用。继送伯严课读，未获採芹入泮；次移严君习武，咸沾实授真传。平生般般劳碌，一世种种费心……惟我后裔难忘祖德深恩，值兹谱修略述宗功骏业，爰为谬传，以志云。

孙宏魁号鼎三敬述

大清光绪三十三年岁次丁未孟夏吉旦①

彭相国少时读书不成，因官司缠身，遂至“家业萧条，祚薄门衰，是以日食艰苦”，只好“筹贷资本，稍贸易以营生”，改为经商，其后家业兴旺，于是送子读书不成，又改为习武，终其一生为家庭操劳，得到修谱者的赞赏，将其列入人物传中。

五、结论

郑振满引用福建省长汀县四堡乡《范阳邹氏族谱》的记载，认为清代福建规模较大的家庭，大多同时从事多种职业，在家庭成员之间形成了士农工商的有机结合。[6] 究其原因，他认为：

主要与自然经济的不完全解体有关。在清代福建，由于人口过剩、耕地不足，客观上很难继续维持自给自足的自然经济。但在另一方面，由于社会生产力水平的限制，商品经济未能得到充分的发展。在这种半自然经济、半商品经济的胶着状态中，既要有一定的社会分工，又不能过度专业

① 天柱地坌《彭氏族谱》卷二《祖考上国公老人大传》，民国二十五年刻本。

化。因此，在家庭内部形成职业分工，被视为一种理想的选择。[6]

这种看法较好地解释了清代以降清水江下游地区民众在择业观念上并不歧视工商、术艺的原因，甚至服胥役和兵役，尽管被视为“移人性情”的“贱业”，对家族而言，其实也不是全无用处。更为重要的是，从维护社会秩序稳定和经济社会发展的角度出发，国家和地方社会不断地提倡“勤职业”“尚节俭”，强调“禁非凡”，即禁止游手好闲乃至作奸犯科的行为才是关键。这也是族谱资料从《圣谕广训》到大同小异的族规家训关于择业观念上保持一致的根本原因。

对于当今社会而言，虽然市场经济的冲击和职业分化的影响，使得即便是在乡村社会，民众的职业选择也有了更加多元的可能性，并造成某种意义上的就业困难的局面，但是我们从清代以来族谱资料中的择业观念和民众的择业实践中可以看出，职业选择的高低贵贱并非是人们特别在意的问题，提倡“勤于业”、反对游手好闲和“嬉玩”才是国家和民众共同的意愿。从这个认识出发，也许在当今社会中我们关注的重点，应该是如何加强引导人们树立“勤于业，荒于嬉”的职业观念，纠正将职业分出高低优劣的错误认识上来。

参考文献

[1] 张银锋，张应强．姓氏符号、家谱与宗族的建构逻辑：对黔东南一个侗族村寨的田野考察［J］．西南民族大学学报（人文社科版），2010（6）：36—42．

[2] 徐国利．民国时期基层社会传统职业观的革新与保守—以民国徽州家谱的族规家训所见职业观为例［J］．民国档案，2012（1）：85—92．

[3] 李斌，吴才茂，龙泽江．明清时期清水江下游天柱地区教育变迁—以碑刻史料为中心［J］．教育文化论坛，2011（2）：100—106．

[4] 杨军昌，杨蕴希．规制与教化：清水江文书的社会教育内容探析［J］．贵州大学学报（社会科学版），2017（4）：31—38．

[5] 赵华富．徽州宗族研究［M］．合肥：安徽大学出版社，2004．

[6] 郑振满．明清福建家族组织与社会变迁［M］．北京：中国人民大学出版社，2009．

失序与再造：咸同兵燹与清水江流域地方社会秩序的重建[①]

李　斌[②]

摘　要：在清代“咸同兵燹”这样社会大动荡的背景下，乡村社会如何自救、如何维护地方社会的稳定成为有识之士思考的问题。文章以清水江文书为中心，结合其他民间文献，以流域“三营”为具体对象，分析在“咸同兵燹”期间清水江流域的乡村社会组织从款组织而演变为团练，团练在组建及其经费筹措、所产生的作用及其影响，进而探讨清水江流域乡村社会在社会动乱中的自我治理，并从中发现了一些对当今社会仍有一定借鉴价值的治理举措。

关键词：款组织；三营；清水江流域；咸同兵燹

“款组织”作为清水江流域苗侗族的社会组织形式，在维护乡村社会平衡与稳定中发挥着重要的作用。在“咸同兵燹”期间，作为团练的杰出代表——“三营”，成为清水江中下游地区对抗张秀眉起义军和姜应芳起义军的一支重要力量，通过武力对抗等强制性措施来恢复地区的社会稳定。

---

① 本文原载《贵州大学学报》（社会科学版）2018年第4期第53—59页。

基金项目：国家社科基金一般项目“明清以降清水江流域碑刻的搜集、整理与研究”（17BZS005）。

② 作者简介：李斌，男，四川绵竹人，博士，教授，贵州大学硕士生导师，贵州省苗族侗族文化传承与发展协同创新中心研究员，贵州原生态民族文化研究中心研究员。研究方向：晚清史和区域社会史。

一、“咸同兵燹”及其对社会秩序的破坏

19世纪50年代，受太平天国起义的影响，贵州各地先后爆发了少数民族领导的起义。其中，尤以台拱（今台江）张秀眉等领导的“咸同苗民大起义”、清平（今凯里）岩大五领导的苗民起义以及天柱姜应芳领导的侗族农民起义声势最大。1855年4月30日，张秀眉在台拱起义，张老九（九大王）响应于偏寨，高禾、九松继起于乌结，出现“千里苗疆，莫不相应”的局面。在起义后的一年多时间里，先后攻下凯里、施秉、清江、台拱、黄平、清平、古州、都匀等府厅州县城。到1858年，攻克黔东门户镇远府。随后，兵分两路。东路攻柳霁、天柱，出邛水，经青溪、思州、玉屏，直抵湖南晃州、会同、靖州。西路出平越、贵定、瓮安、龙里，直逼贵阳。面对丢城失地，湘黔“莫不震动”。

地方碑刻文献史料也有许多相关破坏情况的记载。如锦屏《彦洞记述碑》详细记载了咸同时期张秀眉、姜应芳等起义及战争破坏情况“清（江）、台（拱）异类，苗性犬羊，于咸丰四五年，怀吞业之恶念，起骗账之狼心，蓄造叛逆，肆行滋扰”。“同治元年勾结教匪姜映方，盘距汉寨，山名呼为九龙山。擅造旗帜、工号，自称定平王，破陷天柱，抄出平秋、石引，使我首尾难应。所仰黎平府宪，府宪遥阻莫救；所慕附近苗光，苗光自雇不出。仅只我卡四面受敌，独力苦拒，从四月二十七日击至五月十六曰，药完铅尽，难支败走，被逆杀追岑顿、大平、中仰一带，房廊概被烧毁，人民受尽戕殃，哀声满地，铁石难闻。”“至同治三年六月初二日，逆苗乘危而害，团因灾而莫雇，卡练惊奔，被贼又烧一次。”“同治四年五月二十一日被贼又烧一次，尸骨充塞道路，血滴成渠。”陈大六聚扎江口屯，自称陈大帅；杨万洪把住滥木桥，自号公平王；关将军盘距寨头，时出时入；宝元帅霸占硐却，肆横无忌。”“想我黎民遭此乱世，前后十有余年，受尽许多苦楚，八口之家无一口得耕，八亩之田无一亩之得种，出力者吐尽血浆，出资者捐尽家业，为国捐躯，身归黄壤，欲待罪因忠结恨，无门招慰，亦不安。”① 据剑河《流芳百世》碑记载“咸丰乙卯之秋，贼风竟起，猛兽挺生，由革夷高

---

① 《彦洞记述碑》（光绪二年），碑无额题，笔者根据内容所加，碑现立于锦屏县彦洞乡彦洞村。

禾、九松、方乜，下自清柗张秀弥、包大肚、杨大六此等逆魁，三五成群，千方结党，烧杀乡村，攻打屯堡”“壬戌年，忽有柱属姜、龙、陈、李四逆窜入抬邦，协合主叛，引领攻下柱邑，设营九龙山，兹扰各属，惨遭其害，鸡犬不宁。”“大寨复原其半，小村十仅存一，迭重受害，苦不尽言。”① 榕江县《瘗骨碑序》记载了朗洞地区深受战乱影响“朗城自咸丰丙辰遭兵燹，而后吾民、墟墓同毁于苗，烽火蔓延垂二十载。”②

二、传统款组织及其演变

款组织由一个或多个自然寨联合组建，跨地方圆数十公里，村寨之间有严密的组织形式。款有款规、款约。“款”是寨与寨之间结成的防御和反抗外来侵扰的组织形式，由村寨自愿参加，有“大款”“小款”之分。“小款”由周围几个家族或村寨结合而成，“大款”也叫“团”，由若干个“小款”或乡村甚至区域结合而成。寨子大、户数多的一寨为一款；寨子小、分布邻近者，或三五寨、或数寨为一款。款组织结合并非长期不变，其格局经常有变。大小款都有“款首”，少则一人，多则数人。小款“款首”由各寨寨老公推，大款“款首”由各小款“款首”选举产生。“款首”由热心公益、有威信、组织能力强的寨老担任，无特殊报酬。一般每年“议款”一次，各户户主参加，商讨款内有事宜，制定“款约”。“款约”主要内容多为惩罚盗贼、内奸、恶棍，保护农林生产，消防，解决财产纠纷等。公议后的“款约一般都会勒碑立于寨门等显眼处。“款脚”鸣锣喊寨，宣讲“款约”并督促众人共同遵守。秋冬时，各户凑钱凑米到款首家会餐一次，总结当年执行“款约”情况或修订条款，俗称“吃款”。各寨各姓各户，不分贫富，男性青壮年必须参加团款组织，每人自备武器一件，或长矛、大刀，或鸟铳、火枪；平时，还要随时配备草鞋一双，有事则立即上路。每年各小款首带本款人员在约定日期集中，相互检阅各寨的武器装备，称为“亮团”。

款组织定有款规或款约，用以调动人们的积极性和约束人们的行为习惯，具有较强的法律威力。款约款规是由公众共同制定的“法规”，凡合款

① 《流芳百世》（光绪六年），碑现立于剑河县敏洞乡沟洞村。

② 《瘗骨碑序》（光绪二年），碑原立于榕江县朗洞镇，后被移至榕江县城红七军军部旧址后院。

的村寨必须共同遵守，不得违反。其作用和任务是：对内保护私有财产和公共财产，调解纠纷，维持地方秩序；对外抵御外辱，彼此相援。大款一般在山坳上设有哨卡，轮流守望，有警即鸣枪为号，各寨鸣锣聚众，寨老带队出发。一旦发生对外争斗，只需闻报，各寨迅速集中，适应出征者都视为己任，人人乐从，各个争先，生死与共。

清水江流域有众多款组织，较大的有青山界四十八寨、湘黔边四十八寨、九寨（今锦屏县境内）、婆洞十寨（今锦屏县境内）、黎平高东款、注溪十八寨联款（今天柱县注溪乡和蓝田镇的侗族村寨）等。

湘黔边四十八寨具体是指哪些村寨，没有完整的记载。据龙更清收集整理，分上二十四寨和下二十四寨，位于今天柱、锦屏和湖南靖州一带。① 靖州、天柱各有二十四寨，其中包括靖州由一里九寨（地笋寨、地背寨、菜溪寨、岩咀头、地庙寨、黄白寨、弄冲寨、万才寨、水冲寨），靖州由二里六寨（小河寨、皂绿寨、孔洞寨、排洞寨、官田寨、铜锣寨），靖州寨市里，统称三锹九寨（烂泥冲、圹保寨、高营寨、大溪寨、银万寨、圹龙寨、楠木寨、三江寨、高坡寨）。天柱由义里（今竹林乡、坌处镇）二十四寨，包括“上六寨、中六寨、下段十二寨”，其中，“上六寨”即茅坪、亮江、银洞、平金、合冲、乌坡，民国三年（1914 年）锦屏建县时，六寨由天柱划归锦屏；“中六寨”指的是，雅地、偏坡、中寨、抱塘、龙家冲、水大溪（1952 年划归锦屏）；“下段十二寨”指的是滳头寨、新寨、棉花坪、竹刘寨、下粮田、高坡寨、栗木坪、秀田寨、杨家寨、地坌、菜溪、妈羊。

青山界四十八寨是锦屏、黎平、剑河三县交界地区的大款，其范围 100 多平方公里，苗族聚居，包括今锦屏县 24 寨，即苗吼、培亮、宰格、苗庄、苗里、扣文、九丢、晚楼、美罗、控俄、格朗、卑祚、苗亘、瑶光、苗馁、

① 龙更清《“四十八寨”的由来》《天柱苗韵》（内刊），2010 年第 1 期（创刊号）。有关四十八寨中具体寨子的范围、名称等各种文献记载很不一致，有的记录的具体寨名超过 50 个，且范围均在今天柱县境内，如《物华天宝——天柱风物录》（天柱县政协文史委编，2001 年内部印刷本，第 243 页）；有记载包括今天柱县 30 寨、锦屏县 6 寨、湖南靖州 12 寨（天柱县政协非物质文化遗产宝库编纂委员会编《天柱县非物质文化遗产宝库》，贵阳：贵州大学出版社 2009 年版，第 334 页），位于今天柱和锦屏境内，面积约 140 平方公里，现有人口近 2 万，苗族占 90% 以上。分上二十四寨和下二十四寨，包括地坌、菜溪、窑田、翁冲、妈羊、高坡、栗木坪、下粮田、豆播脚、兴团弯、马路村、杨家、秀田、竹寨、刘家寨、荒冲、黑岩脚、老硬冲、翁晒、棉花坪、汉冲、牛田口、淘金、架枧、新寨、矮寨、滳头、坌处、宰贡、清浪、勾刀、偏坡、地冲、雅地、三门塘、大冲、铜鼓坡、盘溪、孔阜、地抑、旧楼、圭井及今锦屏县的平金、乌坡、亮江、银洞、合冲、令冲等四十八苗寨。

文斗、平鳌、彰化、塘东、番鄙、摆尾、格翁、锦中、中仰，黎平县22寨，即己得、己迫、乌潮、己迫上寨、岑同、乌腊、苗丢、高下、苗举、唐错、平空、高仲、高练、塘朗、岑己、格东、八东、平信、岑弩、岑拾、苗格、鄙栽和剑河县2寨，即高椅、康中，共48个苗族村寨。

九寨位于今锦屏县西北部，面积约210平方公里，侗族聚居，由王寨、小江、魁胆、平秋、石引、黄门、瑶白、高坝、皮所9个大寨子组成大款。[①]每一小款又包括若干子寨，如平秋款，以平秋为中心，包括圭宿、富库、开了、更我、盘寨营、更豆、兰托、洞万、略威、桥问、大坝、晓岸、岩有等村寨。魁胆款以魁胆寨为中心，包括平翁、孟寨、凸寨、破鼎罐、各龙、圭开、三德、平岑、石桥冲等自然寨，因咸同年间组织十六甲，故亦称“十六”甲。

黎平高东款，辖高孖、大稼、高培、高面、邓蒙、荣咀、平途、盘现、岑奉、岑柳、腊亮、姚枝上、平空、革东、唐旧、俾雅、高绍、高重、高殺、高练、唐朗、唐赖、归奉、归坟、高梦、丈巴、基兰、岑胡、宝塘山、纪迫、纪德、党觉、岑同、岑优、格韶、平底、周家坪、乌勒、下八里、岑泵等侗族、苗族和汉族村寨，包括现在的大稼乡、平寨乡以及孟彦镇的岑湖、高秋等村寨。

其他如婆洞十寨是以今锦屏县启蒙镇者蒙村为中心，包括边沙、流洞、魁洞、者楼、者抹、便晃、寨五、八教、西洋店9个寨子组成的大款。注溪十八寨联款是由今天柱县蓝田、三合、两岔、贡溪、翁溪、蒲溪、双溪坪、坪坤、塘涧、闪溪、碧雅、风阿、德江、公闪、关坪等18寨组成的“联款”。清道光年间，盗匪猖獗，百姓为自保在黎平府所属西北部地区组成六合团，其中纪德为一合，纪迫包括高倚、党脚为一合，乌朝为一合，堂灼为一合，格朗、扣文为一合，岑同、平空为一合，共六合，统称六合团。

不同款之间，有时是有交叉的，如青山界四十八寨与高东款，重叠的村寨就有平空、高仲、高练、塘朗、己得、己迫、乌潮、岑同等。

三、经费之筹措：以三营为中心

清朝咸同年间，台拱张秀眉和天柱姜应芳等苗侗百姓纷纷揭竿而起反抗

① 地处九寨的彦洞属中林验洞长官司管辖，不在九寨之列。

清廷压迫，出现了“千里苗疆莫不响应”的局面。面对混乱的局面，清水江中下游地区士绅们在官府的倡导下，纷纷寻求自保，在款组织的基础上组织团练，“三营”便是其中的杰出代表。它以锦屏文斗为中心，辖地30个村寨，包括今天锦屏河口、平略两乡镇，当时人口近3000户，近20000人。“三营”以原始款属村寨为基层，由上、中、下营组成，直属黎平知府。营以下以村寨为单位设团。营设总理，为最高指挥官，由黎平府任命。此外，还设协理、书办等。“上营”由瑶光文一举人姜吉瑞率领，统辖瑶光、韶霭、塘东、格翁、锦中、苗吼、培亮、甘塘8寨，以瑶光为中心，团丁驻扎甘塘坳；“中营”由文斗武生姜含英率领，统辖文斗上下寨、平鳌、岩湾、加什、中仰、九佑、彰化、南路、鸠怀、丢休、松离12寨，以文斗为中心，团驻守大坪九岗坡；“下营”由河口武生姚廷桢率领，统辖甘乌、八洋、平略、新寨、岩寨、寨早、扒洞、岑梧、高贞、归固10寨，团丁驻守高贞坡。

“三营”的足迹遍及清水江中下游以及都柳江一带，包括今锦屏、剑河、天柱、黎平、从江、榕江及湖南靖州等县。“三营”共扎营25座，各寨与外相通的每条大路津要处都设有关卡，在村寨周围筑工事、布竹签阵、修寨门，在高处修烽火或瞭望台。一寨有警、各寨相救，一营有事、三营齐帮。至今，在文斗、平鳌、瑶光等还保存有寨门、围墙、烽火台等。

为使团丁乐于效力卖命，同时能保证后勤供应，“三营”制定和并实行“抽田制”、按户派捐和认捐等三种方式筹集经费。

一是抽田制。规定：凡有田者，将其三七开分，田主留其中之七，其中之三交给团款（村寨）安排给出力征战者。出田、领田者都要与总理或村寨团首签订交、领田合同，出田者永不得追回其田，受田出力者战死无怨。所需粮饷，仍照原有田亩和实际家庭情况从富户进行摊派。富户如有隐瞒田产或拒派，则要受到重罚。“自至人人欣愿，众志成城。”①

据立于咸丰九年（1859年）锦屏瑶光上寨《万古流传》碑记载：

> 尝思诗咏同胞，书云同德。当兹干戈扰攘之际，难取其一视同仁也。咸丰五年，清抬苗乱，攻城劫堡及南加焉，而我境安堵无恐，弗遭

---

① 《三营记》成书于光绪十九年，系手抄本，由中营书办平鳌人姜海闻著述，中营总理姜元卿作序。有关《三营记》的内容，详见姜高松：《文斗苗寨》，2011年内部印刷本，第132—144页；又见《贵州档案史料》2001年第1、2合期，第78—88页。

茶毒，非仗地脉龙神之庥乎。六年冬，扰及黎邑，一十二司相继变心。我九寨同仇偕作，决战于婆洞地方，三战三捷。我里大众力解城围，地方富户欢腾眉睫，愿将田亩存七抽三，酬出力劳。我上甲兄弟四十余家，将抽三田，共留十担，地名九党田六丘，永祀后龙龙神及南岳香火，以垂久远。是为记。

军功姜应兴、军功姜凤歧、姜述维、姜应相、姜乔龙、姜老毛、姜老凤、姜述理、姜安邦、姜恩荣、姜添寿、姜富洪、姜丁贵、姜五生、姜绞寿、姜丙祖、姜三龙、姜应生、姜保寿、姜乔成、姜丁卯、姜继林、姜丁寿、姜成生、姜生龙、姜岩乔、姜木生、姜丁福、姜一保、姜恩高、姜发祖、龙老福、姜凤鸣、姜凤生、姜乔贵、姜乔生、姜继宗、姜光才、姜发恩、龙召光。

此神地二间，姜恩良、口口捐。

匠人　唐文清

写碑人　吴必魁

咸丰九年十月二十八日　立①

据锦屏《彦洞记述碑》（光绪二年，1876年）也记载了九寨团练筹款情况，“幸我黎平府主多札饬我寨罗兴明充当乡正，倡连九寨合为一款，贫者出力，富者出资，各寨各招长勇十五名，公议卡首杨积瑶调户编棚，防堵犁元大凹，卡名呼为验洞卡，团名号曰太和团，无事长勇堵御，有事一踊抵敌蒙府主徐札我寨团首等设局定章，照货价值轻重，每百抽钱二文”。②

在文斗和平鳌有两份关于抽田办团练的契约文书：

契约1

立分合同字人塘东、河口、加池、岩湾、文斗上下两寨、平鳌、中仰、韶霭、干塘、大坪界上款内众等。因逆匪逼近款地，众等公议设立，将各地方有田者三七均派，业主占七股，出战出力者占叁股。众境有无得力同心，如翌日匪徒一战尽殄，复转屯所业。现有田者首四股，出力战斗者受六股。其中富户米粮见丁除八石，一则曰永清四海，再则

---

① 《万古流传》（咸丰九年），碑现立于锦屏县河口乡瑶光上寨。

② 《彦洞记述碑》（光绪二年），原无额题，笔者根据内容所加，碑现立于锦屏县彦洞乡彦洞村。

曰国泰民安。恐后无凭，人心不古，立此合同字，永远存照。

塘东姜朝魁、姜沛霖，河口姚廷桢、姚廷煊，加池姜世明、姜沛清，岩湾范本清、范玄祖文斗姜含英、姜钟英，中仰陆景嵩、潘国干，韶霭李国梁、龙家琮，大坪干塘孙鱼龙、黄世刚、吴绍春。

咸丰六年十二月初九日　众等公立

契约 2

立抽田字人姜东仪、之矸、上锦、国干、启先、姜卓、东吕、东滨、德清等。为因贼匪作乱，扰害地方，富者出资，贫者出力。无如地方穷苦，无资所出，富户情愿将田叁柒抽给。出田者占柒股，受田者占叁股。除上田在外，余者照谷石出叁与众抵贼。自抽之后，任凭受田子孙管业。所有贼匪临境，官府提调随传随到，不得躲闪萎靡退缩。如有此情，将田退出充公，逐出境外。凡开仗有损伤者，抚恤俱在叁股田之内。今欲有凭，立此抽田字为据。

凭中：乡正文清 国干

存字人：则相 国望 文光 东佐

代笔：姜子清

咸丰柒年柒月初五日　姜作弼笔立[1]

从上述三段史料来看，至少反映了两个方面的内容：一是“富者出资，贫者出力”原则；二是“存七抽三”原则。在两份契约中，分别有 11 寨和 8 寨的人参与立约，其中包括“三营”中首任中营、下营总理姜含英和姚廷桢以及中营第三任总理陆景嵩。

二是按户强行派捐。这一规定不仅仅适用于“三营”，清水江流域其他地区莫不如此。如天柱中和团系“照粮摊派，每石粮出米一石按当为一斗，出钱四千文。”天柱保安团则“上户派钱二百串，中户百五，下户八十，花户照粮一斗三升，统名军费”。① 在锦屏亮司，“见十抽三，司内共抽田八百余石养练兵，各司内外共抽田七千余石。”②

据《本寨众人卖清河塘约》记载：

① 黄峭山樵《天柱县五区团防志》，第 7—8 页。

② 锦屏（同治）《本支家乘迪光录》卷四《纪乱》。

立卖清河塘约人。本寨众上人等因为红苗作反，老爷派我寨火绳八盘，众人无处出处，众上自愿将河边地名塘叫做顽列出卖，与亦本寨姜廷德名下承买为业，当日议定价银四钱整，银契两交，不欠小厘。自今以后，任凭廷德下塘毒鱼管业，而寨内人等不得异言争论塞塘之事。今欲有凭，立此卖字存照。

这一则材料反映了乾隆末年湘西、黔东腊尔山区爆发苗民起义（即乾嘉苗民起义），官府向清水江流域苗民摊派军需物资，加池苗寨需交火绳 8 盘，由于无银筹办，只得将本寨公共池塘出卖与地主姜廷德的情况。而《龙氏迪光录》也记载铜仁府石柳遁爆发农民起义后，亮司“殷实之户”也要“派买军马”一事，“嘉庆元年，铜仁府红苗石柳遁反，亮寨司殷实之户派买军马，赴营听用，各户计亩运送军粮至麻音塘交代。”① 这也算是体现“一方有难、八方支援”了。

三是捐资也是筹措经费的方式之一。

《姜兆璋等领捐田字》记载了地主捐田办练的情况。

立领捐田字人姜兆璋、玉光、兆清、开周、凤克、开望、开廷、开庆、玉连、龙文明，头敌共叁拾六人，与站墙众寨人等，为因贼匪临境，扰乱烧杀村寨，殊堪痛恨。我等挑选精壮练丁弟兄叁拾六人，与众寨努力抵敌，连获捷胜，奏凯而还。今贼匪四散，蒙众头公将本寨姜世泰、世道、世显、世泽、世明、克昌、遇昌、沛清、兆珊、宗保、显弼等并寨内所有多少之田，见十抽三，打头敌之人占两股，站墙之人占一股。自今抽出，日后不得再捐。如有日后贼匪仍行扰舌乱打头敌之人与站墙贫富众寨，听从头公随时调遗（遣），奋勇争先进剿。以上数条，我等情甘自愿，绝无抗傲躲闪，如有抗傲躲闪，我地方将他屋宇并所抽占之田尽行充公，并无怨言。恐后无凭，立此领抽捐田字为据。

乡正：姜世太、世明、大荣

妙白老抽单世明乡正收

凭中：高老五

咸丰七年二月初九日，世元笔立[3]

---

① 《彦洞记述碑》（光绪二年），原无额题，笔者根据内容所加，碑现立于锦屏县彦洞乡彦洞村。

四、清水江流域社会秩序重建之效果

清水江流域地方乡绅通过捐资等方式，成为地方团练武装的主导力量。作为三营的核心和中坚力量——“中营”，其团务基本上是由姜氏宗族担任。三营设立时首先由姜含英总理，咸丰八年（1858年）三月被地方官府札保“赏戴蓝翎”，不久“因团劳卒”。姜含英的堂弟姜弁英继任总理，咸丰十一年（1861年）五月，姜弁英“劳故”。中仰寨的陆景嵩接任，一年后请辞。“总理中营团务”的重任又落到姜名卿手中，姜名卿是姜含英的长子。可见姜氏宗族在对抗“咸同兵燹”中所发挥的作用。姜氏宗族中或因军功加官晋爵、或子弟入学补廪，或捐监拔贡，屡见不鲜。姜含英之子、姜名卿之弟姜佐卿在《姜氏族谱》中写道：“同治四年，选哥与佐咸捐例贡。越年，佐以军功保五品顶戴。平靖后，八弟元卿、十弟贵卿次第入学补廪；癸酉（即同治十二年），元弟选拔，名哥改捐同知。”① 通过参与地方事务并发挥主导作用，姜氏宗族的地位和权势得到进一步加强。②

“三营”从咸丰六年（1856年）组建到光绪十二年（1886年），先后出战70余仗，辉煌战绩有三解黎平府城之危、四救柳霁县城（今剑河县南加镇柳基村）③、三救锦屏县城（今锦屏县铜鼓镇）、协助清军围攻姜应芳起义军的根据地——天柱九龙山。正因为有如此功绩，朝廷对“三营”有功人员大加封赏。如“上营”总理姜吉瑞赏戴蓝翎分发湖南候补知县，“中营”总理姜含英、“下营”总理姚廷祯赏戴蓝翎免补把总以营千总补用。

笔者在锦屏县平略镇南堆村收集到一份民间文献，称：李秀精因“奋勇出力、屡建奇功”，赏篮翎五品顶戴。其曰：

> 为给发功牌事。照得本兼署部堂查有府属南堆寨李秀精奋勇出力、屡建奇功，合行给发功牌，此牌仰该军功遵照准此用篮翎五品顶戴。如

---

① 锦屏《姜氏族谱·世系纪略》。

② 在锦屏县河口乡文斗村，现存有五通光绪二十一年（1895）的“诰封碑”分别是姜兴渭（姜含英之父）、姜含英的神道碑，姜母姜宜人（姜兴渭长媳、姜含英兄毓英之妻）、姜母姜宜人（姜含英之妻、姜名卿之母）的神道碑以及姜母范孺人（姜佐卿之妻、姜德相之母）是节孝碑，足见姜氏宗族在地方社会的地位和影响。

③ 柳霁县是镇远府天柱县的分县，雍正十二年（1734年）建土城，乾隆元年（1736年），分天柱县丞驻柳霁，仍属清江厅；乾隆二年（1737年）改建石城，民国二十五年（1936年）撤。

能再行立功，随时赏，务奋勉，不得籍牌生事端。切切须牌者赏。

右牌给篮翎五品军功李秀精准此

咸丰十年八月十九日

兼署总督部堂行①

笔者在剑河县南加镇收集到一份民间文献，称：杨顺思“练团勤慎，堪以赏给五品顶戴”，如今后又立新功“再行升赏”。

钦命督办军务兵部尚书总督部堂署理贵州巡抚部院张

为给发功牌奖励事。照得本部堂督办军务，凡有在事出力人等自应择尤奖赏，以示鼓励。查有军功杨顺思练团勤慎，堪以赏给五品顶戴。除录案咨部外，为此牌仰该□弁遵照祗领，如后有功，再行升赏，务各奋勉图报，不得籍牌滋生事，切切须至功牌者。

右牌给五品顶戴杨顺思准此

同治二年十二月初十日

督部堂②

即使在“咸同兵燹”之后，苗疆社会不需要大规模的社会动员，但在应对盗匪时也需要“家家相劝惩，寨寨相联络”，需要“一家有惊，合家救之，一寨有惊，合寨救之”。因此“三营”这一地方团练组织并没有消失，而是继续发挥着不可替代的作用。光绪二十年（1894年）时，由于匪患严重，“三营”重整规条，议定款规九条，足见“三营”影响之大。

谨将上中下三营合□□条开列于左

盖闻团规不整，虽有守望相助之心而约束恐懈。约束既懈，虽有和衷共济之志而元气已伤。所以欲培元气，莫善于严。约束欲□□□，莫先于整团规。如我上中下三营地方。近来盗匪横行，不独团中受害，即邻近往往遭劫，总因人心涣散，团练不行，故耳。于是特邀集三营绅耆人等，合其大款，重整团规。会议禁条，使家家相劝惩，寨寨相联络，

---

① 《兼署总督部给发功牌事》，该文书由笔者收藏，锦屏县三江镇李宏斌先生提供，李宏斌系李秀精的第7世孙。

② 《贵州巡抚部院张为给发功牌奖励事》，笔者2011年7月31日在剑河县南加镇收集，文书由培由村杨再余族长保存。

以期闾里，无所容奸。而地方渐臻醇樸矣。

一议联团。实为保卫□□□，前此先辈，创立之初，整齐约束，能彼此相顾。近来团规不整，人心涣散，固此盗匪横行，不独孤村受害，即大寨亦往往遭劫。我们大家齐心，从今大众，誓整顿器械，方是备御事体。倘遇盗匪来寨抢劫，拿获贼盗，大家自逗柴一块，定将贼身，全将火化。

一议和款。原期痛痒相关，我们情同共揖，唇齿相依。一家有惊，合家救之，一寨有惊，合寨救之。相交相助，毋稍躲闪，竟分畛域。自议之后，愿大众齐心，家家相扶持，寨寨相联络，并无殊于此界彼疆，则外匪闻风远遁，而地方乐业相安矣。

一议地方闻盗。惊偷劫谁家，左右街邻，宜各协力相救，奋勇拿贼。万一贼势凶杀，鸣锣呐喊。大家齐心捕捉。倘或视抢劫，定是与贼通同舞弊。谚云：一家有事，拖累九家。被贼失物若干，众团坐问邻右坐视□□□还。如遇家贫如洗，不能赔还失主，大家禀官究罪。

一议不准停留面生歹人。窃拦路打劫，明火掳抢等蔽，缘近无窝家，强盗不能展翅飞来。此后凡遇面生不识之人，无论火铺人家，必问姓名来历，方准住宿一夜，不可久留。至于游食乞丐，三五成群，可怪之人，立地驱逐。如有敢犯，一经发作，大众定将窝家罚处。如此则究无容，而贼亦可息矣。

一议不准聚赌博之流。始则十百，继而千万，不可限量。输者无钱偿还，势则偷盗。又其甚者，相通（逼）太过，彼此持刀斗杀，酿成人命，连累地方，为祸不少。此后不论大小子弟，各家父老劝谕，毋使聚赌顽（玩）钱，各劝正业。如此敢犯，一经发作，众款罚钱叁千叁百文。当窝家，不独众声罚处，而且报官究治。

一议不准偷田园谷菜，并杉木油树。窃我地方山多田少，谷菜固是养命之源，杉木亦属资身之宝。不知费劲艰辛，而后栽植得出。此后遇偷窃贼赃两获者，大众罚钱壹千叁百文，仍将贼人声传大款，议连者逐出境外。

一议不准放火烧山，以及放浪牛马羊。盖山靠有水，田靠有埂，园靠有菜，各勤栽种，养活身命。此后如有烧山者，大众给报口钱壹千叁百文。照烧山多少议罚。契杉木者，每莵罚钱壹百文。至契木菜者，仍照罚钱壹千叁百文，概归款内。

一议婚姻，宜从古礼。近□□□□甚。先辈求亲，祗已请男媒为说，即得一话。不放多炮，亦不杀猪只。至于过门，不是至亲友谊，不必贺赠木联，省此浪费。果是至亲友谊，宜琢料木联，方成体面。幸为劝勉，是为厚望□也。

一议油山费尽工苦。不许入山砍伐，以放捞为名，患意强捡。所有放捞，定于十一月二十五日。倘敢固犯者，罚钱叁千叁百文。

实贴晓谕

光绪贰拾年四月初八日特谕[4]

从上述材料可知，清水江流域宗族在应对苗疆社会动荡以及猖獗的匪患时，以传统社会组织形式为基础，在政府无钱可出的情况下，采用“抽田”等形式筹集经费，兴办团练。正因为有经费保障，地方团练很有战斗力，成为对抗“咸同兵燹”、维护地方社会秩序的重要力量。

事实上，在“咸同兵燹”期间，清水江流域以宗族或村寨为核心，组织了众多的地方团练组织来抵御社会动乱，维护地方社会秩序。如在天柱，咸丰九年（1859年），保安团在坌处率先成立。此后，各乡里纷纷效仿，先后建立了新三团、江东定清团、太和团、水洞中和团、牛场三和团、远口聚星团、邦洞团、蓝田团、北岭团、兴隆团、协和团、杨山团等民间武装组织，团首均由当地乡绅担任。在天柱县的团练中，实力最强的为坌处保安团，次为远口聚星团、江东定清团，他们与农民起义军对抗多年，在处理咸同时期清水江下游地区的社会变乱中发挥了巨大的作用。概言之，不管是在“生苗”或“熟苗”地区，在王朝势力进入之前，地方乡村社会主要依靠传统的社会组织如议榔、款组织等进行治理。王朝势力进入之后，也要依靠这些社会组织，因为“皇权不下县”。在社会动荡频发的清水江流域，以宗族为核心的传统社会组织肩负起维持地方社会秩序的功能，为保境安民而衍生出像“三营”那样强悍的地方武装势力。

参考文献

［1］王宗勋．清水江历史文化探微［M］．昆明：云南美术出版社，2013：35—36．

［2］张应强，王宗勋．清水江文书：第一辑：3 册［M］．桂林：广西师范大学出版社，2007：9．

［3］张应强，王宗勋．清水江文书：第一辑：4 册［M］．桂林：广西师范大学出版社，2007：220．

［4］张应强，王宗勋．清水江文书：第一辑：8 册［M］．桂林：广西师范大学出版社，2007：269．

祠堂礼制与人群阶序：清水江下游的乡村社会①

王勤美②

摘　要：宗族的考察和族谱研究是认识和了解中国乡村社会结构的重要路径之一。以清水江流域的祠堂修建活动为切入点，讨论不同身份的人群如何在特定的社会历史情境中，通过家谱世系的追述、英雄祖先的重构、祠堂修建等活动，将与"军户"祖先身份相关的入住权，以及象征正统身份的旗伞、高爵牌等文化再创造作为人群区分和认同的指标，进以掌握地方政治文化资源。文章以社会空间的整体视野，通过对清水江流域典型村落新化地方社会的结构化进程以及社会形态的研究，以期拓宽西南区域社会研究的路径。

关键词：祠堂礼制；人群阶序；区域社会；研究路径

明以前，国家对贵州实行"以夷制夷"的羁縻管理，清水江下游地区属于思州、思南宣慰司置地，随着明清国家的开发经营，贵州才渐次进入国家的版图视野。明代的贵州位于湖广通滇的东路驿道，通云南，接湖广、四川、两粤之地，是国家控制西南的跳板，纵观明王朝对贵州的设置经营，无

---

① 本文原载《贵州大学学报》（社会科学版）2018 年第 4 期第 60—71 页。

基金项目：教育部青年基金项目"明清以来湘黔桂对民族互嵌地区的开发治理及族群互动研究"（18XJC770010）；贵州大学引进人才项目"守住乡愁：西南地区传统村落文化保护的对策及反思"［贵大人基合子（2016）003］；国家重大招标课题"西南少数民族文化的文献采辑、研究与利用"（16ZDA156）。

② 作者简介：王勤美，女，云南楚雄人，博士，贵州大学历史与民族文化学院副教授，《贵州大学学报》编辑部编辑。研究方向：历史人类学、族群与区域文化。

一不是出于军事战略的考虑，明初为打通这条西南驿道，在贵州境内设置了众多卫所和屯堡。在明廷“屯田戍守，移民实边”的政策强力下，大量来自山东、安徽、江西的汉人进入贵州，亦兵亦农，汉文化随即被带入，在与苗、侗、汉多族群的长期交往互动中，形成了多民族互嵌的居住格局，汉文化与少数民族文化多元并存。由于历史的原因，今天的清水江流域仍旧分布有诸多带有“司”“所”“屯”“寨”等名称的村落，例如“新化所村”“新化寨村”“新化司村”。

此外，据不完全统计，清水江下游的黎平、锦屏、天柱等地至今仍保留有一百多座祠堂，这些形态各异的宗祠均呈现出明显的徽派建筑风格。锦屏县新化所村便是其中的典型，明代曾在此设置新化千户所、新化府等机构，由于人员流动频繁，今天的新化所村90%以上都是汉族，有闵、刘、沈、李、胡、黄、吕等33个不同的姓氏，其中，闵、刘、沈、李等家族均建有祠堂。在当地人的口述记忆中，过去只有“军户”身份的姓氏才能入住所城（大寨子内），也才有资格建造宗祠，当下的新化人习惯以“你是哪个祠堂上的”话语来确定成员的族群身份。文章以新化地区的祠堂修建活动为线索，讨论不同身份的人群如何在特定的社会历史情境中，借用“军户”的祖先身份，通过家谱世系的追述、英雄祖先的重构、祠堂修建以及象征正统身份的旗伞、高爵牌等文化符号的再创造，以此作为人群区分和认同的指标，进以掌握地方政治文化资源。以社会空间的整体视野，通过对清水江流域某个典型村落的社会结构化进程以及社会形态的研究，以期拓宽西南区域社会研究的路径。

一、“军户”身份与入住权：屯军移民与外来人群的入籍定居

关于新化所不同姓氏的入住顺序，当地有着这样的说法：“前世土著汤、方、薜，后世土著高、罗、陈。”随着岁月的变迁，汤、方、薜、高、罗、陈等早先的姓氏在与外来人群的生存竞争中逐渐败落，只留下了汤家垴、方家冲、高家坎、薜家坪等地名。“我们的老人家是明代跟随朱元璋大军到贵州平蛮的”“过去司寨上的人喊我们为客家人”，这是当下新化所人对祖先的记忆和自我的身份认同。根据当地的族谱记载和口述资料，闵、刘、李、吕、黄等不同姓氏的祖先均是明洪武年间随明军入黔平蛮，留域不回，落业

于此。今天的新化所村，形成了闵、刘、沈、李四大姓相互竞争并存的格局。

1. 武毅将军之家——闵姓

无论是人口数量还是家族实力，闵氏都是新化所村首屈一指的大姓，闵氏家族曾有三人担任县长，所以当地人都说“闵家出了几条大鱼”，今天村委会的一把手村支书，连续两届也由闵家人担任，闵姓在地方事务上有着相当大的话语权，并与当地政府保持着良好的关系。“我们闵家是将军之后，是闵子骞的后代”，是闵姓人对“英雄祖先”的描述和自我身份的表达。关于闵氏祖先的来源和定居历史，民国年间修撰的《闵氏族谱》云：

> 鼻祖用公，明初由江右随太祖在鄱阳湖战陈友谅，军镇有功，升授五开卫指挥同知。二世祖铎公世袭飞骑尉，永乐年间授邵阳县千户，寄居邵阳。洪熙元年，奉调新化亮寨守御千户所官千户，镇守斯土，管辖军人。三世祖俊公遂落业于此焉，公乃迁黎之始祖也，世居府城北新化所西门。①

根据上述家谱表述，闵俊是新化所闵姓的始迁祖，于永乐二年（1404年)，奉旨发军人五开卫下辖的新化千户所，担任卫所千总，“以为苗民之主”。此后，俊生谦，谦生纲，纲生通，六代单传，世袭武毅将军职。至通公生六子，曰政、敷、启、孜、敔、敦，敦公徙云南，其余五公俱居新化，自此闵姓分为五大房，至今已繁衍二十三世。据 2015 年笔者调查统计，长房 120 人，二房 19 人，三房 425 人，四房 77 人，五房 52 人，当下闵家形成了以三房为核心的房族结构。

2. 进士门第——刘家

刘氏是新化所仅次于闵氏的第二大家族，约 500 多人，但凡刘姓的家户，大门门楼均书有“彭城世第”的郡口或是“藜光堂”的堂号。关于刘姓的定居历史，十五世孙刘培学撰的《刘氏族谱·渊源志》做了如下记载：

> 长润即我一世祖，明洪武从军至湖广五开卫新化所有功，授罗丹屯军田钟形，各领军地。永乐二年，拨军下屯，弹压司寨，至九世、十世军业典断戍磬，幸芳名、达远公往讼镇远，上控长沙，蒙咨部准购，始

① 《闵氏族谱·三房分谱》，民国初年修撰，锦屏县新化所村闵氏家族藏。

得还壁，为远达公之迁罗丹者，此故也。由润公而来，将二十代矣，或迁丹州，或徙平越，或徙上龙，迁徙不一，丁口甚繁。①

上述《渊源志》撰写于同治年间，据此记载，刘润为新化所刘氏始迁祖，原籍江西，明洪武年间奉朝廷之命到罗丹领军屯田，遂落籍新化，明代的罗丹是新化千户所管辖的屯堡之一。之后润公生宏，宏公生荣、宽、庆三子，到了三世，刘氏始分三房，荣公为长房始祖，二房宽公无后，三房之祖庆公为生员，随后庆传勋，勋传镇、锐、济，锐传禹，六世祖禹公先后生了应汉、光汉、启汉、兴汉、新汉五子，至此“老三房”又分为“少五房”，今天的刘姓有“老三房”“少三房”之说就源于此。随着支繁派衍，人丁增加，房族也在不断壮大。刘姓在崇祯十五年（1642 年）出了进士刘宪模，为黎平府第一个文进士，到了康熙二十三年（1684 年），刘姓再次涌现出举人刘芳早，家族内培养出了进士、举人等功名显赫之人，极大地提升了刘家在地方上的声望。上述两人均出自“少三房”，到了清代中后期，刘姓修家谱、建宗祠的活动几乎也由三房的人来主持完成，自此刘家形成了以“少三房”为主的家族结构。

3. 武略校尉之后——李家

与闵、刘两家相比，无论是经济实力还是人口数量，李家都稍逊一筹。民国二十七年（1938 年）重修的《李氏家谱》记录了李氏入籍新化的过程：

余李姓籍新化所一支，于明洪武间由武略校尉泰公奉命带兵官守湖南之绥旋，因由五开卫（明时黎平称五开卫，属湖南）经明将杨仲明击败逃遁之叛蛮吴勉儿，复作乱于古州（今榕江），乃随汤和出征至五开卫，事平拔军出卫守任新化第一所上伍总甲，遂留居焉，此新化所所以有李姓之始也，至二世祖亨伯公弟亨叔公回籍至绥宁，因故不果，随留寓绥宁，是由新化又流衍于湖南绥宁之一支也。历明清迄今五百余年，传世二十有一，因世乱而徙，流离致散居异地者，又有美罗、苗底、高歪、苗也等地，此又新化流散各地之支派。②

① 资料来源于 2012 年编修的《刘氏族谱》，锦屏新化所村刘氏家族藏。

② 李光瑶编：《李氏族谱·李氏源流考》，民国二十七年，石印本，今锦屏新化所村李氏家族藏。

据《李氏家谱》记载，李姓始迁祖李泰，祖籍山东莱州府，明初任五开卫新化所武略校尉，入籍不回，留居新化，李泰有亨伯、亨叔二子，后亨伯传友才，友才传森，森生叶、龙、虎三子，第五世李姓始分三房，支分派衍，房族人数不断增多，到民国二十七年（1938 年）繁衍至二十一世。由于李氏祖先李泰以新化所上伍总甲的身份入住新化，祖先的正统身份奠定了今天李家在地方上的威望。更为关键的是，李氏宗祠虽历经风雨，但基本的框架结构和宅基地保留了下来，这无疑是家族历史悠久、簪缨世胄的象征。

4. 都司子孙——吕家

今天的吕家在新化所不过十几户人，无论是经济实力还是家族势力，都无法与闵、刘等大姓相提并论。关于吕家的入住历史，并没有确切的家谱记载，然而根据吕家人自己的说法，吕姓祖先与闵、刘、李的祖先一样，于明洪武初年，从江西到新化千户所屯军，随后在此定居下来。关于吕家在新化的发展历史，虽然没有家谱文字的确切记载，但是（乾隆）《开泰县志》却涉及有吕姓祖先的相关信息：

> 吕应阳：明万历十六年戊子科第十四名，己丑进士，部考第一。任浙江都司，署本府参将。新化所人。①

根据上述史料的记载，吕应阳是明万历十六年（1588 年）黎平府第一个开科武进士，官至五开卫黎靖参将、浙江都司的长官。此时，功成名就的吕应阳衣锦还乡，为自己的父母修建了祖墓，这可从新化所现存的两通落款明万历年间的墓碑得到印证，一通是吕应阳之母“明皇诰封淑人”，另一通是吕应阳本人的墓碑，书有“明皇诰封的英武将军”“恩进士出身特授浙江总理洗心协军务”的内容。也许，我们无从知道吕应阳是吕家的第几世祖，但可以肯定的是，吕姓祖先至少与闵、刘等姓氏同一前后入住新化，而且有军户的身份背景，否则就不可能在明代中后期培养出具有武进士功名的家族成员。不仅如此，今天的新化民间习惯称吕应阳为“吕都司”，流传有“点石成猪”“打表撑天改河道”“都司现形”的传说故事。据说吕都司是水牛精转世，半夜里他幻化成水牛在屋背后的泥塘里洗澡，后来这个地方被称为“吕家大塘”，这个泥塘非同一般，用白蜡封底，不会漏水，常年不干。吕都

① （乾隆）《开泰县志·制科志》，第 64 页。

司临终前，再三嘱咐子孙，今后如遇紧急情况，要谨记“卖屋莫卖梁，卖田莫卖塘”。而糊涂的子孙们误听为“卖田莫卖粮，卖屋莫卖塘”，结果把藏有金银财宝的梁连同屋子一起卖了，吕家自此逐渐败落，当然这也许是吕家人自己的美好说辞而已。

5. 逃荒而来的沈家

与上述姓氏相比，沈家不仅入住时间晚，而且祖先身份也逊色许多。根据当地人的口述记忆，大概明末清初，沈姓祖先为躲避战乱，从江西逃荒至贵州，几经辗转最后落籍新化。1988 年沈家编修家谱时，并没有刻意粉饰这段经历，做了如实记录：

> 鼻祖字通公，赣迁黔，徙居新化，因家下贪寒，经济拮据，生活窘迫，初无屋居，于是择居沈家山处，搭茅舍而居住，自垦荒坡种粟，度日如年，迨至高寿病没于沈家山，遂安葬于此焉。①

《沈氏宗谱》关于祖先来源的记载，与寨子里其他人的说法大概一致，沈氏的祖先并没有军户的身份，最初不过是逃荒到贵州的，每每提及沈家的身世，闵、刘、吕这些具有“军户”身份的老牌姓氏会有些许的不屑：

> 沈家最初是逃荒到这的，时间大概在明末清初吧，他们来到这里，看我们新化所田坝多，水源好，就跟大寨子里的人商量能不能留在这。我们的老祖宗商量后决定让他们留下来，但是不能进到大寨子（所城内）坐，因为我们新化所村过去是所城，有东西南北四个门，只有你祖上是屯军的（身份），才能在里面住坐。后来沈家就在西门外山坡住下，后来这座山就改名沈家山，今天这个地方成了沈家的风水。沈家最初只是在山上搭个窝棚住，给大户人家当佃农种地过活，过了十几辈人，人丁慢慢发展起来了，有了钱，就到里面（所城内）买了家道衰败姓氏的宅基地，慢慢地就住进去了。今天沈家的人全部都住在南门边上，靠着江边，寨心里没有他们的人。②

由此也不难看出，在当地人的观念里，入住权与祖先的身份息息相关，

---

① 《沈氏宗谱·谱序》，1988 年，手抄本，锦屏县新化所村沈氏家族藏。

② 资料来源于笔者 2014 年 7 月至 2015 年 8 月在新化的田野调查，经过多人的访谈经整理而得。

另一位在日常生活中与沈家接触较多的大哥也有过这样的体验：

> 沈家的人十分爱惜田土，虽然他们现在是我们新化所的第三大家族。听我们的老人家讲，过去沈家房族内规定：不准子孙随便卖宅基地和田坝，跟他们做买时候，只要是涉及土地方面的，感觉特别扭捏，一点都不果断，不像刘家、闵家，只要价钱合适，卖就卖了，一点都不啰唆。估计是跟他们家族的历史有关，逃荒到这个地方来的时候，没有土地，所以啊，他们的老祖宗就告诉子孙要珍惜来之不易的土地，这点跟我们这些老姓氏不一样。①

到了民国初年，沈家出现了沈卓廷，曾担任黎平县北二区区长，在地方颇有声名，其子正胜、正川、正本、正鑫，子承父业，发扬光大，被誉为“沈家四公子”，在民国的新化地方社会名噪一时。在沈卓廷及其儿子们的精心经营下，清末民国初年的沈氏家族逐渐崛起，掌握了部分地方话语权。

行文至此，不难发现，除沈姓以外，闵、刘、李、吕各姓的定居入籍，几乎都与明初新化的卫所设置有关，始迁祖皆有“军户”的身份背景。明初朱元璋在平定了湖广五开侗民吴勉的战事后，为防御湘黔桂毗邻地区“峒蛮”的侵扰，设立了五开卫和铜鼓卫，下辖新化所、隆里所等屯堡，到了永乐十一年（1413 年）又增设新化府、黎平府，后因地狭人稀，新化府并入黎平府。[1] 新化千户所和新化府均设在今新化所村，下辖上邦寨屯、下帮寨屯等 23 个屯堡。[2] 在移民实边政策的推动下，大量来自中原的汉人得以入黔，可以说，明初对西南地区大规模的移民，使得贵州、云南等地的汉人首次超过了原住民。[3] 正是在这样的背景下，闵、刘、李等人群进入新化地区，屯兵戍守，筚路蓝缕，年深日久且把他乡作故乡，在此安家落户，繁衍生息。由于历史上的卫所和府城设置，新化所村至今仍保留东、西、南、北四门的空间格局，在当地人的观念里，入住权与祖先的身份息息相关，只有“军户”身份的姓氏才能入住所城。这些不同的姓氏按照先来后到的顺序入住不同的门，西门垴的闵家、南门大街上的刘家、北门的李家、胡家、吕家，东门黄、杨两姓，像沈家这样不具备“军户”身份的姓氏自然只能住在寨子外，更形象的说法是，“他是西门垴的”这句话暗含着“他是闵家人”。

---

① 资料来源于笔者 2014 年 7 月至 2015 年 8 月在新化的田野调查，经过多人的访谈经整理而得。

二、礼制下乡：清季民国的祠堂修建与地方社会

2015年笔者在新化地区调查，发现该地还保留有数十座宗祠，欧阳宗祠、吴氏宗祠、刘家祠堂等，无论是建筑形式还是艺术手法，这一地区的宗祠都带有明显的徽派建筑风格，皆是横面三间内天井的布局，以中轴线为对称，采用穿斗式人字形坡顶结构，盖小青瓦，外围砖墙或土墙，天井以青石或青砖铺地，结构严谨、色泽淡雅。民国时期的新化乡村流传着“刘家祠堂花又花，闵家祠堂盖过它，李家祠堂堆粪草，黄家祠堂烂稀趴”的民谣。那么，这些祠堂建于何时？家祠的修建与地方社会的历史进程又有何种关系？

在传统中国社会中，祠堂的修建与族谱撰修一样，经历了一个由帝王贵胄阶层向普通庶人转变的过程。朱熹为代表的宋儒时代，只有帝王贵族才有权为祖先立庙祭祀，庶民只能在家中悬挂祖先画像，履行酒礼焚香，称为“影堂”。《明集礼》规定：天子七庙，诸侯五，大夫三，适士二，官师一，庶士、庶人无庙。不仅如此，士大夫阶层的“品官之家”，方能祭祀高祖以下的四代祖先，且要“遵以为常”。明嘉靖十五年（1536年），夏言题请“诏天下臣工建立家庙”的奏疏：“官自三品以上为五庙，以下皆为四庙、为五庙者，二间五架，中为二室，附高、曾，左右为二室，附祖、祢。”① 到了万历年间，《大明会典》专门立了“品官家庙”的条目，对不同品官阶层的祠堂规制做了描述和限制。清代的《圣谕广训》强调“以孝治天下”，试图在地方社会推广尊亲孝悌、敬宗睦族的思想伦理，提倡立家庙，修族谱，设私塾，将万民与其所在的宗族建立关系，只有家庭、宗族和睦，王朝的统治秩序才能得以维系，试图通过对宗族的控制，进而达到间接治理地方社会的目的。可以说，清代国家对宗族的积极态度，直接影响到了地方社会宗族的发展，[4] 开启了“庶民用礼教来把自己士绅化”[5] 的进程。

祠堂是整合宗族，加强成员凝聚力的重要手段，可以达到敬宗收族的效果，在清水江流域不同姓氏发展的历史上亦不例外。[6] 随着明清祠堂礼制的革新，加之清代新化地方社会的发展，各大家族财富的不断积累，进士、举人等功名人士的出现，乡绅们开始按照士大夫的精神来建构文化体系。清嘉

① 夏言：《桂洲奏议》卷12《请定功臣配享及令臣民祭祀始祖立家庙疏》。

庆以后，闵、刘、李等姓氏开始修建祠堂，《李氏族谱》收录的《修祠堂记》反映了当时的情形：

> 吴桑李府发迹山东，肇迁新水，……但人世几历推迁，所由更世人生阅人成世，而古人互多隔越奚，自观今鑑古□□□，妥实家庙之宜修，吾先师济川夫子□□□，心造始厥志罔终，后有丕基娴翁，忠贞世□□□，矢修捐资，首倡幸而茂山列一解囊，公济□□□，专营肇端于壬戌之秋迎神，于戊辰之□□□，几百金允矣。①

上述碑文记述了李氏祠堂的修建过程，碑的落款为清嘉庆十八年（1813年），现已不存，这是新化地区发现的最早有关祠堂修建的碑记。咸同苗乱之后，新化地方的宗祠惨遭破坏，李氏宗祠也不能幸免。到了民国十九年（1930年），李姓人重修家祠，其过程可从《修祠碑记二》中窥视一二：

> 吾氏有祠旧矣，第自清嘉庆以至咸丰，历数十年遭洪杨之乱，苗匪乘机破所，焚毁无存，至光绪间乃经从堂兄光宗公募资修复，前后二进，但纯以土砖砌且极简陋，久之不耐风雨，时有剥多补葺殊烦，民国一九年，瑶□□□三百余元，购易火瓦改修前进牌楼，肇□□□竣，于是冬之腊月，虽鸠公庇材，由瑶一人□□□，赖族众之解囊同助，功德不可忘合，将捐□□□，戴勒诸□珉，以昭不朽焉，是为记。②

碑记的撰写者是李氏十八世孙李光瑶，这位清末的贡生不仅是民国年间《李氏族谱》的编修者，同时也是此次新祠修建的主事者，在他的倡导下集资三百余银，雇请工匠，改进了牌楼等主体建筑。编撰家谱、建造祠堂、设立祖产等一系列宗族建构的文化行为，大抵就是清季民国时期李光瑶等新化乡村士大夫的理想。此外，民国二十二年（1933年）编修的《闵氏家乘》记录了一份祖产名目，可大概窥见清季民国时期闵氏家族的实力，兹不耽繁琐，摘引如下：

> 西边白泥田一坵，西边塝长田一坵，沟埂边围龙子田一坵，……以

① 清嘉庆十八年《修祠堂碑记》收录于《李氏族谱》，民国二十七年，手抄本，新化所村李氏家族藏。

② 见《李氏族谱·修祠堂碑记》，民国二十七年，手抄本，新化所村李氏家族藏。

上之田，共计九十四坵，约合一千九百余石。招佃耕种，或称租，或余粮，均分每年，宗祠值年轮流管理。所入禾花，概系以公办。公每年七月交盘之期，统计一年出入用费，彻底清算，不准亏欠分文，各支亦不准擅借。如有亏欠，以及账簿所掛不清，公同照亏欠之数加倍罚处。如若凛公办理并捐资助公者，准于谱牒载明，以为子孙法守。①

关于上述祖产的来源，家谱也做了交代：

吾祖通公存田五百余石，六子均分，每人占田八十余石。此公所分之田，至仁鲁公乏嗣，遂将田三十石捐入宗祠，永作祭祀之用。五大房各分十石捐入，会上永作会田，以作清明拜扫之用，各房耕值，永存勿替。在我后之人，务宜仰体仁鲁公万不得已之苦心，各宜永保此田，留传子孙。上以承六房宗祖之祀典，下以贻百代之孙谋，则仁鲁公虽乏嗣，亦仗各房而有后矣。②

屯田五百余石的通公是闵姓六世祖闵通，世袭新化所千户指挥职，生了政、敷、啟、孜、敔、敦六子，敦公迁徙到云南，其余五公居住在新化，也就是今新化所闵姓五大房的由来，每一房捐了十石入祠，后来敦公后回乡因乏子嗣，将名下田三十石捐入宗祠。如此算来也不过七八十石田，但是到了道光年间统计时，闵氏祖产已然增至“一千九百余石”，其数目是相当可观的，需要招佃耕种，所得收入宗祠值年轮流管理，用以宗族内部的公共开支。据闵家人回忆，二十世纪五六十年代土地改革时，宗族田产被收归集体，分配给贫下中农，因田产的占有者是不会说话的祠堂，因此被乡人调侃为“哑巴地主”。不仅如此，乾隆至道光年间，刘、闵家族均有过数次的修谱活动，在此不做进一步讨论。清代中后期，新化地区的各大家族通过编纂家谱、修建祠堂、设立族产、规范了祭祖礼仪等文化手段，完成了宗族的建构，并以此作为获取土地等资源的手段。[7] 清季民国初年的新化地方社会出现了“刘炳仁的金子，黄老顺的谷子，沈正川的票子，胡老五的茶籽，吕家的才子”的局面。

① 见《闵氏族谱·新溪祠产》，民国二十二年，石印本，新化所村闵氏家族藏。

② 见《闵氏族谱·六房志略》，民国二十二年，石印本，新化所村闵氏家族藏。

三、创造正统身份的文化象征：旗伞与高爵牌

在新化的乡村，因祖先身份而来的旗伞、高爵牌不仅象征着家族的正统身份，同时也是人群区分的重要指标。前文已交代，闵姓是新化所村的第一大家族，其始迁祖闵祠缨以千户指挥使的身份入住新化，在闵家人的观念里他们拥有正统的身份，第二大家族刘氏，在崇祯和康熙年间分别出了进士和举人，因此闵、刘二姓可以将刻有祖先功名的木质高爵牌安放在祠堂里。当下在红白喜事、进祠堂仪式、清明祭祖、“杉乡好声音”“汉戏水龙舞狮艺术节”等地方文化活动中，闵、刘两家可以抬举旗伞、高爵牌进行展演，其他姓氏却没有这个资格。当然，这种经由祖先身份而来的文化特权也并非不可挑战，今天仅十几户的吕家，因祖先吕应阳是明末的武进士，官至浙江都司，吕姓人认为他们也是显贵之家，应该像闵、刘两家一样享有抬举高爵牌的文化权力。

1. 闵家：“世袭罔替指挥职”

安放在闵家祠堂的高爵牌共有八块：“先贤费国公”“清操王”“左都督”“山东省兖州府正堂”“吴国公”“鲁宁侯”“前任刑部尚书”“武毅将军”，此外，还有一把书有“德行家风”的老旧绸布旗伞。那么，这些文化符号是在何种情境下创造出来的呢？

王朝国家视域下的文质与教化无不仰赖诸多的卫所据点展开，永乐十一年（1413 年），明廷在新化地区设立卫学，讲授儒学、阴阳学，使得这一地区的人文教育获得了发展，[8] 涌现出吕应阳、刘宪模、刘芳早等文人。到了清代中后期，闵、刘、李、吕等姓氏已经发展到十代以上，人丁繁衍，财富也逐渐积累，随着新化地区士大夫及其家族势力的崛起，势必会按照士大夫的精神去建立符合其精神的文化系统。出生于清光绪初年的廪生闵金川，因科举废除，无缘仕途，后到古州（今榕江）古榕书院教书，还被委任为榕江县教育科长。光绪二十四年（1898 年）修谱时，作为主笔者的闵金川再次强调了祖先身份和发展渊源，标榜“屡获军功，世袭指挥”的家族发展史：

传三世，至祠鹦用公，智勇双全，深通韬略，任湖广都指挥职，诰封武毅将军。因明时烽烟四起，奉旨南征，所向皆立大功。后复奉旨征剿黎蛮，兴师五次，剿抚咸宣，黎蛮授首。奈新辟苗疆，无敢坐镇，上

以公德威素著，深得民心，敕命弹压斯土，世袭罔替指挥职，名曰：五开卫公。公后生铎，铎传俊，俊于明永乐时奉旨发军入屯，分内外一十六所，三百八十屯堡，更立十二司官，以为苗民之主，此新化所所由名也。生子谦，谦生纲，纲生通，六代单传，世袭武毅将军职。至通公生六子，曰：政、敷、启、孜、敌、歆，而长房政公传六世至而敏公，因户官失印，恩始替焉。①

按照《闵氏家乘》的说法，自一世祖祠鹦公起至十三世祖闵而敏，一共有十三人世袭武毅将军职，传至六世而敏公，因丢失官印而遭削职，事实果真如此还是另有隐情？依家谱所言，一世祖祠鹦公洪武十八年（1385 年）落业新化，若以 20 年为一代，那么到十三世，也就是 260 年之后，正好是 1645 年，1644 年，李自成的大顺军入主北京，崇祯帝自尽，明朝灭亡，也就是说，1645 年的明廷，卫所制度早已分崩离析，卫所千户指挥（武毅将军）的职位自然也就不复存在，卫所人的特权和荣威也随之烟消云散，也许是身处苗疆腹地的闵家人不愿意承认这个残酷的现实，为了美化祖先历史，在后世编修家谱时，特意以“失印削官，恩始替焉”为说辞。其实，如此表述还有一个更为重要的图谋，即为“武毅将军”的祖先爵位找寻历史依据，不仅如此，家谱还加入了《历代始祖费国公派衍万世总录》，自始迁祖闵祠鹦往上追加了五十六世，一直将闵姓祖先源流追溯到春秋战国时期孔子的弟子闵子骞，并将其定为闵氏一世祖，这位建构出来的“祖先”封号“东鲁先贤仁圣费国公”，成了后代世系命名的标准和起点，就连新化的始迁祖闵祠鹦也才是“东鲁先贤仁圣费国公五十七世祖”，如此一来，无形中延长了闵氏家族的世系和历史。为了更清晰地看出文化创造的过程，根据《闵氏家乘》绘制了闵家高爵牌对应的世系以及祖先，详见表 1。

表 1　新化所闵姓高爵牌的名目②

世系	姓名	年代	封号/官职	高爵牌名称
一世祖	闵子骞	春秋战国	孔圣列四科之首 宋仁宗敕封仁圣费国公	先贤费国公

① 闵金川撰《重修族谱序》，收录《闵氏家乘》卷三，民国二十二年。

② 该表根据民国二十二年编撰的《闵氏家乘》绘制而成，石印本，新化所村。

（续表）

世 系	姓 名	年 代	封号/官职	高爵牌名称
十一世祖	闵仲叔	汉代	昭封督察院职	清操王
十六世祖	闵耀	汉代	山西平阳府制使	刑部尚书
二二世祖	闵贡	汉代	左都督	左都督
二六世祖	闵元鸿	晋朝	敕封吴国公	吴国公
四三世祖	闵忠俊	后梁	后周封鲁宁侯	鲁宁侯
五二世祖	闵广清	宋代	山东省兖州府正堂	山东省兖州府正堂
五七世祖 新化始迁祖	闵祠鹦 等13人	明代	湖广新化所指挥职	武毅将军

从表1不难发现，今天闵家人所用的高爵牌，除了“武毅将军”与闵氏在新化地区的发展历史相关外，其他诸如“先贤费国公”“清操王”“左都督”“山东省兖州府正堂”“吴国公”“鲁宁侯”等封号，均是光绪年间续修家谱时建构出来的，利用家谱的制式，以文字书写的方式固定下来，使之成为“历史事实”。收录的声称源自周代的修谱序言，读起来让人忍俊不禁，“徒为有识者喷饭之助也”。①

纵观明清时期的族谱编撰，大都会追溯到某个时代的显赫远祖，攀附名门，以此来标榜家族簪缨世胄的高贵血统。“通过追远溯源，攀附名门，可以提高宗族的声誉和地位，形成宗族的精神支柱，培养宗族成员的荣誉感和认同感，丰富宗族发展的价值资源，增强宗族群体的凝聚力。对于今天的研究者来说，则可以透过宗族历史的编造，揭示出这一文化事象所蕴含的文化信息，从中了解明清时期士大夫文化向地方基层社会渗透的趋势及其社会变迁的影响。”[9] 也就是说，今天我们看到的闵姓在地方文化展演中抬举的高爵牌是清季民国时期，闵金川等地方乡绅通过谱系的嫁接和祖先再造建构出来的，由此也成为当下闵家人标榜贵胄身份的象征和传统循环再生的文化基础。

2. 刘家：“忠孝两言光史策”

刘家的高爵牌有“诰授中宪大夫”“海宁县正堂”“甲子科举人”“奉天府推官”“绍兴府正堂”“癸酉科中式”“辰沅道”“壬午科进士”一共八

① 钱大昕《潜研堂文集》卷26，《巨野姚氏族谱序》。

块，那么这些文化符号又是怎么来的呢？这还得回到刘氏在新化的发展史上。《刘氏族谱》对祖先刘宪模的形象做了如下描述：

宪模，启汉长子，字侗初。明万历年生，崇祯六年癸酉科中式三十六名举人，十五年壬午科四十一名进士，官浙江杭州府海宁县知县，以儒术饰吏有声，奉天府推官，转绍兴知府、湖南辰沅道诰授中宪大夫。①

（乾隆）《开泰县志》记载：

刘宪谟（模），崇祯六年癸酉科第八名，庚辰进士第八十七名，新化所人，特用浙江杭州府海宁县，升授奉天府推官。②

通过上述材料，可以知晓刘宪模的身份，其年轻时曾在黎平南泉山读书，与后来担任南明小朝廷宰相的何腾蛟是好友，明崇祯六年（1633年），刘宪模考中癸酉科文举第八名，十三年（1640年），中庚辰科进士第八十七名，被派任浙江海宁县知县，在任期间为官清廉，颇有政声，后任绍兴府推官，掌理刑名，受衔正七品。1644年，清军入关，明朝灭亡，洪承畴、吴三桂、孔有德等人纷纷倒戈，此时刘宪模从江南辗转奔赴广东肇庆追随桂王朱由榔，与广西巡抚邱式耔等明朝旧臣商议救国危难。1646年11月，朱由榔称帝，建立南明永历朝廷，顺治四年（1647，南明永历元年），朱由榔移驻湖南武岗，改武岗为奉天府，刘宪模被委任为奉天府知府，为南明小朝廷筹集粮饷，不久又被擢升为湖南辰沅道道台，受衔正四品。此时的明朝大势已去，仅凭刘宪模等文弱书生岂能力挽狂澜。南明灭亡后，刘宪模、何腾蛟、孙可望、邱式耔等明廷旧臣被清廷处决，刘宪模衣冠归葬新化所家乡。（道光）《黎平府志》收录其诗文《见雁字有感》："近月云间月影飞，回文欲寄恨依稀。凭君写着团圆字，为劝征人及早归"。后人将刘宪模与何腾蛟、朱万年、梅友月、龙起雷四人一起尊为"黎平五贵公"，建有"五贵祠"立祀纪念，今天黎平县有一条街名称为"五贵街"。

纵观刘氏家谱，显赫的祖先除刘宪模外，还有康熙年间的举人刘芳早。（乾隆）《开泰县志》载："刘芳早：康熙二十三年甲子科第八名，新化所人。

---

① 《刘氏族谱》，2012年编，打印本，第24页，新化所刘氏家族藏。

② （乾隆）《开泰县志·制科志》，收入黎平县志办点校：《黎平府志》，方志出版社，2014年，第63页。

初任贵州思南府教授，丁忧后补湖广襄阳府教授。”① 清代以来，刘家人文不辍，每一代都涌现出监生、贡生、文庠数人。随着刘宪模、刘芳早、刘理元等知识分子的出现，他们开始模仿主流文化意识，积极编撰家谱，修建祠堂，并以此标榜家族的显赫地位。到了同治己巳年间（1869 年）修谱时，十五世孙刘培学撰写的《渊源志》将上述刘姓历代祖先的功名事迹逐一录入在这次修谱中，刘姓人再三强调了刘宪模、刘芳早、刘理元等祖先的功名封号。“海宁县正堂”“奉天府”“绍兴府正堂”“癸酉科中式”“辰沅道”“壬午科进士”这些高爵牌均来自刘宪模，其父亲和祖父“以子孙宪模贵赠中宪大夫”，其实不难看出，“中宪大夫”的封号还是与刘宪模有关。而“甲子科举人”的高爵牌则来自刘宪模的侄子刘芳早。清季民国，刘家将上述祖先的功名爵禄刻制作成了木质高爵牌，陈列于祠堂内供族人瞻仰，每逢红白喜事或是春秋祭祀，均抬出来展演，一直延续至今。2012 年，刘姓第六次续修家谱，将同治、光绪、民国年间的旧家谱序言原样抄录其中。需要特别交代的是，三房人刘坤汀为新化中学语文老师，热爱历史文化，因编修《新化乡志》的经历，对家族历史格外关注。其长子刘航身为县委组织干部，深受父亲的影响，爱好历史，写得一手好散文，他比一般人更在乎祖先的事迹功名，其撰写的《拜谒锦屏第一进士刘宪模》散文，刊登在县刊物《杉乡锦屏》上，这篇文章被刘姓家族成员争相传阅，确凿的文本事实也成为刘家人宣扬正统身份的依据。

3. 吕家：边缘群体的文化创造

上文已交代，今天的吕家在地方上显得有些弱势，然而，边缘群体也有自己的行动策略。当过十几年小学民办老师的吕 SY 是吕家的文化人，写得一手毛笔字，精通篆刻，他有个笔记本，上面抄录了吕姓的祖先墓地和生卒葬所，闲暇之余，他总会翻出来仔细研究一番，似乎在与祖先进行跨时空的对话。他说：“我们吕家的族谱民国时期在我公的手上被烧了，不像刘家、闵家有家谱传下来，实际上我们吕家也是最早入坐在新化的。所以每年挂青上坟，我都会记下祖先墓碑的信息，有一些碑是明代的，清代的就更多，通过这个我可以了解到一些家族的历史，只要有一点新发现，我是很高兴的。”每次到吕老师家，我们都会饶有兴致地研究墓碑信息，借助人类学谱系和亲

---

① 乾隆年间《开泰县志》，收入黎平县志办点校，《黎平府志》，北京：方志出版社，2014 年，第 68 页。

属称谓知识，结合墓志铭，我帮他基本厘清了部分关键人物的信息，然后再根据碑铭落款、题名称谓，建立起不同代际的关系，由当下最近的世系倒推回去，大致勾勒一份吕姓的系谱图（见图1）：

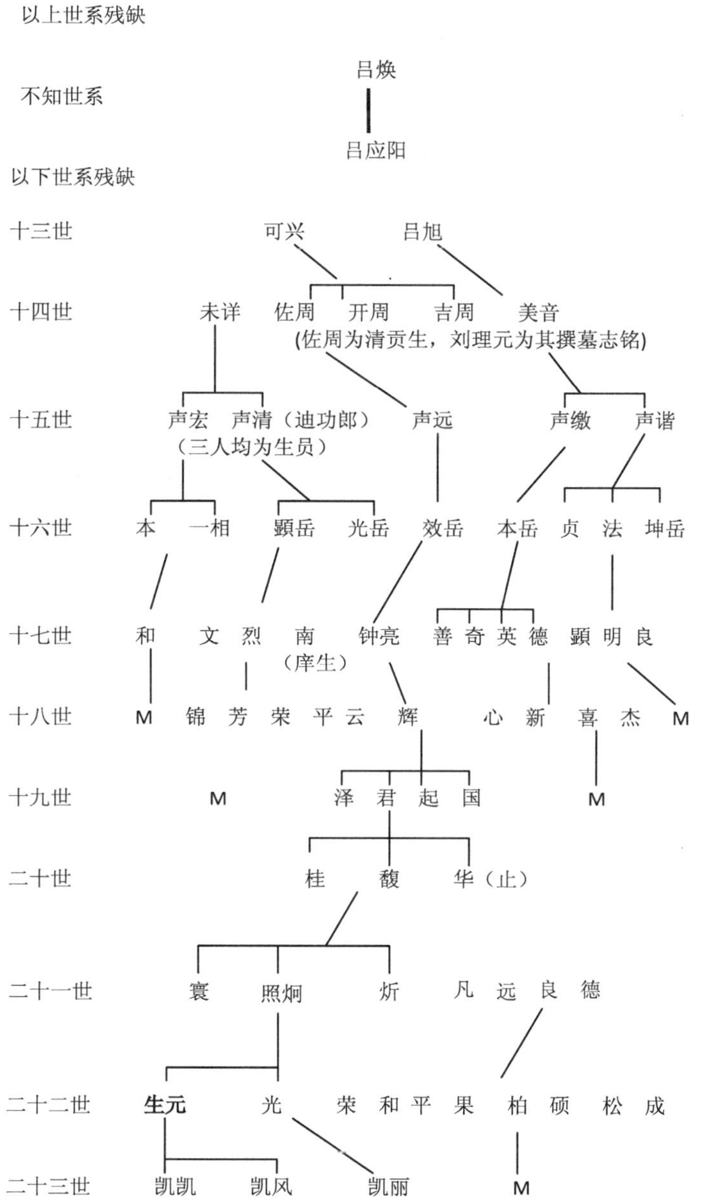

图1　新化所吕氏宗支系谱

尽管上述谱系残缺不全，但明确记载的可追溯到十三世，也就是明末清初，墓志铭及《黎平府志》均有记载的吕应阳及其父亲吕焕两位有官品的祖先尚未出现，如果由此再往上追，那就意味着吕家也与闵、刘大姓一样，有着悠久的定居历史和显赫的身份。在新化所这样家族观念强的村落，在村寨事务和地方决策中，像吕家这样的边缘姓氏话语权微乎其微，没有家谱，就像一个人没有名字一般，也就没有办法证明身份的正统性。每次谈及家族历史，吕 SY 总会滔滔不绝：

刘家的郡口是彭城第，堂号是“藜光堂”，他们的祠堂里清楚地写着。后来我上网一查才知道，吕家的郡望是“何东第”，所以我的书法笔名为“河东山人”，堂号与家风为“渭啟堂、著存堂”。历代以来，吕氏爵位有很多，周代的吕尚，官至国师、太师、齐国公、武成王；秦代的吕不韦，是文信侯、宰相；宋代的吕蒙正、吕夷简，都担过宰相。在新化所，只有刘家、闵家这些居住时间长，祖上出过官的家族才有大风水，像刘家的鹭鸶形，就在乡政府后面的山凹那儿，闵家的凤形坡，前几年我到山上查看村里的自来水，还看到竖着石桅子呢，那是当官的人家才有的。我们吕家也有好几处大风水坡，在黎平古顿那边，明清那个时候的古坟墓都还在，我细心读过，大概汇总了一下，有黎平第一个武进士吕应阳，他的父亲吕焕被封为“英武将军”，跟闵家的闵祠缨一样，那个是“武毅将军”，估计官职都差不多一样大。另外啊，我读《铜鼓镇志》了解到我的祖先吕宣阳，担任过铜鼓卫指挥使，可惜现在找不到的墓碑在哪。其他还有吕成夏、吕鼐、声远、声清、声宏都是贡生或是生员，吕遵岳为孝仁，吕钟南庠生，吕光岳监生。刘家、闵家的那些高爵牌都是他们的祖先封号，刘家的还比较真实一些，刘宪模、刘芳早能在《黎平府志》上查到，闵家的除了“武毅将军”外，其他的那些都不是新化所的，估计是从哪里抄来的。①

需要强调的是，吕应阳是明万历十六年（1588 年）黎平府第一个开科武进士，官至五开卫黎靖参将、广西游击将军、浙江都司副总兵、都司。根据吕 SY 的说法，吕家的高爵牌应包括如下名目（见表 2）：

① 资料来源：2014 年 7 月—2015 年 10 月，笔者在新化地区的调研和访谈。

表 2　新化所吕家高爵牌

戊子科举人	己丑科进士	浙江总都兵司	广西都游司击佥将事军	黎靖参将	铜鼓卫指挥使	河南府教授	英武将军

上述的这些高爵牌名称，吕 SY 认真地写在笔记本上，想象着有一天可以像闵、刘大家族一样，制作成木牌子供奉起来，以此成为标榜吕家贵胄身份的确凿事实。可是吕家目前没有家谱，也没能重修祠堂，如何安放这些由祖先身份而来的文化符号呢？不过，这似乎不影响吕家人对祖先的追忆和夸饰：

> 在明代的都指挥使司，洪武十三年以前的是大都督府，十三年后为五军都督府，之后成为虚衔了，分总兵、副总兵、参将、游击将军、守备等衔，都有带兵权。迪功郎的古代官职名最早见于宋代，宋神宗元丰年间，定迪功郎为文官职第 37 阶（最末一阶）。明代定为正八品，是县衙里的文书一类，相当于今天的科员或办事员。这些知识是我网上看到的，很兴奋呢。我们吕家历史上也出过功名显赫之人，应该像刘、闵家一样可以抬高爵牌。①

在当地人的观念里，旗伞和高爵牌象征着家族的正统身份，如此说来吕家也算是显贵之家，“祖上也阔过”。（光绪）《开泰县志》收录有吕应阳《军中遣怀》的诗文：“于役南藩恨不平，还家客梦夜频生。署鸦啼罢悲笳起，忍听萧萧战马声”，这首象征着祖先贵胄身份和英雄事迹的诗歌，吕 SY 时常挂在嘴边，当有人问起吕家的历史，他总能信手拈来，高声朗诵几遍，以此宣扬家族的显赫历史。

四、阶序强化：20 世纪 80 年代的祠堂重建与仪式展演

20 世纪 80 年代以来，曾被视为“封建残余”的宗族文化改头换面在中国农村悄然复兴。尤其是 2000 年后，随着农村产权制度的改革，改变了农

① 资料来源：2014 年 7 月—2015 年 10 月，笔者在新化地区的调研和访谈。

村传统的资源注入方式，国家成为资金投入的主体。“美丽乡村建设”“精准扶贫”等项目相继进入中国广大乡村。村委会作为国家行政设置的末梢，在地方资源的配置中有着强大的话语权，尤其是在一个家族主导地方政治的乡村，“壮大家族实力”似乎成了必要的政治手段。在新化的乡村，只有强大的家族作为支撑，才能成为村委会成员，进而在乡村政务中发声，为家族争取利益。加之全球化背景下，民族文化旅游和非物质文化遗产的申报炙手可热，新化的乡村也不可避免地卷入了宗族复兴、祠堂重建的活动中。本节内容将以闵、刘、沈几大姓氏的祠堂重建活动为切入点，阐释祠堂作为人群阶序的指标，如何在仪礼展演中不断被强化。

1. 边缘中心化的努力：祖先再造与沈氏宗祠的合理性

相比于刘家祠堂和闵氏宗祠，新修的沈家祠堂在现代瓷砖的彩绘装饰下，无论是样式还是规制都显得有些缺乏历史感。20 世纪 80 年代末的沈家，无论是经济实力还是成员规模，都已发展成为新化所仅次于闵、刘的第三大家族。此时沈家决定联络宗亲，修建祠堂，增强家族凝聚力，然而却面临一个难题，李、闵、刘、吕等这些姓氏的祖先都具有“军户”的身份，有品官和功名，因而修建祠堂合情合理。前文已交代，沈姓最早是逃荒来到新化的，经济拮据，身份卑微，这样的祖先身份和家族实力并不具备修建祠堂的条件。那么，如何才能让沈家宗祠的修建行为看起来具有正统性与合理性呢？于是沈家决定重修家谱，通过祖先源流的追溯，增加家族支系，从根本上将沈姓祖先塑造成有官阶的贵胄形象。1988 年修谱时，沈家人实现了祖先谱系的嫁接，沈姓祖先从第一世至第五世均为单传，第三世至第十二世，每一代都有生员功名，有意思的是，第七世共有 8 人，其中一半是生员，第八世有 11 人，有 7 人均为生员。显然，这与现实情境并不相符，明初就入住新化的闵家，祖先担任新化千户指挥，属七品官职，即便如此，闵家在九世、十世，也就是明末清初才培养出具有庠生身份的家族人员，而吕家到万历十年（1582 年）才出武举，刘家崇祯年间才有了进士身份的家族成员。沈姓祖先到新化落脚的时候，窘迫不堪，食不果腹，连基本的生存都成问题，更别说供养子女读书应举，更不可能第三代就培养出了生员。那么就只有一个解释，上述这些有关祖先的身份和谱系，是通过族谱修撰建构出来的。

新修的《沈氏家乘》特别强调：“在道光丁酉年起造宗祠基址在汤家塆

王姓屋右侧坪子，咸丰年间岁次丙辰，苗蛮贱匪叛乱，异常猖獗怠（歹）毒凶狠，将宗祠和老谱一并焚毁，化为灰烬”，如此叙述，无非是为宗祠和家谱的不存在找了一个合理解释。然而，可能的情况是，清季民国的沈家尚未修谱，也没有祠堂。到1988年修家谱时沈姓人通过家谱世系的嫁接，实现了祖先的再造，延长了祖先定居入籍的历史，以此来解决新建宗祠的合理性与正当性。

在族谱编撰中，“私造官阶，倒置年代，遥遥华胄”[①] 的情况比比皆是，其实，看似子虚乌有的世系和祖先历史传说，是在特定的社会情境下边缘人群一种有意识的表达，有着相当实际的效用。这样沈家不仅获得了正统的祖先身份，向周围族群表明，在入籍历史方面其拥有与各大姓氏平起平坐的资格，能够享有地方上的土地、文化资源，造成让闵、刘、吕等姓氏无法挑战的文化优势。

2. 核心家族地位的维系——闵氏宗祠重建

2014年，新化所刘、李两家率先完成了祠堂的修缮工作，并举行了隆重的竣工典礼，这样的行为刺激了第一大姓闵家。于是闵家成立“闵氏宗族重建理事委员会”，决定重建祠堂，但是怎么建、建成何种规模，众说纷纭，相持不下，有人提议按照民国年间的规制在原址上复建，但一百多万耗资实在是太过巨大，这让经济状况不佳的家庭倍感吃力。几经争论，最终还是达成了一致：仿照民国时的祠堂样式，建成三进式五间的规模，占地大约300平方米。为此，闵家派人到榕江、剑河等闵姓家族中争取支持，还撰写《重建闵氏宗祠，再振宗族雄风》的倡导书，明确规定每人捐资500元，首期集资就达35万，2015年春节祠堂开工时还举行了家族募捐，经过两年的时间，2016年底，闵氏宗祠建成，举行了隆重的祠堂竣工典礼，新修的家祠成功申请成为县级非遗文保单位，同时也成了闵氏家族的簪缨世族的象征。

道光年间续修的《大清通礼》卷十七《吉礼》，对不同品官阶层祭祖立庙做了如下规定：一至三品，可立庙五间，四至七品，则庙三间，八九品官，虽然也有三间家庙，但是陈设必须从简。在清朝的家庙制度中，进士、举人可算七品，奉旨提拔的贡生（恩贡、监生）可视为九品。也就是说，立家庙的权力从皇帝诸侯向下拓展到了进士、举人、贡生。咸同苗乱之后的新

① 钱大昕：《潜研堂文集》卷二十六，《巨野姚氏族谱序》。

化地方社会礼崩乐坏，人们纷纷立祠建庙，僭越礼制，通过攀附模仿来创造文化象征，清季民国的闵家祠堂“三进式四合院天井，一进为门楼、二进为厅堂、三进为正殿，正殿五间两层，房檐均用弓形板子密封，两侧板壁木质雕花窗阁，正殿东西两侧设有厢房”的规制。由此可获得一个关键性的启示，2015 年重修的闵氏祠堂试图恢复到过去的样式和规模，以此向周边群体宣扬家族的荣光历史和文化特权，借此提升当下的家族地位，凝聚成员向心力，以此保持新化所村第一大姓的核心地位和话语权。

3. 中心与中心的较量——刘氏进宗祠仪式

位于西门大街的刘氏宗祠由总祠天禄堂和庆公祠组成，分上下两厅，坐北朝南，为砖木结构四合院建筑，始建于道光己亥年（1839 年），民国初年（1912 年）复修。庆公祠大门书有“彭城世第经世泽，禄阁书殿绍书香”的对联，内外墙壁绘有“姜太公渭水遇文王”“薛仁贵乌江救唐王”“三顾茅庐”等彩图，刘家祠堂结构立体、雕花精美、绘图艳丽，民间俗称刘家花祠堂。2014 年底，闵家重修祠堂，举办了盛大的上梁仪式，这让一直以来与闵家不分伯仲、相互竞争的刘家倍感压力。于是刘家人决定 2015 年春节期间，集聚家族成员，举行一次隆重的祠堂维修竣工仪式，一来鼓舞家族士气，二来也向闵家及周边家族示威。刘家人举全族之力来筹备这次活动，家族成员无论男女老少都要到祠堂帮忙，从统筹顾问到仪式主持，从嘉宾邀请、菜肴烹饪、祭祖活动以及其他家族代表发言，每一个程序都做了精细的安排，并形成了书面的执事名单，刘家人自豪地宣称：

> 李家进祠堂，只请过去建有祠堂的家族做嘉宾，到我们刘家，不能有歧视，大家族要起模范带头作用，倡导和谐，新化所村不管大姓小姓，全部都要请，来不来那又是另外一回事！①

仪式当天，刘家祠堂贴满了喜庆的对联，“宗祠维修欣竣工感领导贤达谆谆诲嘱柴扉增色，家庙重修喜庆典谢乡亲高朋赐蓬荜生辉”的文字撰述再次追述了刘姓的祖先源流和英雄祖先的故事，彰显刘家荣耀而久远的家族历史，同时也蕴含着祠堂重修的重大意义。对联的撰写者刘老师说：

> 在这种传统的活动中，对联是非常重要的，代表家族的脸面。编写

① 资料来源：2014 年 7 月—2015 年 10 月，笔者在新化地区的调研和访谈。

时要结合刘家的实际，家族历史，同时也要符合主题。过去村里搞大型活动，比如打醮，也要写对联，我们新化所自古就有这种传统。明天各大家族代表来，肯定要评价这些对联，要是写不好，大家会笑话我们刘家没有文化人。①

整个祭祖仪式的议程安排根据家谱《大祭仪注》简化而来，在主持人宣读祭词后，主祭人在祖宗灵位前做出净手、整冠、束装、理袖、肃容等动作，并向祖宗敬献牺牲、糖果、清茶、净酒四礼，并念诵供礼词，至此，祭祖仪式在鸣炮声中完毕。下午两点多，在锣鼓喧天的鞭炮声中，其他家族代表相继汇聚到刘家祠堂，小姓氏几家合在一起买匾额、送礼金，像沈家、李家、闵家、吕家等人数较多的家族，都是独立送匾额和礼金，并作家族代表发言。有意思的是，在这样的场合中，闵氏家族代表开了旗伞和高爵牌前来祝贺，刘家亦是以同样的礼仪来迎接。当天，锦屏县文物局的领导前来挂牌，将刘氏宗祠定为“县级文物保护单位”，庆典一直延续到下午六点多，吃罢晚饭，又进行了热闹的歌舞表演。

此后几天，刘家这次声势浩大的进祠堂仪式成了当地人谈论的焦点。“这是新中国成立以来，咱们新化所村最隆重热闹的一次家族活动了。只有家族大才搞得起那么大的排场，目前，估计只有闵家、刘家、沈家办得下来，李家都不行，人数还是不够。”还有人说“昨天刘家进祠堂，某姓的家族代表不应该坐在嘉宾席上。他是个光棍，连孩子都没有，怎么适合坐在那里？这种场合，最好是在家族中有点威望，做点事情，德行好，儿女双全的才行。”“昨天有些家族代表讲话，一直夸他们刘家的关系有多好，其实才不是呢。就他们两家暗地里较劲最厉害，我们的家族发言，事实就是，我们家族确实一直与刘姓结亲，所以昨天我们都有姑爷代表。而我的身份有三重：一是委会代表，二是家族代表，三是刘家的姑爷。”这些不同的声音，不仅反映出了各大家族之间的关系，同时也代表了当地人对人群区分和阶序的看法。

---

① 资料来源：2014 年 7 月—2015 年 10 月，笔者在新化地区的调研和访谈。

五、结　语

注重血缘和地缘关系的宗族是地方社会结构的重要组织形式，家谱作为宗族的象征和组成部分，追述了祖先的由来、迁移发展，以及宗族分支等内容。因此，宗族的考察和族谱研究也成为认识和了解中国乡村社会结构的重要路径之一。族谱的修撰，为姓氏集团的血缘认同以及在地方社会中地位的确立提供了历史依据。人们用不同的传说故事，讲述着祖先开基落业与发展的历史过程，姓氏发展的过程中，有分化，也有聚合，呈现出“你方唱罢我登场”的局面。与此同时，不同的地名也反映出不同姓氏在地方的发展历史。文章以祠堂礼制为切入点，追溯了闵、刘、沈、李等不同姓氏的入住历史，回顾了明清以来新化地区各大姓氏的宗族建构和祠堂修建历史，由此理解当下与祖先身份相关的人群阶序的根基何在。当地甚至有这样的说法：“新化所村的支书和村长，不是刘家的就是闵家的。”一定程度上，这些话语反映了当下的权力格局，入住空间、祠堂、旗伞、高爵牌等文化象征成为不同人群操纵的话语，这套与祖先身份相关的话语表述反过来又再次强化了人群的阶序。这样的背景之下，房族作为传统的地方组织，其功能再次显现，当地人卷入了祠堂重建、跨地域联宗修谱等的活动中。在这个过程中，我们看到曾经边缘的群体如何通过祖先再造、假借世系，以此创造出正统的身份，与此同时，居于核心地位的家族又是如何通过祠堂重建，扩大规模，举行隆重的进祠堂仪式，以此宣称核心家族的地位。

参考文献

［1］刘显世. 贵州通志：前事志［M］. 贵阳：贵州人民出版社，1987.

［2］黎平县志编纂委员会. 黎平府志［M］. 北京：北京方志出版社，2014：52.

［3］陆韧. 变迁与交融：明代云南汉人移民研究［M］. 昆明：云南教育出版社，2001.

［4］井上徹. 中国的宗族与国家礼制——从宗法主义角度所做的分析［M］. 钱杭，译. 上海：上海图书出版社，2008.

[5] 科大卫，刘志伟. 宗族与地方社会的国家认同——明清华南地区宗族发展的意识形态基础 [J]. 历史研究，2000 (3)：3—13.

[6] 王勤美. 清代亮寨龙氏土司家族的发展及演变 [J]. 贵州大学学报 (社会科学版)，2016 (2)：14—120.

[7] 李斌. 清代以降西南少数民族地区士绅宗族的建构历程——以贵州清水江下游地坌彭氏宗族为个案的研究 [J]. 贵州大学学报 (社会科学版)，2016 (6)：75—80.

[8] 王勤美，张应强. 文本书写与行动策略：以贵州苗人土司家谱〈龙氏迪光录〉为中心的探讨 [J]. 北方民族大学学报，2016 (2)：12—17.

[9] 刘志伟. 祖先谱系的重构及其意义：珠江三角洲一个宗族的个案分析 [J]. 中国社会经济史，1992 (4)：18—30.

营林植造与木商经济

清水江流域人工营林育苗法类型及其影响研究①

马国君，肖秀娟，张坤美②

摘　要：清水江流域人工营林是指以杉树为优势树种，并兼有常绿乔木、落叶乔木等复合种植的仿生森林生态系统之泛称。从有涉流域内的大小传统文献和田野调查诸类资料中发现，当地各族居民的人工营林育苗法主要有实生苗法、根兜发芽法、刀耕火种法、扦插法、树皮育苗法等类型，这一多类型、多层次的育苗办法，由于与当地生态系统相互兼容，故大大促进了流域内人工营林规模的扩大，林业经济稳定持续发展，500余年来经久不衰。总结其间的经验和教训，发掘不同育苗办法所蕴含的本土知识与技术技能，对今天我国人工营林森林生态系统的可持续稳定利用，能够发挥来自历史的借鉴价值。

关键词：清水江流域；人工营林；育苗类型；本土知识

清水江流域属我国南方人工营林重点基地之一。就其人工营林经营的树

---

① 本文原载《贵州大学学报》（社会科学版）2018年第2期第37—46页。

基金项目：国家社科重大招标课题“西南少数民族传统生态文化的文献采集、研究与利用”（16ZDA156）；教育部人文社会科学研究青年项目“清水江流域宗族关系文书研究”（12YJC770055）。

② 作者简介：马国君，男，苗族，湖南麻阳人，博士，贵州大学中国文化书院教授。研究方向：西南环境史、民族史、边政史。

肖秀娟，女，湖南邵阳人，贵州大学历史学在读硕士研究生。研究方向：西南环境史。

张坤美，女，贵州仁怀人，遵义师范学院人文与传媒学院讲师。研究方向：西南环境史、民族史。

种而言，是以杉木为优势树种，兼种油茶、杨梅、樟树、马尾松、油桐等常绿、落叶乔木的仿生森林生态系统。查阅考古资料、历史典籍等发现，清水江流域的人工林早在宋代就已经开始了。当时他们在经营楠杉等优质原生林的过程中，积累形成了一整套林业育苗、管护等本土知识。有清以降，就人工育苗法类型而言，大致可分为实生苗法、根兜发芽法、刀耕火种法、扦插法、树皮育苗法五大类型。正是因为有了这样多层次、多类型的育苗法，故能成功地确保所育人工林的可持续稳定产出，有效促进了这一地区林业经济500余年经久不衰，在黔省山地经济史上写下了辉煌一页①。揭示和研究这样的林业本土知识、技术及其影响，对于推进贵州山地高效农业经济的发展、民族林业文化遗产的申报有着积极的当代意义。

一、人工营林育苗法类型概说

森林是人类美好的家园，人类很早就与其建立了亲和关系，开始了人工营林管护。然而要维护人工营林的稳定，各民族群体在世代实践积累中健全起来的育苗知识和技术，对今天维护森林生态系统的稳定有着很大的启迪价值。就清水江流域各族居民人工营林育苗技术而言，大致可分为实生苗法、根兜发芽法、刀耕火种法、树皮发芽法、扦插法等，本文将以此为序，分别展开讨论。

1. 实生苗法

要探讨清水江流域实生苗人工营林方法，首先就得考察选种技术，因为它是实施实生苗法的关键。(乾隆)《黔南识略》、(乾隆)《贵州通志》、(光绪)《黎平府志》、(民国)《麻江县志》诸书都有相关的记载，详情参见表1。

表1　(乾隆)《黔南识略》诸典籍载清水江选种育苗法

文献记载	资料来源
黎平府境“山多戴土，树宜杉”。“杉阅十五六年始有子，择其枝叶向上者，撷其子，乃为良。裂口坠地者，弃之。”	(乾隆)《黔南识略》卷二十一《黎平府》

① (乾隆)《黔南识略》卷一《总叙》。

（续表）

文献记载	资料来源
“黎平山多戴土，树宜杉。”“杉阅十五六年，始有籽，择其枝叶向上者，撷其子，乃为良。裂口坠地者，弃之。择木以慎其选也。”	（乾隆）《贵州通志》卷十五《物产志》
“杉历数寒暑乃有子。枝叶仰者，子乃良，撷而蓄之。其罅而坠者，弃之。”	（咸丰）《黔语》卷下《黎平木》
“杉木，花两性，雄花亦出至秋月，结毬果大如指头，在枝叶仰者良。”	（民国）《麻江县志》卷五《农利物产下》

从表1可见，涉及选种育苗成功的关键问题有二：一是人工营林所用种子的母树选择必须是“十五年以上的成年杉木”，“枝叶向上”健康。二是获取优良健康种子的途径，是要从母树上采摘，对于自然掉落在地上的杉果，要“弃之”等。这一传统知识除了典籍记载外，在清水江林业契约文书中也多有记载，现摘抄《清水江文书》中一份《采种合约》如下，以供参考。

锦屏县林业部工作站　　甲
采种合约称　　　　　　方
茅坪片乡新东社　　　　乙

（一）双方同意，由乙方负责采集杉木种子壹佰市斤，价售给甲方，特立本合同，其条件如下，由双方共同遵守。

（二）双方议定每市斤杉种为币陆角正。

（三）乙方必须选择二十年至四十年向阳独立健壮母树之种子，并要采集饱满光泽好的，有病虫害和不到年龄母树的杉种，即不予收购。

（四）乙方须采集之杉种阴干簸净，按期于本年十二月十五日（即古历月日）前送交林业工作站收购。不得借故任何理由少交，多交或不交。

（五）乙方采集种子，必须切实注意生产安全和保护母树工作。

（六）双方同意在签订合同的同时，照采集的数量酌交一部分定金壹拾元，由乙方龙华炘担保人负责，保证如故如期完成任务。

（七）本合约经双方同意签章有效。

甲方锦屏县林业工作部（盖章）

乙方茅坪片乡新东社龙华炘（盖章）

公元一九五七年九月廿三日[1]150

此合同值得关注的问题有四：其一是对采集种子的母树选择有一系列严苛规格，树龄必须在20~40年，长势旺盛，要求是健壮生长于向阳坡的母株，或稀疏林中无病虫害、无人力损伤的孤生母株等条件。据田野调查，杉木须经过15年后，才逐渐结种，到20~40年，种子才饱满，故有这一规约。将典籍的记载与这份契约文书相比对，不难发现对母树的树龄要求提高了，甚至是要求树龄在40年以上的母树采种，其间的原因在于，在文献记载的时代当地人工林主伐的时间较早，超过20年树龄的母树很少。而到了20世纪中期，树龄更高的母树，由于主伐的时间延长了，所以才能够留下，高树龄的母树，但若就采种的知识和技术而言，杉树树龄越高，其所结的种子质量就越好。田野调查中还发现甚至百年老树砍伐时，所获的种子其育苗质量更好。

其二是对采集的种子也要求甚为严格，在时间上，成年杉木果实一般于一年的11月上中旬成熟，种果颜色呈现为黄褐色。清水江流域各族居民采摘时间选定于“霜降前后”，认为此时种子最为饱满，是最富有光泽的健康种子，对病虫害或不到年龄的母树种子不予收购，就是此意。甚为遗憾的是，资料中没有言及怎么识别没有达到树龄的种子。

其三是采种时，直接用扎钩摘下果球，将果球取下采回后，摊在日光下暴晒，待鳞片张口后捶打取出种子簸净，这样的种子就可以出售了。值得注意的是选种不仅取自成年老树，而且杉树籽也不允许接触林地的土壤，必须是采摘果球，促使鳞片开裂，以脱粒使用。目的是避免种籽感染上土壤的微生物而染病。故文献称其为自然“裂口坠地者，弃之”，道理就在于此。

其四是采种的母树必须无病无害，至于如何识别母树的病害，文献中已经提及，凡杉树尖端枝叶拳曲表明该树已经染病，乡民还补充说，“如果杉树的树皮从红色转化为灰色，也是杉树已经染病的表征，凡这样的杉木都不能做母树使用”。上文的合同中还提到要选择长在向阳的，甚至是孤立生长的大树才可供作母株使用，其原因也在于，生长在这些区段的杉树，染病率较低。选择这样的杉木，保险系数较高。

以上问题三和问题四恰好是对乾隆年间黎平府各族居民采集杉种技术要求的补充，也说明此类采取杉种经验至今仍然有效。据研究经过此类搜集精选的种子，发芽率甚高，可以达到95%以上。更重要的还在于，用它们所育出的杉树苗具有较强的抗病率，不容易染病。

种子采摘以后，就需要利用其育苗，这就是实生育苗法了。此类育苗法，首先需要选苗圃，其次是整地等。在育苗时，苗圃需要反复火焚。种子播种后，在种子上面要覆盖上杉枝，具体见表2。

表2　典籍所载杉木实生育苗法

典籍记载	资料来源
春至，则先粪土，覆以乱草，既干而后焚之。然后撒籽于土面，护以杉枝，厚其气以御其芽也。秧初出，谓之“杉秧”。既出而复移之，分行列相距以尺，沃之又土膏，欲其茂也。稍壮，见有拳曲者则去之，补以他栽，欲其亭亭而上达也	（乾隆）《黔南识略》卷二十一《黎平府》
（当地居民种杉之法），先一二年必树麦，欲其土之疏也。（杉选种后）。美其性也。春至，粪土、束刍覆之，缊火焚之。乃始布子，而以枝茎午交蔽之，固其气，不使速达也。稚者曰杉秧，长尺咫，则移而植之，皆有行列，沃以肥壤，欲其茂也。壮而拳曲，即付剪刈。易以他栽，宽在直也。于是结根竦木，五条婵媛，宗生高冈，族茂幽阜，不二十年而葶葶蓑蓑，蔚若邓林矣	（咸丰）《黔语》卷下（黎平木）
（当地土人）种杉之地必预种麦及苞谷一二年，以松土性，欲其易植也。（选种后）。春至，则先粪土，覆以乱草，既干而后焚之。然后撒子于土面，护以杉枝，厚其气以御芽也。秧初出谓之“杉秧”，既出而复移之，分行列界，相距以尺，沃之以土膏，欲其茂也。树三五年即成林，二十年便供斧柯矣	（光绪《黎平府志》卷三下《食货志·物产》
杉木，春至粪土，束芻覆之，温水焫之，乃布子，蔽以枝叶，使不速达	（民国）《麻江县志》卷五《农利物产下》

值得注意的是，表2涉及关键问题有三：一是林地清理采用火耕的方式，而且不管是育苗还是定植，都需要过火，育苗时更需要严格控制火焚燃

烧的速度，目的是，通过火焚去抑制微生物的滋生，确保育苗和定植的杉木免受病害的侵扰；二是育苗过程中，对于染病的树苗要迅速清除，目的是防止病害蔓延；三是为了保护幼苗，还要给杉苗覆盖上杉枝等。有的为了防护牲畜啃踏损坏幼苗，还要“用油桐树叶将杉树幼苗尖包起来，或用牛粪兑水撒在幼苗上，牛不见嫩尖或嗅到牛粪味便不再啃吃”。此外，还得随时检查苗木生长状态，“采取严格的淘汰制，不管是杉幼苗还是移植后的杉树，一旦发现枝叶拳曲，或者树皮由红转灰，都必须果断淘汰，否则会导致病害蔓延。”[2]

这一做法体现了清水江流域各民族同胞已经熟练掌握了一整套选种育苗的技术，此类技术对于维护林木成长甚为重要。需要注意的是，清代以来，清水江流域的林副产品也甚为发达，如油桐树、油茶树的种植，也牵涉到选种育苗诸多问题。(明)《五溪蛮图志》第二集《五溪风土》“土产”载，选桐种母树“最宜斜向东南而不当恶风之山坡。得选壮年树所结之桐球为种”等[3]117。据此可见，果实种子的获取，与人工林业发展直接关联，对探讨清水江流域的人工营林规模发展有着积极意义。

2. 根兜育苗法

除了实生育苗法外，清水江流域还有根兜育苗法。杉树主伐后，残留在地面的树墩，具有很强的再生能力，当地居民利用根兜能在来年新长成一圈杉树植株幼苗的特点，进而进行管护成林，故称根兜育苗法。(民国) 蒋君章著《西南经济地理》一书云，清江、都江等沿岸一带，“种杉者多为苗、侗、瑶诸蛮”，“蛮人善斧斤，秋冬伐木，春来则新芽怒长”。(民国) 张肖梅著《贵州经济》亦云，清水江之天柱段、锦屏段有“更新地，即杉木萌芽林，此间杉木造林，多用萌芽植树造林”，等等[4]H1。可见，清水江流域沿岸各族居民采用树兜育苗法，在一定程度上保证了人工营树林的快速更新。关于此类育苗法之树墩在“清水江文书”中多书写为“老根都”“老根株”“老根蔸”“脚木”等，具体见表 3。

从表 3 可见，清水江流域利用砍伐林木的树墩进行育苗技术甚为普遍，为当地居民重视。故在林业买卖文书中表述为“老根都”“老根株”“老根蔸”等。而且对树兜买卖中，双方的权责规定也表述的甚为详细和精准。如表 3 言嘉庆年间，杉木砍伐出售后，杉树兜仍可出卖用作培育新苗的材料。且有些质量上乘的树兜群还会被连续转卖。又如表 3 中所提及的姜文玉父子，

表 3 《清水江文书》收录“老根蔸”文书例举

文书内容	文书题名	资料来源
断卖杉木老根株	嘉庆十三年十二月二十日杨发龙断卖杉木老根株屋地基约	《清水江文书第一辑》(4) 第 17 页
断卖老根都	嘉庆十九年年七月十一日姜廷华父子断卖老根都约	同上 第 22 页
断卖杉木老根蔸	嘉庆二十年四月初九日姜学宗、姜生兰父子断卖杉木老根蔸约	同上 第 26 页
断卖老根株杉木	嘉庆八年年二月十八日姜兴龙断卖老根株杉木约	同上 第 130 页
断卖杉木老根株	嘉庆十年十二月十八日姜文玉父子断卖杉木老根株约	同上 第 134 页
断卖杉木老根株	嘉庆十年十二月二十六日姜凤生父子断卖杉木老根株约	同上 第 135 页
断卖杉木老根蔸	嘉庆九年四月十八日姜合龙、姜福龙、姜四龙弟兄三人断卖杉木老根蔸字	同上 第 292 页
断卖杉木老根蔸	嘉庆十五年五月初五日姜丰生断卖杉木老根蔸约	同上 第 297 页
断卖杉木老根蔸	嘉庆十五年十一月初二日姜文玉父子断卖杉木老根蔸约	同上 第 298 页
断卖杉木老根蔸	嘉庆十九年六月十八日姜文德断卖杉木老根蔸约	同上 第 300 页
断卖杉木老根蔸	嘉庆二十一年四月初九日姜学宗、姜生兰父子断卖杉木老根蔸约	同上 第 301 页
断卖老根株	嘉庆四年六月初五日姜英保断卖老根株字	《清水江文书第一辑》(5) 第 324 页
断卖山场老根都	嘉庆四年十月十四日姜因保断卖山场老根都字	同上 第 325 页
卖老根都	嘉庆十四年十一月初八日姜美保卖老根都字	同上 第 334 页
断卖老根都	嘉庆十九年四月十四日姜文玉父子断卖老根都约	《清水江文书第一辑》(8) 第 32 页
断卖山场老根株	嘉庆十四年十二月十一日杨发龙断卖山场老根株约	《清水江文书第一辑》(10) 第 61 页
断卖山场老根蔸	道光元年六月十五日姜合龙等人断卖山场老根蔸约	《清水江文书第一辑》(11) 第 154 页
立卖发兜杉木	民国元年二月十四日王永沛立卖发兜杉木字	《清水江文书第二辑》(7) 第 154 页
断卖老根株杉木	嘉庆八年又二月十八日姜兴龙立断卖老根株杉木约	《清水江文书第三辑》(6) 第 13 页
断卖杉木老根株	嘉庆十年十二月十八日姜文玉父子立断卖杉木老根株约	同上 第 24 页
断卖杉木老根株	嘉庆十年十二月二十六日姜凤生立断卖杉木老根株约	同上 第 25 页
断卖杉木老根株	嘉庆十三年十二月二十日杨发龙立断卖杉木老根株屋地基约	同上 第 35 页
断卖杉木老根都	嘉庆十五年五月初五日姜丰生立断卖杉木老根都约	同上 第 38 页
断卖杉木老根都	嘉庆十五年十一月初二日姜文玉父子立断卖杉木老根都约	同上 第 39 页
断卖木老根兜	嘉庆十九年六月十八日姜文德立断卖木老根兜约	同上 第 45 页
断卖木老根都	嘉庆十九年七月十一日姜廷华父子立断卖木老根都约	同上 第 46 页
断卖杉木老根蔸	嘉庆二十一年四月初九日姜学忠、姜生兰父子立断卖杉木老根蔸约	同上 第 50 页

于嘉庆十年（1805 年）、十五年（1810 年）、十九年（1814 年）连续断卖老根株；杨发龙也于嘉庆十三年（1808 年）、嘉庆十四年（1809 年），分别卖杉木老根株和山场老根株等。据研究，有涉根兜育苗法关键技术大致有三：第一是砍树时间，从文书可见，树墩再生技术要求采伐时间大都在交秋以后，此时期杉木处在休眠期，这一时间砍伐可以促进树墩来年迅速发芽；第二是使用的工具一般为斧子、锯子等。但锯子在砍伐杉木时会发

热，拉伤林木的形成层，这样砍伐留下的树墩，其再生能力就会下降。因此当地各族居民主张用斧头砍树。砍伐时，树墩出地高达40厘米；第三是在砍伐树木时，残留树墩顶端要用斧头砍成圆锥状。须在修剪面上涂抹糯米浆，以此促使被伐树木“伤口”愈合，不会从砍口开始腐烂，致使杉树死亡。有的会在“主伐后留下树墩不加清除，而用火焚烧，以给这些树墩消毒，让其来年萌发新的树苗，这样形成的树苗，不仅能减少定植苗木的投资，还能使林相参差错落，郁闭速度明显提高”。经过这样的技术操作后，树兜来年就会在砍口的断面处长出一圈幼芽来，选择其中长得最好的一两枝幼芽，把其他的幼芽掰掉。这样获得的再生苗不仅免除了移栽定植的劳作，而且可以提早三年成材。用这种办法造林，或者说实施林地更新，好处很多，既省事省工，林地植被又不会中断，还能控制地表的水土流失。这是一种十分快速的育林方式，也是一种极具经济潜力的造林办法。

3. *刀耕火种育苗法*

长期以来，但凡提及“刀耕火种”，就会想到对生态的破坏。然而在清水江流域，刀耕火种育苗法反而是各族居民重要的秃杉、红豆杉育苗法。秃杉属杉科台湾杉属[5]，在古新世时曾广泛分布于欧亚大陆，为第三纪古热带植物系的孑遗植物，该植物喜光中性，其幼苗只有在疏林或稀疏的灌木林中才能有效生长，在林冠郁闭度高的林下极少发现秃杉幼苗，偶尔发现也因光照不足生长不良或枯死。为了提高光照度，生息在清水江流域雷山县、剑河县、台江县诸县的格头村、方祥村、昂英村、昂宿村、桥水村、南哨村、白道村、交包村、交密村、巫牛村等地的各族居民的秃杉育苗方法甚为独特，就是采用的刀耕火种育苗法。

据杨庭硕先生的调查研究发现，“每株成年秃杉果球呈圆柱形或长椭圆形，长1.5~2.5厘米，直径约1厘米，故种子很小，长有翅膀，一阵风吹过，它就会如烟如雾般满天飞舞。由于种子太小，在森林中自然落下，只能落到树叶上和落叶上，根本无法直接落到地表，这些不可胜数的秃杉树种，要么被小动物吃掉了，要么勉强萌发后，脆弱的根由于接触不到土层而自然枯死。要让秃杉自已发芽长大，就必须对其实施刀耕火种，使得秃杉子飘落到灰地里”[6]79-81。罗康隆教授认为，在烧畲地中，由于地表植物已被全部焚毁，“坚实的土壤彻底暴露出来，秃杉的种子一旦落到地上”，来年就会自然长出密密麻麻的秃杉幼苗来[7]。当地乡民亦言，“秃杉幼苗成长的前三年，生长速度非常慢，而且惧怕暴晒，更怕气候干燥。若为全光照条件，则会出现生长不良的情况。但在烧畲地中，由于生长着很多农作物，可以为秃杉的幼苗遮阴，我们又不需要中耕翻土，不会伤害到秃杉的根，它们自然可以顺利地长大。我们的烧畲地只用一年，第二年就不再用了，野生的杂草长得非常茂密，如果长得太密，也会把秃杉的幼苗闭死。我们这时只需要将这些杂草的幼嫩部分割去，秃杉幼苗也因此能够获得足够生长的阳光。这样的保护工作只要能持续四年，秃杉幼苗就可以长到二尺左右，茂盛的杂草就不可能闭死它们了，秃杉就完全可以靠自己的力量生长壮大了。十年以后，秃杉幼苗可以长到六尺高，进入了生长旺盛期，生长速度比一般杉树要快二三倍，十五年后，秃杉的高度就会超过同时种植的普通杉树，而且会越长越快。长到二十年的时候，无论是高度、胸径，还是积材量，都会超过普通杉树的一倍。”[6]81

秃杉是国家明令保护的濒危物种之一[8]，清水江流域的苗族乡民坚持认为这种所谓的珍稀植物，只要适度地从事“刀耕火种”，这种植物的群落就可以在烧畲地上自然发育起来。秃杉幼苗一旦在烧畲地中萌芽，他们就会精心地加以管护。如果绝对禁止“刀耕火种”，那么成年母树所结种子无论有多少，可以萌发出来的幼苗，其成活率也基本为零，就连用人工播种的办法也万难存活。我国著名学者费孝通先生曾言，“刀耕火种的农业技术，它是一种生产力到生产关系，意识形态综合性的概念，一种社会经济模式。我认为通过微观调查，可以得到可取的科学成果”[9]11。对此，费老富有哲理地对刀耕火种技术的认识值得我们深思，传统的刀耕火种育苗技术也值得我们每一位学人做出符合逻辑的研究，以丰富和推广我国清水江流域各族居民秃杉育苗的知识。

4. 树皮、树根、树枝等育苗法

清水江流域各族居民还会利用树木的树皮、树根、树枝等器官进行育苗造林。因所用材料为母株的一个部分，故培育出的幼苗性状特征与母株完全一致，能延续其优秀基因。而且此种方法因完全独立于母树，有其独立的生长系统，少了因多次利用而导致树木衰退的担忧。（道光）《遵义府志》卷十七《物产》载，黔北居民于“冬间取其（白杨）皮，斧细，遍撒土中，来年二三月丛生如林”。就树皮育苗言，清水江流域沿岸各族居民也多用之。

(民国)《麻江县志》载，“黄杨，冬时取其皮，砍细遍撒土中，来年二三月即生，此植黄杨之捷法”等①。白杨树、黄杨树树皮上有众多的树芽，将其皮剥下后，按照树芽分布规律再用刀切成无数小块后，撒播在已经提前整理好的林地中，翌年二至三月即可长出成片的白杨、黄杨幼苗来，这是培育白杨苗、黄杨苗最便捷的方法。此外，也可以将选好的黄杨树枝按树芽的分布情况，砍成若干段，直接扦插在土壤里，也可以长出黄杨幼苗来。严格上言，这也是利用黄杨树皮上的芽进行培养树苗的一种方法。与杨树一样可以用树皮育苗的树类还有桦树、榆树等。

另外树根、树枝也可直接用作育苗材料，如茶树、杉树、楸树等。对此(民国)《黄平县志》载，“茶，灌木常青树，春初锄其根尺许，铲附近土皮和人粪壅之，仍将原土掩其上”。“杉木，蜀人取枝压泥中，亦简便，二十年后收利矣”。“楸，凡植木，必深锄其土，广视布枝，卤莽不繁”等②。材料中的茶树，根系十分发达，每年初春，林农在茶树根部附近找到茶树根，用锄头挖断树根，每截长度控制在 1 尺左右，再用树根附近的土皮和着人畜粪尿将其包裹覆盖，放回原来的地方，将原土覆盖其上，每一截茶树根即可长出数株茶树苗。而杉木、楸树则可利用树枝进行育苗，挑选关节较多之树枝，选择一块土壤适宜的土地，将泥土深挖翻松，将挑选好的树枝压入泥土之中，即可长出密集的幼苗等。利用树皮、树根、树枝等育苗造林这一本土知识，反映了清水江流域各族居民对植物属性的精深认识，对维护人工营林森林生态的稳定发挥了积极作用。

5. 扦插法

扦插法即剪取茁壮杉枝等扦插繁殖法。此做法一般是从砍伐后的树兜上，剪取新苗进行扦插，有的是把砍下的杉枝直接插在熟地上，也有的是于每年的十二月间砍取 1.5~2.0 尺的杉枝，先窖在溪边树木荫郁泥土潮湿的地方，经二三个月后，杉枝就会长出细根，然后移苗种植。此类杉树幼苗，多种在已垦的熟地上，成活率高，成长也好。

以上五类育苗法，大大促进了清水江流域人工营林树苗的来源，加之幼苗成活后，流域内各族居民还有一整套植树、管护的本土知识，如栽杉种

---

① (民国)《麻江县志》卷五《农利物产下》之《木之属》。

② (民国)《麻江县志》卷五《农利物产下》之《木之属》。

粟、防火、契约管理等。这样大大促进了清水江流域人工营林的发展，故下文不得不介绍此类育苗法的影响了。

二、人工营林育苗法的影响

如前文言，由于清水江流域有诸多人工营林育苗法的保障，这样也就维护了幼苗来源的稳定，故大大促进了人工营林规模的扩大、林业经济的发展，以及此类知识的传承和传播等。以下即此为序，展开讨论。

1. 人工林业规模的扩大

历史上，清水江流域属于典型的常绿阔叶林带，其后随着林业贸易规模的扩大，出现了人工营林逐渐取代原有的常绿阔叶林带之现象。《姜氏家谱·记》云，文斗寨苗民于明代时，就开始“挖山种杉”[10]190。“思恩、荔波二县西北界上与贵州烂土、黎平诸夷相接”的“不通王化”处，已经有人工“美杉生山下”[11]153，然从文献记载看，当时经营的人工林范围还十分有限。

有清一代，人工营林面积进一步扩大。（乾隆）爱必达著《黔南识略》言，位处清水江流域的丹江厅、清平县、台拱厅、天柱县等地，多有“山产杉木”“地多杉木”“树多杉、桐”“山多杉木，茶桐次之”等文字记载。（道光）罗绕典著《黔南职方纪略》卷六《黎平府》载，府境“杉木、茶林到处皆是”。（同治）罗文彬著《平黔纪略》载，黎平府属“素产杉木。”[12]134（光绪）《续修天柱县志》载，“柱邑僻介荒服，土产远不及中州，然自城西，汉寨、皮厦以上，地接黎阳，遍地杉山，土产以木植为大宗。”①（光绪）《黎平府志》载，“黎平介楚粤滇蜀之间，先属楚，今属黔，其山多木，木之有益于民者不一，而惟茶与杉最良。黎山万而田一，以山为田，茶实可作油，货之可供食，然茶苍老拳曲，四时不凋，盖松柏类也；黎郡产漆无多，向须贩自他境，近来广为种植”等②。

民国初年，因树苗来源充足，清水江流域以保甲督办造林约10万亩。[13]295（民国）《黔东杉木分布概况》《贵州清水江流域之林区与木业》[14]

---

① （光绪）《续修天柱县志》卷三《食货志》。

② （光绪）《黎平府志》卷三下《物产》。

《贵州经济》等皆言，清水江剑河县以上杉材，“多利用天然林更新成林”。县以下清江两岸杉木，“全系人工栽培成林”。可见，清水江流域下游的锦屏县、天柱县、黎平县等，已经成为有名的“杉木之乡”。《台拱县文献纪要》之“物产”项载，“杉木，出县属东南区，满山苍翠，有轮围合抱者。近年来，江路开通，贩运三江出售，其质较他处所产坚实，价值亦较他处为优”①。《贵州经济》载，“查清水江自平越之羊老、经黄平之重安江入剑河、锦屏、天柱等县，……其中森林较多者，首推天柱、锦屏、剑河等县”[4]H29。《黔东杉木分布概况》载，锦屏“农民善于育苗，其一二年生之播种苗，每逢一二三四月的集市场期辄有大批杉苗运至平略、锦屏等处出售，因此购苗者亦多。茅坪有老绅士杨东林，年已72岁，一生在茅坪姊妹岩附近栽杉五十余万株”[15]。

杉木林能够得到如此快速的扩大，除了市场的拖动外，更关键的原因还在于当地各族乡民拥有了丰富的育苗知识和技术，因为只有通过以上所介绍的育苗技术，培育出来的树苗不仅能够满足扩展林区的需要，而且这样的树苗抗病能力强，对当地的环境适应能力高，集材量也比自然长成的树苗要大得多。因而，几乎可以这样说，没有以上的各种育苗技术和本土知识，就不可能有杉木林的扩大，相关的各族村寨也不能因此而发财致富，如果换一个视角，从林业经营的习惯法入手，我们还可以发现，清水江林业文书中所涉及的林木产权转移的相关契约也得靠特殊的育苗法去作出有力的支撑，其依据在于这些林区转让极为频繁，产权转让后的林地更新，如果没有先进育苗技术的支撑，产权的转让就不可能如此频繁。

另从目前所发现的清水江林业契约分布地天柱、三穗、锦屏、黎平、剑河、台江等县言，也可以反映出人工营林规模的扩大。如张新民先生主编的《天柱文书》，范围涉及天柱、剑河诸县之竹林、高酿、坌处数乡镇近万份文书，计有林业文书达2000余件。张应强等主编的《清水江文书》，范围涉及加池、文斗、平略诸地。其中《清水江文书》（第一辑）整理出版的林业契约凡594件，《民间法》（第3卷）整理出版的林业契约130余件等，内容涉及林地权属转让、活立木买卖、租佃、伐木分银单、林业纠纷调解，等等。王宗勋整理出版的《加池四合院文书考释》凡四卷，搜集的“1200余件文

① （民国）《台拱县文献纪要》之《物产》。

书中，就有75%左右是记录和反映林业以及管护林业方面的”，内容涉及“山场和林木所有权的转让，林业土地与劳动力之间的关系，木材贸易，林业收益分配，林业产权纠纷以及解决形式，林业生产技术及管理”，等等[16]5，足见人工营林种植范围的广阔。

杉木是一种生长在海拔1000~2500米山区寒带上的植物，也是清水江人工营林的主要树种，据研究清水江地区杉木种植由高海拔山区地理位置逐渐下移的现象。吴声军在《清水江文书》（第一辑）中，选取了今文斗四周的白号山、番故德、松离、下冉下宜、凉亭坡、假堵、白斗、党宜、翁扭、冉安、乌号山、乌冉、污泥、乌鸠、党加、党兄山、九龙山、冉丰浓、因堆等19块林地进行田野验证，发现以上林地此前能正常生产的人工杉树林，大部分都低于450米[17]38-40。此处属高度湿热的自然地理环境，土壤质地极其黏重。这与杉树原生地的生存环境差异很大，在此类自然地理环境下，杉树肯定难以健康成长，进而形成茂密连片的纯杉树林。故就《清水江文书》提供的乡土资料论，在二百至三百年以前，当时这里原有的常绿阔叶林生态系统就已经被人工杉树林所置换了。

清水江流域除人工种杉外，也宜种桐、油茶等经济树种。1931年，民国锦屏县县长通告全县，强令种植桐树，漆树20万株。在政府的倡导重视下，锦屏县1940年植桐达1028亩，1943年发展到2243亩，到1944年全县共有植桐面积2323亩[18]22-23。人工桐树林在政策推动下的飞速扩大，必然表现为当地森林生态系统的人工改性，进一步置换了残存的常绿阔叶林。这样的置换同样是先进育苗技术和本土知识助推的产物。

2. 林业经济发展

清水江流域诸民族到底何时开始经营人工林，就目前文献看，还难以查证。但可以清晰说明的是，（宋）朱辅的《溪蛮丛笑》“野鸡斑”项就已经提及了清水江流域的各族居民[19]125感受到了林业对其生活带来的好处。有明以降，随着皇木采伐在此规模进行，当地林业经济较前代发展，如（明）《五溪蛮图志》中“采楠木”“锯杉板”“取降香”等皆有记载[3]28-32。随着林木贸易的扩大，当地各族居民开始了“挖坎植杉”。《百苗图》“清江苗”项载，清江苗“广种树木”[20]165。黑仲家“以种树为业，其寨多富。汉人与之往来，可以富户作保，出树木合伙生理”[21]179。“黔诸郡之富最黎平，实惟杉之利”①。“黎平实惟杉之利，商贾骈比土，赍刀布而洽质剂者，岁以数十万计，黎人之以木富也”②。“苗疆木植，杉木为最，木商出入，彼此呼为同年”。据研究显示，“清代晚期，政府每年从清水江上征收的木材贸易税折合人民币为1.6亿元，其木材贸易总量如折合人民币为20~30亿元”[22]1。宣统年间，“仅锦屏‘三江’共有木行80余家。其中，茅坪30家，王寨33家，卦治21家。从业人员120余人，拥有资本6千至7千银元，总营业额300多万元。”[23]23（光绪）《黎平府志》卷三《食货志》载，“黎郡产杉木，遍行湖广及三江等省。远商来此购买，黎平府杉木岁售百万斤，在数十年前，每岁可卖二三百万金，今虽盗伐者多，亦可卖百余万”。

民国时期，清水江流域之施秉县境“柏木，本地商人运往洪江一带出售，价值较他处为优，年约值银数千元”。“杉木，运销洪江常德等处，年约值银数千元”③。据研究，民国初年，清水江流域年外销木材总额600万元。民国八年，锦屏“三江”地区的木材斧记就有400余家。其中，山客300余家，行户80余家，全年经营木材达12万两左右，（折合材积近20万立方米）。杉木销售价格，从民国元年至十四年（1911~1925年）锦屏、靖县每两码子（条木）约十二三元”，“民国三十八年，锦屏、天柱两县从事木业的大小木商有2374人”。[23]26《贵州近代经济史资料选辑》载，有清一代：“锦屏木业依照过去情形，每年自元宵节后，即逐渐开始，各地木商云集，其当江之埠，市况特别繁荣，过去每年营业总值最盛时曾达二百万元，最低亦约七八十万元，平均每年均在百二十万元之谱”[24]339。从上可见，正是因为有了人工营林幼苗的充足来源，以及管护技术的保障，进而推动了清水江流域人工林业经济的发展。

3. 林业知识的传承和传播

林业规模的扩大，林业经济的发展，都不能离开林业知识的传播。如前文言，清水江流域各族居民在长期的林业生产实践中积累了大量的育苗及管护本土知识，要维护林业经济健康稳定，就离不开这些知识的传承和传播，故人工营林的发展又推动了人工营林的教育发展，具体表现一方面是政府的宣传，一方面是林业学校的开办。对于政府的宣传言，主要体现在有清以

① （咸丰）《黔语》卷下《黎平木》。

② （咸丰）《黔语》卷下《黎平木》。

③ （民国）《施秉县志》卷一《物产》。

降，诸类文献对清水江流域人工营林种植、管护等知识的记载，如（乾隆）《黔南识略》、（乾隆）《贵州通志》、（咸丰）《黔记》、（光绪）《黎平府志》等，文献记载进一步传播了清水江流域各族居民有关人工营林育苗、管护的本土知识，进而也使得各族居民纷纷学习人工营林知识。（乾隆）《黔南识略》卷十三《清江通判》载，清江地区树木多松、杉，“往时苗人未习种杉，近亦效为之。放木筏顺流而下，获利甚厚”等①。

随着历史的发展，黔东南农林职业技术教育亦发展迅速。《贵州教育官报》载，八寨“筹设农林小学堂并设劝学所，提倡蚕桑、杉木、蓝靛诸利”②。贵州省教育厅批文，“查农林小学堂名目与定章不符应改为初等农业学堂，该厅既宜林蚕，即可先办林蚕二科”③。故在民国时期清水江流域出现了一批农业、林业职业技术教育学校，如民国九年（1920年）创办了三穗乙种农业学校，民国二十五年（1936年）创办天柱初级林业职业中学，民国三十年（1941年）创办了贵州省立锦屏职业学校等，这些学校在课程设置上注重于林业有关的专业性知识传播。如《奏定初等农工商实业学堂章程》规定农业之实习科目凡八：“一、土壤，二、肥料，三、作物，四、农产制造，五、家畜，六、虫害，七、气候，八，实习。林业实习科目亦八项：一、造林及森林保护，二、森林利用，三、森林测量及土衣，四、测树术及林价算法，五、森林经理，六、气候，七、农学大意，八实习”等[25]36。贵州省立锦屏森林科初级实用职业学校更是以“培植森林干部，使其熟于普通林学理论之应用，林业技术之娴习，擅长桐油、茶、漆、银耳等森林副产品之培训与改良，以发展林业，改善国民经济”，“以设置示范农场、苗圃、林场，既训练附近农民改进农村之经营，又辅助黔东南各县造林运动”为目标，还开设了植物、造林学、通论、各论、森林经营、林业管理、森林保护、森林利用、森林测量、气象学、土壤学等专业课程。学校有专门的实习林场，用来进行杉木营造，另有速生实验林、桐油林、青棡林等[26]758，给学生创造了理论与实践相结合的契机。应该看到民国时期清水江农林职业技术教育注重农林专业技术的传授，大大促进了林业的发展。

中华人民共和国成立后，清水江流域各民族乡老对林业知识的传播甚为

① （乾隆）《黔南识略》卷十三《清江通判》。
② 《贵州教育官报》，载《文牍》，辛亥年第一期。
③ 《贵州教育官报》，载《文牍》，辛亥年第一期。

重视。如锦屏魁胆“十大杉木王”王佑求言，我们“不仅要留下清杉满山岭，更要传授育林经”。于是在党支部的带领下，1965 年建立魁胆大队林业学校，聘请杉木王王广谋为专业教师，专教青年们栽树造林，抚育幼林技术和经验。据统计，魁胆大队林业学校“第一年的学员有女青年 14 名，男青年 5 名。当年造林 5 亩，抚林 950 亩”。除开林校外，林场又开办夜校，一方面传授三季栽杉、两季育苗、林粮间作以及抚林管育的技术。王佑求还编成杉木种植顺口溜，以传授给年轻人。顺口溜云，“全面整地宽大窝，阴天栽杉最适合。宜用一年健壮苗，根散压紧填满窝。打下桩子挡泥土，杉苗尖子朝下坡。林粮间作双管理，保证树苗快成活”等。这样的几句顺口溜其实内涵了他们的育苗、抚育等一系列本土知识。20 年来，王佑求为魁胆大队培养了 241 名林业技术人才[27]431。这一知识的传播使得清水江人工林业的发展有了人才的保障，因而大大促进了林业经济的发展和林业规模的扩大。

总之，黔东南地区之林木贸易规模庞大，长期以来已渐成为当地各族居民的主要经济来源。因此发展贵州山地经济就应该因地制宜，不要粗浅地复制内地的经济发展模式，同时在经济改革过程中，也得注意地方的传统民族文化，因为这些文化才是地方经济发展的根。这些根也就是我们的经验和智慧，只要使用得当，当然也能促进地方经济的发展。

三、余　论

近年来，清水江文书、清水江林业问题、社会问题等已引起了学界广泛关注，但是对于其隐含在诸类文书背后的实情言及甚少。从上文可见，清水江流域 800 余年的林业贸易繁荣史，与各族居民在长期经营的林业过程中所形成的人工育苗、林业管护的本土知识直接关联。因此发掘和研究这些本土知识，对于推进清水江人工营林发展，推进清水江学研究有着积极意义。因此要深入清水江林业问题研究，以下几点还得引起学界关注。

1. 注意正史文献与乡土文献的结合

历史上清水江流域森林茂密，素有“树海”之称，涉及其森林状况的资料甚多，在正史文献、档案文献、地方方志、乡土文献等资料中皆有记载，以上诸类文献中正史、档案资料及地方志可以为清水江林业问题研究提供所需要的历史背景，而乡土文献资料恰好对其他文献可以提供林业种植的具体情况记载，因此展开清水江林业问题研究，就必须注意以上诸类资料的结合，只有通过各类资料的搜集、整理和排比，总结其间的经验教训，通过田野调查就可以找到地方经济发展的新路子，进而也可以推动清水江人工营林经济的研究。

2. 注意少数民族本土知识的发掘和研究

近年来，林业文化遗产引起了学界广泛关注，然作为林业文化遗产重要内容的各民族林业育苗、种植、管护等，目前还存在诸多研究不够等问题，为了丰富其内涵，就需要对我国各民族林业文化内涵进行发掘和研究工作。清水江流域是民族地区，涉及的民族主要为百越、苗瑶族系民族，以上诸民族在长期与森林亲和的过程中，形成了一整套人工育苗、管护诸类知识，如刀耕火种育苗、栽杉种粟、炼山等，这一整套知识不仅大大推进了清水江人工营林的发展，而且也是林业文化遗产的重要内容。因此发掘、搜集和研究此类知识，对于今天如何做到守住发展和生态两条底线，推进山地经济的发展有重要借鉴价值，进而亦可为黔省民族林业文化遗产的申报提供了可能。

3. 加强跨学科研究，促进学术交流

历史上清水江人工营林发达，就林业发展本身言，涉及气候学、土壤学、林学、历史学、民族学、法学诸多学科内容。值得一提的是，清水江流域的林业问题早就引起了国内外学界的高度关注，如民国六年（1917 年），奥地利人韩马迪（Handehlmazzetti H）就到此采集森林植物标本，并将其成果发表在《中华农学会报》《韩马迪树木园季刊》上[28]6。中华人民共和国成立后，清水江流域林业问题再度引起了外国政府与学人的关注，英国、美国、苏联、新西兰等国专家多次赴清水江流域考察，他们一定程度上对清水江林业问题都有精深的研究，故要推动清水江林业问题探讨，就需要加强跨学科互动交流，促进国内外学术合作，这样才能真正推动清水江人工营林的大发展。

参考文献

[1] 张应强，王宗勋. 清水江文书：第三辑：4 册 [M]. 桂林：广西师范大学出版社，2011：150.

[2] 马国君，罗康智. 清水江流域林区时空分布及树种结构变迁研究

[J]. 原生态民族文化学刊, 2013 (3).

[3] 沈瓒编撰, 李涌重编, 陈心传补编. 五溪蛮图志 [M]. 伍新福, 校点. 长沙: 岳麓书社, 2012: 117.

[4] 张肖梅. 贵州经济 [M]. 重庆: 中国国民经济研究所, 1939: H1.

[5] 王孜昌. 秃杉在贵州省自然生长与引种栽培研究 [J]. 贵州林业科技, 1995 (1).

[6] 杨庭硕, 罗康隆. 美丽生存——贵州 [M]. 贵阳: 贵州人民出版社, 2012: 79—80.

[7] 罗康隆, 吴声军. 民族文化在保护珍稀物种中的应用价值 [J]. 广西民族大学学报 (哲学社会科学版), 2013 (4).

[8] 于永福. 中国野生植物保护工作的里程碑 [J]. 植物杂志, 1999 (5).

[9] 胡启望. 盘村瑶族: 序 [M]. 北京: 民族出版社, 1983: 11.

[10] 贵州省民族事务委员会, 等. 贵州六山六水民族调查资料选编: 苗族卷 [G]. 贵阳: 贵州民族出版社, 2008: 190.

[11] 范成大. 桂海虞衡志辑佚校注 [M]. 胡起望, 校注. 成都: 四川民族出版社, 1986: 153.

[12] 罗文彬. 平黔纪略 [M]. 贵阳: 贵州人民出版社, 1988: 134.

[13] 黎平县志 [M]. 成都: 巴蜀书社, 1989: 295.

[14] 王启无. 贵州清水江流域之林区与木业 [J]. 启光月刊, 民国三十二年, 第1卷第四期.

[15] 黔东杉木分布概况 (上、下) [J]. 农业推广通讯 (三卷), 民国三十年第八—九期.

[16] 王宗勋. 加池四合院文书考释: 加池四合院文书综述 [M]. 贵阳: 贵州民族出版社, 2015: 5.

[17] 吴声军. 论林业契约对林地产权的维护功能——以清水江流域文斗寨为例 [D]. 吉首: 吉首大学, 2010: 38—40.

[18] 侗族社会历史调查 [M]. 贵阳: 贵州民族出版社, 1988: 22—23.

[19] 符太浩. 溪蛮丛笑研究 [M]. 贵阳: 贵州民族出版社,

2003：125.

［20］李汉林. 百苗图校释［M］. 贵阳：贵州民族出版社，2001：165.

［21］徐家干. 苗疆闻见录［M］. 吴一文，校注. 贵阳：贵州人民出版社，1997：179.

［22］吴中伦. 杉木［M］. 北京：中国林业出版社，1984：1.

［23］贵州省志：林业志［M］. 贵阳：贵州人民出版社，1994：23.

［24］贵州省档案馆等单位编. 贵州近代经济史资料选辑：上：第一卷［M］. 成都：四川社会科学院出版社，1987：339.

［25］朱有瓛. 中国近代学制史料：第2辑：下册［M］. 武汉：华东师范大学出版社，1989：36.

［26］贵州省锦屏县志编纂委员会编. 锦屏县志［M］. 贵阳：贵州人民出版社，1994：758.

［27］贵州省民族事务委员会，等. 贵州六山六水民族调查资料选编：侗族卷［G］. 贵阳：贵州民族出版社，2008：431.

［28］周政贤. 贵州森林［M］. 北京：中国林业出版社，1992：6.

清水江林业契约中的采伐权：规范及其实践[①]

瞿　见[②]

摘　要："蓄禁"与"斫伐"是清水江林业契约中常见的语词，也代表着清水江流域木材经营的关键节点，喻示着其背后通过契约呈现的一系列采伐权规范。在揭示二者之间紧张的基础上，清水江语境下采伐权的权利主体与行使规则均得以厘清。进而，在规范与实践两个层面的解析中，基于采伐权的视角也提供了一种关于清水江林木经营中"多元股份结构"的新的理解。

关键词：清水江；林业契约；采伐权；规范

一、问题的提出：清水江语境中的采伐权

（一）采伐权概念的界定

在"木材之流动"[1]的画卷展开之前，空谷间的"坎坎之声"[2]可能

① 本文原载《贵州大学学报》（社会科学版）2018年第3期第49—58页。

基金项目：国家重大招标课题"西南少数民族传统生态文化的文献采辑、研究与利用（16ZDA156）"。本论文得到国家留学基金资助，同时感谢Enno Giele教授、CATI研究中心及德国马克斯·普朗克比较公法与国际法研究所（MPIL）的惠助。

② 作者简介：瞿见，男，湖北黄梅人，海德堡大学古代文本与图像研究中心博士候选人。研究方向：比较契约法、清水江文书。

才是清水江畔的主旋律——因其成就了由“木植”而“木材”的转捩，① 进而才得以引叙出“商贾络绎于道”的景象。作为“清水江两岸村落社会最为重要的生计活动”，[3]第1册1 林木的种植与采伐被凝结于“蓄禁”与“斫伐”这一对在清水江林业契约中往往而是的原生语词之中。以“木植”为“生理”[3]第8册205 的意义在于，不仅江中所放的“巨筏”是流动的，山间“亭亭而上”的杉木也是“流动”的：之所以得以“赖蓄杉木以度民生”，[4]77 正是因为清水江两岸“每年砍伐数千余万株”。[4]51 在“蓄、砍”交替的“木植之流动”中，“采伐”的节点即被凸显出来。② 而无论是采伐之实践，或是其背后所引发的规范性思考，都必然收敛于“采伐权”的概念之上。

虽然在学术上得到广泛讨论，③ 但以现行法而言，“采伐权”似乎并不是一个法律概念。在国家层面关于林木采伐的主要规范中（包括如《中华人民共和国森林法》《中华人民共和国森林法实施条例》及《森林采伐更新管理办法》），均未明确使用“采伐权”的概念，可查知的仅有在 1953 年的《政务院关于发动群众开展造林、育林、让林工作的指示》中提及了“采伐权”一词。④ 然而，在较为宽泛的意义上，基于采伐许可制度的存在，采伐权无疑具备法律上的意义。一般认为，此意义上的采伐权系指权利主体依法

---

① 关于“木植”与“木材”的使用，本文倾向于强调“木植”作为“活立木”的含义，而“木材”则用以描述与之相对应的采伐后的状态。

② 关于清水江木植种植至砍伐的过程众多研究均有涉及，就采伐及其运输而言亦有专论，但似未集中于采伐权问题。如参见张应强：《木材之流动：清代清水江下游地区的市场、权力与社会》，北京：生活·读书·新知三联书店 2006 年版，第 144—197 页；张应强：《由〈凭折领钱〉所见清水江流域木植之采运》，《华南研究资料中心通讯》2005 年第 40 期，第 24—28 页；相原佳之：《从锦屏县平鳌寨文书看清代清水江流域的林业经营》，《原生态民族文化学刊》2010 年第 1 期刊，第 33—36 页；张强：《清代民国时期黔东南“林农兼作”研究》，河北大学 2016 年博士学位论文，第 60—61 页。

③ “采伐权”在学术讨论中有时或称为“林木采伐权”“森林资源采伐权”“森林的采伐利用权”等，参见如王群：《林木采伐权的法律问题探讨》，《林业科学》2009 年第 5 期，第 132—136 页；李宏：《论森林资源采伐权——兼述国有森工企业改制上市过程中采伐权的处置》，《陕西高等学校社会科学学报》2007 年第 5 期，第 77—80 页；高桂林、吴国刚：《我国林权制度构建之研究》，《法学杂志》2005 年第 5 期，第 44—45 页。

④ “凡未实行土地改革的少数民族地区，其山林所有权、采伐权、出卖权、承继权，一律根据过去归属习惯和范围，切实加以保护，并鼓励他们积极造林，增加生产。”见《政务院关于发动群众开展造林、育林、让林工作的指示》（1953 年 7 月 9 日政务院第一百八一五次政务会议通过，1953 年 9 月 30 日发布）。另外在地方层面，《凉山彝族自治州自治条例》第三十条第二款规定：“自治机关鼓励各类经济组织和个人投资发展林业。宜林荒山、荒坡、荒滩可以承包给各类经济组织和个人种植林木，享有自主经营权和采伐权，林地使用权和林木所有权可以合理流转，可以依法继承、抵押、担保、入股和作为合资、合作的出资或者条件，长期不变。”

享有的、得依照法定方式对林木进行采伐，获取收益（森林产品），并排斥他人干涉的权利。① 相较于此，如果不再执着于对权利话语的避而不谈，② 在基本不涉及基于公权力的采伐许可的清水江语境下，采伐权的语义解释可能更为重要，即，其意味着权利主体得自行、或出售与他人进行林木采伐，并获取相应收益的权利。

由于基本语境的区别，上述二者之间的关联可能并非显见；但随着讨论的深入，其间隐匿的勾连或许得以展现。当然，需要说明的是，由于采伐权与林木所有权之间的复杂联系，在讨论中前者的指涉范围或许更偏重于采伐或出卖采伐的具体行为及其决策。

（二）“蓄禁”与“斫伐”的紧张

清水江的采伐权规范建基于“蓄禁”与“斫伐”间的紧张。在杉木的整个栽种过程——开山挖种、长大成林、修理蓄禁，以至最终砍伐下河——之中，③ “蓄禁”与“斫伐”之间始终存在某种踟蹰与反复：因其各自具有迥异的价值取向，故而也存在相对宽裕的主观选择空间。

在清水江林业契约文书中，“蓄禁”与“斫伐”本身就是相互对称的概念，前者在一定程度上即是对后者的否定。“蓄禁”，或可拆解为“蓄养”与“禁伐”两个层面：一方面，强调木植在此期间得以持续生长；另一方面，则着重于对此种持续状态的延续与保护。对这一时期的木植，契约中有时直接将其称之为“养木”、[5]第5册24、25、158 “禁杉木”[5]第10册127、128 或“蓄禁杉木”；[5]第16册120 而对于这一状态的顺利结束，则可以被表述为“杉木禁成”。[5]第14册291 在另一个角度上，对“蓄禁”的反复强调源于木植生长中所遭受的不断侵扰：大略而言，在正常采伐以外，尚有如“错砍”、[5]第12册73 “盗砍”、[5]第18册179 “强砍”[5]第10册42 诸情形；并且，即使采伐完成，如果对木植采

---

① 关于“采伐权”在法律及语义层面的定义，可参见胡玉浪：《我国关于林木物权的规定及其完善》，《林业经济问题》2007 年第 2 期，第 163 页；王群：《林木采伐权的法律问题探讨》，《林业科学》2009 年第 5 期，第 132 页；李宏：《论森林资源采伐权——兼述国有森工企业改制上市过程中采伐权的处置》，《陕西高等学校社会科学学报》2007 年第 5 期，第 77 页。

② 本文中的相关权利话语均在较为宽泛的意义上使用，而未纠结于其内涵之细部。相关领域研究中的类似态度，参见程泽时：《清水江文书之法意初探》，北京：中国政法大学出版社 2011 年版，第 225 页。

③ 这些“术语”在相应阶段的清水江林业契约文书中均极为常见。

伐有所疑义，仍会发生如“号阻”、[5]第10册58；[6]第6册40 “阻木”等现象。[7]122

在“禁伐”之外，更深层次的紧张源自二者目的间的张力。相较于主要着眼于即时经济利益的采伐，蓄禁的目的无疑更为多元。举例而言，清水江最常被提及的蓄禁规约或许是立于文斗寨的碑文：“此本寨护寨木，蓄禁，不许后代砍伐，存以壮丽山川。”[8] 更为普遍的，此类因素会被归结为“培补风水”，所谓“自古及今，随其蓄禁，培补阴阳枫水。”[5]第10册146 此外，在分关合同文书中，亦常见蓄禁共有林木的约定，如“其有山场一概未分，其有不论□人田砍（坎）上杉木蓄禁”的表述。[5]第7册94、187

此外，在“木植生理”的背景下，蓄禁抑或斫伐的抉择更多可能是经济上的考量。通常认为，杉木的育成时期是相对客观、固定的：《黔南识略》载，“树三五年即成林，二十年便供斧柯矣；”[2] 又，锦屏县有所谓“十八杉”“姑娘林”的风俗，即杉木成材时间为十八年左右。[9] 但以清水江文书所得窥见的实际采伐时间来看，似乎远非如此：在既已分析的案例中，林木育成的期间多为30～40年，个别可达近80年，不一而足。① 易言之，在清水江的林业实践中，对采伐时机的选择往往不完全是客观的，其至少存在两点经济上的考量：其一是木植生长本身所带来的价值增长，如在一份“分关合同”中即展现了对木植大小的明确认知，指明“各阄油树内杉木准其四股众砍一班，由一尺二寸实木砍起”；[5]第3册6 其二，则是采伐时木材的市场价格。以一份“卖杉条木字”为例：

> 立卖杉条木字人寨地杨天凰，因与胞兄天凤所共杉山一块，地名豪老块，自将本人一股，凭中愿卖与王寨王绘五老局长先生备价承买砍伐。其山价当日早已凭中收足清楚。因此时木业萧滁，故暂行蓄禁数月，姑待行势起色，力（立）即请伕砍伐。日后砍伐时出山，关山剩下之毛木地土仍归山主，他人不得意外相争。立此卖字为据。
>
> 卖主　杨天凰　押
>
> 凭中　扬天金（印章）、杨天良、杨宏兴、欧邦德
>
> 民国三十二年阳历八月十五日[10]G-〇〇-〇

---

① 相关研究，可参见相原佳之：《从锦屏县平鳌寨文书看清代清水江流域的林业经营》，《原生态民族文化学刊》2010年第1期刊，第35—36页；张强：《清代民国时期黔东南“林农兼作”研究》，河北大学2016年博士学位论文，第48—50页。

在此文书中具体地展示了市场导向的采伐决策过程：之所以“暂行蓄禁”，其原因即在于木业萧条，须待行情好转方才开始砍伐。这说明，即使是在木材流动的上端，木植的采伐也与市场动态相互联系，又如在“乾隆十二年七月工部对湖南巡抚杨锡绂奏文的复文”中即凸显了“时价”的重要：“务必委员知会地方官，询问苗民情愿，然后照依时价砍伐。”[7]6

当然，蓄禁的时间越长，在其他方面所需要承担的风险也愈大，文书中林木火毁的记载也并不鲜见。① 因而，“蓄禁”与“斫伐”间天然的紧张关系则更具多个层面上的复杂性，而正是此种复杂性，彰显了采伐决策中有权决策者之确定，亦即采伐权规范的必要。

（三）问题与结构

基于以上对采伐权的语境限定，及“蓄禁”与“斫伐”之紧张的揭示，本文试图讨论的问题是：首先，在清水江的林业经营中，木植采伐权的权利主体为谁？或具体而言，土、栽之间关于采伐权的契约性规范为何？其次，专以多方拥有采伐权的情况而论，采伐决策的实践究竟如何？在结构上，大致依据采伐权的设立与行使渐次展开，通过规范及其实践两方面的考察，初步厘清清水江林业契约中的采伐权。

对于用以讨论的清水江林业契约文书，依据木植生长、砍伐的顺序可以分为以下几类：（1）佃栽文书；（2）分成合同文书；（3）土、栽股份转让文书；（4）卖木分银文书；同时，在分关文书等其他类别的契约文书中，也间或记载有关于采伐权的材料。此外，就用语上须说明的是，在清水江的林业文书中，尤其是佃栽契字中，各方当事人的称谓并不统一，举例有如山主、地主、土主；栽手、栽主、佃主等名目。② 本文中以山主（土股）、栽手（栽手股）指称土、栽两方及其股份。③

---

① 类似的记载，可参见如张应强、王宗勋主编：《清水江文书》（第三辑第7册），桂林：广西师范大学出版社2011年版，第178页；唐立、杨有赓、武内房司：《贵州苗族林业契约文书汇编（1736—1950年）》（第三卷），东京外国语大学国立亚非语言文化研究所2001年版，E-〇〇七〇。

② 关于佃契中佃主、栽手、栽主等称谓的变化，可参见程泽时：《清水江文书之法意初探》，北京：中国政法大学出版社2011年版，第67—70页。

③ 在清水江文书中，合称山林佃契之双方时常作“土栽”。

二、土栽契约中的采伐权约定

在清水江的林业经营中，招租佃栽的模式广泛存在。在“自山自栽”的情况下，采伐权的问题显然无须讨论，山主无疑拥有林木的全部权利。但在佃栽模式下则存在疑问：土、栽之间谁是采伐权的主体，或存在何种关于采伐权的约定？一般认为，清水江的林业佃租关系中，土、栽之间分别以土地和劳力、技术入股，并约定待林木砍伐后按比例分成。[11] 但借由以上分析可知，究竟何时，以及如何进行或出卖林木采伐，将直接影响到土栽双方的收益。在此背景下，以下着重讨论两种不同的采伐权约定：即对山主采伐权的强调与栽手拥有采伐权的情形。当然，除了土、栽分别拥有采伐权的情况，也存在二者同时享有采伐权的可能，此一类别则放在下一节讨论。

（一）山主采伐权的强调

基于对林地的所有，山主在佃栽关系中所拥有“土股”在大部分情况下无疑均包含有采伐权的内容。但在特定情况下，其对于采伐权的独占，或曰对栽手采伐权的排斥，仍在契约中被强调。如“分合同字”：

> 立分合同字人本寨龙文明、侄荣太，情因前先领桥弟兄所栽姜凤仪、凤至、凤章、凤元、恩瑞、恩茂叔侄等之山场壹块，地名乌的，在冉俱料洞却，上凭岩洞，下凭溪，左凭岩角，右凭溪，四至分清。又壹块皆乜金粗，界趾上凭岩洞，下凭溪，左凭岩洞，右凭买主，四至分明。此二处之山土栽分为伍股，地主占三股，栽手占二股。因领桥弟兄亡故，今遗与文明、荣太叔侄二人承受，二比今愿分立合同，日后砍伐早迟，由土股不由栽手。恐栽手贰股出卖，先问地主，后问他人。恐口无凭，立此合同存照。
>
> 外批：皆乜金粗之土各是凤仪、恩瑞叔侄之私山，凤至弟兄无。
>
> 中笔　姜兴周
>
> 合同发达存照（半书）
>
> 光绪二年六月初三日　立[12]卷三193

一般来说，栽手系基于上述“分合同”而获得相应林木股份。① 但此文书中着意强调的，是“日后砍伐早迟，由土股不由栽手”；在这一条款之下，栽手显然并不拥有采伐权，栽手所拥有的栽手“二股”并不意味着其得以据之在“砍伐早迟”一事上置喙。

可能是更为根本的，采伐权同时意味着发卖时参与议价的权利。在有的“分银单合同字”中，即描绘了栽手在砍伐议价过程中的缺位：“今有平鳌买客姜宣泗向家山主议买，砍伐下河作贸生理，当凭中易元芳喊价。”[3]第13册186 在此幅发卖的林木中，“地主、栽手分为五大股”，其中地主三股，栽手二股。但是显然，山客在中人在场的情况下仅向山主议买喊价，栽手只是在后续分成时方才出现。在另一份“领收字”中，[3]第13册277 这一缺位可能更为明显：

> 立领收字人王杨氏秀交，为因先年蒙文斗地主李正伦所共归禄溪之山，凭中全卖与黄闷寨陈贻茂砍伐，今凭原中，将本名应占栽手文银五两陆钱一概领清，日后不敢误听刁言生端。如有此情，任从地主中人执字禀究。今欲有凭，立此领清字为据。
>
> 凭中　尚文清、李先科、姚开儒
>
> 代笔　张世化
>
> 咸丰二年三月廿三日　立

文书中载叙，土栽所共的之山“凭中”发卖砍伐，随后栽手“本名应占”的份额“凭原中”付清领清。此份似乎是后续撰成的“领收字”可能间接表明，栽手并未参与当时与山客的砍伐议价。另外，在有的“佃种栽杉木”文书中，存有“自成林之后，仍守到砍”的条款。[6]第8册36 虽未直接言明，但其中的“守”字似乎同样着重于义务性强调，即栽手须持续管护林木，直至山主决定砍伐。在这一情形之下，栽手仅得以依据自己的股份取得相应的分成，而无法参与山场整体的采伐决策。

（二）栽手拥有采伐权的情形

虽然较为鲜见，但在特定情况下，栽手同样可以拥有较为自主的采伐

---

① 所谓“土主以字据管业为凭，栽主以合同管业为据。”见张应强、王宗勋主编：《清水江文书》（第一辑5册），桂林：广西师范大学出版社2007年版，第153页。

权。以下面的“合仝约”[13]第3册2 及“佃字”[13]第3册4 为例：

立合仝约人文堵寨姜金岩、乔香今有祖山一块，坐落地名鸟堵又，今出与平鳌寨姜有隆、之华、德华、德美六人佃栽杉木。自栽之后，任凭佃主修理，日后长大发卖，派作五股均分，地主得二股，佃主得三股，其木长大，任凭佃主留养，地主不得催渎坎（砍）伐，亦不许房族并外人争论异言。如有争论异言者，俱在地主理落承当，不与佃主相干。其木砍伐完，地土还归业主子孙管业。恐后无凭，立此壹样二纸合仝，日后存照。

乾隆三十年二月二十五日　立

天理人心　合仝是实（半书）

立佃字人姜有隆、明伟、德美、德华、之灵、之宾等，因客亲文堵下寨姜金岩、乔香、银岩有祖山一块，坐落地名眼加者，其依山四股均分，佃主得买叁股，姜金岩占壹股，不信山林隔远，难以亲栽，有隆众等只得登门求佃。自佃栽插之后，凭从佃主修理，日后长大发卖，派作五股均分，地主得式股，佃主得叁股，其木既已栽插，任凭佃主蓄禁，地主不得相催砍伐。其木异日伐完，姜金岩一股之地仍旧还归。今欲有凭，此立佃字二纸为据。

乾隆叁十二年二月二十五日　立

在此二份文书中均有类似的采伐权约定：“其木长大，任凭佃主留养，地主不得催渎坎（砍）伐”；“其木既已栽插，任凭佃主蓄禁，地主不得相催砍伐。”此处如此清晰地强调山主不得“相催砍伐”，一方面意味着栽手拥有完整的采伐权，得以依据自己的意愿进行采伐决策；另一方面也似乎暗示在一般情况下，山主是在采伐决策中较为强势的一方，常常扮演催促砍伐的角色。二者之间的利益纠葛并不难理解：基于林地的所有，山主自然希望其上之林木加快更新，但栽手可能更关心其所佃栽的当届林木的价值增长。这也具体呼应了前文所述的蓄禁与斫伐间的紧张，其实亦寓于栽手与山主关于采伐权的角力之间。

但需要注意的是，这两份文书中的栽手似乎均较为强势，“佃字”中的“佃主”甚至买得其所佃种的山场之三股。就分成而言，也是并不多见的栽手三股、山主二股的比例。① 但在另一份“合同”文书中，[3]第12册246 土栽间则是同样的分成比例：

> 自愿种粟栽杉成林，日后此伐卖作贰股均分，地主占壹股，栽手占壹股，任凭栽手蓄禁，早齐砍伐，地主座地分粗（租）。砍尽之后，地归原主，贰比不得异言。

在此条款中，栽手也取得了完全的采伐权，且表明山主系“坐地分租”，即仅注重于地租分配，而似乎并不积极参与到包括采伐在内的经营决策之中。而在另一份经典比例（山主占三股、栽手占两股）的“佃种栽杉木字”中，土栽间也约定：“日后木植长大，栽手留禁斫伐，照股均分。”[12]第13册59 这些均说明，占股多少似乎并不能完全解释土栽间的采伐权分配问题。

在清水江林业契约的采伐权规范中，山主与栽手均有可能基于契约约定而获得采伐权的独占。在一方独占采伐权的情况下，采伐决策的机制即十分明了：拥有采伐权的一方作出采伐决定，而另一方则仅得要求“按股分成”。下面，则进一步讨论多方拥有采伐权的情况。

三、砍伐下河：多元股份结构下的采伐决策

清水江的林业经营中，在多种因素的作用下，山林股份常呈现趋于复杂的结构。② 此处所称的“多元股份结构”，除表示股份的分散及权利主体的多元化，更意在指明搭建起这一复杂结构的其实是具备不同性质的股份元素。③ 在此结构之下，关于土、栽之间的采伐决策也更为复杂。

---

① 关于土栽分成比例的统计研究，参见相原佳之《清代中国、貴州省清水江流域における林業経営の一側面——「貴州苗族林業契約文章滙編」平鳌寨文书を事例として》，载唐立、杨有赓、武内房司：《贵州苗族林业契约文书汇编（1736—1950年）》（第三卷），东京外国语大学国立亚非语言文化研究所2001年版，第135页；洪名勇：《清水江流域林地产权流转制度研究——基于清水江林业契约的分析》，《林业经济问题》2012年第1期，第17页；张强：《清代民国时期黔东南“林农兼作”研究》，河北大学2016年博士学位论文，第152—154页。

② 关于山林股份的复杂分割，可参见吴述松：《林业结构调整及其内生经济增长——基于1466—1949年清水江林粮兼作文书的证据》，《中国社会经济史研究》2014年第3期，第59—61页。

③ 关于多元股份（multiple share classes），可参见Nanda，Vikram K.；Wang，Z. Jay；Zheng，Lu. “The ABCs of Mutual Funds：On the Introduction of Multiple Share Classes”，*Journal of Financial Intermediation*，2009，Vol. 18（3），pp. 329-361.

采伐权其实是一种处分权能及收益权能的具体体现，①“如果权利主体与标的物之间的利益关联被打断”，则“主体的权利必然落空”。[14] 换言之，如果林木股份的权利人无法参与到采伐决策之中，则显然无法完全保障其利益的实现。在林木发卖砍伐时的采伐权，就体现在权利人对采伐决策的参与及自主之上。但在诸方均拥有采伐权的情况下，权利之行使必然受到相互限制，采伐决策的作出无疑面临合议的努力及其失败的风险。区别于意定的规范，采伐权的实践更为复杂。据此，以下将分别讨论清水江采伐实践中“二比同卖”与“各管各业”的两种采伐决策模式，并着重分析基于蓄禁之目的的两个土栽股份重构的案例，以期展示多元股份结构下采伐决策的不同面向。

（一）二比同卖：林木股份的合议

相较于土、栽各自单一拥有采伐权的情况，在许多契约文书中也专门载注有要求双方在采伐问题上共同决策的条款。如“栽杉合约”：[5]第4册135

> 立合约栽杉人潘爵熙、潘芳万兄弟，今因有荒播地土一块，在于土名淘金冲，上蟠路，下伙与潘常山兄弟耕锄栽杉。言定式股均分，土主爵熙、芳万兄弟一股，栽主常山兄弟一股，不得异言翻悔。杉木荫地五年同修，日后成林发卖，或留禁、或砍伐，二家心愿，其地仍归土主。今人心不古，立此合约式张，各执一张为据。
>
> 合同二张凭据（半书）
>
> 凭中　潘子相
>
> 潘明达　笔
>
> 嘉庆十三年三月初三日

其中言及“日后成林发卖，或留禁、或砍伐，二家心愿”，表明无论对林木实行采伐，或继续蓄禁，均应由土栽双方共同决定。此类约定在其他佃栽文书中亦有，如“佃种栽杉”文书：“当面议定杉木二股均分，日后杉木

---

① 参见王群：《林木采伐权的法律问题探讨》，《林业科学》2009年第5期，第132页；李宏：《论森林资源采伐权——兼述国有森工企业改制上市过程中采伐权的处置》，《陕西高等学校社会科学学报》2007年第5期，第78页

长大，二彼同卖”；① “佃种栽杉” 文书：“当面议定杉木五股除二，地主三股，栽主二股，日后杉木长大，客主同卖，不得争长兢短”；[5]第10册42 “佃种开山栽杉木合同字”：“及今栽成林之后，此杉木以后共同坎（砍）伐下河，两股均分同卖”；[5]第10册198 “佃栽字”：“其山土栽分为弍大股，栽手占壹大股，日后木植登林，二比砍伐出河”。[6]第10册266

同样，在分成合同文书中也有类似的约定，如“合同字”：“杉木栽成以后，四、五均分，栽主五股，地主四股，及至四年之外，栽主地主一同嵩修，若后长大，栽手地主一同发卖，不得异言”；② “合同修栽木杉字”：“以后修处一体，伐砍同卖，不得异言”；[5]第18册170 “合同字”：“十根地主四根，栽主六根，从此日以后，同修理、蓄禁、砍伐下河、出山关山”；[5]第20册302 “分合同字”：“今先年佃与维森种地栽杉修理，木植长大，五股均分，地主占三股，栽手占贰股。日后木植长大，地主、栽手二下一同砍伐。”[12]卷三310 即使在交易契约中，也有此类约定，如“断卖山土约”：“共计十股，实买山主弍股，……其山土自卖之后，候木长大，公同发卖分价，卖主不得异言。”[6]第10册390

相较于仅正面约定“二比同卖”的条款，有的契约则更加谨慎，反复强调禁止私行卖砍，如“合同蓄禁杉木约”：[3]第4册43

> 立合同蓄禁杉木约人中仰陆光清、光大、加池姜之豪、天保四人，得买党号杉木一块，其界至，上凭顶，下凭忠周、之豪之木为界，左凭冲湾过之豪杉木为界，右上凭路，又下凭岭，四至分明。先年加池姜文玉、之琏、宗周等，付与中仰陆廷交、廷佐二人种地栽杉，土栽约定二大股均分，地主占一股，栽主占壹股。复后栽股转出卖与姜之豪、天保、陆光洁、光大四人为业。二比同心公议蓄禁木植，日后砍伐下河，约定一齐议价，二比不得私行彫山妄卖。恐口无凭，立此合同蓄禁二纸各执一纸存照。
>
> 书立合同二纸，姜之琏存，光大存一纸。
>
> 凭中　陆光和、姜朝弼
>
> 陆光清　书

① “二彼同卖”处，原写“二比”，但“比”字似涂去，改为“二彼”。见张新民主编：《天柱文书》（第一辑第10册），南京：江苏人民出版社2014年版，第24页。

② 张新民主编：《天柱文书》（第一辑第12册），南京：江苏人民出版社2014年版，第304页。其中，“栽手地主一同”六字系专门添入的。

外批：合同之内，世培私山今外一块，上凭之豪、老苏，下凭忠周、之豪，土栽地主占壹股，栽主占壹股。

又，姜之豪私山一块团，地主占一股，栽主占一股。

又，外批合同之内公私所占之杉木，俱是陆廷交、廷佐二人所栽，二股均分。

道光六年五月二十八日　立

在上述文书中，先说明此时蓄禁木植是“二比同心公议”的结果，进而约定日后砍伐时须“一齐议价”，并强调任意一方不得私自砍伐出卖。这类的禁止性规约在其他文书中也能见到，如“分山合同字”：“同心蓄禁，毋许那（哪）股私卖木植。”[6]第10册354

之所以强调禁止“私卖”，很可能是为了维护连片林木的完整经营。① 如一份“招佃种山土字”中规定：“日后栽成，木植长大，土栽作为弍大股均分。栽主占壹大股，土主占壹大股。日后土栽木植，同謪发卖，不准以一人私见，邀求早砍，破坯（坏）全山。”[6]第10册325 此处不仅要求发卖需要商议，更直言因“私见”而提早砍伐会带来“破坏全山”的结果。同样，在一份关于林姓祖遗山业的条约中，也规定“此山杉木，公众蓄禁，不准自行砍伐，自行私卖，若违众议，自行砍伐私卖者，众人拿伊送官”，“此山蓄禁成林，日后会众砍伐，或行卖人。”[5]第18册179

从上述诸多例证中，不难发现在契约中，各方权利人苦心孤诣地寻求维护山场林木之完整性的努力。而在砍伐发卖的过程中，同样需要诸方股份的合议。在相关文书中常见此类描述，如“卖污盖溪山一所，土栽共议价钱四百五十四千八百八十文”，[6]第7册439 即在形式上宣告砍伐出卖乃是土栽共同参与决策的结果。类似的尚有如“地名羊培山，砍伐作贸，全山土栽议价”；[3]第12册196 “全山共议”，“众山友共议”；[3]第12册200 “分清单合同字”：“土栽共议”，[6]第10册304、328、349、360、446、479、482、483 等等。

然而，并非所有的场景都如以上表述一般简单。在各方条件并不发达完备的年代，约齐林木的所有权利人可能并不简单。如以下“便函”，[12]卷四509 即生动地展示了全体股份合议的曲折：

---

① 关于林木的连片经营，可参见刘秋根、张强：《清代民国时期黔东南林区杉木连片经营——基于“清水江文书”的考察》，《河北大学学报》（哲学社会科学版）2017 年第 1 期，第 72—78 页。

姜锡禄、盛富、秉魁土主等：

与格翁范姓所共之山乙块，地名包尾，今放我等平头伙砍伐下河。明日有客来买，请山主各位先生到来，双方同议要价多少。特条通知为荷。

外批：若你土主不到，客来，我苦力人就卖。勿怪言之不先也。

古历二月初五日

苦力人：宋枝杰、姜纯魁、姜敦岐、姜敦贤、吴炳文　条

此文书中所述的山场的权利人并不限于同一宗族乃至同一村寨，而由范姓与姜姓所共。依其文义，似乎范姓已经独自做主邀人发卖，仅急邀姜姓前来同议价款。并且时间紧凑，言明如果未能及时赴约，则“客来就卖”。砍伐议价无疑本应“众山友约集”，[6]第10册499 再行出卖，但实际情况往往并不允许如此。又如一份卖木文书所示，“今有本寨客生陆相槐到舍议砍，因各住一方，不得先通，祈望海涵。今以其数块栽之土谱，共估价弍百肆拾八千八百文。”[6]第10册451 在“各住一方”的情况下，竟得由某一股份持有者单独“估价”出卖砍伐，只得“祈望海涵”，均展现“全山共议”的话语追求及其实现背后的龃龉。

上述文字之外应当更为鲜活的故事虽不得而知，但其足以说明的是，在无论是佃栽阶段还是分合同阶段，各方所极力维持的“二比同卖”的规则似乎并不容易遵守。尤其对于具备多元股份结构的林木，权利主体既包含土、栽，又可能横跨宗族、村寨，股份的合议受制于诸多条件的约束，规范之下的实践自然也就存在诸多权宜。

（二）各管各业：权利的分析

尽管存在维持山场完整的努力，但在实践中，股份的合议显然并不容易达成，各权利主体之间始终会存在诸多难以克服的矛盾。这一问题的一种解决方案是如前所述，即起初便约定仅有一方得以享有采伐权；而如果在诸方权利人均有采伐权的情况下进入砍伐出卖的阶段，另一种解决方案则是对各自的权利进行分析，从而达到“各管各业”的状态。

“各管各业”模式中作为前提的一个问题是，林木及其权利是否可以，

以及如何分析?① 简言之，在清水江的实践中，林木股权可以通过林地、木株或码子等几方面进行区分。如在一份“分山场合同”中：“埋岩为界，各管各业，”[5]第7册122 即是以林地为界；又如“栽杉木合同字”中：“其杉木见十留三，栽主七根，地主三根”，[5]第12册189 这意味着土栽股份并不完全是抽象收益的划分，其所指可能有具体的标的物，② 即所谓“或照木株，或照码子”。[5]第18册179 再如“卖养木契”：“其养木栽主一股任从买主［刘］期珍名下蓄禁耕管，与山主［吴］炳章贰家同蒿修培耕管蓄禁，出卖其钱或是木，贰家贰股均分，栽主一分，砍木退土。”[5]第5册25 此处更为直接地表明双方均分的对象，既可以是出卖后的价款（“出卖其钱”），也可以是木植本身（“或是木”），明确将木植实物作为分析的选项。

在认识到土栽股份的具体程度之后，则不难理解时人对自己股份的分析实践。如在“卖嫩杉木字”中表示，“今将栽主陆股出卖贰佰伍拾根”，[5]第10册147 说明栽手股所对应的林木株数是明确的。又如“卖柴山播土嫩杉字”中的外批注明：“左下小冲所栽之嫩杉木四、陆均分，内除栽主陆股不卖。”[5]第21册170 既然可以在杉木中明确区分卖与不卖的股份，“各管各业”便自然成立为林木采伐时的一种选项。再如在“合同字”中，土栽双方提前约定：“杉木四六分成，栽主六，业主四，出售之时，分股砍伐，双方不得异言。”[5]第19册224 与前述极力维持“二比同卖”的情形不同，此处双方在分成合同的阶段就直接排除了采伐决策时双方合议的选项。虽然仍是栽手佃栽山主山场的传统合作模式，但双方的约定自始即以“各管各业”的形态出现。

---

① 此处问题的关键在于，林木上权利（如采伐权）是否是具体的，或曰其具体程度为何，因而是否具备确定性。显然，缺乏确定性的权利在分析上自然存在困难。就相对抽象的采伐权（harvesting rights）与具体林木的关系，在世界贸易组织争端解决机构（DSB）于2004年公布的“美国-加拿大软木案”中，争端解决机构认为，虽然采伐权并未指明其所涵盖的特定木植及数目，但是针对某一特定林地的采伐权，因其所指向的可期数量的木植，及其在特定的情况下得以被采伐，均已使其具备确定性。相关报告及案情，参见 Appellate Body Report，*United States-Final Countervailing Duty Determination with Respect to Certain Softwood Lumber from Canada*，WT/DS257/AB/R（Jan. 19，2004），para. 66；Chi Carmody. “Softwood Lumber Dispute（2001-2006）.” *The American Journal of International Law* 100，no. 3（2006）：664-74.

② 有学者认为，实际中“结构调整的虚拟成分大于实际分割”，因为“只有股权转移而没有土地分割”。但依清水江的林业文书所显示，实际中股份的分割往往会指向具体标的物的分割，两类分割均广泛存在。参见吴述松：《林业结构调整及其内生经济增长——基于1466—1949年清水江林粮兼作文书的证据》，《中国社会经济史研究》2014年第3期，第59—61页。

影响采伐决策的因素有很多，其中一些因素可以从下列材料中窥知一二。如下列“合同议约”[15]7 与“分杉木字”，[3]第13册40 均系因一方需要木料起造房屋而先行采伐，而另一方则选择继续蓄禁，这在相当程度上调和了“蓄禁”与“斫伐”间的紧张：

立合同议约人姜洪美、富宇、佐周、文科等，今有共木一块，土名丢又山。洪美、富宇二人占木一股，今已砍伐起造。余存佐周、文科二人一股留存蓄禁。日后另除头脚木与佐周、文科外，余九根，放在贰大股炭共均分。恐后无凭，立此存照。

四房地租早已出银一两二钱，补清相贤。文科、起风、香保、严吉凭中。

凭中、代笔文勷

乾隆贰拾八年一月十二日　立

合同各执存照（半书）

立分杉木字人姜熙猷、熙尧弟兄等，因起造房屋，需用木料，今分到培堆盛山，此山之木杉分为伍股，地主占叁股，栽手占式股。地主之叁股分为式拾股，姜熙猷、熙尧弟兄占叁股，前已砍完，所存之杉木，俱係姜钟碧、世模、世清叔侄等所占，日后不得异言。候二界再栽成林，地主仍照股数均分。恐口无凭，立分杉木字为据。

凭中　朱大杰

光绪拾年八月二十一日　熙豪□笔立

清水江的采伐权规范因“各管各业”的模式而极具灵活性。就采伐决策而言，既可以通过股份合议达成一致，也允许在无法达成一致时各自分析，成为单独完整的权益集束。以下的“信函”即展示了此种合议过程的真实情境：[3]第13册89

登熙亲翁钧鉴：

先前谈叙，不觉至今。敝合与台端所共莲花山杨姓田边之木砍伐，至今以致朽□不堪，再□无木。日前议卖与雷桥福，每两码子五元八角，包伊送江过围。晚决已卖定□，尊翁以为同意否？可能出卖之处，不日过来算账分钱，若尊处之股不卖，急速过来将木分清！晚之木以好

包佚搬与客人，又不拖延。言不多叙，此请

台安！

姻晚马配崑应九月十九

这一封信函的目的，在于询问针对二人所共之林木，收信人是否同意出卖其名下的股份。问询者不仅详叙了已经议妥的价码和条款，还提供了两种选择：如果同意出卖，则不日“算账分钱”；如果选择不卖，则请速来分析共木。有趣的是，在此文书中，“来将木分清”几个字旁还加有着重的标记以为强调。这一事例生动地说明，在特定情况下，权利人可以相对独立地实现其股份权益，且并不因其为共业之一部，而丧失对自己股份进行独立裁处的能力。

（三）土栽股份的重构：案例二则

在多元股份的结构之下，土栽之间的采伐决策既存在“二比同卖”的情形，也具有在无法达成合意时“各管各业”的选项。进一步，就林木的完整采伐是否得以维持而言，上述两种模式间其实也存在矛盾。而下列第三种模式则间接达成了某种程度上的调和，即通过双向的股份收购完成林木土栽股份的重构。林木股份结构因之重新回到较为单一的状态，既得以维持林木的完整，又完成了个人权利的自主实现。以下具体分析的，即是最终均指向“蓄禁”，但收购方向不同的两则股份重构案例。

1. 山主收购栽手股

在一份“断卖杉木字”中，[15]230 土栽二股均分，栽手之一股先由栽手吴姓兄弟处流转至姜述圣处，而后被山主姜映辉购回：

立断卖杉木字人姜述圣，为因生理，得买吴正贵、正明弟兄之木栽手一股，地主姜映辉存地租一股，因地主自要蓄禁，我述圣愿将得买栽手一股转卖与映辉叔等承修理蓄禁为业。凭中议定价银贰百贰拾四两，亲手收清。其山木界：上登顶，下抵溪，左凭冲，右凭岭。其木任从买主管业，日后卖主述圣、原主吴正贵、正明不得异言。倘有异言，卖主理落，不干买主之事。今欲有凭，立此卖字存照。

述圣　亲笔

凭中　薄玉山、姜玉宏、宏章、绍周

道光三年十二月廿三日　立

山主回购栽手股的案例很多,[①] 山主往往也更具备维持自己林地、林木之完整的动力。相应的，在佃栽契约中也常约定有山主的先买条款，即栽手如要出卖其股份，须“先问地主”。[②] 但上揭契约则略有不同，吴姓兄弟之栽手股先已出卖与并非山主的姜述圣，而后山主因“自要蓄禁”将栽手股买回。虽然无法确知土栽双方在佃栽契约中是否约定有先买条款，但山主的确表明基于整体蓄禁的原因而完成林木股份的重构，即将林木上的土股和栽手股均集中于山主手中，得以实现山主对林木的完全管业。

2. 栽手收购土股

栽手进行收购的案例可能较为少见。在下面的“卖禁杉木字”中,[③] 叙述了先后两次交易的情形：首先，杨姓叔侄与刘耀祖分别土栽四六均分，杨姓叔侄先将其山内杉木六十株卖与杨光藩；随之，数月之后，栽手刘耀祖加价将前述卖出的木植购回“伙禁”：

> 立卖禁杉木字人杨光藩，情因要银使用，无所出处，自愿将到土名登屋冲老杉一团，上抵路，下抵杨胜祥青杉，左抵胜祥地土，右抵路，四至分明。情将廿捌年腊月内买到平灶村杨秀祥、杨连芳叔侄山内砍杉陆拾株，去银式拾式两叁钱叁分正，奈栽主刘耀祖名下亦应砍木玖拾株，合计此团杉木式共应砍木壹百五拾株。今将光藩所买陆拾株移卖与刘耀祖伙禁，言定价银叁十叁两肆钱捌分正，当日银契两交，日后砍伐出河，先除壹百伍拾株头木，余下所砍所禁，仍係杨秀祥叔侄、刘耀祖四六均分，不得异言。恐口无凭，立有买字为据。
>
> 凭中　杨胜祥、胜明
>
> 亲笔
>
> 光绪廿玖年式月初六日

在这一案例中值得注意的是，土栽之间先进行了具体木植的析分，即合计杉木一百五十株，按照四六比例分为六十与九十株；随之，杨姓叔侄即将

---

① 举例如参见贵州省编辑组编：《侗族社会历史调查》，贵阳：贵州民族出版社 1988 年版，第 20 页。

② 举例如参见陈金全、杜万华主编：《贵州文斗寨苗族契约法律文书汇编——姜元泽家藏契约文书》，北京：人民出版社 2008 年版，第 435 页。

③ 本契约，及所提及的前述契约，见张新民主编：《天柱文书》（第一辑第 10 册），南京：江苏人民出版社 2014 年版，第 128、127 页。

其分内杉木出售。然而，栽手刘耀祖似乎更强调了其名下亦有之份额，林木整体中部分单独出卖的情况可能并不令其满意。故而，其在很短的时间内以近五成的溢价——出卖价格为“式拾式两叁钱叁分正”，而回购价格为“叁十叁两肆钱捌分正”——随即购回杨姓叔侄卖出的杉木。林木价款在短时间内的大幅溢价，似乎也间接说明了该笔交易中收购方之需求的强烈，并不是卖方所谓的“要银使用”所能完全解释的。至此，就此一百五十株杉木，栽手达到了完全管业的目的，可以静待“日后砍伐出河”。

以上三个方面的分析，所展现的是多元股份结构下林木采伐决策的三种可能：合议、析分与重构。这些决策安排既追求林木连片经营的整体效应，又显示出对具体股权的尊重和极大的灵活性。通过集中于采伐决策的分析，可以发现在此种股份结构下的林业经营似乎不同于常谓的租佃、共有、合伙，甚或公司等诸形式，而是在清水江的具体林业实践中造就的或许最为适宜的制度生成。

四、结　论

通过对清水江林业文书材料的梳理，相关语境下采伐权的权利主体以及采伐决策机制得以说明：在规范意义上，林木之采伐权多因林地之所有而取得，但通过特别约定可以由山主或栽手排他享有；在采伐决策的实践中，存在“二比同卖”与“各管各业”两种模式的颉颃，而土栽股份的重构往往也是实现采伐意图的重要方式。

需要说明的是，由于将自清至民国的清水江林业契约文书作为整体处理，相应解析的重点因之并不在于发现采伐权规范随时代变迁而发生的转变。但是，如果将更为晚近的文书纳入考察，则会发现时代背景下关于采伐权的话语在清水江语境中的悄然转变。

1979 年 2 月 23 日，《中华人民共和国森林法（试行）》通过。在此背景下，[①] 1980 年 10 月 3 日，在加池寨姜文仁的家中，党样与加池两地的十一名代表就“山林问题有关事宜”达成了一份协议书。这份作为“今后双方管

① 虽然这份协议书最终被视为对其时《森林法》的违反。参见程泽时：《清水江文书之法意初探》，北京：中国政法大学出版社 2011 年版，第 390 页。

业的总纲领”的协议书仅有四个条文，其第三条专门规定了“砍伐权”的问题：“今后山林的砍伐权，应由土主、栽主双方商议决定后再砍伐，不得由任何一方擅自砍伐。”[3]第5册153 而与之相类的，在平略西北的甘乌所保有的一块民国元年（1912 年）的“公议条规”碑上写明：“一议栽杉成林，四六均分，土主占四股，栽手占六股。其有栽手蓄修成林，土栽商议出售。”① 在以上两个属于历史与时代的节点上，采伐权规范的问题都恰时地进入了时人的视野，并且依然选择坚持“二比同卖”的路径，而反对“各管各业”的实践。虽然“采伐权”的概念并没有自始地存在于清水江的契纸上，但是，“蓄禁”与“斫伐”这一对长久以来一直存在的语词，最终都以“砍伐权”的概念进入了清水江文书的晚近版本之中。

参考文献

［1］张应强. 木材之流动：清代清水江下游地区的市场、权力与社会［M］. 北京：生活·读书·新知三联书店，2006：1.

［2］爱必达. 黔南识略［M］. 台北：成文出版社，1968：147.

［3］张应强，王宗勋. 清水江文书：第一辑［M］. 桂林：广西师范大学出版社，2007.

［4］贵州省编辑组编. 侗族社会历史调查［M］. 贵阳：贵州民族出版社，1988.

［5］张新民. 天柱文书（第一辑）［M］. 南京：江苏人民出版社，2014.

［6］张应强，王宗勋. 清水江文书：第三辑［M］. 桂林：广西师范大学出版社，2011.

［7］潘志成，吴大华，梁聪. 清江四案研究［M］. 贵阳：贵州民族出版社，2014.

［8］梁聪. 清代清水江下游村寨社会的契约规范与秩序——以文斗苗寨契约文书为中心的研究［M］. 北京：人民出版社，2008：199.

［9］黔东南苗族侗族自治州地方志编纂委员会. 黔东南苗族侗族自治州

① 王宗勋主编：《乡土锦屏》，贵阳：贵州大学出版社 2008 年，第 114—115 页。原碑文款题“大汉民国壬子年拾月拾伍日”，查民国“壬子年”即公元 1912 年。

志·林业志［M］. 北京：中国林业出版社，1990：58.

［10］唐立，杨有赓，武内房司. 贵州苗族林业契约文书汇编（1736—1950年）［M］. 东京：东京外国语大学国立亚非语言文化研究所，2001.

［11］徐晓光. 清水杉木要“实生菌”技术的历史与传统农村知识［J］. 贵州大学学报（社会科学版），2014（4）：97—104.

［12］王宗勋. 加池四合院文书考释［M］. 贵阳：贵州民族出版社，2015.

［13］张应强，王宗勋主编. 清水江文书：第二辑［M］. 桂林：广西师范大学出版社，2009.

［14］高利红. 森林权属的法律体系构造［J］. 现代法学，2004（5）：63.

［15］陈金全、杜万华主编. 贵州文斗寨苗族契约法律文书汇编——姜元泽家藏契约文书［M］. 北京：人民出版，2008.

试论清水江木商文化①

王宗勋②

摘　要：清水江木商文化是清水江流域特有的地域文化，是明清时期江淮湘赣等长江中下游地区木商在清水江流域林区从事木材采运贸易过程中带来的儒商文化，是与流域地区苗、侗族传统文化相结合的产物。清水江木商文化是近古时期国家开发西南地区进程的缩影，是清水江流域封建林业商品经济发展繁荣过程的记录。对清水江木商文化的挖掘和深入研究，将会大大丰富甚至改写中国的林业历史叙述。

关键词：清水江流域；木商文化；锦屏文书（清水江文书）

清水江流域是中国南方的重点林区，也是苗、侗等少数民族的主要聚居区，更是一片神秘的土地，这里蕴藏着多元的、至今鲜为学界了解堪称“宝贝”的地域文化，清水江木商文化即为其中之一。

一、清水江木商文化的源起

1. 清水江及其“开通”

清水江是一条文明早孕的母亲河，早在距今 8000~10000 年的史前时期，

---

① 本文原载《贵州大学学报》（社会科学版）2018 年第 2 期第 47—56 页。

基金项目：国家社科基金重大招标课题“西南少数民族传统生态文化的文献采集、研究与利用”（16ZDA156）。

② 作者简介：王宗勋，男，侗族，贵州锦屏人，锦屏县地方史志办主任，凯里学院特聘研究员。研究方向：地方史志、民间契约文书。

就有先民在沿江两岸生息繁衍。[1] 东汉时期，“伏波将军”马援征服西南武陵五溪地区（即今湖南中西部及贵州东部）“蛮民”的叛乱后，即将沅江至清水江的水道打通，使之成为中原地区与西南云贵乃至东南亚沟通联系和物资输运的“黄金水道”，堪称西南内陆的“丝绸之路”。然而，到了宋代，从黄河流域退居长江中下游地区的苗人再次被汉人驱逐到了今湘西和黔东地区。这一地区崇山峻岭，交通困难，加上苗人的顽强抵抗和自我封闭，这一带成为苗人的“自治区”，自南宋至及明末500余年，各代王朝也都将这一带弃于统治版图之外，在史籍中被称为“化外”或“生界”之区。清水江这条曾经的“黄金水道”于是被人为地“梗阻”起来，以致明代至及清初，贵州的官员都叹怨清水江“旧陷苗疆，舟楫不通。”[2]156 “今水路不通，陆路甚险，往来贸易非肩挑即马驮，费本既多，获得甚微，是以裹足不前，诸物艰难。”[3] 清康熙中期，朝廷平定了吴三桂等“三藩之乱”，将贵州、云南等西南地区真正纳入统治范围。随后，解决苗疆“舟楫不通”的问题逐渐被提到政府的议事日程。雍正五年（1727年），云贵总督鄂尔泰等请示朝廷同意，动用武力“开辟”苗疆。“开辟”苗疆的行动历时一年多。雍正七年（1729年）六月，贵州巡抚张广泗等攻下了苗疆腹地的最后一个苗族据点公鹅寨，清水江全线贯通。随后，张广泗、方显等便迫不及待地“遣弁役装米试舟”。同时又“雇苗船一百四十五只往洪江购置盐米杂粮，且查探水路。”两月后船队回报：“江面较镇远江更宽深，不特麻阳鳅船通行无碍，即小船亦可往来。”[4] 清水江河道虽被打通，但因两岸绝壁处处，江面礁石密布，船只上下颇为艰难。为改变此状，以通物资，是年冬，张广泗等又征得朝廷同意，命令都匀、镇远、黎平3府组织民力疏浚清水江河道。雍正九年（1731年）三月工程结束，“自都匀府至湖广黔阳县，总长一千二十余里，湍行无阻。”[2]156 清水江的“开通”，使之成为沟通湘、黔两省的大通道，把清水江流域林区与长江中下游地区连接了起来，为流域地区林业经济的发展、木商文化的产生提供了前提条件。

2. 皇木采运

明永乐初期，朱棣从其侄儿朱允炆手里夺得政权后，迁都北京。为建设北京宫殿，朝廷向全国各林区征集优良木材，时称“皇木”。此后，征集皇木便演化为“木政”制度，一直延至500多年后的清朝末年。湖南系皇木采办大省。开始时，采办业务主要在湖南省中西部的辰州水运方便的山区进行。随着采办业务的持续和采办量的增大，该地木材资源日益枯少，于是不断沿沅江上游也即西部推进。明代后期，便深入到当时属于湖南省的今清水江下游锦屏县茅坪、王寨等“边疆”地带，逼近苗疆。《明一统志》卷八十八中即记载有自黎平府运送皇木至南、北两京的水路里程：南京路程3750里，北京路程6200里。

入清以后，随着楠、柏、桧等珍稀大木的日益枯竭，高大笔直、材质轻韧的原始杉木遂成为皇木的首选。康熙时期，为建造攻取台湾的战船和攻取台湾后“海禁”渐开、沿海造船业复苏，大量需要桅杆木料，于是采办的“例木”中大量增加了用于制作帆船桅杆的杉条木，称为“桅木”。进入乾隆以后，湖南辰州等沅江两岸山区已经是“山穷木小，巨材难得”①，皇木采集地便逐渐往上游递进推移，最后推到地处“边疆”地带的茅坪、王寨、卦治三寨，这里遂成为皇木新的采办地。茅坪、王寨、卦治三寨处在清水江苗疆东部边缘上，再往上即是令当时汉人谈之色变的“化外生苗”区。所以，皇木采办者大都止栖于此，通过茅坪等寨民众帮助寻访巨大杉木，然后组织采伐，通过清水江运下湖南。康熙二十四年（1685年），在茅坪等三寨头人的努力争取下，黎平府将茅坪、王寨、卦治三寨指定为“皇木关”，规定清水江的皇木采办业务集中在这里办理，其他地方不得擅自染指。因而，茅坪、王寨、卦治三寨遂被称为“三关”②。

在中国科学院图书馆珍藏有一本清乾隆佚名氏所编的《采运皇木案牍》，该书记录了清乾隆中后期朝廷所委采办人员在锦屏等清水江下游采运皇木的情况，其中记载有两次紧急采办皇木的情形：一次是乾隆四十五年（1780年）十月，因建北京钦安殿所需灯杆大木三根（最大一根长九丈六尺，头径二尺二。另两根长八丈六尺，头径二尺），桅木四百根，工部急要湖南省采办，湖南省随即派员到茅坪、王寨、卦治三处采买。另一次是乾隆四十六年（1781年）五月，北京前门一带失火，建筑损毁严重，急需大量木料重建，工户命湖南例木委员采办③。

---

① ［清］佚名：《采运皇木案牍》，抄本，第32页，原书现藏中国科学院文献情报中心。

② 清道光八年（1828年）天柱县清浪《漂流木材清赎规定》碑记载：“至康熙二十四年，客苗乱行，被黎平府局之毛平、黄寨、挂治三处乘机霸市，擅设三关，上下经控……”此碑无碑名，现立于天柱县坌处镇清浪村。

③ ［清］佚名：《采运皇木案牍》，抄本。

明清两朝，皇木是政治商品、国家的战略物资。清初开始，在清水江采办的皇木分为正木、备木、护木三类。正木即是朝廷额定必须完成的标准木材；备木则是担心运输途中出现意外而准备规格与正木相差无几的木材；护木则是捆绑在正木上下左右防止损伤的小径木材。而正木又分为桅木和段木（也写作“断木”）两种。桅木即是从头到尾完整的木材，段木即是将原木截成筒段的木材。乾隆后期，身兼“例木委员”的常德府理瑶同知英安向湖南省布政司建议：“正桅之廿根之外，多带备桅四根；正段杉三百八十根之外，多带备杉四十根；于原定护木四千根之外，再酌增一千。”“额办桅杉正数之外，宜酌带备木，并酌增护木。……例准委员自带保水护木四千根。”①朝廷发给的皇木采办经费不多，仅限于采办正木，备木、护木均需由采办人员自行筹资解决。木材运到规定的木厂，将正木按数交解后，备木和护木即由采办人员自行在附近售卖，这样，就出现了很大的利益空间。这些采办人员充分利用这些利益空间，假公济私，牟取暴利，由是滋生出很多弊端。

“皇木”是清水江流域“苗木”走出大山的最早形式。自明永乐至清道光末年历时数百年的皇木采运活动，给沅江至清水江流域林区带来了五个方面的结果：一是将偏边的“苗区”与国家的政治、经济中心联系起来；二是流域地区原始的巨大杉木、楠木逐渐被采伐殆尽；三是引发清水江流域的木材贸易；四是浙江、安徽等长江中下游地区先进的木材采伐和水陆运输技术传播到了这一地区；五是带来“汉字下乡”运动，把汉字等汉文化输送到了当时属于“湖广边疆”的清水江流域。

3. *木材贸易发展*

明代中后期，江淮等长江中下游地区封建商品经济高度发展，出现资本主义萌芽，并不断往南面的湘赣地区推进。这时期，以货币资本为主要形式的商业资本急剧膨胀，四处寻找扩张繁息之地。

在陆上交通尚未发达的当时，可行舟楫的江河是商业资本扩张的快捷通道。随着“皇木”采办业务的持续和深入，苏淮湘赣等地的商业资本遂溯沿沅江，逐渐扩张到了清水江下游地区。最早将商业资本带到清水江流域地区的是承办“钦工例木”业务的安徽、江西和陕西“三帮”的巨商，他们深入到清水江流域林区东缘的茅坪、王寨、卦治三寨，以此为“根据地”，一

---

① ［清］佚名：《采运皇木案牍》，抄本。

方面在深远山区间寻找采运巨木，完成“皇木”采办任务；另一方面，以采办“护木”为名，在清水江林区大量购买普通杉材，作为自己的生息商品。因有“皇商”身份，加上林区民众对木材的价值尚未充分认识，故其采购木材价格极低，有的甚至是象征性地支付而已。公私两木均办妥后，便在木材上插竖“采办”黄旗，一路畅行无阻，到指定木厂将“皇木”交解后，随将私木高价出售，获得大利。此类情况在《皇木采运案牍》中即有记载：“今又买有段木数根，其顶大一根去毛价四两二钱，其余二两一二并一两一二者，较去腊所买觉得便宜，亦未尝非一罚之功。其四两二钱者，围圆四尺零，长五丈零，故出此大价与买。若带赴南京，约值二三十两。”① 随着“皇商”的深入，长江中下游等地的其他民商亦蜂拥而至，对清水江流域地区经济、文化和社会发展有重大影响的木材贸易由是产生。清水江的木材贸易最初在湖南洪江、托口等下游地区，后随着木材需要量的增多而不断向上游推进。清康熙时期，木材贸易推进到了锦屏等清水江中下游地区。由于清水江中上游为“生苗”所“梗阻”的原因，木材贸易曾在锦屏的茅坪、王寨、卦治三寨徘徊停滞了相当长一段时间。清雍正年间朝廷“开辟”了苗疆，疏浚了清水江水道以后，木材贸易就像破闸的洪水，向苗疆深处涌去，流域地区遂出现第一次木材贸易高潮。这时候，清水江沿江两周林区出现了“坎坎之声铿訇空谷，商贾络绎于道”[5] 的繁忙景象。此前深隐在苗疆崇山峻岭间的优质“苗木”，在买卖木商们的引导下，在排夫们的号子声中，顺着清水江源源东下，呈现出了“一江木植向东流”的壮观图景。

地处清水江下游的今锦屏属茅坪、王寨、卦治三个苗寨，因地处林区边缘，上扼苗疆，下襟荆楚，加上这里人民“本黑苗同类，语言相通，性情相习”[6]47，于是，这三寨成为湘楚地区进入苗疆的门户及苗疆对湘楚地区接触和开放的前沿，康熙以后逐渐成为清水江流域木材贸易的中心。同时，这里也是贵州最早以开放的姿态接纳自湘楚溯江而上汉家文明的“桥头堡”。雍正“开辟”苗疆以后，出于稳定苗疆、复苏苗疆经济的战略考量，贵州省官府批准茅坪等三寨轮流“当江”，开设木行接待买卖木商，茅坪、王寨、卦治于是被称为“三江”。“三江”是贵州省最早的木材市场，清光绪《黎平府志》对之载曰：

---

① 《皇木采运案牍》第78页。

府属及清江、台拱等处俱产杉木，周围约计千余里，均系苗地，苗汉言语不通，惟茅坪等砦俱系同类，苗人是以各处木植俱运至三寨售卖。该三寨首人分年开设歇店。凡与木商交易，俱系伊等代为议价、收木、评估银色，彼此相信有素。向议每木价一两取银四分给店家以为客商饭食及守木扎牌工费，三寨藉以资生。[7]

民国时江苏人芦隐根据史料记述清代清水江流域的木业经营状况：

产广木之境曰苗，采木者尝从湘逾黔而桂，历苗河，入瑶山，涉水登山，穿林越溪，逾越踔绝，颠仆蹒跚，豺狼当道，熊罴是胆，有历数年而不归者，其艰辛之况可知矣。……洪江为进苗之孔道，可达黔之会同、黎平，是为苗境，即产木之区。采购者寓食于洞家（苗人有山产之主家），或少数，或多数。或占山约数，寓而收购，或一年，或数年。事蒇，运木止于洪江，循沅江而至常德，汇大排，越洞庭，经岳州而至鄂。[8]

木材贸易的发展，催生了“水客”“山客”“行户”和木材生产工人这四大利益群体。所谓“水客”，即指流域地区以外的汉族木商。因其多从水上而来，故而名之“水客”。当时木材贸易所需资本大、耗时长、风险高，资本小者多不能承担，兼之对清水江流域少数民族地区环境不熟悉，故诸木商皆结帮而来。自清康熙至民国中期抗日战争以前的两百多年中，在清水江流域从事木材贸易活动的大商帮主要有“三帮”“五勷”和“花帮”等①。所谓“山客”，指在山里从事木材收购业务的少数民族商贩，这些人基本上是少数民族山主出身，他们从林农手中将木材收购，转手交售给“水客”。“行户”即为“水客”“山客”两者的中间组织，是在仅说汉语，不懂苗、侗语的“水客”和仅说侗语、苗语，不懂汉语的“山客”之间贸易沟通的“桥梁”“中介”。

有利益之处就有斗争。在清水江木材贸易史上，有四个事件必须一提，那就是“争江”、避夫役、白银掺假和皇木采运作弊，史称“清江四案”。

---

① 三帮，即安徽徽州帮、江西临清帮、陕西西安帮。五勷分前“五勷”和后“五勷”。前“五勷”是指湖南沅江沿岸的常德、德山、河洑、洪江、托口5个地区的木商帮；后“五勷”指天柱、黔阳、芷江等湘黔交界地区清水江沿岸小木商组织起来的5个木商帮。“花帮”，指清末至民初以在江汉一带收购棉花起家，在日本洋行支持下在清水江从事木材贸易的大商帮。

所谓“争江”，即是清水江下游今锦屏县的茅坪、王寨、卦治三寨与天柱县的坌处、清浪、三门塘三寨为争夺清水江木材贸易垄断权而进行、持续一百多年的争斗。避夫役，清雍正中期对清水江中上游苗疆实施武力“开辟”，其所需军饷物资大多从下游湖南溯清水江上运，同时接连贵阳、镇远和黎平府的苗疆东部包围线从今锦屏地区南北纵贯，锦屏地区，尤其是茅坪、王寨、卦治三个木材贸易中心集镇正处在东西南北两条交通大动脉的交汇点上，往来运输频繁，官府将给三寨开行“当江”、垄断清水江木材贸易的特权与承担过往物资运输徭役的责任挂起钩来。于是，三寨民众苦不堪言。为减轻自己负担，三寨人都尽可能地回避和推卸夫役责任，于是引发了系列纷争和诉讼①。清水江木材贸易发展并持续繁荣，从江淮地区经湖南流入清水江流域的白银日益增多。此时，湖南等下游的一些不法商人便在准备带上清水江购买木材的白银中掺入铅等物质，使白银成色变低。这些掺假白银通过购买木材流到林区林农手里后，用不出去，使林农和小山贩受害匪浅。道光年间，苦于掺假白银的林区林农和小山贩推出李荣魁等向黎平府提起诉讼，要求官府严禁不法商人的不法行为。② 所谓皇木案，即是部分承担皇木采运任务的商人，假借采办皇木之名，欺压林农和小商人，大谋私利，引起商贩、林农和地方官员的不满，于是纷纷要求上级官府对诸皇商进行惩罚和管束③。

“清江四案”是清水江木材贸易中，国家、商人、林农、贸易中介等各方面利益博弈的缩影，尤其是“争江案”，其历时之长、影响之大，为中国历史上所罕见。作为“争江”一方的今锦屏县茅坪、王寨、卦治三寨位于清水江上游，往上即是清水江中上游苗疆地区，其民众“本系黑苗同类，语言相通，性情相习。”另一方今天柱县的坌处、清浪、三门塘三寨位于下游，往下不远即属湖南地界。木材贸易兴起之时，坌处等下游村寨借着其能先接触到下游木商的优势，积极投身木材贸易。然坌处等下游地区地域狭小，木材产量少，随着木材贸易的发展，需材量增多，该地区能提供的木材不能满足需要。于是，木商们纷纷越过坌处诸寨进入上游茅坪、王寨、卦治三寨寻购木材。茅坪等三寨往上即是广阔的清水江林区，所产木材远非坌处等下游

① 《夫役案》抄本，现藏于贵州省锦屏县档案馆。

② 《白银案》抄本，现藏于贵州省锦屏县档案馆。

③ 《皇木案》抄本，现藏于贵州省锦屏县档案馆。

所能比。木商进入茅坪等三寨后，无不满载而归。坌处等村寨见木商纷纷径奔上游，于是想方设法进行阻止，“争江”戏幕由此拉开。“争江”最早有记载的是康熙二十四年（1685 年）。这年，坌处人联合下游沿江 18 个村寨擅设“十八关”，对凡经过的木材收以重税，令木商叫苦不迭。后木商们跑到长沙向偏沅巡抚告状，巡抚赵升桥下令沿江官府将“十八关”强拆。[6]39 天柱县清浪村有一块石碑对此事有所记载：

> 至康熙二十四年，客苗乱行，被黎平府属之茅坪、黄寨、挂治三处乘机霸市，擅设三关。上下经控，抚、藩、臬、道名载。因豪恶龙永义等财多讼能，故失江坞。①

此后，争江持续不断，嘉庆时期达到高潮。坌处三寨在坌处设关卡，将下游上来的木商和上游放下的木材悉数拦下，不准经过，致使江道阻塞，木材不销，湖南、江西、安徽、陕西、江苏、福建等省数千木商和清水江中上游地区广大木贩、林农无不受其所害，遂纷纷起来状告坌处三寨。一时间状纸满天飞，贵州、湖南、江西、湖北、安徽、江苏、陕西、福建、浙江九省巡抚和北京九门提督以及户、工两部皆为所扰，最后惊动嘉庆皇帝，嘉庆御批贵州省巡抚福庆亲自查处。在福庆的严督下，贵州古州道台和黎平、镇远两府派兵围剿坌处，将阻江首犯缉办。有一主犯刘秀刚则潜至京城告御状，最后被更加严厉处罚——发配到黑龙江给披甲人为奴。[6]40 经此役后，争江暂告平息。

“争江”自康熙时起至嘉庆时暂息，历时百余年，堪称中国历史上持续时间最长的经济纷争。“争江”斗争是清水江流域地区迅速发展的封建林业商品经济与落后社会生产关系相矛盾的体现，是木材贸易历史中最为精彩的一页。

4. 人工营林成为林区经济发展的重要途径和手段

木材贸易的兴起和不断发展，使木材采伐量逐渐增大，木材越砍越小，越砍越远，不多久，沿江两岸一带自然生长的杉林木资源很快被采伐殆尽。已明显感受到木材贸易带来经济利益的茅坪等下游沿江村寨民众，为使木材贸易能持续发展，便大量植造杉木林，这样，清水江流域大面积的人工植造

① 清道光八年（1828 年）的无碑名，现立于天柱县坌处镇清浪村村口处。

杉林便应运产生。

有一点值得肯定，那就是在木材贸易产生之前，清水江流域地区还没有大规模植造杉木林。因为那时这里地广人稀，木材采伐量极小，四周都是莽莽原始森林，还没有造林的必要，故尚未形成造林习惯。以下两点可以略做证明：一是清乾隆元年（1736 年）贵州总督张广泗在向朝廷报告清水江中上游苗疆善后情况时仍称："苗人只知耕种水田，所有山土悉皆抛弃。""往时苗人，未习种杉。"① 二是此时期，"自清江至茅坪二百里，两岸翼云承日，无隙土，无漏荫，栋梁宋桷之材靡不备具。"②

到了清康熙时期，木材贸易发展到了相当程度，市场对杉木有了大量的需求之后，于是出现了大规模的人工营林。至于最开始的造林是江淮和湘赣等水客的温馨提醒，还是本地林农自己醒悟出来的，我们尚未获得确切的历史信息。但是，徽州当地山多田少，民众素靠山吃山，早在宋代即形成种山养山的风习。南宋时，在徽州任过司户参军的诗人范成大在其一本集子中记载道："休宁山中宜杉，土人稀作田，多以种杉为业。杉又易生之物，故取之难穷，出山时价极贱，抵郡城已抽解不赀。"崇祯时，徽州"开地田少，民间惟栽杉木为生……杉利盛时岁不下数十万"③。

遑论造林技术传自江淮木商还是流域地区民众自己觉悟出来，总之，到了清乾隆年间，锦屏等中下游一带人工营林技术已是相当的成熟，广为人们引用的清乾隆中期贵州巡抚爱必达的这段记述即是绝好证明：

> 种杉之地必预种麦及包谷一、两年，以松土性，欲其易植也。杉阅十五六年始有子，择其枝中而上者，撷其子乃为良，裂口附地者弃之，择木以慎其选也。春至则先粪土，覆以乱草。既干而后焚之，而后撒子于上，护以杉枝，厚其气而御其芽也。秧初出谓之杉秧，既出而后移之，分行列界，相距以尺，沃之以土膏，欲其茂也。稍壮见有拳曲者则去之，补以他栽，欲其亭而上达也。树三五年即成林，二十年使供斧柯矣。[5]478

从锦屏、天柱、黎平等清水江下游地区至今遗存数以万计的民间山林土

① 贵州省文史研究馆校勘：《贵州通志·前事志》，第 3 册，第 302 页。
② ［宋］罗愿在：《新安志》。
③ ［明］崇祯：《开化县志》。

地买卖和造林契约文书中可以看出，雍正、乾隆时期，人工营林已成了清水江中下游林区维系木材贸易持续发展的重要手段和途径，而佃山造林[①]则又是人工营林的重要形式。基于清水江流域苗、侗族民众原始、纯朴道德和经济观念而形成的佃山造林制度，成为流域地区贫苦农民维持生活的重要形式，并吸引了来自江西、湖南等地的大量贫苦移民。佃山造林的出现，进而催生了清水江流域林区的两大利益群体——山主和佃户。这两大群体既互相依赖、互相合作又互相斗争，而他们的这种互相依赖、互相合作和互相斗争，推动了清水江流域地区人工林业的发展和繁荣。

清水江流域苗疆的“开辟”和清水江河道的疏通、皇木的采运、木材贸易的兴起和发展，无不加速了汉文化在清水江流域地区的传播和发展，从而催生了当今贵州官员视为“宝贝”的清水江木商文化。木商文化的产生，具体体现在以下几个方面：

一是栽育木材的土地成为商品并频繁流转。木材贸易的发展繁荣，使清水江流域地区的自然经济迅速瓦解，广袤的栽育着丰茂杉等优质木材等资源的原始公有土地增值，迅速从部落和氏族原始公有体制下解放出来，并以契约的形式转化为私人所有，而且随着木材贸易的不断发展频繁地进行买卖转移运动。于是，随着汉文字的普及，记录和反映此类经济活动的契约等民间文书大量出现。

二是给这里带来了财富。木材贸易兴起之前，原始自然经济状态下的人们，守着莽莽森林过穷日子，刀耕火种，结绳记事，不知道金银为何物，广大苗疆一派赤贫，“人无三分银”。木材源源不断地运出大山，流向江淮等富庶之区，去构建那一幢幢华美建筑。同时，在市场的作用下，江淮诸富庶之乡的白银通过木商也源源地返流了进来。白银运到这里之后，除了用于购买土地山林和吃穿等生计开支外，有相当部分经过从湖南、江西等地迁来的匠人之手加工后，化成精美的工艺品被转“存”到了“活动银行”——广大妇女的身上。中国产银不多，明清两代都大量从南美等国外进口。这些产在

① 佃山造林，在清水江中下游地区，凡有较多山场而自己经营不过来者，则将之租佃给无地或少地的贫民造林。先是，租佃者与山主签订租佃契约，确定租佃关系，规定佃者在三至五年内将山场开垦，栽植杉木。山主为使幼林快速成长，要求佃者在幼林间套种杂粮。佃者所栽植的杉木为主佃双方共同所有，而幼林间所收入杂粮则全归佃者所享受。待三至五年幼林封行郁地后，山主与佃户书写山场上林木的分成合同，确定比例，从而结束租佃关系。

太平洋彼岸遥远国度的白银，通过“苗木”的牵引，万里迢迢，漂洋过海而来，最后化成独特风格的艺术品装饰在了苗疆千万妇女的身上，将苗乡侗寨装扮成了风情万种的柔美之国。同时也催生了流域地区苗侗族人民尚银的习俗。

三是促进文化教育迅速发展。清水江流域木材贸易发展起来后，江淮湘赣等地汉族木商大量涌入。这些木商中，大多是饱读诗书的文化人，他们长期在流域地区从事木材采运活动，便将儒家文化也带到了这里。为摆脱受歧视和压迫的地位，这里的人们也都积极主动地去接受和学习汉族文化，于是办学读书、博取功名成为时尚之举。以木材贸易中心之一的茅坪为例，在清乾隆中期，这里即已出现了不少获取国家功名的人士。① 清朝末年，特别是进入民国以后，在木材贸易的桥梁作用下，新文化思想传播到了茅坪小镇，于是这里出现了一批具有进步思想的人物，如，龙昭灵成为贵州辛亥革命的元勋，杨开荣留学欧洲，龙大道②考读上海大学、留学苏联并参加领导上海工人起义，龙云③成为红六军团十八师师长，龙俊生等 2 人考入黄埔军校，龙咸灵考读武汉大学并成为武汉大学空间物理学家、教授，等等，而这些人物的成长进步，都与茅坪作为木商集镇、与从事木材贸易的家庭背景不无关系。

四是促进流域地区人们的价值观念、权利观念发生改变。“三帮”“五勷”等商人长期在清水江流域从事木材贸易活动，将汉族的封建文化思想和传统习惯也带到了这里，首先影响与其长期频繁接触和合作的经济文化精英们，然后又在精英们的作用下，逐渐影响到流域地区的广大苗、侗族民众。于是，整个流域地区人们的价值观念、权利观念逐渐发生改变，形成热情好客、追求功名、讲究脸面、热心公益甚至好讼等心理和文化环境。凡有客人进寨，合家甚至合寨人无不高兴万分，便倾力接待，毫无吝惜；只要略有资产，便会供送子弟博取功名，若博考不起，则会捐买虚官虚衔以充脸面；从事木材贸易发财或求得一官半职（包括捐买虚衔）后，大多会修建豪宅、装饰祖坟，所修建的豪宅大多为徽派风格的窨子屋，修祖坟则都求请有名的官员给写墓志铭；热心公益事业，对于村寨里的道路、桥梁、渡口、学校等公

---

① ［清］佚名：《采运皇木案牍》，抄本，第 32 页。

② 龙大道（1901—1931），系上海“二十四烈士”之一。

③ 参见王宗勋著《红军师长龙云》，2015 年中共党史出版社出版。

共设施建设，人们无不视为己事，出钱出力，从不忍手退缩；一旦发现自己的利益受到侵犯，人们不再像以前那样找地方款头寨老等自然领袖从中调解，更不会相约去鸣神，而是直接书写禀状赴官府兴讼，不少村寨形成好讼之习，出现以给人写诉状打官司为业的“讼棍”。以上所有这些，在贵州省锦屏县清水江畔的文斗苗寨里都可找到相应的诠释[9]。

二、清水江木商文化的内容及要素

作为清水江流域的地域性文化，清水江木商文化内容丰富，渗透到流域地区社会的各个层面。其包含的元素大致可分为实物遗产、传统技艺、日常习俗三大类：

1. 实物遗产类

首先，良好的自然生态环境。在木材贸易和人工营林的作用下，自古盛产优质杉木的清水江流域地区，尤其是其主要地区黔东南州，成为全国南方重点人工林区，素有“杉乡”“林海”之称誉，贵州全省有 10 个林业县，其中 6 个在清水江流域地区。2010 年，全州森林总面积 285. 7 万亩，森林覆盖率 63. 27%。尤其位于清水江下游的锦屏县森林覆盖率更是达到 72%，被誉为黔东南林区“皇冠上的明珠”和“杉木之乡”。1958 年 9 月全国大面积造林和林木丰产现场会、1984 年 7 月全国南方 11 省搞活林业经济工作会议均在锦屏召开。1950 年代以来至今，贵州省和中央林业部门先后在锦屏进行了多轮（项）集体林区林业体制改革试点，锦屏县可以说是我国林业体制改革的“试验田”。

其次，蜚声国内外的锦屏文书（清水江文书）。锦屏文书（清水江文书）是产生在清水江中下游地区，记录和反映明、清至民国时期山林土地权属转移、人工造林及管理、木材贸易及林业利益分配的契约、合同等各种民间文书和碑刻等。据 2010 年前后调查估计，在清水江流域各县民间至今尚存有纸质锦屏文书（清水江文书）约 30 万份（仅锦屏一县即保存有 10 万件之多），碑刻、摩崖等非纸质文书约有 1 万件，以致被推为仅次于徽州文书的中国第二大民间文书。诸纸质文书均为民间私人祖传并世代收藏，其中大部分系土地私有制时期个人家庭山林土地等财产所有权的凭据和与个体家庭经济活动有关联。1950 年代初期实施土地改革废除土地私有制后，契约文书的财产所有权凭据功能消失，于是渐为人所漠视，在1960年代中期至1970年代后期，甚至一度被视为“封资修”，因而被大量损毁。碑刻则是散存于民间的不朽文献档案。这些碑刻，在清水江流域地区也是数以万计，以致该地区有“露天档案馆”之称。但由于碑刻自身风化和长期以来人为活动的影响，其数量在逐渐减少。

锦屏文书（清水江文书）1960年代在锦屏农村首先发现，1990年代中期日本京都外国语大学唐立、武内房司等学者开始关注。2000年，中山大学介入，与锦屏地方政府部门开始合作征集和研究。2007年以后，锦屏文书（清水江文书）引起原国务委员陈至立等领导的关注，随后其征集抢救工作上升为贵州省政府的行政行为，征集范围扩展到黎平、天柱、三穗、剑河、台江、岑巩等清水江中下游诸县。据不完全统计，截至2016年10月，黔东南州各县档案馆藏锦屏文书（清水江文书）达22.58万件。其中5个重点县分别为：锦屏60000余件，黎平60000余件，天柱30000件，三穗28000件，剑河16000件。① 此外，在黔东南州的从江、榕江、凯里、黄平、丹寨等地也发现有民间文书，并部分征集入藏档案馆。另外，贵州省内一些机构也有少许的文书原件收藏，如贵州民族文化宫收藏有922件，凯里学院苗侗文化博物馆藏有846件，黔东南州博物馆也有少部分馆藏。2004年以后，介入锦屏文书（清水江文书）研究的大学等科研机构逐渐增多。2011年国家社科院将“清水江文书整理与研究”设立为国家社科重大招标课题，由中山大学、贵州大学、凯里学院3所高校分别实施。随后，锦屏文书（清水江文书）的研究队伍逐渐扩大，遍及国内外，研究成果更是如雨后春笋。至今，研究锦屏文书（清水江文书）的文章数以千计，著作30余部，培养出博士20余人，硕士100余人。锦屏文书（清水江文书）研究已成为国内最热的一项课题，真正成为“黔学的一门新学”②，因而奠定了“清水江学”[10]的基础。

其三，木商文化古镇。随着木材贸易的不断发展，明代后期以来，清水江沿岸雨后春笋般涌现出一系列木商文化集镇：麻江县下司、黄平县重安江、台江施洞、剑河县革东、柳川与南加，锦屏县卦治、王寨、茅坪，天柱

① 黔东南州档案局统计数据。

② 台湾著名作家姜穆对锦屏文书的评价语，详见王宗勋著《清水江历史文化探微》，云南美术出版社，2013年，第269页。

县坌处、远口、瓮洞，湖南托口、洪江，等等。这些靠“苗木”支撑起来的集镇，将古老的清水江串联成一条硕大的珍珠链。在这些集镇中，曾经建设有许多风格迥异于周边苗侗族传统纯杉木结构的砖木杂构建筑物。其种类主要有“窨子屋”民居和会馆、庙宇等，这些建筑物基本建于清代中期至民国前期，建筑特点是内部为杉木结构，外围砖墙，墙头高翘，有的外墙饰以彩绘，属典型的徽派风格。至今，在清水江中下游地区这些建筑仍大量存在，成为清水江传统文化的象征和旅游开发的重要资源。

其四，古代交通设施。在清水江流域广大乡村，至今仍保存有许多修建于清代至民国时期的步道、桥梁和码头、渡口等传统交通设施。步道分青石板路、鹅卵石花街路、茅石路 3 种，桥梁则分为石拱桥、石板桥、杉木桥 3 种。这些交通设施的共同特点，一是均由民众捐资建成，二是建成后均要刊碑将建设情况以及捐资者姓名、捐资数额刊刻于上，三是大多数置有田亩和山场作为公产以供管理维护之用。[11] 从这些遗存下来的古交通设施中，可以管窥到流域地区不同族群之间的集体观念和团结友爱意识。

其五，林业生产和木材贸易中使用的传统器具。林业生产工具主要有开山造林用的刀、锄，采伐运输木材用的斧、锯、叉、杠、钉牛、钩、篙、缆，木材贸易时使用的斧印、算盘、围篾等。从这些器具中，能够明显地感觉到清水江林区的特有气息。

2. 传统技艺类

首先，人工营林技术。在木材贸易的刺激下，至晚在清康熙时期锦屏、天柱等清水江下游地区即广泛开展了人工营林。到乾隆中期，以林粮间作为主要方式的人工营林技术已相当成熟。1958 年在锦屏发现“八年杉”和“十八年杉”等速生丰产杉林的栽培技术和经验；1960—1970 年代，锦屏县的全国劳动模范王佑求等更是成功地探索出一年“三季栽杉”“两季育苗”的技术和经验[12]，震惊国内外林学界。

其次，木材采运技术。清水江流域林区山高坡陡，木材采伐运输十分困难。在长期的林业生产过程中，流域地区广大林农对传自江淮地区的木材采运技术进行不断改进，形成一整套适于本地林区林业生产的实用高效技术，如采伐自上而下、顺山倒、砍伐时树蔸留“象鼻”等，木材陆地运输采用“洪运”和“厢运”（即架木轨）[13]；在滩险繁多、礁石遍布的清水江上运输木材采用扎“清江排”，等等。

其三，加工技艺。主要有：（1）以杉木为主的木材加工技术。包括房屋、侗族鼓楼、侗族风雨桥等建筑技术和桌椅、柜、盆、桶以及棺椁等器具制作技术[14]。特别值得一提的是，明永乐年间朝廷迁都北京后，工部特到今黎平、锦屏一带征去了一百多名修建鼓楼、风雨桥的工匠的赴北京修建宫殿①，以致现在北京故宫等古建筑与黎平、锦屏等地区的鼓楼、风雨桥等传统建筑在风格上有很多相似之处；（2）石器加工技术。清水江两岸盛产易于开采加工、不生苔锈的青石，自清代以来，从江西、湖南等地上来的石匠，在沿江一带开采石材，加工成地板、桥板、门框、护栏、碑、匾额、鱼缸甚至鸟笼等产品，搭乘木排畅销湘赣苏浙等地，其中以锦屏的打岩塘最负盛名②；（3）银饰加工技术。随着木材的源源东下、白银不断上流，清水江苗侗族妇女遂养成尚银传统。清乾隆以后，流域地区逐渐兴起妇女银簪、头花、项圈、胸链、手镯等银饰加工技术，其中以锦屏三江镇江西街、天柱石洞的银匠手艺最精。至今，在凯里、剑河、锦屏等都仍有工匠掌握精湛的加工技艺；（4）家具的加工技术。清代后期，湖南宝庆（即今邵阳）一带的木匠携带工具，来到流域地区走村串寨为人们打制家具。至今，锦屏县河口乡加池村绍烈家仍保存一张清光绪初期宝庆孙氏匠打制的大圆桌，其工艺精湛，堪称上品。

3. 民俗信仰类

其一，崇拜和信仰。在清水江流域地区，至今仍流传许多与木材采运贸易有关的信仰，最典型的即为杨公信仰。传说杨公原名杨五，系湖南省洪江市托口镇青木寨人，因率众反抗暴力，被敌人杀害，葬于清水江边，后被尊为河神。木材贸易发展起来后，清水江沿岸各险滩滩头都建有杨公庙，请其镇压江魔，保护放排工人驾排行江安全。至清代后期，从锦屏沿江而下一直到武汉鹦鹉洲都建有杨公庙，庙首在茅坪，庙尾则在武汉的鹦鹉洲。而且，根据需要，人们又将杨公由河神转化为山神，以致在林区里的很多村寨也都建有杨公庙。山区建杨公庙，其主要目的是祈求杨公保护木材采运的安全。在锦屏、天柱、黎平等地，很多村寨至今仍有祭树、祭桥的习俗。祭树的目的是请树神保佑村寨平安，祭桥则是祈求保佑人通行安全。

---

① 黎平县潭溪村《上石氏族谱》。

② 打岩塘，在锦屏县平略镇。清乾隆年间，湖南唐、谢等姓石匠即在此租地开采石材加工石板、碑、柱础、碓窝等石器，因此而得名。至今，该处仍是锦屏县最重要的石器生产基地。

此外，与保护林木和木材采运有关的禁忌，如禁止私动界岩①，不砍伐、烧风水林木，不进他人打有草标的“禁山”②，上山砍树、搬运木材禁吵架和说不吉利话，等等。

其二，风俗习惯。在清水江流域地区，有许多独特的风俗习惯，如热情好客、好讼和尚银等。这些习俗，无不与木材贸易有关联。好客之习，系过去争抢木商而成。过去，在锦屏县的茅坪、王寨、卦治三个“当江”村寨，每年农历正月十六是其特有的“开江节”。届时，来自安徽、江西、陕西、浙江、湖北、湖南等地的木材商人云集“当江”之寨，与当地的“山客”、木材行户洽谈贸易。为招揽客人，“当江”之寨也都特地从湖南常德、洪江等地请来戏班演出一周，热闹非凡。在各苗村侗寨，人们对远方来到的客人无不热情有加，周到服务。过去，在不少村寨有“健讼”之习，这是因木材贸易过程中受下游木商影响而形成的权利观念所致。过去，人们在出卖木材或山林土地收获银子后，有相当部分被打制成饰物戴在女孩子身上，大大增加了女孩们的美丽，于是形成尚银之习俗。

其三，歌谣和故事传说。在清水江流域地区，有不少热情高亢、修饰典雅、深受听众喜爱的歌谣，其中最典型的是中上游雷山一带的“飞歌”和下游锦屏等地的“过山腔”，以及锦屏、黎平、剑河 3 县交界青山界地区的“十二诗腔”。“飞歌”和“过山腔”歌声高亢，尾音长，音波大，节奏慢，有“唱在高山，引来凤凰；唱在水边，唤醒龙王”之美称。相传，该地区苗、侗族原有的歌谣腔调低沉压抑，显得很忧伤。木材贸易发展起来后，人们款待远方来的木客时，常唱歌助兴，但所唱的歌调低沉压抑，给客人造成主人不高兴、不喜欢客人的错觉。于是，人们便对其歌调进行改造，模仿江上波浪和山间杉涛以及涓涓溪流等自然声音，创作出了诸高亢激昂、令听者无不愉悦的腔调。

在清水江沿岸的苗村侗寨，流传有许多精美的故事传说，这些故事传说大多与林业和木材贸易有关。其中最为吸引人的又要数反映持续一百多年的

---

① 界岩，在清水江流域地区，两块相邻林地的主人在有第三人参与的情况下在边界上栽埋长条形石头，以作山林边界标志物。

② 禁山，指已经封行郁地的未成林地。旧时幼林郁地后，主人往往在林地边上显眼处打上一草标，意为禁止外人进入林地砍柴割草，以免影响林木生长。

争夺清水江木材贸易垄断权的“争江案”和“姚百万兴衰”① 等反映流域地区诸木商兴衰成败的故事。这些故事，每个都可以改编成一部精彩的影视连续剧。

其四，地名。在清水江流域地区，有很多地名是因木材采运贸易而形成的，如“皇木坳”、三江镇等。这些地名，都是清水江木材贸易历史的缩影。

三、清水江木商文化的价值和意义

清水江木商文化是清水江流域特有的地域文化。它是明清时期，江淮湘赣等长江中下游地区木商在清水江流域林区从事木材采运贸易过程中带来的商业文化，是与流域林区苗、侗族传统文化相结合的产物，其精髓和要义是重生态、重法治、讲诚信、讲和谐。它的产生、发展和遗存，具有重要历史意义和现实意义。

首先，对清水江流域地区林业经济和社会的发展起到促进作用。清水江木商文化的产生发展过程，也是流域地区经济、文化和社会发展进步的过程。木商文化产生和发展起来后，又极大地促进了流域地区经济、文化和社会的发展。这方面，尤以其核心内容锦屏文书（清水江文书）表现得突出和明显。锦屏文书（清水江文书）涉及清水江流域林区社会的各个方面，是这里的“习惯法”[15]。在山林土地制时代里，契约文书的最大作用就是规范和约束人们的行为，明确了人们在经济活动中的责任和权利及义务，维护着大多数人的合法利益。人们进行山林土地买卖、佃山造林（也可称为股份合作造林），以及处分林业收入利益等活动时，都先以契约的形式明确每个人的责任权利和义务，然后共同遵守。一旦有人不遵守契约，使自己的合法权益受到损害，人们都会以所订立的契约文书为武器进行斗争。这种斗争主要有3种形式：一是向村寨里的公正权威人士报告，请其依照所订立的契约秉公裁断；二是以契约文书为主要证据向地方官府兴讼，请示断决；三是双方执契约文书到神祇面前砍鸡剁狗发毒誓。以契约文书为武器进行的斗争，基本上都收到成效，人们的合法利益大多都得到相应的维护。

① 姚百万，原名姚继周，清乾隆至道光年间贵州省锦屏县人，因从事木材贸易而成巨富，拥资百万。相传清水江支流乌下江30余公里沿江两岸山林土地悉为其所买占。后因为富不仁，为周边村寨村民联合用7年时间将其斗败。

在木材贸易繁荣的年代里，清水江流域地区可以说是“契约社会”[①]。这里，契约无处不在，人们所从事的山林土地买卖、木材贸易、佃山造林、利益分配等几乎所有的经济活动中，都要签订契约，用契约来互相约束。在“契约社会”的环境中，每个人都严格遵守契约规定，约束自己的行为，履行自己的责任和义务，努力追求和实现自己的权利，于是就形成了诚信守约的社会环境。正因为如此，人们在经营管理好自己的山林土地、实现自己的经济利益的同时，也就推动了整个地区林业经济的发展，很好地保护了这里的生态环境。

其次，对当下和谐社会的建设具有参考价值。清水江木商文化，其精髓和要义是重生态、重法治、讲诚信、讲和谐。这些富含中国传统儒家文化思想的理念，至今依然具有其特殊的正能量，符合当下国家正在宣传和提倡的社会主义核心价值观，对促进社会主义市场经济和和谐社会建设具有重要意义，值得彰扬和继承。

再次，对当今的经济和社会发展具有现实利用价值。作为文化遗产、作为渗透到社会各个层面的地域文化，清水江木商文化是贵州黔东南地区的重要“宝贝[②]。一是其所大量包含的林业生产技术和经验，尤其以“归户性”[③]为主要特征的契约文书中所录载，并为历史证明适用于林区经济和社会发展的经验及制度，至今仍可广泛借鉴并应用在林业生产上，从而促进林业经济和生态文明建设发展；二是木材贸易发展所形成的良好生态环境和所遗留下来的明清时代特征明显的木商古镇以及交通、建筑等设施，可以用作发展林业生态旅游的基础；三是木商文化中健康的民风民俗，可以丰富当今的社会主义经济、文化生活，从而促进和谐社会的建设。

---

① 王宗勋：《文斗兴衰史略》，《贵州档案史料》2002年第1期。

② 2016年5月贵州省委书记陈敏尔在听取黔东南州工作汇报时作的重要讲话中指出，黔东南有“两个宝贝”，一是民族文化，二是生态环境，要用好这两个“宝贝”。

③ 归户性，在清水江流域民间遗存的契约等文书，都是以户为单位保存，一户所保存的文书往往包括该户所在家族几十年、甚至几百来所形成的纸质文书，包括山林土地买卖、经营管理、收益分配以及往来书信、科仪文书等。每户文书都为一个内容完整的体系，从中可看到该家族经济发展变化的脉络。

四、小　结

清水江木商文化是长江中下游地区资本主义经济向西南地区扩张的结果，是封建国家开发西南地区进程的印迹，也是近古时期中国封建林业商品经济发展繁荣过程的记录，是珍贵的民族文化遗产。早在10年前，杨有耕等学者在研究清水江木商文化的核心内容——锦屏文书（清水江文书）时，认为它“填补了中国经济发展史上缺乏反映封建林业生产关系文献资料和我国少数民族地区缺乏古代经济文献资料的两项空白”[16]。笔者深信，对清水江木商文化的深入挖掘和研究，将会大大丰富甚至改写中国古代经济史和林业史的叙述，同时对当下社会主义生态文明建设也将大有裨益。

参考文献

[1] 锦屏县地方志编纂委员会. 锦屏县志（1991—2009）[M]. 北京：方志出版社，2011：1.

[2] 鄂尔泰，靖道谟. 黎平府志：卷三十七 [M] //黄家服，段志洪. 中国地方志集成：贵州府县志辑：第5册. 成都：巴蜀书社，2006年影印本.

[3] 贵州省文史馆点校.（民国）贵州通志. 前事志：卷三 [M]. 贵阳：贵州人民出版社，1987.

[4] 马国君. 平苗纪略研究 [M]. 贵阳：贵州民族出版社，2008：189.

[5] 爱必达，张凤孙. 黔南识略：卷二十一 [M] //黄家服，段志洪. 中国地方志集成：贵州府县志辑：第5册. 成都：巴蜀书社，2006：476.

[6] 贵州省编辑组. 侗族社会历史调查 [M]. 贵阳：贵州民族出版社，1988.

[7] 俞渭修，陈瑜. 黎平府志：卷三上 [M] //中国地方志集成：贵州府县志辑：第17册. 成都：巴蜀书社，2006：204.

[8] 芦隐. 南京上新河木业志 [J]. 木业界，1940（1）.

[9] 王宗勋. 看得见历史的村寨——文斗 [M]. 贵阳：贵州民族出版

社，2009.

［10］张新民．走进清水江文书与清水江文明的世界——再论建构清水江学的题域旨趣与研究发展方向［J］．贵州大学学报（社会科学版），2012（1）．

［11］王宗勋．清水江历史文化探微［M］．昆明：云南美术出版社，2013.

［12］贵州省锦屏县志编纂委员会．锦屏县志［M］．贵阳：贵州民族出版社，1995.

［13］《锦屏县林业志》编纂委员会．锦屏县林业志［M］．贵阳：贵州民族出版社，2002.

［14］王宗勋．侗族杉文化［J］．贵州文物，2002（3）．

［15］王宗勋．浅谈锦屏文书在促进林业经济发展和生态文明建设中的作用［J］．贵州大学学报（社会科学版），2012（5）．

［16］唐立，杨有赓，武内房司．贵州苗族林业契约文书汇编（1736—1950年）：第1卷［G］．东京：东京外国语大学国立亚非语言文化研究所，2001.

清代民国时期清水江漂流木植清赎问题研究①

徐晓光②

摘　要：历史上清水江流域木材水运至洪江扎排中转，再经过沅江到洞庭湖转输全国各地。从锦屏到天柱江面上木材顺流而下，木植易于搁浅散失；洪水季节各木材码头的积木也容易冲散、流失。清朝中期、后期以及民国时期政府陆续制订了一些漂流木清赎办法；民间也制订了一些章程，并得到当地政府的认可。这些规矩的订立和清赎纠纷实际解决过程中体现了“斧印”与木植所有权保护；以此，沿清水江乡民丧失木材经营权后不满情绪得以平息，商人利益、贸易秩序稳定等社会问题得以保护和维护。

关键词：清代民国；清水江；漂流木植；清赎

贵州省黔东南地区盛产杉木，杉木质轻，易于漂浮，该地雨量充沛，雨季又长，河流众多，常洪水暴涨。清水江流域地区木材通过其主干及其网络般的支流，将黔东南沿江各县的木材运至锦屏县，再顺流而下，直达长江流域诸城镇。木材依靠水路采运，漂流的木材“非水不能行，过大则又防漂”③，木材顺流而下，易于搁浅散失；各木材码头的积木也容易被洪水冲散而流失。这时沿河的居民争相捞取，木商中甚至有因木材流失损失惨重而沦为乞丐者，这在

---

① 本文原载《贵州大学学报》（社会科学版）2017 年第 3 期第 18—29 页。

基金项目：国家社会科学重大招标课题“清水江文书的整理与研究”（11ZD096）。

② 作者简介：徐晓光（1958—），男，辽宁盘锦人，博士，教授，贵州师范大学副校长，贵州省核心专家。研究方向：民族民间法。

③ 参见严如煜：《三省边防备览》卷 9，《山货》。

其他商业贸易中是很少出现的。对此木商与捞取者之间订立了漂流木回赎的办法解决，但漂流木回赎与木商与沿江居民的经济利益密切相关，清代民国清水江洪水泛滥年份频频出现捞木者与木主之间的矛盾，且各种情形都会出现，复杂多变，经济利益的冲突难以靠双方自己达成和解，需要各地政府出面解决。

一、清朝中期漂流木植清赎纠纷

锦屏与天柱县均处于清水江下游，锦屏在天柱的上游，“内三江”（卦治、王寨、茅坪）木材必通过天柱境内才能到达湖南，所以洪水暴涨之际，木排被洪水冲散而流失多在天柱境内。沿江乡民每到洪水期便捞获流木，通过漂流木回赎可以取得一些木材利益回报，若客商此时不遵既定惯例，乡民捞得木材就得不到回赎，乡民劳动和危险的成本就得不到实现，而商客为促进营销量，又会照市价重新购买木材。所以木商与天柱捞取漂流木材的乡民的纠纷时有发生，由于各种原因这些纠纷在民间又很难得到妥善解决，必须在官府的干预下解决。嘉庆、道光年间类似事件很多，坌处等天柱一方要求照“旧章”处理，但木商嫌赎价过高，不予回赎，纠纷各方要求政府出面解决并加以规范。地方官府往往以裁决者的角色出现，在解决利益冲突时也订立相应的规矩，以稳定当地的经济贸易秩序。根据目前所收集的有关资料，有关规定回赎木最早的碑刻是现存于清水江下游坌处镇清浪村地冲滩刻于清朝道光八年（1828 年）的古碑。该碑位于天柱县与锦屏县交界的杨渡角之下。碑高 4 尺，宽 2 尺，共 341 字，因碑无名，遂命名为“清浪碑”。该碑后半部分是这样说的：

> 至乾隆年间，洪水泛涨，沿河流木捞获甚多，上下争控县主马案下，蒙恩公断，流出羊豆角石槽以下、笋洞以上柱属地方，捞获者，尺长纹银三分赎退。商等因赎价过昂，不愿赎退，情愿照市价买。迨至道光年间，洪水泛涨，各苗之木被水冲下，沿河捞获甚多。因豪恶龙承标等复控天柱县主李案下，蒙恩给断，以照旧章，久后不得争讼，亦不得仍蹈前辙。方才勒碑以附久操，永垂不朽云。
>
> 大清道光八年岁次戊子冬月吉日公立①

---

① 碑原立于清浪反烈岭脚、地冲溪口与锦屏交界处，后存于清浪寨前江边。本条内容为学者王宗勋抄录。秦秀强在报纸上发布过介绍文章。

清水江木材水运有很长的历史，在长期的贸易活动中形成了漂流木回赎的“旧章”惯例，凡捞得因洪水漂流的木材者，必须待木主清赎，在时限内木主不来方得自行处理，道光以前习惯上的标准应该是“尺长纹银三分赎退”。碑文所说的“因豪恶龙承标等复控”，县主批示“以照旧章”，这里的“旧章”应该是这个标准。当然政府和民间在订立回赎标准时均要权衡木商和捞木乡民的利益，如果赎价过高，会增加木商的交易成本，使木商损失过大；如果赎价过低，沿河乡民则无心冒险捞取。由于经济利益不平衡，木商与乡民纠纷时有发生，单单是木植回赎本身的问题倒也简单，由于漂流木“获取”纷繁复杂、情况各异，尚有很多违法情形掺杂其间，有的是通过盗窃和抢劫手段获取的，这些纠纷在民间又很难得到妥善解决，必须诉诸官府。

类似事情在此前就经常发生，据嘉庆七年（1802 年）黎平府布告中的记载：“乃有沿河地棍藉木植经过，雇夫运放，昂取工价，或藉以冲坏桥梁、场坝为词，勒索银两”；“或溪河水发，木被冲散，任意捞取，重价勒赎；甚至将木客斧记削除，私行售卖，以致讦讼无休，尝经本府严禁在案。”因此官府布告特别重申：“倘水涨飘散之木捞获，听从客贩认对斧记取回，量出捞木微资，不许勒赎多价，及削去斧记变卖。自示以后，偶敢仍沿前辙，一经访闻或被告发，即严拿到案，责无旁贷。”[1]65 从这份布告中可以看出这已不是漂流木回赎的利益之争，而是有意破坏木植采运的犯罪行为，不但侵害了木商的合法权益，也扰乱了正常的社会经济秩序，国家法律必加以严惩。

前面“清浪碑”所载，道光八年发生的争议，坌处等沿江乡民固然要求照“旧章”办事，争取多得到一些利益。而木商似乎有了以前的经验，非常警惕，拒不遵章，宁愿以市价买木，免得麻烦缠手，所以“复行控告”。受理此事的天柱县主认为以前赎木标准是合理的，但政府又没有能力去执行，仍然是交由民间自行解决，并指出“久后不得争讼，亦不得仍蹈前辙”，以免双方不断到官府找麻烦。可见这一碑刻沿江乡民敦促木商按官府的判决，依“旧章”清赎漂流木的强烈诉求。下面请看同一年木商们对这一问题的态度和标准，这在“亮江木材漂流赎取碑”中有所反映：

俾垂久远

特授贵州镇远府天柱县正堂加三级顺带加二级记录一次□为严切晓谕，靖地通商：

照得清水河上自苗疆，下达两湖江浙各省，所用木商……扰害弊端，久奉大宪，厘革殆尽，惟柱上义里等处地方，于嘉庆年间争江……奉大宪咨部严办，自应痛改前非，各安生业，用为盛世良民，乃本县下车伊始……窃干控者，除照案饬提究追外，合行出示晓谕。为此示，仰该属居民人等知悉：尔等嗣后……岸遇有木商栽椿吊缆停泊簰，毋许拔椿砍缆，偷窃肆害。遇有木商放行簰把，毋许纠凶聚……阻肆害。倘值洪水涨发之时，遇有上河漂流，下河捞获木植，毋许藏匿、毋许毁废，务候该商……斧记确实。遵照示定木植大小酌给工资银两若干，准其取赎，商等不得悭吝，亏负捞获……而居民不得高措执漂流之木。如违，许该保长指名禀究。该保长若敢通同狥庇，或经访闻……被告发，立即签提一并倍处，各宜凛遵毋违。特示

计开捞获大小木植工价：

一、一尺内围木，每根准给捞获工价银四分。

一、二尺内围木，每根准给捞获工价银八分。

一、三尺内围木，每根准给捞获工价银贰钱。

一、四尺内围木，每根准给捞获工价银叁钱六分。

一、五尺内围木，每根准给捞获工价银八钱六分。

一、六尺内围木，每根准给捞获工价银壹两五钱。

道光八年六月二十五日晓谕

三帮五勷公立①

该碑和“清浪碑”均为道光八年（1828年）所立，该碑为木商所立，“清浪碑”当为沿江乡民公立，坚持乾隆以来的旧章。“亮江木材漂流赎取碑”经天柱县正堂批准，通过“出示晓谕”，不仅指出沿江乡民在获取漂流木中的违法情形，还根据木材的长度详细规定了回赎的标准，而且捞获的工价比“旧章”高。但特别强调“毋许毁废，务候该商……斧记确实。遵照

① 参见锦屏县志编纂委员会办公室编，王宗勋及杨秀廷点编的《锦屏林业碑文选辑》（2005年内部印刷），第36页。该碑现立于锦屏县飞山庙，已残损。

示定木植大小酌给工资银两若干，准其取赎”。这说明以前在乡民捞取木植后将木材有所毁坏，将长木据断，一棵变多棵，即可以用一尺长的木材换取三分的赎金，增加赎取之数量。但对木商来说，太短的木材很多难以达到用户的要求，这就相当于废材，这样才有“商等因赎价过昂，不愿赎退，情愿照市价买”。至于天柱县正堂在同一年出现的两种态度：一种是维护“旧章”，满足沿江乡民的诉求；一种是订立新章，满足木商的利用，其原因可能有两个：一是县主后被木商们说动，改变了原来的意图；二是不久之后更换了县令，搞了新的一套。由于“木材漂流赎取碑”上县令的姓氏脱落，“清浪碑”上又没有记录县令的姓氏，从文中“下车伊始”字样分析，也可能是新换了县正堂。

清代清水江上木材回赎方面的纠纷很多，这在民间文学中也有所反映，《苗族贾理》中就有苗族商人从事林木水运而引发纠纷的记载：

> 冈交和曲代，因卖杉木引起命案。发生什么案，事因冈交起，案力曲代兴，他俩卖杉树，他俩放木排。……。钉钉杉木枕，红印烙原木。①九次牛场销不掉，七趟虎场卖不脱。五月五涨水，六月六降霖。冲走了杉木，淌去了木排。冲到莫东处，推到剑河地。官爷王沙少，头人欧松波，他两人说道：“木排已来到，未见有人来”。……去攻王沙少，去打欧松波。烧毁他财物，焚掉他房舍。住所成焦炭，财物化为灰。以偿他妻命，以赔他儿钱，演述桩冤事。谱叙件案言。[2]

这段“贾理”说明由于清水江的便利交通运输条件，人们种粟栽杉、伐木放排、从事贸易，已经成为当地少数民族最主要的经济生活来源。同时也说明杉木这一商品的利润以及是否能销售出去受制于很多客观因素，风险很大，贸易上的纠纷也是不可避免的，这个口传案例是因贩运木材，遇到江河涨水，将木植冲走，被沿江的人藏匿而引发的纠纷。

二、清朝末期漂流木植清赎规定

光绪五年（1879年）的“王寨漂流木清赎碑”更加详细地规定了木商

① 原木从林地运出时，搬运工人要先用铁钉钉在原木上，拴上绳索才好抬出。然后放入小河中漂运，在漂运前要在每根木材上打上商号的“斧印”，以便在目的地识别捞取。笔者注。

和捞获方的权利和义务，涉及木植回赎的方方面面。例如：

署布政使吴

总理贵州通省厘金总局

署按察史曾

为晓谕遵照事。案奉抚部院牌开，据管带湖南长胜水师营、兼办竹木厘务同提督禀称：

"木商运木，近年河水陡涨，多被漂流，沿河奸民或乘危斩缆，或捞获勒赎。有碍商旅，拟定章程，请饬遵办"等情，檄"行者照示禁"等因。奉此，除饬地方官并局员遵照办理外，合行亟抄录章程示谕。为此示，仰商民排夫人等一体遵照，稍抗违，致干查究。切切，特示。

计开捞木赎木章程：

一、被水漂流木植，沿河居民捞获者，无论整排、散木，不准削记改记，锯断藏匿。掉放河边，报知地保点明数目，速书招赎字据，开写斧记、数目、捞获日期、粘贴泊排各坞，上下木商来认，会同地保合对，斧记相符，照章取赎，木商不得短价，捞户如有违章卡赎者，准商禀官提究。

一、捞截木植定限四十日，候木商取赎。如逾限不到，准捞户鸣知地保，投行照价售卖。

一、捞截木植无论水势大小，均听木商于定限内取赎。如遇陡涨漂江洪水，每两木码准取赎价钱贰千文。满河水每两木码准取赎价钱壹千文，平常水木植漂流无多，听木商酌给捞获钱□，不准持强多取，木商亦不得悭吝少给，以昭平允。

一、水涨之时，如有乘危潜至水底附近排边斩缆强放，被木商捕获告发，即照抢夺拟罪。若捞藏、削记盖记、锯断私卖，被木商查获告发，即照偷盗律计赃科罪，以示惩儆。

一、排夫包运客商木植放河洑、德山一带，沿途藉端卡索客商银米、故意羁留岩滩，迟延时日，而□图加价。嗣后再蹈前项情弊，准木商就近赴县禀明严加惩办。

右谕通知

光绪五年三月十六日晓谕。

三帮五勷公立①

该碑为下河木商公立，内容自然有利于木商。但它是省藩台、臬台官署与省厘金局联合发布的告示，具有省级法律效力（“省例”），该告示对乡民“乘危斩缆”“捞获勒赎”等犯罪情形严厉打击，其中对潜入水下“乘危斩缆”等行为以抢夺罪问拟；对乡民销毁斧记、锯断木材、私藏河边、私自出卖的行为以偷盗罪判刑。该告示还对木植的多少、报知机构、回赎期限、通知木商、核对斧记等回赎细节等都做了规定。同时根据在水势的不同情况下获取木植定有不同的回赎标准。要求双方严格按照规定的权利义务履行责任，木商不得短价，捞户如有违章卡赎，准许木商“禀官提究”。此外，“王寨漂流木清赎碑”特别对放排工人的行为做了明确的规定。因从锦屏经清水江、沅江到洞庭湖放排时间较长，要停靠多个码头，排工因工作辛苦、危险，向木商卡要钱米、停留拖延时日，以此要求多加工钱，这类事情可能经常发生。所以规定有此情形的木商可以到沿岸各县提起诉讼。

2009年7月27日，笔者在锦屏飞山庙看到一块倒在草丛中的残碑，题头为“总理贵州通省厘金总局晓谕遵照事”，碑文残缺不全，落款日期□□三年三月十六日立，而从可以识读的文字分析，如：“每两木码赎价钱贰千文”“每两木码赎价钱壹千文”上看，该碑和“王寨漂流木清赎碑”内容接近，时间应该是早此两年的光绪三年（1877年）。

清朝咸同年间的苗民起义对清水江的木材交易破坏严重，光绪年间动乱已经平抚。同时政府根据自由贸易原则，已经解除了“内三江”对贸易的垄断，各地都可以自由地买卖木材，木材贸易得到恢复和发展。随着各地木材贸易量的增大，种种违法犯罪的现象也不断增加，有些原来隐蔽的犯罪行为也竟然公开化，严重危害了木材贸易秩序，在漂流木回赎上也出现新的问题，需要有新的章程加以调整。

---

① 参见锦屏县志编纂委员会办公室编，王宗勋及杨秀廷点编的《锦屏林业碑文选辑》（2005年内部印刷），第37-38页。清朝最早到清水江王寨、茅坪、卦治等地经营木材的商人有“三帮”和“五勷”等。商人们来自全国各地，而以安徽、江西、陕西等组成的“三帮”和以湖南常德府、德山、河佛、洪江、托口等组成的“五勷”（一说是天柱县的远口、坌处为一勷；金子、大龙为一勷；冷水溪、碧涌为一勷；托口及辰沅为一勷及贵州天柱与湖南木商合称“五勷”）等商帮最为著名。该碑存于锦屏县飞山庙内。笔者注。

再请看光绪二十八年（1902年）“坌处漂流木材清赎碑”：

永定章程

钦加同知衔署镇远府天柱县事即补县正堂加五级纪录七次谢

为遵录批示，出示晓谕事。照得县属沿河一带地方，为各省各帮木商方放排经过必由之道，每遇大雨□行，山水涨发，沿河所泊木排多被水冲散，附近居民捞获据为己有，木商备价向赎，勒索重价，方方刁难。议尚未成，擅行变卖，名许其赎，而终不能一赎，并有无知匪徒，每乘水势暴发，系缆危急之时，纠集多人执械持器械登排砍缆，令同党预伏下流，等候排一流到初行强劫。并有乘其不备，黑夜偷解缆子流下，随驾小舟拆排搞掳抢。访闻客商所失木排，洪水漂流十中不过一二，余皆被若辈砍缆强劫偷窃。此等行为实与强盗无异，种种不法真堪痛恨。上年总办瓮洞厘局委员详定，援照五分之一章程赎取，笼统而言，殊未尽善。旋据金寿、江汉、益阳、常德、黄州、长沙、永州、宿松各帮木商公议，仿照从前旧章并新订详细章程，联络禀请前来，本县查问，所拟各条甚属周妥。详请贵州通省厘金总局宪立案，奉批：“据详，商民、各木帮等酌拟赎木章程禀恳转详前来柱，与前饬仿照外省估木五分之一取赎，□便周妥，且出自木商自愿，自应准予立案，仰侯署令将前示撤销，并转饬遵照，仍严禁沿河居民不得有藏匿，勒索等弊，以恤商情而昭公道，清册单并存。此缴”等因，奉批除遵照立案，撤销前示，并移瓮洞厘局委员及札知镇远司巡检遵照将示撤销外，合行出示，晓谕沿河一带绅耆居民人等一体知照：嗣后凡遇捞获漂流木植，赎取限期、价值以及租地青桩、运木雇夫等项，均应遵照后开章程办理，不准故意刁抗、违勒、抬价、藏匿、措留。倘敢不遵以及再有前项解砍缆子、聚众行强、黑夜偷窃，并木排漂流因而夺取者，即与强盗无异。一经访闻，或被告发，定即饬差拿，务获到案，照例分别问拟军流绞斩，决不姑宽。其各凛遵毋违。特示。

右谕通知

计开详定各项章程：

一、赎木限期。旧章改定廿内等候木商取赎，逾期听凭捞木之人变卖；

一、凡遇半江水漂流长杉木，照正每两码照杉木折三钱；

一、凡遇满江水借地青桩系缆，一条给租钱一串二百；

一、凡遇运木所用包头、排夫，听客自雇，不准他人出人阻拦。倘敢不遵生事，送官惩办；

一、凡遇沿河居民置买木植，不论整装零碎，须问明来历。若系红印、削记盗卖之木，不准收买。倘敢不遵，查出指名禀官提案；

一、凡遇满江大水漂流杉木，每两码①赎钱三千文；

一、凡漂流无尾断桩，照正木每两码杉木折五；

一、凡遇单桐长七尺者，照正木每两码杉木折二；

一、凡遇半江水借地县城桩系缆，一条租钱六百；

一、凡遇赎长正木者，除寸头篾②八尺照围。

光绪二十八年二月二十日 告示③

该章程首先指出：每当洪水之际清水江沿岸不法乡民，伙同持械白日砍缆、夜晚解缆，同伙埋伏在下游抢劫木植等行为实属强盗行径，必须严厉打击。有些木排多被洪水冲散，附近乡民捞获后居然据为己有，木商虽备价待赎，乡民却勒索重价，百般刁难。“议尚未成，擅行变卖”，表面上答应回赎，但实际上不想赎，这也属于欺骗行为，应该严行禁止。在木植回赎标准上，认为之前的“五分之一章程赎取”，太过笼统，照顾不到各种情况。经

① 按龙泉码计算，每两码大体在3.34立方米，但各地的算法有所不同。这应该与各地厘金局的木材检测标准有关，水路运输远近的木材成本可能计算在其中（笔者注）。

② “篾尺头”检测木材的标准，在林交易各地均不同，据一般经验，1000株杉木中圆周长度1尺到1尺4寸者，约为65%，依照计算标准，在此限度内圆周长度，增长5分加码子5分，则围量650株杉木时，蔑头每短5分即增加码子2两2钱5分。1尺4寸5分到1尺5寸者约为25%，在此限度内依照计算标准，圆周增长5分加码子1分，则围量这255株杉木时，篾头每短5分，即增加码子2两5钱5分；1尺5寸5分到1尺8寸者约为8%，在此限度内，圆周增长5分，加码子1分5厘，则围量达80株杉木时，篾头每短5分，则增加码子1两2钱；1尺8寸5分到2尺5寸者约为1%，在此限度内，圆周增长5分，加码子2分5厘，则围量这10株杉木时，篾头每短5分加码子2钱5分；2尺5寸5分到3尺者约为0.5%，在此限度内，圆周增长5分，加码子5分，则围量这5株杉木时，篾头每短5分，即增加码子7厘5。围量起点的计算大有文章。杉木的圆周长度自树兜以上愈高愈短，据一般经验，自树兜每上量5寸，则减短圆周2分；反之，自树梢而下，每下量5寸，即增长圆周2分。依照上述标准按平均每株每增长圆周长度5分加码子7厘5分计算，则每株增加码子3厘，1000株杉木共增加3两（笔者注）。

③ 参见锦屏县志编纂委员会办公室编，王宗勋及杨秀廷点编的《锦屏林业碑文选辑》（2005年内部印刷），第40页。该碑立于天柱县坌处镇小学校操场边。

各省木商商定参照旧章，制订了新的标准。和以前不同的是回赎木材的测量单位是以清水江流域通行的篾两码为准。同时做出了几项新规定：一是凡遇满江水（大洪水），为了避险，借当地青桩系缆，一条给租钱一串二百；凡遇半江水（中等洪水）借地县城桩系缆，一条租钱六百；二是凡遇运木所用包头、排夫，听水客（木商）自己雇佣，不准他人出人阻拦，以免出现中间环节，奸人从中获利。倘有人胆敢不遵生事，木商可将其送官惩办；三是规定了购木者的义务，凡遇沿河乡民置买木植，不论整木或碎木，均须问明来历。若有斧印或有削除斧记之嫌之木，不准收买。倘敢不遵，一被查出，可指名禀官提案。最后对盗窃、抢劫商人木材的行为直接定罪量刑。倘有“解砍缆子、聚众行强、黑夜偷窃，并木排漂流因而夺取者，即与强盗无异”，一经访闻，或被告发，定即饬差拿，务必拿获到案，照例分别除以充军、流放和死刑。

三、民国时期的“漂流木植清赎办法”

民国时期清水江流域各县和木业商会先后制订了几个规约，有民国二年（1913年）的《木商会碑记》，民国二十九年的（1940年）《锦屏县清水江漂流木植清赎办法》，民国三十五年的（1946年）锦屏、天柱、剑河三县联合订立的《清水江漂流木清赎办法》，特别是后两个规约内容更为具体、规范。

（一）《木商会碑记》

民国二年，总办三江木植统征弹压府黄、署理黎平府兼开泰县知事傅、署天柱县知事赵、总办瓮洞厘金兼弹压府上官呈议定赎木章程呈报省民政厅。贵州都督兼民政厅长唐批：“据该员等公呈拟章程，尚属妥协，自应准予立案，仰即令饬该木商会刊碑勒石，永远遵行。”《木商会碑记》石碑上记载了有关赎木的章程内容：

1. 满江洪水赎木价：在六丈以上者，以江内篾每两码给赎钱两千文，五丈以上给赎钱一千文，四丈至三丈者照式递减。

2. 半江洪水赎木价：在六丈以上者，以江内篾每两码给赎钱一千文，照式类推。

> 3. 满江洪水赎木期限半月，半江限十三日。过期不到，准捞户自由变卖，但连期水涨，碍难寻赎，亦不得拘此限期变卖。
>
> 以上各条，永远遵行，如敢违抗，一经控告或被察觉，定行提案，治以应得之罪。①

《木商会碑记》所载有关赎木的规定虽不够完善，但也已相对明确。章程中分别规定了满江洪水和半江洪水不同情况的赎木价，又按照木材长度规定了赎木的不同价格，同时按照洪水情况分别规定了赎木的期限。如果超过了规定的期限，沿河捞户即可将捞得的木材自由转让变卖。章程中第三条的“但书”将一特殊情况写入，即若遇洪水久涨不退，难以回赎，则捞户不受规定期限限制。此处类似于我国现行民法中规定的当事人的期待权。需要注意的是虽然章程中规定，倘若违反以上规定，“治以应得之罪”，但相应的具体治罪制度并没有加以明确规定。

（二）《锦屏县清水江漂流木植清赎办法》

到民国二十九年（1940年），为规范捞取、回赎漂流木植行为，根据新发生的情况，锦屏县商会拟制了《锦屏县清水江漂流木植清赎办法》，以商会主席何郁廷的名义呈送省政府，请求颁发施行。

呈文如下：

> 案据漂流木商王子灵（以48名人名从略，笔者）等报称：如不恳请迅予依据法律、习惯，规定漂流木清赎办法，转恳层峰核准公布施行，则木业前途不知伊于胡底矣。为此，理合联名具报，恳请钧会府赐维持，实为德便”等情前来。查清水江流域各县地方经济之生命线即属木业一项，故沿江公私双方之荣枯均视木业为消长，其关系之重大，早在洞鉴之中。今木商遭受种种非法损害之所为，经会考查属实，自应依法予以保障。爰即依据法律，参酌地方惯例，拟订漂流木清赎办法，是否有当，敬恳迅予修正，分令清水江流域各县政府公布施行，以维木业而息纠纷。为此，理合检同漂流木清赎办法随文呈请鉴核示遵，实为德

---

① 参见锦屏县志编纂委员会办公室编，王宗勋及杨秀廷点编的《锦屏林业碑文选辑》（内部印刷），第41页。

便。谨呈贵州省政府主席吴。

附呈拟订漂流木清赎办法一份。[3]

锦屏县商会拟定“漂流木植清赎办法”如下：

第一条　本会为维护漂流木商之所有权暨防止捞户、木商双方纠纷起见，订定本办法。

第二条　凡捞户捞获漂流木后，应即将木停泊附近水势和缓之木坞，庚即依照民法第803条之规定，以捞获木数及其斧印暗号报告该地保甲长，如逾日不报者，以违法论，所有人得将捞获木无偿收回。

第三条　保甲长接收捞户报告后，应即根据所报各情，提示于捞木之所在地及通衢要津并该保甲长办事处，如逾日而不揭示者，以违法论，所有人得将其捞获木无偿收回。至捞户依法应得之报酬，应由保甲长负责赔偿之。

第四条　凡捞户捞获漂流木后，不照第二条之规定办理而反发生左（下）列之事项：

1. 以捞获木就地偷卖他人，或即赶揪成排，庚续下运，意图偷卖远方者；

2. 擅将捞木损坏者（如砍去木之尾部或锯为数段者）；

3. 削去所有人之斧印，加盖其斧印或改所有人之暗号者；

4. 以捞获木运入山溪中，或起运岸上不易查觉之地者。

犯第1项之所为，所有人得将捞获之木无偿收回，并得禀请政府依照刑法第327条之规定处罚之。

犯第2项之所为，所有人得禀请政府依照刑法第354条之规定处罚之，并得出请令该捞户赔偿所有人遭受损坏木价之全部。

犯第3、4两项之所为，所有人得将其捞获木无偿收回，并得禀请政府依照刑法第337条之规定处罚之。

第五条　漂流有印之木，所有人须持其斧印交与捞户或其保甲长查对符合后即予照赎。

第六条　漂流无印而有暗号之木，所有人事前须取得漂流木植地之商会或区保甲长会同公正殷实富户出具证明书，经捞户或其保甲长验明无讹，始准照赎。

第七条　漂流无印且无暗号之木，所有人之所有权已属无法证明，此项漂流木依据民法第802条之规定，捞户捞获时即取得其所有权。

第八条　漂流木之赎价，所有人应依照民法第805条之规定，给予捞户木价总额3/10之报酬。

第九条　漂流木之揭示费，保甲长得照木价总额附收1%。

第十条　漂流木之保管费，其保管期间如未满一月者免收；在一月以上二月以下者，捞户得照木价总额附收3%；以后各月照此附收。

第十一条　漂流木未经漂入清水江流域、仍在各支河范围以内者，无论其木着岩成堆或干靠两岸，应照惯例由所有人雇伕造放，各支河两岸之居民不得需索赎价。

第十二条　漂流木之赎取期间，所有人应依据民法第805条第一项之规定，须于六个月内备款赎取，如逾期后，捞户与其保甲长得将捞获木共同拍卖之所得价金，保甲长占2/10，捞户占8/10。

第十三条　明知为有印及有暗号之木，其有效赎期又未届满，即向捞户或其保甲长收买者，经所有人察觉后，得禀请政府依照刑法第349条第一项暨同法第354条之规定并合处罚之。其损坏木价部分仍应令其照价赔偿所有人。

第十四条　漂流木在各支河着岩成堆及干靠两岸或在清水河着岩成堆者，沿江两岸居民未经所有人委托、雇请，擅将漂流木撇堆造放、偷卖他人者，所有人除将其木无偿收回外，并得禀请政府依照刑法第320条之规定处罚之。

第十五条　捞户捞获之木在有效赎期内，如发生洪水，捞户确已尽力保管而木犹被漂流时，捞户不负赔偿之责。

第十六条　本办法自呈奉政府核准公布之日实行。[3]

该清赎办法较民国二年所订更加具体明确了，依其时的民法、刑法为依据，确定漂流木的打捞、禀报、揭示等义务，打捞户享有的报酬，所有权人所有权的保护以及限制打捞与赎取过程中的不法行为。该办法得到了省财政厅、省建设厅和省农业改进所的认可。然省政府以该办法呈送程序未合，且事涉数县，应通盘规划为由，发交第一区行政督察专员公署办理而暂未予批准施行。大水冲失的木材往往逾越县地，一地制订的清赎办法又只限于该地域通行，以至争议。但仍可通过该办法粗略地知道清水江流域木材伐运漂流过程中出现的问题和民国时期地方行政法规出台的大致情形。

省财政厅、省建设厅 1940 年 7 月 2 日呈省政府主席吴鼎昌文：

查本省东南部沿江各县，木商云集，历年均利用水力运木出口售卖，该项事业，遂居本省重要商业之一。惟每届春季，山洪暴发，各商所贩木料，多被漂流，因而时起纠纷，该商等拟请规定漂流木清赎办法公布实施，自属必要，拟请照准。惟查该会拟呈办法，牵涉民、刑各法，是否妥洽，似应慎重考虑，以免贻患将来。拟请发交法制室严密审核，予以修正，再行公布施行，用昭慎重。是否有当，理合检同原呈及办法草案签祈钧座鉴核示遵。谨呈主席吴。

财政厅厅长周诒春

建设厅厅长叶纪元

1940 年 7 月 20 日，省财政、建设两厅致省政府秘书处函："拟请贵处发交法制室严密审核，予以修正，再行公布施行，用昭慎重。" 7 月 24 日，政府秘书复函两厅："查该商会建议各项，不无可采，惟事涉清水江流域各县之木业，非锦屏县一问题，似宜先由贵厅查明实际情形后核拟。至该商会是否依法设立似应一并查明。"

贵州省财政厅、省建设厅 1940 年 8 月 1 日训令如下：

令农业改进所：

案奉省政府发办，据锦屏县商会呈，以漂流木商请依据法律、习惯规定漂流木清赎办法，转请分布施行，经由会拟定，祈修正、分令施行一案。查本省清水江流域各县，往往因木材被水漂流，致木商与两岸居民时起纠纷，该会拟呈办法请修正、分令施行各节，不无可采之处。惟事涉清水江流域各县，原呈办法对于各该县情形是否妥协，亟应详加考察，以期周全。合将原呈及办法抄发，令仰该所遵照，迅将各该县实际情形详细查明，核签意见来府，以凭核办。此令。

1941 年 4 月 22 日省农业改进所呈文：

案查前奉均训令……等因。奉此，遵即发交本所第一区推广植桐专员皮作炎实地调查核议去后，兹据该员签复：“奉经会同有关各方实地调查，并参酌该漂流木商王子灵等之口头报告，核与法令之规定既不相抵触，而于当地之习惯及以往之经过情形，亦大致相符合，似可如拟办理。又原呈办法中第十二条，逾限拍卖之木价，应归捞户享受8/10，保甲长分享2/10足矣，因趁急水捞木，事属危险，捞户原为图利起见，故一时不顾危险，临渊或入水而不辞，若事后卖得之木价，为坐而不劳之保甲长藉公务身份，分去多利，实足以减少捞户冒险图利之心理，必至增加木材漂流之损失”核签意见前来。所长复查无异，理合具文呈复，伏祈鉴核公布施行，实为德便。谨呈贵州省政府建设厅厅长叶。

省农业改进所所长皮作琼

省财政厅、省建设厅1941年7月4日呈省政府主席吴鼎昌文：

案查前据锦屏县商会呈，以据漂流木商请依据法律、习惯规定漂流木清赎办法，转请依据法律、习惯规定漂流木清赎办法，转请公布施行……兹据该《省农业改进》所呈（复）称……等情。据此，查该所来呈所称各节，尚属允当可行，可否公布施行之处，理合检同原卷，签祈钧座鉴核示遵。谨呈主席吴。

财政厅厅长周诒春

建设厅厅长叶纪元

最后是省政府1941年7月4日锦屏县政府的训令。

令锦屏县政府：

案据该县商会呈，为据漂流木商王子灵等以木被漂流，复遭非法损害，恳请迅予依据法律、习惯，规定漂流木清赎办法……一案到府，查县商会径向本府建议，程序殊有未合，且关于漂流木植纠纷，不止锦屏为然，事涉清水江流域各县，亟应统筹办理，除照抄原呈及拟办法会饬第一区专员公署知照外，合行地抄发原呈及附件，令仰遵照查核，呈由该管第一区专员公署统筹办理具报，并转饬该县商会知照。

此令。

附抄发原呈及办法各一件。(略)[①]

① 以上资料均载《贵州档案史料》2002年第4期。

（三）《清水江漂流木清赎办法》

民国三十五年（1946 年）锦屏县参议会会长王子灵、副会长龙运涛在锦屏主持召开有天柱、剑河两县代表参加的三县第二次地方会议，专门商定清赎漂流木植办法的议案。是年 11 月 25 日，以二十九年锦屏商会所订的《漂流木植清赎办法》为蓝本，共同研讨制订了《清水江漂流木清赎办法》，报经三县政府同意后，作为政府布告，向三县各族人民公布施行，其全文如下：

锦屏剑河天柱县政府布告

案准

天柱、剑河、锦屏三县参议会函开：查清水江河狭水急，每年夏季山洪暴发，沿河两岸之木，多被漂流。在昔沿河居民捞获漂流木时，尚能守候木商前往清赎。年来人心愈趋愈坏，竟视漂流木为无主之物，或将捞获木偷卖他人，或锯断自用，或运山溪隐匿，或削原印而盖其印，或削原暗号而另刻断暗号，纵有少数畏法之徒，准予赎取，非争论赎价，即谓赎期已过，甚至演成讼累，种种情弊，实难尽述。本会等目击心伤，爰各推派代表杨昭焯（天柱）、郑铸成（剑河）、王子灵、龙德宣（锦屏）等齐集锦屏，议定清水江漂流木清赎办法，迭经本会筹审议通过，自应照案执行。

国民三十六年（1947 年）一月，天柱县县长张宗枢、剑河县县长吴颂平、锦屏县县长李紫珊等以"锦、剑、天（36）第 10010 号"联合案准核办法，令仰清水江沿岸木商捞户一体遵办，切勿有违。

新的《清水江漂流木清赎办法》如下：

第一条　本会为维护漂流木之所有权，并防止捞户木商之纠纷起见，订定本办法。

第二条　凡捞户捞获漂流木后，应即将木停泊附近水势缓和之处，赓即依照民法第八〇三条之规定，以捞获木数及其斧印暗号报告该地主管保甲长，并于捞获木上书明捞户姓名、住址及捞获木数，如三日不履行以上两项手续者，所有人得认捞户有窃盗或侵占漂流木之意图，除捞获木无偿收回外，并行诉请司法机关依窃盗或侵占罪处罚之。

第三条　凡捞户捞获漂流木后，而有左列之不法行为：(1) 以捞获木就地偷卖与人，或赓续下运，意图偷卖过远方者；(2) 以捞获木运入山溪中或运岸上不易查觉之地者；(3) 削去所有人斧印或改所有人暗号者；(4) 擅将捞获木损坏者（如砍去木之尾部锯为数段者；犯 (1)(2)(3)(4) 等项之所为，所有人先将捞获木无价收回，并得诉请司法机关责令捞户赔偿所有人所损坏之价金，并依据损坏罪处罚之。

第四条　漂流有印之木，所有人须持其斧印，交捞户查对，符合后即予照赎。

第五条　漂流无印而有暗号之木，所有人事前须取得漂流木材地之乡镇保甲长以书证明其木之暗号字样、木数多少、扯码若干，经捞户验明符合后，始准照赎。

第六条　漂流无印且无暗号之木，所有权已属无法证明，此项木材经捞户捞获后，得自用或卖与他人，无权过问。

第七条　漂流木之赎价，所有人应依照民法第八〇五条之规定，给予捞户木价总额十分之三作报酬。

第八条　前条木价总额，双方如有差异时，得请乡保甲长仲裁之，如所有人认为，仲裁价额过高时，得请捞户照仲裁额补所有人十分之七之价金售其所占部分之木。如捞户认为仲裁价额过低时，得照仲裁价额补所有人十分之七之价金收买其所有部分之木。如捞户无力收买时，得将木码划分捞户占十分之三，所有人占十分之七。如木数过少，不能划分时，得将木卖与他人，所得价金捞户得十分之三，所有人占十分之七。

第九条　漂流木之取赎时期，所有人须于一个数月内备款赎取（依据民法第八〇五条第一项之规定取赎期间为六个月，但木为水上之物，期间过长，不易保管，故减为一月），如过期不赎，认为所有人舍弃其主权，捞户得将木自用或卖与他人。

第十条　捞户捞获之木，在有效赎期内，如发生洪水，捞户确已尽其保管之责而木又漂流时，捞户不负赔偿之责。

第十一条　明知为有印有暗号之漂流木，其有效赎期又未届满，即向捞户收买者，经所有人查觉后，得无偿收回其木，并得诉请司法机关依收受赃物罪处罚之。如收买者于收买后，即已将木损坏，所有人除将损坏之木无偿收回外，并得诉请司法机关依收受赃物及损坏罪并合处罚收买人及责其赔偿所有人所受损坏之木价。

第十二条 公务员或乡保甲长对于漂流木不依本办法调解，而向木商或捞户要求期约或收受贿赂致损坏木商捞户之利益时，被损害人得诉请司法机关依贪污治罪法处罚之。

第十三条 漂流木在清水江流域各支流范围以内者，无论其木着岩成堆或干靠两岸，仍照旧惯例，由所有人雇伕造放各河，两岸之居民不得需索赎费。

第十四条 漂流木所有人除依本办法之合法手续清赎外，不得以暴力强赎或捏造事实诬告等情事。

第十五条 本办法如有未尽事宜，及窒碍难行之处时得由会提议修改之。

第十六条 本办法自经天柱、锦屏、剑河县政府公布之日实行。

中华民国三十七年月日

天柱县县长张宗枢

剑河县县长吴颂平

署锦屏县县长李紫珊

根据以上相关规定，可以看出该清赎办法较民国二年所订更为明确详细，涉及民法、刑法之内容，有些甚至与当时民法之法理相似，确定了漂流木的捞取、所有权人所有权的保护，赎期的限制以及赎回过程中不法行为的定罪等。《办法》明确严禁捞木者随意变卖及隐匿所捞木植，不允许捞户破坏木材上的斧印，损坏木植，否则就会入罪。这是涉及刑法的有关规定。说明当时私自变卖所捞之木已经突破了社会容忍度，触及了刑法，对漂流木植所有权的保护程度可见一斑。《办法》第六条、第十条分别规定木材权属不明时如何处置以及捞户的合理义务。这相当于现行民法的先占和无因管理理论。不仅如此，《办法》还对政府人员的违法行为加以制约，防止他们以损害木商或捞木者的合法利益为代价谋取私利。这说明清水江上随着木植回赎事件的增多，相关的法律规范也越来越健全，以此来保障木材贸易的顺利进行。

四、漂流木清赎中相关权利问题分析

（一）“斧印”与木植所有权保护

在清水江木材采运贸易活动中，木材所有权问题直接关乎贸易参与者的经济利益。因此，发展出一套以“斧印”号记木植为中心的权益保障制度。木植借助江河运输的特点，已决定了以“斧印”标识木植在木材采运活动中通行的可能性。最早的“斧印”只在下河木商中使用，清代中期木植采运中，上河山客中少数实力雄厚者已在广泛使用各种暗号的基础上，开始使用“斧印”（民间称之为“山印”）。“斧印”似一铁铸榔头，装有木质把手，通常一端铸有木材持有者姓氏字样；另一端铸有其名字或所谓“木号”（或行号）字样。

将“斧印”记于木植的初衷，当是在林木放运到下游码头后便于木商辨认，以及木材万一被洪水冲散漂失后便于清赎。如果山客最初使用“斧印”还主要是作为一种象征性的符号，那么，水客（下河木商）中通行的“斧印”背后则是一种具有实质性内容的制度。当水客通过当江木行主家与山客定价格，买下木材后，很可能首先就是在其所购木植之上一一打上自己木号的“斧印”。且“斧印”不仅仅是一个木号标识，更为重要的是每个木号背后都包含着相应购买木材的限额，这是一种同行之间对资源与权益进行分配的制度。现在锦屏县卦治、茅坪以及天柱县三门塘等地，在一些过去曾是木行商户人家的房屋木柱上，还能见到当时在此落脚的水客所留下的清晰可辨的木号斧印，如以姓氏的“张”，以号记的“泰和”等，据当地人口述：来自下游地区不同的木号斧印，所能购买的木材数量是不一样的，而活跃于清水江一带不同商帮所拥有的斧印亦不相同。①

“斧印”在所有权保护中如此重要，所以各种条规对其规定得十分具体和细致。嘉庆七年（1802 年）黎平府布告中“斧印”就作为木材所有权凭证。光绪五年（1879 年）的“王寨漂流木清赎碑”捞木赎木章程第一条就

---

① 参见张应强、胡腾：《锦屏》，三联书店，2004 年，第 133-134 页。2004 年 3 月，笔者走访天柱县三门塘村时也在一处当年木商居住老屋的房柱上发现了很多“斧印”。

规定："被水漂流木植，沿河居民捞获者，无论整排、散木，不准削记改记，锯断藏匿。掉放河边，报知地保点明数目，速书招赎字据，开写斧记、数目、捞获日期、粘贴泊排各坞，上下木商来认，会同地保合对，斧记相符，照章取赎，木商不得短价，捞户如有违章卡赎者，准商禀官提究。"

在民国初年（1912 年）的"开江"诉讼中，天柱、锦屏两县商会及各界代表"议决锦、柱内江外江木植场守旧条规"第 9 条就规定："坌处、清浪、三门塘木坞主家引客进内江买木交易成后，照例先盖外江主家斧记，完纳厘税、行用等费，随放出外主家木坞内交客成排。"民国六年（1917 年）四月"八帮"的"民事上诉状"曾对此规定进行指责："私规（守旧条规）又曰：更谓主家引客进内江买木，照例必先盖主家斧印，夫斧记为木商招牌，买木盖印乃一家不易之理，今则斧印竟操痞徒之手，此例不知载在何律。噫异矣！"同月，"三帮""五勷"的民事辩诉状对"八帮"进行反驳："至谓何故必须外江清浪、三门塘主家引进买木，并加盖主家斧记完厘出江，盖因客歇外江，主家代客劝盘兑价领数，随时放下交坞成排，不有斧记识别，难请经手，且客所买放下木均系主家保险……。"[4]

民国三十七年（1948 年）锦屏县商会共同拟定了《清水江漂流木清赎办法》，相关规定如下：凡捞户捞获漂流木后，而有下列之不法行为：（1）以捞获木就地偷卖与人，或赓续下运，意图偷卖远方者；（2）以捞获木运入山溪中或运岸上不易察觉之地者；（3）削去所有人斧印或改所有人之暗号者；（4）擅将捞获木损坏者（如砍去木之尾部锯为数段者）。犯（1）（2）（3）（4）等项之所为，所有人先将捞获木无偿收回，并得诉请司法机关依窃盗或侵犯罪处罚之。犯（4）项之行为，除将捞获木无偿收回外，并得诉请司法机关责令捞户赔偿所有人损坏之价金，并依损坏罪处罚之（第 3 条）；漂流有印之木，所有人须持其斧印，交与捞户查对，符合后即予照赎（第 4 条）；漂流无印且无暗号之木，所有权已属无法证明，此项木材经捞户捞获后，得自用或卖与他人，无权过问（第 6 条）。

由此可见，"斧印"是商人木材所有权的标记和漂流木清赎规则中的核心内容。

（二）沿江乡民丧失木材贸易权后的情绪影响

"清浪碑"是迄今为止在天柱县发现的唯一一块与上游锦屏争夺木材采

运及其市场过程的碑刻。该碑前半部分是这样：

> 尝思普天之下，莫非王土，其于山川水土，各有界至之攸。是以我等地方自开辟清水江以来，蒙前各大宪设立坌处为采办皇木之所。至康熙二十四年，客苗乱行，被黎平府之属毛坪、黄寨、挂治三处乘机霸市，擅设三关上下经控抚蕃、臬道名载，因豪恶龙永义等财多讼能，故失江坞，于我柱属王朝富、武仕仁、刘秀刚等充发口外，苦不堪言……。

此段碑文至少告诉我们两个方面的历史信息：一是清水江“内三江”木材垄断市场在康熙二十四年（1685 年）之后才形成；二是天柱县属坌处等原来有木材经营权的码头在“争江”过程中败诉，而且败得很惨，一些带头“闹事”的人受到国法严厉制裁。

事实上明末清初外地木商沿清水江首先到达天柱的瓮洞、白市、远口、三门塘等地采购杉木，之后这些地方渐次成为木材自由贸易的码头，沿江村寨自主当江，不同程度享有木材交易活动带来的经济效益，同时也就说明康熙二十四年以前坌处是木材集散的重要码头，木材营运方面的收益是当地百姓的主要经济来源。康熙二十四年对坌处等天柱所属的木材商家来说无疑是个“背时”的年份，其原因是“客苗行乱”，对此碑文中没有详细记述，可能是指木商、山贩和行户扰乱市场，出现违规犯禁问题。也可能是天柱沿江各寨因利益引起内部纠纷，或外部的武力威胁，应该与“内三江”没有直接的关系。但在康熙二十四年到四十六年（1707 年）的 20 多年里，“内三江”木材垄断市场已经定型，其主要原因还是木材资源的有无，此时木材贸易的发展是后发的“内三江”地带在木材资源方面已比前兴的天柱县属各商埠更具有优势和吸引力，所以外省客商更愿意与“内三江”行户直接进行“业务挂钩”。

出于对“内三江”木材垄断趋势的抵制，由上至天柱坌处下到湖南托口，当时沿江十八个村寨（即坌处、三门塘、莱溪寨、新市、远口、鸬鹚、中团、兴隆滩、朱场寨、埂洞、白岩塘、江东关、金鸡关、巨潭寨、瓮洞口、金子口、大龙关、白毛寨和托口），设立十八道关卡，史称“十八关”。这十八个村寨都是清水江下游沿江一带较大的村落，在过去的历史发展中已经成为“鱼盐木货”的码头。他们联合起来，“内三江”木排下运过境，强行“抽江”收税。每关抽九两，才准木材通过。这样下河木商的经济利益受到严重的损害，于是湖南木商伍定祥赴长沙控告，经湖南巡抚衙门下令禁革，清水江才恢复通商。这些事情肯定引起朝廷的不满。

雍正时期坌处曾有“当江立市”之请，希望借“三江口坌处”的地理优势取得“当江”的权力。然而这次“争江”诉求并没有得到地方官府的批准，理由是“坌处地方系镇远府天柱县所属汉民村寨，素不出产木植，本与茅坪苗疆地绝不相干，”① 这句话道出“真言”。“素不出产木植”一语，有些不顾历史事实，实际上以前天柱沿江一带也盛产木植，只是因人多地少，木材砍伐以后改为粮田，这一基本的常识所有地方官员是知道的。有意回避事实说明官员对坌处“当江立市”之请是抵触的。乾隆到道光年间是锦屏林木种植和外运的繁荣时期，天柱坌处等沿江村寨“当江立市”木材贸易的权利被彻底剥夺，恢复“当江立市”的请求也多次被朝廷拒绝，以前以木植贸易为生的天柱沿江各寨的经济来源被掐断了。在漂流木回赎纠纷中，表现出天柱沿江各寨对“内三江”木材贸易垄断的反对和对本地贸易权利被剥夺的不满情绪。在漂流木回赎中沿江乡民一些违法犯罪行为有些可能是在这种不满情绪驱使下进行的。某种意义上说，漂流木植回赎之争也是“当江立市”之争的延续。

（三）保护商人财产权利，维护正常贸易秩序

清代木商与沿江两岸捞取漂流木材的乡民产生纠纷时有发生，由于各种原因这些纠纷在民间又很难得到妥善解决，双方都在官府的干预下解决。地方官府往往以裁决者的角色出现，在解决利益冲突时总体上表现出保护木商利益的态度，制定了回赎标准和法律文告，特别是对破坏木材采运秩序的犯罪行为严惩不贷。虽然政府对于捞木与赎木均早有定规颁行，但在民间很难执行。如“民国初年，清水江流域每年外销木材总额值600万元。……清水江林业全部以杉木为主，以锦屏为集散地”[1]，锦屏县木材全赖江河之力进行运输，在漂运中常有意外事件而致木植失去控制，同时也时常与沿江两岸捞取失控木植乡民发生争端。每值雨季，常有洪水暴涨、沿河积木被洪水漂

① 参见：《卦治木材贸易碑》，载姚炽昌选辑点校，锦屏县政协、县志办编《锦屏碑文选辑》，第42页。

流而下，而流失。如民国六年（1917年）五月六日，上游暴雨，清水江、小江、亮江三流，漂木无数，在锦屏经营木材的木商流失木材折银元数十万计，破产者十数有余，有的沦为乞丐。民国二十七年（1938年）七月连降暴雨，清水江沿岸流木千余两计，次年夏流木折银洋几万元。[5] 由于流木大量漂流而下，沿岸居民争相捞取，如1938年5月锦屏县建设科赴茅坪协助木商清赎漂流木码工作汇报中称，本次木商在锦屏漂流木材3000根，约合银子400两，价值6000万元（法币）左右，曾有漂流之木挡在茅坪寨脚，因水势继续上涨，专程等候在该处的清浪以下民船三四十只，见木继续漂流即行抢夺。[5]254 每年都频频出现捞木者与木主之间的矛盾。民国二十九年（1940年），锦屏商会在“碑记”基础上拟订了《锦屏县清水江漂流木清赎办法》，该办法的“前言”在讲述制订的理由时谈到木商的遭遇：

> 本月14日，乌下江一带山洪暴发，河水陡涨数丈，商等在该处采办之木不下2万余株，均被漂流殆尽，庚即派人清查，殊意两岸之保甲长及居民人等，竟视漂流木为无主之物，或任意封号，或削原印而盖其印，或改原暗号而另刻新暗号，或将沿河着岩及捞获之木偷卖他人，或锯断自用，或运山溪隐匿，而一般奸商及木工作者，亦乘此机会，纷纷买此不法得来之赃物。纵有一二畏法之徒准予赎取，亦仅限于有印之木，但于赎价一项，非故意高抬，即谓逾月不赎，不准赎取。至于无印而有暗号之木，尤多强行侵占，或即转卖他人，种种不法行为，实难陈述，使商等既受漂流之惨祸，复遭沿江保甲长及捞户之非法损害。其尤堪痛恨者，沿江捞户，靡不恃众逞强，木商因清赎漂流木，而遭其压迫、被其侮辱，因而涉及诉讼者，实为常见之事态。故本小之木商，即一蹶而莫起，资金较巨者亦有创深痛巨之感。

清代、民国政府对清水江棘手的漂流木回赎问题逐渐形成详细标准和具体的实施细则。民国时期商会制订了一些章程以规范清水江流域的漂流木回赎事宜，旨在照顾兼顾双方利益，以减少矛盾纠纷。但从倾向性上看还是保护商人，维护清水江正常的贸易秩序。清水江流域的木材交易是一个完整的过程，从砍伐木植到从山间运至江边，再顺水漂放、扎排、放排，经水客之手最终到达下游各码头，进入消费环节。这个木材流通过程中确保木植的所有权和放运的安全是十分重要的，直接关乎相关商人的经济利益。在清水江流域的木材采运及贸易过程中，政府介入了木植所有权的确认与保障，并将相关制度以章程的形式固定下来，使木材的交易能够顺利进行，交易各方的权益能够得到实现。

参考文献

［1］贵州省编辑组．侗族社会历史调查［M］．贵阳：贵州民族出版社，1988.

［2］贵州民族古籍整理办公室．贾［M］．杨文瑞，收集整理译注．贵阳：贵州民族出版社，2012：427.

［3］王宗勋．锦屏县漂流木植清赎办法史料一组［J］．贵州档案史料，2002（4）.

［4］王宗勋．清水江木材经营开江之争档案辑选［J］．贵州档案史料，2002（3）.

［5］刘毓荣．锦屏县林业志［M］．贵阳：贵州人民出版社，2002：254.

明清时期清水江流域林业生产与木材贸易研究的思考

——清水江文书·林契研究之一[①]

林　芊[②]

摘　要：清水江流域林业经济研究成果斐然，但梳理发现在许多基本概念上仍然可以讨论，如明代就是皇木采伐中心地、明末清初有发达的商品经济、由人工育林繁荣起来的林业生产促成了地主经济的发育从而改变了流域内的经济结构。对以上概念进行检讨，发现存在着概念与史料间的内在矛盾，其症结在于时空的错位。对清水江文书做细致的历史学研究可以对上述问题进行校正，从而有利于推进清水江流域经济社会史的研究。

关键词：明清时期；林业；人工育林；商品经济；封建生产关系

利用清水江文书研究明清时期清水江流域社会经济是从林业契约开始的，换句话说，清水江流域社会经济研究最先是从林业生产开始，林业生产中产生的各种关系所订立的契约——本文简称林契，则是最重要的史料之一。本文借助现有几项关于清水江文书研究的“学术动态”报告或者“林业问题”研究综述，再结合阅读相关主要论文的梳理，就所要涉及的清水江流域明清经济史主题做一点问题似的思考。

---

① 本文原载《贵州大学学报》（社会科学版）2016年第3期第91—99页。

基金项目：国家社科基金一般项目“晚明至民国时期内地侗、苗民族地区土地买卖与地权分配研究”（14BZS069）；国家社科基金重大项目“清水江文书整理与研究”（11&ZD096）。

② 作者简介：林芊（1959—），男，贵州贵阳人，教授。研究方向：史学理论与区域史。

一、清水江流域林业经济研究成果斐然

如果说1980年由廖耀南、游芝升撰写的《清水江流域的木材交易》[1]是清水江林业生产与木材交易研究第一篇公开发表的论文，那么到今天清水江流域林业研究已有36年的学术史；自20世纪80年代末杨有赓利用林契所进行的明清林业生产与生产关系研究、90年代王宗勋等孜孜不倦地对林契收集整理的艰辛努力，再到21世纪初以来罗洪洋、张应强、徐晓光、梁聪、马国君等的拓展性研究，几乎是经历三代学者共同努力，到目前为止利用林契及其他历史文献所进行的研究已蔚然成风，成果蔚为大观，成为清水江文书研究或清水江学研究成就最为斐然的领域。

作为清水江文书研究成就最为斐然的领域，这些林业研究成果不同学者都进行过梳理与评价。如李品良等将研究内容概括成林契研究、育林技术研究、木材贸易和林业经济、林业与社会变迁、林业法律等五大研究主题[2]；马国君、李红香概括成林业契约的整理收集、林业契约与经济关系、林业契约与家庭关系、林业契约与社会管护、林业契约与林木种植等五个研究主题；[3] 徐晓光、程泽时更专业地概括为文书来源问题、林地所有权（制）问题、地权与分配问题、林业商品经济问题、自发市场与市场国家经营问题、法律多元与纠纷解决机制问题等六大主题。[4] 同时我们也看到林业生态史研究显示出新的生命力。清水江林业契约文书研究已在中国学术研究上显示出其独特而重要的意义，其价值如龙泽江所指出的在于“填补中国现存明清契约缺少林业契约的空白”[5]，其林业契约中的“民法”性质更是纠正长期以来认为中国“只是刑法（刑罚）”的法律社会的偏见。[6]

阅读上述学者的概括总结与述评，清水江林业研究在几个方面令人印象深刻：第一，有共同的相对固定的研究点。阅读各位学者的研究成果，虽然每一篇研究的关注点不尽一致，但上述五个或六个主题整体上构成了清水江林业研究相对稳定的研究方向，构建起了一个区域林业研究的整个知识系统，并且这些知识系统涉及林业生产、林业生产的管理与林产品的经营，几乎可以说是一部林业经济研究。对一个少数民族区域（清水江流域）做出如此全面且并非泛泛而谈的研究，实为中国林业经济研究的一个亮点；也是日渐成型的清水江学体系的重要且影响力最大的一个组成部分。更为突出的

是，区域林业经济问题研究大都是依据林契立论，从林契文献出发探索历史并成形概念已确保了研究的科学性，而海量纷繁的契约文献又内含着其民族经济社会生活特质的特殊意义，已被由法学理论研究而转换到深入生活“现场”考察的法人类学开拓出来的林业经济史研究成果所证明。但研究并不局限于此，还有辽阔的空间展开，如张新民所言：“林业契约可以填补缺乏西南地区经济文化的内容，透过林业经济活动的历史分析，能反映商业活动对西南地区社会经济文化结构的影响，揭示国家社会整体经济文化变迁的生动地域面相。”[7] 因此，上述研究无论从哪一侧面而言都是中国林业经济研究的一个亮点。

第二，除已取得可以骄傲的民法学和民法史研究领域外，清水江流域林业经济研究最为可贵的地方，也在其林业经济史上。若排除“林业商品经济问题”研究所扩展到当代清水江流域林业改革（单洪银等的研究）及林业生态保护（罗康隆、马国君等的研究）等现实问题所进行的“史鉴”性引申研究外，实际上是一本林业经济史的大书。一方面，它追溯了清水江流域历史上（明清时期）的林业生产，另一方面将这一区域林业生产历史进程分解成诸多“林业商品经济问题”进行研究，即徐晓光、程泽时所概括的林业经济繁荣原因，木材贸易的兴起时间、背景、阶段、特点，木材贸易的社会效果，木材的采伐、运输，木材交易，木材贸易的总量、利润率等诸多具体而实在的历史内涵。同时所触及问题不仅深入到林业生产全过程，还深入到社会制度的探讨，如杨有赓所言：“特别是山林契约反映的人工造林和封建生产关系，”[8] 此后学者又从林业佃租契约发现了生产关系的复杂性，由林地买卖契、林地佃租契约引入到产权制度的深入研究。如林地权及林产品的宗族（家族）共有、家庭私有、栽手佃租关系等生产关系方面的研究，是中国少数民族地区的社会经济历史发展进程的根本性问题。从林业生产探索一个少数民族区域的社会经济面貌，当是中国区域经济史研究的贡献。

第三，研究中逐渐形成了许多基本历史认识（观念或者定论），包含历史文献（林契）的性质特征、林业生产的历史时间、法律形态及法制观念、生产水平评价、社会性质、市场网络、林业经济与地方社会发展、内地边疆少数民族与中央王朝关系等。其中最有影响的基本历史认识有如下几个方面：（1）清水江流域生产的林业契约有其独特的法学特征。认为因其侗苗地区社会的传统习惯，这里的林业契约除“分合同”之外，其他契约几乎都是单方面义务契约。有学者指出：“锦屏林业契约除‘分合同’外（租种契约订立三五年后，树木成林时，山主与栽手重新订立的利益分配合同），其他契约几乎都是单方面义务契约。”[9]（2）明代“文斗即是皇木采办的地点”的观点最为鲜明。认为出产于清水江流域文斗寨的“苗杉”，是贡献于朝廷的皇木。以此为基础明确地认为明代清水江流域即是皇木的采伐地；（3）明清时期是“发达的商品经济”。如“明末锦屏木材市场的形成”。[10] 如强调行会（木行）木商是发达的商品经济；“王寨、茅坪、卦治三个苗村洞寨一跃而为苗杉交易的中心市场”[11]；“由明末至清前期，贫苦农民向地主投山栽杉的租佃关系便随之建立起来了”；商品经济楔入了闭塞落后的山乡苗寨，催化着领主经济的崩溃，促进了地主经济的兴起。[12]

二、对一些史料与基本概念形成间关系的思考

经过三代学者不懈努力，清水江流域林业生产与木材贸易的研究知识体系构建了起来，建立在清水江流域侗苗民族地区的区域历史研究形成的丰满而鲜明的历史认识，在中国区域史研究中也很值得骄傲。但是，对于上述一些鲜明的历史认识，如果将注意力放在其形成概念的史事论证过程上，却又乐观不起来了，尤其是作为区域史研究来说，一种对运用史料问题产生的疑问油然而生。仔细观察，一些历史认识引用的史料与对应结论间的逻辑关系是值得讨论的，如下三个方面似乎有结论在时间与空间方面不是被放大就是错位了的问题：第一，将清乾隆以来“代办例木”的实事放大成明代的皇木采办；第二，不仅将清代乾隆以来逐渐繁荣的木材经济延伸到“明代以来”，还将下游局部的繁荣推衍为流域内一般的经济景象；第三，从林业生产的租佃关系引申出清水江流域地主制经济的推论。这里有必要对这些关键概念形成过程做些学术史的回溯性分析，找到（厘清）历史认识的起点和史料与观念构建过程中的“逻辑”关系。

首先，关于清水江流域是皇木采伐地，皇木采伐自明代始，并且以文斗寨为中心，三者构成了一个“自明代起清水江流域就是皇木采办地区”的关键概念。最早提出这一概念的是《清代锦屏木材运销的发展影响》一文，其史事来自对锦屏县文斗寨的历史叙述。文中“明末锦屏木材市场形成”一节中说，贵州是采办皇木区，锦屏是皇木集中地。[10] 此观点又在一篇专门研

究皇木采办论文《明清王朝在黔采办皇木史略》中再次申论。与前文比较，该文的优点在于对明、清贵州皇木采办史事做了较详细的史料征引，文中一个关键观点是“明末清初，大量省外商人深入到黔东南清水江流域收集木材，号‘三帮’‘五勷’”[10] 从而得出了明末清水江流域采木的史证。此后的《文斗苗族地区的明清社会经济文化发展状况——〈姜氏家谱〉剖析》“明代文斗苗寨的经济概况”一节中，建立了明代文斗即是皇木采办的地点，该文叙述建立了三个定论，一是明代文斗即开始采伐皇木，二是由此也是商木采伐地，三是有了“苗杉”的名词。[13]

仔细考察上述运用史料所形成的观念值得商榷。就采伐时间看，上述史料一是征引《明史》和清光绪《黎平府志》所载洪武三十年（1397 年）征讨古州叛乱的史事；二是据《明实录·武宗实录》记载正德年间始派官员至黔、川、湘采办皇木；三是引《四川通志·食货志》“木政”一节记载康熙六年（1667 年）四川巡抚张德地奏折所称“臣查故明初年，专官采办（皇木）……”所做的推论。问题是：首先怎样解读据《明史》和《黎平府志》洪武三十年史事是否是导致采木的动因？其次将“正德年间采办皇木”解说成包含了清水江流域是不是《明实录·武宗实录》的原意？查对文献，《明实录·武宗实录》及后各朝“实录”贵州皇木采办地仅在清水江上游清平卫（即今麻江县与凯里市境内），未曾涉及中下游地区，① 更遑论锦屏文斗寨为中心了；正德十一年（1516 年）清平卫采木距离洪武三十年相隔一百多年，显然将洪武三十年作为清水江流域采办皇木的导因是不成立的。其三，《明清王朝在黔采办皇木史略》一文对皇木采办与木材运销主要事件的描述是局限对清朝史料分析，而在所引明代采木史料都有明确地理方位，如播州、贞州、铜仁、赤水、思南、乌蒙，② 唯独没有清水江流域。至于以文斗寨《姜氏家谱》“记”所闻听的那种“在元时从林密茂，古木荫稠”原始森林状态，再征引《明实录》相关贵州皇木采办的史事，相互对应于是形成了明代的文斗即是皇木采办的地方，然后以号称“三帮”“五勷”的省外商人深入到黔东南清水江流域收购木材，从而得出了明末清水江流域采木的史证，以这两条文斗的关键史料证

① 具体分析将另文做出详细论证。

② 参见《明清王朝在黔采办皇木史略》一文的第三节内容。杨有赓：《明清王朝在黔采办皇木史略》，贵州文史丛刊，1989 年第 3 期。

明史事没有多大采信力，因为没有直接史料可证实元时“从林密茂，古木荫稠”的原始森林在明代就一定成为皇木采办的地方；而号称“三帮”的木商出现在锦屏三江一带确切记载是嘉庆二年（1797年）。上述分析表明，许多历史认识是产生于模糊史事的放大或者多是错位推论。即便我们宽泛一点地说明代清水江流域有皇木采办，但是否在清水江中游（清江）一带或如论证的愿望以中下游锦屏文斗寨及扩展开来的三江为中心点，显然上述史料是不支持这一逻辑推论的。

第二，明清时期由木材贸易而形成的发达商品经济概念也是一个关键概念，史事是清水江出现木行兴盛的现象，木商的经营即是发达的商品经济。《清代黔东南清水江流域木行初探》应当是该观点最早的一篇论文。该文的逻辑建构是：王寨、茅坪、卦治等“三江”一带活跃着“三帮”“五勷”木商，于是在清水江下游就产生了为木材交易服务的木行，“王寨、茅坪、卦治三个苗村洞寨一跃而为苗杉交易的中心市场。”在光绪十五年（1889年）后又有大冶、黄州、武信、金苏等商帮进入垒处。“三江木行正是在商业资本主义发达的基础上发生和发展的”，[11]“是发达的商品经济”。又据史料“证明商业资本输入清水江流域的时限，当在明代无疑。”① 此文考查各种史料为我们重现了明清以来清水江中下游发达商品经济的盛况，如“三江买卖不下数百万金”、每年到三江的“三帮五勷不下千人”、“年均每寨收入约4万两，……可谓收入壮观”。又引民国八年（1919年）瓮洞厘金局估价员邓美臣统计，“过码总值高达三百万元左右”。②

该文叙述的几个史实的史料来源难以支持概念的成立：首先，“三江”木商活动是繁荣的一个表征，那么木商“三帮”（安徽、江西、陕西商人）、“五勷”（湖南常德府、德山、河佛、洪江、托口商帮）何时到此？此外还提到雍正七年（1729年）贵东道方显“招抚”清水江沿岸生苗，疏浚水道，木材放流入湘，及后来魏源所写为又一证据。但审视史料，“三帮”见诸文献记载是在嘉庆二年（1797年），其事为躏立于锦屏卦治的《奕世永遵碑》碑刻记录：

---

① 杨有赓于《清代黔东南清水江流域木行初探》一文中说：“明末时期锦屏木材的运销，应已初步拓宽了市场。”

② 参见《明清王朝在黔采办皇木史略》一文的第三节内容。杨有赓：《明清王朝在黔采办皇木史略》，贵州文史丛刊，1989年第3期。

徽、临、西三帮协同主家公议，此处界牌以上，永为山贩湾泊木植，下河买客不得停。谨为永遵，毋得紊占。

嘉庆二年季春月谷旦。

《奕世永遵碑》文意是明确的，没有重申与追述的含意，是一种“现在时”的表达，那就说明徽、临、西三帮活动时间不会早于嘉庆二年太久；至于说雍正年间方显从清水江放木材入湘一事，查方显《平苗纪略》记载：“又雇苗船一百四十五只，往湖南黔阳县属之红江购盐米、杂粮。且查探水路。”抛开方显“且查探水路”目的不论，所雇一百四十五只苗船并无木材，[14] 反而见诸雍正十年（1932 年）六月十五日的方显奏折则称：“查江道未开以前，沿江生苗盘踞各寨，所产杉木，内地商民皆不敢深入购买。自清理苗疆之后，江道无阻，各省木商云集……各寨木植不许商贩。”[15] 清楚地讲到杉木直到“清理苗疆”之后，才有各省木商云集。至于魏源所记原文为“（张广泗）令兵役雇苗船百余，赴湖南市盐布粮货，往返倡道，民、夷大忭，估客云集。”[16] 也无木材贸易的意思。

其次，木商活动与木行有关联，于是开市设木行的时间就很关键了。开市于明代最重要的史料来自嘉庆时流传民间的《争江记》唱本。引者说：“据《争江记》载，早在明代，‘下游边界黎平府，管辖一带清水江，卦治王寨同茅坪，三寨轮流当木行’……”[11] 查《争江记》原文是“明朝太祖坐江山，天下太平万民安。贵州要定十五府，上七下八各一方。下游边界黎平府，管辖一带清水江。卦冶王寨同茅坪，三寨轮流当木行……”[17] 阅读该段文字的文意，只是一种行政建制性的历史叙述，不应当如作者所设想的“早在明代”三寨轮流当木行的结论。另外，开市设木行时间有康熙四十二年（1703 年）和雍正七年（1729 年）两种说法。康熙说见上引《争江记》，于是该文说“在雍正之前已设木行”，[11] 而雍正时期史料是“……雍正九年的古州布告：‘该（茅坪）与王寨、卦冶三处，皆面江而居，在清水江下游，接地生苗疆界，向者生苗未归王化。其所产木植，放出清水江。三寨每年当江，……此当江送夫例所由来也。’”并又引道光七年（1827 年）“山客李荣魁诉状”词语，归纳为雍正七年张广泗立总市而有三江木行。但最近程泽时对张广泗生平事迹的研究，否定了张广泗在雍正朝立总市的可能。[18]

再者，关于木材商品经济发达程度的描述是：从时间上看，道光初期营业额“三江买卖不下数百万金生理……三帮五勷不下千人，”① 民国八年（1919年）瓮洞厘金局估价员邓美臣统计：“过码总值高达三百万元左右”。② 从商人群体看，说“在清水江流域的民族地区，明中叶以后，以木材为中心的贩运商业蓬勃发展，不少苗族侗族上层人物纷纷从商，以贩运木材为业，形成当地少数民族的第一代商人。”[12] 但所引史料都是清嘉庆道光间及以后事实，时间与乾隆时代已差三十年，若推衍到明末更是180多年间的时间差距。光绪十八年（1892年）编修的《黎平府志》言“黎郡杉木则遍行湖广及三江等省，远省来此购买民在数十年前，每岁可卖二三百万金，黎平大利在此。”③ 从所讲到的时间表上看，其获利“每岁可卖二三百万金”的大好时间也仅是“在数十年前”以来，即使与明末也有很长一段时间差距。

其实，从《采运皇木案牍》涉及的乾隆十一年、十二年关于采办例木史事的奏折看，乾隆初期清水江流域的桅木（大木）才作为湖南的“例木”开始有规模地采伐。④ 此外，一件康熙时碑刻文字提到，直至康熙后期锦屏县平鳌寨还生活在“木山片无，历代锄坡以为活命，苦之至极，情莫可生……俾苗不知礼法，只依土俗木议刻堂亲为凭”的处境。⑤ 平鳌是清代中后期木材采运的重要地区，而碑文透露出的林业生产与木材交易历史信息是：一方面佐证林业生产欠发达，另一方面佐证林业生产的文契还没有产生。从上述分析而言，显然论文将乾隆以来发生事件去统领明代，是一种错位臆想。

第三，明清时期清水江流域封建地主经济概念也是一个不恰当的命题。认为封建地主经济概念的历史逻辑是“明代，当清水江少数民族地区还自封领主制的时候”，“由明末至清前期清水江林区的皇木——苗杉引来了外省商贾，推动了木材生产的发展，山林买卖也日益频繁；商品经济催化着领主经

---

① 详情参见程泽时：《清代锦屏三寨当江之权利考》。

② 参见道光七年山客李荣魁等递交贵州布政使司的呈诉词。

③ 参见《光绪黎平府志·食货志卷三》（黄加服、段志洪：《中国地方志集成·贵州府州县志辑》，巴蜀书社，2006年第17和第310页。

④ 参见嘉庆十九年八月二十日广厚折（载《宫中档嘉庆朝奏折》（复制本）第28辑第85页。台北故宫博物院藏，编号404016355）。转引自高笑红：《清前期湖南例木采运——以<采运皇木案牍>为中心》。

⑤ 参见锦屏县政协文史委员会、锦屏县志编纂委员会编、叶炽昌点校之《锦屏碑文选辑》第109、1997页，内部印刷。

济的崩溃”，所以在明清之际，以木材为主产品的商品经济迅速发展，……贫苦农民向地主投山栽杉的租佃关系便随之建立起来了。”“随着山林占有的日趋集中，涌现了一批苗族大地主商人，形成了商人地主阶层与租佃阶层。他们致富后，把商业资本陆续流向土地”。于是有了文斗寨的商人地主”。同时，又分析指出，人造杉林的生产活动普遍之后，因为人工杉林而造就了一批地主与佃林农，而人工杉林又催生了木材商品经济的发展，从而推论清水江域内广泛的租佃生产关系。这是最为精彩的叙述之一。

上述判断的一个重要史料依据是建立在对林契的解读上。作者说：“我们在清水江下游的锦屏县文斗寨，先后收集到反映清代苗族山林租佃关系契约 245 份，大致可分成三类。第一类是山林租佃契约 35 张，第二类是含租佃关系的山林断卖契 100 张，第三类是苗族地主木商姜述盛购买含租佃关系的山林 110 块的文契 110 张。”又说：“我们在文斗寨收集到的 208 张山林断卖契中，有 100 张含有租佃有关系。”[12] 另一件史料是《万宝归宗》的抄本，记录文斗苗族大地主商人姜述盛自嘉庆十一年到道光二十一年（1806 年—1841 年）购买青山的全面情况。在其所购买的 166 块青山中，“含租佃关系的有 110 块……”，这是租佃制度的证据。而地主阶层，也引《万宝归宗》统计出“姜述盛继承祖遗山场 32 块，加上自购的山场，合计达 200 块之多。”

另一条史料是据民国三年（1914 年）3 月誊抄的《山林木契簿》内所记录自乾隆三十五年至咸丰三年（1770—1853）的 80 余年间，姜氏一家四代共购买生林 61 块，其中姜绍韬自嘉庆二十五年到道光二十一年（1820 年—1841 年）的二十二年间，又另买杉山 12 块；姜钟英自道光十二年至咸丰二年（1832 年—1852 年）的二十一年间，另买有杉山 18 块。① “他们都是大林地的拥有者。”与此相关，论文说在清水江流域的民族地区，“明中叶以后，以木材为中心的贩运商业蓬勃发展，不少苗族侗族上层人物纷纷从商，以贩运木材为业，形成当地少数民族的第一代商人。他们致富后把商业资本陆续流向土地。”这也是一个精彩的论点。

问题是，上述内容只表明租佃关系发育在嘉庆道光年间林业“大地主”与时产生的事实，而不能将其视为乾隆朝或更早的明代事实，这是显而易见

① 参见嘉庆十九年八月二十日广厚折（载《宫中档嘉庆朝奏折》（复制本）第 28 辑第 85 页。台北故宫博物院藏，编号 404016355），第 80、80—81、82 页。

的。就地主而言，阅读该文，我们可能看到了这些成功的商业地主的诞生，但他们是否就是大地主也仍然不清，因为其占有林产的统计不甚清晰。如占有面积的计量单位是“块”，块到底有多少？块可大可小？因此块只有数量的表示而无可比性。更重要的是，所列地主只是个别典型而无普遍性，它无法表明已形成了一个地主阶层和地主制经济。同样，林业生产在流域内的整个经济中占有多大比重？是否形成了一个区域社会主导经济结构？都是需要进一步用事实去说明的大问题。

相反，一些现存文献却让我们看到与之相反的历史事实。如由人工技术栽培杉木而促进的林业繁荣与导致相应的租佃关系，我们通过林业契约的研究倒可在时间上与规模上找到依据，表 1 是对清水江流域三县部分自康熙到乾隆朝文书的统计，在 173 件乾隆三十年（1765 年）前文书中，只有三件文书含有租佃关系的信息。它至少说明，在乾隆三十年前租佃关系极其微弱，即使在上文提到的产生了林业大地主的文斗寨也不过如此，更遑论明代租佃关系了。同时也表明，天柱和黎平罗里乡林契是纯粹的买卖契而无租佃。上述史事与契约皆表明，至少在乾隆三十年前，那种自明代以来流域内由林业生产中发展起的发达商品经济和地主制经济的认识是经不住史料检验的推论。

表 1　康熙至乾隆年间清水江流域三县部分文书统计情况

序号	文书来源 \ 统计文书数量（件）及文书性质	康熙、雍正、乾隆朝文书（件）	乾隆三十年前文书（件）	含有租佃关系文书（件）
1	锦屏县加池、平鳌、苗馁、魁胆等寨	452	70	乾隆二十年租佃山场；二十三年“抗租殴打”纠纷
2	锦屏文斗寨	55	7	0
3	锦屏平略镇	268	33	乾隆二十年租佃山场
4	黎平县罗里乡	147	30	0
5	天柱县	61	33	0
小计		983	173	3

文书来源：（1）《清水江文书》（第一、二、三辑），张应强、王宗勋主编，广西师范大学出版社 2007 年版、2009 年版、2011 年版，收录文书 15000 件；（2）《贵州文斗寨

苗族法律文书》，陈金全、杜万华主编，人民出版社2008年版，收录文书664件；（3）《平略文书》，未刊稿，收入文书3000余件，锦屏县档案馆藏；（4）《罗里文书》，来自黎平县罗里乡亚榜村、罗里村、八卦村，樟溪村，收入文书3000余件，未刊稿，现藏黎平县档案馆；（5）《天柱文书》，张新民主编，江苏人民出版社2014年版，收录文书6600余件。

综合上述分析可以看到，说明代贵州是皇木采伐地，这没有错，但以贵州是明代的皇木采运地而推断作为贵州组成部分的清水江流域也是明代皇木采伐地，这一推论就牵强了。更不可以乾隆中后期日渐发展起来的木材商品经济套用到明代，哪怕是明代后期，也是有违事实本身的一种推论，同样的逻辑也发生在对地主制经济的论证上。产生这些问题的关键是混淆了明清的时间概念。相对来说，研究中华五千年文明或者中国通史，明清作为一个历史阶段相提并论并无不可。但作为清水江流域侗、苗聚居区的特定小区域史研究，其历史进程意义上的明、清则是两个不可模平为一体的时间维度；其间的差异将是不可忽略的，而且其间发生的许多事件性质可能有天壤之别；从某种意义上讲，历史时间将空间分割成不同色彩，因而“时间”对历史具有本体论的意义，清水江流域明代皇木采办的历史怎样？是否有发达的木材贸易？目前没有能提供出确凿证明。就此而言，明代的历史时间没有渲染出清水江流域这一空间以皇木采办与发达商品经济的浓墨重彩，那么过去上述三个方面瞩目的研究成就，所揭示的至多也就是清乾嘉以来的历史，由此历史研究而形成的那些历史认识也只能是乾隆以来的面貌；明清时期清水江流域有发达商品经济的历史认识就空悬起来。

三、清水江流域林业生产与木材贸易研究中一些问题的思考

上述基本历史认识对于清水江学研究影响至深。它是后来各种研究论文主题的起点，也是不断扩展及深入探讨的逻辑前提。如明代清水江流域是皇木采办地和明代发达商品经济及地主制度经济的认识上，几乎所有的后续研究都自觉地默认或在“无意识”间成了自己主题立论的出发点。笔者受其影响往往将其作为自己一些历史研究的出发点，许多人的研究也出现类似倾向。如沈文嘉论文中说“明武宗正德九年（1514年）朝廷即开始在清水江流域征派‘皇木’”，[19] 陈金全主编《贵州文斗寨苗族契约法律文书汇编》

“前言”开篇即说：“早在明初，朝廷即开始在以锦屏为中心的清水江流域行派‘皇木’”，[20] 2009年修订版《侗族社会历史调查》第二编“林业生产”开篇标题就是“锦屏林业的开发滥觞于明王朝在贵州征派皇木”，并解说道“锦屏县商品经济的发展已有数百年的历史：早在明、清之际，锦屏地区把以木材贸易的逐渐兴旺作为商品经济日益发展的重要标志，因此成为贵州经济发展水平较高的少数民族地区。”[21] 最近由潘志成、吴大华、梁聪编著《清江四案研究》一书也沿用以上逻辑默认正德九年锦屏县内“皇木”伐运中原。[22] 这样我们就看到自第一篇专门的“皇木”论文起（1989年）到专业的木材经济专著《木材时代》（2008年），① 都是明代清水江流域的锦屏“皇木采办”论。再如“发达的明清苗木商品经济”的观点，一篇论文明确地讲到“本文以发达的明清流域经济社会发展为出发点……”，进而通过研究林契建构了清水江中下游发达的林业商品经济的历史面貌。[23] 至于明清的封建租佃关系，沈文嘉等研究认为人工造林引发商业资本涌入，“也将汉族历史悠久的契约文化传入到了清水江侗、苗族林区。……从而带来了买卖与租佃契约，由此引发了林业生产关系的变革，产生了封建林业租佃关系。”[24] 影响更大的是，上述观念几乎是清水江流域历史研究中“清江四案”研究的前提；“清江四案”自20世纪80年代起，即成了清水江流域历史研究最热门的话题，至今余温仍存。

实际上，这些基本历史认识也成为问题争议的焦点。随着研究进入到着眼于对历史演进过程作阶段性观察研究时，问题便不断地暴露，也相应地产生许多质疑。张应强就在自己《木材之流动》一书中指出：“目前还没有文献资料可直接证实明代官府采办‘皇木’的活动已经深入到清水江流域”，又强调“整个乾隆时期……还没有见到下游木商在清水江一带进行的贸易活动。”[25] 至于林业生产中的地主制经济，陈金全对林业租佃契约研究表明，从契约中的租佃约定是很难判断是否是制度性的地主制生产关系。[20] 徐晓光、程泽时在最近发表的《清水江文书研究争议问题评述》一文中，从学术史角度对清水江研究中许多重要观念提出异议。不过我们还是要强调，讨论争论问题的焦点并不是要否定以往研究取得的成就，毕竟前贤的研究有筚路

① 如说：“从明代以来，清水江流域所产的木材就成为朝廷建造皇宫殿堂的首选木料，被称为‘皇木’，……清水江流域便成了明清时期朝廷‘皇木’征集的主要基地。”载单洪根：《木材时代——清水江林业史话》，中国林业出版社，2008年第27至29页。

蓝缕之功，后来的研究总是沿着已有成果向前推进。如果我们矫正上述研究在时间与空间上的错位，以往研究已打开的通往明代清水江流域林业生产与社会变革的大门，仍然是后续研究的门径。

站在前贤研究基础上，将研究着眼点放置于整个清水江流域做整体观察，原来的“错位”认识完全可以“自动”矫正。首先，明代清水江流域是皇木采办地或者木材生产地本是一个真问题，扩展史料是可以发现历史事实。以往研究的一个重要方法论危害在于只重视“锦屏为中心”，可能忽略了对更广阔的清水江流域做比较观察，明代文献中具体记载上游和下游支流上的木材生产的史料则被搁置一边，却削足适履地往下游锦屏为中心紧靠，虽然费心尽力地论证，结果史料却并不能支持。实际上，梳理明代史料，清水江流域上游清平、重安江一带在明代有明确的“皇木”或木材采伐地的记载，同样在下游支流邛水（八卦河）一线都有直接的木材产出或交易的史证。本文指出的这些明代史料及涉及的木材采伐等史事，将择另文予以详尽阐述及分析。

第二，虽然我们找不到直接又翔实的明代清水江流域繁荣的木材贸易史证，但已经涉及到的乾隆中后期以来木材贸易一波三折的事实，却是研究这里木材生产与社会变革进程的重要线索。一方面，通过分析官方史料仍可依稀看到康熙、雍正和乾隆朝早期存在木材生产的点滴史事，而研究清水江文书却发现，三朝时期都有杉木买卖契约出现，通过梳理分析不同时期的林契内容，能揭示出不同时期林业生产呈现出的不同状态；另一方面，无论从史料还是从林契内容，都可以发现一个有趣的事实，即乾隆朝起下游锦屏三江一带突然间木材贸易兴起至嘉道年间达到一个极盛；与此相关的封建租佃关系问题，也是一个值得探讨的论题，配合契约文书资料，可以通过何时有佃契，如表 1 一样排比康熙、雍正、乾隆、嘉庆乃至道光时期的租佃契约的比例，再观察佃契的空间分布及租佃内涵，这正是土地关系演变发展的线索与现象。由此便可深入到历史场景中讨论封建租佃关系，不仅可以触摸到制度本身，还观察到了制度形成变迁的整个过程。

第三，通过史料的拓展，以往错位问题造成的模糊性都可以得到清晰表现，这个史料就是清水江文书。错位现象症结在于放大了部分史料的内涵，原因是没有明清以来较为翔实丰富的史料印证，只能从理论上做政治经济学式的逻辑推论；缺乏史实的推论尽管很巧妙却往往都很苍白。现在大量涌现出的清水江文书，其内部丰富的历史事件即是最直接的证据。借助文书复原历史真相可以矫正偏差，而且研究中的许多模糊观念都可以通过清水江文书进行量化研究。如大家研究中讨论得最多的是人工育林技术，而人工育林的依托点又是林业佃农的出现，并形成了“人工造林与租佃关系同步”的推论，[20] 这是影响很大也很关键的一个历史认识。采用表 1 排比研究清水江文书的方式也适用于揭示林业技术与租佃关系的事实原貌。一方面，文书中什么时候出现了大量林业佃农，可能就是人工育林技术成熟的时期。另一方面，出现了人工育林技术并不一定诞生租佃生产关系。康熙时期一件林契可厘清“人工造林与租佃关系同步”推论的模糊性提供证据，例契如下：

立卖山坡芳平（荒坪）。苗馁寨杨香保、笼保弟兄二人，今因家下要艮（银）紧急，自愿将祖父山场芳平坐落土名九白冲乂右边，上凭深冲领吴姓山为界；恁凭陆姓挖沟过坟，山凹开垦丘田栽杉。要行出卖，先问房族，后问团邻，吴（无）人承买，请中问到庙吾寨现宇、现卿名下承买开垦管业。当日凭中三面言定断价银四两八钱整，杨香保兄弟亲手领足。其山芳平冲乂恁凭陆处管业，日后不得翻悔。如有翻悔，发（罚）生金乙两，龙角一双。上平天里（理），下平地神，今欲有凭，立此断卖契永远子孙存照。

姜太乔
凭中　龙党格三人共艮八分
姜高明
代笔　蒲兴安受艮八分
康熙五十四年二月十六日立卖
天理仁心管业发达

文书来源：王宗勋：《锦屏文书征集手记》，世界图书出版广东有限公司，2015 年，第 102 页。

契约中讲述的内容有两点值得注意，其一是“栽杉”的记载，如果此“栽杉”是人工育林的表述，那么该契约是至今可见到的最早的人工育林史实了；其二是虽然有了人工育林，但显然没有与租佃制度相关联。该件林契的史证意义在于，建立在人工育林基础上的租佃制度，至少在康熙时期的林业契约中没有体现。据王宗勋研究，与该文书同一地点还有七件皆立契于康熙五十八年（1719年），另有三件分别立契于雍正十一年（1733年）和十三年（1735年），内容与之一致。[26] 下面是另一件立契于雍正九年（1731年）的林契，同样表明有杉木栽培而无租佃关系：

立卖山场杉木约人姜闵刚，为因家下缺少用度，无所得出，自愿将祖遗山场杉木一所，坐落地名九桑，做四股均分，本名占一股。请中出卖与姜相云、姜茂云兄弟名下承买为业。当日凭中当面议定价银二两正，亲手收回应用。其山场杉木自卖之后，任凭买主二人永远管业，不许族外人争论。今恐无凭，立此卖约，永远遵照。

凭中　姜利两　受银五分

代笔　姜邦奇　受银五分

雍正九年十月十八日

清水江文书对于清水江流域区域史研究提供了极为丰富的史料，关键是要尽可能广泛地利用文书。如果我们只局限于一点一面上做深耕，可能就缺失了其历史进程所展开的广阔场面，这样许多结论对于清水江流域文书研究或清水江文明史真相就会流于偏失。我们对清水江文明的认识，更依赖于一个有形有体的文明空间，也依赖于对一个文明建构过程历史时间的理解。作为民族地区的区域文明史研究，清水江流域千年间的长时段历史全貌可能因为史料稀少难以再现，然而由文书所体现出来的明、清至民国时期的“中时段”历史可以再现却是无疑的；再现研究清水江文明最关键的问题是注意时间与空间关系。今天清水江文书研究最可喜的一点是呈现出多学科共同努力交叉研究的态势。从不同学科出发对同一历史现象进行阐释，是帮助我们理解历史的丰富性、时代性及感受外表下历史深处的脉动最好的工具与方法。但如果我们抛弃做翔实的历史研究，要对历史现象做出法学人类学、民族学、人类学或者经济学的抽象，或多或少都会扭曲历史真相。清水江文书则是历史研究最直接最生动的史料，为此本文再次强调：回归历史学，回归历史时间。文明史是时间的产物，社会面貌通过时间塑型，掌握了历史时间之剑，就能揭开清水江文明的面纱；时间之剑就是潜藏于流域内不同地点不同时期的清水江文书。

参考文献

[1] 廖耀南，游芝升．清水江流域的木材交易［M］//贵州文书史料选辑：第六辑．贵阳：贵州人民出版社，1980.

[2] 李品良，杜双燕．近三十年清水江流域林业问题研究［J］．贵州民族研究，2008（3）：137—144.

[3] 马国君，李红香．近六十年来清水江林业契约的收集、整理与研究综述［J］．贵州大学学报：社会科学版，2012（4）：74—81.

[4] 徐晓光，程泽时．清水江文书研究争议问题评述［J］．原生态民族文化学刊，2015（1）：45—62.

[5] 龙泽江．清水江文书研究的背景、意义和价值［J］．原生态民族文化学刊，2012（3）：23—27.

[6] 陈金全．贵州文斗寨苗族契约法律文书汇编（前言）［G］//陈金全，杜万华．贵州文斗寨苗族契约法律文书汇编——姜元泽家藏契约文书．北京：人民出版社，2008.

[7] 张新民．走进清水江文书与清水江文明的世界——再论构建清水江学的题域旨趣与研究发展方向［J］．贵州大学学报：社会科学版，2012（2）.

[8] 杨有赓．清代清水江下游苗族林业契约研究苗学研究（1）［M］．贵阳：贵州民族出版社，1989：132—139.

[9] 徐晓光．清代黔东南锦屏林业开发中国家法与民族习惯法互动［J］．贵州社会科学，2008（2）：2.

[10] 杨有赓．清代锦屏木材运销的发展影响［J］．贵州文史丛刊，1988（3）.

[11] 杨有赓．清代黔东南清水江流域木行初探［J］．贵州社会科学，1988（8）：49.

[12] 杨有赓．清代清水江林区林业租佃关系概述［J］．贵州文史丛刊，1990（2）：79.

[13] 杨有赓．文斗苗族地区的明清社会经济文化发展状况——<姜氏家谱>剖析［J］．贵州民族学院学报，1989，4（22）：21—22+23.

［14］ 方显. 平苗纪略［C］//马国君.〈平苗纪略〉研究. 贵阳：贵州人民出版社，2008：189.

［15］ 张映强. 木材之流动——清代清水江下游地区的市场、权力与社会［M］. 北京：三联书店，2006：38.

［16］〔清〕魏源. 西南夷改流记［M］//魏源. 圣武记［M］. 北京：中华书局，1984：289.

［17］ 贵州省编辑组. 侗族社会历史调查［M］. 贵阳：贵州民族出版社，1988：38.

［18］ 杨有赓. 清代黔东南清水江流域木行初探［J］. 贵州社会科学，1988（8）：50.

［19］ 沈文嘉. 清代清水江流域侗、苗族杉木造林方法初探［J］. 北京林业大学学报，2004（4）.

［20］ 陈金金，杜万华. 贵州文斗寨苗族契约法律文书汇编［G］. 北京：人民出版社，2008.

［21］ 贵州省编辑组<中国少数民族社会历史调查资料丛刊>修订编辑委员会. 侗族社会历史调查［M］. 北京：民族出版社，2009.

［22］ 潘志成，吴大华，梁聪. 清江四案研究［M］. 贵阳：贵州民族出版社，2014：108.

［23］ 吴述松. 林业结构调整及其内生的经济增长［C］//王宗勋. 锦屏文书研究论文论文选集. 广州：世界图书出版广东有限公司 2015：275.

［24］ 清代清水江流域侗、苗族杉木造林方法初探［J］. 北京林业大学学报，2004（4）.

［25］ 张应强. 木材之流动——清代清水江下游地区的市场、权力与社会［M］. 北京：三联书店，2006：40，67.

［26］ 王宗勋. 锦屏文书征集手记［M］. 广州：世界图书出版广东有限公司，2015：102.

明代贵州及清水江流域的“皇木采办”与木材贸易

——清水江文书·林契研究之二[①]

林　芊[②]

摘　要：梳理史志发现，明代贵州皇木采办地重点在今黔北遵义与黔东北铜仁两地区；清水江流域皇木采办是正德年间在上游凯里麻江一线（清平卫），万历二十五年（1597年）后采木及木商活动在下游天柱翁洞（新市）、三穗县（邛水司）、黎平洪洲；于是呈现出两种现象：一是清水江干流上今台江、剑河、锦屏一线仍是“林箐蓊郁，深邃荒迷”而无采伐记载；二是上游有皇木采办而无木材贸易，下游有木材贸易而非皇木采办。是自然与政治双重因素作用限制了在台江、剑河、锦屏一线林莽采伐大木，官府在侗苗地区采取的抑商政策又阻碍了下游的木材贸易。由此推测，清朝中后期锦屏“三江线繁荣的木材贸易当兴起于康熙朝之后。

关键词：明代；清水江流域；皇木采办；木材贸易

明代用于宫廷王府建筑而在全国各地采办的木材，俗称皇木。皇木大致分为两大类，凡制作殿柱所用的木材称大木，凡用作椽、拱等木材称为鹰架

---

① 本文原载《贵州大学学报》（社会科学版）2016年第4期第65—72页。

基金项目：国家社科基金一般项目“晚明至民国时期内地侗、苗民族地区土地买卖与地权分配研究”（14BZS069）；国家社科基金重大项目“清水江文书整理与研究”（11&ZD096）。

② 作者简介：林芊（1959—），男，贵州贵阳人，贵州大学历史与民族文化学院教授，硕士生导师。研究方向：史学理论与区域史。

木、平头木。大木主要是楠木和杉木。明代贵州采木官员向上汇报情况时将从贵州采运出的大木称之为“贵木”，如万历十六年（1588 年）总督漕运侍郎舒应龙疏辩中即称“今贵木三运已毕。”[1] 此“贵木”即是在贵州采办的皇木。

清水江流域皇木采办及木材贸易，目前为止的研究认为“从明代以来，清水江流域所产的木材就成为朝廷建造皇宫殿堂的首选木料，被称为‘皇木’，……清水江流域便成了明清时期朝廷‘皇木’正集的主要基地……”。[2] 这一历史认识从“宏观”上为我们勾勒了清水江流域的贵木采运和木材贸易情形，但在阅读到具体历史情节时，如有明一代何时在清水江流域采运大木，采办地又在何处，上述认识就显得含混模糊甚至似是而非。[3] 显然这是仍需进一步深入探讨的问题。本文主要依据史志及清水江文书提供的历史信息，探讨流域内明代皇木采办及木材贸易清晰的时间表与明确的采办地，及由此显示出的阶段性面貌及特征。

一、明代史料中的“贵木”采运及特征

要再现清水江流域皇木采办史，首先得弄清有明一代“贵木”采办的历史时间与采运过程。明代“采木之役，自成祖缮北京宫殿始。”[4] 有研究者称，明王朝“采木之役”在西南大致有 40 余次之多，至于在贵州采运大木有多少次，从现有史料看无从厘清，现据《明实录》① 内所载采木事件整理为表 1。

表 1　贵州采办大木事件

年号	时间	采办大木事务
正德	九年	升湖广巡抚刘丙总督四川、湖广、贵州等处采大木。以邓文壁于贵州。
	十一年	以贵州采办大木，停免清平等卫所正德十一、十二年额造军器。
	十四年	免贵州思南、铜仁、镇远府正官来朝，以方采营建大木故。

① 本文所引《明实录》资料，皆转引自贵州省民研所《〈明实录〉贵州资料辑录》，贵州人民出版社，1983 年（简称《明实录》）。

（续表）

年号	时间	采办大木事务
嘉靖	三年	贵州采运大木至天津。
	四年	选部属三人分行四川、湖广、贵州，募求大木；泰：贵州石阡、镇远等处，各买办大木。
	五年	贵州土官汪誉奏献楠樟大木，请给服色诰命。上嘉其劳。
	六年	采木左侍郎黄衷条上采运大木事宜，云南银二万解贵州；复发淮、浙余盐或各省例银或开中盐引给贵州备用。
	七年	兵部：………乃悯云、贵、川广见有用兵及采木之役，民疲财乏，量颁内帑以助饷给。章圣慈仁皇后大礼告成，……以贵州用兵采并木，诏免各府正官朝觐。
	二十一年	总督川湖贵州大木工部侍郎左副都御史潘鉴奏：请久任采木官暂往升迁，兼免其给由，仍行川、贵、湖广巡抚责令各官专理木务，……
	二十二年	上以采木工完，升贵州巡抚右副都御史刘彭年……；复遣工部侍郎刘伯躍采木川、湖、贵州。
	二十三年	为右都御史戴金川贵采木虚报得木之数事，上命金对状，金具疏自明；工部尚书甘为霖言湖广、四川、贵州采木余剩并事例银两清查解部以急用。从之；以督采大木完事，诏赏贵州布政使侯缄十五两。贵州副使翁学渊、知府李复初、张定、王文光、张环各十两，知府蒙询、知县刘宪等各五两。
	三十七年	以采木免贵州思州、思南、石阡、铜仁、黎平、镇远六府各州县正官入觐。
	三十八年	贵州巡抚高翀参都司何自然以采木急托疾归避，宜治其罪。“革自然任”
万历	二年	工部上言：“神木厂收贮楠杉大木，出自湖广、川、贵，……乞委官搭棚若盖，以图经久。”
	十二年	以贵筑钱粮竭处之艰，抚按舒应龙等请以广东一省协济。
	十三年	部复：“以国亨从征判苗，其征劳薄其罪令采木自赎。许之。（杨）应龙又以开采献巨材六十。”

（续表）

年号	时间	采办大木事务
万历	十四年	工部题：………至采木之役重，为三省之累，乞将川贵应采办二分内、湖广未采木数内，再行量免一二。上览奏，嘉纳。贵州原任宣慰使安国亨奏称采进大木，比例乞恩诰封加衔赐给服色。上令工部查例先行赏赉。赏与大红纻丝飞鱼衣一袭，银二十两。
	十五年	先是，播酋杨应龙经勘革职，至是复肆行杀掠，缚去官舍、烧砍木厂。 工部复："宣慰杨应龙地方献进大木七十根，内多美材，先经赏赐飞鱼彩段，……升都指挥司；仍给诰命。"①
	十六年	贵州宣慰土舍安国亨奏抚臣舒应龙委商抢木、携私阻抑，补贡大木，以明不欺。总督漕运侍郎舒应龙疏辩：贵州三运验木本酋大木，半年之后方云起运在途，且商人深入土司采木，前后左右皆为土人，商人何能肆抢；……今贵木三运已毕，而国亨所报尚无归着，则黠伪便可知之。乞敕查木且法，并请罢斥。上谕命供职，置国亨不问。
	十八年	贵州土舍安国亨进献木大，授例乞恩。上令给与追夺原赏银两、服色、俟再有功，抚按官题请授职。
	十九年	以湖广、四川、贵州三省采运大木事完，加恩效劳各官，其抚臣舒应龙给与应得诰命
	二十年	四川播州土司杨应龙子杨朝栋各进木二十根，以备大工之用。
	二十五	工部复："四川、湖广、贵州采木事宜。……贵州地险密夷夙称空乏，先采运十分之三，仍限六年，分作三运。命依拟行。
	三十六年	贵州巡抚郭子章言"坐派贵州采办楠杉大木柏枋"预算及事务
	三十八年	铸给贵州督木道关防……一颗。

资料来源：《〈明实录〉贵州资料辑》。

表1所列肯定不是全部采木事件，但它却显示出贵州采木事件的进程及特征。首先从时间上看，贵州在武洪时采运大木情况不甚清楚，但至少在正德九年（1514年）便开始纳入大木采买地区，从此贵州成了明代继四川、

① 今贵州遵义地区和黔南州的福泉市明代行政属四川省的播州，今贵州天柱县行政属于明代湖广行省的靖州。

湖广之后南方的第三个重要采木区。直到万历后期贵州巡抚郭子章完成“坐派贵州采办楠杉大木柏枋一万二千二百九十八根”，历经“五运起解”直至万历四十七年（1619 年）始完毕。据《崇祯长编》载崇祯元年（1628 年）“停止浙、直三运，四川、湖、贵楠杉大木”明王朝停止了皇木采办。那么，从正德九年（1514 年）至万历四十七年（1619 年），明代在贵州采办大木前后历时百余年。

第二，显示出其阶段性特征。正德九年邓文璧主事于贵州采办大木一事，在贵州开始了民间所谓的皇木采办之事。其后进行了多少次无从查证，大致说来，经历了如下几个阶段。第一阶段是正德九年至嘉靖三年（1514 年—1524 年）。原因是从贵州采办的大木在嘉靖三年已运抵天津，由于乾清宫、坤宁宫两宫殿修缮完毕，由天津到北京“木运可缓”。第二阶段是从嘉靖四年到二十年（1525 年—1541 年）左右。嘉靖四年八月升工部虞衡等司署员外郎范总、李煌、牟泰俱署营膳事郎中事，各买办大木。具体分工是范总负责湖广常德、辰州等处；李煌负责四川马湖、叙州等处；牟泰负责贵州石阡、镇远等处。[5] 至嘉靖二十二年、二十三年“上以采木工完”奖励各有关官员，标志采木也告一段落。这期间在贵州又经历了多少次采木不得而知。第三阶段从嘉靖三十六年至万历二十二年（1557 年—1594 年）。嘉靖三十六年（1557 年）六月遣工部郎中李佑、四川副使卢孝达管川贵各采大木，至万历十九年（1591）二月以湖广、四川、贵州三省采运大木事完，加恩效劳各官。第四阶段采木为一个间歇期，因万历二十四年“征播州之乱”停息下来。如贵州巡抚宋兴祖向神宗皇帝条陈六事中请准“停木运”，原因是“不勘两役，乞暂停，专力讨贼。”[6] 所谓“不勘两役”，即是采办大木与征讨播州土司叛乱，为此“停木运”。第五个阶段是从万历三十六年到万历四十七年（1608 年—1619 年），采伐大木分十年五批运完。朝廷要求从万历三十六年起分三批起运，至万历三十八年便要全部运完。但贵州巡抚郭子章于万历三十六年报告采运困难，于是据工部侍郎王永训等人的意见以十年为期分“五运起解”，大约至万历四十七年基本运完。

第三，采运大木涉及贵州许多地区。从表 1 中看到，除当时行政尚属于四川的播州外，贵州思州、思南、石阡、铜仁、黎平、镇远六府和清平一卫都是皇木采办的地方。而更具体的地方则见诸李宪卿的报告中。嘉靖三十六年（1557 年）左副都御史李宪卿总督四川、湖广、贵州采木事时，其过程分作两个步骤。先是派出人员勘测采木地点，继后再实施采伐。所勘察地区如报告中言："臣督率郎中张国珍、李佑，副使张正和、卢孝达，各该守巡参政游震得、副使周镐、佥事于锦，先后深入永顺、卯峒、梭梭江；参政徐霈、佥事崔都入容美；副使黄宗器入施州、金峒；参政靳学颜入永宁、迤东、兰州、儒溪；副使刘斯洁入黎州、天全、建昌；董策入乌蒙；参政缪文龙入播州、真州、酉阳；佥事吴仲礼入永宁、迤西、落洪、班鸠井、镇雄；程嗣功入龙州；参政张定入铜仁、省溪；参议王童光入赤水、猴峒；佥事顾炳入思南、潮底；王集入永宁、顺崖。而湖广巡抚右佥都御史赵炳燃，巡按御史吴百朋各先后亲历荆、岳、辰、常；四川巡抚右副都御史黄光升历叙、马、重、夔；巡按御史郭民敬历邛、雅；贵州巡抚右副都御史高翀历思、石、镇、黎；巡按御史朱贤历永宁、赤水。臣自趋涪州，六月上泸、叙。"勘测到"三省可采丈围以上楠杉二千馀，丈四五以上亦一百一十七。"以上为勘察地区，这是一个大范围的勘察行动，涉及云南、四川、湖广和贵州，几乎是整个西南采木地区。然后，报告中列出了此次实际采木地方。"其所奏两司涉历采取之地曰：'四川守巡督儒溪之木，播州之木，建昌、天全之木，镇雄、乌蒙之木，龙州、蔺州之木；湖广督容美之木，施州之木，永顺、卯峒之木，靖州之木，及督行湖南购木于九嶷、荆南购木于陕西阶州；武昌、汉阳、黄州购木于施州、永顺；贵州则于赤水、猴峒、思南、潮底、永宁、顺崖；其南出云南金沙江云。'采木"得木一万一千二百八十九株"。[7] 从上述勘测及实施采木地区看，涉及今天贵州地方有播州、真州、永宁、铜仁、省溪、赤水、猴峒、思南、潮底、顺崖，思（州）、石阡、镇(远)、黎（平)。此外，其中的酉阳、辰州、靖州也旁及今贵州东部部分地区。万历十二年（1584年）巡抚舒应龙、巡按毛所上"大木疏"，主题虽然是因贵州采木经费绌支而请求援助，但在行文中实际上将具体采木地方明确列出。"大木疏"言勘察采伐皆在先年播州、永宁、思南等地"照旧任从访采"。[8] 无异于告诉人们，万历这次采运大木在播州、永宁与思南。

二、从明代"贵木"采办看清水江流域的"皇木采办"

终明一代，皇木采办是整个国家的大"工程"。首先它是皇室的面子工程，然后是官员最为头疼的"政绩"工程，更是扰民的烂尾大工程。因而凡采木事项朝廷极其关注，历朝对贵州采办大木所发生各种事件、对各级采木官员及巡抚屡次汇报都有备案，多次土司敬献大木、采木中发生的商业事件也记载在案。故《明实录》基本上将贵州采办大木事件都一一记载在册。《明实录》是了解清水江流域“皇木采办”最基本的史料，从中可以找到采办大木的时间、地点、频次等史实。

从上引史事看，清水江流域在正德年间就成了大木采运地区之一。直接记载在清水江流域区采木有四次，最早是正德十二年（1517 年），时“以贵州采办大木，停免清平等卫所正德十一、十二年额造军器。”[9] 正德时期清平卫行政范围大致是今清水江上游凯里、麻江、福泉部分地区；第二次是正德十四年（1519 年），该年五月“免湖广荆州、岳州、辰州、四川重庆、叙州、马湖、贵州思南、铜仁、镇远九府正官来朝，以方采营建大木故也。”[10] 第三次是嘉靖四年（1525 年），该年八月由牟泰俱署营膳事郎中事，前往“贵州石阡、镇远等处，各买办大木。”两次采木地都列有镇远府；今清水江流域的三穗县就是当时镇远府所属邛水十五洞长官司。第四次在嘉靖三十七年（1558 年），时“以采木免贵州思州、思南、石阡、铜仁、黎平、镇远六府各州县正官入觐。”[11] 其所免“六府各州县正官入觐”内的黎平、镇远两府都有辖地在清水江流域内。

以上四次记载明确地提供了清水江流域内大木采办史事，衡以其他史志资料于我们进一步了解清水江流域采办大木史事有所帮助。如因采办大木事务繁忙而停免军务的清平卫所属麻哈江与重安江一带，据万历年间成书的《黔记》所载“御使刘秉仁修麻哈州城记略云，麻哈州故在元为麻峡县，其地四际夷穴，林莽绵密，诸夷盘据，”[12] 其“林莽绵密”描述了木材自然资源条件，而当地又有“采木”工程的经验与传统。如载“麻哈江桥：军门郭发银陆十肆两造船。……重安江桥……军门郭发银伍十柒两，造船。”[13] 麻哈州既有采木的自然资源和实施采木的经验与工作条件，所以才有清平卫采木并免正德十一、十二年额造军器的史事。再如镇远等处，万历初何起鸣任贵州巡抚（1579 年—1582 年），其所陈“邛水防御疏”中提道：“一应客商人等，不许潜入夷寨，兴贩杉版，致惹衅端。”[14] 文中所谓“兴贩杉版”当是嘉靖时商人采买木材事实。万历二十五年（1597 年）天柱县令朱梓在新市建“官殿数十间，募土著聚客商，往来鱼、盐、木货泊舟于此”，说明当时虽然采办皇木都是政府行为，但已有民间木商参与其中。[14] 黎平府也有史料蛛丝马迹地表明清水江支流亮江-新化江通航记载，顾祖禹在1660年—1681年间辑录而成的《读史方舆记要》报导五开卫时说："在卫西南，即新化江，……可通竹木牌筏，至靖州之远口堡。"[15] 五开卫即在今锦屏与黎平县境内，新化江即是清水江下游主要支流，发源于黎平县境南流至锦屏县入清水江，新化江上所浮"竹木牌筏"内就有采运大木所扎成的木筏。这些记载无疑对于了解明代清水江流域采办大木的史事提供了佐证。

但是《明实录》中所列涉及到清水江流域的史事有两个关键问题必须弄清。首先，正德、嘉靖年间都有在镇远府采木的具体地方。镇远府区域内贯通两大河流，即㵲水（无水或镇阳江，今㵲阳河）和清水江。因此《明实录》所载镇远府采木在哪个流域就值得辨析了。据弘治《贵州图经新志》镇远志卷五"记"中"杉木河"条载："杉木河，在偏桥司北，源出四川播州，东流入㵲水。郡产杉木皆浮出于此。"[16] 这是明代史料对镇远府采木的具体表述，对于理解清水江流域采木一事有双重意义。一方面它明确表明镇远府大木出自杉木河；杉木河发源于施秉县北，东南流注入㵲阳河再入沅江，显然镇远府采木与清水江无涉。另一方面又涉及清平卫所采大木是否从清水江放流而下进入沅江。据史载，贵州采运的大木"山岭深峨，由川辰大河以达城陵矶。"所谓"由川辰大河以达城陵矶"，川大河是指长江，即贵州大木部分由乌江放流至涪州进入长江达城陵矶，如万历十三年（1585年）委播州土官杨腾霄"运大木至涪州"；[17] 而辰大河只能是今㵲阳河入沅江出洞庭再达城陵矶。万历后期贵州巡抚郭子章也有类似的方位记载，他说："坐派贵州采办楠杉大木柏枋一万二千二百九十八根，……计作四起查给。一给于开山垫路由二给于运到外水；三给于运到川楚大河，四给到京交收。"[18] 其"川楚大河"与上述川辰大河相当。另从上引《明实录》记载看到，当时采木多在三省交界的四川播州（今贵州遵义地区）、贵州铜仁思南两府（今贵州铜仁地区）与湖广辰州（今湖南湘西州）三省交接处，所以贵州放木入辰沅的"大河"当是㵲阳河（㵲水或镇阳江）。这样在清水江上游清平卫采木，而放木则从㵲阳河再入辰沅。于是出现了清水江流域有皇木采办，而大木不从清水江"流动"至沅江再进入长江的局面。今天人们引清嘉庆时人犹法显《黔史》所载"三十有七年，采大木于镇远偏桥施秉等处"，[17] 来实证清水江流域有皇木采办其实是一种误读，显然《黔史》意指清水江上游北岸㵲水一线，形成清平-偏桥-施秉-镇远的一体化采运过程。

再如嘉靖二十三年（1544 年）朝廷以督采大木完事嘉奖有功人员，其中贵州有“诏赏督木尚书樊继祖银二十两……贵州布政使侯缄……各十五两。贵州副使翁学渊、知府李复初、张定、王文光、张环各十两。知府蒙询、知县刘宪等各五两。”[19] 从上述人物可判断贵州采木地点，都与清水江各府县没有直接联系。

其次，嘉靖三十七年（1558 年）采大木事提到黎平府，那么黎平府是否是当次采木地？上面我们辨析镇远府采木偏重于㵲水及黔东北方位的思州及思南，但嘉靖三十七年记载贵州采木事涉及到黎平府，这是否确证此次黎平府就是大木采运地区呢？这关系到免贵州包括黎平府在内各“州县正官入觐”一事的理解。前引李宪卿总督三省采木事时，已指出开始只是派出人员勘测采木地点，继后再实施采伐的两阶段进程。黎平府是出现在勘察阶段。如李宪卿所言“贵州巡抚右副都御史高翀历思、石、镇、黎”。而实际开采阶段则是“其所奏两司涉历采取之地”曰：“贵州则于赤水、猴峒、思南、潮底、永宁、顺崖”，所列出采运地点并没有黎平府。这样《明实录》所记载嘉靖三十七年“以采木免贵州思州、思南、石阡、铜仁、黎平、镇远六府各州县正官入觐”，应当是指黎平官员受巡抚高翀指派勘察本府大木而免其入觐事，而非在其地采办大木。李宪卿是嘉靖三十六年督办采木的总负责人，死于完成采木后的嘉靖四十一年，应当说其记录非常详实、完整和可靠。记载黎平府采木的间接史料是万历二十五年（1597 年）王士性所著《广志绎》，该书在介绍辰州、黎平府、施州、保靖、永顺诸府州后，专门提到采木事件：称“楚中与川中均有采木之役，实非楚蜀产也，皆产于贵竹深山大垅耳。贵竹乏有司开采，故其役专委楚蜀两省”，“（楠木）大者既备官家之采，其小者土商用以开板造船，载负至吴中则拆船板，吴中拆取以为他物料……近日吴中器具皆用之，此名香楠。”[20] 虽然并不能据此判断黎平是出大木的“贵竹深山大垅”地方，但也不排除黎平府的可能。因此现在有研究者据此记载断定明代黎平府有皇木采办。但从全文叙述逻辑看，其叙述辰州黎平府、施州、保靖、永顺诸府州的顺序逻辑是将黎平视为楚中共同的一个区域，转而声称“楚中与川中均有采木之役，实非楚蜀产也，皆产于贵竹深山大垅耳”，这样实际上是将黎平也排除在贵竹深山大垅之外了。

此外，从一些涉及采办事件看，虽然所发生采木事件的历史条件可能与清水江流域类似，然而相同的采木事实却没有在清水江流域发生。如嘉靖中期开始出现的土司献木形式，那么有哪些土司呢？史载嘉靖五年（1526年）十月贵州土官汪誉奏献楠樟大木。[21] 万历时期的采木主要在播州，史载万历十五年（1587年）有宣慰使安国亨奏称采进大木、宣慰杨应龙地方献进大木七十根；[22] 万历二十四年（1596年）播州杨应龙子杨朝栋献大木二十根；万历二十五年（1597年）永顺彭翼献大木七十七根。从上记叙看，土司献大木为贵州水西、播州土司和黔北赤水河等地方进行。清水江下游的土司“集团”也可谓历史悠久，并从洪武时就一直麻烦不断，但没有利用大木一事而为自己获取政治资本。此外采办大木还有“商办”形式；据史料，洪武三十一年（1398年）“命户部谕商人于铜鼓、五开、靖州纳米，以湘乡、澧州盐给之，不足则以淮盐、浙盐。户部议定输米：靖州三石、铜鼓二石五、五开二石，皆予湘乡、澧州盐一引，输米一石，则与淮浙盐，并不拘次支给。从之。”[23] 从上引史料看虽然商人早在洪武年间就涉入清水江流域贸易活动，但在嘉靖后期在播州等地出现的由商人代领采办大木事件却没有现身于清水江流域。

当然，嘉靖三十六年（1557年）采办大木并非与清水江流域无涉，它实际上间接地涉及清水江下游地区，如李宪卿“其所奏两司涉历采取之地曰：‘……湖广督容美之木，施州之木，永顺、卯峒之木，靖州之木……’”。其中“靖州之木”之靖州，即包容了清水江下游今天的柱县境，时为靖州卫天柱所、汶溪所。它间接说明天柱县可能是采木地区。万历二十五年（1597年）天柱建县时，即在清水江江畔的新市建房数十间，“便于往来鱼、盐、木货泊舟于此”，这并不是“空穴来风”，天柱建县前属于湖广靖州，即李宪卿所奏两司涉历采取之地中的“靖州之木”。至于黎平在勘测地方内而大木未曾采伐的原因不曾知道，但可将此次勘察作为黎平府大木被朝廷知晓之事件看待。据间接史料，黎平府大木采办是另有渠道。万历《湖广通志》讲到：“福湖山，县北六十里。下临溪，林木广茂十余里，中有祠，祀山神，夷人畏惧不敢樵采。元丰中，通道、广西经此取材，以备建置用。”[24] 文中所言道通县北福湖山即与黎平洪州毗连，源于黎平县西北的洪洲河流经洪州再到福湖山下为渠水，再北流于托口汇清水江后注入沅江。据此可以判断黎平洪州在宋神宗元丰（1078年—1085年）中期以来即是“通道、广西经此取材”的范围之一。直至清光绪朝初期，洪州河一带仍然是湖南“采办皇木”的选地之一。光绪《靖州直隶州志》讲到，靖州多产木材，但缺少栋梁之材，惟“黔省所出杉木，木次必经渠河”，又说“靖属地接黔省黎阳，所产木植多经渠河。”接着又讲到“凡值委办皇木之员，偶一经过，俱派人往他境采办，不与本州相涉。”[25] 显然，所言黔省所杉木出自黎阳（黎平），本省（湖南）皇木委员所采运大木不是出自靖州而是黎平洪州一带。

三、明代清水江流域“皇木采办”与木材贸易的特征

上一节对史料的分析可以概括出清水江流域明代采木事件的一些特征：第一，从时间上看，正德年间在上游凯里、麻江一带，万历及以后出现在下游天柱及北岸支流三穗邛水一线。第二，从采办木材地点上，凯里、麻江、天柱和三穗，都有采办大木和木商活动，黎平可能涉及的地区是与通道县毗邻的洪州，通道县是“靖州木”主要采伐地。清水江主流及清康熙朝后成了重要的“例木”产地的中游清江（剑河县）至锦屏间，此时尚还是采木处女地状态。第三，清水江流域此时还没有成为后来乾隆时期输出木材的苗河。因为清平卫（凯里、麻江一带）所采大木从㵲水入沅江；洪州木由洪州河入渠水在托口与清水江合流下沅江。第四，一个实事应当注意到，清代清水江流域主要采办皇木地区如锦屏和黎平府，最有可能是从嘉靖三十七年（1558 年）那次勘察而进入到后来的沅水流域采木体系内，并因商人进入有了更广阔的空间和灵活的采运木材方式，因而我们在史料中更多看到的是万历以来商人在下游的活动。清水江下游木材采买多是以商办呈现，因而从性质上看，大木采运在上游清平卫，木商活动于下游的三穗及天柱。

这里有必要对一则史料稍做分析。有民间史料记载成化年间黎平府木商活动。据锦屏县龙里《杨氏族谱》记载：“成化十一年七月十二日，有家丁子名唤保贵（及其）仔二人，拐带宝印（龙里土司官印）走往清水江地名革漂。幸有龙里所舅公王君臣在彼处做木商，遇着方印一颗，回家报到我祖杨礼公。父子四人商议，才把龙虎寨官田一段出售，获银一千七百两，亲自打发秀文公与王君臣去到清水江革漂，取得方印回家落业。”[26] 据该族谱所言成化十一年（1475 年）清水江下游便有了木商活动，这就在时间上比史志记载木商活动的万历时期早了许久。但如果回到历史现场，谱中所言“成化十一年”很是可疑。因为从成化三年至十一年（1467 年—1475 年）间龙里长官司所辖清水江一带战火纷飞。史载从成化三年二月湖广总兵官都督同

知李震等奉命征“苗贼”，统率诸军由铜鼓、天柱等处分为四道以进“抵清水江，因苗为导，深入其境，两月之间捣其巢穴八百余寨，焚庐舍一万三千余间。”至十一年李震等又“盖自分道进兵至是凡八十余日，攻下大小苗寨六百二十一所，斩首八千余级，俘获万余，诸贼悉平。”[27] 这其间清水江流域社会动乱不安，不可能有商人木材贸易活动的条件。若将《杨氏族谱》的记载联系上面提到的天柱县新市木商活动，及《读史方舆纪要》对新化江的记载，倒是与万历年间的史事相符合，那么此“成化十一年”可能是年代记忆有误。

此外，当今研究中一个重要认识也有可商榷之处。即明代商人采木活动是否兴起了清水江流域的木材贸易？从上引史料看，虽然万历年间在邛水司与天柱县都有木材贸易的记载，但政府对民族地区政治局势的考虑更多的是采取抑制木材贸易的政策。早在英宗正统九年（1444 年）六月湖广贵州二布政司奏：“苗民被虫鼠灾伤田禾，告欲伐山木并以土产方物变易米粮，恐巡逻者遏抑，无以为生。”上曰：“苗民亦吾赤子，可坐视其饥窘邪？宜听其交易，禁戢军士毋得激变。但严加堤备，仍勘实附近有粮之处量给赈济，务使各安其所，庶会朕一视同仁之意。”[28] 这是一次涉及因灾害是否进行商业采伐林木而惊动“圣上”的事件，据该史料所言，只有在特别的灾害面前，才由“贵州二布政司”请准伐木交易；砍伐森林木材进入市场，是受到国家控制的（军士辑抑）。材料说明在贵州是不主张民间伐木的，尤其是苗区，后来贵州巡抚何起鸣也禁止在三穗伐木。没有伐木何有木材贸易市场？可见，清水江流域有采木但木商空间极其有限，这从清水江文书中也可察见。三穗县一件崇祯十年（1637 年）瓦寨开市合同文书反映出，所设立市场“有米斗、猪牛经纪”设置而无木材“经纪”痕迹，应当是自嘉靖后期巡抚何起鸣政策的持续后果。文书如下：

立合约胡贵、胡绅、张国安、袁正良、肖得正、肖得元、粟启职、曾仕元、杨天辉、王才、杨胜佩、曾自通、龙玉章、刘文高、杨子才、欧玉春、肖议志、杨昌厷、周应甫、刘老四、白文明、罗子美、白文雄、杨光富、杨光早、杨昌佐、周世荣、郑子荣等，系邛水司属瓦寨店头、调洞、晓洞、长吉、机寨、赤溪、瓦窑、半坡、雪洞、上中甫、米白家、坪城地。天启元年我六洞与边方良苗一十二寨共七洞二十一人为首，设立瓦寨开场，每洞当艮（银）五拾两共庆大戏。其有五洞边方路程写（险）远，上下夫于（役）拖累，瓦寨洞内是以各洞商议，决凭司镇交界头人，议定写立合约各执一张。公设二、七场，其有米斗、猪牛经纪百长，一概付与洞内伦（轮）流充当。俟（以）后上下大公于十二名之名，之内瓦寨、店头共当夫二十，其有十二名；之外七洞均派充当，其有米斗、猪牛经纪，设在瓦寨七户胡、梁、周、杨、杨、杨、郑、易、肖等世代永远照料管理。外洞不得异言。当场立此合约一纸，交与胡、梁、周、杨、杨、杨、羞（郑）、易、肖子孙永远存照为据

钦加暗（按）察使司衔、统领湖南诚字全军、贵州补用道镇远府正堂黄为。

崇祯四年袁正良三月十六曰 代笔①

该文书似乎在说明，要鼓励农贸市场而抑制木市。联系清水江流域土司贡木与商采都不在册案，表明这里没有发展到区域性商业采伐的程度，那种清乾隆朝以来在“三江”一线发达的清水江木材市场的说法，显然与明代史实出现很大偏离。如果放大一点说明代黔东有一个木材带动起来的贸易市场体系，那这个体系应当在镇远府-思南府与湖广洪江一线，而非清水江流域从清江（剑河）至锦屏、天柱，尤其以“三江”为中枢至洪江一线的木材市场网络体系。

形成明代清水江流域采木事件只局蹙于上、下游两端和北岸支流邛水一线，而置广袤的中游及腹地于不顾，最为关键的原因在于防止扰动苗侗地区社会秩序的安定。赤溪两江口巡检司的兴废可作为典型事例剖析。明代采木工程是一大扰民工程，因此，安全将木材取出是取得大木的第一大要素。清水江流域有广袤的原始植被，如民间文献《姜氏族谱》所言“在元时丛林密茂，古木荫稠”，有莽莽原始森林，但并不意味着具备优良木材资源就能自然导致皇木采运，关键在于有没有安全采伐的保障。包括了《姜氏族谱》所言锦屏文斗寨所涉及的广大地区，在永乐五年（1407 年）便设置了赤溪湳洞长官司，统寨六十七，苗民一千五百余户。[29] 鉴于其地是水陆要冲的战略地位，于第二年在此设赤溪两江口巡检司，隶赤溪湳洞长官司，置流官巡检一员，土官副之。[30] 但到了永乐二十二年（1424 年）贵州布政使司言：

① 史料来源：三穗县档案局藏。

“赤溪两江口其地僻远，逼近苗蛮，所置巡检使不便。命革之。[31] 两江口巡检司于是很快便被裁革。赤溪两江口巡检司从设置到废除只历十六年，“不便”——不安全是撤废的最主要原因。相反的例证是镇远巡检司的设置。“初，靖州会同县言：天柱有千户所巡检司，而所属远口乡边临清水（江），虾蟇、船头诸蛮洞乞移天柱巡检司镇之，（为）便，改远口曰镇远，移巡检司……。”[32] 镇远巡检司历经百数年直至后来升格为分县，原因在于“诸蛮洞乞移天柱巡检司镇之，（为）便。”一“不便”与“为便”之分，成了赤溪两江口巡检司与镇远巡检司存废的前提，另一方面则是社会秩序是否安宁的两种局面。就采运大木与木材贸易而言，土司的政治动态与地方社会秩序安宁与否与之有很大关系。万历二十四年（1596 年）开始的“播州乱起”，首先就是焚烧木厂。史载万历二十五年（1597 年），播州土司杨应龙“复肆行杀掠，缚去官舍、烧砍木厂”。[33] 一言以蔽之，除去自然地理因素的考虑，在明代被称为“生苗界”的清水江流域腹地，从社会局面来看不是深入采运大木的安全之地。

清水江流域是木材厚储之地，那种在洪武时期要伐林开道及《姜氏家谱》所言“在元时丛林密茂，古木荫稠”莽莽原始森林状态，要在经历某种重大事件的刺激之下，才揭开这里采办大木和由此引发的木材贸易的面纱。这种事件可能在康熙乾隆间才发生，其情其势待另文再叙。

参考文献

[1] 贵州民族研究所〈明实录〉贵州资料辑［M］. 贵阳：贵州人民出版社，1983：6.

[2] 单洪根. 木材时代——清水江林业史话［M］. 北京：中国林业出版社，2008：27—29.

[3] 林芊. 明清时期清水江流域林业生产与木材贸易研究的思考——清水江文书·林契研究之一［J］. 贵州大学学报：社会科学，2016（2）：91—99.

[4] 张廷玉，等. 明史：卷八二（食货志）［M］. 北京：中华书局，1974.

[5] 世宗嘉靖实录［M］//明实录. 卷 53：1—2.

[6] 神宗万历实录［M］//明实录. 卷 343：5.

［7］归有光．通议大夫都察院左副都御史李公行状［M］．点校本//震川先生集：卷之二十五．上海：上海古籍出版社，1981.

［8］舒应龙，毛在．大木疏［M］//万历贵州．卷十九（经略）．北京：书目文献出版社，431.

［9］武宗正德实录［M］//明实录：卷152：7.

［10］武宗正德实录［M］//明实录：卷174．4：4.

［11］世宗嘉靖实录［M］//明实录：卷462：5.

［12］郭子章．黔记：卷之五（舆图志·都匀府）［M］//黄加服，段志洪．中国地方志集成·贵州府州县志辑．成都：巴蜀书社，2006：101.

［13］万历贵州通志：卷二十［M］．北京：书目文献出版社，467.

［14］康熙天柱县志［M］//黄加服，段志洪．中国地方志集成·贵州府州县志辑．2006：22．429.

［15］顾祖禹．读史方舆纪要：卷120［M］．北京：中华书局，1955：121—122.

［16］弘治贵州图经新志·镇远志：卷五“杉木河”［M］//黄加服，段志洪．中国地方志集成·贵州府州县志辑．成都：巴蜀书社，2006：555

［17］犹法显．黔史［M］//黄加服，段志洪．中国地方志集成·贵州府州县志辑．成都：巴蜀书社，2006：555.

［18］神宗万历实录［M］//明实录：卷443：6.

［19］世宗嘉靖实录［M］//明实录：卷290：2.

［20］王士性．广志绎［M］//北京：中华书局，1999：95—96.

［21］世宗嘉靖实录［M］//明实录：卷69：8.

［22］神宗万历实录［M］//明实录：卷185：4.

［23］太祖洪武实录［M］//明实录：卷256：7.

［24］万历湖广总志．靖州．山水考．“通首县”条［M］//四库全书存目丛书·史部．齐鲁书社，1996：194—441.

［25］光绪靖州直隶州志·木政、钱法［M］//中国地方志集成·湖南府州县志辑．南京：江苏古籍出版社，2006：64，471.

［26］龙泽江，李斌，吴才茂．木材贸易与清代贵州清水江下游苗社会变迁［J］．中国社会经济史研究，2013（4）：21—31.

［27］明实录．宪宗成化实录：卷39［M］//黄加服，段志洪．中国地

方志集成·贵州府州县志辑. 成都：巴蜀书社，2006：117.

［28］英宗正统实录［M］//明实录：卷117：2.

［29］太宗永乐实录［M］//明实录：卷49：5—6.

［30］太宗永乐实录［M］//明实录：卷55：11.

［31］仁宗洪熙实录［M］//明实录：卷5上：4.

［32］太祖洪武实录［M］//明实录：卷249：1.

［33］神宗万历实录［M］//明实录：卷315：5.

清水江流域林业经济制度史研究的几个问题

——清水江文书·林契研究之三①

林　芊②

摘　要：清水江流域林业经济时代林地产权研究已有成果仍可商榷：对林业生产体量的分析说明其林业生产呈现出小林农经济特征，证实建立在“大规模生产”上的“家族共有制”与广泛使用佃农的结论是不可靠的；对清水江文书中林契内“共山”“股分”术语及对“共山股分”从实践方面的历史考查证实，都不能确定其为制度性的“共有”性质；清水江流域不存在“家族共有制”与“家庭私有制”非此即彼的极端形式，也非均衡的混合占有形式；林业经济从一开始生产关系就呈现出个体家庭为主导的林地权及向个人集中的产权趋向。

关键词：清水江文书，林业体量；林业产权制度；“共山股分”

一、前言：本文的学术起点与商讨的问题及资料利用

从20世纪80年代初开始的清水江林业生产史研究，制度史就是最主要

---

① 本文原载《贵州大学学报》（社会科学版）2016年第5期第59—68页。

基金项目：国家社科基金一般项目“晚明至民国时期内地侗、苗民族地区土地买卖与地权分配研究”（14BZS069）；国家社科基金重大项目“清水江文书整理与研究”（11&ZD096）。

② 作者简介：林芊（1959—），男，贵州贵阳人，贵州大学历史与民族文化学院教授、硕士生导师，贵州大学人口·社会·法制研究中心兼职研究员。研究方向：史学理论与区域史。

问题之一。如在《侗族社会历史调查》一书中，利用林业契约讨论了自清乾隆朝到民国时期林业生产中的生产关系，并得出了两个重要的概念：租佃关系发达及林场地主占有。林业契约中土地制度信息从此进入到研究贵州历史上土地制度史的视野内，如史继忠讨论到贵州黔东南土地制度时，据收集到的260余件锦屏县文斗寨林业契约分析，认为“地主式的经营方式在林区也兴盛起来”①。相反观点也继之出现，如潘盛之在《论侗族人工林业形成的两大社会基石》中指出，直到新中国成立之前侗族地区山林地一直是以家族所有制为主，山林地上的木材则实行家庭私有制；而大量的林地转让只是家族内部经营股份的结构变化，并不影响林地权的家族所有制性质②。随后在2004年罗洪祥再次提出新观点以来，制度史研究进入到从产权分析透视其所有制性质的多层次研究，形成了贵州黔东南清水江流域土地制度性质论争的大问题，相关讨论直至2015年仍有新论迭出。

近10年来，清水江流域林地产权研究的学术成果，徐晓光、程泽时《清水江文书研究争议问题评述》与李向宇《清代苗侗民族林地所有制新探》这两篇论文，都分别进行了极具洞察力和建设性的学术史分析。徐晓光、程泽时论文专辟“关于林地所有权（制）的问题”一节，将现有主要论点梳理成四大类：一是杨有赓的“地主土地所有制”和罗洪祥的“林地家庭私有制”，并认为潘志成、梁聪从分家析产、林地买卖方式等方面，解释了从家族共有制向家庭私有制变迁的路径；二是潘盛之主张的林地家族公有制和木材家庭私有制度，对此观点做进一步论证的还有罗康隆、吴声军、马国君等；三是徐晓光主张林地家族共有制度下的家庭股份制度；四是主张林地多种所有制并存，如徐晓光、龙泽江认为有农村公社、家族公社、家族私有三种类型[1]。李向宇文中也归纳出与上文类似的四种观点后，进一步辨析了持“家族公有制”论内部差异，徐晓光认为这种公有制选择了股份式的经营模式；罗洪洋、潘志成等人则主张清水江林地产权性质从“家族公有制”演变到了“家庭私有制”，但对于这种制度演变的机理与速度，他们又存在不同的理解与认识。重要的是，李向宇从经济理论

---

① 参阅：史继忠：《明清时期地主所有制的发展》，《贵州文史丛刊》1998年5月。

② 参阅：潘盛之：《论侗族人工林业形成的两大社会基石》（贵州省侗学会：《侗学研究》（二），贵州民族出版社，1998年）；潘盛之：《论侗族传统文化与侗族人工林业的形成》（《贵州民族学院学报》，2001年第1期）。

与史事两方面对清水江林业生产分析后提出：“几百年前的苗侗民族基于实用主义行为逻辑，选择了一种公私所有制共存下的混合经营机制，林地在公有制与私有制之间自由转换，而股份制则成为公私产权相互依存的有力武器。”[2]

笔者非常赞成潘成志、梁聪和李向宇对林地权的分析与形成的主要结论。无论他们所概括是“混合所有制”或“公私所有制下的混合经营机制”，都是对罗洪祥观点修正后的推进与创新。但对十年来主要论文与观点的学习与理解，觉得清水江流域林地权问题仍有继续探索的必要；同时也发现，虽然形成了私人占有与家族或村社“共有”等不同结论，但在讨论林地占有形态时，无不与林业经济生产水平与土地制度的起点联系起来。家族与村社“共有”论似乎遵循了一种内在逻辑，即清水江流域林业经济具有的生产规划大特征决定其林地所有制度的方向，即林业生产规划大特征是共有制度的基础；而从共有（公有）向私有转化论的内在逻辑则是，林业经济的生产规划大特征诱发了林业经济中租佃关系成长，从而推进了私有制度的发展，林地私有摧毁了原来的共（公）有制度。可见，上述不同论点在判断林地所有制度性质的分析理路似乎有两个前提，一是林业生产的大规模性，二是林业生产的制度起点建立在共（公）有制度上。公有论的依据正是因生产规模大与本来存在的公有制度的适应；私有论的依据则是认为林业大规模适合于租佃方式，租佃方式推动了林地由原有公有制度向私有制转化。

这一学术史的简要回顾与分析说明，清水江流域林业经济制度史研究实际上涉及 3 个既独立又相互关联的林业生产历史事实：(1) 林业经济规模有多大的体量；(2) 清水江流域林业经济时代①，是否存在着林地公有制度的社会基础；(3) 林业经济中是否有广泛的租佃制度。尤其是第一个历史现象在今天的研究中似乎还没有得到有效重视与展开，而且理论假说性解释超前于对史实的收集与分析。再者，也有研究征引林业契约，对林契中的“股”从产权制度进行了经济学理论上的分析，对于理解林业生产与制度的关系的

---

① 本文有一个前提，即认为清水江流域林业经济产生时间大致在清康熙朝中后期，尤其是雍正改土归流政策推行后才普遍在流域内发展起来，因此将康熙朝中后期到民国这一时期的林业经济生产与生活称之为“林业经济时代”。又因为这一经济大都从遗存至今的十余万件各类型林业契约文书中反映出来，本文又称之为“林业契约时代”。

确有很好帮助。林业经济有多大的体量？其体量是否已超越单一的林农产业扩展到社会经济的各方面，进而能影响或者改变了原有林地地权的根本性变化，这些事实都是作为制度背景的历史条件；试想，林业制度史研究如果不与生产历史过程同步研究，将是什么样的林业制度史呢？本文拟通过分别探讨三个方面的历史事实与他门间的内在关系，①揭示其土地所有形态的历史面貌。

当然，本文的论证方式主要是对林业契约中的历史信息进行解读，尽量通过分析林业契约的内涵来呈现历史真实面貌，从而理解林地所有权性质。由于上述制度史研究大都集中在对文斗寨遗存林业契约研究的基础上，并依据乾隆以来林业契约做分析史料；虽然以文斗寨一地进行研究来显示清水江流域的林业制度有其局限性，尤其是对某些问题的理解视野会受到限制，但从剖析典型案例继而推广一般概念来说却不失为一个方法。为便于与以往研究进行对话，笔者也将史料集中在对文斗寨林业契约的解读上，观察分析征引的文斗寨契约文书主要来自《清水江文书》第1辑第12册、第13册，第三辑第7册、8册、9册、10册②，《贵州文斗寨苗族契约法律文书汇编——姜元泽家藏契约文书》③。需要说明的是本文涉及的问题并非是一个孤立的问题，文斗寨毕竟是清水江流域林业经济的一个组成部分，许多事件又必然放置于清水江流域整个历史环境中进行比较，故也征引部分《天柱文书》及未刊的黎平县林业契约文书。涉及文书类型有买卖契、山场簿、分股合同书、分单契、分关书等。观察文书大约三千余件④。

---

① 关于林业经济朝代是否是广泛的租佃制度，为节省论文篇幅这里不拟再作讨论。笔者也曾在另一篇论文中有过简略议论，认为林业生产中的租农在生产过程中不具有广泛性。参见林芊：《明清时期清水江流域林业生产与木材贸易研究的思考》，载《贵州大学学报》2016年，第3期。

② 本文所引《清水江文书》，由张应强，王宗勋主编，广西师范大学出版社2007年、2011年分别出版。

③ 本文所引《贵州文斗寨苗族契约法律文书汇编——姜元泽家藏契约文书》，由陈金全、杜万华主编，人民出版社2008年出版。

④ 《清水江文书》收录文斗寨清到民国时期文书1900件，其中第三辑第7册收录文斗寨《山场簿》一本。该《山场簿》内登记的许多林地买卖契，经与《清水江文书》和《贵州文斗寨苗族契约法律文书汇编——姜元泽家藏契约文书》(所收录的林业买卖契比较，大概近一千余件没有收入到两书中。该《山场簿》是文斗上寨中房姜姓“三大家”家族的林契，主要汇集了从乾隆到民国时期该家族的山林买卖契约，《山场簿》是按林地地理方位的不同逐一归类进行登记，整理成册时间从作序人姜焕卿身份看，是在民国前期。

二、林业生产的体量：影响经济制度的基础问题

林地“家族共有”立论的一个基本事实或者前提是林业生产的大规模经营，因此，林地产权制度与林业生产经营的体量就很关键了。本文所谓“体量”，一是指根据从事林业生产的人数判断林业生产的规模，二是根据每户经营林地面积大小判断林业生产规模，三是根据林业经济收入判断林业生产规模，这里的收入主要是指林农的收入，而非商人（“山客”和“水客”）的收入。在探索林业生产体量问题时，困难在整个清王朝时期没有留下官方统计资料，不像如“花户”在一般方志中有明确统计那样，很难检索到较清晰的“林户”及经营的统计数字，一些蛛丝马迹也大都是一个梗概叙述，民国时期有一些统计，但也只是在采伐及砍伐后木材转运等商业环节，极少对砍伐前林产业上游一端如林农数量与林地面积及栽种经营统计的关注。好在康熙晚期以来大量林业契约既是清水江流域林业生产的现场见证，也是研究林业生产“现场”状况的可靠史料。对整个清水江流域栽种及出售山林体量判断，是可以从林业契约中找到线索并形成较为直观的印象的。笔者仅以文斗寨林契为典型对林业经济的体量稍事分析。

据对林业契约的阅读与理解，观察体量可从如下几方面进行：

第一，通过契约估计从事林业生产的林农人数。据对姜元泽家收藏的自乾隆五年（1741 年）到宣统元年（1909 年）间 276 件林业买卖契作典型案例统计，共有 258 户出售山林或者成材木。表 1 是根据锦屏县加池寨姜绍卿和文斗寨姜元泽两人家中收集到的 738 件清代土地买卖契约所做的统计，观察林地与土地间的户数比，林地交易只略少于土地交易；《清水江文书》收集清代以来锦屏县部分地区的卖山契、卖栽手契、佃山地契等反映林户信息契约文书 5000 余件，如果除去 10%的同名户，有 4500 余户，应当说林农是一个不小的群体。考虑到清水江文书收集地都是林业发达地区，因而具有代表性，那么锦屏县参与林业生产的农户所占比例，与同一时期的人口户口数比，一定不会太小。

第二，通过契约估计一户林农占有林地面积。每一户林农经营的林地有多大？从文书中的卖“杉木林场”契或“分银单”内潜在的关系可以推测出一件契约中出售的林地面积。如一件文书内记载了所出售林地上有多少株

嫩木及成交价格，然后通过每亩林地宜林100株左右的基本原则，则可知道此次出售的林地面积或者此次该单成交木材的林地面积。我们从少数这类契约文书中找到一些数字，大致乾隆时期每亩“杉木林场”价银1两左右。嘉庆时期大致在2两至3两间。同治时期大约洋2两左右。民国时期每亩约1元大洋。[①] 如果将上数价格与林亩关系作为一种参数，与姜元泽家收藏自乾隆五年到宣统元年间276件林业买卖契与相应时期的林地亩价对比，可以看出80%以上林农户所出售林地面积在一亩以下。观察表1所分列的林契各时期交易宗次与价格，交易宗次是林农户数，那么比较我们整理出的参考指数不难看出，表中各时期的林亩价格显示每户出售林地面积也不大，每户林农大都在两亩以下。

那么，林业大户占有多大林地面积。林业大户在文书中体现的是那些通过买卖不断购进林地的买家。乾嘉时有“基层官员”身份的姜佐章是其中一个代表性人物。乾隆四十五年（1780年）姜佐章充当了黎平府龙里长官司加池寨的乡约，在乾隆和嘉庆年间购进许多山林。龙泽江对其购进林地做了一个基本统计分析。其中林契25件，交易金额398.65（两）。如果以上述乾嘉时期林地亩价平均每亩2两，那么姜佐章林地大致购进林地20亩左右。如果是3两一亩，则林地为10余亩左右[②]。再对照文斗下寨姜富宇乾隆时期用40年时间购进林地、杉木、栽手股所支出的49.98，若以平均每亩2两，那么姜富宇40年积累起林地25亩左右。

---

① 作为参数的数据来源：前提是每亩林地植树100株；乾隆三十二年十月十五日出售林地800株，木分3股，出售1股，价2两6钱。那么全部股就是7.8两；1亩是0.975两银。乾隆四十三年十月十七日出售林地面积74根，0.8两，那么1亩价格在1两银。嘉庆十二年六月二十主日契约中，亩价2两。嘉庆十四年张起才兄弟清白字文书中，追记出乾隆十八年五月归靠山土并杉木1400株，价银50两，14亩山林地，平均每亩3.57两。同治三年，夏国君卖与张仕望砍杉木8根，价钱260文整，那么杉木每根32文。每亩则是3200文，约大洋2两左右。1921张乔生母子卖杉木文书中，每株183.2文，每亩则是1800文，约1元大洋。

② 资料来源于龙泽江国家社会科规划课题《清水江文书的价值与开发利用研究》结题成果。

表 1　姜绍卿、姜元泽家藏清代购买田地、林地契约统计①

年代（s）	田契			林契			交易总额（两）
	交易宗数	交易额（两）	占总额比例（100%）	交易宗数	交易额（两）	占总额比例（100%）	
1740	1	12	0. 57	1	9	0. 43	21
1750	2	35	0. 96	1	1. 3	0. 04	36. 3
1760	7	163. 4	0. 98	2	2. 7	0. 02	166. 1
1770	9	90. 4	0. 95	4	4. 3	0. 05	94. 7
1780	9	92. 19	0. 71	12	37. 27	0. 29	129. 46
1790	13	104. 3	0. 80	13	26. 05	0. 2	130. 35
1800	25	830. 1	0. 41	51	1182. 46	0. 59	2012. 56
1810	21	643. 02	0. 33	128	1314. 84	0. 67	1957. 86
1820	33	1064. 95	0. 49	127	1105. 13	0. 51	2170. 08
1830	49	1230. 55	0. 70	101	529. 99	0. 30	1760. 54
1840	24	193. 78	0. 59	73	133. 8	0. 41	327. 58
1850	10	41. 04	0. 57	16	31. 29	0. 43	72. 33
1860	10	98. 75	0. 73	40	36. 13	0. 27	134. 88
1870	14	162. 62	0. 76	31	52. 35	0. 24	214. 97
1880	4	99. 06	0. 82	35	21. 07	0. 18	120. 13
1890	13	134. 05	0. 69	53	59. 64	0. 31	193. 69
1900	13	105. 57	0. 55	39	87. 68	0. 45	193. 25
1910	6	63. 01	0. 78	11	18. 28	0. 22	81. 29
合计	263	5163. 79	0. 53	738	4653. 28	0. 47	9817. 07

第三，林农，包括占有相当大林地的林业大户的产品经营与简单的产品市场脱节。这一特征可以从两类合同看出：一类是佃栽合同，此类合同一般约定生产的各环节是：栽植杉木，限至栽完三年，地主栽主两同修。以后长

① 资料来源于龙泽江国家社会科规划课题《清水江文书的价值与开发利用研究》结题成果。

大成林，按股均分，栽主某股，地主某股。砍伐下河，地归地主。整个生产方的生产经营活动实际就到此为止。许多在此阶段的前期——3 至 5 年签定“按股均分”合同时即告结束；再从许多“分银合同”看到，一般林农通常在“下河出售”时林农参与生产过程即告最终；林农几乎无法转变身份为市场人员。而且连有许多通过如卖股、买栽手股或地主股和单独林地壮大成大户的林地大地产者与市场也无多少联系。这种简单的开山植木、育林、护林、组织砍伐，下河出售的生产方式，即使参与林业生产的林农再多，实际几乎是自然的林业经济。

对上述林业生产体量的分析，可能得出这样的认识。虽然从事林业生产的林农在整个村寨经济生产中不占优，但也有相当多的农户从事林业生产，而且林农随着时间推移呈现不断增长的趋势。然而清水江流域林业生产显然不是大规模经营方式。首先一户林农经营 1 至 2 亩的林地规模，一方面反映一户林农所占有林地不大，另一方面反映出林业生产单家独户的生产特征，决定其林业社会生产体量规模相对不大，是一个林业生产的小林农经济社会。其次，林农，包括占有相当大林地的林业大户的产品经营与简单的产品市场脱节；市场与林农的远离在生产环节上对小林农林业生产的破坏性不大，那种大规划家族式经营也显得没有必要。更为重要的是，林业生产的小林农经济特征，对那种认为林业生产大规模的经营方式的判断不相一致，就意味着，林业生产大规模的经营方式是清水江流域林权所有制度中家族共有的基础证明因此事实的冲突，是一种需再讨论的判断，同时，林业生产小林农经济社会特征，是无须大量雇工生产，故也限制了作为一种生产关系的佃农制度在林业经济中的生成。

三、“共山”“股分”术语与“姜氏家族共山”股分陷阱

李向宇将清水江流域林地所有制度研究中形成的不同观点做了一个高度的概括：“实际上只有两个不同观点。一是纯粹的家族公有制；二是从‘家族公有制’剧烈变迁到‘家庭私有制’。”据笔者观察，两种观点的产生都是从分析林契中最常见的“共山”“股分”关系入手。所谓共山股分，可理解为是对林契中财产属性及财产分割后产权属性的一种文字表述，即原有一块“共有”山林通过分割成不同量的“股”，其股分别为不同的人所占

有。如：

例契 1

立断卖杉木约人苗光寨姜党保鸠。今因家中缺少银用无处得出，今有共杉山七股，土名坐落皆翁（后面四至省略——引者注），自己出卖一股，请中登门问到彭岩山承买为业。凭中当面认定断价银一两四钱整。……

……

乾隆二十三年二月初六日①

文契中“共杉山七股”，即名称“皆翁”的山场由姜氏家成员共有，又分成七股进行分配。该契约是出售契主人分占之1股。现存乾隆自民国时期清水江流域各种林契中，凡此性质的契约都习惯用“共山”“股分”表示书写出售标的物或者分割山场林木，“共山”“股分”成了定义权属关系的标准术语。这两个术语又可集合成“共山股分”概念。

怎样理解各种林契中“共山股分”所蕴含的所有权属关系？一种观点倾向于山场林木归家族或者村社共有（公有），一种倾向于由不同形态的“共有”向家庭私有变化，最终成为个体家庭所有。于是一个有意思的现象出现了，“共山”与“股分”成了两种对立观点立论的基本依据，又是导致分歧产生的关键所在。可见，对“共山股分”的理解是判定林权所有制度的核心问题。目前的研究中，由于林契中书写有“共山股分”的契约占有相当的数量，这种统计上的优势使之成为山场林木归家族或者村社共有（公有）论的重要支柱。这里有一个重要现象被误读了，即大家在阅读分析文斗“共山股分”文书时，凡姜姓间的买卖契或共山分股合同往往皆将“姜姓”视为同一家族（或宗族）成员，这就为姜姓“家族”共山股分文书在统计上具有优势提供了“充分”依据，因而有利于林地家族共同占有的立论。

笔者认为，这种统计优势不过是掉进了“共山股分”理解上的一个陷阱。实际上，文斗文书说明“共山股分”的占有形式大致有两种类型。一种的确是同一家族（房族）成员共山股分，一种是由不同血缘的姜姓成员共山

① 文书来源：张应强，王宗勋主编：《清水江文书》，第3辑，第1册，广西师范大学出版社，2011年，第71页。

股分。两种类型在文书中都笼统地书写为“共有一山”形式，才形成了家族共有的错觉。因此，在征引文书分析林地权属性，一定得小心辨析其中的差异，不然就会落入陷阱。如下例两件契约：

例契2

例立合同议约人姜洪美、（姜）富宇、（姜）佐周、（姜）文科等。今有共木一块，土名丢又山，洪美、富宇二人占木一股，今已砍伐起造，余存佐周、文科二人一股留存禁蓄。日后另除头脚木与佐周、文科外，余九根放在两大股共均分。恐后无凭，立此存照。

……

乾隆二十八年一月十二日　立

凭中 代笔　文勷

合同各执存照（此句半书——引者注）①

例契3

计开白号山香故渴共合五两之山。绍吕三家共占二两三钱五分，绍齐私占七钱五分，余二两共十二股半分列于后：

文勷占一股，凌云收。

文聘领九十二人占一股，分三股，凌云收半股。

显著、玉乔二人占一股，凌云收。

宏彰、宏达二人占一股，钟奇收

廷模、天乔二人占一股，朴平收。

……

以上十二股半，每股占银一钱八分。

道光二十七年七月十一日②

上引两例文书皆产生于文斗寨。但文斗寨有上、下两寨各居三房的分布格局。上寨民居分有上房、中房、“六房”等三房，下寨也有上房，中房、下房三房。上、下寨各三房至少是五个不同血缘关系的姜姓共同居住。从文

① 文书来源于陈金全、杜万华：《贵州文斗寨苗族契约法律文书汇编——姜元泽家藏契约文书》，人民出版社，2008年，第7页。

② 文书来源于张应强，王宗勋：《清水江文书》，第3辑第7册，广西师范大学出版社，2011年，第313页。

斗现存族谱可以看到上寨中房是姜春黎一脉血缘的几代后人组成的姜姓家族，上寨“六房”则是另一支不同血缘的姜姓家族。下寨上房是由“（姜）中保-（姜）富宇”一脉血缘的几代后人组成的姜姓家族，下寨下房则是龙朝玺一脉血缘的几代后人组成的家族，因在乾隆时改姓为姜，故构成了文斗寨的另一支姜姓家族。例契1中一座名为“丢又山”的山地，由姜洪美、（姜）富宇、（姜）佐周、（姜）文科等“共木一块”，如果我们不加分析地视为姜氏家族“共木一块”，那就与事实不符了，它是下寨上房与下寨下房共分之山，其中富宇与佐周就来自于两个血缘家族，姜富宇为下寨上房一姜姓家族成员，姜佐周就是著名的下寨下房“弃龙就姜”那一支龙姓家族成员。例契2即是上寨中房与下寨上房共分之山。从上列两契可见，同是共居于文斗上、下两寨中的三房姜姓，实际上分属于三个不同的血缘家族。可见文斗寨契约中常见参与共山成员，虽然都是姜姓却不是来自同一个血缘家族。文斗寨林契中往往写着这房或那房共同占有同一座山场，不可贸然地理解为姜姓宗族成员或同宗各房；以往研究未能在文斗寨姜姓血缘上做出仔细区别，就陷入了文斗寨凡姜姓皆为同一家族的认识陷阱，这种统计上姜姓“共山”占多数文契所形成的家族共有结论，由于“家族”定位欠准确而不具备真正的证据统计意义，因而其结论是不可靠的。

文斗寨林契中“共山股分”还存在着地缘关系。现存文书中占有多数的是这种不同血亲关系，因居住地在地理上毗邻而共同占有同一座山场林地。它也有如下两种情形，如果以文斗寨构成一个地缘中心单位，那么许多“共山”是由不同血缘的上、下寨等成员共有；如果从扩大的地理单位看，往往是由同一山岭两侧的相邻村寨成员共同占有一座山场林地。直至民国十七年（1928年）五月十三日一件卖山契中，仍然见到文斗上寨、下寨、岑梧寨三寨成员共占卖污盖山一所的事实。如该契约中写道：“土（地主股——引者注）、栽（栽手股——引者注）共议价钱四百五十四千八百八十文。……文斗下寨姜登津、姜超烦等占山七钱二分。上寨姜沛昌、尚士、太标，圭和等占山一两五钱一分。岑梧陆相仁、胜贞、秀文等占山七钱五分。”[3] 此契显示地缘上毗邻的三寨成员共同占有一山场林地。类似文书不仅有文斗寨人与岑梧寨人共山，一样有文斗与相邻的岩湾、平鳌、中仰、苗绥共山的事实。文书中大量出现所谓共山有“二十五家之山”“四十九两之山”，一件嘉庆十六年（1811年）十二月十一日契约中一座名“党假”的山数目竟有“九十两”，为上、下寨分别占有。[4] 此类山大都呈现出地缘性共同占有特征，类似卖契清到民国各时期都为数不少。显然，此共山更不能作为同一家族共有制度的例证。此外，对文书进行梳理发现，无论成员是由同一血缘成员还是因地域关系共同分占一坐山林，其共山成员也非来自同一个血缘群体，即分股占有者不是家族或房族成员这样扩大的家庭组织，往往是父子核心家庭成员共同占有。以家庭形式对山林的分占往往是“共山”的核心。

这样区分下来，虽然直到民国时期，文斗寨尽管有共山股分契约的存在，但它们不能作为同一家族共同占有山林的地权形态的重要依据。以往研究将注意力放置在“共山股分”的股的性质分析上，而忽略了区别“共山”的不同血缘群体。本文辨析出契约中共山的不同血缘群体及地缘形态，在于指出如若以“共山股分”来证股是共有性质，那么因其前提——一件契约内“共山”是同一家族——不可靠，股的所有权也是家族共有性质也不可靠。

四、“共山股分”：林业经济制度史的产权问题

虽然我们指出了文契上“共山”“股分”理解上的陷阱，并确认实际上存在着三种不同的“共山股分”，但仍然未能明辨更核心的问题，即一方面通过“股分”后所形成的占有，其所占有的山原来是否是共（公）山性质？另一方面在股分共山后，各户承受的股又是否都是由家族或者房族成员共同占有？一言以蔽之，“共山股分”是否内涵林地“公有”属性？这里的所谓“公有”是集体成员共同占有，在历史上，可以是家族成员共同占有，也可以是村社成员共同占有。

怎样理解清水江流域林业经济时代的林地“公有”性质，笔者认为，现有林地所有权研究中这一基本问题未曾深入地探讨过。以至于潘盛之等“家族共有论”不证自明地视清水江流域苗侗民族社会一直存在着山林共有；龙泽江、徐晓光等“多种制度论”则依据少数民族地区自古代存在着“农村公社”共同占有林地；罗洪祥依据部分契约材料分析“家族共有制”到“家庭私有制”的变迁理论，是建立在曾经有过“共山”的前提上，但却并未对“共山”性质有充分界定，即以“公有”视之。实际上，两种历史现象可以为所谓共有性质做注释。一是在林业生产的“契约时代”，是不存在林地公有的社会基石；二是如果放眼清水江流域林产区，康熙时期与家族共

有并存的是大量独立私山。

因地缘性质由不同血缘群体成员共同占有一山的现象，易于形成林地村社（村落）共有的假象。有学者就将此纳入农村公社公有地范畴。如果视为农村公社共有，这又存在着史实上与理论上两个方面的认识。首先从史实上看，是将林业经济下的占有形态与本地区的社会发展水平，尤其是土地所有制的大背景分裂开来。自明代中后期以来，包括文斗在内的黎平府似乎在由土司制度向国家化进程中，已有一套完整的国家土地制度建设，即王朝赋税制度下的土地个人私有制度，如果说这种制度在文斗寨建立稍晚，但至少在康熙三十三年（1694 年）清水江沿岸的“平鳌、文斗、苗光、苗绥等寨生苗纳粮附籍”[5]，从而在法权上确认了土地所有权性质。我们在遗存的康熙时期文书中也得到印证。文斗的林业经济不可能脱离这一现实背景而单独自成一种地权形态。第二，在理论上更是一种模糊认识。一般的“农村公社”是对历史上一种社会形态的整体描述，它是对村社所有成员共同使用土地为普遍社会现象的定义。即使清水江流域在契约时代的林业生产中存在着村社成员共同占有同一块山林的情况，但契约也证明更多的山林不是村社成员所共有，这样的农村社会是不能称之为“农村公社”的，至多是残存着农村公社的余烬。将林业经济时代的清水江流域视为农村公社，实际上降低了该地区社会历史的发展水平。

那么，“契约时代”产生的一些林业契约中书写的共有林地（公山）是什么性质的所有权属性呢？又怎样从制度史上去理解这一历史现象？从林地买卖契约中的信息看，所谓公山实际上是无主荒山；从发生学上讲在林业经济时代前，那些林地都是无主“荒山”。林业生产初始阶段形成的“共山”是生产者对无主“荒山”所进行的瓜分；林契中的“共山”术语只是“荒山”私有化后在书写林契时对荒山的特殊指代。以例契 4 做分析：

例契 4

立清白投字人龙梅所、陆富宇。二姓为因迁徙外无地方安身，立意投到文斗寨界内地名中仰住店。蒙众头公姜程元、姜现宇、姜隆宇、姜科明等把我二姓安身，大家相为邻寨兄口。自投落坐之后，无论前后左右，寸土各系文斗地界，我陆口二姓不过借以安居，莫生歹心。如肯出力勤俭挖掘，所得吃上层之土皮；倘蒙伯估之心，天神鉴察。假文斗众等不许挖动者，抑天神鉴察所有当不到之处，任凭中仰打草打柴口活、挖种收租等，情如弟妹兄，大家不使以强欺弱。恐日久人心不古，立此清白投字为照。

代笔、中　陈艾宇

康熙四十三年正月十五①

该契包含的事实有两层，一方面陆姓成员到文斗寨属地中仰后，向文斗寨“头公”租地生存。另一方面除约定的文斗寨境内山林租地外，还存在着大量的无主荒山，即文书中所言“抑天神鉴察所有当不到之处，任凭中仰打草打柴口活、挖种收租等。”

随着林业生产的出现，对荒山林地分户瓜分而形成个人财产。这一历史过程得以在例契5中看到：

例契5

立卖山坡芳平（荒坪）。苗馁寨杨香保、笼保弟兄二人，今因家下要艮（银）紧急，自愿将祖父山场荒平坐落土名九白冲㐅右边，上凭深冲领吴姓山为界；恁凭陆姓挖沟过坟，山凹开垦丘田载杉。要行出卖，先问房族，后问团邻，吴（无）人承买，请中问到庙吾寨现宇、现卿名下承买开垦管业。当日凭中三面言定断价银四两八钱整，杨香保兄弟亲手领足。其山芳平冲㐅恁凭陆处管业，日后不得翻悔。如有翻悔，发（罚）生金乙两，龙角一双。上平天里（理），下平地神，今欲有凭，立此断卖契永远子孙存照。

姜太乔

凭中 龙党格　三人共艮八分

姜高明

代笔 蒲兴安受艮八分

康熙五十四年二月十六日立卖

天理仁心管业发达②

---

① 文书来源于张应强、王宗勋：《清水江文书》第3辑第9册，广西师范大学出版社，2011年，第313页、328页。

② 文书来源于王宗勋：《锦屏文书征集手记》，世界图书出版广东有限公司，2015年，第102页。

该契出售标的是“祖父山场荒平”。它也包含两层意思，第一，该山所有权是祖父个人私产，第二，所出售的山场曾经是“荒山”。简约的契约文字却明白地叙述了一段侵占荒山后，再改造成山场并出售的历史过程。乾隆时期文斗寨的许多林业契约都反映了类似分割荒山为林场的痕迹，如例契6所示：

例契6

立清白分关人姜吉祥，上贤、士凤、启才、富宇、凤宇、和宇、得中、文学、文佐等。因为众口口买得污革、口石、千石三处山场，口口卖空，倘山内存落脚目数根，三阄均分。遗山不栽，俱系荒地，我三阄同心公议，将此三处山场分平均分，照字研勾（拈　），那阄异议，执字鸣官，自甘祸罪。启才、富宇、祖保口口尚宇、凤宇、金晓、乔保占落一号污革溪山，照勾管业，并无异。恐有外人争论，那阄俱出，在众清理。恐后无凭，立合同为据。

（下文为各人所占股份份额，略）

乾隆二十五年七月十一日　立

合同口口口口（半书——引者注）①

该文书的意义在于：第一，是对祖产“污革溪”山场的分割；第二，所分割的山是“遗山不栽，俱系荒地”，即位于污革溪的这一座山场是未曾植木的荒芜山地；第三，经“我三阄同心公议”后，污革溪山荒山变成了一个有股份占有权的山林；第四，参与分割山场的下寨成员不是一个血缘家族，其中上贤、士凤、启才、富宇、凤宇、和宇、得中是下寨上房，文学、文佐是下寨下房成员。上述历史事实说明，乾隆朝前期林地的占有呈现出的是对无主荒山的瓜分。村民们几乎是以天然权利的方式将其占为己有。至清初清水江流域仍然存在着一种荒山谁使用谁占有的古老传统，林业经济的兴起赋予了荒山经济价值，也推动了村民对无主荒山进行侵占。② 这种传统为两种占有形式开了口子，

---

① 文书来源于陈金全、杜万华：《贵州文斗寨苗族契约法律文书汇编——姜元泽家藏契约文书》，人民出版社，2008年，第6页。

② 对此类天然权利的根源及实践，学界已有许多很好的解释，可参见：李向宇：《清代苗侗民族林地所有制新探》（《贵州社会科学》，2015年第9期，第166页）；潘志诚、梁聪：《清代锦屏文斗寨的宗族与宗族制度》（《贵州社会科学》，2011年第2期，第101页）。

一种是以家族成员共同占有，另外一种占有即为个体家庭占有，前者形成了共山股分的所有形态，这应当是清水江农业生产关系在林业生产中的一种特别占有形态。那么，沿用农村公社的社会形态或传统来衡量文斗寨林业经济初始的共山“公共”性显然是不恰当的，尽管它存在着农村公社的残余。

与并不存在共有“公山”更重要的历史事实是，放眼清水江流域，林业经济时代在起点时就大量存在着独立私山的出售。例契7、例契8皆是康熙时期出售私有林地的例证。

例契7

立卖山场人潘显宇，今因家下要银使用，无从得处，夫妇商议，将到自己妻重嫁山场土名元头山一所，东抵囗山，西抵得所，上抵路，下抵元播背，并不包卖他人寸土在内，凭中出卖与房下侄儿潘魁明处承买，当日三面议作卖价银伍钱三囗正，其银入手去讫，其山场付魁耕管，一卖一了，二卖二休，在后不许争论，如有返悔争论，在于卖主理落，今欲有凭，恐人不古，立此卖契为照。

凭中　潘荣卿 潘用卿

代笔书人　潘显华

康熙二十二年岁次癸亥拾月初八日　立①

例契8

立断卖杉山坡地蜡树约人吴告良。为因缺少用度囗出，情愿将囗分祖业杉山蜡树坡地一副，凭中出断卖与乌山寨吴相宇为业，当议断价作禾六秤，每秤六十斤，亲手领回。囗自断之后凭囗吴囗永远管业，不与兄弟房族寨内人相干，一断百了永元异言，恐囗囗囗凭立此断约存照。

凭中 吴化敛 禾一手

计开四至

上平岭路，下平囗冲，左平小岭，右平小囗。

代笔 杨起庐 禾一手

康熙四十三年二月十三　立②

---

① 文书来源于张新民：《天柱文书》第1辑，江苏人民出版社，2014年，第116页。

② 文书来源于张应强、王宗勋：《清水江文书》第3辑第3册，广西师范大学出版社，2011年，第312页。

上引康熙时期文书旨在说明例契6引自天柱县清水江边的竹林村。目前收集到的出自该村。[①] 从历时性方面看，清水江流域林地私人占有形式是与林业生产“与生俱来”的，它似乎与村社成员公有或者家族成员共有无关。

与“共山股分”中“共山”性质相似，林契中共山股分中“股”的实质的理解也是困扰大家的一个问题。关于共山股分后成员所占有“股分”性质，李向宇从经济学理论方面进行了合理的解释，似乎否定了它公有的性质。本文第三节也对其进行了分析，认为从统计上对股的性质没有多大意义。但从形式上看，林业契约中的许多“共山股分”的描述的确可以视为家族共同占有山林的现实，也有学者为使之更清晰而使用“房族共有”来表述。可是，通过阅读契约可以发现，家族或房族共有本身即也是一个不稳定的形态，其中要害在于所有者其“股”的“共有”性质本身也不确定。即便从静态来看，对契约中“共山股分”也得小心分辨，原因在于其中隐藏着不同的宗族层级使共有情况复杂化了。因此，对股的存在形式既需从静态地把握宗族（家族）、房族及家庭等形式，又要从动态的方面对宗族（家族）、房族及家庭等变化确定其股是家族所共，房族所共，还是大家庭所共。

大家常引的股分家族共有典型事例是上寨“三大房”与下寨“三老家”。三大房的“共有”财富起始于乾隆嘉庆时人姜仕朝个人私有山林，到宣统时三大房形成了庞大的山林系统，姜仕朝家族一直保持着家族在林业上的共同经营与家族共产的传统，家族成员对山林的所有权是以分股的形式领有。这是山林权“股”家族共有的典型形态。直至宣统二年（1910年），才彻底将家族共有山林分作五股由三房均分；从林地占有形式上论，如果在宣统前是以宗族形式经营山林，那么，宣统二年后解体为各个家庭，此时的山林分股，则完全是家庭所有。[②] 与此相似，文斗下寨上房的“三老家”，缘于乾隆早期的姜富宇家，嘉庆三老家是由姜映祥、姜映辉与姜绍吕等三房组成的，嘉道年间是三老家发展辉煌时期，以姜绍吕-绍雄（熊）-姜钟英联名出现在文书中。但也在同一时期，这个家族有先后几次析产分家，在咸丰九年（1859年）二月二十四日的文书中，还出现了冠名姜钟奇-钟泰的“三

---

① 竹林村康熙肆时的山林契约还有如下年代：十年辛巳正月初九日、四十三年正月十五日、五十五年十一月十七日。

② “三大家”家族共有林地在宣统二年和民国前期的分割契约，收集在张应强、王宗勋主编之《清水江文书》第3辑第8册（广西师范大学出版社，2011年，第113—145、175—187页）。

小家”。由此看来三老家也仅是以一个三代同居的大家庭而非家族的规模存在，嘉道以来三老家表征下就不断地分裂形成许多独立家庭。从家族财产关系看，上引姜富宇是老三家共产积累的前绪，再由于其子孙姜映祥-姜映辉-姜绍吕继承其林产并继续增殖，于是有了三老家的共同山林。此后不断分家析产，自乾隆以来三代人共同购买积累起来的山林，随同嘉庆、道光、咸丰时期的分家析产而化“公”为私。因此，三老家共同财富也仅仅是维系在三代人组成的大家庭之中。这样一来，其原始的山林共有分股含有的产权形态，经历多次的分户，共产性的股早已涵化为家庭私产股。

“大三房”家族一直保持着家族在林业上的共同经营与家族共产的传统，在文斗可谓特例，更多的是如三老家这种有家族形式而实际上为大家庭，这在《清水江文书》中收集的许多分关文书中可见证。除涉及的“大三房”家族契约外，各类契约文书中常出现的遗山分股，其祖遗之产不过是爷与孙间的财产关系，其股也是家庭内成员所分之股。这样看来，由文斗寨再扩展到清水江流域山林股权由家族共有是极少数，文契中的“股分”更多是家庭内的分股。

五、个体家庭为主导的林地权及向个人集中的产权趋向

梳理三千余件文斗寨从清乾隆朝到民国时期的林契文书，如果从所出售山林来看至少可归纳成如下六类：第一，一直有出售“共山股分”林地之个人所占股份的事实；第二，分银单中一直有“共山”按共有股分银的事实；第三，一直都有“卖木又卖地契”的事实；第四，一直都存在“卖栽手”的事实；第五，一直都存在所出售林地完全是个人占有林地的事实；第六，一直都存在林地主人出售自己所占有的“地租”股的事实。相信笔者的归纳也是大家在阅读文书时应当有的共识。从已有林地研究对所有制形态分析路径看出，第一、第二两个方面的事实是研究者做出“家族占有”制度论的主要依据。第三、第四两个方面事实是研究者做出家庭所有制度论的主要依据。而第五、第六两个事实则被以往研究忽略了。

前面几节笔者的分析，注重对“共山”与“股分”两个重要概念是否是公有属性的讨论，从发生的角度讨论了林地的非公起源，也认识到对荒山

宜林地私人占有是一种天然的权利，它不受家族或者村社制约。① 并辨析由“共山股分”陷阱在统计上带来的认识误区，从而基本上否定了在林业经济时代，其起点就是建立在公有属性上。再在分析股的公有性质上，指出了“股”的所有权属性有家族共有、房族共有和家庭共有，其中由三大房发展起来的家族共有只是一种特殊现象。这样，实际否定了农村公社或者村社所有制度的可能，也将家族共有限定在相对窄小的空间内。换句话说，林业经济中的家族共有制度是一种非主导性的所有制形态。

其实，不支持家族共有是一种主导性所有制度的论据还很多。如契约中一直存在着个体家庭占有形态，前面提到的第五、第六两个事实即是最好的物证。这类契约如例契9：

例契9

立断卖杉木地人文堵寨姜银三。为因家下无银使用，自愿将杉木一块，地名坐落皆列山，请中出卖与姜香保、今保、今三人承买为业永远，当面议定价银四钱整，卖主房族兄弟不得异言。来路不清俱在卖主理落，不干买主之事。今恐日后无凭，故立此字为据。

卖主　姜银三（画押）

代书 邓世科

乾隆二十九年三月二十日

这座地名“皆列”的山林，尽管出售的是杉木，其契文非常明晰地显示这是一块无任何股份的个人私有山场。契约中大量独立个体的林地买卖契约只能表明，林业经济中个体家庭占有是一种常态。表明个人私有性质的林契有多种形式，如一件乾隆四十九年（1784年）十一月初六的契约显示，祖父姜映祥私买姜包岩一块土名叫党宜的杉木，姜映祥是文斗下寨上房“三老家”代表性人物，[6] 但这件文书中作为买主的他身份代表的并不是三老家而是个人。说明他除在家族内占有共山股外，还有自己完全产权的林地。类似情形在文斗上寨“三大房”家族的“山场簿”中也有反映：“道光十一年七月初六日，周天元、（周天）明栽我私山一块”。[7] 这类契约表明一个事实，

① 对此类天然权利的根源及实践，学界已有许多很好的解释，最近的研究可参见：李向宇：《清代苗侗民族林地所有制新探》（《贵州社会科学》，2015年第9期，第166页）；潘志诚、梁聪：《清代锦屏文斗寨的宗族与宗族制度》（《贵州社会科学》，2011年第2期，第101页）。

在同一时期同一村寨的同一个家族，其林地的所有形式也不是单纯的家族共同所有。以往学者研究过分专注于对文书中大量存在有“股分”描述的文书，往往忘记了更多没有“股”描述的卖契。

再如，即使从统计上看，带有“股权”的文契也不占优。据罗云丹等对《清水江文书》的统计，涉及林业生产的卖山林、栽手契约至少有 4043 件，其中股分合同只有 680 件，这还包括了田、银等其他非林契约在内。相对于至少 4043 件林业买卖契，680 股分契约在统计上也不会支持股分共有在产权制度上是一种独立的形态。再有，从契约文书中看到，太多的情况都可以对“股权”家族占有进行反证。家族共有林地本身有其特性，从共分到股的性质看，如若是共有财产个人不得占有出售。如一件乾隆五十九年（1794 年）八月初一日的家族文件就明确规约：“四处共山，自后内有杉木二股均分，栽手收一股，地主收一股。其有杂木俱在公众，如有私卖山场杉木，禁止众罚入公。”[8] 契约确定了此四处共山是不能私卖的。真正的家族共有经济林地，在个人享有时也是有条件的，如一件契约就讲到，必然是参与劳动才可以获得利益，非是有股即有收益。

对“共山”与“股分”从发生学方面分析的结果，实际上也限定了从“家族共有制”到“家庭私有制”变迁理论的适用区间。从“家族共有制”到“家庭私有制”的变迁过程描述的是真实历史事实，并且越是时间趋向近代其变化越剧烈，但也仅仅在向近代发展这一区间内这一描述才是完全真实的。因为从源头上看，当清水江林业经济兴起时，“家族共有”已非主导形式，反之一开始就存在着六种林地买卖现象反映出的所有权，使林地共有已无多大空间，这些历史事实实际上也排除了其从公有向私有转化的前提。因此，从林业经济起点上看，从“家族共有制”到“家庭私有制”的变迁反映了一种主要的所有制变化方向，但不是一个社会的产权变革。

笔者认为，清水江流域林业经济不存在公有或者私有非此即彼的极端地权形态。在排除了共有的普遍性可能的同时，也不认为只存在着一种家庭私有的单一地权形态；文斗寨共有林地一直存在于民国时期也是事实。但用混合制度来表述似乎与历史本身又不尽相符。毕竟，民国时期林地的个人所有发展迅猛，在量与面上都占主导性也是事实。因此，接近真实历史的是自乾隆时代林业经济兴盛以来，清水江流域林业生产关系呈现出一种以个体私有为主导，多种占有形式共存的所有制形式。

尤其要指出的是，既然从“家族共有制”到“家庭私有制”的变迁不是一个社会的产权变革，反映的只是一种所有制变化方向，但这个方向的内涵是什么呢？分化家族共有制是一个方面，但更重要的是它是林地向个人集中的重要趋势。当然，要从契约文书内部清理林地向个人集中的重要趋势，且在统计上对其原型作量化分析，还有许多工作要做，但阅读康熙到民国时期文书可以清楚地看到，从走向上看，个体私有化进程一直暗流涌动，从内容上看，私有化集中在化共同地缘性占有为个人占有、化家族占有为个体家庭占有。

参考文献

[1] 徐晓光，程泽时．清水江文书研究争议问题评述［J］．原生态民族文化学刊．2015（1）：48—51.

[2] 李向宇．清代苗侗民族林地所有制新探［J］．贵州社会科学，2015（9）：163.

[3] 张应强，王宗勋．清水江文书：第三辑（第7册）［M］．桂林：广西师范大学出版社，2011：438.

[4] 张应强，王宗勋．清水江文书：第三辑（第8册）［M］．桂林：广西师范大学出版社，2011：314.

[5]（清）俞渭修，陈瑜纂．黎平府志［M］．成都：巴蜀书社，2006：37.

[6] 潘志成，吴大华，梁聪．林业经营文书［G］．贵阳：贵州民族出版社，2012（12）：95.

[7] 张应强，王宗勋．清水江文书：第三辑（第9册）［G］．桂林：广西师范大学出版社，2011：39.

[8] 罗云丹，邓锦凤．从<清水江文书>看清代至民国时期清水江民族地区租佃制度的特征［J］．原生态民族文化学刊，2016（2）.

清至民国时期清水江下游地区的无息借贷

——以清水江文书为中心①

徐 钰②

摘 要：民间借贷是经济生活中的重要内容，而互助帮扶性质的无息借贷是其重要组成部分。本文借助新近大规模挖掘、整理的清水江文书，梳理清至民国时期清水江下游地区民间无息借贷的存在形式，及其在民间借贷活动中的地位，缕析其各活动要素，进而分析其存在的原因与影响。

关键词：无息借贷；清至民国；清水江文书

顾名思义，无息借贷指不收取利息，纯粹以经济互助为目的的借贷活动。乡村邻里之间，“出入更守，疾病相忧，患难相救，有无相贷，饮食相召，嫁娶相谋，渔猎分得，仁恩施行”[1]P143，本是传统中国乡村社会的常态。如福建省永定县《永定县志》载：“民间流传‘年有春夏秋冬，月有初一十五，人有上岗下岌’的俗语。逢婚丧喜庆、天灾人祸等特殊情况，经济拮据，宗亲之间，相互同情，借来借去，这就是民间借贷。民间借贷全凭‘信用’，极少书写借据。俗语云：‘有借有还千百次，有借无还就一

---

① 本文原载《贵州大学学报》（社会科学版）2016年第5期第69—76页。

基金项目：国家社科基金重大项目“清水江文书整理与研究”（11&ZD096）。

② 作者简介：徐钰（1985—），男，湖南武冈人，硕士，遵义师范学院人文与传媒学院讲师，贵州大学清水江学研究中心、贵州大学人口·社会·法制研究中心兼职研究员。研究方向：中国古代文化思想史、清水江学。

回’。”[2]P923 正因无息借贷多建基于借贷双方的高度信任和深厚感情上，故不必坚持借贷活动的通用流程，甚至连契约之订立也显得多余，而常消失在历史的长河之中，使后人难觅其踪迹，并导致学者在对民间借贷的探讨中，或有资料匮乏之叹，或则忽略其存在①。也正是在此背景下，民间契约文书的大规模发掘、整理，为该题域的研究奠定了坚实的基础，“使这些领域的研究者获得了丰富的第一手资料”[3]P13。

清水江下游地区地处西南内地，界于湘、黔之间，为苗、侗等少数民族聚居之地，自给自足的小农经济长期占主导地位，社会流动性较弱，宗族文化盛行，族戚关系甚为密切，家族、亲戚、村寨成员之间的道义性、情感性经济互助，极为常见。借助新出的清水江文书②，辅之以传统文献，可以较准确地考量民间无息借贷的发生状况，及其在乡村经济活动中的比重，进而分析其存在的原因，评估其存在价值。

一

清至民国时期清水江下游流域遗存的契约文书资料中，含有大量无息借贷史料，举凡民间信函、日记、账簿，乃至各类契约中，皆屡见不鲜。

民间信函中记载的无息借贷活动，如民国时期锦屏县加池寨《杨先琳致赓兄文政信函》[4]第11册,P350：

因身病未愈，今用大神，决于明日正缺鸡一只，持条与兄相借，以

---

① 如李楠《社会网络、连锁合约与风险规避：近代东北乡村无息借贷合约选择机制的考察》（《中国经济史研究》2016年第1期）即认为，对于民间借贷的研究，“现有研究多集中讨论乡村社会高利贷、社会（血亲）网络与借贷行为关系、农户负债的经济社会影响等问题，而对广泛存在于乡村社会中的无息借贷和债务减免行为缺乏足够的研究。”究其原因，则与史料的遗存状况息息相关，而大批量民间契约文书的发现，正可以弥补这一缺憾。

② 清水江文书指“广泛遗存于贵州省东南部清水江流域台江、三穗、剑河、锦屏、黎平、天柱等县的以林契和地契为主体的民间文书”。参见张新民：《清水江文书的整理利用与清水江学科的建立》（《贵州民族研究》2010年第5期）。清水江文书的搜集与整理，自20世纪50年代就已起步，但大规模搜集、整理并出版公布，则迟至二十一世纪之后。如唐立、杨有赓、武内房司主编的《贵州苗族林业契约文书汇编》（三卷），张应强、王宗勋主编的《清水江文书》（三辑、三十三册），陈金全、杜万华主编的《贵州文斗寨苗族契约法律文书汇编——姜元泽家藏契约文书》，吴大华主编的《土地关系及其他事务文书（第一卷）》，高聪、谭洪沛主编的《贵州清水江明清土司契约文书（九南篇）》，张新民主编的《天柱文书》（第一辑六十八卷、二十二册）等。

救眉急，日后买还。

此短信中杨先琳因为患病，而据苗侗民族地区的风俗，患者常有通过请神禳祸以求疾病痊愈者。如苗侗地区的传统急症“马邪”（因死者身上多有马蹄大小的斑块得名），表征为头痛、发高烧或腹部绞痛，二十四小时（俗语“对时”）内即可致命，其治疗之法，须请巫师（大神）对治，必备物品为公鸡一只、鸡蛋一个、刀子一把、大米一升、麻线一根及纸钱若干。杨先琳之病或即如是，故决定请用“大神”，因家中缺少明日请神所用的公鸡一只，事情紧急，只得写此短信与“庚兄”文政，请求出借，日后买鸡相还。似此等借贷，不仅无息，亦且无契。

日记、账簿内记载者，如天柱县民国二十八年（1939年）霞山主人①之账簿《补残生涯》一册，起于民国二十八年十一月初六，止于次年十月二十日，详细记载其售药所得与日常开支。如其前二页所记曰：

(民国二十八年）十一月初七起

初七　龙世名一付，1千7。收罗正德一付9百，□收洋三角，似恍忽，待问。后问果是三角，折1千2，长3百。收龚咸英一付1千59，即龚祥显之钱，除扣前存钱9千01，外下欠钱六百卅文。收龙德霖一付，8千36，前单。初七共卖药钱7千426。

初八　不到卖药处。收李洪元虐丸十粒，洋六角。

初九　收龙世名一付，2千056。收姚汉德一付，1千5，初十收。收龚咸英一付，1千9，收洋五角，折钱弍千文，长钱1百。应扣入前欠款内。初九共卖药钱5千456.

初十　收龙世名一付，1千8，前收有洋□总算。收龙昭维代姑选弍付，共3千1百4，扣前存款3千08，作为收□。收龙昭六一付，1千78。收林昌辉虐丸十粒，洋七角，折钱2千8。本日共卖药钱9千52。

① 经考证，此“霞山主人”当即民国时期天柱名士龙秀腰，其人擅长诗文，著有《霞山诗稿》，兼擅长医术，曾在王大培北伐军中任军医官，有“神医”之称，著有《内经知要新释》《时方叙要》等医书。《天柱县志》载：“民国二十一年（1932年），天柱县疟疾流行，百姓登门求医频繁。秀腰精通医学，重视医德，卖田二十挑，往湖南靖县购药，在高酿街上设立中药铺，昼夜为民诊治疾病。有的穷人治病无钱，他免费赠药医治。”

十一日　收姚汉德一付，2 千 6，又虐疾丸十粒，五角，收清。收龙令光一付，1 千 48，收洋五角，折钱 2 千，长钱 5 百式。收龙世名一付，1 千 4，前单。本日卖药共钱七千 0 八十文。

十二日（十七日收昭六洋一元，除昭六本日八角外，其余两角系扣作罗光烈之药钱。）收龙昭六一付，1 千 449，十七日收洋八角，折钱 3 千 2，并前初十之数在内。收龙德霖一付，1 千 7，德霖先长钱 2 千 7，至本日除扣长钱外，下该药钱 1 千 3。收龙令能一付，1 千 76，扣先拨买药款。收林启方（内人目疾）一付，1 千 6。收龙世名一付，1 千 47，结总账，不按付打收字。本日共卖药钱 7 千 979，除令能、世名与德霖扣款外，实有未收钱四千三百四十九文。

十三日　收龙木林一付，1 千 1。收龙世名一付，1 千 7。收龙氏桂柳（朱成宝之妹）一付，1 千 7。

十四日　收龙秀成一付，1 千 5。收龙世名，1 千 83。收罗正德一付，7 百 88，扣初七长钱 3 百，下该 4 百 88，十五日收。[5]

以上所记八日售药账册，其中就有诊人赊买数处，如初七日“收龚咸英一付 1 千 59，即龚祥显之钱，除扣前存钱 9 千 01，外下欠钱六百卅文。”而此等银钱往来并无利息，纯粹建立在互信互助的基础之上。此账簿内除了病人赊买药物的记载外，亦有龙秀腰借贷他人之例，如民国二十九年（1940 年）七月十六日所记“龙登焜一付，4 角 6，扣我借焜之款”、七月十九日记“龙登焜一付，5 角，扣借款”、“收龙秀成一付，4 角，扣借款”，诸如此类无息借贷活动，事例甚多。

又如天柱县民国二十三年（1934 年）二月初八日龙裕晋所订之账簿《货财殖焉》，其中亦不乏乡邻间不计利息的借贷，如：

四月十七日借伍华松光洋式拾元正，加三行息；又借杨秀保大洋叁拾元，短拨。某月初九日，借汉德烟米八斤。四月二十日，借季皆洋二百二十元。二十一日晚，借罗益齐烟米一口，欠洋七元。二十六日晚，借药生豆腐一付，欠洋 1 元，借刘宗正烟米三口，欠洋二十一元。[5]

以上财物借贷，除借伍华松光洋 20 元“加三行息”外，余皆不计利息。

在各类民间借贷契约文书中，亦多有无息借贷的存在。或者是极为简略的便条，如锦屏县加池寨嘉庆十九年（1814 年）二月十六日《杨长福、杨生福欠银约》[4]：

立欠约人杨长福、生福，为因生理缺少，二舅姜廷德名下实欠本银七两整，不相远近归还，不得短少，今欠有凭，立约存照。

亲笔

嘉庆十九年二月十六日立

此契约中杨长福、杨生福兄弟因为生意缺少钱用，向二舅姜廷德借本银7两，双方约定此项银两“不限远近归还”，且无需利息。从该契的订立书写格式来看，并无中人、保人，书写极为简略，亦可以窥见这次借贷的帮扶性质。

除了不规范契借贷文书，在立有基本完整契约的借贷活动中，无息借贷也为数不少。如天柱县高酿镇地良村《光绪九年十一月二十一日刘发祥以田作抵向龙昌化等借钱字》[5]第7册，P179：

立抵田契人刘发祥，今因要钱使用，无所出处，自愿将到上摆田乙坵作抵，绍忠田为界，下抵龙姓田为界，丹溪田一坵作抵，上抵木山为界，下抵河为界，左抵大魁田为界，圭邪田二坵作抵，上抵陈姓田为界，下抵陈姓田为界，四至分明，要银出抵，自己上门问到龙昌化、燦兄弟四人承借银捌拾捌两乙钱正，限十二月初十归还，不得有误，若有误者，下田耕种收花为利。恐口无凭，立字为据，今人不古。

凭中　刘天祥

请笔　杨承旺

光绪九年十一月二十一日立借

契中刘发祥向龙昌化、龙昌燦兄弟四人借银88两1钱，约定本年十二月初十日，也就是借后20天，如数归还，并不需要支付利息。契中虽然指定以刘发祥所有的田一坵作抵，然仅仅作为违约逾期的保障，并不影响田主的所有权益。

民间典当活动中所立的典契，亦有实际为普通借贷契，且为无息借贷者。如高酿镇地良村《民国十五年十二月二十六日梁成祖典田地字》[6]第15册，P113：

立典田地人字梁成祖，今因家下要钱使用，无从出处，四（自）愿将到土名白坌寨脚田一坵，上抵园地，下抵成佑田，左抵园地，自（四）至分明，要钱出典，自己上门问到地良寨龙德芳名下承典，当日凭中言定价钱壹佰陆拾捌仟整，其钱亲手领足，其田限至明年二（月）内相还，不得有误。若有误者，下田耕种收花为利。四（自）典之后，不得异言，恐口无凭，立有典字为据。

凭中　龙凤光

亲笔

丙寅年十二月二十六日立字

契中出典人梁成祖因家中缺少钱用，以自己家中田一坵出典与龙德芳，得钱 168 千。然此契名为典契，但从出典时间来看，立契出典时为民国十五年（1926 年）十二月二十六日，并约定来年二月内归还，典期最多不过三个月，又此时为冬春之际，即使钱主得田，亦无所用处，不可能产生收益。因此，这实际上乃是一份无息抵押借贷。像这种短期出典而实为无息抵押借贷的情况，在清水江文书中并不少见。

无息借贷在民间借贷中占据很大比重，以《天柱文书》第一辑所收 101 份普通借贷文书为例，其中无息者有 19 份，约占 19%。至于未立契的无息借贷，如上文所引龙秀腰、龙裕晋等人的账簿记载，则为数更巨，而若进而考虑那些无书面文字记载或资料散佚者，其数量当更为庞大。

二

无息借贷既以纯粹的经济帮扶为目的，而在以自给自足的小农经济为主体的苗侗乡村社会，个体家庭的经济状况普遍紧张，为规避风险，债权人在选择无息借贷时不免格外谨慎，除充分考量与债务人的情感关系外，对于借贷规模、借贷期限及是否需要抵押物，皆明显有所考虑。同样以《天柱文书》第一辑中所收 19 份无息借贷契约为例，其活动要素如表 1 所示。

表1 《天柱文书》第一辑内无息借贷之借贷要素简况

契　名	当事人关系	借贷物及数量	抵押物	还贷期限
同治三年一月十六日杨昌立以田作抵向蒋在学借谷字	不详	谷子2大斗	田一坵，油树一副	不详
光绪九年十一月二十一日刘发祥以田作抵向龙昌化等借钱字	不详	银88两1钱	田二坵	本年十二月初十
宣统三年六月五日龙令伴以田作抵向林启禄借钱字	不详	钱8千文	田八坵，收花24边	本年十月
民国十一年闰五月九日陆志安以田作抵向潘宏彬借钱并限期归还字	同村	钱15封	田一坵	本年九月
民国十一年闰五月二十七日杨□洋以田作抵向龙锦奎、龙锡锦兄弟借钱并限期归还字	不详	钱6千文	田，收谷30边	本年□月初二
民国十四年四月十七日陶燦仕以地作抵向龙显仁借钱字	不详	钱18封	园地一副	本年五月内
民国十五年十一月二十三日杨通焕以田作抵向杨通海借钱并限期归还字	房族	钱20封	田一坵	来年二月二十三日
民国十六年三月二十日姚再升以屋作抵借钞字	不详	钱45千文	屋二间	本年腊月
民国十八年三月四日杨胜海以田作抵向杨宗寿借洋并限期归还字	房族	大洋15元	田一坵，收花36编	本年三月初十
民国二十二年四月二十五日刘荣昌以田作抵向王氏秀香借钱付息字	同寨	钱70封	田一坵	来年二月
民国二十二年十二月十七日刘荣昌以田作抵向龙喜淑借钱付息并限期归还字	不详	钱33封600文	田一坵	来年三月

（续表）

契　名	当事人关系	借贷物及数量	抵押物	还贷期限
民国二十三年八月十日刘荣昌以田作抵向王氏秀香借钱并限期归还字	同寨	钱 128 封	田二坵	来年三月
民国二十三年八月十日刘荣昌以田作抵向栗根林借钱限期归还字	同寨	钱 96 封	田一坵	来年三月
民国二十七年六月二十八日刘修炳以播作抵借钱字	胞兄	钱 30 千	小播二墱	来年二月
民国三十一年四月二十八日伍绍全以田作抵向张祚铭借洋并付息限期归还字	不详	洋 115 元	田一坵	本年五月
民国三十二年九月二十日伍绍银暂借吴永贤父子毗连房屋避雨垦约字	族叔	岭条屋基地	无	日后伍永贤建屋时截退
民国三十四年十二月十九日胡启林向本族冬至会借谷并限期归还字	本族	谷 152 斤	无	来年九月
民国三十六年一月十四日陈再炳以身作抵借钱字	亲戚	洋 12000 元	本身	本年底
民国三十八年八月二十六日杨德森借杨金发猪肉并限期归还字	房族	猪肉 350 斤	土	本年 8 月底

首先看借贷双方的身份关系。上表 19 份无息借贷契约中，借贷双方的关系，其中为本族近亲者 5 份，同一村寨者 4 份，亲戚关系的 1 份，三者合计约占总数的 52.6%，而在其余书写时未清晰标注借贷双方关系的契约中，亦可以通过田野调查或各类文书综合考证，以探求二者的关系，如上表中《同治三年一月十六日杨昌立以田作抵向蒋在学借谷字》，乃瓮洞镇黄巡村文书，据查同时期文书资料，可知债务人杨昌立与债权人蒋在学二人所在村

寨、所在家族长期互相通婚，为关系密切的亲戚关系①。因此可以说，无息借贷主要发生于关系密切的人员之间。

其次看借贷期限。有息借贷因其带有强烈的商业资本性质，债权人可以根据契约规定按期获得一定数额的收益，故对于借贷期限的择定相对宽松，且因在清水江流域地区的借贷习俗中，不必遵循“一本一利”的国家律法，利息的生成可以随着借期的延展而无限累积，便使得苗侗民众在订立借期时可以只约定利率，而不计借期之长短，甚而流行“不拘远近相还”的借期书写形式。而在无息借贷中则大不一样，如上表之中，仅仅两份没有明确限定借期，其余 17 份借契中，借期短者仅数日，最长的也保持在一年之内。

再看借贷标的物的状况。与借期的情况相似，无息借贷不像有息借贷一样，标的物数额越大，收益额即越大，因此债权人在出借之时，必然需要仔细考察债务人财物需求的紧迫程度与所需金额，称量而贷。清水江下游地区毗邻苗疆腹地，产业发展本不繁盛，多世代农耕，勉强自给自足，虽有一度繁荣的林木贸易，然其中交易额较大的木商多属“三帮五勷”② 之人，本地小木商或“山客”资本交易额甚为有限，故除了少数的商业借贷，或因牵涉大型诉讼纠纷的借贷活动，借贷数量大多较小，而在无息借贷中则表现得更为明显。

最后考察抵押物的约定情况，在表 1 所统计的无息借贷活动中，绝大多数都明确设定抵押物，以作规避借贷风险的保障。然而，需要指出的是，一般而言，是否立契，以可窥见借贷双方的相互信任程度与借贷风险的大小而定，而数量更为庞大的不立契无息借贷活动中，如上文私函、日记、账簿内所载，皆未见有设定抵押物者。

总而言之，无息借贷一般发生于彼此熟稔的人群之间，借贷标的物之数额相对较小，借贷期限较短，抵押物的设定随风险程度的大小而变化。

---

① 参见黄巡村《同治七年四月一日杨秀来向蒋在学借钱加息并限期归还字》(《天柱文书》第 7 册第 262 页)、《光绪三年七月十六日杨秀林借钱字》(《天柱文书》第 7 册第 275 页）等契约文书，其债权人同为蒋在学，且皆标明借贷双方的亲戚关系。

② 所谓“三帮”，即安徽、江西和陕西的木商。所谓“五勷”，一说是湖南的常德、德山、河佛、洪江、托口；一说天柱县属的远口、坌处为一勷，白市、牛场为一勷，金子、大龙为一勷，冷水溪、碧涌为一勷，托口、辰沅为一勷，贵州天柱及湖南木商合称“五勷”，参见《侗族社会历史调查》第三编“木材贸易的发展”之二“‘三帮’与‘五勷’”。

三

进而考察清水江下游乡村社会无息借贷活动普遍存在的原因，则主要有二：

一是苗侗民族族戚互助意识的浓厚。清水江地区的侗、苗民族，自古即结寨而居，重视家族组织的构建，以血缘关系之远近组成小款、大款，进而随地缘之远近组建“联款”。在“款”内，各有款约，如《侗族谚语》所说：“Gaenml jiv yangp senl，侗置乡村，Gax jiv ngac menc，汉置衙门，Gaeml jiv jinl bial，侗置石头法，Gax jiv banc gal，汉置枷锁。”[7]P227“Guagl baengh jiuc jeans，国靠国法巩固，Xaih baengh jiuc kaenp，村靠民法约束。Guagl baengh jiuc sop guagl biingc taik，国有法依国太平，Xaih baengh jiuc kaenp xaih taik biingc，寨有规循寨安宁。”[7]P219-220 通过“埋岩”“立碑”等形式，款约作为民族习惯法，深入人心。各款约的最核心要素，即维护家族间的团结，如道光二十九年（1849 年）黎平县《天甫六洞合款》，其第一条即云：“宗族父母该当敬的，同胞兄弟该当爱的，亲戚朋友当要和睦的，妻子奴仆当要慈悯的，乡里不可参商，患难得以相助，宗族不可忌妒，疾病赖以扶持。”[8]P147 该县光绪十八年（1892 年）七月初八日纪堂、登江、弄邦、朝洞四寨四小款所共立的《永世芳规碑》亦云：“盖设禁碑流传，以挽颓风而同款古道事：照得人有善恶之悬殊，例有轻重之各异。故效朝廷制律，以平四海而安九州。□野□条，以和宗族而睦乡里。”[9]P42 日就月将，口耳相传，款约精神深入民众生活的各个方面，如锦屏县隆里乡侗族村寨华寨村，至今尚有《劝和歌》等歌谣，其《劝亲戚歌》道：“我问世间亲戚们，亲戚莫有两个心。结亲都要结义气，不论富来不论贫。富贵不是永远富，贫的不是永远贫。哪个有难救哪个，送点钱粮莫痛心。结得好亲救八难，亲顾亲来邻顾邻。”[9]P209 认为族戚之间，应当消弭贫富之见，互相扶持。

导致苗侗民众互助意识浓厚的，除本民族原有的风俗习惯外，汉文化的进入亦发挥了重要的促进作用。以儒家文化为主流的汉文化，蕴含着浓厚的民间互助思想。随着儒家学说的普及，以及佛、道善恶观念的涵化，使得原本民风淳厚、注重族戚团结的侗、苗乡村民众在经济活动中，面对利益的诱惑，更能保持对情感与道德的尊重。以天柱县为例，自明代建县伊始，时任县令朱梓即大力推行汉文化，倡导伦理道德的建设，以侗、苗款为基础，融合汉文化中的家族观念，使其以血缘关系为纽带，强化宗族的内部管理，完善家族内部的伦理秩序。表现得最为显著的，即是宗祠、族谱的发达。据政协天柱县第十三届委员会所编的《天柱民族建筑博览》统计，该县有宗祠95座，该县“100多个姓氏中有42个建有家祠，现在保存完好的家祠有30多座。”[10]P113 清至民国时期，天柱县乡村以宗祠为基地，公推族长，商议族内事务，制定族规族约，调处族人纷争。以祭祀为最核心活动，通过聚族祭祖，敦宗睦族，以沟通族人间的情感，强化宗族的凝聚力。

族谱是敬宗收族的另一重要载体，也是联络族人情感，倡导宗族互助的重要推动力。清代天柱县远口镇厦寨《罗氏家乘·凡例》云：“族中有孤幼者，时其饥寒而赈恤之，盖房分虽疏，祖宗视之则一人也，况彼既成立，亦自不忘，毋令落魄以贻宗党羞。若有刻薄残忍，恃富贵而凌宗族，挟血气而欺孤弱，天理灭绝，难逃天谴。（中略）族中叔侄兄弟，务须和睦，不得以小事而坏大义，有不是者，申明族长公处，不可辄起讼端，耗散家财，玷污祖宗。”[11]《胡氏宗谱》亦称：“每祭祭毕，房长以谱本命族中善书者数人，挨次登载，一岁之生娶卒葬，并通族人之臧否，其有婚姻相赒，患难相恤，善则力劝，厄则力阻，养亲事长能孝而弟，亲姻乡里能睦而顺，与端方正直学术事功之类，皆足书之，屡有足书者，赏之，卒则配享于祠，其有作奸犯科者，亦书之，不能改则削，久而愈甚则惩之，再三不改则除其名，不许载谱入祠。”[12] 在传统乡村社会，社会评价决定着个人的身份与地位，一旦为家族所不齿，势必成为孤家寡人，而逐出宗祠、族谱，则不仅名誉扫地，甚而生则为异端，死则为游魂，无所凭系归依。正因为有了民族性的款约与宗族性的宗祠、族谱，使得僻处西南、侗苗为主的天柱县乃至清水江地区，虽国家统治力量介入较迟，法律条规渗透不深，而不至于道德失范、社会失序，而在民间借贷活动中，亦也秉承互助精神，产生大量各类形式的无息、低息借贷。

二是民间互助团体的大量组建。与苗侗民族互助精神相辅而成的，是亲缘性、地缘性、行业性互助团体的大量组建，为无息借贷活动提供了坚实的保障。亲缘性的互助团体，在清至民国时期清水江流域流行最为广泛的，莫过于“清明会”。其以宗族为核心，凝聚族内成员，有效整合族人的经济力量，如天柱县《民国二十六年三月杨氏家族为祭祖之赀订捐银买田列产业草书》[6]第2册,P13-18：

尝读书曰，事死如事生，事亡如事存，方不愧为人子之道。窃思本房始祖，原从阳期步口而来，辟开稳江址居，开设江步，裕国通商，迄今万斯年矣。稽先辈叨天眷顾，地灵人杰，科甲联登，火烟发登，数百人名，庶有斯千垢冢坟墓遗，然不少荷前人曾经勒石竖碑，墓垂万世不紊，而后辈尤贵同心致祭打扫，方为尊宗敬祖，希图同心报本，无非捐赀建会，希图会建绵远，何若将赀置买粮田，永垂后世，可谓诚心报本。由是特约房内在会钱购买粮田，每届清节，将田谷出售，以备香帛酒醴，并预专人先扫坟台，暨则同心以礼致祭，俾祖宗而鉴格，庶子孙繁昌无替矣。是为序。

计开老坟山列后（略）

计开田垢逐一列后（略）

计开在会有股人名列后（略）

一议每年在清明先日务要预专人将各处坟山一律斩草光净；一议在会之人每年在清明前一日前来听候，次早正清明日一同坟山祀祭，不到坟山者，不给祭礼；一议和睦为本，敦伦自依，尊卑有序，男女自别，恪守三刚（纲）八德，不宜违背，倘有不遵，公同处罚，重则送官究治。

“清明会”以家族筹资祭祖为主，以“和睦为本”，族人各出财物，购买田地，以田产之收成为每年祭祀的固定费用，免去了临时集资、贫户告贷之苦。同时，“清明会”亦具有出贷的作用，在灾荒年月给予族人以财物支持。

除了“清明会”，还有诸如“冬至会”等互助性会社，如高酿镇甘洞村《民国三十四年十二月十九日胡启林向本族冬至会借谷并限期归还字》[6]第21册,P135：

立借字人胡启林，兹借到本族冬至会谷壹佰伍拾式斤，限至明年九月间无息归还，不得有误，否则即由介绍人胡贤广负责偿还。此据。

介绍人　胡贤广（押，左母指）

债务人　胡启林（押，左母指）

代　笔　胡启然（押，左母指）

民国卅四年古十二月十九日

契中胡启林因年末缺粮，请族人胡贤广为介绍人，向本族冬至会借出谷子152斤，约定来年九月秋收之时原本填还即可，无需利息。

地缘性的民间互助团体，较为常见的有“老人会”等，此会以扶持遭受丧事的家庭为目的，参会之人或提前或临期上交财物，帮助丧家料理后事，准备一应费用。如高酿镇上花村《民国三十六年三月七日龙广明交老人会移交清册》[6]第16册，P58-63：

本会于民国二十八年四月十一日本寨龙显顺之母亲去世，为补助孝家治理丧事互相便利起见，本寨人士发起组织一老人会，规定每会员上会铜元伍百文、米三老升、酒三件，旋自政府通行币制，本会又改收市洋伍角，自民国三十三年冬季本会龙宪模、魁父亲去世，值物飞涨，洋价日形低落，无补于事，又约集本会会员商讨规定，改收物质，由宪模、魁父亲已得收会之会员，改收钱纸一捆，其余以后之会员一律收猪肉半斤，米酒仍照前之规定，本会会员如过白孝，照常移交一份清册，不得违背规定，共同遵守。

会员姓名列后

收钱纸会员计十二名

龙显顺　龙宪淘　龙宪能　龙显豪　龙见柏　龙宪增　龙见椿

龙德海　龙祥贵　龙祥佑　龙照礽　龙见槐

以上会员本月收钱纸一捆，扣洋八百元正

一、收猪肉半斤会员计式拾柒名

龙宪模　龙□益　龙见忠　龙昭柴　龙见云　龙宪魁　龙见恺

龙秀明　李政纪（此会龙显顺代上李姓此会）

龙见祥（以下未上此会）　龙令求　龙宪洛　龙宪松　龙显和

龙昭祖　龙令泽　龙见吉　龙见争　龙廉臣　龙令增　龙令勤（除洋不上）

龙友元　龙令嗣　龙友三　龙祥桢　龙令容　龙宪田

卸任　龙广明

新任　龙见孔

合计　过本会规定米粮，白米一四斗式升

　　　过本会规定酒桐粮　酒三十件

收纸钱扣洋八百元，十二名，共收洋合九千六百元，收猪油半斤，扣洋一千元，除本人外有二十六名，共收洋合计二万六千元

两数总共合计三万五千六百元正

上引“老人会移交清册”，记载了成立于民国二十八年（1939年）的村寨“老人会”的组织活动情况，此会以龙姓为主题，然亦兼容同寨“小姓”李姓入会，会员所出物资，既有货币，又有米、酒、肉等丧事必需品，有了这些财物支撑，丧家得以免除临时借贷的窘迫与花费。

行业性的互助团体，据《天柱县志》载，清末民国时期成衣业有“轩辕会”，入会需交纳一日工资，每年农历9月16日同业人员齐祭会餐，皮革业有“孙膑会”，入会时交纳会费5元，每年农历10月13日会员集会县城会首家饮宴3日；木业有鲁班会，每年农历6月13日为同业会员祭会；铁业有尉迟恭会，每年农历3月14日和9月9日为同业会员会祭。其他行业也将本行业创造发明人物奉为祖师，有理发业吕洞宾，织布业黄道婆，酿酒业杜康，染纺业葛洪，造纸业蔡伦等，其规模较小，会员的组织也不稳定。各行业合会以各行祖师为祭祀对象，通过合祭、会饮等方式，联络情感，互通商业信息，亦提供财务扶持。

正是由于地方文化中互助意识的强烈，且有数量较大、种类多样的民间互助团体的支撑，为无息借贷的存在营造了肥沃的土壤，家族内部、亲戚或朋友之间常能在彼此穷乏之时，尽己所能伸出援助之手，而不计金钱的收益。如天柱县《乾隆四十八年三月二十三日杨卓菴、杨合菴等立集资合同》[13]第128份：

立合同人杨卓菴、合菴，今承众弟兄见廷彩冤屈，害我等帮银，一百日后不得用一科十，事息之后盟神算账，恐后兄弟倘有事务，卓菴必须同心出力，今将各帮银两开列于后：

朝栋愿出银一十八两；绍兴愿出银一拾八两；朝柱、朝显愿出银八两；

朝燦愿出银十两；含宏愿出银八两；特之兄弟共愿出银二两；

凭房族　杨朝耀　周作　陈大兴　舒辉映

乾隆四十八年三月二十三日

上契是一份家族筹集诉讼费用的文书，杨卓菴等人因为不忍族中兄弟杨廷彩遭受冤屈，乃召集族人商议出资相借，诸人立下合同，自愿共出银64两，约定百日后“盟神算账”，并不计较利息问题，甚至本金能否收回亦在所不计，而此次蒙族亲帮助的杨卓菴等人，以后若遇族亲有紧急事故，亦必须同心协力，竭力帮扶。

清水江下游地区的民间谚语说：“喝酒讲酒不讲菜，结亲讲亲不讲财”，又言：“交义不交财，交财合不来。”这些质朴的俗语无不透露出底层民众重视人际情感，尤其是房族、亲戚之间患难与共、重义轻利的道德自觉与期许。清光绪二十九年《天柱县志·、耆德传》，其中即记载许多乡里耆德抚慰助困、周济乡邻的事例，如：

> 王伟，城坊人，好施不倦，亲族待以举火者甚众，岁饥，出粟赈济，全活无算，有贷金不能偿者，辄还其券。年八十余，生八子，万历间拜寿官额曰耆俊，乡人钦之。
>
> 吴昌周，即尚贤次子，隆准丰颜，体貌魁梧，席丰厚之业，继志述事，克绳祖武，乐善好施，终身不倦，尝集借券，度力不能偿者，悉焚之。子孙科甲蝉联，人以为盛德之报。
>
> 刘成，居仁章寨人，武生，为人好善乐施，尝修砌古路桥梁以济行人，族戚有孤贫者，悉赒之。
>
> 吴顺彝，兴文地湖人，国学生，秉性严明，处事能持大体，尤好扶持善类。人有急需，必设法助佽如愿乃已。乡邻争讼，众口纷呶，公徐出一言以定是非，事遂冰释。每遇公件，平情处置，不随不激，地方阴受其福。
>
> 潘占先，由义人，生平仗义，尝至黎属藕洞探视，中途遇人携一少女哭甚哀，占先问故，女云：“父欠人债，将卖我以偿。”因劝勿卖，随解囊出银交女父，并不道其姓名，归亦不向人言，故乡里少有知者。
>
> 梁伯茂，字子升，三图重鳌村人也。性温恭，不炫己长，不扬人短，卓然皞皞王民，其乐善好施，扶危济困，诸雅量难以罄述。
>
> 吴修信，兴文独坡人，生平好善乐施，乡邻族戚被困危者皆受其惠，尤急公好义，慷慨捐输。
>
> 杨再书，字汉超，三图黄家寨人，性含宏和逊，公正严明，如好贤

亲仁、买物放生、救饥恤贫、扶危济困诸雅量，族人咸资赖焉。[14]P262-265

通过官方褒扬、史志登载、乡民传颂等方式，为乡村民众树立了优秀的楷范，促使乡村民众在亲友窘迫之时，于自己力所能及的范围内，提供财物支持。

在官方借贷机构匮乏、放贷效能低下，而民间金融市场滞后的传统中国社会，民间借贷必不可少，成为民众获得资本，渡过生活、投资难关的重要渠道，而对于广大乡村民众来说，族戚、乡邻、朋友之间的无息借贷，不仅满足了其急迫的财物需求，缓解了家庭的经济压力，更为重要的是，通过相互之间充满温情的经济帮助，使家族、社区的凝聚力大为提升，并构建起和谐共处、稳定良性的乡村自治模式。这对于当下的农村建设，无疑也是具有借鉴意义的。

参考文献

[1] 许维遹. 韩诗外传集释［M］. 北京：中华书局，1980.

[2] 永定县地方志编纂委员会. 永定县志［M］. 北京：中国科学技术出版社，1994.

[3] 〔法〕童丕著. 敦煌的借贷：中国中古时代的物质生活与社会［M］. 余欣，陈建伟译. 北京：中华书局，2003.

[4] 张应强，王宗勋等. 清水江文书（第一辑）［M］：桂林：广西师范大学出版社，2007.

[5] 天柱文书第一辑补遗，第28盒.

[6] 张新民. 天柱文书（第一辑）［M］. 南京：江苏人民出版社，2014.

[7] 张盛等编：侗族谚语［M］. 贵阳：贵州民族出版社，1996.

[8] 黎平县志编纂委员会. 黎平县志［M］. 成都：巴蜀书社，1989.

[9] 徐晓光. 款约法——黔东南侗族习惯法的历史人类学考察［M］. 厦门：厦门大学出版社，2012.

[10] 政协天柱县第十三届委员会. 天柱民族建筑博览［M］. 贵州大学出版社，2015.

[11] 罗氏家乘［M］. 民国元年孟夏天柱县王瑞卿，苏泰茂刻本.

[12] 胡氏宗谱 [M]. 宣统二年仲夏天柱县孙文治，刘贤书刻本.

[13] 天柱县档案局（馆）藏文书，第 89 盒.

[14]（清）林佩纶等修，杨树琪等纂.（光绪）天柱县志 [M] //中国地方志集成. 贵州编：第 22 册. 成都：巴蜀书社，2006.

纠纷调处

好讼与无讼：清代清水江下游两种不同权利纠纷解决机制下的区域社会[①]

王宗勋[②]

摘　要：清代中后期，在锦屏等清水江中下游并存着两种不同的权利纠纷解决机制，即国家法律和地方习惯法。这两种机制是国家力量有了相当的进入、木材贸易等商品经济有了相当程度的发展，同时又受制于自然地理条件，区域之间发展不平衡的结果。对这两种不同的权利纠纷解决机制下区域社会的描述，对研究清水江流域地区清代中期以降社会关系调整的问题将起到管中窥豹之作用。

关键词：好讼与无讼；清水江流域；权利纠纷；解决机制

最近十多年来，随着清水江文书（也即“锦屏文书”，下同）的大量发现，清水江文书中所记录和反映清水江流域地区社会关系调整的问题也逐渐为人类学和法学界的学者所关注。笔者在1995年至2010年的十多年中，曾专门从事清水江文书的收集和整理工作。在工作中发现，在清代中期至民国时期，锦屏的清水江两岸并存有两种明显不同的权利纠纷解决机制：一种是依靠法律手段，一种是依靠民间传统习惯。这两种机制虽然不同，但都能较有效地调整人们的各种利益关系，从而使社会秩序得到稳定。

---

① 本文原载《贵州大学学报》（社会科学版）2016年第6期第88—95页。

② 作者简介：王宗勋（1964—），男，侗族，贵州锦屏人，贵州省锦屏县地方史志办公室主任，贵州原生态民族文化研究中心研究员。研究方向：清水江文书与历史人类学。

一、法律手段作用下的"好讼之乡"

自2001年起，随着中山大学与锦屏县合作进行的民间契约等文献资料的收集工作的深入，锦屏地区民间契约等文书大量地被"发现"（也因率先在锦屏地区被大量发现，以致被贵州省官方命名为"锦屏文书"[①]），令学界和政府震惊并高度关注。2006年后，在地方政府的推动下，民间文书的收集工作陆续扩展到锦屏以外的黎平、天柱、剑河、三穗、岑巩等清水江中下游地区。2015年初，黔东南州从锦屏、黎平、天柱、剑河、三穗、台江、岑巩等县共计收集到民间文书18万余件，其中锦屏一县即近5.6万件[②]。这些文书内容涉及锦屏等清水江下游地区社会的各个方面，既是调整当时各种社会关系过程结果的真实记录，同时也是调整当时各种社会关系的"法律"。以笔者相对熟悉的锦屏地区而言，在收集到的民间文书中，涉及山林田土买卖转让、利益分配、生产管理、矛盾纠纷调处等调整人们利益和规范人们行为的文书占文书总数的90%以上。以致法学专家谢晖教授说："这些文书是地方习惯法，是国家法律在这里的具体体现。"[③]

除了纸质文书外，还有遍布村寨间的碑刻。这一地区，几乎每个村寨都保存有刊于清代及民国时期有关于司法诉讼方面的石碑，如茅坪镇的"禁白银冲铅告示碑"，三江镇王寨和卦治村的"争江"判决碑、"禁排夫索价"碑，平略镇南堆村的《永远遵守》碑、平鳌村的"输粮附籍碑"，河口乡瑶光村的后龙山诉讼判词碑、固本乡培亮村的《永定江规》碑，等等。

过去，在这些地区，人们对契约文书都极为重视，都用有防虫功能的樟木箱子装载契约。为了契约的安全，装契约的箱子都置放在最安全的房间

---

① 2005年8月5日，中共贵州省委宣传部、贵州省文化厅、贵州省新闻出版局、贵州省财政厅、贵州省教育厅、贵州省档案局6家以黔文提复〔2005〕37号联合行文《对贵州省政协九届三次会议党派、团体提案〈关于抢救"锦屏文书"的建议〉的答复》，正式用"锦屏文书"命名在锦屏等地发现的民间契约等文书。

② 据黔东南州档案局统计，2015年底，全州各县收集到的锦屏文书共计18万余件，其中，锦屏县55862件，黎平县58600件，天柱县28400件，三穗县26000件，剑河县15600件，台江县2000余件，岑巩县2000余件。此外，在黔东南州从江、榕江、凯里、黄平、丹寨等地也发现民间文书，并部分征集入藏档案馆。

③ 北京理工大学法学院院长谢晖教授于2010年10月15日在"锦屏文书暨清水江木商文化学术研讨会"上的发言。

里；为防霉虫，每年农历六月“尝新节”都要将契约翻出来置于太阳下暴晒一两个小时，俗称“晒契”[1]159。这是因为契约文书是他们拥有山林田土等生产资料的证明凭据，关乎他们的生活甚至生存。以被众多专家学者所关注和熟悉的锦屏县河口乡文斗苗寨为例，在清康熙中期至清末的两百多年里，文斗的上、下两寨分别属于黎平府开泰县和镇远府天柱县管辖，两寨距离各自县治地都有六七十公里，由于相距遥远，官府对这里的影响十分有限，于是这里处于高度的“自治”之中，而契约文书便是这里实行“自治”的重要工具。文斗的契约文书可显示，在清雍正至清末这段时期，文斗俨然是“一个依法办事的‘礼法社会’，一个以契约为主要依据的‘自治社会’”[2]。契约文书涉及人们生活的各个方面，人们互相之间买卖山林田土、租佃山场、借贷钱粮、交换物品、析分家产，甚至婚姻、交友，无不签订契约文书；村寨的社会秩序、家庭及人们的行为规范也无不通过契约形式来管理和约束[1]，以致人们对契约文书产生了很大的依赖。

对诸石碑，大多将之供祭起来，赋之以灵性，使人敬畏，从而得到很好的保护。

从在锦屏地区收集到数以万计的民间文书中可以看出，在清代中期至民国时期的两百多年里，契约文书成为很多村寨人们解决纠纷、维护自己权利最主要的工具和手段。无论是邻里，还是亲戚朋友甚至兄弟叔侄之间，只要觉得自己的权利被侵犯，人们都会祭起这个“法宝”进行自我维权，也即以契约文书为主要依据，向县、府等地方官府投禀兴讼，于是形成了一种被其他地方认为“爱打官司”的“好讼”风气，如道光时期亮司文人龙绍讷笔下即有“挖寨尖峭而好讼，地步趱越而善缘。”① 的语句。从这些村寨收集到的民间文书中，涉及司法诉讼方面的占很高的比例，一般在10%左右，高的达到20%。如加池村四合院姜氏家族计有文书1218份，其中涉及法律诉讼方面的约占10%；姜绍明家族文书900份，涉及诉讼方面的约占15%。

在这些沿江村寨中，几乎每个都流传有有关先人打官司的故事传说，其中最著名的是清代中期茅坪、王寨、卦治“三江”与天柱坌处、清浪、三门塘三寨为争夺清水江木材贸易垄断权（“当江”）的“争江案”。“争江案”断断续续持续了一百多年，曾一度惊动贵州、湖南、江西、安徽、江苏、福建、陕

---

① 锦屏县敦寨镇亮司《龙氏迪光录》卷一《风俗》。

西、浙江、湖北9个省的首要官员，最后由嘉庆皇帝亲自裁决①。其次有河口一带的“三魁告姚”案，清道光中期，河口乡格翁范正魁、塘东姜朝魁、韶霭李荣魁等联合与河口巨富姚玉坤（外号“姚百万”）进行讼斗，打了7年官司，从黎平府打到古州道台、到贵州省巡抚部，最后打到云贵总督府，终将姚家告倒。民国中期，中仰村的陆姓人与文斗村的姜姓人为争坟山权属打了6年官司，打到重庆最高法院，最后中仰陆姓人将文斗姜姓人告败[3]。

在“三江”和文斗、瑶光、韶霭等村寨，甚至还出现了较有文化、能言善辩、以代他人书写诉状和到官府应诉为主要职业、被民间称为“讼师”或“讼棍”的人员，如清乾嘉年间，文斗有个诉讼“专业户”李枝月，绰号“螃蟹公”（苗语“故该哥”）。此公巧舌如簧，能说会道，擅长禀状书写。他不务农，不事工，不经商，专吃“热饭”。他常主动要求看他人的山林土地买卖契约，看了之后，便从中挑出对主人不利的地方，并大肆夸大其害处，唆使主人兴讼，他于是自荐当讼师，代主人写讼禀并到官府应诉，从而收取费用。有的诉讼官府判决下来，他又以“判决不公”为由，唆使当事人继续上控。更甚者，他“吃了原告吃被告”，两边都给出主意，收取好处。清代中后期，清水江下游一带出现一批较著名的诉师，如嘉庆年间卦治的文起蛟②，道光年间韶霭的李荣魁③和光绪年间瑶光村的姜兴渭④，他们不但在乡团里包办诉事，而

---

① 参见贵州省编辑组：《侗族社会历史调查》，贵阳：贵州民族出版社1988年版，第34—58页；亦可见锦屏县地方志编纂委员会编：《锦屏县志（1991—2009）》，北京：方志出版社2011年版，第1523—1545页。

② 文起蛟，原名杨腾波，今黎平府中林验洞长官司（今锦屏县钟乡）人，乾隆后期贡生。能说会道，善写诉讼文书。嘉庆六年（1801年），茅坪、王寨、卦治三寨与坌处、清浪、三门塘争夺清水江木材贸易垄断权的斗争进入白热化，茅坪、王寨、卦治三寨各请讼师代理诉讼，卦治遂请杨腾波。杨腾波到卦治后，化名文起蛟，代理卦治的一切诉讼事务，最后打败坌处三寨，取得决定性胜利。讼事结束后复名杨腾波，卦治人为酬谢他，特许他迁居卦治并享受只有卦治文、龙两姓才能享受的开设木行接待买卖木商的资格。

③ 李荣魁（1773—?），韶霭村人，嘉庆年间考取贡生，能言善辩。道光七年（1827年）出头联合清水江“山客”（山区少数民族木贩）向黎平府状告湖南不法水客（木商）大量使用掺铅白银到林区坑害林农。道光中期，作为主力参加格翁、塘东、韶霭民众讼斗河口巨富姚百万，主要负责到官府应诉答辩，被称为“黎平第一讼棍”，详见锦屏县地方志编纂委员会：《锦屏县志（1991—2009）》，方志出版社，2011年，第1323—1324页。

④ 姜兴渭（1846—1908），瑶光村人，光绪五年（1879年）考取贵州举人。光绪十二年（1887年）组织发起向贵州省巡抚部、布政司等衙门状告“三江”木材行户盘剥山客和林农，要求革除“当江”制度。光绪二十四年（1898年）在北京参加康有为等组织的“公车上书”，详见锦屏县地方志编纂委员会：《锦屏县志（1991—2009）》，方志出版社，2011年，第1334—1335页。

且还出头参加甚至主持一些惊动地方官府乃至朝廷的大案诉讼。从在文斗、加池、平鳌等村收集到的民间文书可看出，在清代嘉庆至民国时期，这些村寨涉诉事件频发，争执标的大到人命案和成片的山林田土，小则仅几株杉木，甚至几尺路道。因出现的诉讼案件较多，所以这一带被地方官府称为“好讼之乡”①。这些村寨的涉诉事件与契约文书一样，与清水江木材贸易发展成正比，也即是说，木材贸易发展繁荣时，纠纷诉讼事件也多。相反，木材贸易萧条时，纠纷诉讼事件也就少。这些村寨的“好讼”风习直至如今依然顽强地存在着，1980—1990年代，这些村寨的山林土地权属纠纷比其他乡镇都多，加池村与四邻的文斗、岩湾、中仰、塘东、南怒等村寨先后都发生过纠纷。2003年国家重点水电工程三板溪水电站形式建设后，涉及电站水库淹没土地补偿的矛盾纠纷表现得十分突出，仅加池一个村就有十数起，乡、县两级政府应接不暇。究其原因，除了土地权属上确实存在混乱不清的客观因素，而村寨间少数承传“好讼”习气者想通过这一途径捞取利益也不容忽视。

二、传统习惯法作用下的“无讼之乡”

与上述清水江沿岸村寨的“好讼”相反，在清水江北岸的九寨地区②，在清代及至民国时期却呈现出一种“无讼”或“淡讼”的社会现象，以致有人称之为“无讼之乡”。

九寨地区的“无讼”现象的具体表现，就是在清代中期至民国很长的时期里，都沿用侗族传统的习惯法进行自我管理。这里有一套传统的“地方”管理机制，凡地方上出现的各种大小事务和权利纠纷，都由村寨里的“货老”③、老人（有威信的长者）、族长等人员组成“地方”，根据传统的习惯法自行解决，很少牵涉到官府。至今，九寨很多的老年人仍习惯将村民委员会或乡镇政府称为“地方”，称其负责人为“货老”。在这里人们的传统观念中，官府是人家“腊贾”（侗语对汉人的称谓）开设的，“腊贾”历来欺

---

① 参见贵州省锦屏县档案馆民国档案民政科全宗。

② 具体指今锦屏县三江镇小江，平秋镇魁胆、平秋、石引、高坝、皮所，彦洞乡黄门、彦洞、瑶白9个村寨。

③ 侗语“大官”之意，即村寨或团款头人，相当于今村长、乡长之类基层官员。

负侗家人，到官府去打官司是没有好结果的，输固然是输，即使赢也是输。有事就找“地方”解决，无需费钱费粮到衙门去，只有那些“包乡”① 才去官府投诉。

从在这一地区民间收集到的文书来看，涉及司法诉讼方面的很少，不到总数的5%。再从被认为能反映一个地方社会历史概貌的碑刻来看，九寨地区共保存有刊于清代的碑铭34通，其中仅有2通（彦洞乡仁丰村《永定章程》和石引村《永禁章程》）涉及司法诉讼（与外村发生山林土地权属纠纷）。以平秋镇魁胆村为例，在笔者与张应强教授主编的《清水江文书》中，共计收录该村文书2710份（约占该村所有文书70%），其中涉及纠纷、诉讼类的仅40份，占总数的1.5%。② 另外，近年凯里学院傅安辉教授等，在平秋镇石引村清光绪时团款首领刘开厚后人家中发现了清末以地方团练事务和社会管理的文书377份，其中涉及纠纷诉讼方面的也才有35份，约占总数的9.2%。

在清代中期及以前，九寨地区是一个大款，大款下面分有9个小款（即9个大村寨，“九寨”一名因此而得）。大款对外具有共同抵御外侮的军事联盟性质，1款有敌，其他8个款都有义务前来援助。每隔一段时间，9个村寨都要以吃牯脏等形式进行会盟。小款以一个母寨为中心，包括若干个与母寨有血缘关系的子寨。每个小款也都根据自己的情况就村寨的管理制订有款规款条，这些款规款条，就如村寨里的“法律”，规范着人们的主要行为。清光绪二十六年（1900年），因受广西太平天国起义余波等原因影响，黎平府属各地社会持续动荡，魁胆等九寨地区社会动乱不堪，明抢暗偷事件不时发生，人民居不安，业难乐。于是，款内各寨头人聚集魁胆“议款”，结合当时官府的律令，将先辈遗传下来不成文的款规款约进行整理，形成了八条“禁约”，并刊成石碑，立于各寨：

> 尝思国有法家有规，吾魁胆十六甲各寨，近来地方紊乱，多滋雀角，民怨载道。为靖地方，各寨首人公议，新定八条禁约，仰共同遵守，毋致违犯。

---

① 包乡，侗语，指不务正业，靠在乡间游串坑蒙拐骗为生的人。

② 参见张应强、王宗勋：《清水江文书》第二辑第5、6、7、8、9、10册，广西师范大学出版社，2009年。

一禁延误公家粮款。违者，送官治罪。

一禁勾外烂里。违者，行见家一块柴古规，逐其家人出寨。

一禁偷牛盗马滥伐他人林木。违者，罚银十两入众聚款。

一禁犯火。焚毁他人房屋、林木者，赔偿损失；故意纵火者，丢入火场。

一禁私留面生歹人祸害地方。违者，送官处治。

一禁不孝。违者，罚交族处治。

一禁乱古礼。男婚女嫁须凭媒妁，违者交族处治。坏伦者，行坠崖古规。

一禁寨内外行歌坐月、女子夜行。违者，交族按坏俗处治。

大清光绪二十六庚子年孟春月穀旦　立①

“禁碑”刊立起来后，在魁胆团款内起到很好的“法律”作用。当民众和村寨集体的重大利益受到威胁和破坏时，“地方”就会出面祭起诸“禁规”进行处理。民国十五年（1926 年），在魁胆寨发生了一件震惊周边的重大事件。该寨王 A 族②重要成员王彦科在锦屏地方强人龙青云③手下谋得一份催收粮款的差事。这年秋，他带几名兵丁来魁胆团款催征粮款，不但苛重，而且手段狠辣。而这年，锦屏等地发生大饥荒，流民堵道，饿殍充野。魁胆团款怨声四起，王彦科的族人向他求情，也被责骂。“地方”头人、魁胆团款总理王世杰（兼王 C 族长）出面与王彦科交涉，请求他看在饥荒和本团寨人的情分上，适当减缓。王彦科非但不许，还恃着有后台，将王世杰捆打，因而激起民愤。寨民将王彦科擒捆，释放王世杰。王世杰也不向官府报告，而是按传统款规款条行事，以地方总理的名义传令立集魁胆款内各寨的头人会议，决定对王彦科按古规处罚。因王彦科是为外面人利益来团款里苛派，其行为已构成款规款约中严禁的“勾外烂里”罪，应该处以极刑——见家一块柴烤死。因王彦科确实违犯款条，故王 A 族中无一人愿意出头替他说

---

① 原立有碑在魁胆村内，“文化大革命”中被毁，碑文抄自魁胆村民委员会。

② 魁胆寨居民以王姓为主，王姓分为 4 支，各有来历和谱谍。详见张银锋、张应强：《姓氏符号、家谱与宗族的构建逻辑——对黔东南一个侗族村寨的田野考察》，《西南民族大学学报（人文社会科学版）》2010 年第 6 期。

③ 龙青云（1887—1939），锦屏亮司人，苗族。民国初年入黔军，先后跟随吴传声、王华裔、袁祖铭。民国十二年（1923 年）任滇黔联军团长，随后长期盘踞锦屏，拥兵自重，无度苛派；民国二十八年（1939 年）暴亡于寓所。

话并担保。随后，王世杰传令“齐款”，款内200多户（包括其房族所有成员）每家出一人携带一块干柴齐聚魁胆西边的琉璃坡脚召开“审判大会”，将王彦科捆绑在一根木桩上，然后将各家交来的干柴堆在木桩边。在宣布款规款条和王彦科的罪恶之后，纵火将王彦科活活烤死。事后，王世杰觉得事关人命，自己跑到县里去投案，县府官员认为这是村寨在按传统习惯行事，对王世杰不予追究①。此事对魁胆团款有震慑性的影响，自后较长一段时间内，无人敢违犯款规款条。

在魁胆寨里，对人们行为起规范作用的除了上述明文款规款条外，还有许许多多散藏在村寨风俗和人们日常习惯里的“禁忌”。如，忌砍、烧风景树木，不进他人禁山砍柴割草，不打病兽和拾死兽死鱼，忌动他人打草标的特件和进门口打有草标的人家，上山伐运木材忌说“死”“伤”等不吉利的话；客人夫妻（包括女儿女婿）不能在主家同宿，父兄忌入儿媳、弟媳卧室，产妇未满月忌到别人家串门；忌毁坏和在坟墓、土地公、庵庙前大小便，忌在村寨后龙山葬坟，忌抬死人从他人村寨中间通过，[4]147 等等。这诸多禁忌，要求人们在日常生产生活中必须注意遵守。如果有人不遵守，轻则遭到长辈责骂，重则受到村寨人的诅咒和孤立，他会因之而承受“报应”——孤独和无助。

魁胆寨的这些禁规，经过“地方”头人们以各种形式反复宣讲重申和对违规者惩处的事实教育，加上长辈对后辈的言传身教，逐渐成为一种自觉习惯根植和固化于人们的思想和行为里，并世代相传，不大因外部因素而轻易改弃。正因为这样的原因，魁胆寨自1958年以来至今的58年里，从未发生过刑事案件，社会秩序井然，族群关系和谐，这令各级司法部门感到惊讶。近年来，县、州、省的公安司法机关不断到魁胆村调查其秘密，试图推而广之。②

过去在九寨地区，村寨里一旦发生矛盾纠纷，解决的办法往往是，由当事一方或双方向村寨中自己认为公道的“地方”成员报告，请求解决。如果

① 根据笔者在魁胆村的调查走访所获资料整理，亦参考贵州省编辑组：《侗族社会历史调查》，贵州民族出版社，2009年，第183-185页；张银锋、张应强：《姓氏符号、家谱与宗族的构建逻辑——对黔东南一个侗族村寨的田野考察》，《西南民族大学学报（人文社会科学版）》，2010年第6期。

② 源自笔者2016年5月从锦屏县政法委员会了解，及对魁胆村党支部书记王必玖的调查资料。

该成员解决不下，便报告给“地方”头人，由该头人便召集“地方”成员并当事双方一起会议，协商讨论解决。如果“地方”会议仍解决不下，当事双方便邀约到庙里，或村边土地公前，或争执标的处（如山场、田地等）进行砍鸡发毒誓。各村寨中，至今都仍流传有“砍鸡”裁断纠纷的故事。

由于传统习惯使然，九寨地区历来较注重“内治”，在“内治”中又强调“忍让”和“不讼”。原因在于该地人们多不善于外交，很少同官府打交道，大多数人对到官府进行诉讼的基本知识不了解不掌握，以致在不得不应付的涉官府和涉外域的争讼中，大多都以败落而终。最典型的是平秋等寨与天柱柳寨对小江（也称“八卦河”）东岸莲花山的权属纠纷，尽管争执地就在平秋款属地边上，距离柳寨有十多里，且中间隔有河流，但在长期的纠纷诉讼过程中，柳寨人谙熟诉讼知识和规则的运用，而平秋款人却只知沿用传统习惯法则来对付，结果该山场多数被官府判归柳寨（至今民间仍流传“天柱争得莲花山，锦屏得莲花把”等口谚）。同样，平秋团款与清水江边平略镇平略、南堆等村在圭绞溪山场权属纠纷，黄门团款与河口乡文斗村在清水江北岸边上的山场权属纠纷，也都无不失败。

民国三十年（1941 年）冬，锦屏县城通往天柱县的要道麻栗坡，为两县交界处，经常有盗匪潜伏抢劫行人，引起两县公安部门的关注。三十一年（1942 年）一月二十二日（农历腊月二十五）逢锦屏县城王寨赶场，锦屏、天柱两县公安部门联合在麻栗坡一带布控，准备缉拿抢劫到锦屏赶年场人的盗匪。盗匪得讯，早销声匿迹。这天，魁胆村民王根吉从广西富禄挑盐到县城交给商铺①后去麻栗坡走姑妈辞年，不知此处有劫匪，更不知道警察正在此布控缉盗匪。王根吉进姑妈家不久，便被警察当作劫匪抓了起来。王根吉老实巴交，既不会说汉语，更不会写汉字。被抓后，竟吓得说不出话。消息传到家里，妻子托族人将家里仅有的两丘田卖②后，集中“地方”头人来商量救人办法。时逼近年关，大家一是忙着过年，二是确实想不出有效的救人办法。最后，王根吉于大年过后的元宵节惨遭冤杀。③

---

① 1938 年日本军占领武汉等长江中下游地区后，沟通贵州与湖南、湖北等地区的清水江航道断航，锦屏等地的食盐、百货等商品改从广东、广西等地运进，广西三江福禄镇成为都柳江水运改陆运的埠口，锦屏县城笔顺商铺都雇请民夫到富禄挑运货物，锦屏县内贫苦民众多以之为业。

② 参见张应强、王宗勋：《清水江文书》第二辑第 6 册，广西师范大学出版社，2009，第 445-446 页。

③ 参见锦屏县档案馆民国司法档案和笔者多次在魁胆村对王根吉女儿等老人的调查。

从以上诸事例可看出，九寨地区传统的“无讼”或“淡讼”习惯，在很大程度上影响了这里的人们在涉外，特别是涉及官府方面正当权益的维护。

三、两种不同机制产生的原因分析

清代中后期在锦屏等清水江下游地区出现两种鲜明不同的权利纠纷解决机制，有着自然、经济、文化、风俗等多方面的原因。

（一）好讼：清水江流域社会发展使然

日本学者夫马进曾开创性地将明末以后的中国社会形容为“诉讼社会”[5]。概观诸学者的论述，一个地区“诉讼社会”的形成，应具备以下3个基本条件：一是国家在那里已经有较大的影响力；二是经济，特别是市场经济有足够的发展；三是有较高的文化水平。

清水江贯穿盛产质优速生丰产杉木的黔东南地区，将贵州与江淮等长江中下游地区联系起来。明代永乐年间开始，朝廷便在沿江两岸采运皇木。在皇木采运的带动下，明代中后期清水江中下游木材贸易兴起，安徽等江淮地区木商纷纷进入锦屏等下游地区逐鹿木利。清雍正年间开辟清水江中上游的“新疆”和整治清水江河道以后，木材贸易迅速向中上游地区发展。锦屏的茅坪、王寨、卦治三寨因占据地利而成为清水江流域木材贸易的专业市场——“三江”。在“三江”木材贸易市场的带动下，锦屏等清水江中下游地区的封建林业商品经济空前繁荣，林区里买卖木商“络绎于道”，木材砍伐之声“铿訇空谷”①。木材贸易的发展繁荣，使这里的人民纷纷加入贸易大潮中，并逐渐积累有财富。与此同时，这地区的人工造林经验已日臻成熟，人工造林已成为广大林农度日谋生的重要手段。在木材贸易的吸引下，湖南、江西、福建、江苏等省的贫苦农民大量移徙到这里谋生。这时候，山林权属转移、佃山造林已十分频繁，产生了为数繁多的山林买卖、佃山造林的契约文书。[1]164 而且，契约文书逐渐成为人们维护自己合法权益的工具。

清康熙中期平定“三藩之乱”后，加强了对清水江中下游地区的影响。

① 参见〔清〕爱必达修撰：《黔南识略》卷二十一，道光二十七年罗氏刻本。

康熙三十五年（1696 年），黎平知府宋学敏率兵到锦屏清水江一带巡查，宣布朝廷政令①，引起很大的震动。随后，平鳌、文斗等沿江苗寨纷纷到黎平府请求“输粮附籍”，成为朝廷的“编户齐民”。雍正年间，贵州省官府为武力开辟清水江中上游“新疆”的需要，在锦屏的茅坪、王寨、卦治三寨设立市场——“江市”，管理清水江的木材贸易。

随着国家力量的进入和木材贸易的发展、财富的增加，清水江两岸苗侗族村寨逐渐兴起办学之风。乾隆中期，文斗姜文襄考中秀才，开了清水江一带之“新荒”。此后，考取国家功名成为清水江一带的新风尚，各村寨陆续有人获取功名，特别是道光时期，瑶光姜吉兆、姜吉瑞兄弟先后考上文举，河口姚百万家族有四人考取武举，将博取国家功名之风推上高潮。至道光时期，平鳌、文斗、瑶光等清水江村寨因文化发达、文化人较多而被称为“善地”[6]。

木材贸易的发展，林业经济的繁荣，使得清水江两岸成为庞大的权利场。有权利的地方就有利益纠纷，所以，清水江两岸也就成为权利纠纷频发之地。在国家进入和木材贸易兴起之前，锦屏地区处于区域部落自治状态之中，如九寨、青山界四十八苗寨、偶里二十一爪半等，传统习惯法是各部落进行自治的工具和手段。国家力量进来后，逐渐对按习惯法自治传统进行抑制，如康熙三十五年（1696 年）平鳌寨向黎平府“输粮附籍”后，黎平府官员就告诫平鳌的头人们：“今尔等愿归府辖，凡一切斗殴、婚姻、田地事件，俱令亲赴府控告，不得擅行仇杀。倘有故违者，责有所得。”[4]

木材贸易的不断发展，使得清水江中下游地区用传统习惯法维系的社会秩序日益受到破坏。苗侗族人民在与外地汉族木商频繁发生的木材买卖活动中，不可避免地出现权利纷争。与汉族木商发生权利纠纷，显然无法再用苗侗族地区传统的习惯法解决，只有到官府的衙门去找官裁断。前来锦屏等清水江流域从事木材贸易的商人，主要来自在明代即有“健讼”风气的湖南、江西、安徽（主要是徽州）、福建等地[7]，该地区“健讼”之风逐渐被商人们带了过来。这些地区的木商来到锦屏“三江”一带采购木材，与当地苗侗族民众发生纠纷，他们往往直接找地方官府裁决，而不愿意按地方习惯法处

---

① 参见〔清〕俞渭修、陈瑜纂：《黎平府志》卷五，光绪十八年黎平府志局刻本。

理。① 清康熙至嘉庆年间，锦屏的“三江”在与天柱属坌处、清浪、三门塘三寨长达一百多年争夺木材贸易垄断权以诉讼为主的斗争中，一直处于不败之地，与得到湖南、江西、安徽等地的木商的诉讼帮助不无关系，如嘉庆六年至十年（1801 年—1805 年）斗争最激烈时，王寨和茅坪的木材行户就分别价请江西刀笔杨丹居、湖南刀笔周士发帮助写诉状和到官府应诉。[5] 在下游汉族木商的长期影响下，流域地区传统的习惯法则逐渐被边缘化。相反，找官府裁断纠纷逐渐成为人们乐于接受的时尚，“好讼”之风于是逐渐形成。

总体上来说，清代中后期清水江地区的“好讼”风气，是木材贸易发展的附带产物，是湘赣江淮等地商人和移民携带过来的“先进文化”所致。

（二）“无讼”：经济文化落后所致

九寨地处清水江和小江之间的一条自然地理上相对独立的山梁上，海拔 500~900 米不等。其南面有清水江，北面是小江，地势高耸，前、左、右三面皆河谷，境内丘峦连绵起伏。元代中后期，中林验洞长官司的始祖杨华深入到九寨的腹地彦洞，欲开疆拓土建立土司政权。然因过于孤深，兼之未能处理好与周边侗族部落的关系，不久，杨氏遂弃彦洞而迁至今钟灵一带开发辟地盘建长官司②。至清雍正之前，九寨地区除彦洞寨遥属中林验洞长官司外依然游离在“化外”，“不籍有司”③，实行原始自治。雍正时期，在官府的高压下，九寨地区的头人亦组织集体向黎平府申请“输粮附籍”，并被划归黎平府经历司管辖，此状态一直延续到清末。

由于自然环境条件因素，九寨地区长期处于自我封闭、与外隔绝状态之中，这里的人们形成了一种自抑内敛、不善外交的群体性格。自然条件的恶劣，尤其交通极不便利，使国家在这里的影响甚是微小。相应地，下游汉族木商因怯于环境条件而很少到这里来，故而木材贸易在这里影响很弱。所以，汉文化传播进这里也就很晚很慢，从而使这里的传统习惯法能够长期盛行。乾隆、嘉庆时期，清水江边上的茅坪、王寨、卦治以及文斗、瑶光等村寨人忙于在木材贸易大潮里争抢财富和利益时，九寨各侗寨的人们仍陶醉在“年歌击壤，世乐雍熙……日出而作，日落而息，凿井而饮”[8] 的原始自然经济状态之

① 详见清乾隆时期佚名著：《采运皇木案牍》（手抄本），原件藏于中国科学院文献情报中心。
② 参见贵州省锦屏县彦洞乡彦洞村《杨氏族谱》。
③ 参见〔清〕俞渭修、陈瑜纂：《黎平府志》卷五，光绪十八年黎平府志局刻本。

中。这里丰富的木材资源不能转变为财富，人们一直处于贫穷之中。

生活环境的艰苦，经济的贫穷，文化的落后，大多数人不谙汉语，使人们产生一种强烈的自卑心理，在与外界，特别是与汉人的交往中，往往自信心不足，到官府衙门去打官司则更是提心吊胆、满脸惧色。因此，九寨侗家人在与汉人以及官府的交往中饱受欺凌，上述魁胆村民王根吉因家庭贫穷，又不谙汉语无力为自己辩白而惨遭冤杀即是典型事例。至今，在九寨各村寨都流传有其先人们因不会汉语而遭受“三江”等地汉人讥笑甚至欺凌的故事。可以说，在1980年代以前几乎每个九寨人或多或少都有这样的不愉快经历，笔者自己也有切身的体会。

清咸丰年间，太平天国运动席卷长江中下游地区，清水江中下游也爆发台江张秀眉和天柱姜应芳领导的苗侗族农民起义。在黎平府的组织下，九寨的一批青年也参加到湘军和本地地方团练队伍之中，这些人第一次真正接触外界，成为九寨地区的“先进分子”。光绪时期，为平息咸同战乱余波带来的社会秩序混乱，黎平府当局按照原知府胡林翼①的老套路在府属各地办起团练，重新拾起大多因战乱而荒废多时的款规款约等地方传统习惯法，实行地方自治，各地纷纷制定乡规乡约，并将之刊勒成碑立于村寨间。战乱平息之后，那些率先接触外面世界、知道文化重要性的“先进分子”成为九寨的第一代“士绅阶层”。在他们的倡导和组织下，九寨地区的教育逐渐兴起，开始出现本土文化人。这些生长在“日出而作，日落而息，凿井而饮”的古朴环境和“无讼”社会里的文化人，在粗略接触到儒家的“无讼”思想后，便大加赞颂。值得一提的是，清朝后期至民国前期，在天柱、湖南等周边地区的影响下，九寨地区掀起一股修纂族谱的风潮（主要是到天柱、湖南等地认接宗源），以康雍时期颁布的《圣谕广训》② 为核心内容的儒家“无讼”思想，便随着族谱的编成被带进了九寨地区。

九寨侗族地区长期以来存在的“无讼”或“淡讼”现象，并非是真正受到中原地区那种儒家“无讼”思想的影响，也不是这里人们的主观追求，

---

① 胡林翼，湖南益阳人，清道光十六年（1836年）进士，咸丰初年任黎平府知府。后继任贵东道道台、四川按察使、湖北按察使、湖北布政使、湖北巡抚等职，系湘军重要首领。

② 《圣谕广训》，清康熙九年（1670年）颁布，即：敦孝弟以重人伦，笃宗族以昭雍穆，和乡党以息争讼，重农桑以足衣食，尚节俭以惜财用，隆学校以端士习，黜异端以崇正学，讲法律以儆愚顽，明礼让以厚风俗，务本业以定民志，训子弟以禁非为，息诬告以全善良，诫匿逃以免株连，完钱粮以省催科，联保甲以弭盗贼，解雠忿以重身命。

而是一种缘于艰苦环境和经济文化落后的无奈所致。

四、小　结

其实，上述的“好讼”与“无讼”都只能是相对而言。从锦屏地区的情况可以看出，一个地方“好讼”或“无讼”与否、诉讼案件的多寡，与该地方的经济发展水平和人们掌握文化的程度，特别是有无“好讼”之人都有着直接的关系。实际上，“好讼”之地也存在有“无讼”的思想基础，如过去被官府称为“好讼之乡”的锦屏县文斗、加池等村寨，传统习惯法也仍顽强地存在，并一直起着规范人们行为的作用，在这里所发现的民间文书中大量存在由村寨间头人主持调解纠纷而形成的“清白字”“戒约”“悔过书”等文书，尤其是被学者们誉为“环保第一碑”的文斗“六禁碑”①，这些都是最好的说明。同样，在“无讼”的九寨侗族地区也并非就没有诉讼（清光绪时九寨团首石引头人刘开厚即是一个“好讼”者），只是受制于自然环境条件和经济文化落后等客观条件，发生的数量相对少些罢了。

笔者很赞成陈宝良教授的观点，“明清处于一种‘横逆’的社会变迁之中，无讼只是一种理想的境界，好讼才是社会的现实。”[4]908—909 事实上，“从清代中期开始，黔东南地区就逐渐进入了一个‘好讼’时代。”[9] 如上所述，清代中后期，清水江中下游茅坪、王寨、卦治和文斗等村寨形成“好讼”风气，是国家力量进入和木材贸易发展的结果，是一种社会发展进步的表现，是当时社会发展的趋势和潮流。九寨等地区诉讼较少，长时间地保持用古朴的传统习惯法来解决矛盾纠纷、调整社会关系，是受经济文化落后迟滞所致。

总之，清代中后期，锦屏等清水江中下游地区出现“好讼”和“无讼”两种不同的权利纠纷解决机制，是此地区经济文化发展不平衡的结果。这两种机制虽然不同，但在一定程度上都能有效地调整人们的各种利益关系，从而使社会秩序得到稳定。

---

① 文斗“六禁碑”，乾隆三十八年（1773年）立，其内容：一禁：不俱远近杉木，吾等所靠，不许大人小孩砍削，如违罚艮十两。一禁：各甲之阶分落，日后颓坏者自己修补，不遵者罚艮五两，与众修补，留传后世子孙遵照。一禁：四至油山，不许乱伐乱捡，如违罚艮五两。一禁：今后龙之阶，不许放六畜践踏，如违罚艮三两修补。一禁：不许赶瘟猪牛进寨，恐有不法之徒宰杀、不遵禁者，送官治罪。一禁：逐年放鸭，不许众妇女挖阶前后左右锄膳，如违罚艮三两。

参考文献

［1］王宗勋．清水江历史文化探微［M］．昆明：云南美术出版社，2013.

［2］陈金全，杜万华．贵州文斗寨苗族契约法律文书汇编·前言［M］．北京：人民出版社，2008.

［3］王宗勋．文斗——看得见历史的村寨［M］．贵阳：贵州人民出版社，2009：36—37.

［4］贵州省锦屏县志编纂委员会．锦屏县志［M］．贵阳：贵州人民出版社，1995.

［5］尤陈俊．“厌讼”幻象之下的“健讼”实相？——重思明清中国的诉讼与社会［J］．中外法学，2012（4）：815—834.

［6］〔清〕姜海闻．三营记［M］//锦屏县地方志编纂委员会．锦屏县志（1991—2009）．北京：方志出版社，2011：1545—1556.

［7］锦屏县地方志编纂委员会．锦屏县志（1991—2009）［M］．北京：方志出版社，2011：1509.

［8］文宏祥．锦屏林业史话［J］．锦屏文史，2007（4）.

［9］陈宝良．从无讼与好讼：明清时期的法律观念及其司法实践［J］．安徽史学，2011（4）.

从证据学视角看清水江文书的功能与价值①

杨军昌，戴泽军，丁正屏②

摘　要：清水江文书是一种活态的民间契约文献资料，直接涉及清水江流域土地制度、财产转让、地权股权、婚姻家庭、社会治理等多个方面，是了解清水江流域乃至西南地区少数民族历史的“第一手资料”。从证据学角度看，其既是民事权利的凭证、还原历史真相的见证，又是民间证据制度的载体，也是构建清水江学学科的依据，有助于重新认识和评价我国封建社会乡民的证据维权意识和民间的证据制度，对于全面实施依法治国战略具有积极的文献意义与价值。

关键词：清水江文书；证据功能；证据学价值

清水江文书是一种活态的民间契约文献资料，具体表现为土地山林买卖

---

① 本文原载《贵州大学学报》（社会科学版）2016年第4期第73—78页。

基金项目：国家社科基金一般项目“晚明至民国时期内地侗苗民族地区土地买卖与地权分配研究”（BZS065）；国家社科基金重大项目“清水江文书与研究”（11&ZD096）；贵州省高校人文社科基地项目“清水江文书证据法学价值研究”（JD2013013）；贵州省法学会2016年度法学课题研究资助项目。

② 作者简介：杨军昌（1963—），男，贵州石阡人，贵州大学人口社会法制研究中心教授，博士。研究方向：民族社会学、法律社会学。

戴泽军（1963—），男，贵州印江人，律师，贵州省法学会学术委员会委员，贵州大学清水江学研究中心、贵州民族大学法制与民族地区发展研究中心兼职研究员。研究方向：证据法学与诉讼制度。

丁正屏（1971—），女，贵州思南人，编辑。研究方向：地方史志。

租佃契约、房屋买卖契约、分家析产合同、账簿、税单、碑刻、族谱、讼词、乡村礼俗、政府文告，等等。直接涉及清水江流域土地制度、财产转让、地权股权、婚姻家庭、社会治理等，见证了我国明朝末年以来清水江流域苗、侗等各族人民生产、生活及社会变迁的真实历史状况，成为了解清水江流域历史，乃至西南地区少数民族历史的“第一手资料”，是重新认识我国封建社会的民间证据制度，重新评价乡民的证据意识、运用证据维护权益能力的文献宝库，对于建设清水江学和当今全面实施的依法治国战略也有积极的意义与价值。

一、民事权利的凭证

证据属性是清水江文书的首要属性。从司法证明和其他解决纠纷机制来看，证据起着非常重要的作用，没有证据就打不赢官司，就无法维护权益。清水江文书的产生与保存最原始的动机和根本目的是存续证据以维护交易稳定，防止纠纷发生。因此，绝大多数文书均在正文尾部对此有交代，写明“自卖之后，不得异言。如有异言，凭有约证，立此卖契存照”，或“恐后无凭，立此卖契是实”，或“今人不古，立此卖契为照”，或“自卖之后，不得异言，如有来历不明，卖主向前理落，不与买主相干，恐口无凭，立有卖契存照为据”等。例如：

GT-005-197[①]

道光四年三月三拾日吴永辉卖田契约立卖田契约人龙埂寨吴永辉。今因家下要银使用，无从得处。自愿将到土名归辉盘□湾形田一坵，上抵坡为界，下抵大溪为界，左右抵岩梁为界；又盘根湾形田一坵，上抵坡为界，下抵大溪为界，左抵路为界，右抵岩梁为界；又坝中田三坵，三角形，上抵坡为界，下抵买主田为界，东抵元邦田为界，西抵元邦田为界，一共三坵，收禾六拾边，要银出卖，先问房族无人承买。自己请中上门，问到归辉寨刘文邦母子三人承买，当日凭中议定价银拾九两整。其银亲领入手应用，其田卖与买主耕种为业。字（自）卖之后，不

① 贵州大学与天柱县合作的档案编号。其具体符号 G 为贵州大学的拼音编号，T 为天柱县的拼音编号；数字 005 为档案卷宗编号，表示第 5 卷（盒），197 为第 197 件。下同。

得异言，若有异言，在与卖主向前理落，不与买主相扞（干）。恐后无凭，立有卖契存照。

内天（添）一字

凭仲 吴永刚学礼

代笔 王昌贵

道光四年三月三拾日立 卖

元仲 王昌锦

（文书原持有者：刘宗域；来源地：天柱县高酿镇优洞村）

清水江流域乡民社会，视文书为财产之证据，因而有“契在财产在，契毁财产无”之说。三魁斗“姚百万”之事就说明文书的证据作用：姚百万系清嘉庆中期至道光中期锦屏县的一大家族，创业者为姚继周，祖籍江西，其父姚克元于清雍正时至黎平谋生，乾隆中期举家从黎平迁到锦屏文斗河边从事摆渡兼营小买卖。姚继周成年后迁往上游的瑶光口岸经营饮食，后又从事木材交易，充当“山客”（卖木材的山民）与“水客”（买木材的商人）的中介，进而购置山林，从事山木两利，家业日渐壮大，至嘉庆中期已是拥资百万，家族人口近百人，帮号称“姚百万”。他购置的山林田土遍及今锦屏、黎平、剑河三县，自瑶光河口溯乌下江至黎平孟彦有五六十里，两岸山林大多为其所买，持有山林田土契约数十箱，原来的山主大多成为他的佃户。创业之时，姚继周讲诚信重德行，随着家业的兴旺，骄气渐滋，对周边村寨民众常是颐指气使，对弟子约束亦渐宽松。道光元年（1821 年）姚继周去世，武举出生的长子姚玉魁接掌家政，他仗着财力和武力，霸气十足，对周边村民动辄武力相向，将村民的山林田土悉数买光，村民全部沦为他的佃民。由于其勾结山匪强砍邻村格翁头人范文通 10 万方木材。于是范文通之子范金、侄子范正魁，另外两村的李荣魁、姜朝魁，后人称“三魁”举旗抗争，对姚家提起诉讼。但因姚家有契为据，加之姚家以银行贿，所以“三魁”的诉状屡投无效。在长期的诉讼中，“三魁”费尽心机，为从内部打击姚家，设计将名为龙金贵的女子奉送给姚家做内侍，取得信任后，龙金贵在六月六晒契约时用计将姚家的山林契约大多烧毁，然后投乌下江自尽，姚家失去了赖以证明山林田土归其合法所有的“契约”，也就丧失与“三魁”对簿公堂之利器，加之其他因素，在经历长达七年的诉讼后，“三魁”最终告倒“姚百万”。[1]

时至当代，文书作为权利凭证于民于官仍普被重视，证据作用发挥突出。在锦屏县城工作的龙某于2012年在老家（锦屏平秋）准备在老祖屋基上重建新房，在划线挖基脚时与隔壁邻居产生了纠纷而搁置下来，后龙某找出老屋的出卖字据得知，屋基是宗家将地基出卖给龙某高祖父的，所立字据的日期上，盖有一枚官方四方红印章，还附有相关官方出具的买卖验税契。于是双方以契为据协商，很快解决了纠纷。该契全文如下：

屋基出卖契

立卖屋基地字人宗文桥，今因家下要钱使用，无所出处，今问中平地基二千出卖，自己请中上门，问到本寨龙文燮承买为业，当日凭中三面议定，价钱贰仟捞佰肆十捌文，其钱亲手领足入手应用。其屋基，上抵大蹬，下抵大路，左抵买主，右抵大路为界，四至分名（明），其屋地基贰间及与买主管业，自卖之后不得异言，恐口无凭，立有卖字为据。

凭中：龙金汉

请笔：宗昌吉

光绪二十八年二月廿二日立①

而在官方，对于文书的凭证作用也同样重视。一旦发生山林权属纠纷，往往就得翻出老契文书来作证据，如遇到山林纠纷，文书则经常被派上用场。如2011年，天柱县石洞镇柳寨村与剑河县盘溪乡平岑村产生林权权属纠纷，州县乡（镇）土地与林业部门即以民国十二年（1923年）的契约为依据进行调出，最终达成协议。[2]

二、还原历史真相的见证

清水江流域是中原通往云南的重要通道，明永乐年间虽设置了贵州行省，但直到清朝康熙中后期平定平西王吴三桂叛乱，该流域仍然处于“化外

① 龙令洌：《一纸家传文书——品味祖先穿越百年的大智慧》，锦屏县档案局内部印刷，2015年，第156—158页。

生苗之地，不隶版图”之状况。平定吴三桂，贵州地位凸显，清水江的作用也骤然提升，因此才有了雍正时期开辟苗疆及其所引发的经济社会变革，然而国家历史记载对此却惜墨如金，更没有关于该流域苗侗等民族生存、劳作、生产、交往、信仰等多方面的公私社会生活的只言片语。还原清水江流域经济社会原貌的途径和方法，不外乎通过现有材料进行分析研究得出结论，而现有材料不外乎国家正史（包括地方史）、考古发现、民间传说、民间文献资料。而对于清水江流域，国家层面的正史记载有诸多遗漏，地方史志屈指可数，考古发现也多有不详，只有民间文献资料及民间传说可供利用。而活态存世的清水江文书则见证了我国明朝末年以来清水江流域苗、侗等各族人民生产、生活及社会变迁的真实历史状况，成为了解清水江流域历史，乃至西南地区少数民族历史的“第一手资料”，具有还原历史的证据功能。

这里，首先例取林芊教授的《凸洞三村：清至民国一个侗族山乡的经济与社会——清水江天柱文书研究》[3] 的部分研究成果以示说明。

林芊教授在该书中，根据产生于天柱县今凸洞乡的甘洞、地良、攸洞 3 个行政村的 2300 余件各类土地买卖契约文书并与土地制度相关的 700 余件其他文书，结合田野调查，从微观层面还原了清至民国时期凸洞三村的土地买卖与土权分配及其赋役、亲族社会和乡民生活等状况。

关于地权分配。凸洞三村土地分配呈现出的是一个小农社会，即以自耕农为主构成的乡民社会，而非封建地主社会。从乾隆四十六年即 1781 年至民国三十八年即 1949 年的 168 年间，凸洞三村共发生 2097 次地权转让，至少 1098 人出卖了自己的土地，其中耕地转移 1747 次，反映出土地交易人数多、兼并频繁但因无大量土地集中而没有大地主，没形成地主制经济的状况。

关于赋税制度。从纵向看，有清一代在贵州天柱民族地区的田赋征收一直呈上升趋势。从横向方面看，无论是与同期全国的平均情形比较，还是与非少数民族聚居区比较，则呈现的是显著的“薄赋”事实。民国时期的田赋税率则高于清代，税额也在不断增长，凸洞三村某些年间征收的赋税额又高于天柱的平均水平。

关于乡民财富的实现方式。清代、民国时期凸洞三村乡民均具有通过增殖土地的方式来实现财富的梦想，这种梦想落实到行动上就是一生都在孜孜不倦地尽量购买每一边田地，但购买过程费时长，单次土地购进量小，毕生购买的田不会超过六百余边。

关于传统社会与土地买卖的关系。家族是凸洞三村的基本社会组织，其结构为家庭→家族（本族或亲族）→房族→大房族（宗族），土地买卖受这种社会结构的制约和支配，即土地买卖必须遵循“先尽亲房”原则，即近亲在土地买卖中有优先购买的权利。“先尽亲房”原则虽有利于土地向本族集中，却在客观上阻碍了土地的流转速度，削弱了造就大地主个体和土地兼并集中的趋势。民国后随着土地自由买卖利益的驱动，该原则也慢慢出现松动，传统的宗族社会渐渐地向地缘社会转变。自清水江文书被挖掘整理以来，学者们直接依靠文书对明清民国时期清水江流域的经济社会、人文地理、风土人情、宗教信仰等进行了认真的探讨，从而使得长期笼罩清水江的神秘面纱慢慢被揭开，清水江流域从“苗疆”到“新疆”的历史正在被还原，据不完全统计，清水江论文内容涉及文献类占17%，经济类占15%，法制类20%，社会管理类占17%，语言文字类占3%，生态文化类占2%，数字档案类7%，述评类占3%。[4] 与清水江文书蕴含的海量信息相比，学界的探讨还只是浅表层面的，清水江文书是苗侗先民遗留下来的“证据”，还原当时的生活，了解历史真相，必须运用这些文书去求解。

三、民间证据制度的载体

证据制度是关于证据的法律规范和诉讼或非诉讼法律事务处理中运用证据认定案件事实或其他法律事实的规律、方法和规则。只要存在纠纷就会产生纠纷解决机制，证据制度是纠纷解决机制的必要组成部分，纠纷解决机制分国家法律层面的解决机制和民间社会层面的解决机制，这两个层面虽存在差异，但确是互相补充。

人类历史上，先后经历了神示证据制度①、法定证据制度②、自由心证

① 神示证据制度又称神明裁判或称神证，指的是用一定的形式邀请神灵帮助判断案情，并且用一定方式把神灵的旨意表现出来，根据神意的启示来判断诉讼中的是非曲直的一种制度和证明方法。包括“神誓法”和“神判法”。“神誓法”指通过诉讼双方当事人面对神灵宣誓来证明案件事实的方法。“神判法”指通过让当事人接受某种肉体折磨或者考验来证明案件事实的方法。主要有“火审”和“决斗”。

② 法定证据制度是指法律根据各种证据的不同形式，对其证明力的大小以及如何审查判断和运用预先明文规定，法官审理案件必须据此做出判决，而不得自由评判和取舍的一种证据制度。

证据制度[1]以及我国现阶段的实事求是证据制度[2]。这些证据制度除了奴隶社会时期的神示证据制度存在于民间社会，即氏族组织内部处理纠纷外，其余全为国家法律层面的用于诉讼的证据制度。遗憾的是，人类历史缺乏民间社会证据制度的记录。实际上，任何社会制度，都有用两套规范，即官方法律和民间习惯（亦即民间法）来治国理政安民的，当然官方的法律侧重于维护统治阶级的利益，而大量民间纠纷，只要与官方的法律没有根本冲突，都是依靠民间法来调整的，如同其他部门法存在民间法一样，证据法律制度也存在民间层面的证据法，只是被国家正典所遗忘，被学界所忽视而已。

学界公认，两大法系（大陆法系与英美法系）的证据制度经过几千年的发育均比较成熟，既是认识论的合理因素的反映，又遵循了司法规律，体现着司法文明，被公认为“证据法学”的发祥地。纵观我国古代和近现代证据制度，存在着口供是证据之王、刑讯逼供成为断案的合法手段、司法者无法律意识、司法活动自由无度等严重弊端。就是中华人民共和国成立后至改革开放前，证据法也尚属空白。改革开放后国家陆续颁布的《刑事诉讼法》《民事诉讼法》以及《行政诉讼法》，对证据的种类、收集、提交和审查判断虽有所规定，但条文较少，内容空泛，缺少保障机制。加之司法机关和司法人员缺乏证据意识，诉讼政策又强调重实体轻程序，诉讼法规定的证据条文无疑难以较好得到落实。

但在民间层面的情况却不一样，清水江文书及之前发现的“敦煌文书”“徽州文书”则反映了证据法在民间的实际情况，说明证据法在我国的民间社会早已是客观存在的，是民间法不可或缺的组成部分，始终发挥着规范和调整人们的生产生活，并与王朝法律共同治理社会的功能。这里以一起民国二十四年（1935年）四月涉及的地产冲突的事件以例为示。

事主伍永富与邻村的杨承动、杨秀元二人为争取土地所有权的案件。涉事双方都举证有地产所有权的契约文书，何真何假，争执不下，以致纠纷。于是断案提交族内长者审理，具体如文书所述。

---

① 自由心证证据制度是指证据的取舍和证明力的大小，以及案件事实的认定，均由法官根据自己的良心、理性自由判断，形成确信的一种证据制度。

② 实事求是证据制度是我国现阶段的证据制度，为我国特有，其显著特点为以马克思主义认识论为证明案件事实方法，仍然是一种自由证明。

讯得伍永富管有地名括冲铁录冲地土一团，内有地基、荒坪、荒田等，系叔华恩於民国十七年以将卖与侄伍永富，认纸管业，历管无异。殊至今春突有邻村杨承动、杨秀元二人用计，扬言假造伪纸，吾有契据。即请保长及父老呈阅，伍永富所书系伍绍南凭笔契据，以与保长、父老等呈阅，此书笔迹无二。则此山地基、荒坪、田等为伍华恩所得卖已。其杨承动、杨秀元二人之契，一为伍华能、伍华卓於民国二十年所书。其兄华恩既卖之后，自不生效，系欲侵占此山，故伪造此契，而杨姓自伪造无疑。踪上各情，应当伍永富照契管业，其杨姓永远不能进占此山。恐后无凭，立有谕令一纸付与伍永富手执为据，存照。

保长 龙再贞

凭

父老 胡国校、胡国藩、伍绍钧、伍绍江、龙连三、吴代兴等

民国二十四年四月初七日立①

上述所叙，表明在民国年间的侗族社会，民间纠纷调解的法理依据与仲裁手段，往往是通过族长、保长，或族中有威望的长者的斡旋，而纠纷调解的过程实质上就是对纸质文书阅读、知晓、推理、辨伪、判定的这一自然生成的证据制度的践行过程。正是因为文书这一证据制度承载物的作用，使得不少纠纷得以调节，不少械斗得以平息，不少误会得以消除，不少权益得到维护。

任何文书都是时代的产物，文书只是时代思想价值、社会认知的载体，而文书体现的证据价值才是文书的灵魂。存量可观的清水江文书表明，在乡民眼里，文书就是权利凭证，就是证据，订立文书本身就体现了乡民具有的强烈证据意识、证据观念和遵守证据制度规则的意识。通过考察清水江文书本身及其运用，发现其承载着许多现代证据法价值，比如书证优先原则、证据为本原则、订立书证应当公开原则、书证内容应当具体明白原则等。进一步考察还发现，民间证据法意义上的清水江文书，与王朝法律存在着巨大反差，王朝法律重口供，而民间法则强调书证；王朝法律的执行者弄权擅断，而民间法的仲裁者依文书断案，纠纷双方“息讼服判”，在基层社会治理中

---

① 详见《民国二十四年四月七日伍永富真假买契纠纷谕令》（张新民：《天柱文书》第12册，卷40：136页，江苏人民出版社，2014年）。

发挥的作用更大。

四、构建清水江学学科的实据

材料是学问的资粮，永远都是历史事实判断的依据，如同新的理论能够扩大我们的视野一样，新的材料也能帮助我们走进新的认知领域。[5] 自20世纪以来，无论地下的或地上的，每一次新材料——如甲骨文、竹简、敦煌文书等的发现，都极大地推动了学术事业的发展，形成了新的研究热潮，催生了新的学科的产生。

徽州文书是安徽省徽州所辖歙县、休宁、祁门、黟县、绩溪、婺源（今属江西省）六县遗存的民间档案。其“已被各地图书馆、博物馆、档案馆、大专院校、科研机关收藏的徽州文书，以卷、册、张为单位计算，恐怕不下20余万件。”现存最早的徽州文书是南宋嘉泰元年（1201年）的《黄录法坛龙简》，最晚的出现在民国三十八年（1949年），时间跨度748年。[3] 徽州文书面世可追溯到20世纪40年代，而大规模面世则是1950年代，至此开始抢救、整理和研究，至1980年代，逐渐形成了以徽州文书为主要资料来研究徽州社会、历史和文化的一门学问。徽学的研究对象一是徽州文书本身，二是徽州历史文化。可以肯定地说，没有大量徽州文书的发现，就不可能有徽学的产生。

清水江文书是继徽州文书之后又一发现的保存得系统较为完整的民间文书。目前，清水江文书入档案馆保存数已逾10万件，远景存量可达50万件，文书跨越时间长（近500年），内容涉及当地生活的方方面面。与其他陆续在全国各地发现的契约文书相较，清水江文书的归户性特征十分突出，既能反映原有的生活秩序和文化秩序，又集中了大量与经济史、土地制度史、林业贸易史、民族关系有关的历史信息。实为“活”的文献而非“死”的材料。一方面可以据此了解当地乡民的地权观、财富观、利益观、市场观、族群观、婚姻观、风水观、宗教观，分析地方文化传承与运作的具体机制模型原理，更加合理地解读或诠释人类生存、生活必不可少的“地方性知识”；另一方面也能透过文书看到契约签订的程序与当事人的身份地位，呈现契约规范下苗侗民众的权利与义务及其相应的乡民社会秩序建构状况。

归户性是清水江文书的独特优势，是指文书集中收藏保存在一家一户之中，并未随着分家析产而分散。归户性信息能够据此做出村寨农户空间地点的精当定位，从而确保同一“归户性”的不同文书时间衔接上的可靠，获得“在地性”逻辑关系上的连贯和准确。具体说体现在两方面：一是文书征集地点唯一、时间明确，许多有名有姓的个人文书时间连续数十年，许多家族共有文书连续达百余年甚至两百年。如从天柱县攸洞村杨汉石一人手中征集到166件，刘荣柱一人手中征集到123件，从刘宗域一人手中征集到涉及七代人的土地买卖及相关文书213件，刘光炎一人手中征集到54件，刘氏三人共征集到433件，刘氏皆有亲缘关系，分布于攸洞行政村的各个自然村寨；二是本件文书户主明确。如刘宗域家上迄其祖父辈，下迄其孙辈的土地文书，刘自己名下的文书有64件，祖父（乾隆年间）有2件，父亲（嘉庆至道光年间）有20余件，儿辈、孙辈各10余件，上迄乾隆十一年（1746年），下至公元1950年，涉及七代人，文书种类有土地契约、分关书、携收单、田赋税单等。[2] 归户性既反映了文书与原有归属主体之间的密切关系，有裨于提示大量潜在民间“家庭档案”背后的历史文化信息，也方便学人结合田野调查探寻深埋在民间社会中的礼俗秩序秘密，形成较少缺项的乡土社会的连续性知识链条。

正是因为大量的清水江文书具有上述优点与特点，才被公认为是我国继故宫博物院的清代文献和安徽“徽州文书”之后的第三大珍贵历史文献而引起了学界对之的高度关注，并掀起了对之的研究热潮，产出了大量的研究成果，并渐以形成了一门以清水江文书研究为中心、综合研究社会实态、探寻中国封建社会后期发展变化规律的新学科——清水江学或清水江文书学。

目前，基于清水江文书研究基础上的关于清水江学的建构，已有不少专家为之进行了积极的思考，如张新民先生“清水江文书的整理利用与清水江学科的建立——从《清水江文书集成考释》的编纂整理谈起”[6] “走进清水江文书与清水江文明的世界——再论建构清水江学的题域旨趣与研究发展方向”[7] “清水江文书研究与清水江学建立的学术远景瞻望”[8] “清水江文书的整理研究与清水江学的建构发展”[9] 等。同时，有关的全国性、国际性学术会议对“清水江学”这一地方性学科的推动也产生了积极的作用，如2013年10月21日由贵州大学、天柱县人民政府、江苏宏德文化出版基金会、复旦大学、江苏人民出版社、凯里学院联合主办的“首届国际清水江学高峰论坛·清水江文书与中国地方社会国际学术研讨会”，就“围绕清水江文书整理、研究及其所奠定的清水江学建设等主题进行了交流和探讨”，目的“在于进一步推动清水江学的研究与发展，凝聚一批专门的研究队伍，促进清水江学的早日形成”[10]。会上，200多位中外专家进行了学术交流，产生了重大影响。

运用新材料研究新问题是历史学、文献资料学等学科研究的新趋势，新材料催生新学问，新问题需要新材料。清水江文书是材料，清水江学或清水江文书学是产品，要生产产品必须先有材料；清水江文书对于清水江学或清水江文书学而言，具有基石作用和细胞功能，离开清水江文书本身，清水江学或清水江文书学这幢高楼大厦就无法建立。

五、结　语

综上所述，从证据学角度看，清水江文书既是民事权利的凭证、还原历史真相的见证，又是民间证据制度的载体，也是构建清水江学学科的依据。其大量的面世和不断深入的研究，有助于重新认识和评价我国封建社会乡民的证据维权意识和民间的证据制度，对于完善我国的证据制度、建设我国的证据法学不无裨益，对于我国全面实施的依法治国战略也有积极的文献意义与价值。

参考文献

[1] <锦屏县志>编委会. 锦屏县志（1991—2009）[M]. 北京：方志出版社，2011：1318—1321.

[2] 李斌，曾羽. 徽州文书与清水江文书保护模式比较研究 [J]. 贵州大学学报：社会科学版，2014（5）：71—75.

[3] 林芊. 凸洞三村：清至民国一个侗族山乡的经济与社会—清水江天柱文书研究 [M]. 成都：巴蜀书社，2014.

[4] 钱宗武. 清水江文书研究之回顾与前瞻 [M]. 贵州大学学报：社会科学版，2014（1）.

[5] 张新民，朱荫贵，阿风，等. 共同推动古文书与乡土文献学的发展—清水江文书整理与研究四人谈 [C] //张新民，朱荫贵. 民间契约文书

与乡土中国社会—以清水江流域天柱文书为中心的研究. 南京：江苏人民出版社，2014：14.

[6] 张新民. 清水江文书的整理利用与清水江学科的建立—从<清水江文书集成考释>的编纂整理谈起 [J]. 贵州民族研究，2010（5）：48—53.

[7] 张新民. 走进清水江文书与清水江文明的世界—再论建构清水江学的题域旨趣与研究发展方向 [J]. 贵州大学学报：社会科学版，2012（1）：40—47.

[8] 王胜军. 清水江文书研究与清水江学建立的学术远景瞻望 [J]. 贵州大学学报：社会科学版，2012（1）：48—52.

[9] 张新民. 清水江文书的整理研究与清水江学的建构发展 [J]. 贵州大学学报：社会科学版，2016（1）：98—102.

[10] 王雨. 首届国际清水江学高峰论坛·清水江文书与中国地方社会国际学术研讨会 [N]. 贵州日报，2013-10-23（002）.

清水江地区“争江案”史料考辨

——以第一历史档案馆所藏争江奏疏史料为研究线索①

韦天亮②

摘　要：第一历史档案馆所藏三份清水江地区争江史料，是该地区嘉庆年间“争江案”京控的结果，为九门提督步军统领文宁及贵州巡抚福庆，重审后所上的奏疏。福庆等人奏疏是目前见到时间较早，叙述最为完备的争江史料。笔者通过梳理这三份奏疏史料，辨析其与《争江记》、光绪《黎平府志》之史源关系。并取得以下认识：第一，《争江记》所记康熙后期，清水江地区争江事情是可信的，而这次极其重要的争江结果，奠定了有清一代“争江案”的基调，《争江记》并非是纯粹性的口传史料，其背后有丰富的文献支撑；第二，光绪《黎平府志》所记争江史料大多源自福庆奏疏等史料，其背后的话语是“争江案”胜利者（茅坪等三寨）的话语（体系），与之相对的坌处，则基本上处于“失语”状态。

关键词：新史料；清水江；争江案；史源考辨

贵州清水江地区是南方盛产木材的地区，明清时期尤其是清代中叶以后木材贸易非常繁华。史料中有所谓“数百万金”之说，木材贸易是本地区对

---

①　本文原载《贵州大学学报》（社会科学版）2017 年第 1 期第 11—21 页。

基金项目：国家社科基金一般项目“晚明至民国时期内地侗苗民族地区土地买卖与地权分配研究（14BZS069）；国家社科基金重大项目“清水江文书整理与研究”（11&ZD096）。

②　作者简介：韦天亮（1989—），男，贵州从江人，侗族，中央民族大学硕士研究生，贵州大学“清水江学研究中心”特聘研究员。研究方向：区域社会史、历史文献学。

外贸易的第一大宗交易品，因此，围绕着木材贸易权力——当江权力，沿江上下游地区村寨，进行了长期诉讼，即本文讨论的“争江案”①。

若从王朝司法角度来看，“争江案”从县级诉讼，一直发展到京控。涉及的各级机构很多，有天柱县、黎平府、镇远府、贵东道、贵州巡抚、湖南偏桥巡抚、九门提督等以及上到康熙、嘉庆皇帝。我们难以想象，贵州山区两个村寨的“争江案”竟然会牵扯这么多的王朝机构，更难想象，此案的纠纷断断续续竟达两百年之久。

从地区行政规划来说，“争江案”的双方（即上游茅坪等三寨与下游坌处，两地相距十里）有一方是不断变化的。康熙时期，下游的坌处归属湖南靖州天柱县，与一直属于贵州黎平府的茅坪三寨争江，这时候是省际的纠纷。雍正十一年（1733 年），天柱县划归贵州镇远府，此时的争江便是两府之间的纠纷，因此，在这个时段我们看到贵东道的介入。稍后，天柱县划给黎平府，双方的争江便属于黎平府内县际的纠纷。

从史料角度看，“争江案”保存至今天的史料比较丰富，主要有民间唱本《争江记》、光绪《黎平府志》及福庆等人奏疏史料。《争江记》是当地民间唱本用口头传唱的方式记录“争江案”的历史，是民众的历史记忆。光绪《黎平府志》的记载，则属于地方士大夫的书写话语。而福庆等人的奏疏则是代表了地方大员或中央王朝的观点、立场。另外，还有一些碑刻、稟稿、口供等史料，可以进一步深化我们对“争江案”的理解。因此，从史料层面来说“争江案”的史料是非常立体而又详细的，其中，特别是福庆等人的奏疏意义重大，为我们研究“争江案”及相关问题，提供了一个坚实的史料基础。

---

① 关于“争江案”的研究可以参看：杨有赓《清代黔东南清水江流域木行初探》（《贵州社会科学》，1988 年第 8 期）、刘毓荣主编《锦屏县林业志》（贵州人民出版社，2002 年、《侗族社会历史调查》（修订本）第三编木材贸易的发展（民族出版社，2009 年）、张应强《木材之流动：清代清水江下游地区的市场、权力与社会》第二章“当江”与“争江”：市场制度及其演化（三联书店，2006 年）、单洪根《清代清水江木业“争江案”述评》（《贵州文史丛刊》2002 年第 4 期）及《木材时代清水江林业史话》（中国林业出版社，2008 年）、王宗勋《争江史略》（《贵州档案史料》2001 年第 4 期）、萧德成《历时 186 年的清水江争江案》（载游浩波主编《龙吟虎啸天柱风云录：1392—2006 年重大事件实录》，内部印刷，2007 年）、秦秀强《弥补清水江“争江案”历史空白的清浪碑》（载《天柱县非物质文化遗产宝库》，贵州大学出版社，2009 年）、王会湘《从“清浪碑”刻看清代清水江木业“争江案’》，《贵州文史丛刊》，2008 年第 4 期。严奇岩《“当江制度”与清水江流域的生态变迁——以碑刻资料为考察重点》（《中央民族大学学报》2016 年第 4 期）。

一、《争江记》及其所记清初争江史料考辨

民间七言诗体唱本《争江记》和锦屏卦治人珍藏的《争江案稿》，相对完整地记载了这段争江事实的史料，为学者所注意。其中，《争江案稿》于20世纪60年代佚失，没能像《役夫案稿》《皇木案稿》一样保留下来。[①] 故本文的论述选择从梳理《争江记》为开始。关于争江的史实勾勒，《争江记》开头便说：

明朝太祖坐江山，天下太平万民安。
贵州要定十五府，上七下八各一方。
下游边界黎平府，管辖一带清水江。
卦治王寨和茅坪，三寨轮流当木行。
上有规仪十二两，黎平府堂有碑刊。
三江水口系坌处，得见当江肚思量。
坐地商量来生计，百里串立十八关。
步步拦河来阻木，克扣排钱啃木商。
头关坌处王国瑞，二关荣芝三门塘。
三关送下菜溪寨，把守三关李芝怀，
四关新市文才管，君臣远口把五关，
关云团内秀山管，鸬鹚六关王明郎，
中团七关奇明管，八关福星兴隆滩，
兴隆送下牛场寨，牛场九关彭开怀，
埂洞十关成名管，宋充世管白岩塘，
江东关口魁先管，再生把守金鸡关，
国民把守巨潭寨，把守翁洞永乡郎，
黑子把守金子口，君侯把守大龙关。

---

① 《争江记》目前没有看到原本或抄本，只能看到排印本，收于《侗族社会历史调查》和《锦屏县林业志》二书中。张应强《木材之流动：清代清水江下游地区的市场、权力与社会》一书对以上两种版本进行了校勘，收录于该书附录中。潘志成等人著的《清江四案研究》中，对《争江记》做了初步的注释。关于《争江案稿》的事项，刘毓荣主编的《锦屏县林业志》（2002年贵州人民出版社出版）第308页有相关说明。

每关抽江银九两，方才得到托口堂。
害了钱多的木商，个个吃亏苦难当。
大龙出个田金展，去邀爰宁伍定祥，
告到长沙赵抚院，方才减了十八关。
康熙四十二年事，移税辰州去当粮。
当初天柱归湖广，雍正四年才均摊。
先是拨归黎平府，八年拨归镇远堂。[1]
（后略）

值得注意的是，在《争江记》中第一次出现最为确切的时间点是康熙四十二年（1703 年），一些学者认为基本可信，但是又没有找到其他坚强的证据，进而认为这一段争江历史是重新塑造的历史记忆。[2] 在地方志中，与康熙四十二年时间点有关的是光绪《黎平府志》的记载：康熙四十六年（1707 年），湖南天柱县属之坌处，有木客伍定祥控告坌处一带地方拦江抽税，经湖广抚臣禁革抽税名目。[3] 又云：自康熙以迄嘉庆，前后一百年，历经争控。[3]205 但光绪《黎平府志》记载的时间，与《争江记》所记的“康熙四十二年”不完全吻合。《争江记》所说的赵抚院就是赵申乔。赵申乔裁去鸬鹚等关的事，在其《清史稿 · 赵申乔传》中有记载：

（康熙）四十七年，命赴湖北按谳荆州同知王侃等侵蚀木税，疏请裁港口渡私税，荆州关税部差如故。申乔还，又请以靖州属鸬鹚关税并入辰州关。[4]

《国朝先正事略》中的《赵恭毅公事略》也对此事有涉及：

（康熙）四十六年，饥，发仓平粜。明年，圣祖复南巡，公迎谒淮浦。赏赉有加。遂奉旨赴荆州，勘同知王侃等侵蚀木税事，鞫实论罪。疏请裁港口渡私税，其荆关税务，仍归部差管理。又请以靖州属鸬鹚关税并人辰关征解，以杜侵渔。均从之。

从赵申乔所撰的《赵恭毅公剩稿》中，我们幸运地找到了关于裁去鸬鹚等关的奏疏，题为《请归并关税以便商民疏》，对于此事的记载，非常清楚：

该臣看得靖属天柱县鸬鹚关额征木税银两一案，据布政使详据靖州详议，天柱溪河险狭，木𥱼抽税不便，查柱邑居辰郡上流，木商自柱抽税之后，必由辰州府经过，方得再往他处发卖，辰府既设木税，商民自必炤例输纳。请将鸬鹚关裁去，归并辰州府税内征解等因前来，臣思设关税原以裕课，苟有不便于商，必须从权更正。今天柱县鸬鹚关，每年额征税银止三十两，为数无多，且地处边徼，溪河险狭，商民纳税不无停泊守候之苦，并有水险冲散之虞，实多不便，相应题请将天柱县之鸬鹚关竟行裁去，其应征税银三十两，统于辰州府木税内征解，俾税课无亏，商民称便，臣谨会题。[6]

这份奏疏在《赵恭毅公自治官书类集》中保留得更加完整，名为《请将鸬鹚关税归辰州府征解疏四十七年九月》：

为详请归并关税以便商民事，该臣看得靖属天柱县鸬鹚关额征木税银两一案，先据靖州详议，天柱溪河险狭，木𥱼抽税不便请归并辰州府征解缘由，随批布政司确查详议去后，兹据署布政司事按察使郎廷栋详称，天柱居辰郡上流……（笔者按：下与上疏大体相同，从略），伏乞皇上睿鉴施行。[7]

户部对赵申乔的奏疏经过研究，最后的批复意见是：

应如该抚所题，将鸬鹚关木税银三十两，归并辰州府木税内征解收，报部查核可也。[7]

同时，在《赵恭毅公自治官书类集》中，我们还发现了赵申乔为这次争江下的告示，名为《禁抽江勒索示》：

为再行覆革抽江勒索以除商困事，照得天柱县每年额设木税三十两，甚为有限，乃不肖县官藐法横征，一岁所入不下数十倍，且纵容家丁、蠹役任意勒索，大戥称收，又地棍奸牙借称饭食夥同私征。更于三门塘、莱溪寨、新市寨等处设立抽江名目，相隔不过五里十里，每排抽银二钱、四钱不等，不知奉何明文，敢于肆横索诈，该管有司惟图鞍削肥囊，遂尔通同纵虐。本都院深为痛恨，是以檄饬靖州严拿并将本年正月起至七月终止，该县应解司银三十两夕卜，自八月初一日起至年终，一概不许征收，其应解司库银本都院自捐补项至，以后应解充饷银两听候另行酌夺，业已出示关所晓谕在案，所有该县抽江陋弊，合并严行饬革，如有不法敢行拦阻需索分毫，该州立即拿解究讯，并将失察官参处，决不姑贷，慎毋以身试法。[7]881册79页

《清史稿·赵申乔传》和赵申乔自己所上的《请将鸬鹚关税归辰州府征解疏四十七年九月》奏疏中，都说赵申乔是在康熙四十七年裁去鸬鹚等关的或者在康熙四十七年以后不久裁去。又《郎廷栋墓志铭》云：（康熙）四十三年秋，湖南按察使缺人，遂特旨受公。[8] 也就是说，郎廷栋是在康熙四十三年秋，才被任命到湖南当湖南按察使的，根本没有机会参加审理四十二年清水江地区的争江案，更别说康熙四十二年时，已经将鸬鹚等关裁去。《争江记》说是康熙四十二年，以常理度之，应该是康熙四十二年的时候，清水江地区的争江纠纷已经闹起来了。但是说康熙四十二年“减了十八关”，却是错误的。

总而言之，清水江地区裁去鸬鹚等关应该是在康熙四十七年或者稍后不久的时间里。《争江记》所记的四十二是有误的。但《争江记》所记康熙后期的争江事情是可信的。嘉庆十一年（1806 年）初四日贵州布政使司、贵州等处提刑按察使的布告中，也能佐证，争江问题在康熙时候已经出现：

照得黎平府属之茅坪、王寨、卦治三寨，滨临清水江，周围千余里，盘曲而来，与台拱、清江、古州等处，犬牙交错，山深箐密，出产木植。向来分年运茅坪等三寨，听候各省客商，携资赴三寨购买。该三寨苗人，与主议价成交。商人即托寓歇主家雇工搬运，扎排看守，每价与一两，商人给钱四分，以为主家给商人酒饭、房租及看守木植人口，并扎排揽索等项费用。茅坪三寨等山多田少，穷苗赖此养膳。如轮茅坪当江之年，王寨、卦治两寨，不得歇客买卖，迄今百十余年，从无紊乱旧章。①

根据赵申乔提供的史料，可以明确知道：第一，清水江地区在康熙后期是有木材贸易的，但贸易量并不是很大。第二，清政府在天柱县曾设有专门

① 转引自侗族社会历史调查第 42 页。笔者按：由嘉庆十一年，上推“百十余年”，刚好到康熙后期。又，前引光绪《黎平府志》亦云“历今两百年”，上推两百年也刚好到康熙中后期。

的木材关税，每年征30两。[1] 第三，清水江下游地区的争江斗争，目前可以追溯到康熙年间。再结合《争江记》《皇木案稿》等史料，可以看出，康熙年间将天柱县鸬鹚等关的裁去，实际上是国家权力从清水江下游地区移出而使这一地区处于权力真空的状态，进而需要一种新的木材贸易秩序，当江制度便是在这种背景下不断发展形成的。

这次极其重要的争江最终是茅坪等三寨赢了，其结果对于整个清代的争江都有影响，上游的茅坪三寨在历次诉讼中不断复述这次争江的结果，援引为例，令坌处屡屡处于下风。这次的判决，基本上奠定了以后历次“争江案”胜负的结果。该案的结果并不是我们最关心的地方，我们所考虑的是“争江案”的史源问题，现在能够看到的这些“争江案”史料，互相之间有没有联系？各自的背后代表了哪些人群的利益或者话语？

二、第一历史档案馆所藏“争江案”史料

第一历史档案馆所藏三份清水江地区“争江案”史料，分别是九门提督步军统领文宁所奏《奏为贵州天柱县民刘秀岗呈控劣衿龙承仁拦江私抽木税控诉不究办请交贵抚审结事》（录副奏折，档案编号：03-2201-042）、贵州巡抚福庆所奏《奏为审明天柱县民刘秀岗捏控拦江私抽木税一案》（录副奏折，档案编号：03-2206-012）及《奏为审明天柱县民刘秀岗控黎平府属劣衿龙承仁拦江私抽木税等情一案按律拟事》（宫中硃批奏折，档案编号：04-01-08-0119-004）。福庆所奏两份奏疏是一样的。这三份奏疏都是围绕刘秀岗京控一事。关于刘秀岗史料中有一些记载：

> 《争江记》三次提及刘秀岗[2]：
> 嘉庆三年又起事，又出光棍来争江。
> 坌处出头王师旦，志勋绍美在同场。
> 朝贵本是靖州籍，坐在坌处都称王。

---

① 30两，这个数值与地方志的记载是吻合的。（康熙《靖州志》卷二《食货·天柱县》“杂项税课”云：“木税银，叁拾两”。见祝钟贤修、李大翥纂《康熙靖州志》（江苏古籍出版社2002年出版），载《中国地方志集成·湖南府县志辑》影印本，第64册，第318页。

② 福庆奏疏云：刘秀岗即刘秀刚。见《奏为审明天柱县民刘秀岗捏控拦江私抽木税一案》，档案编号：03-2206-012。

彭洪有福不会享，坐在坌处来遭秧。
也是想吃便宜食，去邀中寨刘秀刚。
魁井常登出三百。大帮小补来争江。
彭洪回家把田当，秀刚回屋典家堂。
又云：
嘉庆十年到王寨，依旧阻排要银还。
三帮立有合同在，无盐同淡有同成。
蚂蝗缠了鸳鸯脚，缠到三帮无奈烦。
装缆的船过坌处，拦江阻抢要船弯。
拿到排夫把屎灌，人人闻得都胆寒。
清江有个黄纯信，天柱有个刘林山。
度马开店陈兆鲁，白万秀士舍命王。
载车朝富同朝贵，朝珍朝配刘秀刚。
朝贵一党亡命汉，行凶霸道谁敢当。
又：
嘉庆十一轮卦治，坌处阻河又阻江。
好比当初梁山寨，个个出来都称王。
恼了卦治火心肠，连忙邀动三帮客。
又来报到众五勷，分人四处去具纸，
不剿坌处心不甘。四关文书连夜到。
亏空课税哪人还？贵州的官纷纷乱。
动兵动马动刀枪，道台姓张到天柱，
荣府来到坌处场，程府带兵一齐到。
要拿载车剐秀刚，案上有名都齐要，
不许走了哪一郎。[9]

光绪《黎平府志》记刘秀岗京控云：

（嘉庆）十年坌处王朝富、刘秀刚、刘林山等图争当江……逃犯刘秀岗，潜赴京师呈控。[3]204

刘秀岗在嘉庆十年（1805年）争江失败后，遭官兵追拿，于是逃往湖南地界，并在罗文松的劝说下，选择了京控。九门提督步军统领文宁根据刘秀岗呈堂证供，于嘉庆十二年（1807年）四月二十六日上了奏疏（即《奏为贵州天柱县民刘秀岗呈控劣衿龙承仁拦江私抽木税控诉不究办请交贵巡审结事》）：

奴才文宁等谨奏，为请旨事：

据贵州天柱县民人刘秀岗以劣衿龙承仁拦江私抽木税控不究办，伊店夥伍士仁被诬拟充军等情呈诉前来，奴才等详加讯问，据刘秀岗供，我实係贵州镇远府天柱县人在本县坌处场地方开木行店生理，有黎平所属毛坪、王寨、掛治三处地方也开有行店，雍正间曾有坌处场开店的王国良，因毛坪、王寨、掛治开店的闻三官拦江抽税，赴贵东道前呈控，蒙出示禁止，听从客便，不许行店把持垄断，商民相安无事，后因毛坪等处行店欺负木商，各省商人皆投我们坌处场行店。嘉庆三年我与伍士仁在藩司前请领牙贴以免垄断情弊，经贵东道饬驳，仍听客便。嘉庆六年有茅坪生员龙承仁復拦江私抽木税，将客人孙元万等殴伤，硬将木植揹留不还，以致江西、安徽、陕西三省商人木牌被阻，不能运贩，控经巡抚批示放行，龙承仁仍敢不遵，后因水涨木牌冲散，我们坌处场帮捞木植，有客人高永兴诬称伍士仁抢夺，赴镇远府呈告，我与店夥、王朝富赴贵东道呈诉，批委镇远府、黎平府会同勘讯，不知如何将伍士仁拟发浙江充军，众客人俱投毛坪行店，致我们不能养生。嘉庆九年我与木行金继怡算账，龙承仁唆使周永发诬赖我拦阻客人，在臬司前呈告批镇远府审讯，蒙提传金继怡，抗不到案，延去年二月并未断结，我无奈又央求客人算账，有掛治地方土棍闻起蛟等同客人吴清泰等，捏禀臬司，又批委镇远府审办，闻起蛟等不知如何在贵东道前控告，经贵东道、贵阳府带兵到我们坌处场，去拿我与王朝富，逃走想要来京呈告，走至湖南会同县地方被镇远府衙役将王朝富拿去，我逃走来京呈告的。等语。查刘秀岗所控龙承仁拦江抽税伤木客，控经巡抚批示放行，并未究办，伊店夥伍士仁转被木客高永兴诬告，经镇远府问拟军罪，伊又被龙承仁、周永发、闻起蛟等夥串捏控，府道带兵查拿，逃走来京呈诉各等情。如果属实，该地方官于地方拦江私抽木税扰累客商之案并不究办，伊店夥伍士仁转诬告拟军，殊属偏袒，但呈内有道府带兵拿伊，畏惧潜逃来京之语，恐其中另有别情，相应请旨将刘秀岗并所递原呈与粘连告示等件，交与贵州巡抚亲提犯证，秉公审结，免滋讼牍，为此谨奏请旨。

嘉庆十二年四月二十六日

奴才文宁。

奴才多庆，假。

奴才福会。①

文宁等人的奏疏，很快得到了嘉庆皇帝的批示：

此案著交贵州巡抚福庆亲提案内犯证，秉公研审，定拟具奏，其原告刘秀岗，该部照例解往备质，钦此。②

七月十四日将刘秀岗同原呈粘单递解到黔，福庆就开始重审此案，并且很快结案，于嘉庆十二年七月二十八日上了一份比较长的奏疏（即《奏为审明天柱县民刘秀岗控黎平府属劣衿龙承仁拦江私抽木税等情一案按律拟事》），详细的汇报重审结果。福庆奏疏大致可以分为三个部分，第一部分是对历次争江案的梳理。第二部分是对刘秀岗重审的过程，其中掺有刘氏口供。第三部分是对刘秀岗依律问罪。对刘秀岗重审的过程占了最大的篇幅，其中对于刘秀岗所列呈堂证供，一一驳斥。

对于伍士仁被诬告一事，福庆驳斥：

臣以该犯刘秀岗即係伍士仁店夥且同经涉讼，伍士仁于六年间拟充军，如果实有屈抑，何以隐忍多年，并不申诉，仅寻木客算账，且与木客所算何账？必须澈底根究以服其心，随向逐一研讯，据刘秀岗称，我实在并未与伍士仁同开歇店，因伍士仁见茅坪三寨轮流歇客，获有余利，起意请帖开行，奉驳不准，至嘉庆六年伍士仁同我商量借我盘缠银二百两，他赴湖南邀请客人孙怡盛们二十多人，先行设酒款待，一路殷

① 参见文宁等《奏为贵州天柱县民刘秀岗呈控劣衿龙承仁拦江私抽木税控诉不究办请交贵巡审结事》，第一历史档案馆藏，档案编号：03-2201-042。

② 参见福庆《奏为审明天柱县民刘秀岗控黎平府属劣衿龙承仁拦江私抽木税等情一案按律拟事》，第一历史档案馆藏，档案编号：04-01-08-0119-004。批语亦见光绪《黎平府志》卷三上《食货志》。

勤供应，将他们留住坌处，伍士仁亲到上游苗寨，要他们运木下来，众苗不肯，他如何与众苗人吵闹，我并不在场。随后孙怡盛出头与龙承仁们互控，经官查审究出，实係伍士仁串同木商诬控，争江扰害苗人，将伍士仁问拟充军，王潮富们杖责发落，因我并未出头，是以案内无名，但伍士仁、王潮富们一切盘缠费用都是向我借贷，并代为经手担认，后来伍士仁已经充发，无银可偿，因案係孙怡盛控告，要向他们讨还，孙怡盛们不肯承认，我因用去多银，无可索讨，终不甘心，是以又同王潮富们屡次拦阻木簰，阻留商人紮簰篾缆，希图挟制木商或可分客投歇坌处，又被告发查拿，随与王潮富拒捕奔逃，走到湖南会同地方，王潮富被差追获，我即逃脱，途遇同里之罗文松叫我至京呈控，可冀翻案，因我曾经充过天柱县书办，抄有远年案卷及告示等件带在身边，遂影射远年禁革坌处以下当江抽税及请帖开行各旧案，捏称龙承仁抽税病商，控告并不究办，并捏控称伍士仁係我店夥，被诬拟军等情，前赴提督衙门控告，希图耸准邀恩，其实并不曾与伍士仁同夥开店，我借用银两係伍士仁赴湖南接客及王潮富们屡次涉讼盘缠之用，原非客人们向我借用，不过藉此为词与客人算账作为索讨话柄，其实都无实据，呈内所列各情均係任意捏造，后经提督衙门讯问亦随口混供，今蒙连日质讯，无可狡赖，只得据实供明，求开恩超释。等语。

又，针对于龙承仁拦江私抽木税，福庆重审后，引用龙承仁的口供，汇报说：

臣悉心研审，据龙承仁等供称，苗人们开店歇客，凡木客与众苗买木交易，每价一两给与行用银三分，以为饭食、紮簰及看守木植费用，係百十余年相沿旧规，并无更易，况茅坪与黄寨、掛治等三寨，每年轮流承办，不止茅坪一寨，即茅坪寨歇客尚多，亦不止苗生一家，如果把持多索，木商们早已告发，岂肯甘心受忍。等语。

对于木商欠刘秀岗银两一事，福庆在奏疏中写道：

诘训刘秀岗已自认，并非众商向其借用，不过籍为话柄，是前项银两与各商人无涉，无须關齐商众再行质讯，况李瑞丰、高永兴二人甫于上年办理王潮富一案时，业已取有确供，咨部在案，该商等于听审毕，俱已贩木遄回，此时未便再事關提，致令频受拖累，其余所指之二十多名讯係江西、安徽、陕西民人，事隔七年，人隶三省，未便以该犯捏情指控，纷纷提质，多事牵连，其现有在黔买木者查明均与本案无涉，未便传唤，徒兹延累且该犯所称伍士仁等陆续向其借用银两即便属实，亦係该犯等争客投歇，希图網利，自愿花用，岂能为之代追，且伍士仁久经发配，无可追究，是该犯所控均属虚证，其商同王潮富拦阻木商簰缆，图夺苗人生计又復砍伤指捕之人，连日严行质讯，不特众供确凿，该犯亦俯首无词不能再辩，案无遁饰。

在奏疏最后，福庆给刘秀岗拟罪判决：

查例载凶恶棍徒屡次生事行凶，无故扰害良人者发极边足四千里安置，又例载蓦越赴京告重事不实，并全诬十人以上，发远边充军各等语。此案刘秀岗听从王潮富节次阻截扰害，并刃伤引捕之人，本罪即应拟军，又復负罪潜逃赴京诬告，殊属刁健，若不严行究办，无以示惩创而靖苗疆。刘秀岗一犯应请于凶恶棍徒扰害本例，加一等发黑龙江给披甲为奴，照例刺字，续获之王载车夥同王潮富等拦截商人簰缆，拒捕行凶，合依棍徒生事例，发极边足四千里安置，逸犯王克礼等缉获另结。刘秀岗供出唆控之罗文松，现饬严行查拿，俟获案究明另办，各省木商仍请循照旧章，在于茅坪三寨分年投歇买木，严禁坌处民人，不得再行拦阻滋事。①

嘉庆初年到十二年的十余年争江，是清水江地区争江的高潮，下游地区的坌处使用了一切可能的司法途径，包括京控。但是终究没有改变清水江地区的木材贸易秩序，当江制度最后正式确立。这对清水江地区木材贸易来说是有利的，因为制度规范之后，各方的利益得到保障，木材贸易就会活跃起来。对于地方来说，大规模的案件诉讼、民间纠纷开始消歇，同样也是福祉。但对于坌处来说，失去当江权力，是经济上的损失，同时为“争江案”付出了巨大的牺牲，即《争江记》所说的：“冲的冲来死的死，坌处争江无人还。”

---

① 参见福庆《奏为审明天柱县民刘秀岗控黎平府属劣衿龙承仁拦江私抽木税等情一案按律拟事》，第一历史档案馆藏，档案编号：04-01-08-0119-004。

到目前为止，我们使用的史料，基本上是出自上游地区或者说所见到的史料对上游地区十分有利。《争江记》是上游地区民众编的，学者们在卦治田野调查时所发现。光绪《黎平府志》是上游地区捐修的，其自然会代表上游的利益（下文详述）。就以福庆奏疏而言，其所录刘秀岗供词也未必是刘秀岗原来的供词，其中有所篡改也不是没有可能的。在只有一方史料的情况下，研究清水江地区“争江案”及其相关问题，我们看问题的视角势必是单向的，甚至是片面的。因此，对于“争江案”来说，史源的梳理显得非常重要。

三、光绪《黎平府志》所记争江史料之史源辨析

陈垣先生曾经说过“史源不清，浊流靡已”[10]，对于“争江案”而言也是如此，史源不清，抑或不加以辨析，我们就会盲目相信史料，被其误导。《争江记》、光绪《黎平府志》等史料目前是“争江案”最主要的史料，学者多对其深信不疑，对其史源不加考辨。且不说其中正误与否，光论其视角，就是单一的，不科学的。

光绪《黎平府志》卷三上《食货志》记述到木税时说：“木料无税，木商多在挂治、王寨、茅坪买木，运至湖南靖州、常德一带，或直下江南北，或运至粤省各处码头出售，境内向不设关”[3]205，接着就记述光绪之前的争江历史。最后以小字的形式附上黎平知府俞渭撰写的《禀善后总局》。此禀是对“光绪十五年，天柱县知县余骏年，据该处举人吴鹤书等禀请于坌处开行抽税养练”[3]204 的处理结果。在一定意义上，也是在争江，只不过没有激烈化而已。俞渭没有同意坌处“开行抽税养（团）练”的请求，反而同意了茅坪等三寨这样做。不仅仅是因为茅坪等三寨自康熙后期以来一直从事当江贸易的这个事实，更因为三江（茅坪等三寨）绅民提出了愿意捐修新的《黎平府志》的条件：

> 光绪十六绅民龙庆荣等具禀，黎平府旧有志书，修自道光年间，日久板片无存，数十年来文献荡然，重以军兴、忠臣、烈士、奇节、异行，亟应补辑，以昭激劝。自愿于三江行用内，提抽二厘五毫为修志费。[3]

俞渭遂准以三年为期限，对三江木行征收修志费，于是就有了光绪《黎平府志》的面世。于此，可以明白，光绪《黎平府志》的话语体系自然是上游地区的话语体系。

再考查光绪《黎平府志》记载光绪之前“争江案”史料的情况。我们利用福庆的《奏为审明天柱县民刘秀岗控黎平府属劣衿龙承仁拦江私抽木税等情一案按律拟事》的记载，与之比较。为了清楚明白二者之关系，在此依据各个时间段的不同，列表如下（表1）：

表1　福庆奏疏与《黎平府志》关于“争江案”之比较

时间	福庆奏疏	光绪《黎平府志》
康熙间	康熙四十六年坌处尚係湖南所辖，有木客伍定祥控告坌处一带地方拦江抽税，经湖广抚臣将坌处及沿江下游一带禁革抽税名目	康熙四十六年，湖南天柱县属之坌处，有木客伍定祥控告坌处一带地方拦江抽税，经湖广抚臣禁革抽税名目
雍正间	迨至雍正九年，天柱县已归黔属，有坌处民人王国良与挂治苗人相争当江歇客，控经贵东道委令黎平知府滕文炯审断，禁革当江名色，听从客便，各省木商因在茅坪三寨交易年久不欲更张，仍分年投歇三寨，是以坌处从未歇客买木	雍正九年，天柱已归黔属，坌处人王国良与挂治苗人，相争江，控经贵东道委黎平知府滕文炯审断，革去当江名色，听从客便，各省木商遂仍在茅坪三寨交易
乾隆间	乾隆四十三年坌处王美凤等禀请给帖开行，经前巡抚臣图恩德批，司详议以该处并非新开场市，历无牙行，不准开设	乾隆四十六年坌处王美凤等禀请给帖开行，经巡抚图恩德批，该处并非新开场市，历无牙行，不准开设
嘉庆三年	嘉庆三年，伍士仁复行请帖开行，前任藩司常明转移东道周纬，讯系伍士仁欲图网利，谋夺苗人恒业，断令仍听茅坪三寨住客交易，不准坌处设行滋事，会详批结在案	嘉庆三年，伍士仁复行请帖开行，布政使常明移东道周纬，讯系伍士仁欲图网利，谋夺苗人恒业，断令仍听茅坪三寨住客交易，不准坌处设行滋事，会详批结在案
嘉庆六年	嘉庆六年，伍士仁始终垂涎不置，邀同王志勋、王绍美诱招木商孙怡盛投歇坌处，往压苗人运木至彼售卖，因众苗不从，即逞兇将苗人杨阿拉等殴打并拦江阻商人高永兴木簰以致被水漂失，控官差拿，伍士仁复主使孙赔盛等，赴各钞关捏控茅坪店家龙承嘉庆六年仁等把持病商。经前抚臣常明檄饬司道审明，茅坪店家龙承仁并无把持病商情事，实系伍士仁滋事欲图拦截客商取利煽惑滋事，伍士仁照兇恶棍徒扰害例拟遣。各省木客仍令在茅坪三寨照旧投歇买木，咨部核结在案	嘉庆六年伍士仁復同王志勋、王绍美招木商孙怡盛，投歇坌处，往压苗人运木至彼售卖，苗人不从，两下兇殴杨阿拉等，遂拦江阻高永兴木牌，以致漂失，控官差拿。伍士仁复主使孙赔盛等，赴各抄关捏控茅坪店家龙承仁等把持病商。经巡抚常明檄司道审明，龙承仁并无把持病商情事，实系伍士仁滋事欲图拦截客商取利煽惑滋事，伍士仁照恶棍徒扰例拟遣。各省木商仍在茅坪三寨照旧投宿买木，咨部核结在案

（续表）

时间	福庆奏疏	光绪《黎平府志》
嘉庆十一年	上年三月内坌处王潮富、刘林山、黄纯信、刘秀岗、王潮贵、王载车并在逃之王克礼等两次会遇王载车，道及从前伍士仁招留孙怡盛等在坌处住歇讼案审虚，孙怡盛等各自回籍，未经算给房租饭账，曾于十年六月向木商周永发等索讨争闹，将木簰撍不放行，经该商歇家王克明等控，经镇远府知府周纬审，係籍端妄索，胆敢拦阻木簰，将王载车枷责，押令将木簰放行，并出示严禁。该犯等阳奉阴违，念及紥簰篾缆须从湖南购买往应用，起意拦阻商人装载篾缆船只，使茅坪三寨无缆紥簰，木植不能运下，各商必与三寨商议，分客投歇坌处，即可藉以获利，与刘林山相商，当亦力为怂恿，随令刘秀岗、黄纯信等常在河边守候，五月十六日有木商李瑞丰缆船经过王潮富等见而拦截，雇同曹珍、曹配将篾缆起放庙内。越日又拦阻瞿从文缆船，瞿从文不依，王潮富令刘秀岗等将缆抛弃河内，并将水手殴散。二十一日又阻拦王大有木簰争闹，刘秀岗等砍断簰缆，致将木植漂失，该商等各赴天柱县县控，并有该处武生唐发甲、监生史大勇虑被连累，亦赴县呈报该县任撰采恐该犯等逃匿，遣役即令唐发甲等指引协拿。王潮富以唐发甲等不应引差指捕，即喝令刘秀岗、王载车等各持刀棍将史大勇、唐发甲砍殴致伤，该差力难擒捕，赶回禀，经该县验明，一面禀府，一面会营派拨兵役亲往查拿。该犯等当即潜逃。署镇远府知府荣昌驰往督缉。具禀到省，经臣派委贵东道张晖吉、贵阳知府程卓樑前往督拿办理，因天柱县额设汛兵衙役无多，该道顺带清江卫屯军协同营兵差役，分投踊缉，陆续将刘林山、黄纯信、王潮贵、曹珍、曹配、王潮富拿获到案。经两司督同委员审将现犯王潮富、刘林山拟军，黄纯信、王潮贵拟徒，曹珍、曹配拟以枷杖，在逃之刘秀岗等获日另结。木商仍听照旧在三寨分年投歇交易，坌处毋许再行阻拦滋事。经臣核明咨部，嗣准部覆以王潮富等叠次惩创之后，犹敢屡截木簰，诚恐苗疆重地激成事端，应行从严惩办，将王潮富、刘林山改发黑龙江给披甲为奴，黄纯信、王潮贵拟充军，曹珍、曹配拟满徒，在案。并因坌处仅止汛弁把总一员，驻兵二十一名，不敷弹压，经督臣伯麟咨明兵部，另换千总移驻该处，添兵一十二名，以资防护	十一年，坌处王朝富、刘秀岗、刘山林等图争江，復先后拦阻木商李瑞丰、瞿从文缆船与王大有木簰，各赴天柱县控，差拿。王朝富等持刀伤差。经镇远府知府荣昌驰往督缉。具禀到省，巡抚福（庆）委贵东道张晖吉、贵阳知府程卓樑，督拿王朝富、刘林山到案，经两司审断，王朝富、刘林山拟军，余犯各有处治，以后木商仍照旧在三寨分年投歇交易，坌处无许再行阻拦滋事。经巡抚福（庆）核明咨部

（续表）

时间	福庆奏疏	光绪《黎平府志》
嘉庆十二年京控	查例载凶恶棍徒屡次生事行凶，无故扰害良人者发极边足四千里安置，又例载蓦越赴京告重事不实，并全诬十人以上，发远边充军各等语。此案刘秀岗听从王潮富节次阻截扰害，并刃伤引捕之人，本罪即应拟军，又復负罪潜逃赴京诬告，殊属刁健，若不严行究办，无以示惩创而靖苗疆。刘秀岗一犯应请于凶恶棍徒扰害本例，加一等发黑龙江给披甲为奴，照例刺字，续获之王载车夥同王潮富等拦截商人簰缆，拒捕行凶，合依棍徒生事例，发极边足四千里安置，逸犯王克礼等缉获另结。刘秀岗供出唆控之罗文松，现饬严行查拿，俟获案究明另办，各省木商仍请循照旧章，在于茅坪三寨分年投歇买木，严禁坌处民人，不得再行拦阻滋事	逃犯刘秀岗，潜赴京师呈控。奉旨：此案著交贵州巡抚福庆亲提案内犯证，秉公研审，定拟具奏，其原告刘秀岗，该部照例解往备质，钦此。等因。咨行到贵州巡抚福（庆），审明疏奏到，刘秀刚一犯，应照凶恶棍徒扰害地方例，加一等发黑龙江给披甲为奴，各省木商仍请著循照旧章，在于茅坪三寨分年投宿买木，严禁坌处民人，不得再行拦阻滋事

通过表1的比较，不难看出，光绪《黎平府志》所记光绪之前的争江史料，大多是来自福庆奏疏，或者是福庆奏疏的抄件。福庆奏疏比光绪《黎平府志》所记，更为详细。可以说，光绪《黎平府志》“争江案”史料是由胜利的上游地区提供的。那当然就会提供如福庆等奏疏（当是抄件）的材料，也许是很多争江材料的抄件，如《争江案稿》之类的材料。编志者最后选取了福庆奏疏作为“争江案”的史料，予以删节收录。

同时，我们也发现上游地区提供史料的局限性。最明显的一点就是，康熙四十年（1701年）及其之前的史料是缺失的。是本来缺失？还是上游地区民众选择故意遗忘？抑或是避而不谈，不予提供呢？想要回答这些问题，那就必须要下游地区提供史料，或者我们必须对上下游地区，清初乃至明代木材贸易做出考查。这些问题弄明白之后，才能在一个较长的时段中，把握清水江地区木材贸易发展的脉络。

四、“失语”者的史料

坌处作为“争江案”的另一方，笔者尚未发现大量的该处史料，似乎长期处于“失语”的状态。在讨论这个问题之前，我们先考察明至清初清水江地区木材贸易的情况。由于清水江地区早期木材贸易的史料非常稀少，只能从方志等史料勾稽。清水江地区建制普遍比较晚，天柱县在建县之前“刁徒从集，为患叵测”，明万历二十五年（1597年），天柱以“抚绥苗蛮”[12] 的目的正式建县（而上游的锦屏县建县更晚，于雍正五年建县，其后屡有撤县的情况）。在首任县令朱梓的努力下，设立官店，建立苗市。康熙二十四年（1685年）刻本《天柱县志》有以下记载：

新市镇，在瓮洞，万历二十五年朱公（梓）新建官店。数十年间募图著聚商客，往来鱼盐、木货舟泊于此。[13]

新市就是《争江记》里说的“十八关”之一。明万历二十五年以后，这些地方的贸易，包括木材贸易，便逐渐开展起来了。天柱县在清水江的地位也逐渐凸显起来，康熙二十三年（1684年）刻本《靖州志》卷一《形胜》云：

“天柱县，上控黔东，下襟沅芷，囊百蛮而通食货，顺流而达辰、常，山川耸峻，横水东流界在黔楚之交，尤为峀苗砥柱。”[14] 又康熙《黔阳县志》道：“托市，原神乡，上通天柱，为峒木所必由，明时木商聚于此，以与苗市。兵燹后，市移天柱之远口司”。[15]

由以上史料，我们可以大致知道，天柱的木材贸易在建县后逐渐展开，木材贸易的地点沿着清水江不断往上游地区移动，在明清鼎革之后，就移到了天柱地区。文中所说的“峒木”，在黔阳县县令张扶翼《望山堂集》中有详细的论述：

目者远辱教示，峒木以何得为佳？何名因陈，相传以为武侯时物，然欤？可求而得欤？明问如是。敝治去苗峒绝远，近又绝无市者，固不知以何者为佳也。相传峒木出天柱清水江者为胜，清水江木所由以出，而非其产也。由清水江入生苗扳岩数百千里，悉皆苗寨，各有分界。酋长土人谓此间木沉水中，久之水浸入术一二分，他处木则七八分矣。八土愈久，则愈坚。其最上者，金贵水贵二种。苗持铁椎遍扦陵谷，识其下所藏木，抉出之。其出土中者为金贵，以其得土之精色如金，故名金贵，以通身有红缕如丝，似雀翅，又似野鸡斑，文理坚致而香气远浮者为最。出泥水中者为水贵，以其得水之精，其色铉，故名水贵，坚致香文与金贵等，俱名因陈。此二种最少，来易遵也。即或遵之，难于方整

> 矣，又不能无尺寸之朽，且其出诸峒也，类皆重山复岭，非人力不能致。又所经诸生苗寨，必与其酋长交驻，递相转送，递者稍侵其界，即执刀相杀，虽有佳者，尝苦不得出，此其所以难也。土人谓武侯征孟获时，栈谷通道之所斩伐，世久陵谷崩易，木适在其下，数千年后，遇大雷雨，土崩岩溃而出，因名因陈，未知其说然否。大都峒木既以出自清水江者为胜，同一峒木又以生于岩石者胜，而生于岩石者又别其阴阳，南向者胜，南向矣，又当风者胜。木生于石，技不外荣，精气内蕴，故质理坚致而柔纫，得石之气为多也。入土而润，以资荣卫，故久而弥坚，质理以华，其生气全也。愚谓目陈之名，此为近是。若由通道播扬司洪州一带苗峒所产，色理红润，似过于清水江，入土易朽，以其土气胜也。然木客多出洪洲者，以木大而色鲜，通水易致亦易售也。清水江苗峒去外境既远，市者又绝少，故其佳者不可得，亦不可见，此隶之所以难耳。[16]

在材料中，张扶翼指出："峒木出天柱清水江者为胜"，肯定了"峒木"在天柱交易的这个事实。但同时也说了"清水江木所由以出，而非其产也"，这应该是康熙二十年左右，清水江地区木材贸易出现的新变化。林芊教授在《清初清水江流域的"皇木采办"与木材贸易——清水江文书·林契研究》一文中认为，晚明到康雍时代，托口—远口—坌处是存在"市场网络"的，只不过在以往的研究中被人们忽略或者掩盖了。总而言之，下游地区比上游地区木材贸易开展得早。又从税收的角度上说《争江记》说茅坪等三寨只是"上有规仪十二两"而下游地区是30两，这就说明下游的地区木材贸易量比上游大。

从上述勾稽的史料来看，清水江地区早期木材贸易情况，下游地区有比较明确的史料支撑，且比上游地区木材贸易量大。但到了康熙后期，木材生产、贸易地点和政治形势都发生了变化。这种变化在清水江地区引发了一系列重大的变化，包括引起"争江案"。在这过程中，我们看到木客（木商）和王朝国家发挥了关键性的作用。

"争江案"本身也引起了上下游地区社会的变化。上游地区通过"争江案"获得了清水江地区的木材贸易权力，也可以说是贸易特权——"当江权力"，财富不断积累，并且通过国家力量的介入，最终将下游地区排除在清水江木材贸易中心之外，代表了清水江地区木材贸易的话语，甚至是地区“霸权”话语。而下游坌处长期处于“失语”状态。在目前已知的史料中，还没有发现有纸质的文献是来源于下游的，或者说对下游地区比较有利的。直到近些年学者在田野中，发现一通立在坌处镇的碑刻——《清浪碑》，是来自下游地区的。其碑文云：

> 尝思普天之下，莫非王土，其于山川水土，各有界至之攸。是以我等地方自开辟清水江以来，蒙前各大宪设立坌处为采办皇木之所。至康熙二十四年，客苗乱行，被黎平府属之毛平、黄寨、卦治三处乘机霸市，擅设三关，上下经控，抚藩臬道名载。因恶龙永曦等财多讼能，故失江坞，将我柱属王朝富、伍仕仁、刘秀刚等流放口外，苦不堪言。至乾隆年间，洪水泛涨，沿河流木，捞获甚多，上下争控县主马案下，蒙恩公断：流出阳豆溪角石槽以下、笋洞以上柱属地方捞获者，尺长纹银三分赎退，商等因赎价过昂，不愿赎退，情愿照市价买。迨至道光年间，洪水泛涨，客苗之木被水冲下，沿河捞获甚多。因豪恶龙承标等复控于天柱县主李案下，蒙恩给断，以照旧章，久后不得争讼，亦不得仍蹈前辙。方绉勒石以附久操，永垂不朽云。
>
> 大清道光八年岁戊子冬月吉日　公立。①

此碑刻，印证了方志史料所说的清水江地区早期木材贸易情况。同时，我们也看到了完全不同的“争江案”历史叙述。坌处是“采办皇木之所”，但在康熙二十四年（1685年）时，因“客苗乱行”，被毛平、黄寨、卦治三处乘机霸市，擅设三关，经过诉讼后，失去“江坞”。碑刻中也提及到，为坌处争江而受到官府惩处的“王朝富、伍仕仁、刘秀刚等流放口外，苦不堪言”。道光八年（1828年）上距嘉庆间争江不远，坌处地区民众对此记忆犹新。但坌处的历史记忆，却不能成为该地区的集体历史记忆而逐渐淹没于历史中。

---

① 转引自秦秀强：《弥补清水江“争江案”历史空白的清浪碑》（天柱县非物质文化遗产宝库，贵州大学出版社，2009年）。亦见王会湘：:《从“清浪碑”刻看清代清水江木业“争江案”》（《贵州文史丛刊》，2008年第4期）。

五、结　语

“争江案”是清水江地区“四案”之一，对该地区影响深远，可以说是形塑了清水江地区的木材贸易框架。“争江案”保留下来的史料非常丰富，通过梳理发现，其实这些史料都是胜利者（上游地区的茅坪三寨）留下来的，而失败者（坌处）却处于“失语”状态。在历次“争江”官司中，茅坪等三寨不断积累利于自己的话语，最终形成一套完备的话语体系。这个话语体系有两个发展方向，一个是创造出民间唱本《争江记》，世代传承，使之成为上游地区乡民的集体记忆；另一个方向，是通过捐修方志的途径，使自己的话语写进方志，成为代表地区的历史记忆，从而影响或者改变人们对于“争江案”和清水江地区木材贸易的认识。研究者要想清楚地把握明清时期清水江木材贸易情况和“争江案”，必须对此有充分的认识，以摆脱史料的缺陷。

明清时期，清水江地区木材贸易地点是不断由下游地区向上游地区转移的。自湖南移到天柱，再由天柱移到锦屏。尤其后一次的转移，引生了一系列地区反应，包括“争江案”的诉讼、“当江”制度的确立。而这个转移的过程，是以康熙四十七年（1708 年）赵申乔判决和嘉庆间京控作为关键性的时间点。赵申乔的判决，基本上是对清代“争江案”进行了定调，历次争江诉讼，都援引为例。嘉庆间京控则对“争江案”在王朝体制内做了最高判决，“当江”制度正式得到王朝国家的认可，清水江地区木材贸易格局因之最终得以定型。

参考文献

[1] 贵州省编辑组. 侗族社会历史调查［M］. 北京：民族出版社，2009：35—36.

[2] 张应强. 木材之流动：清代清水江下游地区的市场、权力与社会［M］. 北京：三联书店，2006：44.

[3]〔清〕俞渭修，陈瑜纂.（光绪）黎平府志［M］//中国地方志集成·贵州府县志辑. 影印本（第 17 册）. 成都：巴蜀书社，2006：204.

[4]〔清〕赵尔巽. 清史稿·卷二百六十三·列传五十（第三十三册）［M］. 北京：中华书局，1977：9914.

[5]〔清〕李元度. 国朝先正事略（第1册）［M］. 长沙：岳麓书社，2008：275.

[6]〔清〕赵申乔. 赵恭毅公剩稿［M］//《四库全书存目丛书》影印清乾隆二年赵侗教教刻本（集部第244册）. 1997：459—460.

[7]〔清〕赵申乔. 赵恭毅公自治官书类集［M］//《续修四库全书》影印康熙五年何柱怀策堂刻本（第880册）. 1996：662—663.

[8] 钱仪吉. 湖南按察使司按察使郎公廷栋墓志铭［M］//碑传集·卷八十一（第7册）北京：中华书局：2322.

[9] 贵州省《侗族社会历史调查》编辑组. 争江记［M］//侗族社会历史调查. 北京：民族出版社，2009：35—36.

[10] 陈垣. 雍乾间奉天主教之宗室［M］//陈智超. 陈垣全集（第2册）. 合肥：安徽大学出版社，2009：559.

[11] 明神宗实录：卷之一百二十六（万历十年七月甲申条）［M］.

[12] 鄂尔泰修，靖道谟、杜诠纂. 乾隆《贵州通志》卷二十（秩官·朱梓）［M］. 上海：上海古籍出版社景印文渊阁《四库全书》本（第571册）. 1990：545.

[13] 王復宗.（康熙）天柱县志：上卷. 关梁［M］//中国地方志集成·贵州府县志辑. 影印本（第22册）. 成都：巴蜀书社，2006：73.

[14] 祝钟贤修，李大翥纂.（康熙）靖州志. 卷一（形胜·天柱县）［M］//中国地方志集成·湖南府县志辑. 影印本（第64册）. 南京：江苏古籍出版社，2002：292.

[15] 张扶翼原纂，王光电增修. 康熙《黔阳县志》卷三《市镇论》［M］//中国地方志集成·湖南府县志辑. 影印本（第61册）. 南京：江苏古籍出版社，2002：40.

[16] 瞿宣颖. 中国社会史料丛钞［M］. 长沙：湖南教育出版社，2009：200.

鸣神与鸣官：清代清水江流域民间纠纷多元解决机制试探①

张光红②

摘　要：维持群体生存、发展和延续的地方性规则是持有群体于具体生境中利用文化作用的结果，其根植于地方土壤，具有深厚的社会基础。有清一代的清水江流域存在着浓厚的“民治”色彩，这为鸣神用于解决广泛而内容纷杂的社会纠纷提供了社会基础。然而，随着国家政权的进入和林业贸易的日渐繁荣，社会纠纷因涉事主体和内容变更使其更加复杂化和多样化，具有民治色彩的鸣神难以解决因林业贸易而产生的各种新纠纷。此时，由于国家司法延伸至社会基层，因而鸣官成为人们选择的方式，形成了民间纠纷二元解决机制——民治与法治，即与之相对应的鸣神与鸣官。解决清水江流域居住民纠纷的鸣神与鸣官，自有其存在的生境根基，二者在具体的历史时期依据生境相互调适，以对其所在社会进行整合。

关键词：清水江流域；民间纠纷；解决机制；整合

---

① 本文原载《贵州大学学报》（社会科学版）2017年第2期第25—39页。

基金项目：贵州大学研究生创新基金项目“认同与传承：贵州施秉县汉族山歌文化研究”（研人文2016018）；贵州大学文科重点学科及特色学科重大科研项目“贵州的生态环境与社会发展研究”（GDZT2012005）；国家社科基金重大项目“清水江文书整理研究”（11&ZD096）。

② 作者简介：张光红（1990—），男，云南昭通人，贵州大学清水江学研究中心特聘研究人员，硕士研究生。研究方向：族群与区域文化。

一、鸣神与鸣官：存在于清水江流域的社会基础

“清水江者，沅江上游也，下通湖广，上达黔、粤，生苗居其上，曰九股河，曰大小丹江，沿岸数百里，皆其巢窟”[1]，其生态地理环境呈现为“地势险阻，岗峦错接，跬步皆山”[2]，加之作为晚近开发的边疆之地，明清时期的黔东南地区，“自古不通声教”[3]，“椎髻短衣，不冠不履，刀耕火种，樵猎为生，杀斗为业”[4]，因而，明清时期的贵州清水江流域常被视为“国家法不入之地”[5]。

明清时期客籍贵州的文人，对清水江流域苗侗民族处理纠纷不法事而以理讲和鸣神等方式私自处理的记载不计其数。如嘉靖《贵州通志》详细记载了“民治”状态下地方群体处理纠纷的现象：

> 苗俗有争，则用行头媒讲，以其能言语者讲断是非。凡讲事时皆用筹记之，每举一筹则曰，某事云云；其人不服则弃之，又举一筹，则曰云云，其人服则收之，令其赔偿。讲杀人谓之筹头，讲偷盗牛马者曰犯瓦，盖苗以一火为一瓦也。谓之媒讲者，如婚姻用媒以通两家情好之意。凡请行头讲事，先用银、布以纳之，名曰缚行头，使不二心也。大概苗易生衅，凡事因媒讲，亦息争端，此乃御边之一术矣。[6]

由材料可知：（1）行头媒讲是苗疆民治的主要构成部分；（2）由“不服则弃之，又举一筹，则曰云云，其人服则收之，令其赔偿”可知，行头媒讲讲理性较强，试图以理服人；（3）其运用广泛，可处理多种类型的纠纷。从通志可知，苗地解决纠纷的方式获得中央王朝一定程度的认可，将其定位为“御边之一术矣”。至康熙年间，中央王朝派遣至地方的官员杨茂勋对黔地苗侗居住民的认识依然为：

> 贵州一省，在万山之中，苗蛮穴处，言语不通，不知理义，以睚眦为喜怒，以仇杀为寻常，治之之道，不得不与中土异。凡有啸聚劫杀侵犯当地者，自当发兵剿除。其余苗蛮在山菁之中自相仇杀，未尝侵犯地方，止须照旧例，令该管头目讲明曲直，或愿抵命，或愿意赔偿牛羊、人口，处罚输服，申报存案。[7]

据此可知，从明代至清代前期，“民治”于贵州苗疆地区极为盛行，仍被视为解决社会纠纷、处理社会关系的主要途径。与理讲同为民治主要构成部分的鸣神，也是清水江流域解决民间纠纷的主要方式。截至清代中期，使用鸣神解决社会纠纷的方式仍在清水江流域占有极为重要的地位。日本学者武内房司以苗族的民间林业契约为讨论依据，洞悉鸣神与鸣官于其中扮演的角色，得出鸣神是地方群体解决林业纠纷的主要方式，涉事者只有在万不得已的情况下才鸣官并与国家权力机构发生联系。① 鸣神成为清水江流域解决民间纠纷的主要方式，有其深厚的社会基础。

鸣神就是把纠纷的处理诉诸一种当事人都认为是正义源泉的超自然的神的意志力，使嫌疑人或当事人双方处于一种现实的或潜在的危险状态之中，并进而以为他是受神意的眷顾而安然无恙作为其有罪无罪的检验标准的一种裁判方法。[8] 鸣神得以发生的前提是，涉事者双方都有共同的神灵或宗教信仰，彼此笃信向神灵发誓的某一行为能够产生相应地裁判。著名宗教学者杨庆堃曾指出：“在中国广袤的土地上，几乎每个角落都有寺庙、祠堂、神坛和拜佛的地方。寺院、神坛散落于各地，比比皆是，表明宗教在中国社会强大的、无所不在的影响力。”[9] 黔地历来为中央王朝经略之地，颇受异文化影响，加之地方群体以生境为根基，发展出具有地方性的族群文化。通过历史文献、地方主体已有文化可知，在清水江流域存在着广泛的民间信仰，为鸣神提供了坚实的神判基础。鸣神是神判的基础，神判是鸣神的延伸和发展。神判法是各民族原始时代所通用的一种办法，当一犯罪嫌疑犯不能以人类的智慧断定他是否真实犯罪时，便不得不乞助于神灵。[10] 明清以来鬼神信仰普遍的存在于苗疆地区，每一象征意义都与地方群体现实生活中所经历的经验事物相联系，民众信仰种类繁多、千变万化，囊括社会主体日常生活的各个方面。清水江流域也不例外，举凡祖宗先贤、庙宇神佛、路桥井塘、石刻碑铭、树精鬼怪、山洞鸟窝……都可以成为民众膜拜的对象，并且数量众多，比如鬼的信仰，丹寨厅就有 9 大主要鬼系，103 种鬼。②

---

① 参阅武内房司：《鸣神と鸣官のめいだ——清代贵州苗族林业契约文书に见る苗族の习俗纷争处理》，载唐立，杨有赓，武内房司主编：《贵州苗族林业契约文书汇编（1736—1950 年）》第三卷《研究篇》，东京外国语大学出版社，2003 年版，第 83—120 页。

② 王凤刚于《丹寨苗族鬼巫文化一瞥》一文中有所叙述，见《苗侗文坛》，1990 年第 3 期；陆群通过对黔东、湘西苗族的研究，详细罗列了九大鬼系统共计 103 种鬼，参见陆群《民间思想的村落：苗族巫文化的宗教透视》，贵州民族出版社，2000 年，第 75—80 页。

自明清以来，鸣神作为处理民间纠纷、维护地方秩序的手段常被使用，官方文献、地方文书和民间契约均有记载。如万历《黔记》中一祭文载有：

凡我一府境内人民，倘有忤逆，不孝、不敬六亲者，有奸盗诈伪、不畏公法者，有扭曲作直、欺压良善者，有躲避差徭、靠损贫户者，似此顽恶奸邪不良之徒，神必报与城隍，发露其事，使遭官府……若事不发露，必遭阴谴，使举家并染瘟疫，六畜田蝉不利。如有孝顺父母、和睦亲族、畏惧官府、遵守礼法、不作非为、良善正直之人，神必达之城隍，阴加护佑，使其家道安和，农事顺序。[11]

由材料可知：（1）作恶和违法（如逃税、奸盗）之徒必将遭受神灵惩罚；（2）向善和守法之民必将受到神灵护佑；（3）官府将监督民众日常生活的权力赋予城隍，这意味着鸣神不仅得到持有主体的支持，也获得官方的许可。民间信仰的持续性和多样性，使神判嵌入群体生活的各方面，如以鸣神阐释遭受疾病的人们。嘉庆《黄平州志》记载："苗病不服药，惟听巫卜，或以草、或以鸡子、或以木梳、草鞋、鸡骨等物卜之，卜之鬼与祭鬼之物甚夥，病愈则归功于巫卜之甚灵，死则归咎于祭鬼之未遍。"[12] 又如同治光绪年间，汉族人祥记苗疆地区苗民"其俗信鬼尚巫，有病不用医药，辄延巫宰牛禳之，多费不惜也"[13]。鸣神根植于民间信仰，而后者覆盖清水江流域社会生活的各方面。鸣神是社会生活经验中民间主体衍生出来的一套自我调解的纠纷解决机制，有其存在的社会根基。

在王朝力量没有进入清水江流域民族聚居区之前，依靠"民治"实现地方社会的整合可能是存在的。但要注意，民治色彩最为浓厚的地方多是苗侗民族和其他少数民族居住地。而在军屯和所谓的客民群体中，因其受儒家文化熏陶和直接被纳入中央王朝的统治之下，或许早有鸣官的可能。清水江流域于明代实行卫所制度后，所屯之兵多来自受汉文化影响较深的内地。由于该地区土壤肥沃、气候湿润，非常适合杉木和其他林业作物生长，所以从明末开始，在朝廷"皇木"征派和民间林木贸易中处于得天独厚的有利地位。军事屯兵、木材贸易、移民制度等使该地社会关系更加复杂化，原有的淳朴之风日渐衰败，逐渐进入争讼时代，如明代黄平守御千户所中的士卒就已经"颇尚争讼"[14]。

有清一代中央政权进一步加强了对苗疆少数民族的控制，《大清律例》

的推行、改土归流的实施、木材贸易的盛行逐渐地加强了中央王朝对清水江流域的干预。明清处于一种“横逆”的社会变迁之中，无讼只是一种理想的境界，好讼才是社会的现实。[15] 因而，鸣官成为一种社会常态是主流社会操纵之下的必然结果。依据现有文献、民间契约和已有研究成果，徐晓光把清代对苗疆的立法分为四个阶段：第一阶段为顺治、康熙时期，清朝开始对苗民“伏草捉人”等严重危害清朝统治秩序的刑事案件，要求依法制裁，不得折赎；第二阶段为雍正时期，清朝对苗疆的法律调整明显加强，对杀人、抢劫、带刀、私藏违禁物等要按清律治罪，不准再按苗疆习惯法以牛马银两抵罪，这是清朝在民族地区统一适用国家法律的重要步骤；第三阶段为乾隆时期，既进一步完善了立法，同时也认可使用“苗例”；第四阶段为嘉庆、道光时期，苗地的劫盗斗殴案件及争执户婚田土等事一律由官府审理。[16] 由此可知，从顺治时期清朝加强苗疆地区的立法进程，立法内容愈加广泛，从最初具有严重危害性的刑事案件，到婚姻田土等皆被纳入国家立法程序。《大清律例》有载：“凡典买田宅，不税契者，笞五十；仍追契内田宅价钱一半入官。”[17] 这一律法的推行，折射出鸣官在清水江流域已成为常态。吴才茂指出，红契可透视出国家对苗疆地区的干预程度，为此他以苗疆民间文书为依据，通过对乾嘉道三朝红契的统计，以其数量的多少作为国家对该地区干预程度的评判标准之一，如表 1 所示。

表 1　已出版的清水江文书中乾嘉道三朝红契份数分布

书名	乾隆	嘉庆	道光
《清水江文书》第一辑① 26	50	69	

① 由张应强、王宗勋主编，广西师范大学出版社 2007 年出版的《清水江文书》第 1 辑中详细记载：乾隆、嘉庆、道光三朝红契按册数顺序分别见第 1 册第 20、24、30、42、43、44、51、323、349、361 页，第 2 册第 10、14、15、18、24、26、28、30、38、47、55、63、67、68、213、214、214、216、229、238、242、243、244、247、256、257 页，第 3 册第 5、50、53、55、71、75、76、77、83、170、171、177、181、192、193、202、311、312、315、316、318、319、323、324、325、326、329、332、333、335、337、338、339、340、341、342、343、344、345、350 页，第 4 册第 128、143、147、149、152、167、171、174、189、190 页，第 6 册第 19、23 页，第 7 册第 9、13、29、36、41、65、67、69、136、139、141、142、143、144、145、151、169、176、195、197、198、211、212 页，第 8 册第 12、28、36、176、178、183、187 页，第 9 册第 11、12、13、225、234、367 页，第 10 册第 2、3、8、11、38、43、55、57、65、68、105 页，第 11 册第 1、4、373 页，第 12 册第 8、42、43、44、45、49、63 页。

（续表）

书名	乾隆	嘉庆	道光
《清水江文书》第二辑①	8	16	8
《清水江文书》第三辑②	3	8	9
《贵州苗族林业契约文书汇编》③	2	3	9
《贵州文斗苗寨契约法律文书汇编》④	2	3	9

由上表可知，从乾隆年间到道光时期，红契数量成递增状态，红契记载内容多为与持有者密切相关的生活资料，如土地买卖和税收。红契数量的增加，从某种程度上讲，表明国家逐渐强化对苗疆地区的管理和生活干预，使人们更为彻底地感受到国家在场。明清以来，长期被视为“化为”的清水江流域，在王朝所实行的“王化”策略之下，逐渐地被纳入国家体系中来，这给民众提供了鸣官的政治资源。同时，由于主流社会的强制干预，使清水江流域已有的民治（如理讲、鸣神）遭到破坏，而鸣官的进入使新环境下难以解决的社会纠纷得以消弭。截至清朝中期，鸣神与鸣官已成为解决清水江流域社会纠纷的两大主要途径。

---

① 由张应强、王宗勋主编，广西师范大学出版社 2009 年出版的《清水江文书》第 2 辑中详细记载：乾隆、嘉庆、道光三朝红契按册数顺序分别见第 1 册第 200、211、290、293、294、295、296、297、298、300、301、302、307、311、315 页，第 2 册第 117、159、190、201 页，第 4 册第 261、262、263、264、268、274、415、416 页，第 5 册第 139 页，第 8 册第 16、64、65 页，第 10 册第 4 页。

② 由张应强、王宗勋主编且广西师范大学出版社 2011 年出版的《清水江文书》第 3 辑中详细记载：乾隆、嘉庆、道光三朝红契按册数顺序分别见第 3 册第 314、375 页，第 7 册第 29、35、152、164、168、241、395、397 页，第 8 册第 3、4、32、34 页，第 9 册第 349、354、496 页，第 10 册第 5、182、239 页。

③ 由唐立、杨有赓、武内房司主编，东京外国语大学 2001—2003 年版的《贵州苗族林业契约文书汇编》中详细记载乾隆、嘉庆、道光三朝的红契，按其时间顺序分别见契约编号：A—0078、A—0151；B—0001、B—0012、B—0023、B—0089、B—0118；D—0001、D—0011、D—0012、D—0014、D—0020、D—0028、D—0032。

④ 由陈金全、杜万华主编，人民出版社 2008 年出版的《贵州文斗苗寨契约法律文书汇编》一书中，乾嘉道三朝红契按时间顺序分别见第 16、52、57、78、86、212、216、241、261、272、293、296、376、384 页。

二、民间纠纷多元解决机制——鸣神与鸣官

从现有清水江文书可知，不同种类的民间纠纷文书解纷途径大致可划分为——鸣神和鸣官（理讲也是其主要构成部分，但本文不对此进行探讨）。鸣神是根植于清水江固有文化发展而来，是寨民为适应生境而进行调适和整合的结果，具有浓厚的地方性知识色彩，其文化特性与民族作息和生存环境密切相关，有利于地方秩序的稳定和主体的延续和发展，加之具有使失序的社会回归到理想状态的功能，并能使生活在其中的能动体按照已有的设想活动，个别研究者将具有浓厚民族特色的鸣神视为民治的主要构成部分，而由中央王朝自上而下形成的一套地方管理体系，则被称为鸣官。通常情况下鸣神被视为清水江流域的民间习惯法，而鸣官则成为国家法的象征。前者的执行权力掌握在寨民的手中，虽然只是少部分人具有这一可能，但这并没有否认每个成员都可能成为“执法”之人，即每个人都有可能成为治理所在社会的一分子，这是寨民自我治理的方式，因而又被人们称之为民治。鸣官的执法主体是国家派往地方的代言人，象征着国家在执法，而被治理的对象是当地人或生活在当地的外来人。

通观清朝至民国的清水江文书可知，清中期以后民间纠纷的解决对鸣官的依赖性逐渐地增强，而以往在纠纷解决中扮演重要角色的民治——鸣神，其适用范围和解纷功能有所衰退。在任何文化中有些价值观念是出于人类集体生活的基础上，只要人类社会存在一日，这些价值观念的效用也在一日。但是在任何文化中也必然有一些价值观念是用来位育①暂时性的处境的，处境有变，这些价值也会失去其效用。[18] 虽然鸣神并未失去效用，但与最初相比其功能有所弱化。过去的农耕社会，特别是血缘关系比较浓厚的苗族侗族村寨，资源、信息、社会评价和一切生活、生产都在村落内进行，每个家庭中遇到困难都通过互助解决，如建房、婚丧嫁娶仪式的张罗等，遇到自己解决不了的大事小情都需要熟人帮助。加之地理环境的制约，严重地阻碍了

① 潘光旦将“位育”翻译成英文的adaptation，通常也翻译作“适应”，意思是指人和自然的相互迁就就可以达到生活的目的。邓昭华在这一理念之下进一步对其进行阐释，位育是指个人、群体和民族如何正确处理我、他、群己、动静的关系，适应、利用和改造内外环境，寻求其恰当的定位和最适宜的发展道路，以求得不断地创新和发展的状态。

村民的迁移和流动，在这样的传统社会中，人与人之间的关系相互勾连和交织，每个人都被一层层的人伦关系所笼罩，成为关系中的人。这样的生境中，一旦产生民间信仰和伦理体系，社会主体便对其具有极强的认同性。在国家对清水江影响较弱时，木材贸易未兴盛之前，理讲与鸣神是民间纠纷解决的主要途径。

作为民治组成部分的理讲是生者对所在社会有效运行的手段，发挥效用的是在世之人，这一手段产生效用的前提是所解决之事需有相应的文化机制对其建构。否则社会纠纷将处于难解之中，此时已逝的祖先和固有的神灵用于解决世俗中未解的纠纷，使累积的矛盾通过鸣神的方式得以缓解，由此可知理讲是活着的人依靠文化所赋予的意义解决民间纠纷，鸣神则依靠超自然力量消弭难以解决的纠纷，在民治的过程中理讲是鸣神的重要补充。虽然清水江社会在不断变迁，但苗侗等少数民族的固有文化依然存在，民治依然发挥着重要作用。木材贸易的兴起，使清水江流域成为一个向外开放的区域，社会各部分的逐渐多元化，使原有的文化机制难以应付社会的正常运行，此时国家力量的介入势在必行，鸣官的出现给民间纠纷的解决提供了一条新的途径，使在变迁中的社会所产生的新问题得以解决。纯粹的外来制度不仅是一种保守的力量（法律本质上是一种保守的力量），这种外来制度没有传统支撑时其供给成本必然高昂。这样的制度在村庄治理中是可以发挥作用的，但其发挥的作用往往不是设计者所希望的作用，而是被制度使用者刻意歪曲后发挥的作用。[19] 因而，当王朝政府在推行鸣官政策时，也极力地倡导理讲与鸣神，使鸣官的实施建立在使用地的传统之上，为此形成清水江流域理讲、鸣神、鸣官的多元民间纠纷解决机制。

1. 民治的重要构成——鸣神

虽然理讲在乡村社会纠纷中具有巨大解纷效用，但这并不意味着它能解决一切民间纠纷。有的纠纷即使经中人多次调节，但涉事双方仍难以达成和解；有的案件错综复杂，多种关系交织，固有的理讲机制难以解决；极少纠纷当事人因担心有损在乡村社会中的社会声望，而不赞成使用理讲这种公众处理纠纷的解决方式。而鸣神的出现和使用使这一问题得以化解。清水江流域有着浓厚的民间信仰，一定生境范围内的社会主体自有一套神灵信仰或宗教文化。“善有善报、恶有恶报”“举头三尺有神明”“人在做、天在看”“神灵自有判断标准，并给予相应惩罚”等观念充斥于该地的神灵信仰中。

因而，对于难以解决的民间纠纷，或当事人不满解决结果的纠纷，他们常会鸣神，使用神判的方式确定谁对谁错，以此化解因纠纷而产生的社会矛盾。

人们认为神灵时刻地监督着社会群体的行为，他们拥有一套与“自我”相同的评判体系，一切事件的纠纷始末神灵了如指掌，因此，涉事者笃信神灵能给出公正而又正确的评判，他们会事先预设自鸣神之日起截至一定的日期，发生一些对神判有指示性的事件，以此为依据解决纠纷，在这过程中需求助神灵的力量。用现代术语来表述，鸣神就是把纠纷的处理诉诸一种当事人都认为是正义源泉的超自然的神的意志力，使嫌疑人或当事人双方处于一种现实的或潜在的危险状态之中，并进而以他是否受神意的眷顾而安然无恙作为其有罪无罪的检验标准的一种裁判方法。[8]104 通过清水江文书可知，不少民间纠纷经过理讲难以解决，最后是使用鸣神这一途径使社会矛盾得以消弭，如：

立请字人姜明伟、之林、之滨、之谟、之正、起口、起爵、起谟、起平、起华等，为因有杉山乙所，地名小电尾溪，上登顶，下抵水冲，左凭黄草坡屋场，右凭大岭潘绍华所栽分界。缘与姜文荣、文召、文学、老明、起运等混争界限，上争至黄草坡乙小岭，以下至桥伊坎新厄为界。二比请中姜兴文、建周、文煌、昌学等理究，未分真伪。两家自愿凭中鸣神，请伽蓝一尊，皇经一部，鸡狗六付，二比至南岳大王台前拈阄。倘明伟等得阄，照依左边凭黄草坡屋场、右边凭大岭潘绍华所栽分界管业。二比不敢妄言，所立此请字是实。

一付：官祥、老宇、文佐、明伟

二付：明伟、老明

三付：之林、文荣、起周

四付：文学、文正、三祥、文召

五付：二比地主与卖主，二比栽主与卖主。

六付：嘉庆十五年十月二十九日起华笔立[20]

由文书可知，（1）涉事双方因山林界线划分未果而起纠纷；（2）试图请中人以理讲方式解决山林纠纷，但“未分真伪”，纠纷未解；（3）双方采用神判方式确定山林界线，并请神灵南岳大王监察，以抓阄方式解决纠纷。鸣神在一定程度上与理讲形成互补，解决理讲难以处理或不愿通过理讲处理的民间纠纷。理讲与鸣神构成了地方习惯法的主要内容，二者也是清水江流域长期得以“民治”的根基。

2. 国家视域下民间纠纷的解决方式——鸣官

随着木材贸易的盛行及国家对清水江流域控制的加强，以时间为先后顺序对清水江纠纷文书进行解读，将发现自清朝至民国，国家对该地区的影响和干预逐渐加强，随着时间的晚近，契约文书中开始频繁地出现“赴官”“送官”“禀官”等现象，也即常说的“鸣官”，所谓“执字鸣官”“鸣官提究”，正是此意。清初以来，中央王朝逐渐加强对清水江流域的控制，试图扩大在当地的影响，因此极力推行国家司法在当地的实施。如现存锦屏平鳌“安民告示碑”记载，康熙三十六年（1697 年）三月十五日黎平知府下发平鳌寨晓喻：“尔等既归版图，倾心向化，亦皆朝廷赤子，每年输火烟钱粮，务宜亲身赴府完解。每逢朔望，宣传圣谕，则孝悌日生，礼法稍知矣。今尔等愿归府辖，凡一切斗殴、婚姻、田地事件，俱令亲身赴府控告，不得擅行仇杀，倘故违，责有所得。各宜遵府示”。① 由碑文可知，清王朝不仅把人们日常生活纳入司法管理体系，生活中产生的民间纠纷也必须“亲身赴府控告”，以王朝规则进行解纷，与此同时并在该地推行礼教、汉化政策，以此实现“归化”。

林业经济兴起以后，面临着新出现的一些涉及内部外部各种经济关系以及由此产生的纠纷，传统的习惯法对此已经软弱无力。林业纠纷所涉及的经济利益远远超出原来村内“无赖地痞”、夫妻不和、偷鸡摸狗等自然经济下常见的问题。对各种新的纠纷，寨老也无法用传统的习惯法经验解决。特别是村里的一些因木材致富的人，已经不是像过去那样脱离村寨生活就无法生存，反过来很多人要依靠他们的经济活动得以生存，他们在林业经济活动中与外界结成了各种联系，已经不是过去那种单纯的“村民”。[21] 此时理讲与鸣官已不能完全解决在新的生境下而产生的各类复杂的民间纠纷，村民对解决纠纷新途径的探求和国家试图加大对清水江流域的影响和控制，促使鸣官这一纠纷解决方式被乡村社会认可和国家推行。使其适用内容逐渐扩大，解决对象包括由林业贸易、刑事犯罪、财产继承、田土分配、家庭纷争等引起

① 该碑现存锦屏县偶里乡平鳌寨，收入锦屏县政协文史资料委员会、县志编纂委员会编和姚炽昌选辑点校的《锦屏县碑文选辑》，1994 年，第 109 页。

的纠纷，如：

> 为私吞公业，公卖私翻。告恳提究事。缘生等祖继周生父兄弟九人，公业均属九股分占，生祖暨伯父玉坤兄弟于先年二次公卖姜姓地名半党东杉山土股三股，父辈将杉木砍尽。公契先祖概交三房伯父玉坤收管。伯故，仍将契传坤子堂兄廷煊收执。煊为九房之长，公业山场或买或卖，或栽或砍，均由廷煊主事。于光绪年间将公地半党东招佃栽植茶树。廷煊欺死瞒生，私约佃户分立合同，声言为三房私业。因得每年捡茶作为伊房六股均分。追前年廷煊病笃，虑公契无人承管，面嘱堂侄绍襄等概将公契移交生管。□□□□□清查，始知半党东山土股系九家公业，将契并祖父老簿□□□□绍襄等验看，伊横言抵塘，捏称此山土股是伊祖玉坤私业。生请地方乡团再四追契无契。生于去岁捡茶时，又请地方将茶子公捡公分，无吴（误）后，乃公同照契股分，出卖与姜业黼管业，价粮十八两八钱，房房在场。三房绍襄等着伊胞叔廷扬之子岩林当面书字画押领银。公卖公分，并无异论。突今年本月内，绍襄、福保率带伊房妇女将此茶子抢捡，买主当请原中追生理落，生亦请原中追契出质。绍襄不特恃横无契，且要将油树砍尽等语。似此横行，生亦无奈伊何，只得俯乞大公祖台前赏准差提讯究施行。①

由禀稿可知，这是一份因家族财产析分不明而产生的民间纠纷，试图以地方习惯法对其进行解决，然无果，最后只得控告至县府请求提讯姚绍襄追究其企图私吞公业，并蛮横闹事的责任，通过鸣官才将此纠纷解决。

值得注意的是，虽然鸣官延伸至清水江流域，但须区分它在汉族聚居区（如屯兵、移民、生计需求等形成的住所）和苗侗民族地区的使用情况。另外，中央王朝为减轻行政压力和加强地方控制，依据清水江流域的具体生境提出了相应的行政措施。如“□士民有便利欲陈疾苦欲达，凡一切词讼冤抑欲伸者，皆省用白呈。向收入文所投递不拘格式，不限□，不准差弁书役受文规费。但各士民等，除地方利病外，凡一切词讼，非万不得已者，不准控

---

① 文书资料多为民间寻得，并将之收集整理。该资料参见 2003 年第 1 期《贵州档案史料》，王宗勋选编：《锦屏县范正魁等控告姚百万状词辑选》。

告。"① 这表明，在保证地方有一定"自治权力"的过程中，国家依然试图加强对该地的影响。

有学者认为，中国传统政治结构是有着中央集权和地方自治的两层；中央所做的事是极有限的，地方上的公益不受中央的干涉，由自治团体管理。自治团体是由当地人民在具体需要中发生的，而且享受着地方人民所授予的权力。在清水江流域，虽然其"民治"已有衰弱迹象，但其民间信仰和传统文化依然被延续和发展，这为鸣神与理讲解决民间纠纷提供了沃土。清水江流域民间纠纷多元（理讲、鸣神和鸣官）解决机制，是地方习惯法与国家司法于生境流变下地方主体适应社会环境相互耦合的结果。

三、鸣神与鸣官于清水江流域中的调适和整合

地方性知识（Local Knowledge）是社会主体利用已有文化与具体生境耦合的结果，文化-生境系统决定了地方性知识的性质。人类自其历史发端起，就一直在不断调适自身文化与周围环境之间的关系。[22] 将文化视为人类适应生态环境的手段，把社会发展、文化变迁视为文化与环境适应互动的过程。[23] 在文化与生境中形成的地方性知识，是持有主体为满足生存需求的结果。此类文化蕴含的功能在其所处社会具有一定时长的延续性，然而因在具体生境下所产生，随着环境的改变其效用将难以应付已变更的社会，因而社会主体应不断进行调适。不可否认的是，地方性知识的产生在相当长一段时期内吻合社会主体的需求，即使随着社会的流变，原有社会的文化和生境在新社会中依然存留遗迹，其固有文化仍发生着作用，但功效程度却已不如从前。鸣神，作为清水江流域的地方性知识，其产生和社会功能展现了这一过程。鸣官恰好是生境置换下已有地方性知识效用不足而产生的结果。

生境的多样性和流变性，为种类繁多、内容丰富的民间信仰的形成提供了肥沃的土壤。信仰中死去的祖先和祭拜的鬼神在持有主体的文化建构下，他们以另一种形式参与到生者的生活中。活着的人们总是相信，祖先

① 资料于2013年夏季凯里学院师生于锦屏田野调查期间通过摘抄碑文所得，同时该碑文被编入《锦屏碑文选辑》一书。

的神灵，不管是在祖宗墓地还是在天国，始终和他们在一起，并关注着他们的一举一动。神灵满意，家庭成员幸福；神灵怨恨，一定会有灾祸降临。[24] 人们相信神灵鬼怪对生者具有监督作用，若其行为违反地方规范，将遭受惩罚，他们通晓一切已发生的事件，并能给出公正的评判。在此观念支配下，鸣神成为村民解决纠纷最常用的方式。部分学者指出，黔东南地区的神判法可分为两种情况：一是当纠纷发生之后，双方争执不下，即齐聚庙宇或者双方认为可禀告神灵之地（如庙宇、土地、桥头、大树下、山顶、河滩等），进行诅咒式的诉讼；二是经中人调解，但当事人均未满意，或面对纷繁复杂的案件，纠纷当事人各执一词，难辨真伪，中人亦束手无策时，也会求助于神灵来裁决。[8]158 近年来，随着清水江文书收集数量的增加，其内容涵盖更加宽泛和细致。鸣神文书的不断出现，折射出鸣神作为一种解决人们纠纷的方式，曾在某一具体生境下被持有主体广泛使用。通过对大量鸣神文书的整理分析，使用神判解决社会纠纷通常发生在四种情况之下。①

第一种，涉事双方发生纠纷后，直接选择诉诸神灵，以求给对方惩罚，以此作为解决日常纠纷的手段，下面为此方面的一份契约文书：

> 立请字人粟胜才，为因先年得买平鳌寨胜之山，地名污茶溪，今与韩世华、谭有信二比争执，自愿请到姜文勋、三今、学海、宗宽、启华等，宰鸡鸣神，胜才出鸡狗，友信当南岳大王面载割，二比心平意愿，并无逼勒等情，临场亦不敢瘦嚷多言。今欲有凭，立此请字是实。
>
> 代笔：黄良仁
>
> 嘉庆二十年十一月二十日立[25]

第二种，经中人调解后，纠纷尚未解决，双方规定具体日期，通过鸣神以神判化解矛盾，下面是与此相关的专门鸣神文书：

> 立请字人姜东贤、东才兄弟等。为周有祖遗山场杉木地名冲讲葱，忽被启略越界强卖盗砍，以致我等混争，央中理论，未获清局。今我二

① 吴才茂曾通过对清水江文书的整理和分析，于《理讲、鸣神与鸣官——民间文献所见明清黔东南纠纷解决机制的多元化研究》一文中也将解纷鸣神文书分为四类，本文鸣神文书划分类别有借鉴之处。

比情愿宰牲口鸣神，我等实请到中人姜宗友、文光以并劝中姜怀义，言定明晨初六日，各带堂亲一体齐至冲讲木处，宰牲鸣神，毋许大声毒骂，更毋许伸手揪扭等情。此乃我二比心平意愿，并非中等强押。照宰牲之后，言定限于四十九日内，如神明鉴察，报应昭彰一家者。任将此木大共二十六棵输以为未受报之家。复定各比堂亲之名，务要实名列案。无如，以输为定，决无异言，立此为据。

代笔凭族人东卓

道光二十七年六月初五日立①

第三种，纠纷涉事双方，经中人理讲未果，寻求官方解决，然事件仍未得以妥善处理，双方当事人则选择鸣神。例如：

自愿书立杜后清白虑约字。下敖寨龙老乔、老信，于道光十年□□□□请地方头等，向予龙乔田、邦乔所言，予地名冬领之田，说是姑娘之田，闻知骇弄。先年父亲乾隆伍十九年用价得买龙我三之田，现有契据中证朗然。约至黄姓之店，复向理论不明。伊反将司主具控一案，即出差提。予到司主诉明，礼法完备，差亦不提油案数月。予遂邀伊鸣神，以各枣庙神佛一尊接至供养数月，伊又畏死，一概塘偾，见事有碍，伊哀请地方亲朋龙洞岩、彭三尊人等劝合解释，伊愿烧案。予送菩萨，二比不得异言。地方若劝，以予母氏头簪、耳环、頭圈四两八头。当日一概领清，母氏终亡日后，永远不得籍故生端孳事。今凭地方自愿书立杜后清白虑约一纸为据。

凭中人：龙洞容、彭三宁

卖全：龙老乔龙老仔

两请代笔人：彭绍揆

道光拾年十月初二日立吉②

第四种，“具阴状”。即纠纷当事人先进行协商调解，问题未得解决，遂

---

① 资料参阅唐力、武内房司、杨有赓所编《贵州苗族林业契约文书汇编（1736—1950）：三卷》一书，东京外国语大学出版社，2003年；吴才茂于2013年《原生态民族文化学刊》第2期所刊《清代清水江流域的“民治”与“法治”——以契约文书为中心》一文也对该材料进行引用分析。

② 参阅贵州剑河“盘乐侗族契约文书”第054号，贵州省凯里学院苗侗民族文化博物馆藏。

寻求中人理讲，多次理讲无果的情况下，涉事者中势弱的一方独自鸣神。①例如：

为以势欺孤、造契明骗、情迫投神事。缘蚁于同治年间与血叔朱福贵得买八阳寨杨嘉太、亨、喜之业，地名大田脑，此田二十五坵，不计谷担，其田分为三大股。蚁与叔得买嘉太弟兄一大股。先年典价二十一两，除典之外，本名捕（补）断价钱三千四百文。当日去猪一双，作价三千八百文，蚁多兑断价钱四百文。至于次年，恶叔在万成佑店内登捕（补）蚁之田项，历历可据。至光绪十年，家下空乏，蚁央请堂弟朱本才，将本名之股送与血叔，不料恶叔坚定不捕（补），蚁无计可施，只得又央请蒙老来登门善劝，坚定捕（补）蚁断价钱七千。蚁数十两之业，由叔坚定，实不甘心。又于十二年，饥僅之岁，家无斗筲，万不得，再请贺老四送于血叔，不料不承接，要议寻主一路同卖，恶言抵塞，只言得延续。迨至腊月，冤遭堂弟本才，挺身抱告嫡弟本清之状，设计害蚁家业全倾。至于本年三月内，无所出处，只得央请杨炳，请将此田断卖与白岩塘彭高祥弟兄，奈因得买之约存于血叔之手，彭姓要蚁将约批凭。不料恶叔心生毒计，纵子行凶，恶言盗卖伊田。蚁闻骇异，无法无天，只得央请业主杨嘉太，乡正杨通辉、范庆恩等登门理论。虎恶血叔诡计多端，造契鲸吞，实难甘件，只得恭迎杨公大王当驾盟神，政鸡宰狗，祈望南岳忠靖注死侯王、本境土地、过往神灵为盟作证，大作证盟。若奴虚说一言，菩萨鉴蚁绝子灭孙，一七之内吐血而亡，堕落地狱，永不转身；若叔以势欺孤，造契鲸吞，专望菩萨鉴察血叔绝子灭孙，一七之内吐血而亡，堕落地狱，永不转身。为此情迫，哀上上祈。

---

① 梁聪于《清代清水江下游村寨社会的契约规范与秩序》（人民出版社，2008 年，第 109 页）一书中认为：神明裁判是遇有纠纷之时，双方当事人以及中人共同奔赴争论现场或是南狱庙等处宰杀牲畜；敬献神灵，解决纠纷。若告神只是一方的片面之诉求，因此并不能归入鸣神的范畴。为此以一纠纷文书为例，具体内容为："大清国贵州镇远府天柱县属文斗下寨，居住□□□为冤沉海底，无处可伸。恳祈诉神鉴察事□□，年间祖用价得□姜老□山一块，地名培拜□□上凭屋地基河左凭岭，右凭冲，四抵朗明，不料□□前姜建酞就□□通□□霸砍吾弟兄之山。伊等□□□□将木放下□。现请有中人理论，不由中人，今已此山伊□字据是伊主业，蛮不耳而。吾弟兄有据可凭，伊只行□说，有味不那天，□□亦不以道理服人，大坏心术。□等已得告神强霸吾□□山岩不□没断根，强暴得惯横行，良善之□□□为此诚□□。天地菩萨，运彰报应，虚□□，以吾弟兄人等诚心□□香□同□，祝告南□神大道，虚空过往一切，执印使者，掌簿仙官大显□灵，如果真实业□□□。"

光绪十三年五月初八日具阴状

上述鸣神文书涉及土地、山林、木材等，综合四种鸣神发生的状况，可知神判已与人们生活密切相关，折射出鸣神曾作为处理清水江流域居民纠纷的主要方式之一。鸣神文书之结果是否应验我们难以得知，但神判作为民间纠纷解决的一种方式，在黔东南地区的少数民族社会中却广泛地存在着。从生态人类学视角而言，鸣神是地方主体为适应生境利用已有文化而建构的地方性知识。虽适用范围受限，但其蕴含的伦理体系和神灵信仰，使其成为维护地方秩序的重要工具。人们长期处于同一环境之中，即使彼此相熟，但因财产、名誉、社会分配、人际关系等难免产生纠纷。许多纠纷，涉事者可以自行解决，也可以请寨老、威望较高的寨民进行评判，然而有少数纠纷无论生者如何处理，涉事双方都难以满意。社会矛盾若不得以妥善处理，倘若长期积压，这将给地方带来困扰，甚至严重干扰社会秩序，寨民关系处于紧张状态。与涉事者关系较近的寨民，因为情感和利益关系可能与另一方处于对立关系，这严重影响了村民的日常生活。苗疆人民历来重视村民之间的和谐相处，如苗族理词中就有："莫以角相斗，不用头相碰，两公牛相斗，总有一头跑。并非力不足，只因一起吃草（指将来还要一起生活，要互相忍让）。"① 从理词中可看出和谐的生活环境是人们的追求，针对生者无法解决的纠纷，生活在清水江流域的先民以鸣神的方式进行神判，由于当地人们对神灵鬼怪的信仰，此方式解决了许多以往难以解决的纠纷，即使涉事者有怨气，当每想到这是神灵的旨意时，也会作罢。这维护了地方的稳定与和平。

鸣神是以地方文化为根基，神判的前提是涉事双方都必须遵循世代累积的传统文化。然而，随着明清中央王朝对清水江流域影响的日渐加深，加之木材贸易使该地商业日渐兴盛。政治、经济和军事原因，使清水江流域社会阶层日渐复杂化，已有的本土文化逐渐遭受王朝文化的冲击，部分居住民的行为方式逐渐脱离原生文化的束缚。神判更多的是以"自我"为中心而建构的地方性文化，他者文化未纳入建构体系之中。当清水江流域遭受外界影响持续加深时，因复杂的社会关系、彼此交织的利益往来、他者文化观念的支配等影响下产生

① 可参阅贵州省黄平县民族事务委员会编印之《苗族古歌古词》（下集）"理词"，1988 年。另见徐晓光 2007 年刊于《民族研究》第 6 期《锦屏林业契约、文书研究中的几个问题》一文，对其有相应阐述。

的民间纠纷，运用鸣神方式解决则难以起到固有效果。鸣神实为特定生境下建构成的纠纷处理工具，当环境发生流变时，即使它依然能发生作用，但难以达到以前的效用，甚至无法产生效用。在此引用一则道光十六年（1836 年）八月文斗姜光裕等诉姜志远、姜吉兆父子吞银事，其文如下：

具诉状民文堵寨姜光裕、姜保五、平鳌寨姜烈等为冤遭捏害计吞骗事。缘道光七年蚁等与姜吉九、吉祥、德盛等合伙向伊父志远得买地名九匡杉木一所，兑价四千零二十两，议定二大股分，吉兆、吉祥、德盛一大股，蚁等一大股。此木卖获银七千四百四十两，除月利、夫价共赚银一千九百八十余两，中证姜映光、志安活质。屡求志远派分，而志远旋以仍将赚项贩木为缓，信以为真；搁至八年三月内，向志远分用，总以吉兆下京未回搪塞。不料吉兆下京调任，吉祥随仕久外未回。蚁等屡讨屡延，央中向讲支吾了事。窃伊以此项重利生放利过几本，蚁等望梅止渴，尽千金。

候至十四年腊月内，吉祥始回。十五年三月又邀吉祥同取分用，谁知吉祥股早已入己，仅蚁等受伊牢笼，股份久措不给，心实不甘。又向姜志远求分，无如丧尽天良，反齿分厘不认，事出黑天。当请乡约李天星、寨头姜如玉、姜启家、启灿等向讲，亦坚直不认，不已求神鉴察而志远昧心稍惧，凭中愿出二十五两以为送神之费，慢作商量，四月志远死，适吉兆丁忧回家。蚁等以为受父之欺瞒，子或不肯昧己。葬事毕，请原中向吉兆理讲。而吉兆又分厘不认。泣思蚁等将本求利，岂有甘受鲸吞，复抬灵官、伽蓝各一尊、皇经一部，与伊鸣神。谁丢何憾，奈伊心虚势大，反以大言诈鸣神。除非府堂上情迫控，前任县主程蒙批仰约中查察，未几卸任。诅知吉兆不思自悔，反以先法害人，捏以蚁等串合一百余匪，聚集文堵坡脚各执枪炮标杆抢伊木植，大题欲陷蚁等于死地，着伊母舅姜朝弼为报□。殊不知事可捏而地方难瞒，人可欺而台镜不昧，若任伊恃富恃宦之吉兆冤捏吞骗，虽死不嘎目矣。不已哀诉乞大老爷台前作主查明严究，顶祝鸿恩不朽。

道光十六年八月日具诉①

① 参阅唐力、武内房司、杨有赓：《贵州苗族林业契约文书汇编（1736—1950）：三卷》，东京外国语大学出版社，2003 年，第 107—108 页。

诉状中被指控的姜志远父子在光绪《黎平府志》，卷七下中有所记载，姜志远勤俭节约、善于经商，其长子姜吉兆因长期接受汉文化教育，后因中举而到四川任知县。由诉状可知：(1) 由于理讲无果，状告人姜光裕等人要求与姜志远宰牲鸣神，而后者因畏惧，答应和解，但不久去世；(2) 姜吉兆因父亲去世丁忧回家，拒绝和解，并以勾结匪徒强抢木材为名控告姜光裕等人；(3) 由于长期受王朝文化影响，加之在外做官，使其观念与父辈一代大为不同，以自我建构的社会关系早已超出出生地，对于姜光裕等人再次抬出神灵，要求鸣神时，他却无所畏惧。鸣神的前提是双方有共同的信仰和价值体系，深受他者文化影响的姜吉兆已不再受鸣神的束缚，因为他的价值认同已发生流变。清代以来，随着木材贸易的盛行，围绕林木山场的纠纷也愈演愈烈，纠纷利益愈来愈巨，传统的鸣神规念也难再束缚人们的手脚，人们发现神判在处理复杂的社会纠纷时已难以发生以往作用。为了维护自己的财富和利益，不少村民开始采用鸣官方式解决纠纷，利用国家司法职能代替鸣神在某些方面的“失能”。

随着清水江流域与外界联系的日益密切，人口流动、迁移日渐频繁，受不同文化影响的主体因不同的目的而频繁来往各地。外来价值观念和文化体系的输入给当地社会造成了极大的影响。在不同文化影响下，当地居民在极速变迁的生境中与“和我一样的人”和他者频繁地发生往来，与此同时由于中央王朝在该地行政结构和司法体系的不断完善，这为交往中产生的纠纷用鸣官方式进行解决提供了可能。鸣官纠纷解决方式的兴起是在鸣神职能衰弱的情况下，当地居民于具体生境中而采用的方法。但这并不这意味鸣神在清水江流域已丧失其效用。

鸣官的兴起虽然使鸣神的广泛使用遭受了极大的影响。但其在乡村社会仍有生存的土壤。鸣神的前提是涉事者双方具有共同信仰和价值体系，而在清水江流域，不少寨民具备这一条件，其中不少常年生活在寨中，声望、财富、社会职位皆来于此地，与外界联系相对较少，许多村民社会关系皆在村中，这为使用鸣神解决社会纠纷提供了肥土。另一方面，中央王朝对苗疆地区的行政法令也为鸣神的使用提供了可能。锦屏县大同乡大同村沙坝河边现今还有一块“申明条约”碑，这是曾任贵州布政使衔署贵州分巡贵东道兵备总办兼下游（清水江）游击易佩绅在自己工作范围内就一些约束事项订立的申明条约。其中就案件受理问题规定：“□士民有便利欲陈疾苦欲达，凡一切词讼冤抑欲伸者，皆省用白呈。向收入文所投递不拘格式，不限□，不准差弁书役受文规费。但各士民等，除地方利病外，凡一切词讼，非万不得已者，不准控告”；（诉状）“□□务须整洁并留有余尾，以便批粘，其叙事但取明白，不准拖踏粉饰。凡投呈词讼者，须先寻歇户？送收文，所收文者验明，仍投词人交歇户，俟批示发落，其歇户并所呈之词，或自叙，或系何人代作，皆于词后注明。”①

“限诉”是清代官府的司法取向，防止民间的“细枝末节”的小事来纠缠兼行政与司法于一身的地方官，将“小事”留在民间解决，既能减少官府的工作量，又能体现“教化”到位，民风淳朴。但事实上，由于中国民间人口基数大、事件多，仍有大量的民事性纠纷被提到国家法庭上了。[23] 限讼的制定意味着，王朝政府并非插手一切民间纠纷。它让不少“小事”留在民间让事发地自行解决，而这为鸣神的使用提供了可能。留在民间的纠纷，有不少的解决结果是难以让涉事者满意的，而鸣神为其提供了解决途径。处理民间纠纷的主要方式的鸣神与鸣官，因生境和主体需求的不同而各在不同的时期发挥着作用。在不同环境下，社会主体对两者的调适，进一步加强了社会的整合。

由上述可知，随着清代木材贸易的繁荣和流官体制的建立，原来“自成天地”相对独立的清水江流域受到主流社会政治、经济、文化的冲击。来自不同区域位属各阶层的社会群体，在不同目的的驱使下于清水江流域相互交织，从而形成了错综复杂的社会关系。外来文化的冲击、经济利益的驱使、社会声望的追逐，加之深受他者文化模塑的群体在此地的集合，使固有的相对稳定的地方性知识未能及时因社会的迅速流变而进行相应的调适，即文化的调整未能与生境相切合，这使该地处于短暂的“失序”状态——社会矛盾丛生、民间纠纷不断。依据固有问题，地方主体以具体生境为基础，创造性地使用解纷文书确定纠纷类型并使其以群体认可的固有方式保存下来，以待用多种方式对其解决。这一方式结束了无序状态，避免了纠纷的进一步升级，使一时异常的秩序回归稳定。

---

① 引文源自《锦屏县碑文选辑》，1994 年，第 113—114 页。该书由锦屏县政协文史资料委员会、县志编纂委员会编，姚炽昌点校。

参考文献

[1] 〔清〕魏源. 圣武记：下［M］. 北京：中华书局出版社，1984：288.

[2]〔清〕徐家榦. 苗疆闻见录［M］//中国地方志集成·贵州府县志辑（第19册）. 成都：巴蜀书社，2006：602.

[3]〔清〕林溥. 古州杂记［M］//中国地方志集成·贵州府县志辑（第18册）. 成都：巴蜀书社，2006：571.

[4]〔明〕王士性. 广志绎：卷四·西南诸省［M］. 北京：中华书局，1981：133.

[5]〔德〕马克斯·韦伯. 儒教和道教［M］. 洪天富，译. 南京：江苏人民出版社，2008：98.

[6]〔明〕张道. 贵州通志：卷三·土田［M］//中国地方志集成·贵州府县志辑（第1册）. 成都：巴蜀书社，2006：268.

[7] 清圣祖实录·卷十六：康熙四年七月乙酉［M］//清实录. 北京：中华书局 . 1985：436.

[8] 梁聪. 清代清水江下游村寨社会的契约规范与秩序［M］. 北京：人民出版社，2008：159.

[9] 杨庆堃. 中国社会中的宗教：宗教的现代社会功能与历史因素之研究［M］. 范丽珠，译. 上海：上海人民出版社，2006：24.

[10] 瞿同祖. 中国的法律与中国社会［M］. 北京：中华书局，2003：270.

[11]〔明〕郭子章. 万历黔记：卷十二·群祀志［M］//中国地方志集成·贵州府县志辑（第2册）. 成都：巴蜀书社，2006：283.

[12]〔清〕李台. 嘉庆黄平州志：卷一［M］//中国地方志集成·贵州府县志辑（第20册）. 成都：巴蜀书社，2006：73.

[13]〔清〕徐家榦. 苗疆闻见录［M］//中国地方志集成·贵州府县志辑（第19册）. 成都：巴蜀书社，2006：621.

[14]〔明〕张道. 贵州通志：卷三·土田［M］//中国地方志集成·贵州府县志辑（第1册）. 成都：巴蜀书社，第268页。

[15] 陈宝良. 从“无讼”到“好讼”：明清时期的法律观念及其司法实 [J]. 安徽史学，2011（4）.

[16] 徐晓光. 苗族法制史 [M]. 呼和浩特：远方出版社，2009：84—92.

[17]〔清〕刘统勋. 大清律例 [M]. 田涛，郑秦，点校. 北京：法律出版社，1999：198.

[18] 费孝通. 乡土重建 [M]. 长沙：岳麓书社，2011：2.

[19] 贺雪峰. 新乡土中国：转型期乡村社会调查笔记 [M]. 桂林：广西师范大学出版社，2003：46.

[20] 张应强，王宗勋. 清水江文书：第二辑（第2册）[M]. 桂林：广西师范大学出版社，2009：176.

[21] 徐晓光. 锦屏林业契约、文书研究中的几个问题 [J]. 民族研究，2007（6）.

[22] 王健，叶宏. 文化与生境：贵州达地水族乡对旱灾的调适知识 [J]. 广西民族大学学报（哲学社会科学版），2015（1）.

[23] 郭家骥. 生态环境与云南藏族的文化适应 [J]. 民族研究，2003（1）.

[24] 杨懋春. 山东台头：一个中国村庄 [M]. 张雄，沈炜，秦美珠，译. 南京：江苏人民出版社，2001：47.

[25] 张应强，王宗勋. 清水江文书：第二辑（第5册）[M]. 桂林：广西师范大学出版社，2009：185.

清水江文书中的诉讼及其交易习惯[①]

钟一苇[②]

摘　要： 清至民国时期，随着清水江少数民族地区林业经济的兴起及大量契约的订立，纠纷的出现亦不可避免。当地居民对于纠纷的处理，除采用民间文书的方式进行和解与调解外，诉讼亦是纠纷解决的最主要形式。清水江诉讼文书，包括“诉状”“续禀稿”“判决书”“甘结状”四种类型，在诉讼过程中起着各自的作用。而在地土买卖、林木贸易过程中，亦形成了一些有助于纠纷解决的交易习惯而为当地居民所长期遵循，如“先买者得其业”“木材兑价惯例”“买主不清卖主理落”等，对当地交易秩序的维护，起到了不可替代的作用。

关键词： 清水江文书；诉讼；纠纷解决；交易习惯

有清以降至民国时期，随着林业经济的发展，贵州黔东南清水地区少数民族订立了大量关于地土山林交易、杉木买卖的林业契约，由于商品经济的发达，在交易过程中亦出现了不少民事及刑事纠纷。当地居民对纠纷的解决，首先通过订立清白字、和息字、认错字等民间纠纷文书的形式处理，但当“自行和解”“中人调解”“寨老劝解”等民间方式仍无法平息纠纷时，

---

① 本文原载《贵州大学学报》（社会科学版）2017 年第 6 期第 22—27 页。

基金项目：国家重大招标课题“西南少数民族传统生态文化的文献采集、研究与利用”（16ZDA156）。

② 作者简介：钟一苇（1988—），男，贵州贵阳人，中南财经政法大学博士研究生，贵州大学清水江学研究中心兼职研究员。研究方向：法理学、法人类学。

两边当事人则会选择启动国家司法程序，即采用诉讼的形式，将纠纷事由向官府禀告，由国家裁决，以维护自己的权益。诉讼对于当地纠纷的解决起到了至关重要的作用，而对于清水江诉讼文书的研究，学界却少有所涉及，亦无论文专门对此问题进行探讨与论述。

笔者查阅了《清水江文书》《贵州苗族林业契约文书汇编》以及《贵州清水江流域明清土司契约文书》——《九南篇》《亮寨篇》等相关文献，收集了清水江诉讼文书共451篇，将其誊录、整理并分类，得出如下观点：第一，诉讼是清水江当地居民纠纷解决的最主要方式之一，文书不仅涉及的纠纷类型丰富（如山林权属、杉木买卖、山场继承分立、偷盗、诬告等），其形式和内容亦较为多样（笔者将其分为诉状、续禀稿、判决书、甘结状4大类）；第二，主流观点认为中国古代的民事纠纷属于“民间细故”，官府对于民事纠纷采取的态度是“放任”或“不加干预”的，但在笔者收集的诉讼文书中，绝大多数涉及民事纠纷，可见民事诉讼在当时的清水江地区已成为普遍现象，从另一个侧面也反映了当地民事诉讼观念的发达；第三，在纠纷的解决过程中，形成了如“先买者得其业”“木材兑价惯例”“买主不清、买主理落”等形式多样的交易习惯，正是由于当地居民对这些交易习惯的长期遵循，使得纠纷得以有效的解决，维护了清水江林业经济的交易秩序。

一、清水江诉讼文书分类

1. 诉状

笔者收集的诉状共312篇。其中，书写于清代的46篇，民国的63篇，时间不详的203篇。清水江诉讼文书中的诉状，其目的及性质与现代司法中的起诉状基本相同，是一方当事人因某一事由向官府起诉另一方，以求得司法救济的一种文书形式。其所涉及的内容亦十分多样，在民事纠纷中，包含了山林权属纠纷、山场分立纠纷、继承纠纷、杉木买卖纠纷等；在刑事纠纷中，包括了偷盗、杀人、强奸、欺诈等。诉状一般以“具禀人XXX，为……事”开头，说明控告内容的大致性质与缘由，随后铺陈展开，陈述具体案情，述及案件的事实与经过，结尾处一般论及对方当事人之行为对起诉人造成的伤害及其社会危害，最后以“只得恳乞，大老爷台前作主，沾恩施行”等语结束，说明起诉人伸鸣官府的正当性与合法性。

文书1　民姜世太、姜凤仪、姜明盛、姜恩瑞为恃恶混争串栓磕佑事

缘我等祖父先年伙买的文斗杉山一块，地名茉书，祖父砍伐三次，历管无异。及至我等复于道光年间又卖与姜光黎砍卖，从无异议。距至去岁，我等又将此山砍伐一百余株，遭本找滥棍姜大荣勾串，伊亲姜作英与伊侄姜沛清、姜玉昌串成一局，顷起不良。请中姜光秀、向祥等向我等阻止，称说此山係是伊业，闻之骇异，不思此山我等先年係卖与光秀砍伐，原中活证，且凤仪同治元年缺用无出转，姜此山下截一股出卖与世太为业，转係大荣作中，代书卖契，内载上抵买卖之山为界，如果□□係伊业，何不书写上抵大荣之山？伊等混争□□已可概见，我等凭中调约对质，不惟卖主不同，且界址各异。且我等栽主商存，三日不磕不休，中等直斥伊非，拒中不理，赌告不休。况伊素惯磕诈，去岁有九寨难民避牲我处，在我等地界搭棚住坐，伊皆我等□为伊业磕得佃木十余，似此串谋磕佑。若不告恳质究，不独我等木植被伊拦阻，不得售卖，犹恐世人效尤，串磕成风，良民难以安居，为此告乞。

大老爷台前作主，赏维拘究，管断施行。[1]104

此文书是一份清代年间关于山林权属纠纷的诉状。起诉人姜世太等，为“恃恶混争串栓事”起诉姜大荣。起诉人祖遗山林一块，管业多年未有争论，而侵权人姜大荣等，“串成一局，顷起不良”，执契约与起诉人争山。经中人理论，将侵权人与起诉人所执之契约对质，“不惟卖主不同，且界址各异”，显然侵权人契载之山与所争之山不同，因此中人“直斥伊非”，但侵权人“拒中不理，赌告不休”。起诉人不得已，将此纠纷伸鸣官府，以维护自己的业权。文书的结尾，起诉人指出“若不告恳质究，不独我等木植被伊拦阻，不得售卖，犹恐世人效尤，串磕成风，良民难以安居”，说明了侵权人行为的危害性，藉以证明起诉行为的正当性与合法性。

文书2　具告禀人瑶光乡第九保□□□等，距城七十里

理由：为造伪混争民事代刑事告姜家旺、姜显堂等一案，将本案请求事实理由分呈如次。

一、目的：本案请求依法制裁。此单条木係民等亲权所有，从无与他人向共者各有另别，不料该富恶姜家旺胆敢勾串痞棍姜显堂造伪混

霸，邀恳裁制，业权保证，以正江凤。关于本案裁判费用，由被告负担。

二、事实：窃民等兄弟有祖遗杉山二块，一块名从故龙，又一块名皆从套等，二处红契朗然，历代管业无二异，百数十年不与他人争端。……殊富恶姜家旺乘机不诡，闻民等兄弟出售本得银兼本性朴实，见财起意，趁此朝风更变，造伪混霸，胆敢勾串痞棍封价，实属目无法纪，鲸吞蚕食良弱者，无天日矣。情迫不已，具告姜家旺勾串姜显堂。

三、理由：此山原属民等兄弟祖遗，手执红契业管所有，历代不与人相涉。……殊皆恶不但以民辱可欺，心欲未遂，甚至敢胆口称大言，嫁祸飞（非）冤，连地方士绅，祸遭眉睫，似此迫不已，祈恳钧会台下律究，谁实谁虚，依法裁判。

四、根据：且民等兄弟手执文契可凭照，谁所共自掌业权，当主分明，证人证物除审调询即白。

谨呈锦屏县商会主人文公鉴

中华民国三十九年古二月初十日[2]

此文书是一份民国年间关于杉木买卖纠纷的诉状。起诉人祖遗山场二块，“二处红契朗然，历代管业无二异”，杉木成林后，将木植出售。而被诉人姜家旺等，见起诉人售木得银，见财起意、造伪契混霸、封价阻售，起诉人为“业权保证，以正江凤”，将被诉人告至官府。如果说清朝年间的诉状形式展现了古代中国特有的“本土化”特色，那么及至民国，诉状则表现出了“现代化”的特征。首先，在形式上具备了现代起诉文书的雏形，诉状分为四部分，分别陈述起诉的目的、事实、理由及根据，与现代法律文书相仿；其次，在内容上体现了重事实、重证据、重法律的特征，蕴含了现代法律纠纷解决的原则与思想。

2. 续禀稿

笔者收集的续禀稿共 115 篇。其中，书写于清代的 27 篇，民国的 22 篇，时间不详的 66 篇。“续禀稿”不同于现代法律文书中的“上诉状”，其范围更加宽泛，内容不仅包涵了“上诉状”，还囊括了“答辩状”“对之前诉状的补充”“增加诉讼请求”“新情况的告禀”等内容。简而言之，续禀稿是对之前所诉案件内容以及出现的新情况的增益、回应及补充。其包含的内容亦相当广泛，除“诉状”中涉及的诉讼类型外，还涉及了一物二卖、强买强卖、相邻界址、诬告、劫掳等民事与刑事纠纷。续禀稿一般以“具续禀人×××，为……事”开头，说明续禀告的大致缘由，随后亦禀明具体案情与事实，说明禀告的详细情况与理由，最后一般以“不得已续乞”等内容结尾。

文书3　具续禀民姜佐兴具为欺天藐法、违限抵抗事

缘蚁于四月内以昧心买骗控范文浩、范玉平一案，蒙准差提，已于七月审讯，伊等自知不是，业已当堂招认，自愿本利还。蚁因一时无银，当堂出具限状，限在八月二十四日呈缴，至期并不到案，蚁又具禀恳究，蒙恩赏差生唤。不料伊等计谋百出，不惟分厘不缴，胆敢独令王平一人到案抵堂，而文浩反于家内逍遥，事□明係欺天藐法，违限抵抗。若不泣恳严究，则蚁因此案听候数月之久，吃用将及十有余金。即使追请，则所得不能价其所失矣，死不心甘，只得泣恳。仁天父母老爷台下作主，赏赐□差拘究严追，沾恩不朽矣。

嘉庆九年九月禀[3]163

此文书是一份嘉庆年间关于被诉人到期不到庭的续禀稿。续禀人姜佐兴，之前已起诉范文浩等在案，但被诉人先是至期开庭当天并未到案，延期开庭后又“独令王平一人到案抵堂”，自己却在“家内逍遥”。因此，续禀人以被诉人“欺天藐法，违限抵抗”，而自己“听候数月之久，吃用将及十有余金。即使追请，则所得不能价其所失矣”为由，续禀至官府，以维护自己的诉权。

文书4　为主文公断、理合谨遵、情有不甘、再求改判事

缘民前日奉处主文查瑜云，原诉人姜梦鳌之水利由大冲沟渠维养，姜元翰水利由自有田角水井维养，姜梦鳌不得混争，酌姜元翰给姜梦鳌用费洋贰拾元，以免纠纷，诉讼费用由两造平均负担。当判据在，何敢烦续？窃民因水利无端被霸，不得已而涉讼，蒙钧长勘验曲直攸分矣，更蒙梦鳌不得混争等语，不独当局知恩颂法，即局外人亦为鼓舞称赞。乃又责民给鳌用费贰拾元，□□买此水利也，道理利害，有所难遂，且双方涉讼，一样花费，鳌之费用可补，民之费用难担，鳌既恃横佔霸而

又的分，岂非鳌胜利而民失败。请求钧长再行改判，俾是□□□，攸分泾渭，……求达目的，为此报告。[3]270

此文书是一份民国年间因水利设施纠纷，被诉人请求改判的续禀稿。原诉人姜梦鳌因与被诉人姜元翰水渠维养纠纷诉至法庭，法庭判令被诉人“水利由自有田角水井维养”，原诉人“不得混争”，“诉讼费用由两造平均负担”。判令之后，被诉人不服“责民给鳌用费”“讼费双方平均负担”的判决，向法庭提起上诉。从此文书可以看出，被诉人在一审中实际已然胜诉，但仍因费用问题提起上诉，可见当时清水江地区发达的权利维护之观念。民国时期的续禀稿亦体现了现代文书的特征，在形式上，已然出现了请求改判、依法上诉等现代法律程序；在内容上，亦出现了“改判”“诉讼费用”“依法”“上诉”等现代法律用语。

3. 判决书

笔者收集的判决书共 16 篇。其中，书写于清代的 2 篇，民国的 11 篇，时间不详的 3 篇。清水江诉讼文书中的判决书与现代法律判决文书相类似，在形式上，皆为法官（文书中为当地行政官）对诉讼两边当事人所产生的纠纷进行裁判。但在判决方式和内容上，却有所不同。现代司法裁判的方式为法官依照法律的明文规定，根据具体的事实与案情，对案件进行裁判；而清水江诉讼文书作出的判决，正如日本学者滋贺秀三指出，是“国法”“人情”“天理”的结合，将“情”“理”蕴含在“法”之中解决纠纷。[4] 判决中极少直接引用法律的规定，而是将“法”蕴含在“情”与“理”中，入法于情理之中解决问题。但应当指出的是，及至民国时期，不管在形式上还是在方式与内容上，都逐渐向现代法判决的方式靠拢，司法官亦更多采取援引法律条文的方式，依法对案件进行判决。

文书 5　兹讯得嘉池寨姜元贞兄弟与姜东成互诉从故龙之灯盏形阴地一案

查姜元贞先祖买契，并载姜东成之先祖姜开礼等名作卖，据姜东成供称于乾隆年进葬一棺等情。当据嘉池寨绅耆姜梦熊、姜恩宽、姜源淋等同称，从故龙灯盏形实係一山，经耆等一寨先人出卖与姜元贞之先祖开让为业，而姜东成家父于光绪中年，由地名皆票计山灯盏形强葬，后经元贞先父请各寨绅耆追伊理虚，此盖绅等共见属实等情是以。登山勘验明晰，果早立有姜开让堆碑记，足为铁凭。断令姜东成兄弟只可修理老坟一棺，日后不许强葬情节，所有穴内以及上下左右，概归姜元贞兄弟管业。……。

锦屏瑶光第五区，区长姜启瑗、区副宋学经

民国十九年十一月判行[5]

此文书是一份民国年间关于阴地墓葬纠纷的判决书。姜元贞等与姜东成因阴地纠纷，互诉到法庭，经法官查明，第一，姜元贞有此土地买契；第二，中人供称此地确是姜元贞先祖所买；第三，法官登山勘验，发现此土果然有姜元贞先祖所立碑记，“足为铁凭”。因此，裁决此阴地归姜元贞所有，归其管业。此份文书可以看出，法官的判决不仅重视证人口供，更重视证据，姜元贞先祖所买此土地的契约是判决的基础。此外，法官更亲自登山勘验涉案坟墓，核对契约，查实坟址，可见当时司法官员对案件负责的态度，亦证明了判决的权威性。

4. 甘结状

笔者收集的甘结状共 7 篇，均书写于清代。甘结状是指在诉讼结束后，当事人会对官府写下一纸文书，以作对纠纷不再争议的保证。对此，滋贺教授给出了较为具体的解释：知州开庭审理并作出某种裁定，但仅此尚不能了结，还须当事人表示服判并写下一纸内容为情愿不再争议的文书呈上（称为依遵结状），听讼程序才暂且告一段落。[6] 在中国古代，司法并不是穷尽所有法律程序，以达到一个司法结果，而是要使当事人对裁判结果表示信服，其目的，是为了使当事人不再争执，从而平息争端，因此，甘结状正是当事人服判的证明。甘结状一般以“具甘结人”或“具遵结人”开头，随后陈述判决事实，结尾处则声明不再对纠纷进行争执。

文书 6　具遵结家池寨民□□，今遵结到青天太爷台前，为具诉唐东姜文才等贿奸捏控越界强砍一案，蒙恩审讯公断，蚁等受过龙□矮木价银八两，追给与文才数人，惶惶无语，敢不恪遵。今具结并银一并呈缴，日后不敢滋事，遵结是实。

乾隆二十六年三月□日具[3]160

此文书是一份乾隆年间关于越界强砍山林的甘结状。甘结人因诉姜文才

“越界强砍”一案败诉，出具甘结状，声明赔还木价银八两，将赔银呈缴官府，并保证“日后不敢滋事，遵结是实”。

二、清水江诉讼文书中的交易习惯

在古代中国，习惯是人们处理纠纷最主要的准则之一。有论者云：“各朝代的实定法偏重于刑事法，而关于民事法的成分甚少，大率委于民间习惯”，[2] 由此可以看出习惯对于我国古代民事纠纷解决的重要性。清末《大清民律草案》开篇第一条就阐明：“本律所未规定者，依习惯法；无习惯法者，依条理”，体现了法律对习惯的尊重。汪辉祖《佐治药言》曾说：“为幕之学，尚读律。其应用之妙，尤山体人情之所在。盖各处风俗往往不同，必须虚心体问，就其俗尚所宜，随时调剂，然后傅以律令，则上下相协，官声得著，幕望自隆。”在此意义上，习惯就是人情的体现。台湾学者黄源盛认为，在民国初期民间习惯对于弥补立法的不足，最为重要：“盖在民国初期法律并不完备的情况下，对于民事纠纷的处理，……习惯作为民间行之已久的行为准则，较具体，也较为深入国民的生活。”[7] 在笔者收集的450篇清水江诉讼文书中，民事纠纷占有极大比重，当地居民对民事纠纷的解决，主要依靠习惯法进行处理。究其原因，一是由于对官府而言，民事纠纷属于“民间细故”，国家法本就对民事纠纷没有具体而详尽的规定；二是对当地居民而言，其之所以遵从契约之约定，并不是因为国家法的强制力，而是由于在纠纷的解决以及地土林木的交易过程中，形成了为当地居民所长期认可并遵循的交易习惯，而这些交易习惯已内化为他们心中的契约精神和观念。因此，正是由于当地居民对这些交易习惯的长期遵守，使得纠纷得以有效的处理，亦维护了当地林业经济的交易秩序。

1. 先买者得其业

在笔者收集的文书中，“一物二卖”是较为常见的纠纷起因之一，而当地居民对此种纠纷的处理方式，一般遵循“先买者得其业”的交易习惯，即签订时间在先的契约有效，签订在后的无效。在笔者收集的文书中有多份阐明了此交易习惯，例如“业无二主，买无二卖，民价买在先，伊买在后，难逃后买为谋之例”；“此山仍劝归民先买管业，而锦春后买，不能经管，要卖主补价”等。此种处理方式，既与“情”相符，又与“理”相合，为当地居民所遵循，试举一例：

文书 7　为先买为业、后谋霸争告恳提究事

缘民于光绪二十三年用价得买胞侄元英弟兄地名培显节山场一块，契据炳存，可阅此山分为十二股，元英弟兄占三股，历管无异。本年四月内众山友已将此山木植卖与客人姜必鸿等砍伐作买，议价银三十六两一钱八分，除合食并栽股银两外，三股之土应佔银五两。及将价目分用归着，客人开山砍刀木植，讵意突有党人之姜锦春父子出争霸阻号，声称得买元英弟兄之股。民闻之骇异，亲身登门约民揭字对验，两下契据均係姜元英亲笔相符，伊係光绪廿七年得买，字迹新旧各别，民契先买数年，应归民领价管业，亦甘愿丢体讵。……当经地方首人姜凤林、姜恩宽、姜之渭等理论，将二比契据验视，笔记符合，承中等公议，此山仍劝归民先买管业，而春父子后买不能管业，要卖主补价。而元英弟兄于光绪廿八年相继而亡，仰元英弟媳范氏母子照契价赔还，缴退契据以图无事等语。……试思先买者为业，后买不为谋，此古今不易之常理，况卖主母子遵依中等补伊契价，窃伊父子不体自受悖谬而行种□处诬，难逃恩鉴。以此先买为业，后谋霸争，讯告恳提究，将来买业□不分先后，诚恐蓄意混争，接踵效尤，祸无宜日，无不已告乞。

县长台前作主，赏准□警提案，……。[1]289

此文书是一份清代年间关于山林权属纠纷的诉状。起诉人（姓名不详）先年买得姜元英山场一块，木植成林后出售给客商姜必鸿等。但在砍伐之时，遇到侵权人姜锦春等阻拦，声称此山场亦是其从姜元英处买得，为其所有。经中人对验，认为受害人契约的签订时间为先，“字迹新旧各别”，因此该山场应归受害人所有。调解后，侵权人“始则遵劝了息，继则听人唆从，终则随木下河封阻”，起诉人不得已，向官府起诉。从文书中可以看出，“先买者得其业”是一项流传已久的民事习惯，文书中多次提到“为先买为业”“民契先买数年，应归民领价管业”等语，在中人的比对中，亦认为受害人的契约较侵权人签订在先，产业应归受害人所有。起诉时，受害人更提出了“先买者为业，后买不为谋，此古今不易之常理”的古法谚，证明了此交易习惯的正当性与合理性。

2. 木材兑价惯例

在清水江林木交易中，木材兑价是交易过程中重要的组成环节之一，由于三寨长期轮流当江，木材价格则由木行直接决定，且“毫无二价”。因此，木行在木材的交易中兑价多少、抽成多少、扣费多少，“牙口”“江银”费用几多，直接关系着林主与商客的利益。而在这一过程中，逐渐形成了“木材兑价”的交易惯例，试举一例：

文书 8　具禀黎平镇大小两河绅商姜兴国、龙大楷、姜名卿、姜兴渭、袁济川、颜光禹等禀大人台前

缘绅商等为射利灭亲，谨陈时禀恳申详，以复旧章事。穷绅民等地方山多田少，栽杉营生，先辈各自砍伐，沿河售卖，嗣因乾隆年间，张军撂平无苗疆□统，至卦治王寨、毛坪三寨售卖，则三江之名自此而起。其卖木兑价壹两即是壹两，并无毛价扣平申水等弊，延及嘉庆道光初年，而毛价具为每两折兑九钱八卜六厘。道光中年改为兑每两毛价尚兑银五钱，至道光二十三四年兑折不一，争竞无休。禀控制意批□黎平府主，仍照五兑，每两毛价合九八扣实银三钱八卜七厘，断定以九九五之漕平。咸丰以末每两□三钱一分三厘，内除行用九厘、牙口七厘、江银三厘五、经费银五厘四共□银二卜四厘，仅得二钱八卜八厘五，扣招扣卦子在外。至平码银水，先辈原议平库色分则平用九八后，九八平内每百实银扣银壹两六钱，银用低色洋纹水仅的八十四两零，其有行用牙口着议，主家劝盘灯油、房租之资而江银者始。因盗贼砍缆、偷窃上下河客木植，议抽此项以作辑盗赔木之费。近年来江上失木不惟，不辑盗亦不防守，所抽之项纲首行户肥，盗窃其木，首吞其利，即拟兴同情未为冤枉者最可悯者。山贩木排到江，行户即请议价，不顾血本输赢，妄行乱喊，一言已击，千金不易。若不肯卖，起岸烧毁，较之国法，尤为森严。嗟乎！剥山贩之□膏□。若祖父兑山贩则不吝水土尤可灭者，价未议妥而故为留难，三天五天盘不放，倘已售成而任意倦延，十日八日又措在秋冬拖累，盘经尚可支持，遇春夏洪水泛涨，受尽难堪。此皆三江之积弊，实为两河之公愤者也……。[8]

此文书是一份咸丰年间关于木材兑价的诉状。起诉人姜兴国等，因当时木行兑价抽成过高、各类杂费繁多，视此为“三江之积弊”“两河之公愤”，

影响了当地客商的利益，为此起诉。诉状中清晰地展现了清水江木材兑价交易惯例的形成与演变过程，在乾隆年间，木行兑价并不抽成，亦无“毛价扣平申水”等弊端；至嘉庆年间，木行开始抽成，“每两折兑九钱八卜六厘”；在道光中年，交易费用加重，改为“每两毛价合九八扣实银三钱八卜七厘”；及至咸丰末年，费用更重，“每两□三钱一分三厘”，并加收“行用”“牙口”“江银”“经费银”等杂费。由此可见，木材兑价费用的逐渐增加，打破了乾隆年间形成的较为公平的交易惯例，因此，当地商客诉至官府，要求恢复前例，以维护自己的利益。

3. 买主不清、卖主理落

在当地土地、林木买卖交易中，由于地土杉林买卖频繁，经常会出现同一土地有两份买契的情况；抑或由于卖主已故，其子女不知卖主已将土地或林木出卖，又另卖与他人，致使标的物买主不清。面对此种“买主不清”的纠纷，当地居民一般采取“卖主理落”的习惯进行处理，俗规称“一买一断二卖休”。在笔者收集的文书中亦有多份对此交易习惯进行了阐述，例如“古云买主不清、卖主理落，而元贞因循拖延，未曾实行理落”；“窃思父卖子不知，自愿错过退价退木，古之常也”；“如有不清，俱在卖主上前理落，不与买主相干”等。此交易习惯，亦符合“情”与“理”的结合，为当地居民所广泛接受，试举一例：

文书9　为良易欺，不统□还，恳惩刁顽，以保□儒事

缘民十八家共有山场土名圭横溪，已被王世先、王和忠等盗买盗卖，民等月前□伊等在案，本拟候讯，蒙中人龙成祥、王贵生等劝息，该等愿补加价八十千文，我等不好具讼，得中劝解，于五月十三日具有和息在案。蒙恩准秈，该□□木下山搬运至溪，孰知天降大雨，将此木漂流沿河……，岂知恶等视民等愚弱易欺，以先卖后阻等情，妄控民等在案。查该词称先与高□刘永定、刘宗培等所买砍伐，已被王世先等谋中阻砍，复又备价三十五千文向该王世先等复买，随后王康佑、王坤发见木条畅，率领十余人□阻等情。窃思经商将本求利，岂有一买二买尚不清楚，被人□阻而不问受价值人乎？古云买主不清，卖主理落（交易习惯），係恶等仗有人缘，欲磕民□□，以数满纸虚言。若不诉明，恳恩徽究，则效尤成风，良弱受害，为此情形叩。……。[9]

此文书一份民国年间关于买主不清的续禀稿。起诉人（姓名不祥）共有山场一块，被王世先等盗卖，经中人调解，王世先等愿补山价了结此事。其后，被诉人（姓名不详）以“先卖后阻等情”为由诉起诉人至官府，起诉人认为，此山侵权人既已先向他人买得，为何又向王世先等复买？既然此山是王世先卖与被诉人，根据“买主不清，卖主理落”的惯例，被诉人应找卖主王世先而不是起诉人理落，并提起反诉。在清水江地区，由于地土山林交易较为频密，时常会发生买主不清的纠纷，在此情况下，买主直接找到卖主，由卖主处理是最便捷及有效的，经过时间的积累，逐渐形成了“买主不清，卖主理落”的交易惯例，为当地居民所遵循，从而有效地维护了交易秩序。

参考文献

[1] 张应强，王宗勋. 清水江文书：第1辑·第1册［M］. 桂林：广西师范大学出版社，2007.

[2] 张应强，王宗勋. 清水江文书：第1辑·第3册［M］. 桂林：广西师范大学出版社，2007：284.

[3] 张应强，王宗勋. 清水江文书：第1辑·第5册［M］. 桂林：广西师范大学出版社，2007.

[4] 滋贺秀三，寺田浩明. 明清时期的民事审判与民间契约［M］. 王亚新，梁治平，编. 北京：法律出版社，1998：22.

[5] 张应强，王宗勋. 清水江文书：第3辑·第6册［M］. 桂林：广西师范大学出版社，2007：267.

[6] 戴炎辉. 中国法制史［M］. 台北：三民书局，1971：14.

[7] 黄源盛. 民初大理院与裁判［M］. 台湾：元照出版有限公司，2011：201—202.

[8] 张应强，王宗勋. 清水江文书：第1辑·第8册［M］. 桂林：广西师范大学出版社，2007：255.

[9] 张应强，王宗勋. 清水江文书：第2辑·第7册［M］. 桂林：广西师范大学出版社，2007：253.

环境保护

“清水江文书”对生态文明制度建设的启示[①]

徐晓光[②]

摘　要：“清水江文书”是指贵州省黔东南州所在的清水江流域，苗族、侗族、汉族等各族民户家庭所收存的明清两朝、民国乃至新中国成立后各类民间文书的总称。其特点是林业契约文书特别丰富，依靠契约管理该流域在这段时期达到生态效益、经济效益均衡发展。在当今新的历史条件下，弘扬苗族、侗族森林生态保护及林业管理制度传统，保住生态和发展的两个“底线”，进一步将林业生态优势转化为产业优势，是生态文明制度建设中需要重点研究的问题。

关键词：“清水江文书”；林业；生态文明；制度建设

贵州省东南部的清水江流域既有层峦叠嶂的山谷、蜿蜒曲折的丘陵，又有大小不等的平原；气候温暖，雨水充沛，土地肥沃，这种自然环境适宜各种农作物及林木的生长。生活于清水江流域地区的民族在明朝时主要是苗族和侗族，清代及民国乃至以后才有汉族及其他民族迁入定居。清水江干流林区的少数民族在长期的生产实际中，不断积累经验，探索出了栽种速生林的

---

① 本文原载《贵州大学学报》（社会科学版）2016 年第 2 期第 105—114 页。

基金项目：2011 年国家社会科学重大招标课题“清水江文书的整理与研究”（11ZD096）；2014 年周世中主持国家重大招标项目（第三批）“全面推进依法治国与促进西南民族地区治理体系和治理能力现代化研究”（14DZC026）之子课题“西南民族地区治理体系中的民族法和民族习惯法研究”。

② 作者简介：徐晓光（1958—），男，辽宁盘锦人，贵州师范大学教授，博士，博士生导师，贵州省核心专家。研究方向：中国法制史、民族民间法。

新技术，这给大量占用山地的地主提供了发展山林租佃关系的有利条件，清代清水江林业生产的优势，吸收外省商人接踵而至，农民也来此佃山种树，苗族和侗族人民通过长期的开山植栽和分山管护，造就了大片人工森林，随着林业市场的开发，这里的木材通过清水江水道远销全国各地。

“清水江文书”是指贵州省黔东南苗族侗族自治州所在的清水江流域，苗族、侗族、汉族等各族民户家庭里所收存的明清两朝、民国乃至新中国成立后这一时段里用汉字书写的各类民间文书的总称。包括土地租佃契约、土地买卖契约、土地典当契约、山林转让契约、山林租佃契约、析产分家合同、山场座簿、山场清册、归户册、账簿、纳税单、算命单、合婚书、婚书、择日单、过继书、风水单、档案、图册、碑铭、信函、日记、诉讼词稿、说唱词、小学国文教材抄本、族谱家规、乡规民约、政府文告等，内容涉及土地制度、林业经营方式、商业运输、租佃关系、分股程序、族群定位、民族认同、宗法制度、土司制度、里甲制度、赋役制度、司法诉讼、民间纠纷解决、民族习惯法、宗教信仰、风土民俗等不同文本。目前所见文书最早者为明成化二年（1466年），最晚近的文书形成于20世纪中叶，时间跨度500年。估计锦屏、天柱、黎平、三穗、剑河等县遗存文书总量可能高达30万至40万件。这些资料是清水江流域社会数百年历史变迁的真实写照，它填补了西南地区契约文书较少被系统发现的空白、少数民族地区汉字契约文书较少被系统发现的空白和中国林业契约较少被系统发现的空白，具有历史学、社会学、经济学、民族学、生态学和法学等多学科研究价值。

在清水江中下游地区，历史和今天林业都占据着十分重要的经济地位。所以，记录和反映该地区经济和社会情况的“清水江文书”就具有明显的林业特征与生态实践特色。从目前黔东南各县发现和收集到的契约文书情况来看，锦屏县反映林业方面的内容约占整个文书总数的70%，其他县份也有一定比例，涵盖林业的各个领域和层面，是记载和反映古代、近代清水江流域地区林业发展历史的“百科全书”。近些年随着“清水江文书”的整理与研究工作的深入，使清代民国林业经济发展与传统生态结构建设的作用被渐渐揭示出来。如民国时期《台拱县文献纪要》之“物产”项载：“杉木出县东南区，满山苍翠，有轮围合抱者，近年来，江路开通，贩运三江出售，其质较他处所产坚实，价值亦较他处为优。”又据《贵州经济》载：“查清水江自平越之羊老、经黄平之重安江入剑河、锦屏、天柱等县其中森林最多者，首推天柱、锦屏、剑河等县”。“黔省东南，素以人工杉林著称，当清水江折入锦屏县境后，此项杉林即形显著，自瑶光以下，杉林最密”。① 这些资料都说明清代民国清水江流域木材生产滚动发展，林木葱郁之地及经济富庶之处，木材商品促民致富，经济效益、生态效益双丰收，连清水江支流“巴拉河自河口曲折而上，约近百里，沿河苗寨相望，颇为殷实，久为著名产木之区”。[1] 2015年5月，《中共中央国务院关于加快推进生态文明建设的意见》，明确指出要以健全生态文明制度体系为重点。“以古为鉴，可知兴替”，“清水江文书”在今天生态文明制度建设和经济发展中的作用如何，怎样利用这部分不可多得的传统资源为林业生态实践服务是本文探讨的重点问题。

一、产权要明确

“有恒产则有恒心，无恒产则无恒心”。[2] 森林资源是一种重要的自然资源，也是一种稀缺的自然资源。不论历史上，还是今天，林农更加关注森林资源的权属问题，林业产权不明、山界不清是产生山林权属争议，导致林区社会不稳定的主要原因，正如古人所说揭示的“定分止争”的意义。

中华人民共和国建立以后，由于种种原因，我国林区林业产权的界定一直不清。人民公社期间及60年代初的“四固定”，林地的划分权属多从便于行政管理方面考虑，忽视山林的本应归属，有的甚至以手指为界，任意调配；有的与相邻的区、社（乡）、大队（村）互不通气，重复划分等，均为山林纠纷留下隐患。改革开放以来，山林责任到户，经济利益直接显现，过去引而不发的纠纷隐患便集中爆发出来，其中大多数纠纷是权属不明或权属重叠造成的。1984年曾正式启动了以“林业三定”② 为主要内容的集体林权改革。但是，由于老百姓担心政策会变，发生了“山分到哪，树砍到哪”的现象。于是，集体林权改革被迫紧急“刹车”，全国大部分集体山林仍在旧制度下运转。这种体制与机制导致集体山林管理不善，发展动力不足，逐渐成为整个林业发展的“瓶颈”。[3] 黔东南清水江流域林业产权制度虽经多次

① 参见王启无：《贵州清水江流域之林区与木业》，载《贵州企业季刊》，1943年，第4期。转引自吴述松：《清水江流域幸于明清“木政灾”的五因素》（《苗学研究》，2012年，第3期）。

② 内容为“稳定山林权属、划定自留山、确定林业生产责任制”。

变迁，但由于种种原因仍然有一部分山林一直没有明确界定产权，或者说这部分山林自土改以来一直就有争议，大致有以下几种情况：其一，无证山林。一是土改时，山林坐落在边远山区，人烟稀少，交通不便，也未进行土改分配和核发土地证；二是解放以前长期没有解决的山林纠纷，土改时没有核发土地证；三是有的人怕成分高，隐瞒不报山林。在土改中有大量山林没有确定权属，导致争议不休。其二，山林四至不明，界限不清。有些山林虽登记，但土地证上所填写的林地坐落和四至不明确，有的虽填写林地所在山名，但“四至”却笼统填写，诸如“东至岭、西至冲”等，林地位置没有明确的界址，没有永久、固定性标志。加上林地情况复杂，有些人为了侵占他人林地，故意扩大“四至”，甚至用“移花接木”的手法，把别处林地的土地证拿来作为争山的依据，权属很难认定。其三，重复分配山林。由于“土改”填发土地证时一般只是根据个人自报登记，没有上山查核，原山主和原耕农双方都自报登记，对同一林地几家都拥有土改确权的凭证，导致林地重复分配，形成了“一山多主”，由此产生山林纠纷。其四，共有山林。有些林地在“土改”中变为多户所有，行政村划分后，这些业主分属几个村。由于土地证上没写具体“四至”，山上没有具体界址，生长的林木又不平衡，于是发生纠纷。其五，没收、征收不当。“土改”时把不该没收、征收的山林加以没收、征收并且进行分配，从而引起林农对这些山林权属争议不休。其六，林农房前屋后、宅基地上的树木，按规定属社员私人所有，不办理林木折价入社。后来，在人民公社化运动中，统统收归集体所有，根本没有办理折价入社，因此又造成一些山林所有权属不清。其七，大多数国有林场在人民公社化前夕兴办，划进了一部分集体所有山林，但很多地方没有办理手续，造成林场经营的山林边界不清，山林权属争议很多。[4]

按我国法律规定，农村集体林区的林地属于集体所有，林地承包经营者仅有使用权。但实际上无论是林地产权的所有权权能还是林地产权的使用权权能都很模糊。在林地产权的所有权方面，至今具有土地所有权的集体尚不能真正行使林地处置权，表现在集体没有完全的林地所有权的收益权，国家通过高额税费和木材收购的垄断经营，从林农那里拿走绝大部分土地经济活动的收益。在林地产权的使用权方面，林地所有权与其使用权也没有完全明确的契约关系，不可能是完全意义上的林地使用权。林地经营使用权受到国家的行政干预，森林产权受政府的约束，如林木限额采伐、天保工程等。因此，森林产权的所有者就不能享有真正意义上对森林占有、使用、收益、处置（分）的权利。

针对以上问题，2006年起我国集体林权制度改革在总结各地试点经验的基础上，将逐步全面推开。这次林权改革是要通过所有权和经营权的分离，实现“产权归属清晰、经营主体落实、责权划分明确、利益保障严格、流转顺畅规范、监管服务到位”的现代林业产权制度，其核心是“山有其主，主有其权，权有其责，责有其利”，实现“山定权，树定根，人定心”，建立起适应市场经济条件，有利于促进集体林业发展的新体制和新机制。[5] 经过几年的改革，截至2012年底，全国确权集体林地27亿亩，占集体林地总面积的97.7%，发证面积占确权林地的95.5%，8949万农户拿到林权证，基本落实了农民家庭承包经营权。林下经济产值达2300多亿元，重点林业县农民林业收入占人均总收入的比例达到了50%以上。全国共建立农民林业专项合作组织10.77万个、林权管理服务机构1435个，森林保险投保面积14亿亩，林权抵押贷款余额达676亿元。林权流转逐步规范，林权保护管理体系日益完善，集体林权制度主体改革基本完成。① 以后我国将启动国家木材战略储备基地建设等工程，着力构建国土生态空间规划、重大生态修复工程、生态产品生产等六大体系，全面提升生态林业和民生林业发展水平。

此时，我们回看“清水江文书”会体味到更深的意义。“清水江文书”中林业类契约文书大致可以分为山林土地所有权买卖活动文书、佃山造林合同文书、林业管理文书、林业产品经营和利益分成合同文书、林业纠纷调解和诉讼文书。这些林业类契约文书的作用是明晰人们在林业经济活动中的权利，规范人们的行为，调整人们的经济利益关系，维护人们的合法利益。如，在占林业类契约文书最大比例的山林土地买卖的契约文书中，就把山林土地的地名、来源、四至、包含物、买卖因由、中证、价格、买卖双方的权利义务、事后追责以及其他需要说明的事项都罗列清楚；佃山造林类契约文书中，就包括山场的地名、来源、四至、佃者因由、中介、所栽树种、间作粮种、成林时间、主佃双方的权利和义务、所栽林木的利益分配比例等都规定明确；林业管理类文书则大多体现在“乡规民约”和佃山造林合同文中，

---

① 参见《人民日报》记者顾仲阳对全国林业厅局长会议的报道。载2012年12月27日《人民日报》。

这类文书通常对造林、幼林管理、成林管理、林间作物管理等均作出特殊规定，如有的佃山造林契约文书对佃户所栽林种、幼林间间种作物、锄抚年限、刀抚年限、成林后防盗、接待外人等都作有具体规定；林业纠纷调解和诉讼文书则包括村寨间当事者双方自然领袖、各级官府对各种利益纠纷调解和判决的文件。仅就山林买卖契约文书来说，所涉及的事项规定比 20 世纪 80 年代以来各个时期政府部门颁发给林农或集体的“林权证”和“山林管理证”内容丰富；佃山造林（亦即股份合作造林）合同文书也比 20 世纪 80 年代以降集体与集体、集体与个人、个人与个人所签订的造林合同还要具体细致得多。[6] 有的重要契约文书还被刻勒在石碑上，要求人们永久记忆、永远遵守。

清水江流域在清代民国期间民间大量的林业契约全面、集中地调整了人们在社会物质资料生产过程中的社会关系和经济关系，我们不难看到旧时代林业发展的状况、林业运作的方式、林业管理的办法。林业契约所载林地，林木来源明晰，林地四至清楚，双方责权利分明，除了签约主体，还有中人和书契人作证。为了体现责任，有的契约后面还写着如有林地林木“来历不明，俱在卖主理落，与买主无关”的字样。为了体现契约的严肃性，有些山地买卖契约在后边还附上了这样的誓言：“一卖万了，父卖子休，如花落地，永不归枝。”契约的严肃性要靠所有权的稳定来实现，在林权改革中清水江契约文书在确认土地所有权上起到了一定作用，特别是在林业确权、防止纠纷工作中有很重要的启示作用。

二、人工林的属性

中华人民共和国建立后，我国在宣布天然林业资源为国有的同时，忽视了人工林与天然林的界限，把黔桂湘边区的人工用材林视为天然林。这不仅限制了这一地区人工林业的发展，同时造成了对该地区宜林地产权和经营权理解上的偏误，致使苗族、侗族地区宜林地的产权关系长期在政策和法律上得不到正确的反映。由于把“人工森林”定位为“自然资源”属于“全民所有或集体所有”，使大片森林资源变成人人“见股有份”，成为随意可以索取的目标，从而导致了对森林资源的“哄抢风”和“分利风”，这也是这一地区林业纠纷多发的重要原因。另一个问题是，国家对林区实行的“高额税费”政策，政府对林区层层下达税费任务指标，层层索取红利，无法让森林“休养生息”和“少取多予”，更无力进行营林再生产。在这种错误的认识下，林区的生态效益不计酬，木材价格基本不计成本，尤其是计划经济时期消耗的大部分森林资源，给林区可持续发展造成亏空，这些亏空又必须由各个林业县在现今市场经济条件下负债补偿。而林业生产投入回报率低，林区付出多、获取少的长期历史积淀，导致林区经济的贫困。我国有关法律应该明确将“人工林”的性质加以认定，这有利于保护林区和林农的劳动成果，调动他们营林的积极性和创造性，体现法律的客观性、公正性、权威性，从而更好地强化对林业的投入和管理。

人工林的社会属性的出现，消解和取代了原有森林的自然属性。“清水江文书”的一个重要作用是证明了几百年来该流域地区的森林一直是人工造林而不是自然林这一客观事实，森林的“社会属性”和“商品属性”在清朝到民国被发挥得淋漓尽致。人工林具有很强的恢复生态的功能，“清水江文书”表明，明末清初时期由于过度砍伐，山林面临枯竭，但各地对木材资源的消耗年盛一年，呈现严重的林业透支，连台江巴拉河、黎平八舟河等清水江上段的支流都有了木商的足迹。为了保证林业的长盛不衰和林业资源的永续利用，清水江流域林区的各民族不断积累经验，探索出了栽种速生林的新技术，吸引了大批外省农民也来此地佃山种树。苗族和侗族人民通过长期的开山植栽和分山管护，并订立了大量的保护林木的具体、可行的规范，几十年后又再生了大片人工森林，使生态得到了恢复。到了嘉庆、道光年间，林木买卖契约骤然增多，说明了林木买卖频繁，这些都在“清水江文书”中得到充分的反映。人工林的兴起，加强了地区间民族间的经济文化交流，对于保持生态环境，发展林业生产，促进文化进步，加强民族团结，都具有不可磨灭的功绩。①

中华人民共和国建立前清水江流域森林以及宜林地基本上是由当地少数民族直接领有、直接经营。有的自己消费，有的则通过族际关系已经有了的联系转换为商品。因森林权属不明而导致的乱砍滥伐、纵火焚烧的现象极为罕见。解放初期所实行的土地改革，由于不了解该流域地区已经是人工林

① 参见杨有庚：《清代清水江林区苗族山林租佃关系》，载贵州省民族研究所编《贵州民族调查（之七）》，1990年（内部印刷）。

区，没有针对森林进行妥善的产权处理，政府只顾解决耕地的产权问题，以解决吃饭问题。加之法律规定森林属国家所有，人工林区的产权问题随之脱控；非人工育林区的森林虽然明文规定为国家所有，但因为国家没有力量直接经营，实际上也处于失控状态。这样一来，人工林原先的业主不可能绕开法律的规定行使经营管理权，而国家也管不过来，以致以后在各次“运动”中任何人都可以凭借哪一级行政命令动用森林资源，既不付任何代价，又不承担任何责任，致使大面积的森林遭到破坏。20 世纪 50 年代初，少数民族干部还没有成长起来，外来的汉族干部又不了解林权的沿革和各民族林权的归属情况。实行计划经济后，森林实际支配权掌握在人民公社和各级行政干部手中，以致 50 年代末“大炼钢铁”运动中成片地毁林；没有炼铁的地方，也任意滥砍滥伐，准备提供炼铁原料。随着这个运动过去，这些滥伐的原木在森林中腐烂。更严重的是，由于人民公社的所有权经过多次调整，从县联社到以队为基础，森林产权随之不断“易主”，“大炼钢铁”中劫后余生的森林，也由于主管人的频繁变化而消耗殆尽，从此造成了年年植树造林，年年不见森林面积扩大的局面。

历史的经验也提醒我们，不应该不切实际地把公益林和商品林截然划死，商品林、公益林都同时具有生态效益和经济效益。特别是清水江流域这样土地条件好、植被恢复快的传统商品林区，更不要认为把公益林划得越大越好，可以采取各种措施，多造一些生态效益、经济效益皆好的树种、林种，以收两种效益。[7] “清水江文书”中记载的混交林、林粮间作、茶油桐油的等种植经验和技术都可以为生态林农实践中吸取。以前我们在生态政策上还有两种不正确的认识：一方面把生态建设与资源利用彻底剥离开来；另一方面认为只有现代科技才是治理生态灾变的最佳手段，搞生态建设必要引进外来先进技术，“清水江文书”表明：该流域地区的各民族在长期生产和生活实践中积累了人工林业的经验，并影响了周边省区人工林的种植技术。同时他们对森林资源并不拒绝使用，而是有节制地利用，很好地处理了发展与生态环境保护之间的矛盾，这种控制模式对解决当前我国西南民族地区实施“退耕还林”后所引发的发展与生态环境维护之间的矛盾有着重要借鉴价值。[8]

三、诚信的可贵

清水江沿岸的木材交易中心在明末时是湖南的托口（现在被水库永久淹没），清初的时候转到天柱的远口，到清朝中期时才形成王寨、卦治、茅坪三寨“当江”，即所谓“三江”①。可以说“木市”是因为全国各地木商追逐木材而形成的，也可以说是根据木材的有无决定贸易中心的兴衰。形成“内三江”的原因应该是：其一，锦屏一带木材富集，地势有利，采运便利；其二，三寨苗人本系黑苗同类，语言相通，性情相习。也就是说他们与领用天然林或部分人工林的高山苗族语言相通、性情相近，沟通便利；其三，这些人比较诚信，这一点最为重要。嘉庆六年（1801 年）卦治人镌刻于石碑的一则官府公告：“照得黔省黎平府地处深山，山产木植，历系附近黑苗陆续采取，运至茅坪、王寨、卦治三处地方交易。该三寨苗人，邀同黑苗、客商三面议价，估看银色。交易后，黑苗携解回家，商人将木植即托三寨苗人照夫。而三寨苗人本系黑苗同类，语言相通，性情相习。客商投宿三寨，房租、水火、看守、扎排，以及人工杂费，向例角银一两给银四分，三寨穷苗借以养膳，故不敢稍有欺诈，自绝生理。”② 这最后一句话说到了问题的根本上了。

“清水江文书”是封建林业商品经济发展到一定程度的产物，它遵循和反映了该流域地区林业生产的客观规律，其中林业契约对林业生产的发展起到了极大的促进作用。列维斯和维加尔特认为：理性与情感是人际信任中的两个重要维度，分布表现为认知型信任和情感型信任，日常生活中的人际信任大多是掺杂着不同程度的理性和情感的信任。信任在理性与感性之间寻找平衡，体现了信任的灵活性。理性信任和感性信任从根本上呈现对立。理性信任中双方都是精明的计算者，通过权衡自己的成本与收益来选择是否信任对方。一旦一方违约，可以动用停止合作的私人性惩罚、降低其声誉的社会性惩罚和规章明细的制度性惩罚等方式，对违约者进行惩罚。而感性信任的

---

① 当时没有“内三江”“外三江”的划分，到后来天柱坌处、清浪、三门塘可以交易木材才有。“外三江”应该是对应“内三江”而言的。

② 参见《卦治木材贸易碑》。姚炽昌选辑点校，锦屏县政协、县志办编《锦屏碑文选辑》，第 42 页。即该年 12 月 27 日后，兵部侍郎兼都察院都附御史巡检贵州等处地方提督案务的判词。

建立则是在不确定的情形下，向对方暴露自己的薄弱点，愿意将自己的资源和权力让渡给对方，从而将自己置于可能被利用的境地，这种信任以社会交换理论和互惠理论为构建基础。[9]“清水江文书”不乏理性与情感之间人际信任中的两个重要维度。在清水江流域林业开发之初，苗侗人民刚从封闭的自然经济社会中脱胎出来，在人们的思想道德上都还残留有浓重的纯朴性，大多数人心中都具有原始的诚信。直到清朝初期清水江流域广大地区仍处于自然经济状态，“田地展转买卖，并无册籍可考，买者不知田从何来，卖者不知田向何去”。[10]据《苗族社会历史调查》载，黔东南苗族人租田手续很简单，不交押金，不请中人，只是双方口头约定即成。[11]“在百年前无人识字，对田地的买卖，全凭中人之口舌证明，卖户不立字，买主无证凭，仅讲忠实信用而已。”[12]直到嘉庆时期，清水江流域林业经济已经兴起，但在商业交往中少数民族还保持着很多的淳朴的诚信习惯。据《百苗图》“黑仲家”条记载：“在清江所属，以种树为业，其寨多富。汉人（与之往来）熟识，可以富户作保，出树木合伙生理。或借贷经商，不能如期纳还，不妨直告以故，即致亏折，可以再行添借”。[13]

“清水江文书”纸质契约之中“红契”极少，“白契”大量存在。在清代契约有“红契”“白契”之分。所谓“红契”，即送到官府交了税，盖了官印的契约。所谓“白契”，即民间大量不交税、不经过官府的契约。从锦屏县现已征集到的林业契约看，90%以上是“白契”，“红契”只占百分之几。旧时的林农也是要算计的，任何生产都得降低成本，“红契”成本高，交契税得花钱；加之民间发生山林权属纠纷，也不走司法程序，大多在民间调解，“白契”在调解中同样有效力。其运行简便快捷、高诚信、低成本，体现了“计算性”诚信的要素。另外在村落社会中有一套完整的履约机制在发挥其作用，反映了清水江流域独特信用机制的存在。如林地产权的流转的履约，就有基于信任的履约、基于中人的履约和基于担保的履约等形式。[14]人们之间发往经济关系，一旦签订了契约文书之后，无需顾忌对方违反而会产生与主观愿望相违背和冲突的不良结果。于是就形成了良好的经济和信任环境，人们从事山林土地买卖和林业生产都不会有后顾之忧，都能较安心地经营管理自己的山林土地，享受自己的劳动成果。这样的文书，具有针对性的法律效力。有了这样的具体规定之后，在契约社会大环境之下，主佃双方都不会轻易地违背己诺，以致合作双方的利益都得到较好的维护和保证。这些契约在清水江下游村落社会发挥着重要作用，不但规范着当地苗侗人民的民事行为，也约束了外来“棚户”、客商等主体在这块土地上的民事交往。①

清朝中期，随着木材贸易的空前兴旺，便突然涌现出财雄势大的山客，如文斗的姜君德、姜文襄都是腰缠万贯的富商。嘉庆、道光之际，又有一批胆子大、头脑灵光的农民占了先机，迅速成了暴发户，所谓“姚百万，李三千，姜家占了大半边”，他们都是大地主山客。自然经济条件下乡土社会有一套规则，而商品经济条件下也有商品交换的行为规则。开始在商海中获得利益成为暴发户的农民，不太懂得商品经济中互利互惠以及诚信经商的道理，有的往往为富不仁，巧取豪夺，甚至采取暴力、诬陷、欺诈、毁约等手段，攫取非法经济利益，“姚百万”家族就是典型代表。姚家依靠财势，只要能来钱便不择手段地去干，亦商、亦霸、亦匪。然而“多行不义必自毙”，以上种种不守商业规则、无法无天的行为，必定引起经济利益受损和一些因官司而败亡之家的仇恨，纷纷向官府投诉，要求官府“做主”“伸冤”，惩治这个作恶多端的暴发户。因此姚家长年累于讼诉、多耗钱财、树敌太多，姚家被人们告垮是情理之中的了。“有契斯有业，失契即失业”[15]，据说“姚百万”家族是因丧失了代表林地所有权的契约而破产的。②

清水江契约文书的背后凝聚的是传统“契约精神”，这正是清水江流域几百年林业繁荣的社会基因之一。该流域契约有几个主要用途：一是作为村寨之间的边界约定；二是买卖契约；三是租山种树；四是房屋、土地等买卖转让。特别是造林周期很长，投入很大，栽手、山主如何参股分红，如何兼种轮伐，都靠契约约定。中华人民共和国建立后，随着土改、集体化、分产到户、林权登记等一系列政策变化，大部分契约已失去效用。然而仅文斗苗寨一寨就有现存林契 3 万多件，有的农户一家竟保存有 5000 件之多。老人们总要告诫子孙：“宁烧房子，不烧契子”。在文斗苗寨的“吃新节”和“晒契节”，这一天，家家户户除了庆祝即将获得的稻米丰收，还要将珍藏的家传“契子”翻出来，一张张摊晒，然后细心叠好，装进防虫的樟木匣子。每张纸页之间，还要放上干烟叶以防潮。文斗村民姜廷化说：我们爱护契

---

① 此为 2013 年 5 月 11 日笔者对黔东南锦屏县文史办主任、本土学者王宗勋先生的调查笔录。

② 传说“三魁”（与姚家结仇的三个人的名字都带“魁”字）为斗倒姚家可谓费尽心机，将该村一名叫姚金贵的女子送给姚家作侍女，经过三年取得姚家的信任后，该女在晒契约时用计将姚家的全部山林契约烧毁，然后投乌下江自尽，其自尽处至今仍称金贵塘。

约，就像你们城里人爱护银行卡。历史上的契约在现今用途很少，但一些个人和集体的纠纷，或家族成员之间的纠纷，仍需契约作为调解依据。保留这些契约，既是对祖先的缅怀和纪念，也是告诫文斗的后人要记住："我们是忠厚诚实讲道德的民族，诚信是我们的财富，要一代代传下去"。[①]

四、契约管理的重要

清水江流域在林木生产与经营中自发形成完整的契约管理民间制度，并一直实行了几百年。"清水江文书"本身即是庞大的契约习惯法体系，数量多，内容丰富，涉及林业经济活动的方方面面，它规范了人们在经济活动中的行为，充分体现了人们在经济活动中的责任和权利及义务，维护了大多数人的利益。山林土地所有权的买卖、佃山造林的进行、林业收入利益的分配、林业的管理等，无不用契约文书形式具体、明确地规定下来。

清水江流域存在清代到民国时期大量的地方性法规、诉讼文书和林业契约，该流域已经形成以契约文化为基础的社会。几人之约、村寨之约、多村寨盟约、官府之约等形式的"公约"不断出现，规范着地方社会生活的方方面面。从"清水江文书"看，政府对该流域政治、经济整体上采取"宏观调控"的政策；另一方面，该地区有高度地方自治的历史传统，又值林业经济兴起，民间契约大量缔结，契约观念、商业自治形成，契约对侗族苗族生活的调整功能越来越大，人们对契约的依赖越来越强，而政府对普通的民事问题往往尊重民俗，不过分干预，村寨自行解决纠纷的能力较强。有了以上两个条件，该流域"契约型社会"秩序才得以建立。

清水江流域从林木种植、砍伐到运输、买卖、贸易构成以木材为中心的"贸易特区"，村寨社会大量出现的"公约"，虽与政府的"议约制度化"有联系，但整体上说，是对充满朴素的民主气息的"合款""议榔"的继承与发展，传统"公约"在新的环境下出现了新的转变，这也是契约文明发展至一定阶段的产物。官府为加强地方治理，颁发了大量的告示、晓谕、禁约，内容涉及促进林业经济的发展、发展民族教育、禁革不良风俗等诸多方面，

---

① 参见贵州师范学院民族学人类学高等研究院龙宇晓对该村村民姜廷化的访谈笔录，资料为龙提供。

地方头人在遵守官府告示、晓谕的同时，动员地方民众，制订相应的“公约”，在贯彻各级行政机关法制意图的同时，也根据民族地方具体实际拟定规范，尽量得到地方官府认可，使之具有林业商品经济条件下官方与民间“约法”的性质。

清水江林业开发以后侗族苗族地区传统“合款”“议榔”随之有了调整经济利益的功能。[16] 比如“款”是由同一河流的数十个村寨组成，沿河的各村寨试图通过这种“合款”的形式来维持当地的经济秩序，同时政府也鼓励这种合款，来稳定当地的社会秩序。如锦屏《公议禁碑》《小江放木禁碑》等规约体现了在林木的种植、采运、买卖过程中林农、木夫、排夫、山客、水客利益，以维持生计的“利益均沾”的原则；也体现了协调林业与农业生态关系，保持生态平衡的习惯法规则。除“款约”外，一个村寨或几个村寨联合订立的“寨规”也有生态保护的内容，如乾隆时期文斗寨的“六禁碑”对偷盗木材、偷捡茶籽、肆意放牛马毁坏幼小林木、对村寨间石板路不加爱护、任意牵患瘟病畜禽进村等危害村寨环境的行为都有明确的处罚规定，具有传统生态学上的价值和意义。

“清水江文书”的最大功能是规范当时人们的经济行为和社会行为，明确人们在林业等经济活动中应该做什么、不应该做什么，应该如何去做、如何获取利益。在山林土地买卖契约文书中，要求卖者清楚说明所出卖山林土地的来历和四至，不得存在任何权属不明等问题；银、契两下交割之后，卖者即放弃该山林土地的所有权利，同时还必须将此前形成的与该山林土地有关联的契约文书悉数交给买者，该山林土地任由买者处置，卖者不得再有任何主张。为了避免因卖者隐瞒真实情况而可能导致的权属纷争，很多契约文书都特别加上“如有出业不清，俱在卖者理落，不关买者之事”之类的申明。再如，在佃山契约中，首先要求山主的山场来历清楚、“四至”明确；其次规定佃者在山场内栽什么树、怎样管护林木、间种什么粮、林木几年成林；其三是明确主佃双方的利益分配比例。有的佃契甚至详细到不能引生人进山进寨，影响林业安全和社会治安等。在契约文书中，既对各方的利益予以充分的体现，也对各方的行为进行具体的规范和约束。[6] 由于有契约文书的保证，使利益的各方面都有盼头。于是人们都相信契约文书，并乐于遵守和履行，久而久之便形成习惯。在这种契约习惯法的作用下，林业经济得到持续健康的发展。在此地区，人们买卖林木和栽育林木的山场土地、合伙营造新林、合作经营木材、分配林业成果等，无不先签订契约文书，尤其是山林土地买卖和合作造林等涉及不动产和长期利益等活动更是如此。

中华人民共和国建立后，在认识上过分地强调了林业的特殊性，在一定程度上忽视了自然、社会、经济三大规律的共同性。导致我们对林业统得过多，管得过细，缺乏活力。随之也带来林业管理上、运营上的高成本。政府和林业部门对林农不放心；林农对政府和林业部门也不信任。既然是集体林区，就要和现行的法律法规配套。按《中华人民共和国村民委员会组织法》，林业应实行村民自治。既然在行政上村级实行村民自治，林业部门就不必管得过多。在这方面锦屏县平略镇岑梧村是一个典型。该村村民多为清代外来的移民后代，祖祖辈辈在此挖山植树，以契约管理林业，边采伐边造林滚动发展，经济效益、生态效益都很好。岑梧也曾根据各家各户的林业契约把林地集中起来办过林场，但因管理不善很快下马，各家各户依然按原契约进行经营管理。令人遗憾的是林业契约自合作化、公社化田土、山林“归大队”后，被人为废弃。改革开放后，又为各种林业合同、林业协议所代替。将林业契约和现行的各种林业合同、林业协议相比，在内容形式上虽无本质区别，但契约除了主体双方，还写有执笔人和作证人，并都有他们的签字。这一点很重要，使契约显得更慎重、更严肃、更有诚意。而合同、协议一般都只有甲乙主体双方的签字，信誉度没有契约高。据锦屏县山林土地权属纠纷调处办公室的工作人员介绍，该县敦寨镇和湖南省靖州县藕团乡交界的九南、云亮、色界康头、老里、营寨等 10 多个村是利用契约文书管理山林土地最典型的乡镇。自清末以来一百多年间，这里一直严格按契约制度来管理山林田地，所以尽管山场广袤，但却极少发生山林土地权属纷争和山林火灾现象，至今两县毗邻地带是森林植被最好的地区之一。20 世纪 90 年代中期，两县进行县界勘定时，此段工作进展最快、最好。[17]

五、结　语

林业承担着保护森林、湿地、荒漠三大生态系统和维护生物多样性的重要任务，是生态文明建设的关键领域，是生态产品生产的重要基地和“美丽中国”建设的核心元素。人类文明的演化和进步总是离不开森林的呵护和支撑。“林业兴则生态兴，生态兴则文明兴”，发达的林业、良好的生态已经成为国家文明和社会进步的重要标志。“清水江文书”是该流域地区先民们在长期的林业生产过程中不断探索林业管理经验的聪明智慧的结晶。体现“少取多予，用之有节，滚动发展”的生态价值观，并很好地将民间制度优势与生态文化优势结合，曾经在全国引领林业生态制度建设的潮流，清水江流域曾经既是绿水青山也是金山银山；既是林木葱郁之地也是经济富庶之所，木材商品促民致富，经济效益、生态效益双赢。其基本经验是在契约制度的作用下，明确产权和个人的权益，每个人都严格遵守契约规定，约束自己的行为，履行自己的责任和义务，形成了诚信守约的大环境。正因为如此，人们在管理好自己的山林，实现自己的经济利益的同时，推动了整个地区林业经济的发展，很好地保护了生态环境。历史上这种成功的林业生态模式和经验也是当今国家、地方和林区广大人民希望借鉴的。清水江流域地区如何将历史到现在的生态优势保持下去，实现生态、经济、社会三大效益协调发展，保住生态和发展的两个“底线”，是一个历久弥新的课题。其中，在新的历史条件下，弘扬苗族侗族森林生态保护及林业管理的传统，进一步将林业生态优势转化为产业优势，并兼用国家正式制度和民间非正式制度来加以保障，是当今生态文明制度建设中需要重点研究的问题。

参考文献

［1］〔清〕韩超．苗变记事［M］//中国野史集成（第四十三册）成都：巴蜀书社，1993：349.

［2］孟子·滕文公上［M］//孟子选，译．南京：凤凰出版社，2011.

［3］李雪岩，周建新，龙耀．广西土地山林权属纠纷分析［J］．广西林业，2005（3）.

［4］徐晓光，龙泽江．对黔东南集体林权改革的调查与思考［J］．西南民族大学学报，2009（6）.

［5］徐晓光，李向玉．人定心、地定权、树定根［N］．贵州日报，2010-09-20.

［6］王宗勋．浅谈锦屏文书在促进林业经济发展和生态文明建设中的作用［J］．贵州大学学报：社会科学版，2012（5）.

［7］杨庭硕，田红．本土生态知识引论［M］．北京：民族出版社，

2012：2.

［8］徐晓光. 清水江流域传统林业规则的生态人类学解读［M］. 北京：知识产权出版社，2014.

［9］洪名勇，钱龙. 多学科视角下的信任及信任机制研究［J］. 江西社会科学，2013（1）.

［10］张应强. 民间文书<均摊全案>介说［J］. 华南研究资料研究中心通讯，2003（1）.

［11］贵州省编写组. 苗族社会历史调查［M］. 贵阳：贵州民族出版社，1988：72.

［12］石启贵. 湘西苗族实地调查报告［M］. 增订版. 长沙：湖南人民出版社，2002：115.

［13］李汉林. 百苗图校注［M］. 贵阳：贵州民族出版社，2001：171.

［14］洪名勇. 清水江流域林地产权流转制度研究——基于清水江林业契约的分析［J］. 林业经济，2012（1）.

［15］梁治平. 清代习惯法：社会与国家［M］. 北京：中国政法大学出版社，1996：129.

［16］徐晓光. 款约法——黔东南侗族习惯法的历史人类学考察［M］. 厦门：厦门大学出版社，2012：38—54.

［17］单洪根，龙泽江. 林业契约与林权改革［J］. 林业经济，2010（8）.

木材与运输：清水江人工营林之“洪道”研究

——以锦屏县文斗苗寨的考察为中心①

吴声军，叶景青②

摘　要：“洪道”作为清水江流域村落林地一个常见的木材运输设施，是人工营林的重要组成部分。文章以文斗苗寨林地的田野调查为中心，通过对洪道设置、维护与利用以及纠纷解决的地方性知识的探讨，进而揭示清水江流域人民几百年以来在人工营林中所掌握的技术技能、文化运行机制和现实意义。

关键词：木材运输；人工营林；洪道；文斗苗寨

“洪道”在清水江文书中也称“洪”或“洪路”，是清水江流域的林地里专用于把木材运到山下河边或溪边的通道。在洪道往山下运送木材称为“放洪”，是清水江人工营林的一个重要环节。在清水江流域人工营林还未兴起时，明朝廷曾在这里征集过用于皇宫建筑材料的“皇木”，由于当时没有

---

① 本文原载《贵州大学学报》（社会科学版）2017 年第 5 期第 18—23 页

基金项目：教育部人文社科重点研究基地重大项目“山地与江河之间：清代以来贵州东南清水江都柳江流域的开发与人群”（15JJD770021）；国家社科重大招标项目“西南少数民族传统生态文化的文献采辑、研究与利用”（16ZDA157）；国家社会科学基金西部项目“西南少数民族传统森林管理知识的生态伦理学研究”（13XMZ042）；南岭走廊族群文化研究基地开放课题（2016KF09）。

② 作者简介：吴声军（1970—），男，侗族，湖南会同人，博士，贺州学院南岭民族走廊研究院专职研究员，桂学研究协同创新中心研究员。研究方向：水江文化、南岭族群文化。

叶景青（1973—），女，广西昭平人，贺州学院副研究馆员。研究方向：民间档案研究。

专用于流放木材的洪道，加上朝廷采办的皇木多为树龄上百年的楠木和杉木，而这种木材多在远离村落的深山老林里，因此采运出山时非常困难。“拽运之路，俱极险窄，悬崖侧足，空手尚苦难行用力，最末容易，必须垫低就高，用木搭架，非比平地可用车辆。上坡下坂，辗转数十里或百里始至小溪。”① 随着王朝势力的进入，清水江流域得到不断地开发，下游大量的木商争相来采购木材，于是当地苗侗人民以人工营林的方式，进行扩大化生产以满足日益增长的木材贸易市场的需求。为了大量生产的木材能顺利运送到清水江木材市场，洪道成了林农在人工营林中必须修建的设施。本文以锦屏县文斗苗寨的人工营林的考察为中心，通过对洪道设置、维护与利用及纠纷解决的地方性知识的探讨，进而揭示清水江流域人民几百年以来在人工营林中所掌握的技术技能以及运行机制。

一、文斗苗寨林地及其洪道

文斗苗寨位于清水江北岸海拔600~700米的山腰上，距位于上游的河口乡政府有12公里的水路，距位于下游的锦屏县城有30公里水路。村落北为清水江与彦洞乡黄门村归旁寨隔河相对，西有乌榜溪与岩湾、九榜寨相望，东边与平鳌寨有乌斗溪相隔，南越山岭与中仰、九佑和党加、九槐等村落相连，西南走新修公路与加池相邻。在清水江流域“新疆”开辟之前，文斗寨为“生苗”地区，自清代康熙三十二年（1693年）才纳粮归籍。文斗苗寨有着优良的人工营林条件，村落三面环水，前临清水江，左靠乌斗溪，右傍乌榜溪。这一带地形位于海拔300~1000米的低中山区和低山峡谷区，地形属于“侵蚀-堆积型”地貌，山势高耸，沟谷窄深，河谷横断面多为V型，东部地段出现较河谷。[1]92 清代时文斗寨经营的林地，南面从乌九坡东边到今启蒙镇的里格一带，并到达乌斗溪的发源地五羊坳，从乌斗溪源头而下的两岸山地为文斗主要的林业经营场所。西边从里格往文斗方向到乌榜溪源头，再沿乌榜溪而下的两岸山地也为文斗村人工营林的场所。北面的林地主要是清水江对岸的白号山一带以及乌或溪两岸山地，上游则到岩湾村对岸的冉格一带。东部林地到平鳌山下的今三板溪水库水坝一带。文斗苗寨位于海

① 参见《钦定四库全书》史部，《四川通志》卷十六（上），《木政》第31页。

拔500~850米中山区的林地所占的比率最大，在70%以上，多为斜坡地带，既无河谷区的闷湿，又无高山区的寒冷，于是成为村民进行人工营林的主要场地。

有林地就得有运送木材的洪道，文斗苗寨村民绝大部分林地分布于清水江、乌斗溪和乌榜溪两岸，靠近岸边的木材可直接拉到岸上，距离岸边较远的林地木材则经洪道放木至河溪边，主要的洪道达27条之多。乌斗溪两岸林地主要是文斗苗寨进行人工营林的场所，从发现的林业契约文书来看，乌斗溪东面的林地自清代时为文斗和平鳌两寨的林地和农田，而且两寨的林地相互毗连。这一带主要有“冉学诗”“冉拉”“李党克”“襄告”“乌扒”“界鸟”“培你”“李晓格”“打在古”“报了帽”“打在石了”等人工营林地，且林地多为南北向的山岭，太阳光照强，有利于杉树的生长，但由于地域宽广，地势复杂，因而洪道较多，详见表1。

表1　乌斗溪东面主要洪道概况

序号	洪　道	里程（华里）	与上条相距（公里）	洪道概况
1	后　黑	1.6		位于引学诗林地，木材可直达离清水江边不到0.5公里路程的乌斗溪
2	冉拉王右洪	1.5	2.5	位于冉拉王林地右边的山冲，生长有青苔
3	冉拉王左洪	0.7	0.5	位于冉拉王林地左边的山冲，生长有青苔
4	襄　告	0.8	1.5	位于襄告田外侧，上方林地的木材集运到田中后，再从此洪道放入乌斗溪
5	污　扒	2	1.5	洪道长，较潮湿，不生杂草，长年有青苔
6	皆　乌	1.5	1.5	较潮湿，不生杂草，生长有青苔
7	培　你	0.7	1	洪道上方为农田，因里程较短，木材可直接放下乌斗溪

（续表）

序号	洪　道	里程（华里）	与上条相距（公里）	洪道概况
8	打在古	0.7	0.5	顶端以前为侗族佃户住处，上方林地木材集中到此后，再统一放下洪道入乌斗溪
9	抱了么	1.1	1	位于帽子山半山腰，在天气干旱年份放洪时，得挑水润滑洪道
10	打在石了	0.8	1	较为平坦，是洪道以上林地的主要通道，木材可直达山下的深水塘
11	四方山	0.6	1	为冉松农和冉斗约两林地的共用洪道，因林地宽广，经过的木材较多，土坑较深
12	猴子山	0.7	1.5	因林地的坡度较陡，木材能直达乌斗溪

乌斗溪西面为文斗苗寨聚落山背一带，平缓地带比乌斗溪东面多，因而开垦的农田也比东面多，大约有五分之一的林地与农田夹杂在一起。乌斗溪溪口西面一带的林地从溪口到源头都呈现不同的状况，其林地主要有“假斗”“北斗”“板迥”“南我”“究略”“冉翻”“迥脚”“板界威”“界松泥”“抱党宜”等林地，虽然夹杂着文斗寨的农田，但这一带适宜的坡度和土壤成为文斗村民主要的人工营林地。由于具有木材采运的优势和适宜的路程，这一带的林地是在人工营林时经常混合种植的场地。“欧界追”“依来”“打扭古”“污泥”“冉休”“冉了”“乌齐”“打没儿”这一带位于乌斗溪的中游，虽然面积不大，但相互毗连，且有大片农田夹杂其中，由于土壤肥沃，光线充足，水热条件较好，成为文斗村民最方便管护而又便于放洪的林地，因而林木的价值往往比远离村落林地林木的价值要高。自清以来，这一带一直是上下两寨分块经营的林地和农田。“龙水少”“穷讲”“冉洪”“报打苕”“迥告瓦”“南交了”“乌子为”“打在交几”“欧机”等林地则位于乌斗溪西面的上游，而且这些林地都与山冲毗连在一起。因而，乌斗溪西面的洪道设置没有东面设置的洪道多，主要的洪道只有五条，详见表 2。

表 2　乌斗溪西面主要洪道概况

序号	洪　道	里程（华里）	与上条相距（公里）	洪道概况
1	党宜古	0.8		距清水江口约 2 公里。位于党宜林地边，文斗凉亭一带的木材都要经过此洪道下乌斗溪
2	南　休	0.6	2	与上一条洪道相隔有五个小山岭，上方农田较多，木材搬运到农田后，再由洪道放下乌斗溪
3	冉　洪	2.8	1	与上一条洪道相隔一个山冲，沿山岭而下，最下端为狮子脑山，林地多，里程长
4	冉　了	1.3	1.5	此洪道负责七条小山岭的木材入溪，其中一个山冲需要架箱把木材搬运而来
5	冉　强	0.7	0.5	与上一条相隔四小条山沟，坑道生长青苔较多

文斗村落清水江对岸的林地下起乌或溪（今又名归傍溪），中至松离坡，上至岩湾村对岸的冉格一带。乌或溪一带的林地山高坡陡，有老虎洞和笼早等林地依河而上。除乌或溪外，还有两条溪流汇入清水江，第一条溪流为黄养溪，长约两公里，河道平缓。第三条溪称为巩桥溪，溪内又分汊有两条小溪。这两条溪流边山顶以北则历来为彦洞乡所有。文斗对岸一带的林地有着木材运输优良的条件，除了白号山面积宽广，海拔到 800 米以外，其他林地面积并不是特别宽广。因而靠近清水江边林地的木材可以砍伐后直接进入清水江中，导致这一带人工营林地的洪道相对较少，详见表 3。

表 3　文斗村落清水江对岸主要洪道概况

序号	洪道名	里程（华里）	洪道概况
1	黄　养	1	位于四里塘对岸的山岭，坡面较陡，山顶登报一带的木材都拉到此洪放入清水江
2	松　离	0.5	位于松离林地的山岭，地势稍平缓

（续表）

序号	洪道名	里程（华里）	洪道概况
3	凉亭背	1	位于清水江边的一座凉亭后的一条洪道、地势较陡
4	白　号	1	靠近清水江边，木材可直放洪到清水江

位于文斗苗寨左侧乌榜溪的流向与乌斗溪一样也是从南向北而流，两岸的山地又没有突出的山岭，因而乌榜溪两岸的土地为阳坡，光照较强，有利于林木的生长。东面主要的“报喜欧”“李架”“冉翁”“醉九”“怎中有”“李家恩”“子丢”“欧就梅”“冉果”“界松”等十块地分别从源头到溪口排列。“报喜欧”“李架”“冉翁”三块林地位于源头左侧山顶一带，因地势平坦山顶有农田，其余的林地坡度较缓，林地夹杂有油茶林。此处的林地光照较强，土壤层较厚，是村民经营红杉的林地。但林地外侧，虽然宽广，但地势陡峭，上节青石较多，此处采运木材经过洪道之后再架箱运输。再往乌榜溪口的“醉九”“怎中有”“李家恩”“子丢”“欧就梅”等林地，因地势平坦和起伏相间，平坦之处被开辟为农田，而起伏之处为人工营林地。此处的杉木长势较快、运输方便，经常是村民自用材的采运林地。“冉果”和“界松”两地位于乌榜溪口一带，由于海拔较低，是村民种植杉树和经济林的主要场所，而且靠近清水江河边，土壤较肥，村民的人工营林和密度比山顶的密度要稀疏，木材采运比较方便，不用洪道就可直接把木材放到水岸。乌榜溪一带的林地，特别是源头一带的林地，由于坡度较陡，木材采运比较困难，在清代时外地客商经常不敢贸然进乌榜溪买木，只有文斗寨熟悉乌榜溪地形的人才能对林地木材进行踏勘估算而采伐。相传这一带的木材在乾隆嘉庆年间都是上寨“三大房”的姜仕朝进行买卖。位于乌榜溪西面一带，地势较为平坦的中段以上被开垦为农田，因而没有洪道。中段以下海拔较低，虽林地多，但面积不大，加上靠近清水江边，这一带仅设置了两条洪道，详见表4。

表 4　乌榜溪主要洪道概况

序号	洪　道	里程（华里）	与上条相距（公里）	洪道概况
1	皆抱肚	0.5		距清水江口 0.5 里，位于乌榜溪东面，文斗上寨皆养下边一条山岭上，洪道上面为农田
2	玩细梅	0.8	1	与上一条相隔三个小山岭，位于乌榜溪东面的一个小山冲内，上为农田
3	旺大劳	0.7	1.5	与上一条相隔四个山岭，位于乌榜溪东面的一个小山冲内
4	冉　翁	1	1.5	与上一条相隔四个山岭，位于乌榜溪东面，因冉翁林地宽广，坡陡山高，有些地方需要架箱
5	冉内谢	0.5	1.5	位于乌榜溪西面的一个山岭上，坡面平缓，木材可从洪道直达乌榜溪
6	冉　堆	1	0.6	位于乌榜溪西面的山岭，坡面较陡，洪道边杂草较多，放木时需要先清量洪道
7	迥　窝	1.2	2	位于岩湾村九榜寨村住地下的一个小山冲

二、洪道设置与维护

洪道作为人工营林的一个重要设施，它是负责把林地砍伐的木材运输到山下的通道，也是人工营林得以顺利进行的必要条件，成熟的木材砍伐之后通过洪道可直接滑到山下，为人工营林节约了时间和投入资本，同时也减小了劳动强度。因而洪道的设置往往是在开山烧地时就必须考虑的问题。由于林地木材是在洪道里从山上往山下滑动，因此洪道设置的位置不能位于太陡峭的山坡，更不能位于有石块或石壁的地段，以防木材在下滑的过程中被撞破或撞断，而且在这样的洪道里放洪时还会对采运木材的旱夫、过路的行人和牲畜带来危险。林农在人工营林中根据林地的自然情况设置的洪道，往往位于坡度较缓的林地山冲，或者位于土层较厚的山岭。在自然条件适宜的林地可能设置多条洪道，而自然条件不适宜则与其他几块林地共一个洪道。由于没有适宜设置的条件，特别是离河道较远以及山旁有峭壁的林地，木材砍伐之后需要人工扛运或架木箱拽运到设置有洪道之处，再沿洪道滑运到山下的清水江。这种林地的木材运输所花费的人力往往就比有洪道的林地要多，山客购买这种林地木材往往也会压低价格。同时，山客承包给旱夫采伐木材的工钱也会稍高。

初次修建洪道时，旱夫必得清除洪道里的杂草、树蔸以及凸显在地上的岩石，人工挖修一条1~2米宽的滑槽。在一些土壤松弛的地带，为了保持洪道的滑力以及防止土壤被木材冲走，旱夫得用木棒用力把洪道内的土壤夯固起来。旱夫放洪时把砍伐后的木材运送到洪道处，木材根部朝下，尾部朝上，一一轮序从洪道往山下滑送。因砍伐时木材已经剥皮，放洪木材在下滑时，在重力作用下速度由慢变快，木材碰到山体所发出的响声，开始时较小，随着斜坡重力的增加下降的速度变快，声音由小变大，随着最后一声巨响，木材到达山底。这种声音就像清水江村民家喂养的母猪进食时，因挑食而从猪嘴中发出的那种由小变大的声音，因此，文斗苗寨村民把木材“放洪”的声音也形象地称为“母猪拍嘴”。放洪是人工营林中很危险的一个环节，因而有专门的分工，各司其职。洪道顶端的旱夫负责把木头往下滑。经常有行人和牲畜出没地段的路口需要派专人看守，以保证行人和牲畜的安全。根据洪道实况，如果往下滑的木头在洪道途中停住，则需要派人搬动清理，使洪道畅通后再往山下放木下滑。

经过木材放洪之后的洪道，土壤一般都被木材压得很紧实，很少会生杂草和树木，非常有利于再次流放木材。因而，林农在林地更新时，洪道内不会移栽杉树和蓄留其他树种，以免砍伐木材放洪时需挖树蔸。洪道经过多次使用后，由于位于山冲的洪道土壤湿度大，经常会生长出光滑的青苔。再次在长有青苔的洪道放木时，木材下滑的速度会更快，落地时撞击的力度会伤害到木头，对人和物都会带来危险。因此，村民在生长有青苔的洪道上放木材时，先得在洪道上铺上一层较薄的泥土，增加地表的摩擦力，从而降低木材下降的速度。在文斗苗寨的洪道中，“冉拉王左洪”“冉拉王右洪”“污扒”“皆乌”“冉强”“皆抱肚”等林地洪道就位于山冲，土壤较潮湿，加上洪道两侧林木茂盛，地表阳光不足，因而长年生长有青苔，木材放洪时旱夫得挑干燥的土壤铺在洪道内以降低木材滑动的速度。

位于山岭的洪道，由于土壤比较干燥，在天气干旱季节放洪时，洪道内干燥的土壤使木材滑力变小，特别是在坡度较缓的山岭，有些木头下滑一段距离后会停在洪道内。为了使洪道的地表增加光滑度，使木材保证下滑速度，村民往往会用水桶挑水从洪道顶端往下灌，以增加洪道地表土壤的光滑度。文斗苗寨的“抱了么”“冉洪”“黄养”等洪道，位于山岭地带，洪道地表土壤干燥，在气候干燥季节放洪时，木材难以下滑，旱夫得挑水湿润洪道。据文斗上寨村民姜 PW 回忆，1978 年下半年在“冉洪”放一单木材时，正好遇上干燥天气。由于“冉洪”里程有 2.5 公里之长，而且此洪分三节而放，三处都得派人负责放木。开始时很难找到水源而没有挑水湿道，木材放入洪道后，不到 50 米就停在洪道，特别是一些稍有弯曲的木材更是不能下滑。于是，村民到处找水来湿道才顺利把木材滑入乌斗溪，因而此单木材出山花费了大量的人力物力。

三、洪道利用及纠纷解决

在人工营林中根据林地自然地理环境人为形成的专用于放木的洪道，经过多年使用之后往往也成为人工营林地一个明显的标识。在林地家族公有制的清水江苗侗地区，这种标识往往成为林地连片经营的地界，也为人工营林的封闭性经营创造了有利条件。因而，一片林地甚至是一座山的洪道开辟之后，往往就成为营林地的公共设施而为林农所共享，新的洪道也不会重新开设，以保证林业经营中不同利益主体的经济利益，以及维持人工营林的地方性知识，这也就是清水江流域林地经营“旧路不灭，新路不开”的习惯法规则。[2]351

在山场分块连片经营的模式下，有些林地由于自然条件的限制而不能设置洪道，因而离洪道有着一定的距离，也就造成了林地木材采伐后在运输的过程中必得经过他人营林地的困境。人工营林需要一定的封闭性，以应对林木生长过程中的风险，特别是人为而产生的风险，大量的路人经过可能就会影响到树木的正常生长，往往是一点星星之火就可毁掉一整片的林木，几头牛羊也可吃掉一片幼林，这对以人工营林为生计的林农来说，其损失是巨大的。因而，林农在采运木材经过他人地块时必须与林地主进行协商，借道把砍伐的木材运到洪道之处后再放到河边，并写下契约文书保证不破坏林木，如下一份契约为证：

契 1

立讨字人姜老和、姜老养、王文鸿、姜老生，今讨到姜绍吕、绍熊、绍齐、钟英、钟泰、相弼众位之山过路。日后不得坏木，若有坏木，照木（价）倍（赔）还。以后绍吕等之木值（植）过路，依照其旧。今欲有凭，立此讨字是实。

凭中：姜凌汉、老齐、相荣、李天才、朱达才

代笔：姜凌汉

道光廿三年十一月卅日立[3]381

在契 1 这份文斗寨的讨路契约中，虽然没有注明讨路过木的具体地点，但我们可以看到姜老和、姜老养、王文鸿、姜老生四人在采运一单木材的过程中，因所砍伐木材的林地离洪路太远，而向姜绍吕等文斗下寨“三老家”众人讨路而采运木材。对于封闭性经营的人工营林而言，旱夫在正处于生长期的林地里开路采运木材时，一不小心就可能会破坏林木，同时旱夫们在林地里运木也有可能带来诸如火灾等风险事故。因而，在采运木材要经过他人林地时，林地主往往不会轻易允许。在必须借道而过时，山客旱夫等必得征得林地主的同意，并得写下讨路合同，保证“日后不得坏木，若有坏木，照木价赔还”。在文斗及邻近的村寨社区，村民都以人工营林为主要生计，一般而言村民运木过他境时，只要诚心与林地主商量，许下承诺并签订契约后都会获得通行，再如下引两份契约：

契 2

立借讨字人王永祥、文大亨，今因砍白号山之木，欲经翁扭之山，奈无老路所过，只登门借讨姜绍熊、绍齐、相清、相德所共左边岭之山，下节又与姜连合所共右边之山。我王、文二姓伕子细心拖拉，不得推坏。恐口无凭，立此借讨字为据。

凭中人：朱和具兄、苏荣光兄

依口代笔：潘道生

道光拾八年九月廿五日立讨借字仝前[3]345

契 3

立借讨字人唐朝珍，今讨到文斗寨姜相德、连合、相清、绍齐、绍

熊、等之山，地名翁扭之山路经过，右山路相国、绍齐所共，左边连合、绍齐所共。其木过路者，夫子一齐小心过路，架木不得坏其子木。其坏者，取价自己赔补。恐无凭，立此借字为据。

代笔：唐朝珍

凭中：姜绍周

道光十九年九月初四日立[4]1287

在契 2 和契 3 中，其内容涉及文斗苗寨对岸白号山一带的“翁扭”林地，从文斗传世下来的契约文书和田野调查得知，从木材市场繁荣的乾隆时期以来，白号山山场中下两节林地就已经开垦为文斗寨的人工营林地，而山顶与 HM 寨交界，加上人工营林的自然环境及地理位置的问题，其开发得较晚。根据“旧路不灭，新路不开”的规则，这一带山场栽杉造林砍伐木材的运输问题就成为村民着手解决的问题。于是，契 2 和契 3 中王永祥、文大亨和唐朝珍所砍伐的木材是位于白号山山顶一带的林地，搬运下河时得经过文斗村民的白号山左侧翁扭林地，于是他们便上门与文斗林地主商议，立讨字借道拉木到洪道之后，再放到清水江边。由于同为清水江流域的兄弟村落，林地毗连在一起，当一方的木材采运要通过另一方的林地时，只要是一方有诚信与另一方协商，一般而言，双方都会达成借道拉木的协议，而且还不会收取过路费，但拉木过路时应当尽力保护好林地的林木，一旦不小心损坏应当“取价自己赔补”。在实际采运木材的过程中，一些山客为了节省成本而没有按人工营林时设置的洪道而采运木材，因而就造成了纠纷，如下一份道光十一年（1831 年）的契约可以证实：

契 4

立错字人岩湾寨台老保、范锦英，为因生理木植，错过文斗寨姜开泰之山，地名八牛山，自古并未开洪放木，不意道光十一年，我等拖木一单错过姜开泰之山。蒙中解劝，我等俱在我台、范二姓包承。今欲有凭，立错字是实。

凭中：姜大爱、姜显祖、姜廷贵、范绍尧

道光十一年十一月十二日绍英亲笔立①

① 该契约文书存放于贵州省锦屏县河口乡文斗上寨易 YQ 家，笔者于 2014 年 8 月 18 日拍摄。

在契 4 中，林地名“八牛山”位于文斗寨村落左对面九榜寨村落的后山，这一带也为文斗、岩湾和加池三个村寨的交界之地，海拔在 680~800 米。这一带的林地位于高山顶，从未设置过洪道，木材的运输都是通过人工抬运至八牛山下的洪道，向右可以放洪到清水江四里塘，向左可以放洪到文斗寨旁的乌榜溪。从契 4 中可以看到文斗邻村的山客岩湾寨台老保、范锦英两人在道光十一年（1831 年）为了节省成本，运输木材过八牛山时违反了“新路不开”的规则，且未经与山主文斗寨姜开泰商议就擅自设洪放木，于是双方产生纠纷，最终在中人的劝解下违反规则的一方写下认错书而解决。

从传世下来的契约文书上看到，有清以来的清水江流域人工营林中因洪道而发生的纠纷解决而建构的文化规则，已经成为广大林农服从的习惯法，维持了村民人工营林的稳定性，维护了林农的合法利益，并且在当地苗侗人民中一代一代地传承下来，保证了清水江流域人工营林长期的繁荣。在当今社会，虽然随着科技的进步，清水江流域人工营林中的洪道木材放洪已经被由钢丝索道建成的空中滑道运输所代替，但上百年前形成的洪道运行文化规则仍然没有改变。如果违反规则，仍然会产生纠纷，甚至发生官司。

2012 年夏天，同样是契 2、契 3 中的那块林地，HM 寨村民把该林地的采运任务承包给邻村的 TZA 寨的村民，准备把木材出卖给挂治木材加工厂。以前 HM 寨木材采运都是借道文斗寨白号山的洪道，但现今公路发达，HM 寨已通公路，木材也可以通过公路运输。但三板溪水库建成后，清水江水位提高，水面也变得宽阔，因而路程大大缩短，加上采运技术的提高，木材可以用钢索滑道直接吊到水库边，然后再由水路运到下游。如果先用人力搬运到黄闷寨公路，再用汽车运输则路途太远，所需的运输成本也较高。于是伐木工人选择了近道，从白号山顶架设钢索到水边，设置了一条空中滑道，准备直接把木材采运到清水江水库边。民工在白号林场上空架设钢绳时，因一些杉树挡住了通道，于是他们就砍伐了挡道的几十株杉树。按照人工营林的放洪规则，拖木借道过别人林地时，事先应当与林地主商议讨路而过，而他们事先并没有与文斗白号林场各股东通气。白号林场各股东知道后便要求他们道歉并赔偿损失，但这些采运民工与 HM 寨的林地主互相推诿，不肯出钱赔偿损失，于是文斗白号山林场股东扬言阻木下水。HM 寨林地主害怕文斗村民阻挡，便用马匹把木材驮运到 HM 寨的公路，再用汽车运输到木材加工厂。HM 寨村民这样的做法引起了白号林场各股东的气愤，经过乡村干部调解都没有解决，最后一纸诉状诉到锦屏县法院。经过一年多的时间，最终法院判决 HM 寨林地主赔偿白号林场 12000 元而结案。

四、结　语

地方性知识是特定民族或特定地域的社群在生计活动中，对所处自然与生态系统做出文化适应的知识总汇，也是相关民族或社群在世代的经验积累中健全起来的知识体系。[5] 这种知识体系形成之后又直接或间接指导着人民在生计活动中正确地利用自然资源，确保资源的可持续发展。清水江流域人工营林生计活动中洪道的设置、维护与利用所建构的一套地方性知识，是当地苗侗人民针对特定的自然环境和社会环境经由文化创造和作用的结果，具有明显的地方特色。这种知识不仅体现了清水江流域从事人工营林的劳动人民的生态智慧，同时也体现了一种朴素的人文关怀精神。随着科技的进步，虽然人工营林传统的洪道木材运输已经被钢丝滑空中滑道代替，但几百年以来形成的洪道文化规则已经成为清水江流域人民的习惯法规则，对当今的人工营林仍然有着现实意义。

参考文献

[1] 贵州省锦屏县志编纂委员会．锦屏县志［M］．贵阳：贵州人民出版社，1995.

[2] 张应强，王宗勋．清水江文书：第一辑：第 13 册［M］．桂林：广西师范大学出版社，2007.

[3] 陈金全，杜万华．贵州文斗苗族契约法律文书汇编：姜元泽家藏契约文书［G］．北京：人民出版社，2008.

[4] 锦屏县地方志编纂委员会．锦屏县志（1991—2009）［M］．北京：方志出版社，2011.

[5] 杨庭硕，田红．本土生态知识引论［M］．北京：民族出版社，2010.

清代清水江流域自然灾害初探

——以清水江文书和地方志为中心的考察①

张　明，张寒梅，杨春华，肖　敏②

摘　要：贵州在中国是一个自然灾害频发的重点省区，而清水江流域又是贵州省内自然灾害较为严重的地区之一。本文通过清水江文书与相关地方志的对照研究，具体考察清代清水江流域自然灾害对少数民族造成的负面影响，进一步分析清水江流域自然灾害的种类及其特点。本文强调指出，清水江文书在自然灾害研究方面可为地方志的记载提供更加具体的材料补充和事实对证，这对清水江学开辟自然灾害研究的新领域具有重要价值和实际意义。

关键词：清水江流域；清水江文书；自然灾害

一、问题的提出与研究概况

贵州在中国是一个自然灾害频发的重点省区，而清水江流域又是贵州省内

---

①　本文原载《贵州大学学报》（社会科学版）2016年第6期第81—87页。

基金项目：国家社科基金一般项目“晚明至民国时期内地侗苗民族地区土地买卖与地权分配研究”（BZS065）；国家社科基金重大项目“清水江文书整理与研究”（11&ZD096）。

②　作者简介：张　明（1970—），男，土家族，贵州印江人，副教授，硕士生导师。研究方向：中国思想史、贵州地方史、清水江学、教育学。

张寒梅（1969—），女，苗族，贵州雷山人，贵州省文联副编审，贵州省苗学会副秘书长。研究方向：少数民族语言文学、民族民间文化、妇女问题、苗学。

杨春华（1984—），女，四川资阳人，贵州大学古代史专业硕士研究生，贵州大学“清水江学研究中心”研究人员。研究方向：区域文化。

肖　敏（1994—），女，贵州瓮安人，贵州大学“清水江学研究中心”研究人员。研究方向：区域文化。

自然灾害较为严重的地区之一。从 1950 年代到目前为止的六十多年间，学界虽然对贵州全省自然灾害的宏观研究已取得较多成果，但通过数量巨大的清水江文书与相关地方志的对照研究，从而揭示清水江流域自然灾害及其救助措施的文章还未见公开发表，这是清水江学研究急待开辟的一个新领域。

据《贵州历代自然灾害年表》[1] 一书统计，自明代至民国末年的 500 余年间，贵州全省共发生较大规模的水灾近 600 次，旱灾约 380 次，冰雹近 300 次，虫灾近 80 次，瘟疫亦有近 140 次之多，各类灾害共达 1500 次之多，也就是说，贵州 500 年间平均每年就有三次大规模的自然灾害发生，可谓是多灾多难之地。在贵州各类自然灾害中，受害最深的当然是社会底层民众，而其中最为严重的无疑就是偏僻山区的少数民族，他们中甚至出现大量饿死的现象。如乾隆四十三年（1778 年）黎平大旱，田地收成甚少，次年（1779 年）夏五六月间，“民大饥，斗米易银一两一二钱，饿死者无数”。[2] 又如同治四年（1865 年），“贵州自入夏以来，疫疠盛行，传染遍于通省，而贵阳、安顺、大定等府所属尤甚，各属城乡士民患疫之家十居七八，所患之疫不过吐泻等症，而毙命即在须臾。”[3] 同年（1865 年），清水江流域的锦屏县，由于瘟疫流行，“城乡全家病亡者时有所闻”。[4] 再如宣统二年（1910 年），锦屏县“6 至 9 月未有雨下，禾苗枯死田中者，遍地皆是。次年米价飞涨，疾患者甚众”。[4] 降至民国时期，贵州军阀连年混战，天灾加上人祸，使贵州生灵涂炭，民不聊生，社会更加动荡不安。民国学者张肖梅在《贵州经济》一书中一针见血地指出：“黔省自然灾荒又迭出，是以负债之户，几占全省总户口百分之七十左右，而以农民尤为普遍。”[5]

由于贵州是自然灾害非常严重的地区，历代自然灾害造成贵州民众（特别是少数民族）家破人亡的现象，不胜枚举。故在贵州历代地方志中，均有大量自然灾害的记载。1950 年代以来，贵州自然灾害的资料开始得到系统整理和科学研究。在资料整理方面，先后出版了《贵州历代自然灾害年表》[1]《贵州省自然灾害年表（1950—1990 年）》[6]《贵州水旱灾害》[7]《中国气象灾害大典·贵州卷》[8] 等书，比较全面和客观地记述了贵州古今气象灾害和次生灾害的情况，对贵州自然灾害研究和防灾救灾工作提供了详实的史料依据。在研究论文方面，主要有：蒋庆丰、游珍等的《贵州历史自然灾害的时空分布规律及综合区划》[9]，陈永胜、周承的《试析明代贵州自然灾害影响及社会应对》[10]，周承、彭法的《明代贵州自然灾害特征及其成因研究》[11]，周承的《明中后期贵州自然灾害研究——以万历<黔记>为研究对象》[12] 等文，从宏观视角考察了贵州（特别是明代）自然灾害发生的情况与特征、原因与影响，以及社会救助措施等。何术林的《明清时期乌江流域水旱灾害的初步研究》[13] 一文，对乌江流域水旱灾害的时空分布特征与规律进行了初步研究。陈雪的《民国八年贵州灾荒研究》[14] 一文，提出民国八年（1919 年）贵州旱灾、水灾、雹灾、饥荒、瘟疫等特大自然灾害有两大原因：一是自然原因，即贵州独特的水文、地质、地形和土壤等因素；二是社会原因，即贵州军阀统治造成的人祸及其影响，该文同时考察了贵州政府和社会各阶层进行的救助措施。此外，翟巍巍的《抗战时期贵州的灾荒赈济——以积谷为中心的考察》[15] 一文，考察了抗战时期贵州省自然灾害的频率、范围、战争影响，指出灾荒救济措施已经不能满足当时抗战需要，积谷制度必然被新的粮食储备制度所取代。袁仕洪的《贵州水旱灾害与乡村社会（1912—1926）》[16] 一文，指出军阀统治下的贵州，由于吏治腐败等诸多因素，抵御自然灾害的能力严重萎缩，频发的水旱灾害冲击乡村固有的道德体系，乡村社会发生剧烈变化。贺永田的《近代贵州灾害论述》[17] 一文，指出近代贵州灾害包括自然灾害和社会灾害两类，两类灾害使得贵州田亩财产受损，人口大量死亡，社会生产秩序难以恢复。

此外，针对贵州自然灾害研究方法、减灾对策、救助措施等问题的论文还有：李玉柱等《贵州气候灾害综合分析方法研究》[18]，许炳南《贵州主要农业自然灾害及其预防对策》[19]，韩昭庆《雍正王朝在贵州的开发对贵州石漠化的影响》[20]，杨小辉《贵州省旱灾成因及其减灾对策》[21]，黄家龙《贵州省干旱灾害时空分布及其变化趋势的初步分析》[22]，刘雪梅等《贵州夏旱的基本规律及其对策研究》[23] 《贵州省夏旱特征及分区研究》[23]，郑明肇《岩溶地貌对贵州水旱灾害的影响》[24]，覃婷婷《1937 年的贵州旱灾与救济》[25]，李宇均《贵州省自然灾害状况与防灾减灾研究》[26]，张宇发《贵州气候灾害近 50 年变化趋势》[27]，戴洪刚等《喀斯特枯水、干旱、灾害初探——以贵州省为例》[28]。

以上是对 1950 年代以来 60 余年间贵州自然灾害的资料整理与科学研究的简单梳理，它们反映了贵州自然灾害研究的成果和水平，不仅具有较高的学术价值和实际意义，而且对贵州防灾救灾工作也产生了重要的指导作用。但是我们也不容否认，目前的研究也存在一些遗漏问题，如：研究视角颇为宏观，研究灾种主要集中在水旱、灾害两方面，研究内容主要也是针对自然灾害的成因、时空分布与特征、特定的救助措施等方面；而以特定区域的微观研究还没有提上正式日程，比如以清水江流域为特定区域的研究，目前只有李鹏飞《清水江下游地区自然灾害初步研究（1459—1949）——兼谈经济活动、社会规约与自然灾害之关系》[29]和肖敏《清代清水江自然灾害研究》[30]两文，前文通过地方志及碑文，探讨了1459—1949年间清水江下游地区（锦屏县和天柱县）自然灾害及其对当地木材贸易的不利影响，研究范围只涉及清水江下游地区，研究材料没有引用清水江文书的内容。后文虽然通过清水江文书对自然灾害进行了初步研究，但由于是本科论文，其成果并没有公开发表。也就是说，从清水江文书考察清水江流域自然灾害的研究成果暂付阙如，将清水江文书纳入自然灾害研究对象还未引起学界高度重视。

为此，本文以有清一代（1644—1912）为时限①，通过清水江文书与清代地方志的对比研究，具体考察清代清水江流域自然灾害对少数民族生活所产生的负面影响，进一步分析清水江自然灾害的种类、频次、特点，以填补清水江文书在清水江流域学关于自然灾害研究之缺失，拓展清水江学的研究范围。

二、清水江文书所反映的自然灾害

本课题组在整理和研究清水江文书的过程中，发现一些关于自然灾害的记载，它们对清水江流域少数民族的社会生活产生了负面影响。清水江文书上的珍贵材料，完全可以与地方志的记载进行相互补充和对照研究，从而拓展对清水江学关于自然灾害的研究。以下列举一份清水江文书为例：

立断卖契书人本寨姜俨保与弟老六、妻白隐姑，为因年荒，欠缺无处寻出，度日难过。兄叔商议自愿将到本名遗下祖田二坵，土名□□，又土名美物共二坵，共约禾四把。凭中族人出数卖与姜佐章名下，承买为业，当日三面言定，议价足色纹银八两□，其银亲主收回，过用田自断之，后凭从买主下田耕种为业，而卖主房族兄弟人等不得混争，如有未历不清，俱在卖主向前理，兹不与买主相干。今恐弃，凭立此卖契

① 关于清水江流域在明代与民国时期有关自然灾害与救助问题的研究，本课题组正在进行之中，成果稍后陆续发表。

存照。

凭中姜文彬

书代姜寨山

乾隆四十六年正月廿三日 立卖人 姜俨保与妻白隐姑[31]13

这份清水江文书在事由部分记载了乾隆四十六年（1781 年）正月发生在锦屏县的灾荒，它对本寨姜俨保与弟老六、妻白隐姑一家生活造成了严重影响，以至于他们必须出卖祖田，以便暂时维持生活。由于清水江文书对自然灾害的记载主要出现在文书中的事由部分，而其他部分较长，为简略起见，以下将几份清水江文书中的其他部分予以省略，只将关于自然灾害的部分专门摘录列为表 1，从中可见自然灾害对少数民族生活生产的影响。

表 1　清水江文书记载的自然灾害情况（天柱县、锦屏县）

契约时间	自然灾害情况	来源
康熙四十八年六月二十五日	立契卖宅基人蒋永年，今因□收，时岁饥馑，无处出备。 父子商议，情愿将到自分上上屋宅基旁边一间要行出卖。……	《天柱文书》[32] 第 1 辑第 7 册 159 页
嘉庆十五年正月十三日	立卖杉木约人母房姜美保，为因年岁饥荒，缺少口粮，无处得出。……	《清水江文书》第 1 辑第 3 册 165 页
嘉庆十九年六月二十八日	立断卖杉木山场与屋地基字人姜老尚，为因年饥荒，缺少粮食，无处所出。……	《清水江文书》第 1 辑第 2 册 26 页
道光廿年三月十三日	立断卖山场约人本寨姜朝弼，今因缺少粮食，自愿将到山场二块……	《清水江文书》第 1 辑第 5 册 291 页
道光二十一年六月初七日	立断卖油杉木山场约人本寨姜映生，为因家中缺少粮食，无处得出。……	《清水江文书》第 1 辑第 7 册 48 页
光绪十三年五月	遇春夏洪水泛涨，更觉难堪，此皆三江之积弊，实为两河之公愤者也	《清水江文书》第 1 辑第 8 册 255 页

资料来源：张新民主编《天柱文书》和张应强主编《清水江文书》。

从表 1 可以看出，清水江流域的天柱县在康熙四十八年因年荒而发生饥馑。锦屏县在嘉庆十五年、嘉庆十九年、道光二十年、道光二十一年因年荒而发生饥馑；光绪十三年，锦屏县又遇春夏洪水泛滥，影响木材贸易，造成矛盾激化。由于自然灾害对少数民族家庭生活影响的具体情况在正史和地方志中都不可能被记载下来，所以，清水江文书中所反映的自然灾害以及农民生活影响的材料就显得十分珍贵，完全可以弥补正史和地方志的不足。以下将地方志中有关自然灾害的记载与清水江文书中的描述一一进行对照，列为表2，从中可见清水江文书与地方志记载具有可以相互补充和对照研究的紧密关系。

表2　地方志和清水江文书中有关自然灾害情况对照（天柱县、锦屏县）

灾害发生时间	地方志中的灾情	灾种	资料来源	契约订立时间	清水江文书中的灾情	资料来源
乾隆四十四年	夏饥	饥馑	光绪续修天柱县志卷1天文志第七号	乾隆四十四年六月八日	立卖茶树契人潘尔高今因要银用度，无从得处，自己情愿将到……	《天柱文书》第一辑第4册132页
乾隆五十二年	夏，米贵，每斗价银八、九钱，沿河一带斗米价银一两八钱，人多饿死	饥馑	天柱县志大事记第8页	乾隆五十二年九月八日	立卖柴山杉木契人潘尔高、潘尔恒兄弟，今因家下要银使用，无从得处。自己情愿将到土名……	《天柱文书》第一辑第4册178页
同治二年	冬旱，牛死颇多，次年七八家共耕一牛，田荒粮缺，死人无数	旱灾	天柱县志大事记第9页	同治三年一月九日	立契卖田人蒋政娥，今因家下要钱使用，无从得处。夫妻商议，情愿将到……	《天柱文书》第一辑第7册244页
道光二十年	九寨地区因干旱，稻田多数无收，龙朝礼等遂组织进行抗粮斗争	旱灾	锦屏县志大事记第10页	道光二十一年六月初七日	立断卖油杉木山场约人本寨姜映生，为因家中缺少粮食，无处得出。……	《清水江文书》第1辑第7册48页

（续表）

灾害发生时间	地方志中的灾情	灾种	资料来源	契约订立时间	清水江文书中的灾情	资料来源
光绪二十四年	柳溪、楠木、冲溪、聚溪大水，沿河田坵冲坏，近水人家板壁衣服什物均被漂流	水灾	光绪续修天柱县志卷1天文志第九号	光绪二十四年十二月十四日	立契 卖山场地土人 蒋昌烈、昌由、昌续、景祥，今因要钱用度，无处得出。叔侄商议自愿将到土名……	《天柱文书》第一辑第9册222页
宣统元年	四月鉴江、朗江大水，木材流失殆尽，两岸田禾被毁甚多	水灾	天柱县志大事记页12	宣统元年二月二十五日	立契 卖山场播土人游原爵，今因家下要钱使用，无处得出，自愿将到土名……	《天柱文书》第一辑第9册232页
	八月四日地震，似鼓声鸣响。	地震				
宣统二年	四月，河水突涨十余丈，木材漂流甚多，两岸田土亦多被水毁坏	水灾	天柱县志大事记页12	宣统二年十一月八日	立契卖荒播阴阳两地人刘昌道，今因家下要钱使用，无从得处。夫妻商议，将土名……	《天柱文书》第一辑第9册42页
				宣统二年四月十三日	立契卖田土油树紫山字人蒋政直，今因家下要钱用度，无从得处。夫妻商议，情愿将到土名……	《天柱文书》第一辑第6册216页

资料来源：《光绪续修天柱县志》《天柱县志大事记》《锦屏县志大事记》及张新民主编《天柱文书》、张应强主编《清水江文书》。

从表2可以看出，地方志中所记载的自然灾害，在清水江文书中都有具体反映，它们之间在时间上一一对应，在影响的表现上可以相互补充。具体来说，清水江文书中对自然灾害的描述一般用“年岁饥荒”或“家中缺少粮食”加以表述，但自然灾害发生之后，往往引起清水江少数民族民众家庭生活困难，穷困人家往往需要卖田、卖土、卖山场、卖树木，以便求得生存，这些就是少数民族民众在自然灾害中的自我救助措施。通过清水江文书与地方志的对照研究，完全能够具体而直观地重现自然灾害对少数民族家庭生活造成的直接影响，两者具有相互补充、相互对证关系。清水江文书在清水江自然灾害研究中的重要价值和意义由此可见一斑。

三、清代清水江流域自然灾害及其影响

在清水江流域的清代地方志（《天柱县志》《锦屏县志》《镇远府志》《黎平府志》等）以及《清实录》《贵州历代自然灾害年表》等资料中，往往都有《祥异》或《灾异》篇对自然灾害进行记载，如：黎平府内的天柱县等“乾隆四十四年，夏饥。”[33]“五、六月民大饥，斗米易银一两一二钱，饿死者无数，发廪减价粜赈之。”[33]22“嘉庆十八年大旱，米贵，每斗价银七八钱，谷每斗价三钱二分，盐每斤一钱二、三分，油每斤价一钱三、四分。”[33]一般而言，自然灾害对清水江地区少数民族生活最直接的影响便是物价上涨，粮食收入大幅减少，造成“家中缺少粮食”，结合清水江文书和地方志，完全可以看出自然灾害对清水江少数民族民众生活影响的严重程度。

由于地方志中有较多关于自然灾害记载的材料，在此为了简略起见，以下仅对清水江流域的天柱县在清代的自然灾害情况制成表3，以便从中窥见自然灾害在清水江流域所产生的负面影响的详细情况。

表3　清代天柱县自然灾害情况

发生时间	自然灾害情况
顺治七年（1650年）	4月，米贵，每斗价银一两，人多饿死
顺治八年（1651年）	大旱，庄稼枯死，四乡饥荒
顺治十六年（1659年）	大旱
顺治十七年（1660年）	米贵，每斗价八钱
康熙四年（1665年）	城北紫云岩山崩，倒塌塞江，一方地震

（续表）

发生时间	自然灾害情况
康熙九年（1670年）	城中龙泉坊地裂，长百余丈，宽二尺许，直穿城外，城为之塌，旬日复合，里民更筑其城
康熙十六年（1677年）	螟灾
康熙十八年（1679年）	大旱
康熙十九年（1680年）	米贵，每斗价三钱五分
康熙二十年（1681年）	是年瘟疫流行
康熙二十三年（1684年）	五月十三日，大水，山洪突发，桥梁冲毁甚多
乾隆十二年（1747年）	八月大旱，秋禾被旱
乾隆四十三年（1778年）	旱
乾隆四十四年（1779年）	夏饥
嘉庆二年（1797年）	夏，米贵，每斗价银八、九钱，沿河一带斗米价银一两八钱，人多饿死
嘉庆七年（1802年）	米价腾贵，每斗价银八九钱
嘉庆九年（1804年）	大水，田多冲坏。七月十八日夜水暴涨，低处禾稻无收，桥梁均为漂流
嘉庆十八年（1813年）	大旱，米贵，每斗价银七八钱，谷每斗价三钱二分，盐每斤价一钱二分，油每斤价一钱三四分
嘉庆二十四年（1819年）	大旱，自五月初至八月初无雨，米价腾贵，米每斗价银九钱，谷每斗二钱八分
嘉庆二十五年（1820年）	大旱，自五月至七月无雨，米贵，米每斗银八钱五分，谷每斗银二钱八分，穷人无钱购买，死人甚多
道光元年（1821年）	秋旱，庄稼多枯死，米价昂贵，每斗五六钱，猪肉每斤一钱九分，各地民众饥荒
道光十五年（1835年）	大旱
咸丰三年（1853年）	粮食歉收
同治元年（1862年）	2月，凌冻严重，庄稼、鱼虾、草木冻死无数
同治二年（1863年）	冬旱，牛死颇多，次年七八家共耕一牛，田荒粮缺，死人无数
同治三年（1864年）	春旱，谷贵秧迟，有至七月尚插秧者，粮食歉收

（续表）

发生时间	自然灾害情况
同治四年（1865年）	瘟疫流行，四境传染，合室呻吟，死者无算
同治七年（1868年）	7月，米贵，斗价二千余文，民众卖妻鬻子，饿死不计其数，甚而人相食
同治八年（1869年）	5—7月，米价持续上涨，民众以草木根、观音土为食，四乡乞食者日以万计
光绪十三年（1887年）	地湖一带冰雹
光绪二十三年（1897年）	清水江大水，淹入瓮洞街坊，沿岸船筏、木材及房屋人畜等漂流淹死不计其数
光绪二十四年（1898年）	5月5日，鉴江洪水突涨，社学街水没腰部，历时两天，田土庄稼毁没严重
光绪二十五年（1899年）	米贵，每小斗价八百文，民众掘葛根熬粑为食
光绪二十六年（1900年）	10月底，冰雹，天柱城、岩寨、社学等地田土、作物遭毁，鱼虾、鸟兽死伤无数
光绪二十八年（1902年）	清水江大水，淹入瓮洞
光绪三十一年（1905年）	5月6日，大风冰雹，自瓦寨至远口，沿途数百年大树翻倒，水涨七八丈，县城西门至北门城墙倒塌，所过之处造成数百年未有之灾
宣统元年（1909年）	4月，鉴江、朗江大水，木材流失殆尽，两岸禾稼被毁甚多
宣统二年（1910年）	4月，河水突涨十余丈，木材漂流甚多，两岸田土毁坏甚多

资料来源：徐钰：《清至民国时期清水江流域民间借贷活动研究》[34]（贵州大学2016届优秀硕士毕业论文，指导教师：张新民）。

注：原始资料来自（康熙）《天柱县志·祥异》、（光绪）《天柱县志·祥异》及《天柱县志·大事记》。

从表3可以看出，在清代260多年间，天柱县共发生了38次极为严重的水灾、旱灾、冻灾、冰雹、地裂、瘟灾等自然灾害；各类自然灾害对天柱县少数民族民众造成十分严重的负面影响，甚至出现死亡事件，即使是称为“盛世”的康乾时期，天柱县也是灾害连连，更不必说嘉庆、道光、同治、光绪、宣统年间的乱世了。

四、自然灾害的种类及其特点

以上仅是清水江流域的天柱县在清代所受自然灾害的具体表现，为了进一步从总体上把握清代清水江流域自然灾害的基本情况，还有必要进一步考察和分析清代清水江流域自然灾害的种类、频次及其突出特点。

如前所述，贵州历代地方志都有关于自然灾害的大量记载，为了便于分析，本课题组将清水江流域各县地方志中记载的全部自然灾害按编年进行了排列，制作了《清代清水江流域自然灾害统计表》，由于该表长达 27 页之多，在此不便全部引用，只将与农业生产紧密相关的五大类自然灾害——水灾、旱灾、地震、雹灾、虫灾按照县别重新进行统计，共计 180 次，列为表 4。

表 4　清代清水江流域自然灾害种类

地点	水灾	旱灾	地震	雹灾	虫灾	总计
天柱	6	13	3	3	1	26
黎平	5	5	2	0	2	14
镇远	16	0	1	2	0	19
锦屏	1	1	0	0	1	3
黄平	8	4	1	3	0	16
榕江	6	1	0	1	0	8
施秉	15	0	1	1	0	17
凯里	5	11	4	5	2	27
瓮安	5	4	3	8	3	23
福泉	7	7	2	1	0	17
都匀	2	0	0	0	0	2
台江	1	2	0	0	0	3
三穗	1	1	0	0	0	2
雷山	1	0	0	0	0	1

（续表）

地点	水灾	旱灾	地震	雹灾	虫灾	总计
丹寨	2	0	0	0	0	2
总计	81	49	17	24	9	180
比例	45%	27.2%	9.5%	13.3%	5%	100%

资料来源：肖敏：《清代清水江自然灾害研究》（2016届贵州大学优秀本科毕业论文，指导教师：张明）。

注：本表原始材料来自清水江流域各县地方志的记载。本表统计数字只是对与农业生产紧密关联的五类自然灾害为主，其他诸如地裂、瘟疫等灾害没有统计在内。

从表4可以看出，清水江流域的自然灾害主要是以水灾、旱灾为主，两者比重高达72.2%，这对在山区主要从事农业、林业生产的少数民族来说，无疑会产生十分严重的影响，在极端情况下出现饥荒和饿死现象，也就不足为奇了。

清代清水江流域自然灾害的突出特点可概为以下三个方面：

第一，普遍性。清水江流域自然灾害的普遍性，是指某一灾害在某段时间内普遍发生，受灾面较广，对民众生活影响很大。如康熙二年（1663年），丹寨、黄平、瓮安、福泉这一片区域都发生洪涝灾害。乾隆元年（1736年）四月，镇远、黄平、施秉地区遭受特大雹灾和水灾，两种灾害发生的间隔时间短，且灾情较为严重。从乾隆四十七年（1782年）到乾隆五十四年（1789年），施秉连年发生水灾，且一般是在夏季；道光四年（1824年），榕江和施秉发生洪灾，造成大批木材流失和民田被毁。道光五年（1825年），黄平和镇远地区都发生水灾。道光六年（1826年），黎平地区也发生水灾，危害民众生命财产。道光十八年（1838年），三穗、台江、镇远及施秉地区都发生重大水灾，灾害发生区域广，损失严重。光绪十五年（1889年），雷山、镇远及福泉地区都发生特大水灾。

第二，链发性。清水江流域自然灾害的链发性，是指由一种灾种引发出另一种灾种或次生灾害。一般而言，旱灾发生之后会普遍引起物价上涨，如情况严重则会发生饥馑。如天柱地区在康熙十八年（1679年）发生旱灾，引起十九年（1680年）的饥馑，二十年（1681年）又发生瘟疫，三年间灾害持续发生，对当地的自然及社会的承受力都是巨大的考验。乾隆四十三年（1778年），天柱和黎平县都发生旱灾，引起次年（1779年）粮价猛涨，民众多无力购买，虽然地方官员减价粜赈济灾民，但被饿死者仍然无数。道光九年（1829年），黎平地区发生水灾，第二年（1830年）却因缺水而造成旱灾，第三年（1831年）又发生瘟疫。光绪二十一年（1895年），凯里因雹灾而引起虫灾，致全邑禾苗尽毁，当年便闹饥荒。自然灾害的普遍性和链发性特征表现为灾害发生的区域较广、持续时间较长，对少数民族生活的负面影响很大。

第三，差异性。清水江流域自然灾害的差异性，主要表现在两个方面：一是自然灾害发生时间段的差异性，二是地区上的差异性。从表4中可以看出差异性的情况，即清水江流域发生自然灾害概率较高的为凯里、镇远、天柱地区，而丹寨、三穗、锦屏、都匀等地区较低。五种自然灾害在地区分布上的差异为：水灾主要分布在施秉和镇远一带，旱灾和地震主要分布在天柱和凯里一带，雹灾主要分布于凯里和瓮安一带，虫灾主要分布于瓮安、黎平和凯里一带。

五、结　论

清水江流域是贵州省内自然灾害较多、影响较严重的地区之一，加之又是苗侗等少数民族的聚居区，故历代自然灾害对清水江流域的社会生活和民族关系都产生着重要影响。由于清水江文书可为地方志提供更加具体的材料补充和事实对证，因此，清水江文书对自然灾害研究具有十分重要的价值和意义。目前，学界对如何利用清水江文书展开自然灾害问题研究的工作尚未真正开始。本课题组将以此为契机，通过数量巨大的清水江文书对自然灾害相关问题进行深入研究，希望能够为清水江学开辟一块关于自然灾害研究的新领域。

参考文献

［1］贵州省图书馆．贵州历代自然灾害年表［M］．贵阳：贵州人民出版社，1982.

［2］〔清〕俞渭修，陈瑜纂．光绪黎平府志［M］//中国地方志集成·贵州府县志辑（第17册）．成都：巴蜀书社．2006：42.

［3］任可澄．民国贵州通志［M］//中国地方志集成·贵州府县志辑(第7册)．成都：巴蜀书社，2006：501.

［4］锦屏县志编纂委员会．锦屏县志［M］．贵阳：贵州人民出版社，1993.

［5］张肖梅．贵州经济［M］．中国国民经济研究所，1939.

［6］贵州省民政厅．贵州省自然灾害年表（1950—1990）［M］．贵阳：贵州省民政厅，1992.

［7］贵州省防汛抗旱指挥部办公室，贵州省水文水资源局．贵州水旱灾害［M］．贵阳：贵州人民出版社，1999.

［8］温克刚，罗宁．中国气象灾害大典·贵州卷［M］．北京：气象出版社，2006.

［9］蒋庆丰，等．贵州历史自然灾害的时空分布规律及综合区划［J］．地域研究与开发，2002（21）.

［10］陈永胜，周承．试析明代贵州自然灾害影响及社会应对［J］．农业考古，2015（3）.

［11］周承，彭法．明代贵州自然灾害特征及其成因研究［J］．农业考古，2013（4）.

［12］周承．明中后期贵州自然灾害研究——以万历〈黔记〉为研究对象［C］//“新一轮西部大开发与贵州社会发展”学术研讨会暨贵州省社会学学会2010年学术年会论文集，2010.

［13］何术林．明清时期乌江流域水旱灾害的初步研究［D］．北碚：西南大学，2013.

［14］陈雪．民国八年贵州灾荒研究［D］．贵阳：贵州师范大学，2009.

［15］崔巍巍．抗战时期贵州的灾荒赈济——以积谷为中心的考察［D］．贵阳：贵州师范大学，2009.

［16］袁仕洪．贵州水旱灾害与乡村社会（1912—1926）［D］．贵阳：贵州师范大学，2009.

［17］贺永田．近代贵州灾害述论［J］．长江论坛，2011（6）.

［18］李玉柱，吉廷艳，杨利群．贵州气候灾害综合分析方法研究［J］．贵州气象，2003（3）.

［19］许炳南．贵州主要农业自然灾害及其防预对策［J］．灾害学，2000（3）．

［20］韩昭庆．雍正王朝在贵州的开发对贵州石漠化的影响［J］．复旦学报（社会科学版），2006（2）．

［21］杨小辉．贵州省旱灾成因及其减灾对策［J］．贵州水力发电，2006（1）．

［22］黄家龙．贵州省干旱灾害时空分布及其变化趋势的初步分析［J］．贵州气象，1996（6）．

［23］刘雪梅，宋国强，程平顺，等．贵州夏旱的基本规律及其对策研究［J］．贵州气象，1996（6）．

［24］郑明肇．岩溶地貌对贵州水旱灾害的影响［J］．贵州气象，1996（3）．

［25］覃婷婷．1937 年的贵州旱灾与救济［J］．兰州学刊，2009（6）．

［26］李宇均．贵州省自然灾害状况与防灾减灾研究［D］．天津：天津大学，2008.

［27］张宇发．贵州气候灾害近 50 年变化趋势［J］．成都气象学院学报，1999（1）．

［28］戴洪刚，梁虹，黄法苏．喀斯特枯水、干旱、灾害初探——以贵州省为例［J］．贵州师范大学学报（自然科学版），2005（4）．

［29］李鹏飞．清水江下游地区自然灾害初步研究（1459—1949）——兼谈经济活动、社会规约与自然灾害之关系［J］．原生态民族文化，2015（3）．

［30］肖敏．清代清水江自然灾害研究［D］．贵阳：贵州大学，2016.

［31］张应强，王宗勋．清水江文书［M］．桂林：广西师范大学出版社，2009.

［32］张新民．天柱文书［M］．南京：凤凰出版集团江苏人民出版社，2014.

［33］光绪续修天柱县志·黎平府志［M］//中国地方志集成·贵州府县志辑（第 18 册）．成都：巴蜀书社，2006.

［34］徐钰．清至民国时期清水江流域民间借贷活动研究［D］．贵阳：贵州大学，2016.